第二册

卷第二十八至卷第五十一
（汉纪二十至汉纪四十三）

白话資治通鑑

〔宋〕司马光 著
萧祥剑 主编

团结出版社

目录

资治通鉴卷第二十八　汉纪二十

起癸酉（公元前48年），止己卯（公元前42年），共七年。

【题解】 本卷记录了汉元帝刘奭初元元年至永光二年共七年间的历史。主要记录了汉元帝举贤纳谏，起用大儒王吉、贡禹、萧望之、周堪、刘向、张猛等人，采纳贡禹、贾捐之言，施行善政；记录了宦官石显勾结宦官弘恭、外戚史高、许嘉对付萧望之、周堪、刘向、张猛等朝官，元帝宠信宦官外戚，朝官败北，帝师萧望之被逼自杀，刘向、周堪、张猛免官；记录了汉元帝羁縻北匈奴郅支单于，妥协过度，留下后患，冯奉世平定陇西叛乱，巩固边疆，稳定西域。

孝元皇帝上

初元元年（癸酉，公元前48年）

春季，正月，辛丑日（初四），在杜陵埋葬孝宣皇帝；下诏赦免天下。

三月，丙午日（初十），汉元帝册立王氏为皇后，封皇后王氏的父亲王禁为阳平侯。

将三辅、太常、郡国中全部的公田以及皇家林苑里所生产的谷物果蔬，或可以节省下来的物资，拿去救济贫民；对于拥有资金还不到一千文钱的人，就借给他们种子和食粮。

汉元帝册封外祖父平恩戴侯胞弟的儿子中常侍许嘉为平恩侯。

夏季，六月，因为传染病盛行于民间，汉元帝便命令掌管后勤的太官节省饮食费用，裁撤乐府的员额，减少皇家林苑中饲养的马匹，用来救济艰难苦痛的百姓。

秋季，九月，函谷关以东的各郡以及王侯的封国共有十一处发生大水灾，闹饥荒，有的地方甚至有人吃人的现象；于是便转运邻郡的钱谷去救助他们。

汉元帝早就听说琅邪人王吉和贡禹都是通达经术、德行高洁的人才，便派遣使者去征召他们。结果王吉不幸在路上病逝。贡禹到达以后，便被任命为谏大夫。汉元帝经常虚心向他询问理政的道理，贡禹回奏说："古时的国君崇尚节俭，除了征收物价十分之一的税金，就再也没有其他的赋税或差役，所以家家户户都能保持自给自足的生活。高祖、孝文皇帝和孝景皇帝在位期间，宫女不过十几个人，马厩里养的马也才一百多匹。但是后世争享奢侈，就越来越浪费，连身为臣下的人也上行下效。臣下认为，假如要像太古时候那样的朴实，当然困难，不过也应该稍微学学前人的样子，节省开支。现在各宫室都已经有了定制，是没有办法去裁撤节省了，但是在其他方面的，还是可以去要求减损的。从前，齐地负责制备天子衣冠的三服官所输贡的衣物，不过十箱而已；现在齐地的三服官，在三所官舍中负责制备夏服、冬服、春服三季衣冠的专门技工就各有几千人，每一年要浪费金钱几万万，马厩中用粮食喂养的马都快一万匹了。汉武帝时，又到各地去寻娶美丽的女子，数目多到几千人，用来充置后宫。等到他去世以后，殉葬的金钱、财物、鸟兽、鱼鳖等有一百九十种；又全用宫女去守护亡帝的陵园。到了孝宣皇帝逝世，因为陛下对于父丧不方便发言主张俭省，群臣便又依循了往例，这确实是很值得痛恨的事啊！所以，天下人都受到影响，聘娶女子时，也都过分奢侈，没有节制，有些诸侯的妻妾，多至几百人，一些富有的百姓和官吏所蓄养的歌伎也有几十人之多。所以在宫内多的是大而不嫁的女子，在民间又有很多大而不娶的男人。还有民间丧葬又都把地上有用的东西，虚掷殉葬在地底下。这些过失，都是有天子做榜样，大臣们也依循成例、不肯改革的罪过。请陛下仔细体察古圣先贤治国的方法，效仿他们的俭约，大大地减少不必要的车服器物，三分可去除掉两分；在后宫中，选择那比较贤惠的，只留下二十个人，其余的都放她们回家去，还有留在先帝的陵园中服侍的女子，凡是没有生育子女的，也都应该遣散她们回去；马厩中喂养的马，几十匹就够了，只留下长安城南的苑囿，供作打猎用就可以了，其余的一概废除。由于目前天下正遭到荒年，难道不可以大量节省费用，来救助天下，以顺应天意吗？上天生下圣人，是为万民百姓着想的，不是要让他一个人独自享乐而已啊！”汉元帝很赞赏他的意见，就下诏书要各离宫别馆，凡是不经常居住、游幸的，全部不用补修整理；要主管天子车马的太仆减少喂养粮谷的马匹；主管天子山林池苑的水衡都尉减少喂肉食的野兽。

◆臣司马光说：忠臣侍奉国君，应该去责求国君所难于做到的，因此这些容易做的事情，便不用费力就能做得很好；也应该去设法弥补国君所欠缺的，那么国君的长处自然就不须什么劝谏也能顺利发扬。孝元皇帝刚即位的时候，能谦虚询问贡禹施政治民的办法，贡禹就应该先提出孝元帝当下急于注意的地方，以后再提出可以暂缓办理的事情。做事犹豫不决，不果断，又有佞人弄权，阿谀奉承，这就是孝元帝当时最大的弊害，贡禹却不对这些提出建议；恭谨节俭，是孝元帝向来的愿望，贡禹却不厌劳烦地侃侃而谈。这是为何呢？假使是因为贡禹的才智不明白这一点，那怎么能说他是贤人？假如是贡禹明明知道这样，却不说出来，那他的罪过就更大了！◆

匈奴呼韩邪单于又上书给汉天子，说是百姓生活困乏。天子就下令云中郡和五原郡转运二万斛粮谷去

这一年，首次设置戊己校尉一职，使其负责驻守并农垦于车师旧地的军队。

初元二年（甲戌，公元前47年）

春季，正月，汉元帝到甘泉宫去祭祀泰畤。乐陵侯史高凭借天子外戚的身份，掌领尚书，典守枢机，前将军萧望之、光禄大夫周堪做他的副手。萧望之是当时的大儒，和周堪都因为有教导天子的旧恩，深受天子信任，于是两人经常在安闲休息的时候晋见天子，与天子谈论有关兴治理乱的事情，也提出一些治理天下的意见。萧望之还举奏在宗室中能通达经术又德行修饬的散骑、谏大夫刘更生做给事中，

侍从天子，和侍中金敞两个人共同在汉元帝身边拾遗补缺。四个人同心谋议，用古圣先贤的礼仪制度去劝导汉元帝，想要从多方面弥补天子的缺失，汉元帝也很听从接受他们的进谏。这使得史高变成徒居虚位，因此他和萧望之有了怨隙。

居宫中主持政务的中书令弘恭和仆射石显从汉宣帝时起就掌管中枢机要，熟悉各种典章法制。元帝刚继位，就有很多疾病，因为石显长期掌管政事，又是在宫中服役的宦官，精力专一，无亲党骨肉，可以信任，元帝就把朝政托付给石显，不管大小政事，全部由石显进奏决断，所以石显受到的尊宠倾动满朝文武，百官都很奉承敬畏他。石显为人很机巧狡黠，又通晓各种事务，能真切了解国君那微妙的心意，内心却阴险贼虐，又喜好用欺诈怪异的说辞来中伤人，稍有一些细行小怨，就以重法处置人。他和车骑将军史高里应外合，结为一体，凡有议论，经常是专依往例，不遵从萧望之等人的意见。

萧望之等人因为许嘉和史高的放纵而觉得痛苦忧虑，又埋怨弘恭和石显的专权，便上奏建议汉元帝，认为："中书是实施政务的重要所在，是国家的权力中枢，应该选用贤明公正的人去担任中书令。武帝在位时，因为在后宫游逸宴乐，所以就任用了宦官，这是与古代圣王的体制不相符合的。现在应该罢黜在中书里的宦官，以符合刑人不在君侧的古义。"因此这便和史高、弘恭、石显等人大相违忤了。因为汉元帝刚刚即位，特别谦让，不愿意多事更张，所以对于萧望之的建议久久不能做出决定，就让刘更生由散骑、给事中的中朝官，出任为外朝官的宗正，去掌管宗正的教养管理等事。

萧望之和周堪屡次推举名儒、茂才担任谏官。会稽郡人郑朋暗地想要依靠萧望之，就上书揭发车骑将军史高曾派遣宾客到郡国去图谋不正当的利益，还揭发许嘉、史高子弟的罪过。汉元帝就把郑朋的奏章批示给周堪看。周堪建议："命令郑朋在金马门待诏。"

于是郑朋上书给萧望之说："现今将军所成就的依循什么呢？是要像管仲、晏婴那样就可以了，还是也要勤于政事，忙得时间都过了中午了还不能吃饭，就像周公、召公那样才肯罢休呢？如果只是想如同管仲、晏婴一样，那么我将回到延陵的水边，回到故里终享天年算了；如果将军要重振周公、召公当年遗留的功业，也要亲自接见贤士，忙得过了中午也没有工夫吃饭，那么我将愿意报答我的心意，奉献出我的一点力量来！”萧望之刚见到郑朋的时候，很有诚意地去招待他，后来知道他是一个奸诈的小人，就不再和他来往。郑朋是楚人，受此刺激，就很怨恨萧望之，便改求能加入许、史的党派中，还推诿他所揭发的许嘉、史高丑事说：“这全是周堪和刘更生教我这样做的，要不然我是关东人，怎么会知道这些事情呢？”于是侍中许章上奏请求汉元帝召见郑朋。郑朋出来以后，扬言说：“方才我向皇上揭发了前将军萧望之的五个小过错以及一大罪状。”待诏华龙品行很卑鄙，想要依靠周堪等人，周堪等人不接纳他，于是他也和郑朋互相勾结起来。

弘恭、石显就让郑朋、华龙两个人去向元帝告状，说萧望之等人计划要罢免车骑将军，疏远许嘉、史高，等待萧望之休假出宫的时候，就让郑朋、华龙二人把这些情况上奏给元帝知道。于是元帝把这件事情交给弘恭去审查，萧望之回答说：“因为在位的外戚大多都很奢侈放荡，我们这样做是为了救补匡正国家的缺失，并没有什么阴谋。”恭、显便上奏说：“萧望之、周堪和刘更生结成朋党，互相称扬，屡次诬告大臣，毁谤离间天子亲族外戚，想要专权弄势。为人臣而不忠，又欺罔君上，违逆伦理，请派遣专门掌管传达奏事接引宾客的谒者，把他们带到专掌司法刑罚的廷尉那里去审讯。”当时汉元帝即位不久，不知道把人交给廷尉的含义就是把他们关进监狱，就批准了恭、显的意见。后来汉元帝想找周堪和刘更生，有人告诉他说：“已经被关在监狱里。”汉元帝很惊讶地说：“不是只是送到廷尉那儿去审讯而已吗？”于是汉元帝就责问弘恭和石显，他们都只有叩头谢罪。汉元帝说：“把他们放出来，让他们官复原职。”弘恭、石显于是让史高去向汉元帝说：“皇上刚刚即位，还没以道德教化人民，现今却可以从皇上的师傅身上先行证验。就是把宗正刘更生和光禄大夫周堪关进大牢，也应该趁现在判处他们为庶人。”于是就下诏令给丞相和御史大夫说：“前将军萧望之曾在皇上为太子时，为太子太傅，辅导皇上八年，没犯什么罪过，现在事已久远，记忆已不很明晰了，如今要赦免萧望之的罪，收回前将军和光禄勋的印绶并且把周堪和刘更生都贬为平民。”

二月，丁巳日，元帝册封弟弟刘竟为清河王。

戊午日，陇西发生地震，毁坏了城墙和房屋，压死了很多百姓。

三月，册立广陵厉王胥的儿子霸为广陵孝王。

下令罢免属少府黄门管理的那些车驾犬马，还有水衡的禁囿、宜春宫的下苑、少府属官佽飞的外池和捕射鸟禽用的池田，都借给贫民去经营。又下诏令赦免天下，推举才智突出、超乎常人和能直言进谏的良才。

夏季，四月，汉元帝册立皇子刘骜为皇太子。待诏郑朋推荐太原郡的太守张敞，认为他是先帝的名臣，可以让他去辅助皇太子。汉元帝便询问萧望之对这件事的看法。萧望之认为张敞是一位很有才能的官员，能胜任治理烦难与纷乱的工作，但是行为轻佻，不够庄重，并不是一位可以为太子太傅的人才。于是天子派使者去征召张敞，想要任命他为左冯翊，没想到正在这时，他却因病去世。

下诏令赐给萧望之关内侯的爵位，还任命他为给事中，在每月的初一、十五可以去朝见天子。

关东闹饥荒，齐地甚至出现人吃人的现象。

秋季，七月，己酉日，又发生了地震。

汉元帝又征召周堪和刘更生，想要任用他们为谏大夫。后来因为弘恭和石显的建议，改任为中郎。

汉元帝非常器重萧望之，打算任命他为宰相；弘恭、石显以及许嘉、史高子弟、侍中、诸曹却都很嫉恨萧望之等人。刘更生就让他的那些外戚上奏有关自然灾害的事理去劝说汉元帝，说：“现在之所以会发生地震，那是因为弘恭等人的专横，并不是因为萧望之、周堪和刘更生那三个孤立无援的匹夫而震动的。臣认为应该斥退弘恭、石显，来公布他们因为壅塞善人所应得的惩罚，而任用萧望之等人，来打通贤明的人为国效力的通路，如果能这样的话，那么太平盛世的大门将因此而打开，引起灾难变异的根源，也将会被杜绝。”奉章呈上去以后，弘恭、石显都怀疑这是刘更生所耍的把戏，就请求去调查其中的诡诈，结果所得的供词，果然招服了，于是就收捕了刘更生，又把他罢免为平民。

正好这时萧望之的儿子散骑、中郎萧伋上书讼说他父亲萧望之以前被关进监狱的冤情，这件事情就被批交给主管官员去审查。有司回奏说：“萧望之以前确实犯过错误，已经调查清楚了，并没有人诬告他，他却教唆儿子上书，并引用诗句来辩解自己是无罪的，丧失了身为大臣应有的风范，这是很不恭敬严肃的行为，请求加以逮捕。”弘恭和石显等人知道萧望之素来就很清高有节操，不受辱于人，就建议说：“萧望之从前有幸能脱罪无事，又能得赐爵封邑的奖赏，却不知悔改，承认罪行，还深怀怨恨，教唆儿子上书，归咎皇上，自恃曾为天子的师傅，最后不至治罪。现在如果不稍稍委屈望之，把他关进牢狱，去隔绝他那不满的心理，那么，皇上就无法再去施加恩惠给他。”汉元帝说：“萧太傅向来都很刚强，哪里肯受狱吏的屈辱？”石显等人说：“人之性命，事关重大，萧望之所犯的罪过，只是言语上小错误，这对他来说，没什么可担心的。”于是汉元帝就同意了石显等人的建议。

冬季，十二月，石显等封缄了诏书交给谒者，命令其去把萧望之找来，亲手交付给他。于是，又命令主管各陵县的太常紧急调派执金吾车骑，前往包围萧望之当时在杜陵的住所。使者到了萧望之住处，召见萧望之。萧望之便询问门生鲁国人朱云对这件事的意见。朱云是一个很有节操的读书人，就劝萧望之自杀。于是望之就仰天叹气说：“我曾经担任将相，年纪已过六十，等到了年老，竟被诬陷在牢狱里，苟活偷生，这不是很卑鄙的事吗？”就称呼朱云的字号说：“游，赶紧去拌和毒药，送予我吃，不要再耽误了，我要快一点死！”于是萧望之就喝鸩酒自杀了。天子听说这个消息后，特别震惊，拍打着手掌说：“原先我就疑心他是不会屈辱在牢狱里的，现今果然杀了我一个好太傅！”这个时候，太官正好进上餐食，汉元帝因为吃不下，就把它退了回去，为萧望之的自杀痛哭不已，哀伤的情形，连左右的人都很感动。于是天子召唤石显等人，责问他们，他们因为论议欠缺详审，都被摘了官帽，叩头谢罪，过了很久才算了。汉元帝因为追念萧望之，一直不能忘怀，每逢年过节，都派遣使者去祭祀望之的坟墓，终皇帝一世，从不间断。

◆臣司马光说：真的是有些太过分了，孝元皇帝这个国君竟然那么容易欺骗，并且难于醒悟！那弘恭和石显诬告萧望之，他们的诡计邪说，确实是有些难于分辨。可是在怀疑萧望之将不会屈辱在狱中，弘恭、石显则觉得定没什么可担忧的，结果萧望之却真的自杀时，那弘恭、石显的存心欺诳也就非常明白了。就一个智慧中等的国君来说，有谁不会因为这受到激动而奋力去追究奸臣应该的刑罚呢？孝元帝就不是这样，他只是痛哭不已，也不饮食地感伤望之的自杀，却始终没能诛除弘恭、石显，仅仅让他们摘掉帽子，叩头谢罪罢了。就这样，那么，奸臣如何会得到应有惩戒呢？这也是使得弘恭、石显会放纵他们的邪心，不会再顾忌的原因。◆

这一年，弘恭病死，石显当上了中书令。

当初，汉武帝消灭了南越，于是设珠崖郡、儋耳郡，这两个郡都在海中的一个岛上，所任用的官吏士卒都是中原人，经常侵犯当地百姓。当地的民众也很凶暴恶劣，自以为孤悬海外，是海南的一个岛屿，和大陆隔绝，就屡次触犯官吏的禁令，大概几年就要叛乱一次，残杀官吏，汉朝也每次都派兵去攻打平定他们。二十多年来，总共叛乱了六次。到汉宣帝时，当地的民众再度造反。汉元帝即位的第二年，珠崖郡的山南县叛乱了，于是天子就调兵去攻打他们。而后其他各县接连反叛，一直不间断，局势一直不得安定。汉元帝就广泛地向群臣去征询平乱的谋略，打算大举派遣军队前去征剿。待诏贾捐之说：“臣听说以尧、舜、禹的圣德教化，领土的方圆却不过几千里而已，向西疆域是到塞外沙漠一带，向东到达海洋，朔方以南也是中国声威文教所及的地方，这是因为想要接受中国教化的，就去感化他们，不想接受的，就不勉强而去治理他们。所以君臣都有很多功德可歌颂，各种生物都能各得其所。殷高宗武丁和周成王是商、周时代很有仁德的君主，可是领地向东不超过江国和黄国，向西不超过氐、羌，向南不超过荆州的蛮夷，向北不超过朔方郡，因此也得到各方的齐声颂扬，凡有视听的天地万物，都能安乐过活，连南方的越裳氏，都不嫌麻烦地派出译使来朝献中国，这并不是依恃战争所能取得的成果；等到了秦代，远征外地，兴兵动众，因为向外贪求，弄得国内空虚，以致天下离散叛乱；汉孝文皇帝偃武修文，这个时候，讼案只有几百件，赋税差役都很轻微；孝武皇帝时，则又攘除四夷，厉兵秣马，使得全天下的讼案增加到好几万件，赋税苛杂，差役繁重，到处都闹寇贼，军队经常出征，父亲先前已经战死了，女子跑到了边塞上那作为斥候守望的亭障去，儿子又因战斗而受伤，老母和寡妇都在里巷里痛哭饮泣，孤儿也在路上哭号，这都是土地开拓得太大，连年征战不止的缘故。现在关东的百姓，经常处于困境，流离失所，有出嫁妻子，贩卖子女的，法令不能禁止，义理也阻止不了这种悲惨行为的发生，人们已无暇再去亲近他们的父母，甚至也不能享受夫妇相处的乐趣，这是国家的大忧大患。现在陛下却因为忍不下一时的愤恨，就要驱派士卒到大海中去，想在那幽深黑暗的海南岛屿逞志快心，这不是救济饥荒、保护民众的办法啊！《诗经》说：‘你们这些蠢蠢欲动，毫不逊服王命的荆州蛮夷，竟敢动为寇害，侵伐邻邦，与我大国结为仇敌！’这是说圣人兴起，蛮夷就诚心归服，中国叛乱，他们就立马背叛，是自古以来便引为忧患的一件事。更何况珠崖又在蛮荆以南，离京城有几万里的路程呢！这些所谓骆越的民众，父子同在河川里洗浴，习俗是喜欢用鼻子饮水，和禽兽一样，原本就不必去设置郡县。他们愚蠢无知，独居在大海中，既多雾露湿气，又多毒草、虫蛇、水土的灾害。人尚未被掳掠，战士就自己先死了。又不是只有珠崖有珠宝、犀牛和玳瑁。这种地方遗弃了并没什么可惜，不去攻打它，也不损害我们的威严。那里的人民就像是鱼鳖一样，有什么可贪求的呢？臣以从前在宣帝神爵元年发生过的羌乱为例来说：那时出师在外尚不到一年，兵士所到的地方也不超过一千里外，结果竟耗费钱财四十余万万，弄得专供军国费用的大司农把钱都耗尽了，不得不拿供养天子的少府中的禁钱来贴用。那一块小地方叛乱，用费尚且如此多，更何况是出动军队去远攻海外孤岛，不仅白白地牺牲士兵还毫无战功可言呢！这样的事情，依循往例，既有不合，用在现在，又有不便，臣认为凡不是顶冠束带习于礼教的国家，不是《尚书·禹贡篇》所谈论的地方，或者是《春秋》上所记载的各国，都能够且不去搭理它。请放弃珠崖，专心去顾念体恤关东人民的忧患，担心他们的困苦吧！”汉元帝就询问了丞相和御史的意见。御史大夫陈万年认为应当派兵去攻打珠崖，丞相于定国以为：“以前连年兴兵去攻击他们，派去的护军都尉、校尉和丞一共十一人，生还的才两个人，死亡的士卒以及从事运输的百姓也在一万人以上，费用花掉了三万万多，结果还不能完全降服他们。现在关东又是那么困穷匮乏，民心动摇，捐之所议论的道理是很对的。”于是汉元帝便听纳了捐之的建议。捐之是贾谊的曾孙。

初元三年（乙亥，公元前46年）

春季，天子下诏令说：“珠崖人逮捕我们的官吏民众，叛逆造反。在廷议上，有的认为可以放弃这一块地方，有的说可派兵去讨伐他们，有的说可以设置办法防备他们，意见各有不同。朕日夜思虑这些人的提议。以威令不能实行为耻的，就想要去讨伐他们；多疑怕难的，就想要派兵去屯田；能通达时局的变迁的，就考虑到人民处境的艰难。说到万民的饥荒和不去征讨叛乱的蛮夷，这两件事情，哪一件事情的危害大些呢？而且宗庙的祭祀，在收成不好的荒年，连礼仪都无法求得完备，哪里还有工夫去注意那些不惬意的细小耻辱呢？现在关东的人民，仓库很是空虚，生活非常困乏，没办法去救济他们，如在这个时候兴兵去作战，不只是劳民伤财，荒年还会随着发生。因此现在只好撤销珠崖郡的设置，那儿的人民，有向慕正义，想要归化中国的，就随他意愿，不加限制；没这个想法的，就不去勉强他们。”

夏季，四月，乙未晦日（十一日）（按《汉书·五行志》：“四月乙未，孝武园白鹤馆灾。”无“晦”字），武帝的陵园茂陵的白鹤馆发生了火灾。于是天子就下诏令赦免天下。

夏季，发生旱灾。

汉元帝册立长沙炀王刘旦的弟弟刘宗为王。

掌管皇太后宫中全部事宜的长信少府贡禹上奏说：“各离宫和长乐宫的护卫可以省去一大半，以宽减人民的劳役。”六月，汉元帝下诏令说：“朕考虑到百姓饥寒交迫，远离父母妻子，为一些不急的事宜忙碌，护卫已经不住的离宫，这恐怕不是用来佐助阴阳大化的道理。应当撤销甘泉宫和建章宫的卫队，让他们回家去从事农耕。所有的官员，都要各自设法节省费用。凡有建议分条直接上奏，不必有所隐避。”

这一年，汉元帝又提拔周堪为光禄勋。周堪的学生张猛被任命为光禄大夫、给事中，很受信任。

初元四年（丙子，公元前45年）

春季，正月，汉元帝到达甘泉宫去祭祀泰畤。三月，到河东去祭祀后土；赦免了汾阴县的犯人。

初元五年（丁丑，公元前44年）

春季，正月，把周子南君姬延立为周承休侯。

三月，汉元帝到雍去祭祀五畤。

夏季，四月，在参宿座出现了彗星。

汉元帝采纳诸儒、贡禹等人的建议，下令太官不得日日宰杀牲畜，所供肉食都各节约一半，车马只要足够祭祀和狩猎之用就可以了。还撤销角力摔跤的杂技游艺，和上林苑中少去居住的宫馆、在产丝的齐地用来制备天子春、夏、冬三季衣冠的三所官舍、在北假管理官田租借给人民等事宜的田农之官、掌管天下盐铁榷卖的官员，再加上那在谷贱时增价买入，谷贵时减价卖出，用来平抑粮价的常平仓。博士弟子不再设置固定名额，取消过去有一定员额的限制，用来鼓励求学的人，并让所有能读通一种经书的人，都能够免除他本身应服的徭役。又减少了七十多件刑案。

陈万年去世。六月，辛酉日，长信少府贡禹被任命为御史大夫。贡禹前后数十次上奏进言政事的得失，汉元帝嘉许他的正直，接受了他很多意见。

匈奴的郅支单于自认为距离汉朝很远，又怨恨汉朝拥护呼韩邪单于而不帮助他，便困辱了汉朝的使者江乃始等人；又派遣使者到汉朝进献，趁机要求汉朝送还郅支以前派去在汉朝做人质的儿子。汉朝就商量要派卫司马谷吉护送郅支单于的儿子返回匈奴去。御史大夫贡禹和博士东海人匡衡都认为："郅支单于的归附还没有朴厚统一，他的王庭又在离汉朝很遥远的地方，为了谨慎起见，应当命令使臣将他的儿子送往边塞以后，就可以回来了。"谷吉上书说："中原对于狄夷需要联系控制，不相弃绝，现今已经花了十年的时间养护保全郅支单于的儿子，这种很深厚的恩惠，假如空自断绝这种关系，不把郅支单于的儿子送回匈奴去，只到附近的边塞便回来，这就显示我们已遗弃他们，不再去支持他们，那会使他们失去归附顺从的心意，既丢弃从前的恩德，又遭到日后的怨恨，这对我们来说，是很不利的。参与议论的人，因为看见以前江乃始没有应付敌人的方略，既无勇力，也无智谋，以至于遭到羞辱，便预先替臣担忧。臣幸能操持着大汉的信节，承载圣君的诏令，去宣传晓谕皇上深厚的恩泽，郅支单于应该不敢施暴耍诈。假如他们真的忘恩负义，对臣无礼蛮横。那么郅支单于就会犯下永远不可饶恕的滔天大罪，就一定会畏罪遁逃远避，不敢再近边塞。如果这样，只牺牲一个使臣，便能使百姓安居，这是谋国之计，也是臣的心愿。臣愿意奉使把郅支单于的儿子送回匈奴的王庭。”汉元帝答应了谷吉的请求。等谷吉到达匈奴，郅支单于特别生气，居然杀了谷吉等人。因为他自知辜负了汉朝的恩义，又听说呼韩邪单于越来越强大，害怕遭到袭击，便想远遁他去。这时，正好康居王因为经常受到乌孙国的困扰，就和那些翕侯等重臣计议，觉得：“匈奴是一个大国，乌孙向来很服从他。现在郅支单于被困在外，处境很是困难，我们能够把他接到我国东边来住，之后和他一起共同消灭乌孙，就让郅支在乌孙立国，如果这样，因为有匈奴在，就可以永无忧患了。”于是就派遣使者到郅支单于首都坚昆去，把这计划告诉了郅支。郅支平日就为当前的处境表示担忧，又特别怨恨乌孙，现今听到康居的计谋，特别高兴，便和康居互相勾结，率兵西去。郅支的民众因为受凉感冒，有很多死在了路上，只剩下三千人而已。到了康居，康居王把女儿嫁给郅支为妻，郅支也把女儿送给了康居王。康居王很尊敬郅支，想要依恃他的声威去威胁西域各国。郅支也常常借兵去攻击乌孙，深入到乌孙的首都赤谷城，杀伤抢夺百姓，驱赶虏获他们所养的牛、马等畜产。乌孙人不敢追赶，西边的国境有五千里地因此空虚着，不敢再有人去居住。

冬季，十二月，丁未日，贡禹去世。丁巳日，长信少府薛广德担任御史大夫。

永光元年（戊寅，公元前43年）

春季，正月，汉元帝到达甘泉宫去祭祀泰畤。行过祭礼，就想留下来打猎。薛广德上书说：“我看见关东非常困乏，百姓都因此流离失所，陛下却要天天去撞打亡秦的丧钟，听赏郑国和卫国的靡靡之音，忽视时政的危急，臣确实觉得忧伤痛惜。现今兵士都露置野外，侍从的官员也很疲劳，所以恳请陛下能赶快回宫，想到该和百姓同忧同乐才是。这才是天下的大幸！”于是汉元帝当天便回宫了。

二月，下诏令说：“丞相和御史要以质朴、敦厚、逊让、有德行四类举用人才，光禄大夫必须每年依此四项去考查各曹的郎官和侍从官员的表现，以评定他们政绩的高低，来了解他们是否有才能。”

三月，大赦天下。

下雪，又降霜，冻死了桑树。

秋季，汉元帝要去祭祀祖庙，出了长安城南的便门，想要坐楼船去。薛广德拦住汉元帝的车驾，丢掉官帽叩头说：“应当坐车从桥上过去。”汉元帝不听，命令说：“大夫把帽子戴上！”广德说：“如果陛下不听臣的意见，臣就自杀，用臣的血污染车轮，让陛下以有死伤，犯于斋洁，不得入祭宗庙！”汉元帝特别不高兴。皇帝出行时的前导光禄大夫张猛进言说：“臣听说君主圣明的话，臣子便很忠直。坐船特别危险，坐车从桥上经过还比较安全，圣明的君主是不去冒险的。御史大夫的意见是对的，应当被接受！”汉元帝说：“要用道理去说服人，不是应当这样讲才合适吗？”于是便从桥上经过。

九月，下了霜，冻坏了农作物，天下闹大饥荒。丞相于定国和大司马、车骑将军史高以及御史大夫薛广德都因为发生了灾情，恳求辞职。于是汉元帝就赏赐他们可以坐乘的安车和马匹，还有六十斤的黄金，辞退了他们。任命太子太傅韦玄成为御史大夫。广德回到家乡，悬挂皇帝赏赐的安车，以示荣幸，传示子孙。

当元帝还是太子的时候，跟掌管议论的太中大夫孔霸学习《尚书》。等到继承皇位，就赐给孔霸关内侯的爵位，称为褒成君，任命他为掌侍从规谏以及纠察的给事中。汉元帝很想让孔霸为丞相，可是孔霸不好权势，为人谦让，常说：“爵位太高了，我有什么德行去承当它呢？”所以御史大夫一直有空缺，汉元帝即使想任用孔霸，孔霸都让了位，自行辞退了好几次。汉元帝深知孔霸的真诚，于是就不再想任用他为丞相或御史大夫。也因此更加尊敬他，给他很优厚的赏赐。

戊子日，任命侍中、卫尉王接为大司马、车骑将军。

石显因为惧怕周堪和张猛等人，便屡次诽谤他们。刘更生怕周堪、张猛等人会遭到石显的陷害，就上书说：“臣听说虞舜任命九名大臣时，大家都表现得很有风度，彼此谦让，显出一片非常和乐的样子。在朝廷上的大臣和乐相处的话，底下的民众就能同心协力，也能很平和地团结在一起，因此当箫《韶》九奏以后，凤凰因感至和而来仪。等到了周幽王、厉王的时候，因为朝廷不和，演变成彼此相互怨诽，于是发生了地震、日食、月食，使得百川泛滥，山谷崩裂，寒暑霜雪也都失去了它的节序。由此看来，和气可以致详，戾气便会带来灾异，多祥和之气的国家，就能得到平安；灾异频繁的国家，就很危险了。这是天地间的常道，古今所一致认同的道理。现在陛下开创夏、商、周三代的功业，招揽文学才士，待以优柔宽大，使得有贤德的人都能被任用。可是现今竟变得贤佞混杂，是非不分，忠奸并用，邪正错乱。在北阙的公车里，奏章交集。在北门的北军中，因为上书言事，侵犯刑罚，而被惩治的，又人满为患。朝廷的大臣意见都不相同，各相违背，互相毁谤，搬弄是非。这些会让人觉得耳目眩动，也会影响到心意的事情，真的是不可胜记。他们又分别结为朋党，常常结群朋比，一起陷害公正的大臣。当公正的大臣被任用的时候，那就是太平治世的表征；而公正的大臣被诬陷的时候，正是灾乱的机兆。在天下治乱交换时，却不知道怎样去分辨正邪，任用正臣，使灾异屡次发生，这正是臣所以觉得寒心的地方。从初元之后到现在，已有六年了，在《春秋》上所记录的，六年之中发生的灾变，没有像今天这么多的。追究之所以会如此的原因，那是因为一些谗邪的人被任用的关系。谗邪的人之所以会被一起任用，是由于皇上多疑，既然已任用贤人而施行善政了，假如有谗邪的人说了一些坏话，贤人立马就被辞退，也把善政撤销了。那善变多疑的人，就会招来诬陷正人的口舌；不会当机立断的人，便会开启任用群小的大门。谗邪的人被任用了，群贤就会退避，众多小人势盛，君子就被消解。因此《易经》有‘否卦’和‘泰卦’，假如是小人道长，君子被丢弃不用，国政就日益衰乱；如果是君子道长，小人被斥逐远去，国事就一天天上轨道。从前鲧、共工、欢兜和舜、禹杂处在唐尧的朝上，周公和管叔、蔡叔也一起位列周朝，在这时，他们相互毁谤，流言很多，这哪里是说得完的事呢？后来因为帝尧和周成王能认清舜、禹和周公是有才能的人而任用他们，斥退了共工和管叔、蔡叔，因此国家大治，荣耀一直到今天。孔子和季孙斯、孟孙何忌全在鲁国当官，李斯和叔孙通都在秦国当官，鲁定公和秦始皇认为季孙氏、孟孙氏和李斯是贤人而重用他们，罢退了孔子和叔孙通，因此使得国家大乱，一直到今天还受人污辱。所以国家治乱荣辱的关键，全在于国君所宠信任用的人如何。所信任的人如果是贤人，就要对他坚信不疑。《诗经》说：‘石性虽坚，尚可移转，我的心志坚定，执德不倾，与石不同，是不可动摇的。’这是说一个人须能笃守善道。《易经》九五爻辞说：‘王者大发号令，涣然如汗水的流出。’这是说国君的发号施令，如汗水的流出，汗水流出以后，是再也不会收回去的。现在嘉奖的诏令颁下以后，还没超过三个月就收回，这就如同汗水又被收回去一样；任用贤人还没超过一个月，就把他辞退，就如转动石头一般。《论语》孔子的话说：‘遇见不是善良的事情，要像用手探到热汤就迅速抽回一样，避去唯恐不速。’现在二府已经上奏皇上，认为不应当使那些好巧言谄媚而心术不正的人在朝为官，可是经过很长时间都没有去除他们。由此可见，施发号令，便即刻收回，就像是把流出的汗又收回一样；任用贤人，马上又斥逐了他们，就如同转动石头一般；铲除佞人，却就像拔山一样难，一直没有动静。像这个样子，而期望阴阳寒暑能得到调和，不是很难吗？所以那些小人们窥见有缝隙可寻，有毛病可以指责，就用文字去修饰，用巧言丑语去设法污蔑人，于是流言四起，匿名信满天飞。因此《诗经》上又说：‘实在让人忧愁啊！这一批围绕在君侧的小人，真是令人恼怒！’小人成群结党，确是使人感到愠怒。从前孔子和颜渊、子贡彼此互相赞美，却不结成党派，排斥异己；禹、稷和皋陶也互相引进提拔，却不结党营私。怎么会这样呢？因为他们都能忠心为国，一点偏邪的私心都没有。现在那些邪佞的人，渗透在贤臣之中，和贤人们并立在朝廷上，朋党合谋，去善归恶，空言无实，常常危言耸听，歪曲事实，希望能倾侧改移主上的心意，如果贸然采纳佞人们的言论，这就是天地所以先行示戒，各种灾害变异所以交相发生的原因。自古以来，那些圣明的国君没有能不行诛罚而可以把国家治好的，所以舜曾经把欢兜、共工、三苗和鲧流放到三危、幽州、崇山和羽山去，孔子当鲁国的司寇，也在宫门前的两阙之下，诛杀了奸雄少正卯，这样之后，圣人的教化才得施行。现在以陛下的圣明睿智，真能去深思天地的旨意，观览《易经》中的'否卦'和'泰卦'考求效法周成王、唐尧任用贤人的方法；探究秦始皇、鲁定公消退贤人的情形，以此为戒，考察那些嘉庆祯祥等吉利的事物，以及种种灾患变异等祸害，来权衡当世的动乱，放逐奸佞的党派，驱散那些心术不正的群党，杜塞群邪的门路，大开引进正人君子的途径，杜绝疑心，区别善恶，不再犹豫不决，便是非对错彰明可知，这样，各种灾异就会消失不见，所有的祥瑞就都会同时涌至，这是太平盛世的基业，子孙万世的福利。"石显看见了刘更生的奏章，更加和许嘉、史高狼狈为奸，而越发恨刘更生等人。

这一年，在盛夏里，天气忽然变得很冷，太阳昏暗无光，显及许、史都说这都是因为任用周堪和张猛执事的罪过。汉元帝心里很看重周堪，可是又害怕石显等人不断地毁谤进谗，无法获得大家的信任。那时的长安县令杨兴，很有才能，因此得到汉元帝的宠信，他经常称誉周堪，汉元帝就想借助他的赞美，于是问他说："朝廷上的大臣经常讨论光禄勋的不是，这是为什么呢？"杨兴是一个善于改变的人，认为汉元帝是在怀疑周堪，就顺着误解的旨意说："周堪这样的人，不但不容于朝廷，就是在乡里，也可能会遭到非议呀！臣看到众人说周堪和刘更生等人商议毁谤皇上的骨肉近亲，觉得该杀。臣从前上书说周堪不能够去伤害他，这是为国表示恩养啊！"汉元帝说："如果这样的话，那么将要用什么罪名去惩罚他？现在该怎么办呢？"杨兴说："臣认为可以颁赐给他关内侯的爵位，封邑三百户，不让他主持政务。这么一来，圣君也不至于丧失了师傅的恩惠，这是最周全的处理。”汉元帝于是果然对周堪起了疑心。

掌管督察百官和三辅各郡的司隶校尉，琅邪郡人诸葛丰，原先因为为人正直，与众不同，出名于朝廷，好几次侵犯贵戚，使得很多在位的人都说他的坏话。后来在春生夏长时，诸葛丰因为不顺天时就去逮捕审治人犯遭到处罚，被降调为主管长安各城门守备的城门校尉。于是诸葛丰上书揭发周堪和张猛的罪状。汉元帝不认为诸葛丰所告发的有理，就下诏令给御史大夫说：“城门校尉诸葛丰，之前和光禄勋周堪、光禄大夫张猛在朝廷做官的时候，经常称赞周堪、张猛的美善。诸葛丰之前是司隶校尉，因为不能顺应四时，专尚苛暴，修改法度，以得虚威，朕不忍心把他交给司法官吏去治罪，因此贬他为城门校尉。但他却不知道内自反省，反而怨恨了周堪、张猛，以求报复，上奏毫无证据的言辞，揭发难有佐验的罪名，是诽谤名誉，随意指责，不顾前言周堪、张猛的美好，今则攻讦他们的过失，先后相违，没有比这更不可信的了。朕怜惜丰年老，不忍施加刑罚，现在要罢免他为平民！”又说：“诸葛丰曾举告周堪和张猛的贞信不立，朕因为怜惜他们而不去治罪，同时也爱惜他们才能未能有所发挥，所以现在降调周堪为河东太守，张猛为槐里令。”

◆臣司马光说：诸葛丰对于周堪和张猛，先是称赞他们，而后是诽谤他们，他的心意并不是为了朝廷的善政而进言，也不是为了去除奸邪，只是想要因此接近汉元帝，求取进身之阶罢了。这就和郑朋、杨兴那一流的人物是一样的，怎么算是一位刚直的人物啊！一国的国君，要能仔细去观察人事的好坏，辨明人事的是非，有所奖赏，是为了劝导人民的行善；有所惩罚，就是为了警惕奸邪，这样才能把国家治好。假如诸葛丰的话是真实的，那么就不应当罢黜他；假如他是诬告的，那周堪和张猛又犯了什么罪呢？现今却是双方面都加以责罚，都贬了他们，那么所说的是非好坏到底在哪里呢？◆

贾捐之和杨兴很友好。捐之因为好几次谈论到石显的缺点，因此没能得到实任的官职，也很少有进见汉元帝的机会；而杨兴因为才能很得汉元帝的宠信。捐之便告诉杨兴说："现在京兆尹缺官，如果能让我见到皇上，说你君兰有才能，你立马就会被任命为京兆尹。"杨兴也告知贾捐之说："君房下笔有神，真是天下最精妙的辞章了,如果能让君房你去当尚书令，那真要远胜过五鹿充宗。"捐之说："让我能代替充宗，君兰当上京兆尹，京兆，是首都特区，地位比各郡国崇高，尚书，是百官的基础，如此，天下真的能太平，士人从此再也不会遭到蔽障而被疏远了！"捐之又批评了石显的缺失，杨兴说："石显正是显贵的时候，皇上很信任他；现在我们想要求仕进，但依照我的计谋，我们要暂且迎合他的意思，那么就会有机会入朝为官了！"捐之就和杨兴共同上了推荐赞美石显的奏章，称许他的优点，认为应赏赐给他关内侯的爵位，推举他的兄弟为诸曹官；又共同上了推荐杨兴的奏章，认为可以让他试着去担任京兆尹的职务。石显听到了他们这个计谋，便向汉元帝报告，于是就将杨兴和贾捐之都关到监狱里，派石显去审问他们。结果，石显上奏了他审判的结果，说："杨兴、贾捐之心怀诡诈，彼此推荐称誉，想要谋得重要的官位，欺上悖理！"贾捐之因此竟被处死，杨兴则被剃去头发，颈上戴枷，判处了徒刑，远徙到边塞去。

◆臣司马光说：君子用正道去打击邪说，还担心会制服不了他们；更何况捐之是以邪恶去对付邪恶，这样怎么能免于灾难呢？◆

改调清河王刘竟为中山王。

匈奴呼韩邪单于势力越来越强盛，所聚集的民众越来越多，边塞的禽兽都猎杀完了，单于也能够自卫，不再畏惧郅支，于是呼韩邪的大臣们多半劝他北归旧处。时间长了，单于果然北归王庭，民众又慢慢地归附了他，呼韩邪单于的国势便因此又安定下来。

永元二年（己卯，公元前42年）

春季，二月，大赦天下。

二月丁酉日，御史大夫韦玄成被任命为丞相；右扶风郑弘为御史大夫。

三月，壬戌朔日，出现日食。

夏季，六月，大赦天下。

汉元帝询问给事中匡衡有关地震、日食变化的缘故。匡衡上疏说："陛下亲自为国家开辟太平盛世的大道，怜惜那些昏愚的官吏人民，触犯法禁，便每年都下令大赦天下，使民众得能改过迁善，去恶自新，真是国家之福啊！可是根据我的考察，在每次大赦以后，为非作歹的事情并没有因此减少，今天刚刚被大赦的人，明天又犯了法，一个个又被关进监狱，这大概是疏导他们的工作没有抓住重点的缘故。现在天下的社会风气，都是贪求财利而轻贱道义，崇尚奢侈，喜好声色，对于没有利害关系的亲戚都很薄情，却竞相利用婚姻关系去聚党巴结，阿谀迎合，罔顾道义，意图获得不当的利益，不惜以身试法，为利亡身，一点也不改变邪恶的本性，即使每年都在赦免囚犯，刑罚却仍然不能弃置不用，所以臣认为应该要大刀阔斧地彻底去改变一下这些不良的习俗。朝廷，是天下的根本所在。朝廷上有了不平和的言论，那么臣下便会有相争互斗的忧患；在上位的有了自以为是而专制的臣子，下面便会有不能忍让的人民；上面有了好胜嗜杀的僚属，下面便会有伤损残害的心意；上面有了贪图钱财的大臣，下面便会有偷盗抢劫的民众。这是因为下民所行，都是根据上面的教化如何。所以治理天下的国君只要仔细观察当时人民的风俗如何，便知道该如何去治理国家了。教化的推行，并不是要家家都注意到，每人都要去劝说他；只要能使贤能的人在位，能干的人尽忠职守，朝廷崇尚礼仪，文武百官互相尊敬谦让就可以了。道德的行为是要由内心发展到体外，从最近的人开始。若能如此，人民就知道该如何去效法学习，于是就能在不知不觉当中，自然而然地去改过迁善，日有长进。《诗经》说：'那商王的都邑，人民个个都能礼让恭敬，可以作为四方群众的榜样。'现在的长安，是天子的城池，人民亲承圣王的教化，但是他们的习气风俗和远方外地的人民一样，从郡国中来到京师的人，觉得并没什么值得学习的地方，有的人只看到它的奢侈浪费，就模仿了它。可见京师的习尚是一切教化的根源，是风俗如何的关键，是应该要先去端正的。臣听说天上跟人间的分际，彼此的精气，也是会互相激荡，言行的善恶，会彼此影响的，下面的人事如何，会反映到天象的变动，如果是阴气有了变化，便会发生地震，阳气遭到蒙蔽，就会产生日食，水灾、旱灾是随着不同的人事而发生的。陛下敬畏上天的警戒，只有哀怜众民，节省庞大的开支，戒绝奢侈，仔细研究先圣先贤的制度，疏远巧佞的小人，亲近忠正的君子，以提倡大仁大义，矫正败坏的风俗习惯，使道德能弘扬于京师，善名美誉能光大于域外，然后教化才可以完成，礼仪谦让可以复兴。”汉元帝很赏识他的建议，改任他为光禄大夫。

◆荀悦评论说：这个囚徒的赦免，只是权宜之计，并不是正常的司法典范。汉继秦而起，延续暴秦的兵革战乱之后，在那民众几乎都身负重罪的时代，可说是每家每户都可施加刑罚，因此汉高祖便约法三章，即皇帝位以后，大赦天下，洗刷当时社会上的罪恶污秽，革新了人民，全部从头开始，这是当时的局势造成的。后代承袭了这个制度，不知道改革，对于大赦令的颁行，衍为成例，这就失去了时代意义。在惠帝、文帝的时候，就没什么大赦。在孝景帝时，发生七国叛乱，人心浮动，弄奸使诈，不一而足。到了武帝末年，赋税沉重，差役频繁，处处都发生了盗贼，加上戾太子被杀的事情，还有那混乱的灾祸，牵连所及，使得天下纷乱，百姓的生活，没有了依靠。待到光武帝起义，拨乱反正，像这样在战乱之后，有诸如此类的事情发生，便该大赦天下了。◆

秋季，七月，陇西羌彡姐的旁支叛乱，于是天子下诏召集丞相韦玄成等人入宫商议。这时，因为收成连年不好，朝廷正为此事烦忧，又遭受到羌人的叛变，所以玄成等人都不知道该如何处理。因此没有人能提出相应的对策。右将军冯奉世便说：“羌虏距离境内很近，竟敢反叛，如果不马上诛伐，就无法去征服远方的蛮夷，臣愿意率兵前去讨伐他们！”汉元帝问他要带多少兵去，冯奉世回答说：“臣听说善于用兵的人，只要一次征讨，便能结束战事，不必起第二次兵，所带的粮食也不超过三年的需要，部队不宜在外面暴露耽搁很久，对于叛乱的征伐，是求能速战速决的。从前因为好几次错误估计敌情，使得军队遭到折损，虽然经过再三调派补充，但已经耽误了时日，增添了麻烦和费用，而且使朝廷的威武亏损殆尽。现在叛乱的羌虏大概有三万人，依照常理估计，我们派去征剿他们的部队应该加倍，那就是要用到六万人。但是因为羌人所使用的兵器只是弓、矛，武器并不锋锐，因此只要派四万人就够了，而且仅仅需要一个月的时间，就足以平定他们的叛乱。”

丞相、御史大夫和车骑将军王接、左将军许嘉都认为：“人民恰好在收成的时候，不可以遣派太多的人力，只要调派一万人去屯守，大概就够用了。”冯奉世说：“不可以。天下百姓现在正遭到饥荒，兵士马匹都很羸弱，守御攻战的军备，已经长时间废弃，不会再有什么挑选训练，夷狄都有轻视边吏的心意，羌人只是先发难罢了。现在我们如果仅派一万人，还要分派到几个地方去，羌虏看到兵少，一定不会害怕。我们如果要出战，军队便会遭到折损，如果要防守，百姓又不会来援助我们，这样一来，我们的劣势马上就显露出来。羌人乘着胜利，各羌种就会同时响应，鼓荡而起，到那时臣恐怕国中要派出的兵役，就不只是四万人而已，而且不只是花些钱财就能解决的。因此少派部队，空费时日而无功，和一举出兵，速战速决，这两种的利害，是相差万倍的。”即使奉世极力进言争取，最终没有获得同意。后来才下令再增加二千人。于是派遣奉世率领一万二千名士卒及马匹，以领兵屯田来当借口，向边塞进发。以典属国任立和护军都尉韩昌为偏将，到达陇西郡后，由任立、冯奉世、韩昌三人，分别率领军队屯驻在首阳、白石、临洮三个地方。韩昌先派遣了两名校尉去跟羌人作战，因为羌人太多，所以两名校尉都被羌人击败，还被杀了。冯奉世便把那里的地形和布军的多少一一地列成详细的计划，上奏给汉元帝，请求增加三万六千人，认为只有这样才能解决此次战争。奏章呈上去以后，天子果然派出许多的兵士，总共有六万多人。八月，任命太常弋阳侯任千秋为奋武将军，前去援助冯奉世。冬季，十月，全部的士兵都达到了陇西郡。十一月，各路军一起进发，攻击羌人。羌人大败，被砍头的有几千人之多，剩余的都逃出了边塞。在军事获得胜利时，汉朝又派遣了招募来的一万余名士兵，任命定襄太守韩安国为建威将军，准备进发到边塞去，在还没进发到目的地时，就听说羌虏已破，于是又被调了回来。大胜后，汉元帝下令撤回派走的那些军吏士卒，只留下一些人在那里屯田，保卫在险要的地方。

资治通鉴卷第二十九　汉纪二十一

起庚辰（公元前41年），止戊子（公元前33年），共九年。

【题解】 本卷记录了汉元帝刘奭永光三年至竟宁元年共九年间的历史。主要记录了宦官石显自保邀宠的种种奸猾行径，他接纳贡禹、韦玄成、匡衡，互相利用，掩饰逼杀萧望之的恶行；记录了西域都护甘延寿、副校尉陈汤明察审时，抓住战机，矫诏诛灭郅支单于，雪汉使谷吉被杀之耻，却被夸大过错，两年后才论功行赏。

孝元皇帝下

永光三年（庚辰，前41）

春季，二月，冯奉世受命回到京师，孝元皇帝改任他为左将军，并赏赐他关内侯的爵位。

同年三月，汉元帝册立皇子刘康为济阳王。

夏季，四月，癸未日，平昌考侯王接过世。同年秋季七月壬戌日（七月无此日），汉元帝任命平恩侯许嘉担任大司马兼车骑将军。

冬季，十一月，己丑日（初八），国内发生地震，且又多发雨水，产生涝灾。

朝廷重新设立盐铁官；限制规定博士弟子的名额为一千人之内。实行这些政策是因为朝廷经费入不敷出，而多半百姓又免除了赋税徭役，使朝廷收入无法供给内外徭役所需费用。

永光四年（辛巳，公元前40年）

春季，二月，孝元帝大赦天下。

同年三月，汉元帝到雍城去祭祀五帝。

夏季，六月，甲戌日（二十六日），孝宣皇帝的寝园东门发生火灾。

戊寅晦日（三十日），又发生了日食。元帝召集那些先前说这些天变灾难都是因为周堪、张猛的官员进行责问，他们都跪拜于地，叩头认错谢罪。于是，孝元帝便下诏令称赞周堪、张猛的善行美德，并把他们调回京师长安，任命周堪为当朝光禄大夫，领俸禄中二千石，主管尚书事；重新任命张猛为太中大夫、给事中。可是，当时是由中书令石显主管尚书，五名尚书都与石显属于同一党，因此周堪很难见到元帝，周堪虽有建议，但常常要由石显上书汉元帝，汉元帝有所决定，也由石显进行转达。正巧，周堪又患了失音症，因喉咙沙哑，不能言语而去世。后来，石显又诬陷张猛，逼他自杀于公车官署。

当初，贡禹向汉元帝上奏章说："孝惠帝、景帝两座祭庙，与皇室的亲情已尽，所以应予撤除毁弃，另外，各个郡县、封国所设立的众多祖庙，有不合乎古代礼法规定的，也应该加以整理改正。"元帝很赞同他的想法。

秋季七月戊子日（初十），元帝便下诏罢废了高祖的母亲昭灵皇后、哥哥武哀王、姐姐昭哀后、汉武帝的皇后卫思后、孝元帝的曾祖父戾太子、戾太子之后戾后的庙园，从此这些庙园都不再按时祭祀，而只是派官兵驻守罢了。同年冬季十月乙丑日（十九日），元帝下令将郡国中那些不合乎典法礼制的宗庙一一撤除。

元帝下诏，各个帝王的陵园都不再归中央机关的太常府所管，而改为归到其陵园所在的各地方机关所管。同时又将渭城北原上寿陵亭一带设置为自己预置的陵寝，并下诏不必在将那里发展为县邑，也不需要搬迁郡国百姓去安居。

永光五年（壬午，公元前39年）

春季，正月，元帝前往甘泉宫祭祀天神。同年三月，再到河东郡，祭祀土神。

秋季，国内颍川郡发生水灾，淹死百姓。

冬季，元帝到长杨宫射熊馆，大肆游猎。

十二月乙酉日（十六日），元帝采纳丞相韦玄成等人的意见，拆毁了太上皇和孝惠帝的祭庙。

元帝喜好儒家学术和文章辞令，便更改了宣帝在时制定的一些法令制度。从此，那些喜好谈论政事、提出建议的人，多数能觐见汉元帝，向汉元帝提出他的意见，从而使得人人都自以为能引起汉元帝的注意。这时候，傅昭仪和她的儿子济阳王刘康都很得汉元帝的欢心，元帝对他们的恩宠甚至超过了皇后和太子刘骜。此时，太子少傅匡衡提出意见说："我曾经听说国家治乱安危的关键，在于人主凡事要用心谨慎。至于那承受天命的开国之君，其任务在于开创江山基业，使它世代相承，永传不朽。而继任的帝王，其任务在于一心去继承弘扬先王的功德，光大先王事业功绩。从前，周成王承继王位，他就能一心去继承文王和武王的治理之道，并以此来修养自己的心性，而有了卓越的功业。周成王便归功于文、武二帝，不敢居功自傲，因此，上天能享用他的贡品，连神灵都能保佑他。陛下圣明，关爱百姓。可是天地的寒暑变化不尽如人意，阴阳之气没有调和，奸佞邪恶也未得以杜绝的原因，大概是那些议论国事的朝廷众臣没有去弘扬先帝的盛大功德，只是在那里抨击过去的制度法令的是非，他们强调制度要有所变更，可是制度法令改变过后又无法执行，只好更改回来，最后，群臣只是在朝政上争论是非，发生纠纷，从而使得官吏百民无所适从。我常在内心痛恨，国家竟然废弃了那些已有的成就，弃人心所信服、喜好的功业于不顾，盲目地去尝试那些还在争辩不休、无据可考的想法。所以我请求陛下能去详细回顾先帝的圣德，遵从先帝遗留的法制，宣扬先帝所创的功业，从而安定群臣百姓的心。《诗经·大雅》说：'要常去怀念你的先祖，继承发扬先祖的功德啊！'这才是达到圣德的根本方法。《诗传》上是这样说的：'能知道好恶，顺应好的情性，一切治国平天下的方法，便全在这里了。'培养德行的方法是一定要知道自己的长处，并且要能取他人之所长，补自我之不足。一般而言，聪明通达之人，要警惕过于苛求别人的短处；见闻浅陋之人，要警诫自己不要遭到他人蒙蔽；勇猛刚强的之人，要戒惕自己不要变得太过凶残粗暴；仁爱温良之人，要警惕自己不要变得优柔寡断；沉静恬淡之人，要警惕自己不要流于迟缓，从而贻误时机；心胸宽广之人，要戒惕自己不要疏忽大意，以免挂一漏万。凡事一定要先明白自己应该引以为戒的，再依此行事，从而补足自己的短失，然后一切才能显得和谐顺达。这样，那些伪善、奸诈的佞人才不敢结党搭帮，企望挤入朝廷。请陛下务必鉴察，这是用来修养圣明道德的方法啊！

“臣曾经又听说，如果明白了齐家之道，也就能明白治理天下的道理。所以，《诗经》编排的先后，是从《国风》以《关雎》为先。《礼记》则以成冠礼及婚礼为礼之根本。《诗经》之所以以《国风》为始，其意是在探查情性，以明晓人伦；《礼记》之所以用冠礼和婚礼为礼之根本，这是在端本溯源，防患于未然。因此，圣明的君王一定要留意分清嫔妃与皇后的差别，将嫡长子的地位区别开来，这就是以礼来齐家之道。地位卑贱的人事事都不能超越地位高贵的人；后娶的妃子事事都不得优于原配的皇后。这是就用来理顺人情，调理阴气之法。嫡子在众子之中树立权威的方法是：嫡子成年时，在殿前的主阶上举行隆重的加冠礼，亲自用甜酒去祝贺他，庶子加冠时就不得如此。这就是用来珍视正统，辨明嫡庶之分，以避免众人迷惑啊！我所说的这些并不是去虚行这些礼仪而已，而是发自真心，对于亲密疏远尊贵卑贱，君主应有着不同的态度。可见礼仪可以探知一个人的内心，然后再让它表现出来。圣明君主的一切言行举止，包括平时所亲近的人和事，都要尊卑有序，那么就会天下大治，百姓就能遵从教化。如果理当亲近的人，反而被疏离了，应当得到尊重的人，反而被贬低了。那么那些奸佞巧诈之徒，便会乘机而动，从而扰乱国家正常运作。因此，圣人事先预防这些事情的出现，不因为个人的恩情，违背了大义。正如《易传》的卦辞所说：‘能使家道端正，天下便能得以大治！’”

当初，武帝曾派人于元丰二年堵塞了黄河决口，并在上面筑造起宣房宫。后来，黄河决口于北边的魏郡馆陶县，形成屯氏河，从东北方向的渤海郡章武县入海。因为河床宽度和深度堪比原来的黄河，所以便任其发展，不再筑堤阻塞。同年，黄河又决口于清河郡灵县西鸣犊河口，屯氏河因此断流。

建昭元年（癸未，公元前38年）

春季，正月戊辰日（二十九日），天外有陨石落于梁国。

三月，元帝到雍县拜祀五帝。

冬季，河间王刘元因为杀害了无辜的人被撤销爵位，贬逐至房陵县。

元帝下诏撤销了文帝的母亲孝文太后（高祖姬薄氏）坐落于霸陵的陵园。

元帝到虎圈去观赏猛兽搏斗，后宫的人都一起在座奉陪。有一只熊突然跳出了圈外，攀爬着栏杆，想要爬到殿上去。左右侍从、贵人包括傅婕妤在内等人都被吓跑了，只有冯婕妤一直挡在熊的前面。左右侍从赶快把熊杀死。后来，元帝便问她："为什么大家见了熊都恐惧惊走，唯独你敢向前去阻挡熊呢？"婕妤回答说："猛兽凶性大发时，只要抓着了一个人就会停下来。妾身是因为担心熊会伤到皇上，所以便用自己微薄之躯去阻挡凶兽。"元帝听了，很是感激赞叹，更加敬重冯婕妤。而傅婕妤大为惭愧，从此便与冯婕妤之间有了隔阂。冯婕妤是左将军冯奉世的千金。

二年（甲申，公元前37年）

春季，正月，元帝前往甘泉宫，在泰祭祀天神。三月，又到河东郡去祭祀后土神。

夏季的四月，元帝下诏大赦天下。

六月，元帝下诏册立皇子刘兴为信都王。

东郡人京房拜梁国人焦延寿为先生，跟从焦延寿学习《易经》。焦延寿常说："因为学到我的学问而遭到丧命的，那便是京房了。"焦延寿解说《易经》，擅长结合天灾人祸，他的卦象共分为六十卦，每一爻主管一日，六十卦轮流交替，指定三百六十日，六十卦更替配日行事，用风雨冷热来进行验证，从而预测每日的福祸善恶，这种值日行事的方法各有灵验。他的学生京房对这种占验执法尤其擅长。当他被举荐为孝廉并被任用为郎官之时，就经常上疏汉元帝谈论天灾异象，都十分准确灵验，得到了汉元帝的欢心，并被元帝数次召见询问。

京房回答元帝说："从前的帝王能按功提拔贤能，所以万事和谐，天降祥瑞；而到了末代的皇帝，凭借其名誉受到诋毁或是赞叹为依据提拔人才，所以功业尽遭废弃，导致灾难异象时常出现。所以现在应考察天下的官吏，考查他们的才干，考核他们的政绩，凭借才干来举用官员，那么天地间的一切灾难变异便可停止。"于是，元帝便下令让京房去策划考用贤才的方法。京房便将所拟定的考功课吏法上奏汉元帝，用来考核官吏的功绩过失，评定官吏政绩优劣。元帝就命令朝中大臣与京房在温室殿商讨此事。最后，公卿朝臣都认为京房的考绩法过于繁杂，大家认为京房使县令、县丞、县尉等上下级官吏去互相监督审察，从而预防贪赃枉法是无法实行的。可是，元帝觉得京房的办法实际可行，大有益处，便有意实施。当时刺史主管在各州中巡察官吏的政绩，听断冤狱错案，并且有罢免官吏的权力。按法令，每年岁末之时，刺史都回京向朝廷奏报一年中所巡察的事宜，汉元帝便召见他们，命令京房向刺史阐述他考课官吏的方法。这些刺史们也都一致反对。当时，只有御史大夫郑弘、光禄大夫周堪，最初反对，但后来支持其方法。

这时，正值中书令石显独揽朝权，石显同党五鹿充宗任尚书令，二人同时受到元帝的信任，联合执掌天下政事。曾经，京房在公余觐见元帝，问元帝说："周幽王和周厉王为何使国家处于危亡之中的？他们所信任的都是些什么人？"元帝说："周朝末世陷于危亡是因为其国君昏庸不明，周幽王、周厉王所任用的都是一些奸佞小人。"京房又问："这些君王是因为知晓他们是奸佞小人而信任他们呢？还是因为误以为他们贤能而任用他们呢？"元帝答道："当然是认为他们贤能而任用他们的啊！"京房又问："那么为什么我们现在明白了他们是奸佞之人的呢？"元帝答："这是因为当时政局变得混乱，并且国君陷入危亡境地才知道的啊！"京房说："如此可知，任命贤人，国家必将太平，若任命奸佞之人，国家必定陷于危亡，这是必然的道理。但是，周幽王、周厉王为什么没有觉悟，从而罢黜奸佞，想办法去寻找贤人？为什么一直任命那些奸佞臣子，以至于亡国呢？"元帝说："那是因为那些陷于危亡之境的国君都认定那些佞臣都是贤士啊！若他们都能觉察到这一点了，那么天下怎么会有危亡的君主呢？"京房回答说："齐桓公、秦二世也都听说过周幽王、周厉王的为君无道而讥笑他们，可是齐桓公任用了佞臣竖刁、秦二世信任阉人赵高，使得朝政日益混乱，盗贼横行无忌，为什么他们没有以周幽王、周厉王为鉴而觉悟过来呢？"元帝说："那是因为只有圣明的君主才能借鉴往事，预测未来呀！"

京房于是脱下了官帽，叩头说："《春秋》一书记载了二百四十二年的天灾异变，用来警示后代的君主。陛下自登基以来，也出现过日食、月食、星辰运行混乱；山崩泉涌、地震、陨石撞地；六月降霜、腊月雷鸣、春天草木凋谢、秋天枝叶繁茂、降下了霜雪草木依旧繁茂；水灾、旱灾、虫灾、百姓闹饥荒、瘟疫流行、盗贼猖獗、囚犯充斥集市等，凡《春秋》上所记记载过的灾异，现在都一一发生了。那么陛下认为我们现在是治世呢，还是一个乱世？"汉元帝说："这必然是一个很乱的时代，还用提吗！"京房说："现在陛下所重用的都是些什么人呢？"元帝说："万幸的是，现在所发生的那些天灾异变，比起前朝都还要好些，而且我认为这些灾难异变和所重用的人关系不大。"京房说："那些前代的国君，恐怕也都是这样想的啊。微臣担心后代的人看到我们今天的情形，也会像我们看从前的情形是一样的！"元帝考虑了很久，才问："那么现在扰乱国家的是谁呢？"京房说："陛下圣明，自己应该知晓。"元帝说："我不知道啊！如果知道了，又怎么会去任用他呢？"京房说："陛下最信任重用的，常召见他入宫，一起计议国家大事，掌握任免天下才士权柄的那个人便是了。"京房所指的是石显，元帝自己也知道，对京房说："我已经明白你的意思了。"京房便告退了，可是后来元帝也没能罢免石显。

◆臣司马光说：若君主的德行不够贤明，那么臣属虽想要竭尽忠心，要从哪里去入手呢？看到京房劝谏孝元帝的话，应该说已经是很明白恳切的了，但是元帝却始终不能听从采纳，真令人悲哀感叹啊！《诗经》说："我不但面对面地教导你，而且还亲自揪着你的耳朵提醒你；不但亲手提携你而且还亲自指示教导你辨别事情的是非善恶，希望你能有所觉悟。"又说："我教诲你时诚恳耐心，你却是那样的不以为是。"指的就是孝元帝这种人啊！◆

元帝命令京房推荐他的通晓考察功课吏法的学生，想要进行试用。京房便上奏汉元帝说："中郎任良、姚平，请皇上派他去担任刺史，在各州县试行考绩功法制度。臣希望能留在朝廷，担任侍御史，向皇上转达各位公卿的奏事，以防止下情遭到梗阻，不得上达圣听。"但是，石显和五鹿充宗都很忌恨京房，想要让元帝疏远他，就上奏折给汉元帝，建议让京房去担任郡守的职务。元帝便任命京房为魏郡太守，允许他用他的考功法去治理本郡。

京房亲自向汉元帝请求："岁终的时候，请准许我可以乘坐驿站的马车前来京师，向皇上当面奏事，以免陛下受到奸臣的蒙蔽拨弄。"元帝答应了他的请求。

京房知道自己已经因为多次论议国事，遭到大臣的非议，而且和石显等人有了嫌隙怨恨，所以不想远离朝堂，便上了密封的奏章给元帝说："微臣离开京师，到达魏郡以后，恐怕会被当朝执事大臣所陷害，以至于微臣身死但功业未成，所以便要求可以在年终之时，乘坐驿车，亲自到京师面圣，向皇帝奏事。承蒙皇上的哀怜，答应了微臣的请求。然而，在辛巳日（《汉书·京房传》载此封事上于二月朔，王先谦《补注》引钱大昕的说法，以为二月当作三月。二月辛巳为二月十八日。）阴蒙的昏暗气象，又触犯了用事的晋卦，昏气侵袭了阳光，这就预示将有上大夫遮蔽了阳光，侵扰了天子的心意，引起了陛下的怀疑。在己卯、庚辰这两日之间（依钱大听说，当为二月十六日、十七日。）一定会有人要阻止我，让我无法乘坐驿车去向皇上奏事。”京房还没动身，元帝便命令阳平侯王凤下诏书给京房，禁止他以后可以乘驿车前来面圣奏事的权利，京房的心中变得更加恐慌。

秋季，京房动身离开长安，到达了距京师百里之外的新丰县城，便托差人向汉元帝传送了一件密封的奏章说：“微臣曾经在六月中谈到遁卦的占候方法，结果是没有应验，但是我在占候法上面写道：‘身怀道术的人刚一离去，便会天降大寒，而且会发生水灾。’到了七月，大水果然涌出。微臣的弟子姚平便告诉我说：‘你可以说是一个通晓道术的人，却不是一个笃信的人。你所谈论的天灾变异，每一件都被你说中。现在大水已经上涌，道人应该被放逐或处死，你还有什么话可说的呢？’微臣说：‘皇上最为仁慈，对待微臣尤其优待宽厚，就算微臣因为进谏而死，微臣还是要说。’姚平又说：‘你不吝惜性命来进谏，只能说是一个能尽小忠的人，可是因为不能使得皇上听信谏言，所以算不上一个能尽大忠的人。秦朝，赵高被重用之时，曾有一个叫正先的人，只是因为批评讥刺赵高几句而被处死，但赵高的淫威也因此事被大家所认定。所以秦朝的败乱灭亡，也可以说是由正先引导促成的。’现在微臣被陛下任命为郡守，自当时常告诫自己为国效力，但是恐怕会来不及去为国效力，建功立业，就已经被害死。所以微臣请求皇上，不要让微臣去应验那涌水的变数，像正先那般被害死，让姚平所嘲笑。”

京房到了弘农郡的陕县上任后，又上密封奏章说：“我曾经建议让任良担任刺史的职务，并希望让他去试行考功法，负责官员考绩，臣得以置身在朝堂内。那些议论此事的大臣，知道这件事对他们是不利的，陛下便不会受到他们的阻隔蒙蔽 ，所以就说：‘与其派弟子去，不如老师亲自出面执行此事。’等到他们看到陛下要派臣去担任刺史，又有亲自向皇上奏事的权利，这对他们仍然是不利的，所以便又上书：‘让臣担任刺史，恐怕在地方办事时，太守不会与刺史同心合作，不如让京房去当太守。’这是他们费尽心机，想尽办法要来阻隔我们君臣，使臣不得接近皇上的呀！可是陛下不但未斥退他们的建议，反而接纳了他们的意见，这就是朝堂之上阴蒙的昏气久不得解的原因。臣离开陛下越远，朝堂之上就越觉得幽晦不明，请皇上允许臣还京之事，从而顺应天意！邪恶阴谋虽然能骗得皇上一时信服，但是上天却会因此有所改变。所以人虽然可以被欺瞒，但是上天却是蒙蔽不了的啊！请陛下详查！”

在京房离开长安一个多月以后，竟然被征召回京城关进监狱。当初，淮阳宪王刘钦的舅舅张博，为人奸诈，看风行事，品德低下，多次向淮阳宪王要钱，说是要设法使刘钦入朝觐见天子。张博曾跟随京房学习《易经》，并且将女儿嫁给京房，京房每次觐见天子，回家以后，都向张博说他和元帝的谈话内容，张博便暗中记住了京房所说的各种灾难变异和召见时的密语，要京房代替淮阳宪王刘钦草拟一份请求入朝的奏章，然后把这些都带回关东淮阳国，送给淮阳宪王刘钦过目。（按原文作“皆持柬与王”，“柬”，一作“东”，《汉书·京房传》亦作“东”，作“柬”或是形误。）把这些作为他工作的印证。石显知道这些事情以后，就向元帝告发说：“京房和张博合谋，毁谤政治，非议天子，贻误连累诸侯王。”因此京房和张博便一起被关进监狱，后来两人都被处死，他们的妻子儿女被放逐边境。御史大夫郑弘因为和京房友善，也被牵连入罪，贬为平民。

御史中丞陈咸多次诽谤诋毁石显，时间长了，因为陈咸和槐里令朱云私交较好，便将在省中听到的话告诉朱云，被石显听到了，就上奏元帝，说御史大夫陈咸泄漏了省中的机密，结果两人都被捕入狱，剃掉了头发，罚做苦工。

石显的淫威权势日益增长，公卿以下的官员都很畏惧他，就连走路都不敢走错脚步，不敢稍有宽纵。石显和中书仆射牢梁、少府五鹿充宗结成了密党好友，所有依附他们的人，都得到了信任和高官厚禄。百姓都传唱着说："牢邪（你是姓牢的人啊）？石邪（还是姓石的啊）？五鹿客邪（是五鹿家的门客啊）！印何累累（官印怎么那样多？为什么大家都当了官），绶若若邪（绶带都那样的长呢）？"

石显内心自知专权，把持朝政，因为担心汉元帝有一天会纳用左右亲信的人而疏远自己，便想方设法及时表明自己的忠诚，就拿预先设计好的事情，作为验证。

在石显曾经奉命到各官府去征集人力和物资时，便事先向元帝请求说："恐怕臣有时回宫已过了午夜，宫门已经关闭了，请求陛下允许我奉皇上的命令叫开宫门。"元帝答应了。一天，石显故意到了午夜才回宫，宣称是元帝的诏令，叫开了宫门入宫。后来果然有大臣上书控告"石显专擅皇帝命令，假借陛下诏令，私自叫开宫门"，元帝接到了奏章，便笑着拿给石显看。石显就泣诉道："陛下过于宠信微臣，把朝廷政事都委任给微臣去处理，群臣都因此而嫉妒我。那些想要陷害微臣的，类似这样的事不止这一次，只有圣明的君主才可以察明实情。愚臣出身低贱，能力低下，实在是不能以一身去使万人称心如意，而担负了天下人的怨恨。微臣请求陛下允许我辞去枢机的职务，而去清扫后宫，死而无恨。唯有请求皇上能够同情微臣，答应我，让微臣得以苟活性命！"元帝认为事情果真如此，就很同情石显，便常常勉励慰劳他，重重赏赐他。石显由此所得到的赏赐，加上百官群臣所贿送的财物，价值达一亿之多。最初，石显听说人们议论愤激，指责自己逼死了前将军萧望之，就很担心招致天下学士的诽谤。因为谏大夫贡禹深明儒家经典，节操高尚且有名望，于是就托人去向贡禹传达思慕、问候的情意，主动亲近他，和他深交，向天子举荐贡禹，使他历任九卿的职位，对他以厚礼相待。所以一些议论的大臣便转而赞扬石显，认为他应该不会因为妒嫉去做诽毁萧望之的事。石显善于巧设诡计，从而为自己解围，并取得君主信任，都像这样子。

◆荀悦说：奸佞臣子迷惑君主手法真是厉害呀！所以孔子说："要远离佞人。"不仅要不任用他而已，还要离他远远的，并要隔绝他的任何关系，阻塞源头，严密地戒备他。孔子说："政治的道理，就是要能端正品行，远离奸佞。"一切高尚道德的根本，就在于能够端正自己而已。能够公平正直，就能使他言行端正。因此，对于品德，一定要经过考核是真实的，然后才能够让他担任职务；对于能力，一定也要经过真实的考验，然后才把国家要事交给他处理；对于功劳，一定要经过确切的考察，然后才能进行奖赏；对于罪责，也一定要经过确切的考察，然后才对他进行应得的刑罚；对于行为，一定要经确实的考察，然后才给他应有的尊重；对于言论，也一定要经过明确的核实，然后才能够相信他；不管什么事，都要核实过它的精确性，然后才相信使用它；众事一定要核实它的真实性，然后才去实行。所以作为君主，让所有的事情端正不倚，臣下的所作所为，才能真实不虚，古圣先王的治国要道，就是如此！◆

八月癸亥日（初三），元帝提升光禄勋匡衡为御史大夫。

闰八月丁酉日（初八），太皇太后上官氏驾崩。

冬季十一月，齐、楚两地都发生地震，还下大雪，折损了树木，毁坏了房屋。

三年（乙酉，公元前36年）

夏季六月甲辰日（十九日），丞相扶阳恭侯韦玄成去世。

秋季七月，元帝提升匡衡为相。戊辰日（十四日），擢升卫尉李延寿为御史大夫。

冬季，元帝命西域都护、骑都尉、北地郡人甘延寿与副校尉山阳郡人陈汤一起出兵，前往康居，斩杀了郅支单于。

最初，郅支单于自以为匈奴汗国是个大国，威名远扬受到邻国的尊重，又屡次取得了与乌孙等国的胜利，更是显得骄傲，不但对康居王不敬，还在一怒之下杀害了康居王的女儿，以及康居贵人、百姓几百人，有的甚至分尸以后，投到都赖水中去。另外，他还征调康居百姓为他建筑城垣，每天都有五百人施工，历时两年才完工。郅支单于还派出使节，指责阖苏和大宛各国，责令他们每年上贡，各个国家都不敢不给。汉朝曾经先后派出了三批使者到康居郅只单于处，去寻求查问谷吉等人的尸体下落，郅支单于竟然使汉使窘困受辱，不肯接受汉朝皇帝的诏书，还通过西域都护转达书信给汉朝天子，戏称“我现在的处境很是困苦艰难，希望能归顺强大的汉朝，接受汉朝的差遣，并且指派我的儿子入侍汉朝为人质”。郅支单于的态度骄横傲慢直至如此。

陈汤为人沉着勇敢，思虑远大，富有计策谋略，渴望建立不世功勋。他和甘延寿商议说：“边境各族畏惧服从强大的种族，这是他们的天性。西域各国本来就在匈奴的势力范围，现在郅支单于威名远扬，不断侵略乌孙、大宛两国，经常替康居王国出谋划策，想要降服乌孙、大宛两国。如果让他征服了这两个国家，只要几年光景，那些不再游牧设有城郭的西域王国就会陷入危险的境地。而且郅支单于性情剽悍，喜好战争，且不断取得胜利。如让他长久地发展下去，一定会成为西域的祸患。虽然他地处边远之地，不便于征伐，但是蛮夷没有很坚固的城池堡垒，也没有强弩手来防守城郭。如果我们能征发在车师屯田的官兵前往，并驱使乌孙的部众随从，直接攻到他们城下，那时，他们想要逃亡，也没地方可逃，想要防守，也无法固守。这种千载难逢的功劳，便可以由我们一朝完成啊！”

延寿很认同他的看法，想要请求汉元帝准可。陈汤便说：“这样一来，皇上便会召集公卿大臣一起商议，这样重大的策略，不是寻常的人所能想得到的，商议的结果，一定不会获得他们的准可。”延寿听罢心里迟疑不定，不敢轻易采纳陈汤的建议。这时正好遇到延寿久病卧床，陈汤就擅自假托皇上的命令，征调了西域诸国士兵与屯田在车师戊己校尉的那些军士。甘延寿听到这消息，大惊而起，想要去阻止他这样做。陈汤很生气，按着剑，呵斥甘延寿说：“所有的部队都已经集结在一起了，你这个小子想要来阻止大军建功吗？”延寿只好听从了他的建议。分派部署好队伍，总计汉兵和胡兵共四万多人。

于是甘延寿、陈汤便呈上了奏章，弹劾自己假托圣旨的罪状，并且陈述当时部队调动的具体情况。当日便率兵分别进军，大军共分为六部：其中的三部，从南道越过葱领，穿过大宛国；另外的三部，由都护亲自率领，从温宿国出发，途径北道，进入赤谷，穿过乌孙国，沿着康居国的边界，抵达了阗池的西部。

这时，康居国的副王抱阗也率领着几千名骑兵，进军寇赤谷城的东部，攻杀劫掠了乌孙大昆弥的百姓一千多人，抢回了很多马、牛、羊等牲口财产，然后又回军尾随在汉军之后，侵夺了一些汉军后行的辎重。陈汤便命令胡兵去迎战，杀了敌军四百六十人，又夺回被他劫走的乌孙民众四百七十人，交还给大昆弥。至于那些抢回来的马、牛、羊就留作部队食物。又捉到抱阗手下的贵族伊奴毒。攻入了康居东方的边界后，陈汤严肃军纪，命令军队不得侵扰抢掠。秘密召见他的贵族屠墨，以汉军的威信晓谕他，摆下酒席宴请他，结盟以后，又送他回去。然后由他做向导，在离新建单于城差不多六十里的地方安营扎寨。后来又捉到康居的贵族具色的儿子开牟，命令他当向导。具色的儿子开牟就是屠墨的母舅，他们都痛恨单于的残暴无道，因此汉朝对于郅支单于的事情，便知晓得很清楚。

第二天，就由开牟带路出发，在距离单于城三十里的地方扎下营寨。郅支单于派了使者去问汉军说：“你们为什么到这里来呢？”汉军回答说：“这是因为你们的单于曾上书给汉朝天子说：‘现在处境很困穷艰苦，希望能归降强大的汉朝，听从汉朝的差遣，并且单于能亲身到长安朝见天子。’天子便很怜悯单于，想到他舍弃了那么大的国家，屈身到康居国，所以派都护将军来迎接单于的妻子儿女。又恐怕惊动单于左右亲随，因此不敢直接到达城下。”

双方使者来往交涉了好几次，甘延寿和陈汤便谴责单于说：“我们为了你们，从中土远道而来，可是到了现在，却没有任何一个显贵的匈奴王或是贵族来见将军，接受命令供事，为什么单于对国家大事是这样的疏忽，招待客人这样失礼呢？军队远道而来，人马都很疲惫，粮草也将要耗尽，恐怕不能够回程，希望单于能和他的大臣们商议出一个办法来。”

次日，汉朝大军挺进到郅支城的赖水畔，在离城只有三里的地方扎营布阵。望见单于城上五彩的旗帜高高飘扬，有几百个匈奴人都披着战甲，拿着武器守备在城墙上；城中又冲出一百多名骑兵，在城下往来奔驰；一百多名匈奴步兵，在城门两旁结成鱼鳞阵。城上的人向汉军挑战说：“打过来啊！”最后，那一百多名骑兵直奔汉营，汉营都张满弓弩全副武装指向他们，胡骑只好退回了城。汉军便派遣了一些弓弩手射向在城门的那群正在操练的骑兵和步兵，那群匈奴骑兵和步兵就都退回了城。甘延寿和陈汤下令说：“听到鼓声时，各军各部都要逼近城下，从四面包围单于城，各军都各有工作，有的要挖掘壕沟，有的要堵塞射击孔，盾牌手在前，长枪手、弓弩手在后，向上射杀城楼上的敌人。”攻击开始后，楼上的敌人便退下逃走。在土城外另有两层木城墙构成重木城，匈奴士兵又在木城中去射杀汉军，汉军伤亡较大。于是，汉军便搬来了木柴，纵火烧毁木城。到了夜晚，有几百名匈奴骑兵想要逃出城外，汉军就迎面痛击发箭，全数射杀了他们。

起初，郅支单于听说汉兵抵达，便想要逃离此城，但他怀疑康居王怨恨自己，投靠了汉朝，替汉朝当内应，又听说乌孙王国等西域各国都派了兵来协助汉军，就自以为无可逃亡。所以郅支单于原本已逃出单于城，却又返回，说：“不如坚守着城池。汉兵远征而来，肯定不能持久攻城。”于是郅支单于披甲执锐登上城楼指挥作战，他的几十个阏氏和夫人，每一个都拿着弓箭，射向汉军，参与守城。等汉军弓弩手射中了单于的鼻子，他的夫人也伤亡了不少，单于这才撤下了城楼。午夜之后，木城烧穿攻破，本在木城中的匈奴守兵便都退入土城，登上城楼呼号呐喊。这时康居国的一万多名骑兵援军分成十多批，从四面围绕着单于城，也和城上匈奴守兵相应和。入夜，这些骑兵援军多次冲向汉营，都没能得逞，于是又都退了回去。天刚亮时，四面八方都烧起了大火，汉朝的吏士士气振奋，便趁着火势呼号着进攻。金钟和大鼓的声音齐鸣，声震大地，康居兵只好退却扎营，汉军执着盾牌，从四面前进，一举攻入土城之中。郅支单于率领眷属、亲随一百多人都逃到王宫。

汉兵放火焚烧王宫，官兵们都争先抢入宫内，郅支单于身受重伤而死，担任军候而兼理都护丞的杜勋便砍下单于的首级。最后，汉军搜寻出了两个汉朝的使节以及谷吉等人所带来的帛书。其他所有的虏获的财物都归抢掠者所有。这一战一共斩杀了阏氏、太子和显贵的匈奴王以下一千五百一十八名；活捉的一百四十五人；投降的一千多人，都分配给派兵与汉军共围单于城的西域十五国。

四年（丙戌，公元前35年）

春季正月，郅支单于的首级被送到了京师长安。甘延寿和陈汤上奏章说："微臣听闻所谓天下的大义，应该是指能统一四海，使四海都听从一人的命令，从前有唐尧、虞舜成就伟业，现在则有强大的汉朝担当大义。匈奴的呼韩邪单于如今已经归顺大汉，称为北藩，唯有郅支单于仍敢叛乱大汉，还没服罪。他们逃亡到西域的大夏国以西荒凉之地，自认为强大的汉朝无法使他们臣服。郅支单于对待百姓残忍狠毒，巨大的罪恶上能通天。臣延寿、臣汤因此率领着仁义之师，代天诛伐征讨。幸好依赖皇上的神明圣德，又得到天地阴阳人神各方面的顺应，还有那天气的晴朗，所以得以克敌陷阵，斩杀了单于、显贵的匈奴王和单于的眷属以及亲信贵人。现在应该把他们的头悬挂在长安城门内的槁街，高高地悬挂在招待蛮夷的客馆上，用来昭示远在万里之外的蛮夷，让他们知道，冒犯强大汉朝的人，虽处在万里之外，也一定会遭受到征讨诛杀！"丞相匡衡等大臣认为："现在正值春令，天地好生，正是掩埋白骨死尸的时候，因此，单于的首级不宜悬挂。"最后，元帝下诏悬挂了十天，然后才加以掩埋。还依照惯例祭祀祷告了天地宗庙，大赦天下，满朝文武都为皇帝祝寿，并举行酒宴。

六月，甲申日（初五），中山哀王刘竟去世。中山哀王也就是汉元帝最小的弟弟，从小就与太子一起宴游讲学，他们是一起长大的。中山哀王逝世的时候，太子就前往吊祭哀王。于是汉元帝一看见太子，就感念中山哀王的去世，甚至悲伤得到了无法控制自己的地步。太子到了中山哀王的灵前，竟然一点也不哀恸，于是汉元帝就很生气地说："怎么会有一个心地不慈不仁的人，却可以奉祭祖庙，继承帝位，成为百姓的父母呢？"这个时候驸马都尉、侍中史丹奉汉元帝的命令作为太子的师傅，于是汉元帝便去指责史丹，史丹赶紧脱下了官帽向汉元帝谢罪说："其实臣是因为看见陛下为中山哀王的离去感到哀伤痛苦，激动到就连神气都受到了损耗，因此当太子要来觐见皇上，哀祭中山哀王的时候，臣便暗中劝诫嘱咐太子，不要再去悲泣流泪，免得又使皇上因此感伤进而耗损了陛下的神气。所以这不慈、不仁的罪过，其实应该由臣来承担，臣所犯下的罪应当判臣死刑！"汉元帝觉得史丹说得有道理，心意这才宽解了起来。

京兆的蓝田发生地震，山崩，壅塞了霸水；安陵堤岸崩塌，壅塞了泾水，导致泾水的河水倒流。

五年（丁亥，公元前34年）

春季，三月，汉元帝下令大赦天下。

夏季，六月，庚申日（十七日），汉元帝下令修复戾园。

壬申晦日（二十九日），发生了日食。

秋季，七月，庚子日（二十八日），汉元帝又下令修复了太上皇的陵寝园庙，以及高祖庙、昭灵后、武哀王、昭哀后、卫思后等人的园庙。因为汉元帝当时正染病卧床，很长时间都不能痊愈，汉元帝便认为是祖宗在生气谴责他，因此就把在永光四年废掉的陵园又全部都修复了起来，只有在郡国中的那些园庙没有修复。

这一年，汉元帝下令将济阳王刘康改封为山阳王。

匈奴的呼韩邪单于听说郅支单于已经被杀了以后，感到既高兴，又害怕，便向汉元帝上书请求入朝晋见。

竟宁元年（戊子，公元前33年）

春季，正月，匈奴呼韩邪单于前往朝见汉元帝，向汉元帝说希望能够娶汉女为妻，使自己能够成为汉朝的女婿。于是汉元帝就把后宫中的一个良家女子王嫱，字昭君，赐给了呼韩邪单于。呼韩邪单于感到很高兴，于是向汉元帝上书说是“愿意为汉朝防守边塞，使从上谷郡以西，直到敦煌郡的四千多里地，都能够传世无穷，并且保证永远顺从汉朝。同时请求皇上可以撤去在边境上戍守的士兵，以使百姓能够得到休养生息。”汉元帝便将呼韩邪单于的上书交付给相关官员去审议，大部分参与审议的人都认为可以采纳呼韩邪单于的这个建议。但是郎中侯应因为很熟悉边塞上的各种事情，所以他认为不可以答应。于是汉元帝就问他原因，侯应回答说：“自从周朝、秦朝以来，匈奴便一直很残暴并且嗜杀，常常去侵略我们的边境。而自从汉朝兴起以来，更是经常受到他们的祸害。臣曾经听说，从北方的边塞一直到辽东郡的地方，外面有阴山，东西一共有一千余里地，草木十分茂盛，禽兽也有很多，那里本来是冒顿单于所占据的地方。就是在那里，他们制作弓箭，常常出来侵略盗窃，那里是他们的一个园囿。等到了孝武帝的时候，才派兵去征伐他们，然后开辟了这一片土地，把他们赶到了沙漠以北的地方，在这里，汉朝修建了用来防守的要塞、小路，兴建了用来守望的据点、亭障，还修筑了如光禄塞、受降城、遮虏障等这样不少的外城，此外更是派了驻军去屯兵防守，就是这样然后边境才可以稍稍得到安宁。而在沙漠以北的地方，土地很平坦，草木也很稀少，最多的就是大沙丘了，匈奴如果来侵略盗窃，那么就没有什么可以抵挡他们；而且从边塞向南的地方，几乎都是一些深碍难行的山谷，连往来都很困难。所以边塞上的老人就曾经说过：‘匈奴自从失去阴山以后，每次再经过阴山的时候，没有一次不伤感哭泣的。’所以如果我们现在撤去在边塞上守备的官吏和士兵，这就是给夷狄提供了一个大好的机会，这是我们不可以从边塞上撤兵的第一个理由，更何况现在皇上的圣德在天下广播，就像上天一般庇护着匈奴，匈奴承蒙到我们保全救活他们的恩惠，所以才向我们俯首称臣。但是那些夷狄的性情，当在他们遇到苦难的时候，就很卑微顺从，可是一旦他们强盛起来了，便傲慢叛逆难以驯服，他们的天性如此。何况我们在汉宣帝地节二年的时候，才撤掉了塞外的诸城，裁去了一些亭隧，现在所剩下的，也仅仅够足供观望敌情，以方便用烽火与都城沟通而已。过去的人是在安定的时候不会忘记危险的存在，所以我们现在对于边塞上的官吏和士兵，是再也不能有所裁减的了，这是第二个理由。在中国的境内，有着礼义的教化，刑罚的制约，可是一般的愚民还是会去触犯禁条更何况是化外的单于呢？我们能确定那些夷狄一定不会违背彼此的誓言和约定吗？这是第三个理由。在中国的本土，我们都还要修筑关卡、津梁，用来控制各诸侯，以此来阻断消灭臣子的非分之想。所以设置边塞巡边，设置守军屯戍，并不只是为了防备匈奴而已，也是为了我们那些属国的降民，他们本来就是匈奴人，我担心他们会因为思念故乡而逃亡，这是第四个理由。而且近几年来我们有西羌保守边塞，和汉人交往，但是我们的官吏和百姓为了贪图一点利益，就去夺取他们的畜产、妻子和子女，这引起了他们的怨恨，进而发生了一些叛乱的事情。如果我们现在撤掉了可以登到高处进行看守的那些要塞，那么便会使得那些夷狄生出轻慢欺诬的想法，从而引起许多纠缠不清的纷争，这是第五个理由。此外，以前从军的人，有很多人都沦陷在了塞外，不再回汉朝了，但是这些人的子孙都很贫困，一旦有了机会，他们便会逃亡到塞外，去跟随他在塞外的亲戚，这是第六个理由。还有边境的人的奴婢都很愁怨苦闷，有很多人都想要逃亡，那些人都说：‘听说在匈奴中生活的人过得都很快乐，但是无奈边境上看守得很严密，我们找不到机会过去啊！’可是尽管这样也经常有逃亡到塞外的人，这是第七个理由。盗贼都很凶恶奸诈，但是他们犯了法，如果被追捕通缉得很紧急，就会向北逃亡到境外去，那么我们便无法制服他们了。这是第八个理由。自从汉武帝开始建筑要塞以来，到现在已经有一百多年了，但是这些边塞并不都是用土墙修筑而成的，有的是借着山上的崖壁、岩石、树木、河谷，或者调节水量的水门，稍微平整了一下，由那些士兵和囚徒慢慢修筑完成的，为此所花费掉的劳力、费用和时间，多得甚至无法计算。臣担心那些参与商议的人，并没有好好地考虑到兴建这些要塞的始末，只是想要为了节省徭役戍守的花费，而忽略了事情的长短利害，便轻易地下了决定。如果这样，那么，在十年之后，百年之内，如果有突然发生的事端，到了那个时候，障塞已经被破坏了，亭隧也已经被毁掉了。那样的话就得再去调遣屯卒前往兴建，但是那便是花费上几年的工夫，也不可能马上就修复的，这是第九个理由。如果我们撤回了驻守边境的士兵，节省了观望警戒的人，呼韩邪单于就会自以为自己替汉朝保护守卫了要塞，守住了汉朝的边境，因而认为他对汉朝有了很大的贡献，于是便会不断地对我们有所要求，如果我们稍微不能够满足他的心意，那么后果就很难预料了。这其实是在给夷狄制造机会，进而损毁中国自己坚固的国防，这是不能撤除边防的第十个理由。所以说撤除边塞并不是保证国家永保太平、制服蛮夷之计啊！”侯应的奏对呈上去以后，汉元帝便下了诏令说：“不要再去谈论要撤除边塞的事情了。”然后就派了车骑将军许嘉去口头传谕呼韩邪单于说：“单于向皇上上书认为汉朝可以撤去北方边塞上的官吏士兵，并且表示愿意子子孙孙、世世代代替汉朝保护守卫我们的边境。单于对我们教化、礼义的向往、仰慕，为百姓做打算的这一番情意，的确是非常的深厚。这也的确是一个使国家长治久安的好计策，朕非常赞同！只是中国的四面八方都设置有关卡、津梁、亭障、城塞，这并不只是为了防备塞外的敌人而已，也是用来防备中国境内的奸邪小人，万一他们的言行越矩放纵，并因而逃离了边境，逃出边塞成为祸害，因此只好如此地修明法度，来使民心专一，使他们不敢去做恶事。对于单于的美意，朕是确信无疑的。因为担心单于责怪朕为什么不撤去边防，所以才特意派了许嘉去向单于说明情况。”呼韩邪单于感谢说：“我实在是太愚笨了，不知道大汉天子的周详大计，幸好皇上能够派大臣前来告知我，皇上对我实在是太好了。”

起初，左伊秩訾王为呼韩邪单于计划过向汉朝归顺的事情，使得呼韩邪单于最终得以安定下来。但是后来，有人向呼韩邪单于进谗言诋毁左伊秩訾，说他自己常常矜夸他有安定匈奴的功绩，心里常常感到不高兴，于是呼韩邪单于就对他起了疑心。左伊秩訾担心自己被杀害，便带了一千多名部众向汉朝投降，于是汉朝就封他为关内侯，并且给了他关内三百户的封邑，而且还让他佩带匈奴王的印绶。等到呼韩邪单于来朝见汉天子，和左伊秩訾相见的时候，便向他谢罪说：“王爷为我想到的计策实在是很好，正是它使得匈奴直到今天仍然得以安宁无事，这可都是王爷的功劳啊？这种恩德，我哪里可以忘记呢？可是我却违背了王爷的心意，使得王爷离我而去，不再对匈奴有所顾念，这全部都是我的过错。现在我想要告知皇上，请他能够让王爷回到匈奴来。”但是左伊秩訾说：“单于是幸好接受了上天的旨意，自行归顺汉朝，才得以使匈奴得到安宁，这是单于的神明使然，也是汉天子的庇佑，我哪里有什么功劳啊！更何况现在我既然已经向汉朝投降了，如果我又回到匈奴去了，这便是心有二属，而没有忠心可言了。还请您能够让我充当单于的使者，在汉朝继续留侍，我不能够听从您的命令回到匈奴去。”尽管呼韩邪单于再三地向他请求，但是最终也无法说动左伊秩訾返回匈奴。

呼韩邪单于称呼王昭君为宁胡阏氏，后来王昭君生下了一个男孩，起名叫伊屠智牙师，日后伊屠智牙师当了右日逐王。

皇太子进行了冠礼。

二月，御史大夫李延寿去世了。

起初，石显看到冯奉世父子身为公卿并且十分有名声，女儿又被封为了昭仪，处在宫内，心里便想要去依附他，就向汉元帝推荐他说：“昭仪的哥哥谒者冯逡，言行十分廉洁整饬，应该让他在宫中侍奉。”于是天子便召见了他，想要任命他为侍中。冯逡就请求汉元帝能够让左右的侍从退下，给他一个能够单独向汉元帝进言的机会，好让他能够把自己想说的话都说出来。汉元帝听到冯逡是要说石显专权的事情，感到非常生气，就免退了冯逡，让他回去继续做郎官。等到御史大夫出现空缺的时候，在位的大臣大多都推举冯逡的哥哥大鸿胪冯野王，于是汉元帝便派尚书在官秩二千石的官员中，去挑选有德行和才能的人，将他们的高下评定好再奏呈，结果野王的排名是第一。汉元帝就去询问了石显，石显说："在九卿当中，如果只是论才德的话，的确是没有比野王更好的了，只是野王是昭仪的亲哥哥，臣担心后世的人会认为陛下是越过了在朝的每一位贤达，为了偏私后宫的亲戚，所以才会特别选任他去担任三公的职务。"

汉元帝听后说："对啊，我竟然没有想到这一点！"于是便告诉群臣说："如果我任用野王为三公，后世的人一定会说我偏私后宫的亲戚，并且会把野王的事情拿出来作为证据。"三月，丙寅日（三月无此日），汉元帝就下诏令说："如果论起刚强坚固的节操，并且确实清清白白，一点私欲也没有的人，那当然是非大鸿胪野王莫属。但是如果说到能心辨是非而且善于辞令，可使四方朝奉的人，那就是少府五鹿充宗了。而能够廉洁节俭的人，那当然是太子少傅张谭啊！我现在就任命少傅张谭为御史大夫。"

汉元帝下令任命河南太守九江郡人召信臣为少府。召信臣原来是南阳太守，后来调任河南，治绩经常名列第一。他爱民如子，喜欢为百姓兴办公利，并且亲自劝勉百姓勤于耕稼，开通沟渠，百姓的户口数因此而加倍地增加，官吏百姓都很爱戴他，于是称他为"召父"。

癸卯日（三月无此日），汉元帝下令修复了孝惠皇帝在永光五年被毁的陵寝庙园，而且建昭元年罢废的孝文太后、孝昭太后的寝园也都恢复了。

起初，中书令石显想要将他的姐姐嫁给甘延寿为妻，但是甘延寿不愿意娶她。等到甘延寿击破了郅支单于回来的时候，丞相和御史又都很不同意甘延寿等人假托汉元帝的命令的做法。再加上陈汤一向就很贪心，只要是所虏获的财物，大多都被非法带入边塞。司隶校尉就写文书送到陈汤从西域回到京城的沿途的各个郡县，要求他们去逮捕那些回来的官兵来查问。陈汤便向汉元帝上书说："臣和士兵们一起去诛杀郅支单于，幸好能够将他们俘虏消灭，才能够从万里之外的关山凯旋回师，本来您应该派使臣在道路上迎接慰劳我们。但是现在司隶校尉却反过来逮捕查验这些士兵，这其实是在替郅支单于报仇啊！"于是汉元帝立刻下令要求放出这些官吏和士兵，并且还命令沿途的各县各道准备酒食来迎接慰劳他们过境。等到他们回到京城，论功行赏的时候，石显连同匡衡就都指出："甘延寿和陈汤擅自假托皇上的命令，调动了军队，现在幸好可以取得胜利回来，不必按照律令被诛杀。但是如果因此就加给他们爵位和封地，那么，以后奉命的人便都会争着去冒险，以贪取非分的利益，在蛮夷之间惹是生非，从而为国家招来祸患灾难。"尽管汉元帝的内心其实很赞赏甘延寿和陈汤的功劳，但是难以不管匡衡、石显的议论，于是这件事便因此而搁置下来，很长时间都不能够有所决定。

曾担任宗正的刘向就向汉元帝上疏说："郅支单于拘禁杀害了汉朝的使臣和将士有好几百个人，这种事情已经宣扬到其他国家去了，严重损害到了汉朝的威严，群臣都感到很伤心忧念，陛下也因此气得想要杀掉他，这种想法是一直不曾忘怀过的。西域都护甘延寿、副校尉陈汤遵照皇上的旨意，倚赖神灵的庇佑，指挥着各蛮夷的君主，统率拥有城池的西域诸国军队出生入死，多次身入绝境，才得以直接捣毁康居国，屠灭筑有一层土城和两层木城一共有三重城的郅支城，拔去了康居歙侯的旗帜，砍下了郅支单于的首级，这才使得汉朝的旌旗，能够高悬在万里之外的异域，使大汉的声威传扬到了昆仑山以西的地方，扫除了谷吉被郅支单于所杀的耻辱，立下了显赫的功绩，各蛮夷因此而畏惧服从汉朝，没有一个不恐惧害怕汉朝的。呼韩邪单于也是看到郅支单于已经死了，感到既高兴，又害怕，才向风慕义，驱驰而来，向我们叩头表示顺从，并且愿意世代为汉朝守卫北疆，累代向大汉称臣。这可是为汉朝立下了千载不易的功劳，创建了万世永安的基业啊，群臣所建下的功劳，没有一个比这更大的了。从前周朝的大夫方叔和尹吉甫替周宣王诛灭了古称猃狁的匈奴，使得各蛮夷因而归顺了周朝，赞美他们的《诗》（见《小雅·采芑》）便说是：‘那盛大的军容，就像是雷霆一般。治军既严明且有诚信的方叔，征伐战胜了猃狁以后，使得荆楚的蛮夷也都畏惧周朝的威严而归顺了周朝。’《易经·离卦》上的九爻辞说：‘王师出征，如果砍杀了罪人的首级，这是值得嘉奖的，所以要多获非类，以除去民害，才能够没有灾祸。’这正是在赞许因为能够诛杀罪魁祸首，而使得所有叛逆不顺从的人都能畏惧大国的威严前来归顺的事情。现在甘延寿和陈汤所诛服撼动的，是连《易经》上所赞美的砍首之功，以及《诗经》中所提到的雷霆之势都比不上的。在谈论大功的时候，是不能去记挂小过错的；在推举至善至美的事物的时候，也不能够去计较那些细小的瑕疵。兵书《司马法》里面说：‘军中的奖赏，不能够迟过一个月。’这是为了要百姓能够很快地得到他为善时应该得到的奖励，这其实是在重视武功，谨慎地使用人才。当吉甫凯旋的时候，周宣王便给了他很优厚的赏赐，《诗经》里面赞美他说：‘吉甫在接受周宣王的宴礼喜乐的时候，收到了很多的福赐。这是因为他是从遭到猃狁侵略的镐城，经过百战以后才能够荣幸归来，在外经年累月，行役有功啊！’即使是到了北方离京城只有千里之遥的镐城，都还觉得很远，更何况是到了万里之外的康居呢？可见更是辛勤万分了。甘延寿和陈汤既没有获得应当的奖励，反而屈辱了他们拼命所得的功劳，在刀笔吏的面前长久地受挫，这并不是用来奖励有功的人员，劝勉官吏将士为国效忠的方法。从前的齐桓公，因为先是有尊周攘夷，继绝存亡的功劳，所以当他后来有了灭掉项国的罪过的时候，周天子便将功补过，就连在《春秋》的僖公十七年上面，也只说：‘夏，灭项。’而不说是齐灭掉了它，这实际上是在为齐桓公隐讳。贰师将军李广利，牺牲了五万名将士，浪费了几乎上亿万的费用，经过了四年的辛苦，却只获得了三十匹骏马，虽然他砍下了宛王毋寡的首级，但是还不足以弥补他所损失的，而且他个人所犯下的罪过也很多。可是孝武帝却认为他出征万里，所以并不计较他所犯下的过错，于是因此而封拜了两名侯爵，三名九卿，以及一百多名官秩二千石的官员。而现在的康居国，比起大宛还要强大许多，郅支单于的称号，比起宛王毋寡也要来得威严重要，此外郅支单于杀害汉使的罪状，更要比宛王毋寡因为怜惜马匹而不将骏马献给汉朝要来得重大，而甘延寿和陈汤诛灭郅支单于，却并没有劳烦汉朝的将士，没有花费汉朝的任何粮食，这种功绩，比起贰师将军李广利，要胜过百倍。况且当年的常惠，没有经过汉宣帝的同意，也随机击破了乌孙，郑吉也擅自迎接自己前来归降的匈奴日逐王，尽管如此仍然还受到了封土爵赏。因此说起甘延寿和陈汤的威武勤劳，则要大于方叔和吉甫；如果说起将功补过，则要优于齐桓公和贰师将军李广利；如果说起近日的事功，则又要高于安远侯郑吉和长罗侯常惠。可是他们的大功劳没有被宣扬，他们的小过错反而经常被提起，臣私下里觉得很悲伤痛苦，我认为您应该及时解除他们这种悬而未决的疑案，恢复他们的名誉，免除他们的小过错，不再审问惩治他们，反而还要奖赏给他们爵位，去尊重宠爱他们，以此来劝勉有功的人士。”

于是汉元帝便下诏令赦免了甘延寿和陈汤的罪责，不再去审问他们，还命令公卿商议应该如何去封赏他们。参与议论的官员认为，应该按照军法所规定的捕斩单于的法令去奖赏他们。但是匡衡、石显以为“郅支单于本来就是一个亡命失国的人，他是在绝境中自行称号封王的，并不是真正的单于”。但是汉元帝按照安远侯郑吉的例子，封他们为千户侯，于是匡衡和石显又向汉元帝力争认为不可以这样做。夏季，四月，戊辰日（三十日），汉元帝下令封甘延寿为义成侯，赏赐了陈汤关内侯的爵位，食邑三百户，并且还赐给他们一百两黄金。之后汉元帝又任命甘延寿为长水校尉，陈汤为射声校尉。于是杜钦就向汉元帝上疏认为也要追论冯奉世以前击破莎车国的功劳。但是汉元帝认为那是先帝元康元年时候的事情，就不再去追认。杜钦是以前的御史大夫杜延年的儿子。

◆荀悦评论这件事说：如果一个人的功劳实在是值得去封赏的，那么就应该是可以追认前功的。按照《春秋》里面的大义，因为毁坏了先祖所修筑的泉台，就应该被记上一笔来讥骂，又因为能够依复古礼，舍弃了中军，也应该被记录下来嘉奖一番，这其实是各因所宜的缘故。但是假托皇上的命令的事情，是先王所最谨慎注意的，是万不得已的时候才去做的。如果假托命令的事情比较重大，而所得到的功效比较小，那么就可以去定他的罪；而如果假托命令的事件比较小，所得到的功劳却很大，那么是可以去封赏他的；如果是功过互相抵消了的话，那也就算了。这其实是要权衡事情的轻重以后，再去做适当的处置的。◆

起初，在太子还很小的时候，很喜欢读经书，处事也很宽大谨慎，但是后来却喜欢饮酒，追逐声色之乐，于是汉元帝就变得很不欣赏他，觉得他很平庸。而山阳王刘康则十分有才艺，他的母亲傅昭仪又得到汉元帝的宠幸，汉元帝因此经常有意要用山阳王来取代太子继承帝位。汉元帝晚年经常生病，不能够亲自去料理国家大事，但是他却嗜好音乐，有的时候便在大殿上放置鼙鼓，汉元帝自己登上殿堂的栏杆旁边，将铜锤从上往下地抡下去，去敲击鼙鼓，声音听起来十分紧密。后宫中以及左右的侍从中所有能够击鼓知晓乐理的人，都不能像元帝如此地敲打，可是山阳王刘康却能像元帝一样地敲击鼙鼓，于是汉元帝便屡次称赞他的才能。史丹看到这种情况，就向汉元帝进言说："我们一般所说的有才能，指的是能够敏捷好学，复习旧的知识从而得到新的知识，就像当今的皇太子一样。如果只是以能不能玩弄丝竹鼙鼓等乐器，来衡量一个人才华的高下，那么像陈惠和李微这些能吹善弹的人，不是都比匡衡要高明得多，难道可以让他们来担任宰相了吗？"汉元帝便笑了笑。

等到汉元帝染病在床的时候，傅昭仪和山阳王刘康常常陪侍在病榻左右，皇后和太子反而都很少有机会能够进见汉元帝。汉元帝的病越来越严重了，精神也常常恍惚不定，有好几次去询问尚书汉景帝改立胶东王为太子的事情。这个时候，太子的大舅舅阳平侯王凤担任着卫尉、侍中的官，和皇后、太子一样都感到很焦虑，不知道应该怎么办才好。只有史丹因为是皇帝的亲信大臣，才得以去侍候探望汉元帝的疾病，等到汉元帝偶然有独寝的机会的时候，史丹便直接进入他的卧房，叩头匍匐在青色的蒲席上面，哭泣着对汉元帝说："因为皇太子是嫡长子，所以才被立为太子，到现在已经有十多年了，百姓已经熟知太子的名号了，天下人没有一个不归心顺服太子的。但是现在看到山阳王刘康一直深深地受到皇上的喜爱，因而道路上便有了流言传播，既有为国家的，也有出于个人考虑的，以为皇上或许会改立太子。如果果真如此，那么公卿以下的大臣们，一定会冒死向皇上进谏，不去遵照改立太子的诏令。所以臣请求皇上能先将我赐死，以此来明示群臣。"汉元帝本来就很仁慈，他不忍心看到史丹涕泣的样子，更何况他所说的话又很恳切，心里便大大地受到感动，于是就长叹一声说："我的身体一天天地困苦衰弱下去，而太子和山阳王刘康、信都王刘兴年纪又都是那么幼小，所以在我的心意当中，又何尝没有过改立太子的想法呢？可是我始终没有提出过改立的想法。而且皇后为人谨慎，再加上先帝又很喜欢太子，我又怎么可以违背先帝的旨意啊？驸马都尉是在哪里听到了我说要改立太子的话呢？"史丹听完汉元帝的话以后，就马上退离了蒲席，叩着头说："愚臣错误地听信传闻，罪当处死！"于是汉元帝便接受了史丹的建议，然后告诉他说："我的病现在渐渐加重了，恐怕我是无法再恢复健康了，你一定要好好地辅助太子，千万不要违背了我的旨意啊！"史丹嘘唏着站了起来，而太子也因此就被定为了储君。右将军、光禄大夫王商和中书令石显也都十分拥护太子，这对于太子都很有帮助。夏季，五月，壬辰日（二十四日），汉元帝在未央宫驾崩。

◆班彪评论这件事说：臣的外祖兄弟担任过汉元帝的侍中，他曾经告诉臣说："汉元帝有很多的才能，写得一手好书法，又会弹琴吹箫，同时也会自己作曲，再将曲子谱成新歌，就连那乐器音声的分部定位，都极为微妙好听。而且他从小就喜欢儒术，等到继承了皇帝之位，便征召了大量的儒生，将国家大事委托给他们去处理，所以贡禹、薛广德、韦玄成、匡衡等这些儒生都先后被汉元帝任命为宰相。可是汉元帝因为被儒学的文义所牵制，优柔寡断，所以业绩自然就不如孝宣皇帝了。只是他对待下属宽宏大量，语言行为恭谨不放纵，号令温儒敦厚，也有着古代帝王的风采和德行。”◆

匡衡上奏说：“以前因为皇上的身体不健康，所以就恢复了所有被罢废的宗庙祠堂，可是直到最后也还是没有蒙受到什么福祥。核实了那卫思后、戾太子和戾后园，因为亲属关系尚未疏远，所以不应当毁弃。但是孝惠帝和孝景帝的庙园，因为亲情已经疏远了，所以应该弃置。还有太上皇、孝文帝、孝昭太后、昭灵后、昭哀后、武哀王的祠庙，也请您能够全部罢废，不再进行奉祭。”汉元帝接受了匡衡的上奏。

六月，己未日（二十二日），太子继承了皇帝之位，前去拜谒高庙。然后尊奉皇太后为太皇太后，皇后为皇太后，并且任命大舅侍中、卫尉、阳平侯王凤为大司马、大将军、领尚书事。

秋季，七月，丙戌日（二十一日），将孝元皇帝埋葬在渭陵。

汉成帝下令大赦天下。

丞相匡衡上疏说：“陛下秉承着至孝的德行和节操，哀伤怀念先帝，常常都处在怀念当中，所以从未有过游娱射猎之类的喜乐，实在是能够做到极尽哀礼而不忘根本，可以说是孝思无穷。但是臣私心想要请求陛下，虽然您天性如此，但是还应该更加用心去留意一下其他的事情。《诗经》里面说：‘先王已经驾崩，没有人去支撑家业，这使我觉得孤独因而忧病。’这是在说周成王为周武王办完丧礼以后，十分思念周武王，心中感到哀伤不已，于是才成就了周文王和周武王的功业，并且使它发扬光大。臣又听到师长说：‘夫妻婚配的时候，就是人生的开始，是千万幸福的根源。婚姻的礼仪端正了以后，众物才能成，天命也才能得以保全。’孔子谈论《诗经》的时候，将《关雎》列在了第一篇，因为这是人伦纲纪的要领，是圣王教化的开端。从上古以来，看看那夏、商、周三个朝代的兴盛和衰败，没有一个不是由此造成的。请陛下能够详细地观览历代得失盛衰的例证，借此来奠定国家的基业，任用贤能有德行的人，戒除声色的迷惑，亲近那些端庄稳重而排斥那些空有奇技淫巧但是没有德行的人！臣听说《六经》等这些书籍，是圣人用来统御天下的人心，将善恶分别归类，显示吉凶的分别，指示做人的道理，使人能够不会违逆他的本性的经典。还有那《论语》和《孝经》上面所记载的，也同样是圣人言行中最切要的事理，您应该去探究明白那里面的意义。臣还听说，圣明的君主的作为，无论是动静周旋，奉天承亲，还是临朝管理臣子、处理国事，事事都要有一定的分寸，以彰明人伦道理。能够恭顺、小心、敬畏、有所畏惧，这就是侍奉上天的态度；能够和悦、顺从、谨严，凡事顺遂称心，这便是奉承亲意所应该有的礼教；对于自己能够做到严明诚敬，这是临众统御百姓时应该有的威仪；对待他人能够施恩嘉惠同时和颜悦色，这是宴飨臣下时应该有的容貌。进退言行，都要能够成为万民的榜样，所以仪容要符合仁义，动作要符合法则。在正月初的时候，皇上要到大殿上面去接受群臣的朝拜恭贺，所以应该准备酒席来宴飨各方前来朝觐的人。经传上面说：‘君子要能够在事情一开始的时候，便能够做到谨慎小心。’因此请陛下能够留意举止应该有的分寸，使得群臣都能够仰望到皇上圣明的德泽和善美的光彩，从而为国家立下良好的基础，那么天下就十分幸运了！”汉成帝谦恭地采纳了他的建议。

资治通鉴卷第三十　汉纪二十二

起己丑（公元前32年），止戊戌（公元前23年），共十年。

【题解】 本卷记录了汉成帝刘骜建始元年至阳朔二年共十年间的历史。主要记录了汉成帝执政前期的状况。成帝贬逐宦官石显，节省宫廷开支，赈灾、减税、大规模整理图书，下诏求言、识破拒绝匈奴诈降，羁縻西域、用能吏抚慰西南，有明智的一面。但成帝懦弱糊涂，曾一日封五外戚为侯，大权掌握在舅父王凤手中。由于没有加固黄河大堤，黄河两次决堤，死伤无数，灾民流离。成帝还贬逐贤良，使丞相王商、京兆尹王尊、王章含冤而死，知刘向忠诚而不用，令人丧气愤懑。

孝成皇帝上之上

建始元年（己丑，公元前32年）

春季，正月，乙丑日（初一），汉宣帝的父亲悼考庙发生了火灾。

汉成帝将石显改任为长信宫的中太仆，在太后所居住的长信宫中管理关于皇太后车驾的事情，俸禄是中二千石。石显已经失去了汉元帝的依恃，原来他是中书令，管理着国家的枢密机要，但是现在则只是一个闲散的宫官，远离了权力的中心，于是丞相匡衡和御史大夫张谭就一条条列举出石显过去的种种恶行，并且上奏给了汉成帝。石显及其同党牢梁和陈顺被免了官，石显和妻子也被遣回了故乡济南郡。石显因为忧愁烦闷，不进饮食，最后死在了返乡的途中。而所有曾经由于和石显交结才得以被任命为官的人，也全部都被免职贬斥。少府五鹿充宗被降调为玄菟郡的太守，御史中丞伊嘉被改任为雁门郡的都尉。

司隶校尉涿郡人王尊向汉成帝上奏弹劾说："丞相匡衡、御史大夫张谭明明知道石显等人专权擅势，作威作福，成为海内的祸害，他们却没有及时向皇上上奏要求惩罚他们，反而是阿谀奉承，曲附在下的石显，欺瞒在上的皇上，顺从了邪恶，迷惑了国家，一点也没有大臣辅政时应该遵守的义理。但是这些不好的事情，都是发生在皇上七月大赦天下之前。可是皇上颁下了赦令以后，匡衡、张谭就向皇上举奏了石显的是非，却没有陈述自己不忠的罪状，反而去宣扬先帝错误地任用了那些倾斜颠覆国家的人，甚至还胡说些什么‘百官都十分害怕石显，甚至比起害怕皇上还要更厉害’；这种贬低国君、尊显人臣的话，并不是他们所应该说的，这实在是有失大臣的体统！”因此匡衡觉得既羞惭，又害怕，便脱下了官帽向皇上请罪，还呈还了丞相和乐安侯的印绶。但是因为成帝刚刚上任，很难去重重地惩罚大臣，反而把王尊降调为高陵县的县令。

可是群臣都认为王尊做得很对，于是匡衡心里便常常觉得很不自在，就连一句话都说不出口，每遇到水灾、旱灾，他就赶快向汉成帝请求辞职让位，但是汉成帝则每次都下诏书抚慰他，并不答应他的辞职。

汉成帝册立了原河间王的弟弟、上郡的兵器库令刘良为河间王。

在二十八宿的营室星附近出现了彗星。

汉成帝下令大赦天下。

壬子日（正月无此朔，无壬子），汉成帝封舅舅光禄大夫、关内侯王崇为安城侯；同时也赐给舅舅王谭、王商、王立、王根、王逢时等五个人关内侯的爵位。夏季，四月，到处都弥漫着黄色的雾气，于是汉成帝便下诏广泛地询问公卿大夫原因，并且要求他们直言，不要有所避讳和隐瞒。谏大夫杨兴和博士驷胜等人都认为这是由于“阴气太过强盛，扰乱了阳气所造成的。汉高祖曾经有过凡不是功臣便不封他为侯的规定，但是现在太后所有的弟弟，都没有立下功劳却受封为侯，这是以前的外戚从来没有过的事情，因此上天就显示出了异常的气象”。于是大将军王凤便感到很害怕，就向汉成帝上书请求能够辞职退休，于是汉成帝就特地颁下了诏令不答应王凤的请求。

御史中丞东海郡人薛宣向汉成帝上疏说：“陛下您很有仁德，可是祥瑞之气却仍然凝聚在一起不通畅，阴阳不能够调和，这恐怕是由于官吏的苛政太多的缘故。被派去周边的郡国视察治理情况的部刺史，有的不能够遵照所规定的职务去办事，任意地纠察弹劾，察举都依照自己的私人想法，而偏私自己的所爱，多方面地去干预郡县的行政，甚至私自打开门户，听信谗言，来追查官吏百姓的过错，责问申斥一些十分细微的事情，对人的要求过于苛刻，不去考虑他的负担能力。郡守和县令受到这种逼迫以后，对内也作如此这样的要求，于是上下互相损害，这种不醇厚的风气，也会影响到所有的百姓。因此，在乡里之间，百姓彼此之间的感情，就缺少了一种对待嘉宾时本应该有的欢乐，就连九族之间，彼此也不能够以亲情互相款待，过去在饮食和起居方面，彼此一旦有了急难困穷，就互相救济的恩义，更是普遍地衰微下去，送往迎来、互相应酬的礼仪和情感，也都行不通了。既然人情道理都不要求了，那么天地之间的阴阳之气，自然就会遭到阻隔，祥和之气凝聚不通，未尝不是由于这个原因啊！《诗经》里面说：‘百姓因为有了粗陋的干粮却没有与别人分食，就会受到旁人的批评指责。’俗话说：‘施行的政策太过苛刻，就会使亲情疏远；施行的举措太过烦苦，就会伤害到恩情。’当刺史来京城奏事的时候，皇上应该明白地告诫约束他们，使他们清清楚楚地知道朝廷的要务究竟在哪里。”汉成帝很赞同并采纳了他的建议。

八月，有两个月亮在早晨一上一下地出现在东方的天空。

冬季，十二月，汉成帝在长安城南作天郊用来祭天，在城北作地郊用来祭地，免掉了原本在甘泉祭天、汾阴祭地的祭祀，同时，原本在甘泉泰畤的紫坛上所有的那些采镂、玉女歌妓、车驾、赤色马、神马和石坛等物品，因为不符合古制，也都不再去修理了。

二年（庚寅，公元前31年）

春季，正月，汉成帝又按照匡衡的奏请，罢废了在雍县的五畤以及在陈仓的陈宝祠。辛巳日（二十三日），汉成帝在长安南郊开始举行祭天的庆典，因此赦免了负责祭天的各县，以及在京城各官府服刑的那些仍然可以留有鬓毛，没有被全部剃去头发的罪行比较轻的囚徒；减免了天下百姓的赋税，本来应该每年缴纳一百二十文，现在减去了四十文，只需要缴纳八十文。

闰正月，汉成帝将渭城延陵亭一带的地方划为初陵，开始营陵。

三月，辛丑日（十四日），汉成帝在长安北郊开始进行祭地礼。

丙午日（十九日），汉成帝册立了许皇后。皇后许氏是车骑将军许嘉的女儿。汉元帝因为感伤母亲恭哀后作为汉宣帝皇后的日子很短，就遭到了霍氏的毒害，所以特意选择了许嘉的女儿许配给太子。

汉成帝身为太子的时候，便以好色出名；到了即位以后，皇太后就下诏要求去选择良家女子来充入后宫。大将军王凤的属官武库令杜钦就劝王凤说："依照礼制，每一次的聘娶，是可以同时娶来九个陪嫁女子的，这是用来多增加后嗣，尊重祖先的；如果原配去世的话，就可以用其他年幼的娣侄来继室。如果没有娣侄，就不再补入，这样就可以用来延长年寿，避免发生争端。所以如果后宫的妃子有贞洁善美的德行的话，那么后世便会有贤明神圣的国君；如果在制度上有了长幼先后的秩序，那么君王便会有长命寿考的福禄。如果废弃了这种礼制不去使用，那么就会好色而且不知道节制；如果好色而且不知道节制的话，那么寿命自然就会短促。男人即使到了五十岁，还是会很喜好女色；但是妇人一旦过了四十，容貌就会不如从前了。用那逐渐衰败的容貌，去侍奉仍然处在好色之年的男人，如果不以礼制去节制他，那么就将无法去阻止他那原本就好色的心意，而且他以后对待妻子的态度，也会和从前大不相同。原本恩爱的态度改变了，原配便会很自然地起疑心，而妾妇庶子，也会产生与嫡子疏远的想法。所以晋献公才会听信了骊姬毁谤世子的谗言，申生才会蒙受了冤枉的毒害。而现在圣上正是年轻的时候，但是还没有后嗣，正在专心于学术，尚未接触到有关纳娶妃子的建议。将军辅助皇上施政的时候，应该趁着皇上刚刚即位之时的隆重盛大，设定下一娶九女的制度，谨慎地去选择那些有德行、有道义的家庭，去寻求那些本性善良的女子，不必去计较有没有音声或者美色技能，以此来为后代万世立下大法。一个人在年少的时候，不能够好色而没有节制，《诗经》中的那首《小卞》之诗，就讥刺了周幽王废去申后，改立褒姒为后，哀太子被放逐的事情，来悲悯周室的衰败，这实在是值得警惕的事情啊！我请求将军能够常常以此事为念！”于是王凤便转向太后禀告此事，太后认为这样做并没有过去的例子可以遵循，而王凤也不能自己去制定律令，于是便只有遵守已经有的例子去做而已。王凤向来就很器重杜钦，所以让他在自己的幕府里面做事，无论有什么国家大事，都经常和杜钦一起计划筹谋，他也因此多次被称为当代名士，修正了政治上的很多缺失，而当时的一些美政善举，很多便是因为杜钦的建议。

夏季，发生了大旱灾。

匈奴的呼韩邪单于十分宠爱左伊秩訾的哥哥的两个女儿：大女儿为颛渠阏氏，生了两个儿子，大儿子叫且莫车，二儿子叫囊知牙斯；小女儿为大阏氏，生了四个儿子，大儿子叫雕陶莫皋，二儿子叫且麋胥，年纪都比且莫车的年纪大，另外两个小的咸、乐，则都比囊知牙斯的年纪小。再加上其他的阏氏所生的儿子一共有十多个人。颛渠阏氏的地位比较显要高贵，所以且莫车也比较受到呼韩邪单于的宠爱，当呼韩邪病重将死的时候，他就想要立且莫车为下一任的单于。但是颛渠阏氏说：“匈奴危险慌乱了十多年，国运一直十分危急，幸好能蒙受汉朝的扶持，才得以重新稳定了下来。现在刚刚安定不久，百姓都很担心发生战争，很想休养生息。且莫车的年纪太小了，百姓还无法顺从他，恐怕又会陷国家于危亡之中。我和大阏氏是亲姐妹，本来就是一家人，而且我们两人对待彼此所生的儿子，都是一样的恩慈，没有什么差别，就如同是自己生的一样，所以您不如改立雕陶莫皋为下一任的单于。”大阏氏说：“且莫车的年纪虽然小，但是有大臣可以辅佐他共同施政。如果现在就弃贵立贱，后代一定会产生混乱。”但是呼韩邪单于最后还是按照颛渠阏氏的意思，改立了雕陶莫皋为下一任单于，两人约定雕陶莫皋将来再传位给弟弟。呼韩邪单于死后，雕陶莫皋继任单于，被称为复株累若鞮单于。复株累若鞮单于任命且麋胥为左贤王，且莫车为左谷蠡王，囊知牙斯为右贤王。复株累单于又娶王昭君为妻，生下了两个女儿，大女儿云，被称为须卜居次（匈奴称公主为居次，须卜是她丈夫家的氏族，为匈奴贵族），小女儿为当于居次（当于也是匈奴的大族）。

三年（辛卯，公元前30年）

春季，三月，汉成帝下令赦免了天下所有的徒刑犯。

秋季，关内下了四十多天的雨。住在京城的百姓都很惊慌，都说这是要发大水了。百姓们都吓得赶快逃亡，彼此互相践踏，使得年老衰弱的人呼号求救，长安城内一片混乱的景象。汉成帝便亲自到前殿去召集公卿们商议这件事。大将军王凤认为：“太后和皇上以及后宫里面的人可以乘船逃走，然后让官吏百姓们爬到长安的城墙上面去躲避水患。”群臣都十分赞同王凤的建议，只有左将军王商说：“自古以来，即使是一个没有道义的国家，大水也不会去淹没他的城池。更何况现在政治清明，又没有战争发生，全国上下都相安无事，又怎么会有大水突然来到呢？这一定是谣言！我们不应该让百姓爬到城墙上面，这会使得百姓更加担惊受怕的。”汉成帝这才停止了行动。过了一段时间，长安城内稍稍安定了下来，一问起来，果然是谣言。汉成帝因此很赞赏王商的稳重笃定，经常称赞他的提议；王凤因此觉得很惭愧，十分后悔自己的失言。

汉成帝想把朝政专门委托给王凤，所以在八月的时候，便下令罢免了许嘉车骑将军的职位，让他以特进侯的身份，置身朝列之中，尽管不是三公的职位，但是却在所有列侯之上。

张谭因为选举不诚实，被汉成帝罢免了官职。冬季，十月，汉成帝任命光禄大夫尹忠为御史大夫。

十二月，戊申朔日（初一），发生了日食。同一天的晚上，未央宫发生了地震。因此汉成帝便下诏要求大臣们举荐贤良方正以及能够直言进谏的人。于是杜钦和太常谷永就向汉成帝上奏，他们都认为这是由于后宫的女眷太过于受到汉成帝的宠爱，而且憎恨他人得到汉成帝的宠爱胜过自己，并且想要专揽大权，这是有害于后嗣所造成的灾祸的征兆。

越巂郡发生山崩。

丁丑日（三十日），匡衡由于多收取了四百顷的封邑收入，一共增收了一千多石的谷子，犯了律法，被司隶校尉弹劾奏报，因为他盗取自己监守的物品的价格超过了十金以上，所以按照律法被罢免，成为平民。

四年（壬辰，公元前29年）

春季，正月，癸卯日（二十六日），有四颗陨石在亳县落下，有两颗在肥累县落下。

汉成帝下令罢去了中书宦官；先设置五名尚书员，将他们分为五曹，分科办事。

三月，甲申日（初八），汉成帝任命左将军乐昌侯王商为丞相。

夏季，汉成帝召集了以前被荐举的全部直言的人士，到未央宫的白虎殿去回答策问。那个时候，由于汉成帝把国家大事都委托给王凤去掌管负责，所以大部分参与审议的人对此都有所批评和指责。只有谷永知道王凤现在正在受到重用，手中握有大权，便想暗中去讨好他，就向汉成帝上书说："现在四方的夷狄都向我们臣服，北边没有了薰粥、冒顿的祸患，南边没有了赵佗、吕嘉的隐患，三面的边境都很安宁，没有战争的警告讯号。即使是比较大的诸侯，也不过是拥有几个县的封邑而已，而且还有汉天子派去的官吏控制着他们的权柄，使他们不能够有什么其他的作为，也使他们再也没有了像吴、楚、燕、梁诸王一样的声望、气势。再加上百官彼此之间的职务是如此的制衡交结，与皇帝有亲戚关系的官员与没有亲戚关系的官员互相掺杂，在与皇上有骨肉之亲的大臣当中，也有像周宣王的舅舅申伯那样忠诚的人，恭恭敬敬，是如此小心谨慎，再也没有像重合侯马通、安阳侯上官桀、博陆侯霍禹那样的乱臣贼子阴谋要造反。无论是边塞之外，还是国中，以及朝廷的各个方面，都没有一丝一毫的事情需要您去担心，由此可见，您让王凤执政并没有什么不对，天地间发生的灾祸其实和他无关。所以臣担心陛下会丢开那些其他昭明显著的过失不去提及，忽略了天地所垂示的明显的告诫不谈，反而去听信那些谗言，归罪于自己无辜的舅舅，并且将政权改交给他人，从而失去了国家的重心，这可是非常不应该的。假如陛下能够深切地去考虑愚臣的言论，那么就能够排除沉溺已久的心意，解除偏颇驳杂的情爱，振奋刚强的神威，平均您所布施的恩德，使众妃嫔有机会可以人人轮流侍奉君主。多方面地去接纳能够生男孩的妇人。无论她的美丑，也不去嫌弃她是否嫁过人，更不要去管她的年龄。这样仔细地推论起来，陛下如果能够从民间得到适合的女子，并且让她生下男孩，那么反而是一件有福的事情。我们的目的只是能生个儿子就可以，那么就不必去考虑孩子生母身份的贵贱。在后宫里可供差遣的那些知书达理、喜好学习的宫女当中，如果有令您满意的，也可以从中去寻找，选纳为妃，以此来答谢上天庇佑使您能够得子的深情厚意，并且还能宽慰皇太后的忧愁与不快，解除上天的谴责发怒，那么，后嗣能够繁多地滋生，所有的灾难变异自然就能够停止了！”杜钦也按照这个意思向汉成帝进言。于是汉成帝便将这些奏书，全部拿到后宫去传阅展示，然后提升谷永为光禄大夫。

夏季，四月，下雪。

秋季，桃树、李树都结了果实。

大雨下了十多天，这场大雨使得东郡的黄河堤防金堤溃决了。起初，清河郡的都尉冯逡向汉成帝上奏说：“清河郡位于黄河的下游，土壤松软脆弱，十分容易崩坏，最近之所以会很少遭到河水的祸害，是因为在汉武帝的时候，黄河在馆陶决口过，因而通成了长度、深度和黄河都相等的屯氏河，于是就变成了有两条河分流了河水，从而减小了水势。但是现在屯氏河因为黄河后来又在清河郡灵县的鸣犊口决堤了，河水改道向鸣犊口流去，所以屯氏河的水流渐渐地就淤塞不通了，再加上灵县的鸣犊口现在也越来越不畅通，于是便形成了只有一条河流来承受过去几条河流的流量，所以虽然我们在逐渐加高河堤，但是最终也无法使河水得到适合的宣泄。如果有大量的雨水降下来，一连十多天都不停止的话，河水必定会涨满的。况且以前承接黄河的徒骇、太史、马颊、覆釜、胡苏、简、洁、钩盘、鬲津等九河的遗迹，现在既然都已经湮没难寻，但是屯氏河却是最近刚刚阻塞不久的，如果要对屯氏河加以疏通的话，并不是那么困难；加上它的口岸地势也很高亢，对于减弱水力以及分散水的流量来说，都很方便适合，可以再加以疏浚，来分担黄河的水量，来宣泄暴涨的河水，防范发生紧急的事情。如果不事先加以整治的话，一旦黄河的北岸溃堤了，那么就会淹没到四五个郡；一旦黄河在南岸决堤的话，便会淹没到十多个郡。如果我们到那时候才来担忧操心的话，那可就太迟了！”冯逡的奏章被交到丞相和御史那里去审议以后，于是他们便建议汉成帝派遣博士许商去巡视黄河。但是巡视的结果却是：“现在国家财政上有些困难，可以暂时先不用去疏通它。”三年以后，黄河果然在馆陶和东郡的金堤决口了，河水横流到了兖州、豫州以及平原郡、千乘郡和济南郡，一共淹没了四个郡，三十二个县，共十五万多顷地，有些水灾严重的地方，水甚至有三丈深，冲毁了官府的办公处所和将近四万栋的民房。

冬季，十一月，御史大夫尹忠因为在应对治河的方略的时候过于粗心大意，汉成帝就痛切地指责他玩忽职务，于是尹忠就自杀了。汉成帝赶紧派了大司农非调去调动处理被河水淹没的各郡的钱财和粮食，另外还派了两名使者去征召了五百艘河南以东的船只，用于转移灾民，帮助他们躲避水患，使他们都改住到丘陵去了，一共救了九万七千多人。

壬戌日（二十日），汉成帝任命少府张忠继任为御史大夫。

南山的一群盗贼傰宗等几百个人在地方作乱，使官吏和百姓受到了损害。于是汉成帝就下诏命令征调一千名士兵去追捕那群盗贼，经过了一年多的时间，却始终无法擒获他们。于是有人便劝大将军王凤说：“那些盗贼只有几百个人，又距离京城很近，就在天子的车辇之下，却不能够镇压他们，这让我们在四方的夷狄面前，实在是很难交代。所以现在只有一个办法，那就是去选任贤能的京兆尹，让他来处理了。”于是王凤就向汉成帝推荐了以前的高陵令王尊，汉成帝就征调他为谏大夫，并且让他代理京辅都尉的职位，同时还履行京兆尹的职务。王尊上任才一个月，盗贼便被肃清了。所以后来王尊就被汉成帝正式任命为京兆尹。

汉成帝刚刚继位的时候，丞相匡衡就向汉成帝上奏说：“射声校尉陈汤，以西域副校尉官秩二千石的身份，奉命被委派到西域去的时候，专门负责西域蛮夷的事务，但是他却没有以身作则，盗取了所没收的康居国的财物，还告诫命令下属的官员说：‘在距离京城万里绝域以外发生的事，朝廷是不会认真地计较的。’这件事情虽然是发生在竟宁元年七月皇上下令大赦天下之前，但是也不适合让他再担任官职了。”于是陈汤便因此而被罢免了射声校尉的职务。后来，陈汤向汉成帝上奏说：“康居王派来服侍皇上的儿子，并不是康居国真正的王子。”但是经过查验以后，证实他是真正的王子，于是陈汤便被关进了监狱，并且被判处了死刑。

太中大夫谷永（按：今年夏，谷永才升为光禄大夫，到河平二年仍是光禄大夫，官佚二千石。这里说是太中大夫，官秩才千石。知此条当有误系。）就向汉成帝上书为陈汤求情申冤说：“臣听说以前楚国有一个令尹，名字叫作得臣，字叫子玉的，正是因为他的贤能，才使得晋文公虽然在城濮之战中打败了楚军，但是还是不敢放心地端坐着；正是因为赵国有了廉颇和马服君赵奢，才使得强大的秦国，也不敢发兵进攻赵国西北界的险隘井陉关；而近年来的汉朝，因为有了汉景帝时候的雁门郡太守郅都，和汉文帝时候的云中郡太守魏尚，才使得匈奴不敢南下接近雁门、云中。由此说来，能够战胜敌人的将领，都是国家勇武的臣子，我们不可以不重视他啊！在国君听到战鼓的声音的时候，便会很自然地想到那些在战场上冲锋陷阵的将帅大臣。臣看到关内侯陈汤，当他以前砍杀了郅支单于的时候，汉朝的声威震动了所有的蛮夷，英武传遍了整个的西域，从汉朝开国建元以来，所有的在疆域之外征战的将领之中，没有一个能够像他一样的。但是现在陈汤因为犯了报告不实的罪名，被长久地拘禁在监牢里面，他的案子也是一拖再拖，迟迟都得不到审决，那些执法的官吏，显然是想要判他死刑的。从前白起身为秦将的时候，率领军队去进攻楚国，向南击破了郢都，又领兵去攻打赵国，北杀赵括，可是后来他就因为一点细小的过错，被赐死在了杜邮，秦国的百姓都为他感到哀伤怜惜，没有一个不为他流泪的。现在陈汤亲手拿着武器，席卷了康居国，带着血前进在万里之外，斩杀了郅支单于，战胜归来，我们才得以向宗庙进颂功业，并且对天帝告祭战果，所有的战士，没有一个不倾慕陈汤的。他不过是因为说错了话才犯了罪，并没有什么明显的罪恶。《周书》里面说：'要记住他人的功劳，忘记他人的过错，这样的人才适合作为百姓的国君。'那犬马因为能够为人类劳动，人类还会在它们死后加上帷幕或被盖来埋葬它们，以此来报答它们，更何况是国家的功臣呢？臣担心陛下忽视了战鼓的声音，没能去深切地体察《周书》的意思，因而忘掉了要去报答功臣的功绩，反而拿对待平庸之臣的态度来对待陈汤，最终赞成执法的官吏的意见，使得百姓的心里耿耿然有当初秦国百姓的那种遗憾，那么这就不能用来勉励那些为国死难的臣子了啊！"

谷永的奏章呈给汉成帝以后，汉成帝便放出了陈汤，只是剥夺了他的爵位，将他贬为士卒。正好这个时候西域都护段会宗被乌孙国的军队包围了，于是骑着驿马的驿人赶紧将加急文书呈递给了朝廷，请求汉成帝准许调动西域各设有城池的国家以及位于敦煌的士兵前来进行营救。丞相王商和大将军王凤，还有那些群臣百官，商议了好几天，但是仍然都拿不出解决的办法来，后来王凤就向汉成帝建议说："陈汤这个人有很多的筹谋和计策，并且他十分熟悉西域各国的事务，您可以询问他有什么办法没有。"于是汉成帝便在未央宫的宣室中召见了他。陈汤在攻击郅支单于的时候得了风寒，两臂有很大的病痛，不能够屈伸，陈汤进去拜见汉成帝的时候，汉成帝准许他不必行拜见礼，然后汉成帝拿了段会宗的奏章给他看。陈汤看完以后就回答汉成帝说："臣认为这没有什么可担忧的。"汉成帝说："为何这么说呢？"陈汤回答说："那些胡兵，需要五个才能够抵挡得住一个汉兵，这是为什么呢？因为他们的刀剑不够灵巧，也不够锋利，就连弓箭也很迟钝。虽然我听说他们现在已经学到了一些汉朝的兵器的巧妙，改进了不少，但是仍然需要三个胡兵才能抵得上我们一个汉兵。此外还有《兵法》上面说：'驻军守城的人，只需要一半的兵力，便可以抵挡得住攻城的敌人加倍的兵力。这也就是说，敌人需要加倍于我们的兵力，才可以与我们为敌。'所以现在包围段会宗的敌兵，是绝对无法胜过段会宗的，因此请陛下不必担心！况且部队轻装备行军一天也只可以行军五十里，而重装备行军一天就只可以行军三十里，段会宗想要调动西域有城池的各国以及位于敦煌的士兵前往解围，那也是要经过一段时间才能到达的，这就是所谓的用来报仇的军队了，并不是用来救助急难的了呀！"汉成帝就说："那我们应该怎么办呢？这个围一定可以解得掉吗？你预料要用多久才能解围呢？"陈汤知道乌孙国的士兵只是一群乌合之众而已，不可能长久地进攻下去，按照过去的经验，只不过几天而已，就回答汉成帝说："应该已经解围了！"然后就弯着手指头计算了一下日子，又对汉成帝说："不超过五天，就一定会有解围的喜讯上报给皇上的。"过了四天以后，段会宗果然送来了军书，军书上面说是已经解围了。于是大将军王凤就奏请汉成帝任命陈汤为大将军府的从事中郎，负责参谋议事，所有有关幕府的事情，都由陈汤决定。

河平元年（癸巳，公元前28年）

春季，杜钦向王凤推荐犍为郡人王延世，请求派他去设法阻塞已经溃决的黄河堤岸。于是王凤就任命王延世为河堤使者。王延世命人用竹子编成长四丈，九人合抱那么大的竹笼，在里面盛满了小石头，用两艘船夹着搬运，然后将竹笼沉到水中。经过了三十六天以后，终于筑成了新的堤防，阻塞了黄河的决口。三月，汉成帝下诏任命王延世为光禄大夫，官秩为中二千石，并且赐给了他关内侯的爵位，还额外奖赏了他一百两黄金。

夏季，四月，己亥晦日（三十日），发生了日食。汉成帝便下诏命令公卿百官，要他们进谏朝廷政事的过失，不要有所忌讳，并且还下令大赦天下。光禄大夫刘向便向汉成帝上奏说："以前在孝惠帝七年，五月，丁卯，晦前一日，也发生过一次日食，那时候是在四月交于五月的时候，现在又发生了日食，因此如果要说起月份的话，是同孝惠帝那时的一样；如果讲到日期的话，因为在孝昭帝元年，七月，己亥晦日，也有过一次日食，所以又同孝昭帝一样了。在孝惠、孝昭发生了日食以后，二帝都很快就去世了，而且他们也都没有子嗣。因此这次发生的日食，恐怕是对后嗣不利。"这个时候许皇后得到了汉成帝的专宠，后宫其他的妃嫔很少有机会能够接近汉成帝，朝廷内外的人因此都很担心汉成帝会因此而没有后代，所以杜钦、谷永和刘向所呈奏给汉成帝的话，就都涉及了这一点。

于是汉成帝便减少了椒房殿和掖庭中后妃的开支。各官府所发给以及所制造的衣服用具和轿舆车马，只要是赠赐给外家的，还有各个臣妾的，都如同汉元帝竟宁以前的样子一样。

许皇后因为这件事，就向汉成帝上书自述，她认为："时代已经不同了，很多事情都是长短互补的，因此只要不超越汉朝的体制便可以了。有些细节，未必都要和从前一样的。就像汉元帝竟宁以前和汉宣帝黄龙以前的制度，难道就一定会是相同的吗？但是主管后宫的官吏却不知道变通，现在竟然完全遵照诏令，一切都要按照竟宁的成例来办，这将会使得臣妾的举止受到很大的束缚，将会使我连摇手都不成了。如果臣妾想要在某个地方摆设一个屏风，他们就会告诉我说：‘过去没有这样做的成例。’臣妾如果有所要求，而官吏却不肯准备，便一定会托词说是诏书不允许，借此来限制臣妾的需要。这实在是不可行的啊，还请陛下明察！还有如果依照往例，就只能用一头牛去祭祀祖父母，可是平恩戴侯许广汉和乐成敬侯许延寿，都已经蒙受了皇上恩德，被皇上允许可以用牛、羊、猪三牲具备的太牢来祭拜他们，但是现在如果要依照诏书，要按照往例的话，那么他们就要改用一头牛来祭祀了，所以我请求陛下能够破格哀怜他们，仍然准许他们用三牲去祭拜祖先。但是下面执行的官吏，才刚刚接到诏书，阅读到诏书上面所记载的种种事宜，就立刻私下里警告我说：‘应该要让皇后知道，从今以后，不可以还和以前一样，把宫廷中的物品，看成是自己家的东西，可以随意地去取用。’只是在一开始的时候，就如此凶狠，那么以后将用来约束限制臣妾的，恐怕将会更加不合情理。我请求陛下能够明察！”

于是汉成帝就摘录了谷永和刘向所说的，他们认为所有的灾变征兆都是由于后宫造成的，回报给皇后，并且对皇后说：“官吏只是在遵守法令而已，又有什么罪过呢？因为要矫正那些邪曲过错，有的时候的确是会超过本来应该有的限度的，这是从古至今都一样的道理。而且节省下来一些财物，不用三牲而只是用一头牛来祭祀先祖，这些都有助于皇后的美德，是一件光荣、有名誉的事情啊！而且如果不设法除去这种灾祸的源头，让灾变就这样一直发生下去，就连祖宗尚且不能够长久地享用子孙牺牢的祭典，又怎么能够谈到戴侯的祭祖呢？《论语》上面记载的孔子的话不是说过吗：‘能够践行俭约的人，而又会犯有过失的，那真是太少太少的了。’难道说皇后是真的希望可以奢侈浪费吗？那么朕也就应当去效法孝武皇帝的样子了，这样一来，甘泉宫和建章宫这两座宫殿朕便可以再派人去重新把它修建起来。但是，节俭的孝文皇帝才是朕的老师。况且皇太后、皇后的待遇也都有明文规定，假如太后在从前的时候得不到应有的标准的话，那么皇后现在所受到的优待，又怎么可以超过太后那个时候的制度呢？皇后你应该要削弱自己的心志，秉持着道德，以谦和节俭为先，这样就可以给后宫其他众妃嫔作一个示范，使她们也能够有所遵守践行。”

给事中平陵、平当向汉成帝上奏说：“太上皇是汉朝的开国始祖，汉元帝的时候废掉了他的陵寝庙园，这是不应该的。”而汉成帝也因为当时没有后代，便采纳了平当的建议。秋季，九月，汉成帝下令恢复了太上皇的陵寝庙园，并且还按时去那里进行祭祀。

汉成帝下诏说：“现在按照律令应当判处死刑的法令有一千多条，律令的繁多，甚至多到有一百多万字；此外还有因为明文规定的法令，从而由办案人员另外拟罪，上奏请求判决的，而且比附着其他的条文去定罪的情况也一天比一天多了起来。纵使是熟悉法令的人，有时候也不知道应当使用什么条令去办理案件，我们却想要拿这些律令去教导百姓，使他们都能够全部明白，这难道不是很困难的吗？我们设置了这么多烦琐的刑律来制约百姓，使得百姓无法逃避，况且还有很多百姓都是由于无罪但是死于非命，甚至比夭折的还要多，这难道不是一件很令人哀痛的事情吗？所以我们现在应该要去商讨哪些死刑条文是可以减除的，以及哪些律令是可以废弃简化的，从而使这些律条清楚明白，容易被百姓理解。你们讨论之后，将结果分条呈奏给我！”但是当时的那些主管官员不能够广泛地理解汉成帝的旨意，所以他们就只是钩取了一些细枝末节，杂举了一些如毫毛一般的小事，来敷衍搪塞汉成帝的诏书罢了。

匈奴的单于派遣右皋林王伊邪莫演等人前来向汉成帝进贡，并且他们将会参加元旦的朝贺大典。

二年（甲午，公元前27年）

春季，伊邪莫演进贡完毕以后，汉成帝便想要遣送他归国，但是他竟然自己说："我希望能够归降汉朝，如果皇上不接受，我就自杀，反正我终究是不敢回到匈奴去的。"于是汉朝派去接送伊邪莫演的使者便将这件事上奏给了汉成帝，汉成帝就将这件事交给公卿们去审议。在参与审议的人中，有的说："我们应该和以前的做法一样，去接受他的投降。"但是光禄大夫谷永、议郎杜钦都认为："从汉朝兴盛以来，匈奴就多次地侵扰我们的边境，所以我们才会设下黄金、爵位的奖赏来款待向汉朝投降的人。但是现在，匈奴的单于已经向我们卑躬屈膝，向汉朝称臣，被我们列为我们北面的藩属国，而且他还派遣了使者前来向汉朝进贡，并没有其他的想法。因此，我汉朝对待他们，也应该与过去有所不同。我们现在已经接受了匈奴的单于派遣使者前来进贡的诚意，却还去接纳他叛逃的臣子，这可是为了贪取一个人而失去一个国家的归顺的心意，我们只会是获得了一名有罪的臣子，而与一位仰慕仁义向汉朝归顺的国君绝交啊！而且或许这是因为在匈奴的单于刚刚即位的时候，为了想要依附中国，却不知道究竟是利是害，才私下里派伊邪莫演前来向我们诈降，以此来推测是吉是凶，如果我们接受了他归降的请求，那么就会有损我们的道德，这不但会阻塞了他们归顺的心意，并且还会让匈奴的单于因此而与我们疏远，不再与边境的官吏亲和友好。又或者这其实是他们在进行反间之计，想要借此来惹是生非，如果我们接受了伊邪莫演的归降，便正好中了他们的计谋，使得他们可以说我汉朝的不是，而且他们还可以理直气壮地来指责我们。所以这实在是今后我们的边境究竟是安宁是危险的一个根源，也是我们的军队是否需要再去从事征杀的一个契机，是不可以不详细地去考虑的。因此我们不如不去接受伊邪莫演的请求，以此来昭明我们如同日月一般的信义，阻止他们向汉朝诈降的阴谋，安抚他们想要与我们亲近的心意，这样还是较为方便的。"他们的意见呈奏给汉成帝以后，被汉成帝所采纳。于是汉成帝便派了中郎将王舜前往询问伊邪莫演当时要求投降的情形，但是伊邪莫演竟然说："我有精神狂妄症，我以前说我想要投降的话，只不过是一时的精神错乱，胡言乱语罢了。”于是汉成帝就把他遣送回了匈奴。可是当他回到匈奴的时候，官位仍然和从前的一样，只是匈奴的单于不肯让他见到汉朝的使臣而已。

夏季，四月，楚国下了冰雹，冰雹大得就像锅一样。

改封山阳王刘康改调为定陶王。

六月，汉成帝册封了他所有的舅舅：王谭为平阿侯，王商为成都侯，王立为红阳侯，王根为曲阳侯，王逢时为高平侯，由于这五个人是在同一天接受册封的，所以世人称他们为“五侯”。那个时候太后的母亲李氏已经改嫁给河内郡人苟宾为妻，而且还生下了一个儿子苟参，太后就也想比照着孝景帝王皇后的同母异父弟田蚡得到册封的例子，请汉成帝也去册封苟参。但是汉成帝却说：“汉武帝当时对田氏的册封，并不是一个正规的做法。”于是汉成帝仅仅是任命苟参为侍中、水衡都尉。

御史大夫张忠向汉成帝上奏弹劾京兆尹王尊为官暴虐傲慢，于是王尊便被罢免了官职，但是官吏和百姓却都很称赞他，为他表示惋惜。湖县掌管教化的三老公乘兴等人便向汉成帝上书为他申冤说：“王尊治理京兆的时候，他能够拨整乱事，诛除邪暴，这全部都是以前所少有的，郡国的都尉都比不上的；虽然王尊后来因为立功而被皇上正式任命为京兆尹，但是您并没有什么奖赏颁赐给他。可是现在御史大夫却向您上奏弹劾王尊，说他：‘伤害阴阳，为国家带来了忧愁，还说他没有接受执行皇上的诏书的心意，表面上说话总是说得很善良，但是实际上他的所作所为却和他所说的相违背；他外表看起来好像是很恭敬谨慎的样子，但是他的内心其实却很傲慢欺天。’如果要追究御史大夫如此说的原因，其实纯粹是由于御史大夫杨辅一直以来就和王尊有私人上的嫌隙，所以这件事情，表面上看起来好像是在秉公处理，因而杨辅才筹划出了这个弹劾案，于是他的弹劾才更加附会牵强，他罗织了罪名，写成了奏章，制造事端，才组成了罪状，臣等私下都感到非常伤心痛苦。王尊能够自尊自爱，操守廉洁，砥砺品节，一心为公；所有应当讥刺的人，即使是将相，他也不会畏惧他们的权势；所有应当诛除的恶霸，即使是土豪强梁，他也不会去躲避他。他既平定了不肯顺服的盗贼傰宗等人，又消除了国家的忧患，功绩十分显著，他忠于职守，树立了朝廷的威信，实在是国家一名勇武威猛的官员，一名抗敌保国的忠臣。但是现在他却明明没有罪过而受制在仇人的手中，被伤害在诋毁他的不实的文字里面，他对上既不能将功赎罪，对下也不能站在棘木之下，不能在公堂上为自己辩冤（古者取棘木之赤心，象征公正，以棘木之刺，象征刺探真情，所以在棘木之下听断诉讼。）来让皇上明白真实的情况，因而只能独自遭到挟怨报仇他的人一面之词的遮掩，蒙受到《虞书·尧典》里面用来指责共工的恶名，而且没有地方去陈诉他的冤情。王尊是因为过去京城的治安十分混乱，盗贼成群地起来造反，于是皇上才选贤举能，征用了他，王尊这才由原来的被废免在家，而变为被起用为谏大夫，同时还是京辅都尉，并且还兼为京兆尹事，因此王尊才跻身在公卿的行列。可是现在盗贼的叛乱已经被平定了，群盗也已经伏罪了，王尊却马上就被指控为佞巧小人并且遭到了贬斥。明明同样是王尊这个人，但是在三年之间，居然忽然被称赞为有贤能的人，忽然又被指控为奸佞小人，这难道不是太过分了吗？《论语》里面记载孔子的话说：'当喜爱他的时候，便会想方设法要他活着，而当厌恶他的时候，就会想尽办法要置他于死地，这其实是一种很混乱的做法啊！'里面还说：'如果一个人可以做到不相信如水一般慢慢渗透进的谗言的话，那么这个人便可以说是一个能够做到明察的人了。'所以请您能够交给公卿、大夫、博士、议郎去廷议王尊一直以来的操守行为。那为人臣子的人，如果真的伤害了天地间的阴阳，那就是要犯下死罪的；如果真的是表面上把话说得很善良，实际上的所作所为却与他的话相违背，这种言行上面的不一致，也是要遭到放逐或者杀戮的刑罚的。如果真的如御史大夫所上奏的罪状一样，王尊便应该立刻被伏诛在宫殿之下，或者被流放到罕无人迹的边疆那里去，不应该只是免去他的官职那么简单而已。还有那些举荐担保王尊的人，也要受到推选保举的连带责任，不可以就这么草率了事。但是如果王尊并不像御史大夫的奏章上面所说的那个样子，那么假托文辞，诋毁陷害无罪的人的御史大夫，也应该遭到刑罚，以此来惩戒那些谗言害人的人，让他们放弃欺诈骗人的邪路。我请求圣明的君主能够参酌详察，使得黑白分明！”张忠的奏章呈上以后，汉成帝便又重新任命王尊为徐州刺史。

夜郎王兴、钩町王禹、漏卧侯俞彼此发兵互相攻打。牂柯太守就向汉成帝请求可以调兵去诛讨他们。但是参与廷议的大臣认为由于路途太远，不可以派兵去出击。便派遣太中大夫蜀郡人张匡持着汉节前往那里进行调解。但是他们竟然都不遵从汉成帝的命令，反而还把木头刻成汉吏的模样，接着将木头树立在路的旁边，然后用箭去射他。

于是杜钦就劝说大将军王凤：“那些蛮夷王侯，竟然是如此怠慢轻视汉朝的使臣，一点也不畏惧汉朝的国威，可是那些参与廷议的人恐怕到现在也仍然是那么软弱无能，还是会主张与他们和解。那么，等到当地的太守察觉到他们的动静确实又有了新的变化，才又再次上报给朝廷的时候，将又会白白地浪费掉一时（三个月为一时），而不能够提早发兵来预防发生不测。当那些蛮夷王侯能够聚集他们的党羽，策划了他们的谋略的时候，党徒已经多了起来，彼此又都无法忍耐下心中的愤怒、仇恨，就一定又会继续互相攻击杀害。等到他们自己知道罪过已经形成的时候，便会疯狂地去进犯各郡的太守和都尉，然后逃到远远的布满暑气和毒草的荒地去。到了那个时候，我们就算是有了以前的名将孙武和吴起挂帅为将，古时候的勇士孟贲和夏育从军为兵，也将会是像到了水中、火中去一样的危险，一旦进去，便会被烧焦或者淹没，使得他们的才智和勇气都无法得到施展。要是我们还要再派兵去屯田开垦种植，以此来防守那边塞的蛮荒之地的话，所需要的花费，将会是庞大得无法计算的。因此，我们现在应该趁着那些蛮夷的君主的罪恶还没有形成，还不会怀疑汉朝将会施加给他们刑戮的时候，秘密地命令邻近的各郡的太守和都尉，赶紧训练将士、马匹，由大司农提前去调配粮食，把粮食积存在重要的地区，然后选用能够称职的太守前往那里，在秋凉的时候再到蛮夷那里去，杀掉那些特别狂傲悖逆不遵守王法的王侯。如果您认为那些不生五谷的地方，百姓也没有什么作用，君主是不用去劳烦中国的军队去击讨的，那么就应该撤销郡守，放弃待在那里的百姓，断绝和他们君民的关系，不再和他们有所往来。但是如果您认为先帝积累了好几代才建立下来的基业不可以被毁坏，也就应该趁着他们刚刚有了不轨的想法的时候，便及早地去打消它。如果等到恶行已经形成了，然后再去兴师进行攻战的话，那么百姓便要受到损害了。”

于是王凤就向汉成帝推荐金城郡司马临邛县人陈立为牂柯太守。陈立一到牂柯，便去劝告夜郎王兴。但是王兴不听从陈立的劝告，于是陈立就将此事上报给了朝廷，向汉成帝请求能够杀掉他。在朝廷还没回复陈立的请求的时候，陈立便带着几十名随从去巡视他所管辖的各县。等到了夜郎国的且同亭的时候，陈立就召见了夜郎王兴。王兴就率领了几千名部众到了且同亭，带着几十名夜郎国的酋长去见了陈立。陈立便立刻指责他的不是，然后趁机砍下了他的头。于是那些酋长们便说：“将军诛除了不守法的人，为民除去了祸害，我请您能够出示告示来晓谕部众。”陈立就出示了王兴的首级，于是大家就都丢下武器向陈立投降。钩町王禹和漏卧侯俞都感到很害怕，便带了一千斛粮食和一些牛羊给陈立去慰劳将士。陈立办完了事情以后，就回到了郡邸。

夜郎王兴的岳父翁指，和他的儿子邪务聚集了剩余的士兵，强迫威胁邻近的二十二个部落和他一起共同造反。到了冬天以后，陈立向汉成帝上奏请求可以招募各蛮夷及都尉、长史分别率兵攻击翁指等人。翁指占据了险要的地方，在那里修筑了壁垒。陈立使用奇兵，断绝了他的军需补给线，还向他们派去了间谍，使用反间计去引诱他的部众。都尉万年说：“军事久久都不能结束，剩余的费用已经无法再供给军需了。”然后万年便率军单独向翁指进兵，结果却被击溃了，于是他就退向了陈立的军营。陈立知道以后感到很生气，就责令部下抵抗攻击万年，不让他退入军营。都尉万年只好又回头去进行战斗。陈立也就随后赶去救助他们。当时天很长时间都不下雨，正在闹旱灾，于是陈立就进攻夺取阻绝了蛮夷的士兵的输水管道。蛮夷走投无路了，便一起杀掉了翁指，带着他的首级向陈立投降。于是西夷就这样被平定了。

三年（乙未，公元前26年）

春季，正月，汉宣帝的儿子楚王刘嚣前来朝见汉成帝。二月，乙亥日（十六日），汉成帝就下诏令说，因为刘嚣一直以来的德行都很纯美良好，所以对他特别加以褒扬，然后封他的儿子刘勋为广戚侯。

丙戌日（二十七日），犍为发生了地震，这场地震使得山岳崩溃，江水阻塞，水流泛滥。

秋季，八月，乙卯晦日（二十九日），又有日食发生了。

汉成帝因为宫中所收藏的书籍散落流失了不少，便派光禄勋中以及掌管奉诏出使的谒者陈农，到天下各地去寻访探求遗落的书籍。汉成帝还下诏命令光禄大夫刘向校定经传、诸子、诗赋等各种典籍；掌管上林苑门屯兵的步兵校尉任宏，则负责校定兵书；隶属太常，和掌管统领诸史以及星历占算的太史令尹咸，去校定数术等有关占卜星历的图书；嘱咐少府太医令，负责皇上及后宫疾病诊疗的侍医李柱国，让他来负责校定方技等医书。当每一册书校定完毕以后，刘向便分别向汉成帝说明这本书篇目的多寡，并且摘要列述这本书的旨意等，用笔抄录下来奏呈给汉成帝。

刘向因为外戚王氏的权势地位过于显要强盛，而汉成帝当时正一心向慕《诗》《书》等古书，便从《尚书》里面的《洪范篇》中，集合了上古以来，经历了春秋时代、六国时代，以及秦朝、汉朝等有关祥瑞和灾异的记载，推测天象变化的原因，比附着因果祸福的关系，去突出它的灵验，分门别类，各自加上篇目，一共是十一篇，刘向称它为

《洪范五行传论》，然后刘向将这本书呈奏给了汉成帝。虽然汉成帝知道刘向对汉室的一片忠心，知道他是在借故因为王凤兄弟的强盛，才写了这一本书来劝告自己，可是汉成帝终究不能削弱外戚王氏的权位。

黄河又一次在平原郡决口了，河水泛滥到了济南、千乘两郡，所有被毁坏的财物甚至达到了建始四年时候的一半。于是汉成帝又派遣王延世和丞相长史杨焉以及掌管负责宫室等建筑的将作大匠许商，还有谏大夫乘马延年等人共同前去整治黄河。经过了六个月，他们才完成了修治。汉成帝便又赏赐了王延世一百两黄金，而所有参与治河的士兵，只要不是受雇佣而且领有工资的，都被登记在了名册上面，可以抵消六个月的劳役。

四年（丙申，公元前25年）

春季，正月，匈奴的单于前来朝见汉成帝。

汉成帝下令赦免了天下所有的徒刑犯。

三月，癸丑朔日（初一），发生了日食。

琅邪太守杨肜因为和王凤缔结有姻亲关系，所以当琅邪郡发生了灾害，丞相王商负责去查问实情的时候，王凤便替杨肜向王商求情，但是王商不理会他，并且向汉成帝上奏请求可以罢免杨肜的官职。可是后来王商的奏章竟然被压下了，没有批下来。

王凤因此而十分怨恨王商，便暗中去寻找他的缺点，然后王凤指使频阳县人耿定向汉成帝上书说："王商和他父亲的近侍婢女私通；还有他的妹妹行为也很淫乱，却被一个奴才杀掉了她的奸夫，这很有可能是王商去唆使的。"只是汉成帝认为这种私人的过错，还不足以伤害一位大臣。但是后来因为王凤坚持，于是汉成帝就把这个案子交给了掌管纠察百官的司隶去处理。太中大夫蜀郡人张匡一直是一个奸佞小人，就又向汉成帝上书极力去批评毁谤王商。主管的官员便向汉成帝上奏请求可以把王商拘拿到奉诏成立的特别监狱去。但是汉成帝平时就很重视王商，他知道张匡的话里面有很多问题，便下诏说："你们不要去办理他。"但是王凤一再地向汉成帝进言与之争论。

在夏季，四月，壬寅日（二十日）这一天，汉成帝终于下了诏书，命令收回王商的丞相印绶，免去了他的职务。王商被罢相的第三天就生了重病，最后吐血而死，谥号叫戾侯。而他的那些任职为驸马都尉、侍中、中常侍、诸曹、大夫、郎吏的子弟和亲属，也都被下放为外官，不能够再留在中枢给事、宿卫，在汉成帝的左右服侍。主管的官员还向汉成帝上奏请求汉成帝可以废除王商的封国，汉成帝却下诏说："就由他的长子王安继任乐昌侯的爵位吧。"

当汉成帝还是太子的时候，曾经跟随莲勺县的张禹学习过《论语》，等到他继位以后，便赐给了他关内侯的爵位，并且任命他为诸吏、光禄大夫，官秩为中二千石，给事中、总领尚书诸曹。张禹因为是和王凤一同掌管尚书，所以内心总是觉得不安宁，多次生病，就向汉成帝上书请求辞官，想要躲避王凤。但是汉成帝每次都不答应，对他的安抚和待遇反而更加优厚了。六月，丙戌日（初五），汉成帝任命张禹为丞相，并且封他为安昌侯。

庚戌日（二十九日），楚孝王刘嚣去世了。

起初，当汉武帝通西域的时候，罽宾国自以为离汉朝的路途很远，汉朝的军队无法到达，便单独抵抗汉朝，不肯向汉朝屈服，多次去劫杀汉朝的使者。时间久了以后，汉朝的使者文忠终于和罽宾国的一个部落酋长容屈王的儿子阴末赴合谋进攻，杀害了罽宾王，改立了阴末赴为罽宾王。后来，在军中任职为军候的一个裨将赵德，奉文忠的命令到罽宾去，但是他和阴末赴意见不合，于是阴末赴便将赵德拘禁了起来，还杀掉了副使以下的七十多个人，然后就派遣使者去上书给孝元帝谢罪。但是孝元帝因为罽宾国位于一个很遥远的地方，便没有接纳他的上书，而且不去理会他，还把他派来的使者遣放到了县度去，断绝了和他的关系。

等到汉成帝即位以后，罽宾王又派遣使者前来请罪。汉成帝就想要派遣使臣答报他，并且护送他的使者回罽宾国。于是杜钦便劝说王凤说："以前罽宾王阴末赴本来是汉朝所拥立的，但是后来他竟然反叛了。世界上最大的恩德，是没有比能够保护他的国家，爱护他的百姓的那种恩惠更大的了；而世界上最大的罪恶，也没有比捕杀他人的使臣更罪大恶极的了。可是罽宾王却不知道报恩，不害怕被诛杀，那是因为他们自己知道离我们很远，汉朝的军队不可能赶到他们的国境。所以当他们有求于我们的时候，就会低声下气；而当他们无求于我们的时候，便骄纵怠慢。对于他们，我们是无法以怀柔的态度来使他们顺服的。过去中国之所以要厚待蛮夷，尽量满足他们的要求，是因为和他们的国境相邻近，担心一旦他们不满意，就会去侵扰劫掠我们的边境。现在那县度的险要，不是罽宾人所能够越过的，他们对汉朝的仰慕归顺，并不能够使西域其他的国家也闻风向化，而即使他们不顺从我们，也不会危害到已经归顺汉朝的西域其他已经拥有城池的国家。他们从前的行为，近乎叛逆，他们的恶迹也已经昭彰于西域各国，因此我国也就和他们断绝了交往。现在他们虽然悔过前来，但是却不派遣他们的亲属或贵人前来，声称来汉朝进贡的，都只是一些商人或者贱民，他们其实是想要来这里做买卖的，只是以进贡为借口。但是我们却要因此而劳烦我们的使臣，护送他们回到县度去，这原本因为担心他们是伪装前来，使我们受到欺骗。我们之所以要派遣使臣护送来客返回，其实都是为了要防范他们趁机侵犯损害我们呀！可是现在从皮山国开始，向南经过的不臣属于汉朝的国家就有四五个，我们便要派有负责保护警戒，以防止使臣受到伤害的军士一百多名，每个晚上还要将他们平分为五批人，击打着白天作为爨炊锅具的铜制刁斗，用来守夜。但是即使如此，还是会不时地受到劫掠盗取。而那驴子所能够驮负的粮食又不多，甚至还需要沿路的各国的供给，才能够满足自己的需要。但是有些国家因为贫穷弱小，无法供给；有的由于狡猾不驯服，不肯供应。这个时候，奉命前往护送的使臣们便要白白地拿着盛汉的旄节，只能在山谷之间饥饿困顿，到处向别人乞讨，却什么也得不到。如此只要经过一二十天的饥饿，人畜就会死在荒野而无法返回。沿途如果能够幸运而不被饿死，又需要经过大头痛山和小头痛山的崇山峻岭，赤土坂和身热坂的悬崖峭壁，使整个人都感到浑身暑热，面无人色，头痛呕吐，就连驴畜也都是一样的情况。此外还有三池盘和石阪道的险路，那些路最狭窄的只有一尺六七寸宽，路远的有三十里长，面对着险峻的深渊，经过那里的人需要一边注意驴畜，一边注意脚下的路，小心翼翼，互相扶持着，还要用绳索彼此互相牵引着，保持这个样子大约要行走两千多里路，才能够到达县度。万一有驴畜在途中不慎坠落下去，还没有掉到那坑谷的一半，驴畜的尸体就早已被撞得糜烂散碎；如果有人也滑落到山下面坑谷，那便势必无法为他收尸入殓。路途的险阻危害，实在是多得说都说不完。想想以前的圣王把领土划分为冀、兖、豫、青、徐、荆、扬、梁、雍九州，又制定了甸、侯、绥、要、荒五服的远近亲疏关系，便是在务求能够使本国强盛而不用管边塞以外的事情。但是现在我们却要派遣使臣，遵照皇上的命令，护送蛮夷的商人回去，劳烦那么多的官吏士兵，走上那危险难行的路途，使我们那些可以去依恃的国防力量疲乏，去为那无用的外族效劳，这实在不是长久的计策啊！当然使臣既然接受了皇上的命令持节，已经计划好了要前去送行，不能够中止了，不过可以命令他们只要送到皮山国就可以了。”于是王凤便向汉成帝上报，汉成帝采纳了杜钦的建言。罽宾国确实是为了贪图赏赐和与汉朝做生意才不远千里而来，并且他们的使者也是几年才来一次的。

阳朔元年（丁酉，公元前24年）

春季，二月，丁未晦日（三十日），发生了日食。

三月，汉成帝下令赦免天下囚徒。

冬季，京兆尹泰山郡人王章被关进了监狱，最后死在了监牢里面。

当时大将军王凤掌管着国家大事，汉成帝谦逊软弱，没有什么实权。左右的大臣曾经向汉成帝推荐光禄大夫刘向最小的儿子刘歆，说他明白事理，而且有卓越的才能。于是汉成帝便召见了他。刘歆就向汉成帝诵读了一些诗赋，汉成帝感到很高兴，便想要任他为中常侍，让他可以出入禁中。等到汉成帝已经令人拿来了中常侍的官服，就在刘歆要下拜受命的时候，左右的人却又都说："这件事还没有告诉大将军啊！"汉成帝就说："这只是件小事，又何必去关照大将军啊！"但是左右的人都叩头向汉成帝诤谏，于是汉成帝就把这件事告诉了王凤。但是王凤竟然认为不可，这个任命便也因此被废止了。

外戚王氏的子弟都身任卿、大夫、侍中、诸曹，分别盘踞了显贵而有势力的官职，整个朝廷上面都是他们的人。杜钦看到王凤太过于专政，就劝告他说："我请求将军能够遵循效法周公辅佐周成王时的谦逊、恭敬的态度，减少像秦昭王的舅舅穰侯魏冉执秦政十年时那样的威势，放弃如汉武帝的舅舅武安侯田蚡为丞相时的那种恃势贪婪，不要让战国说士范雎那样子的人，能够抓到机会，像离间秦昭王的感情一样地向皇上进谗言挑拨您与皇上的关系。"但是王凤不听杜钦的劝说。

当时汉成帝还没有后嗣，又经常生病，定陶共王刘康前来朝见汉成帝的时候，太后和汉成帝都秉承着先帝的心意，对共王刘康很是礼遇，所给他的赏赐，比其他诸王要多上十倍，而且没有因为先帝曾经想要用他来取代成为太子，而对他有任何的嫌怨和芥蒂，并且把他款留在了京城，不让他回国。汉成帝还告诉共王刘康说："我现在还没有儿子，人命无常，我终究会有死的那一天，一旦我发生了什么意外，我们就不可能再有相见的机会了，所以你就长久地留在我的身边陪伴我吧！"后来汉成帝的病，慢慢地好转了，共王刘康就留下来住在京城的定陶共王邸，每天从早到晚都去陪伴服侍汉成帝，汉成帝也很亲近重视他。但是大将军王凤的心里觉得共王刘康长久地留在京城，对自己行事非常不便，正好此时又发生了日食，王凤便对汉成帝说："现在之所以会发生日食，这实际上是一个阴气过盛的天象。定陶王与皇上的关系虽然很亲近，但是按照礼制他应当驻守在他的藩国，而现在他却留在京城陪伴服侍皇上，这件事违背了正道，为了纠正这件不应该发生的事情，因此上天就用日食来垂示警戒，所以您应该把共王遣送回定陶国去。”汉成帝面对王凤的逼迫，没有办法，只好答应了王凤的要求。当共王刘康与汉成帝辞行的时候，汉成帝和他面对面哭泣着话别。

王章一直以来就刚直敢言，虽然是王凤所推举的人，但是他很不认可王凤的专权擅势，并且他不去亲附王凤，于是王章便向汉成帝上了一封隐秘的奏章告诉汉成帝说：“之所以会发生日食，其实完全是由于王凤专权擅势，蒙蔽国君的罪过。”于是汉成帝就召见了王章，然后向王章询问事情的真相。王章回答汉成帝说：“其实天道是很聪慧明达的，它是在保佑善良的人，同时降灾给罪恶的人，它通常会以祥瑞的感应作为信号。现在陛下因为仍然没有子嗣，所以才会与定陶王那么亲近，那是为了宗庙的继承，是在重视社稷，对上顺应了天意，对下使百姓安心，这是一种正确的选择，善良美好的事情， 本来应当有嘉庆的征兆才是，又怎么会有灾异发生呢？灾异的发生，实际上是因为有大臣专权啊！我听说大将军把发生日食的过错错误地推给了定陶王，而且建议皇上将定陶王遣返回了他的藩国，他这样做其实是想使天子孤立无助，以使他能专执朝政，方便他的私欲，这并不是一个忠臣应该有的作为。而且日食的发生，是表示阴气侵犯了阳气，这是臣子专擅了君权的罪过。现在朝廷中的大小政事都是由王凤一个人来决定，皇上甚至不曾亲自干预过一次，王凤不在心里自己进行检讨反省，反而把罪过推给一个善良的人，让皇上排挤疏远了定陶王。并且王凤这个人欺诬不忠的，不是只有这一件事而已。以前的丞相乐昌侯王商，本来因为是先帝舅舅王武的儿子，再加上德行笃厚，仪表威重，所以他才会位居将相，成为国家的重臣。王商坚持正道，不肯屈节来迎合王凤，和他同流合污，但是最终却因为闺门内的私隐、暧昧之事，被王凤用来作为陷害他的借口，并且使皇上把他免了官，而王商旋即因为忧郁、愤怒而死了，大家因此都很同情他。还有王凤明明知道他妾妇的妹妹张美人曾经嫁过人了，按照礼制她不应该再被许配给皇上，但是他却托词说她将能生下儿子，硬是把她纳进了后宫，还徇私偏袒她。但是听说张美人进宫以来，却未曾怀孕生下儿子呀！更何况连羌、胡这些蛮夷，还知道应当杀掉新娶的妇人所生下的第一个孩子，将之称为洗肠，借此来使血统纯正，更何况是皇上呢？但是您却去亲近已经出嫁过的女子。这三件事都是大事，是陛下您自己所能看见的，由此您应该就可以知道其他的，以及您所不曾看见过的事情，王凤应当是如何地欺上瞒下的。所以您不可以让王凤长久地去主持政事，您应该让他辞职回家，然后另外去选择忠诚贤能的人来代替他。”

自从王凤上报汉成帝要求罢免王商的丞相职位以后，以至于后来他所要求的遣归定陶王刘康，都使得汉成帝心里感到很是气愤。等到听到王章的奏言以后，汉成帝便很是感悟，于是就采纳了王章的建言，并且汉成帝还告诉他说：“要不是京兆尹对我的直言，我还从来没有听过应该如何为国家谋划的言论啊！只有贤人才能够知道谁是贤人，你就去试着为我找一个可以辅佐我的人吧！”于是王章便又向汉成帝上奏封事，他推荐信都王的舅舅琅邪太守冯野王，王章认为他为人忠信正直，而且很有智谋。当汉成帝还仍然是太子的时候，就多次听说过野王的名声，于是汉成帝便想依仗他来取代王凤。王章每次被召见的时候，汉成帝就会让左右的人退去。当时太后的叔父王弘的儿子是侍中音，便独自侧耳探听汉成帝和王章的谈话，因而他完全得知汉成帝与王章的谈话，然后他就告诉了王凤这件事。王凤知道了这件事情以后，感到非常担忧惧怕。于是杜钦便让王凤称病回家，并且向汉成帝上书请求可以辞职，言辞的内容写得令人非常哀伤、怜惜。太后知道了以后，便因此常常伤心地流泪，不肯进饮食。再加上汉成帝从小就亲近依赖王凤，便不忍心罢免王凤，于是汉成帝就特意下诏回答王凤，然后勉强王凤重新任职，王凤这才又就职治事。

汉成帝暗示尚书弹劾王章说："王章明明知道野王以前是因为王舅的身份，因而不适合备位做九卿，所以才会由大鸿胪出补为上郡太守，但是王章却私下向汉成帝推荐野王，还想要使他再次在朝为官，以此来迎合诸侯。又知道张美人被许配给了汉成帝，但是却胡乱地去引用羌、胡杀子洗肠的事情来进行比较，这不是他所应该说的话。"于是汉成帝就把王章交给了主管的官吏去进行审理，廷尉便写文罗织他的罪名，最后判了他一个大逆不道的罪名，说他是："将皇上和夷狄相比，显然是想要断绝皇上获得后嗣的端绪，他这是背叛了皇上，他的内心实际上是偏向定陶王的。"王章就因此而死在了狱中，他的妻子和子女也被放逐到了南方的合浦郡去了。从此以后公卿们遇到王凤的时候，都感到又害怕又仇恨，没有一个人会用正眼去看他。

冯野王因为事情关连到他自己，心里就感到忧郁、恐惧，不能自安下来，便生起了病来。冯野王生病满了三个月以后，汉成帝就特准他带官养病，于是冯野王就和妻子、儿女一起回到杜陵去求医服药进行治疗。这时大将军王凤就去暗示御史中丞向汉成帝弹劾冯野王，对汉成帝说："冯野王获得皇上的准许可以带职养病，但是他却私行方便，带着虎符离界回家，这实际上是奉诏但是心存不敬。"于是杜钦就劝说王凤说："官秩二千石的官员生病了，获得皇上的准许可以带官回家治病，这是可以找到成例去遵循的，但是说他不可以因此而擅离所看守的郡界，却是律法中没有明文规定的。《传》上面说：'应该奖赏的时候，如果尚且有所怀疑而不能够决定，便要从宽进行行赏。'这是用来推广恩德，劝人立功的；而'应该惩罚的时候，如果尚且有所疑惑而不能够决定，就要从宽免除惩罚。'这是为了能够慎施刑罚，而弥补所难知的事情。如果您现在不顾及律令和成例的有无，就去假托法令，胡乱地说他有不敬之罪，那么就和'阙疑从去'的旨意很大程度上相违背了。如果因为官秩二千石的官员有守护千里之地以及指挥兵马的重大责任，不应该离开郡界去别的地方，您想要制定刑律，以作为后人的法令，那么冯野王所犯下的罪，可是在尚未制定律令之前啊！刑罚奖赏都必须讲求信实，这是不可以不谨慎的呀！”但是王凤不听杜钦的劝说，最终汉成帝免去了冯野王的官职。

当时的百姓大多都为王章感到冤屈，因而讥讽评论朝政，杜钦为了补救掩饰这个过错，就又劝说王凤说：“京兆尹王章被判下的罪名，真实的情况很隐秘，就连京城的百姓都不清楚，那么更何况是其他的更远地方的人呢！我们不能为了怕天下的百姓不知道王章实际上是有罪的，而使百姓误认为王章是因为议论国事犯了皇上的忌讳才被判了刑，因为如果这样一来，便会阻止臣下的谏诤之言，杜绝了使皇上可以采纳建议的来源，而且也会损害到朝廷宽和明察的恩德。因此，我们应该趁着王章的事情，举用敢于直言进谏的人，包括现在的郎吏和侍从官们，也要让他们尽量去发言，我们要比从前更加地去鼓励他们，来显示给天下四方的百姓，以便他们知道皇上的圣明，知道皇上是不会因为言辞上的过失，去给一个人判刑。这样一来，谣言自然就会消除了，而那些感到疑惑不解的人，也自然便能明白了。”王凤就向汉成帝禀报了杜钦的建议，汉成帝采纳了他的办法。

这一年，汉成帝任命了陈留太守薛宣为左冯翊的长官。薛宣治理该郡的时候，他所到的地方都留有名声和成绩。薛宣的儿子薛惠做彭城令的时候，薛宣有一次经过彭城县，他心里知道薛惠并没有什么当官的才能，因此他并不去问他儿子有关官吏治理百姓的事情。于是就有人问他说：“你为什么不拿官吏修举职事的方法来教导薛惠呢？”薛宣就笑着回答说：“当官的方法，其实就是要以法令来做别人的老师的，这个一问便可以知道。至于能不能管理百姓，运用的技巧是如何的，就要看他的天资材质如何了，哪里是可以随便学得来的呢？”大家便都传播着薛宣的这些话，认为他说得很对。

二年（戊戌，公元前23年）

春季，三月，汉成帝下令大赦天下。

御史大夫张忠去世了。

夏季，四月，丁卯日（二十七日），汉成帝任命侍中、太仆王音为御史大夫。自此王氏的权位便更加鼎盛了，郡国中所有的郡守、国相和刺史都出自他们的门户之下。以前在同一天被封侯的王谭、王商、王立、王根、王逢时这些王氏的兄弟，彼此的生活都争相以奢侈为时尚，贿赂他们的珍宝，便从四面八方送了过来。他们都十分洞晓人事，好士养贤，拿自己的钱财去施舍个别人，把这样的事认为是高尚的，于是他们就宾客满门，这些宾客也都竞相称赞他们。刘向就告诉陈汤说："现在灾异如此严重，外戚王氏的势力却一天天地显盛起来，这样下去，一定会危害到刘氏的。幸好我能够因为是汉高祖幼弟楚元王刘交的后裔，世代蒙受汉室的厚恩，我身为宗室的老臣，经历侍奉了三位国君，皇上也因为我是先帝的旧臣，每次我觐见皇上的时候，经常都加给我特别的礼遇，所以现在的这种情形，如果连我都不站出来说话了，还有谁会去说呢？"

因此刘向便上了一封秘密的奏章给汉成帝，直言向汉成帝进谏说："臣听说：没有一个国君是不想要求得长治久安的，然而他们却常常陷在危险之中；没有一个国家不想要求得万世常存的，然而它们却常常遭到灭亡。这其实就是因为他失去了统御人臣的方法了啊！如果让大臣操纵到了皇上的权柄，把持了国家的政治，那么从来就没有不因此而危害到国家的。所以《书经》里面的《周书·洪范篇》上面说：'如果有身为臣子的，却能够在那里作威作福，那便会危害到你的国家。'《论语》里面记载的孔子的话说：'皇家不能支配爵位和俸禄，皇室就会衰弱下去，政权就会操纵在大夫手里。'这些都是国家危亡的征兆呀！如今王氏一姓，身为官秩二千石以上的官员，就乘坐着朱色的车轮，而且彩绘着车毂华丽车子的，便有二十三个人，佩带青、紫印绶，插着貂尾帽饰，帽子上面有蝉纹花样的列侯贵臣，充满了皇上的幄内，就像鱼鳞一样密集，罗列在皇上的左右。大将军王凤主持国事，操纵着权柄，五侯王谭、王商、王立、王根、王逢时都骄奢显盛，作威作福，击断自恣，假托着净化公务的名号，但是进行的是卑污自私之实，它们依恃着太后的尊位，凭借着与皇上的甥舅亲情，以此来树立自己的威严。尚书、九卿、州牧、郡守都出自他的门下，执掌着国家的机要，结党营私。凡是称赞他们的人，就能够得到升迁的机会，而违背嫉恨他们的人，便会遭到诛灭伤害的下场，所有游谈、执政的人都帮他们说话。于是他们便会排斥皇上的宗亲，使刘姓的公族孤立、弱小，而对于有才智、能力的人，更是要去对他们加以毁谤，使他们不能够得到升迁，他们还极力地阻绝皇上任用宗室，不让他们在中央政府任职，因为担心他们会和自己争权分职。他们还经常对皇上说从前燕王和盖主谋反的事情，借此来迷惑皇上的想法，使皇上误以为宗室是不可以亲近的，但是他们却忌讳说吕后的外家吕产、吕禄等的专权擅势，以及霍光的子侄和女婿们的贵盛逆反，在事情败露以后被诛杀的事情。他们的内心里酝酿着管叔、蔡叔的叛乱思想，但是外表上，他们却以皇上年幼为借口，把自己比作周公摄政。王氏兄弟都占据着重镇要津，所有的王氏宗族，彼此都是犬牙交错的，自从上古以来，以至于秦、汉，外戚的僭越显贵，没有一个能够像王氏这个样子的。一个事物如果强盛到了极点，就一定会首先有不同寻常的灾异发生，这其实就是为了隐藏在这种人身上的微小的动机，能够先让它可以表现在物象上。在孝昭帝元凤三年的时候，泰山上就曾经有一个大石块自己竖立了起来，上林苑中也出现了枯僵的柳树又获重生的情况，因此便有了孝宣帝的即位。而现在王氏在济南郡的先祖祠堂，房屋的木柱上已经生长出了枝叶，并且茂盛得伸到了屋顶上面，而它的根就深深地垂入在土地里面，虽然我是拿泰山的立石和上林苑的柳树与这个来进行比较，但是也没有比这个更明显的征兆了。事情的形势其实就是，不可能有两大势力并立的，王氏和刘氏也不可能并存的，如果臣下获得了泰山一般的安稳，那么君上便会有如累卵一样的危险。陛下为刘氏子孙，继承了帝位，现在却将要让国运转移到外戚手中，使自己降为卑贱之人，纵使您不为自身着想，难道您也不为祖宗考虑考虑吗？妇人就应该与夫家亲近，以夫家为主，并且与娘家疏远才是，所以如此这样一来，也并不是皇太后的福禄啊！孝宣皇帝没有给他的舅舅平昌侯任何的权力，所以才能够上下都感到安心。那些圣明的人，能够在无形当中招福增禄，而且可以在祸患还没有形成之前，便去消除它。所以皇上应该赶紧下诏，做出有德于祖宗天下的决定，任用宗室，亲信接纳他们；罢黜疏远外戚，不要交给他们任何的事权，并且让他们都辞官回家，来效法先帝的做法，优厚地去礼遇外戚，以保全他们的宗族，这才应该是太后的心意，外戚的福禄啊！如此一来，既可以使王氏永存，保住他们的爵位、福禄，也可以使刘氏长久地安宁下去，不失去社稷。这是用来使皇室内外各姓褒赏融洽和睦，使子子孙孙获得永世无疆的福禄的办法呀！如果您不照着这个方法去做的话，那么周安王二十四年齐卿田氏的篡齐，将又会出现在今天，春秋时晋大夫知氏、范氏、中行氏、韩氏、魏氏、赵氏六卿强盛的政局，也一定又会出现在汉朝，而为后嗣带来很多的忧患，这已经是十分明显的事情了。我请求陛下能够去深切地考虑考虑！”刘向的奏章呈上去以后，汉成帝立刻就召见了刘向，汉成帝对于他的心意觉得十分赞叹和伤感，便告诉他说：“你暂且先不要再说了，我会想想应该怎么办！”可是汉成帝始终没能采纳刘向的建议。

秋季，关东发大水。

八月，甲申日（八月无此日），定陶共王刘康去世。

这一年，改封信都王刘兴为中山王。

资治通鉴卷第三十一　汉纪二十三

起己亥（公元前22年），止丁未（公元前14年），共九年。

【题解】 本卷记录了汉成帝刘骜阳朔三年至永始三年共九年间的历史。汉成帝此时更加荒唐，不理政事，沉迷游乐，受张放蛊惑，微服出游，数年后才被迫停止。赵飞燕姐妹受宠，淫秽后宫，大臣进谏不纳。此时自然灾害频发，起义不断。王莽趁乱崭露头角。

孝成皇帝上之下

阳朔三年（己亥，公元前22年）

春季，三月，壬戌日（三月无此日），八颗陨石在东郡落下。

夏季，六月，颍川郡铁官里的囚犯申屠圣等一百八十个人杀死了长吏，盗取了兵器库里的兵器造反，一共侵扰了九个郡（荀悦《汉纪》作经历郡国；一疑“郡”是“县”），于是汉成帝便派遣丞相长史和御史中丞前去追捕他们，按照军法征用财物，来供给军需，只要是不从命的，都以军法治罪。终于将他们全部捕杀了。

秋季，王凤生病了，汉成帝常常亲自前往探问王凤，他握住王凤的手，哭泣着对王凤说：“将军现在生了重病，如果有了什么万一的话，就由平阿侯王谭来接替将军吧。”王凤叩着头哭泣着对汉成帝说：“王谭等人虽然和臣是至亲的关系，可是他们的生活行为都很奢侈僭越，无法成为百姓的表率，不如御史大夫王音的言行那么严谨修敕，臣敢用生命去担保他绝对是错不了的。”等到王凤病危将死的时候，王凤便上书向汉成帝表示感谢，又再三地向汉成帝推荐王音来接替他的职位，并且说王谭等五个人是一定不可以被任用的。汉成帝采纳了他的建议。起初，王谭就很倨傲无礼，不肯逢迎王凤，但是王音很尊敬王凤，对他谦卑恭敬得就像是他的亲生儿子一样，所以王凤就向汉成帝推荐了他。八月，丁巳日（二十四日），王凤去世了。九月，甲子日（初二），汉成帝任命王音为大司马、车骑将军，而王谭以特进的身份（《汉宫仪》："诸侯功德优盛，朝廷所敬者，位特进，在三公下。"），掌管统领长安十二城门的驻军。安定太守谷永觉得王谭以至戚贤舅的身份，不应该处在王音之下，而去负责城门兵，便劝他辞职退让，不去接受这个职务。王谭、王音也因此生出间隙。

冬季，十一月，丁卯日（初六），汉成帝任命光禄勋于永为御史大夫。于永是于定国的儿子。

四年（庚子，公元前21年）

春季，二月，汉成帝下令大赦天下。

夏季，四月，下雪了。

秋季，九月壬申日（十六日），汉宣帝的儿子东平思王刘宇去世了。

汉成帝任命少府王骏为京兆尹。王骏是王吉的儿子。起初，担任过京兆尹的，先后有赵广汉、张敞、王尊、王章，一直到现在的王骏，都被称赞是很贤能的官吏，因此便一直传颂着说："前有赵、张，后有三王。"

闰十二月，壬戌日（初七），于永去世。

乌孙的小昆弥乌就屠死了，他的儿子拊离就被继立为王，但是拊离竟然被他的弟弟日贰杀了。于是汉朝就派遣使臣去改立拊离的儿子安日为小昆弥。日贰因此逃亡到了康居去寻求庇护，安日就派贵人姑莫匿等三人也跟着日贰伪装逃亡的样子，刺杀了日贰。于是西域各国都上书给汉天子，请求汉成帝能够再派遣以前的西域都护段会宗前来，汉成帝接受了他们的意见，西域各个设有城池的国家听到这个消息以后，都一致亲附归顺了汉朝。

谷永上奏说："圣明的君主是只会要求一个人的实际才能如何，而不会理会他的虚名的。御史大夫职责重大，官任少府的薛宣通达政事，可以任用，请陛下能够留心考核！”汉成帝认可了他的推举。

鸿嘉元年（辛丑，公元前20年）

春季，正月，癸巳日（初九），汉成帝任命薛宣为御史大夫。

二月，壬午日（二十八日），汉成帝到初陵去巡视，然后赦免在那儿服役的囚徒，之后还将新丰的戏乡改名为昌陵县，以此来承奉初陵。

汉成帝开始微服出行，身边只跟随着十几个期门郎或者私奴，有时候乘坐小车，有时候都骑着马，在市内的街巷和郊外来往出入，有时甚至远到长安附近各县甘泉、长杨、五柞去观看斗鸡、赛马，并且汉成帝经常称自己是富平侯的家人。富平侯就是张安世的第四代孙张放。张放的父亲张临娶了敬武公主为妻，然后生下了张放。张放是侍中、中郎将，他娶了许皇后的妹妹为妻，当时张放非常地受到宠信，所以汉成帝就假装自己是张放的家人。

三月，庚戌日（二十七日），张禹因为年老多病而辞去了官职，以诸侯的身份能够在每月的初一、十五上朝晋见汉成帝，位为特进，受到的礼遇就如丞相一般地，所获得的赏赐，前后甚至达到了数千万之多。

夏季，四月，庚辰日（二十七日），汉成帝任命薛宣为丞相，并且封他为高阳侯；任命京兆尹王骏为御史大夫。

王音是因为表舅的关系才越亲执事，便很小心地去任职。汉成帝因为王音从御史大夫被任命为将军后，还没有被封侯，所以在六月，乙巳日（六月无此日），就封他为安阳侯。

冬季，在真定出现了一条黄龙。

这一年，匈奴的复株累单于死了，他的弟弟且糜胥继任为搜谐若鞮单于；搜谐若鞮单于就派遣儿子左祝都韩王朐留斯侯进入汉朝服侍，然后任命且莫车为左贤王。

二年（壬寅，公元前19年）

春季，汉成帝到了云阳县的甘泉宫去。

三月，在博士举行大射礼的时候，有野鸡集中飞到了庭中来，然后循着台阶登上了厅堂，在那里鸣叫着。后来野鸡又集中地飞到了太常、宗正、丞相、御史大夫、车骑将军等人的各府上去，最后野鸡又飞到了未央宫承明殿的屋顶上。车骑将军王音和待诏宠等人便联名向汉成帝上书说：“天地之间的气息，通常是同类相感，它对人君的警告，看似很细微，却是非常彰明显著。野鸡的听觉十分敏锐，会最先听到雷声，雷声刚刚开始鸣动，野鸡便会啼叫起来，所以在《月令》上面所记载的冬季的月份，便用野鸡的鸣叫来记录节气。《书经》上面也写到了高宗武丁祭祀成汤的时候，就有野鸡飞到鼎耳上面去鸣叫的异常现象，但是高宗坚守正道，这才消弭了灾祸，这是转祸为福的明显例子。现在有野鸡在博士举行大射礼的当天，循着台阶，登上了厅堂，在众人的注视中，引起了连日的惊怪，之后又径直飞到了三公的府邸，以及太常、宗正这些掌管宗庙和骨肉亲属的官府那里去，最后飞到了未央宫。这种现象显示给人们的意义是非常深刻而切要的。即使我们用人事来进行劝诫，也没有比这更明显清楚的了！”后来汉成帝就派遣中常侍晁闳下诏书给王音说：“听说你捕捉到了野鸡，发现这些野鸡上面的羽毛都曾经受到了一些摧残折损，好像这些野鸡是由人们抓来释放的，不是自然飞来的。这会不会是有人故意这么做，来制造所谓的灾变啊？”王音就回答汉成帝说：“陛下是从哪里得来的这种亡国的言论？不知道是谁设下的这个谄媚的诡计，如此地来诬蔑扰乱圣德啊？现在陛下的左右阿谀奉承的人有很多，是不必等臣王音再去增加一些什么谗言的了。从公卿以下的官员，大家都只顾着守职自保，没有人敢于向皇上直言。因为如果让陛下觉悟过来了，他们都怕大祸将会到来，您会深深地责备臣下，拿王法去处置他们，臣王音是应当首先受到惩罚的，又哪能自求解脱呢？现在陛下继位已经有十五年了，仍然没有继嗣，而您却天天只管驾车出游，关于这些过失的传闻，都已经远传到了海内的各地，有些甚至比在京城所听到的还要厉害。既然外面已经留下了您微服出行时的种种不是，再加上您本身又有多次生病的忧愁，上天因此常常显示灾异，就是想要陛下能够有所改变，却始终没有看到您有什么变化。如果连天意都还不能够感动陛下，臣子又能够有什么期望呢？只有极力地冒死向皇上进言，终日战战兢兢而已了。万一国家要是有什么不测的话，皇太后不知道将能在什么地方安身啊？所以到了那个时候还能谈什么皇太后啊，还顾得了皇太后吗？汉高祖所打下来的汉家的天下又会属于谁呢？因此您应该赶紧和那些富有贤能、才智的人去商议，要能够约束自己，克制您的私欲，践行天理，使一切行为都符合礼义，以此来遵循天意，那么，继嗣就可以诞生，灾变也有希望可以被消除。”

当初，汉元帝非常俭约，他修筑渭陵的时候，就下诏命令不调迁郡国的民众徙居，也不设置县邑。但是汉成帝已经建了初陵，几年以后，因为喜欢霸陵曲亭南边的那一片地方，于是就又在那里开始营建陵寝。将作大匠解万年便要陈汤去上奏汉成帝，请求汉成帝能够为初陵迁徙郡国百姓，设置县邑，从此显示自己的功劳，谋得汉成帝的重赏。于是陈汤就自己请求能够首先进行迁徙，希望能够在那里寻找到一个美好的田地住宅。汉成帝采纳了他们的建议，便兴建了昌陵邑。

夏天，汉成帝下令迁徙了郡国中拥有家财五百万以上的富豪五千户到昌陵去。

五月，癸未日（初六），有三颗陨石在杜邮落下了。

六月，汉成帝册立中山宪王的孙子刘云客为广德王。

这一年，城阳哀王刘云去世了。因为他没有子嗣去继承爵位，于是他的封国便被撤除了。

三年（癸卯，公元前18年）

夏季，四月，汉成帝下令大赦天下。

发生了大旱灾。

王氏五侯互相争着比谁更加奢侈。成都侯王商曾经因为生病，想要去避暑，便向汉成帝借用了位于长乐宫后的明光宫。但是后来他竟然擅自凿穿了长安城的城墙，去引纳北经上林苑的沣水的水流，然后将水灌注到宅第中的大池里去供行船游乐，船上用孔雀的羽毛编成了顶盖，四周都张挂上了帷帐，还命令执桨撑船的人吹唱越歌。

汉成帝到了王商的住宅以后，看到他竟然凿穿了城墙去引水，心里感到很是生气怨恨，但是汉成帝并没说出来。后来汉成帝在微服出行的时候，经过了曲阳侯的宅第，又看到他的庭院中筑有土山和建在水中的台榭，整个庭院的规制就如同未央宫的白虎殿一样。于是汉成帝便发怒了，他就去责问负责国柄的车骑将军王音。王商、王根兄弟便想要自己去请求汉成帝在脸上刺字、割掉自己的鼻子，在太后的面前向汉成帝谢罪。汉成帝听说他们的想法以后，感到更加生气了，就派遣尚书去诘问负责三辅的司隶校尉和治理京邑的京兆尹，责问他们为什么明明知道成都侯王商等人奢侈僭越，不守礼法，而且还藏匿奸诈狡猾亡命的人，但是竟然徇私放纵，不去加以纠正弹劾正法。司隶校尉和京兆尹二人吓得一直在宫门下面叩头。于是汉成帝就又颁下诏书给车骑将军王音说："外家的舅舅为什么竟然都如此的奢侈僭越，甘愿犯罪从而败落，然后却又想要自己去请求在脸上刺字、割掉鼻子的处罚，先后在太后的面前摆出一副被屠戮的样子，伤害了慈母的心意，以此来使国家危险慌乱呢？外戚的宗族在朝廷上已经拥有很强盛的权势了，我在他们的包围之下，很长时间都没有一点作为，所以现在我将要对他们一一进行刑罚，来惩戒他们，你现在就去召集王商、王根等那些诸侯，让他们待在府舍里面等候我的诏命。"当天，汉成帝便下诏令给尚书，说了汉文帝诛杀将军薄昭的故事。车骑将军王音就坐在垫有草席的地上，等待汉成帝的刑戮，王商、王立、王根也都自己去向汉成帝请求被诛戮。经过了很长的一段时间以后，汉成帝才下令赦免了他们。因为汉成帝本来就只是想要吓唬他们一下，让他们有所制约、畏惧而已，并没有想真的诛杀他们。

秋季，八月，乙卯日（十五日），孝景庙的北门发生了火灾。

起初，许皇后和班婕妤同时得到了汉成帝的宠爱。汉成帝曾经有一次在后宫游乐，想要和班婕妤一同乘坐同一辆车子，但是班婕妤推辞说："我观看古时候的图画的时候，发现贤能圣明的国君，都是名臣陪侍在国君的旁边，只有到了夏、商、周三代的最末的一个君主，才会有受到皇帝宠幸的臣妾在旁边随侍，现在皇上想要和我同坐一辆车，这不是就和那三个朝代的末代君主相似了吗？"汉成帝很认可她的话，便打消了这个念头。太后听到了这件事情以后，就很高兴地说："古时候有一个能够以不吃兽肉去进谏喜好打猎的楚庄王的樊姬，而现在我们也有一个贤德的班婕妤。"班婕妤曾经推荐侍者李平给汉成帝，李平也得到了汉成帝的宠幸，后来被任命为婕妤，赐姓卫。

后来，汉成帝在微服出行的时候，经过了阳阿公主的家，喜欢上了一名歌舞者赵飞燕，就将赵飞燕召入了宫里，对她十分宠幸；她还有一个妹妹，也被召到了宫里，姿色秉性尤其纯美，一点瑕疵也没有，就连汉成帝左右的人看见了，也都无不众口啧啧称赞，羡慕她们。只有一个汉宣帝时就在后宫为披香博士的淖方成，站在汉成帝的身后，不屑地骂她们说："这就是一种祸水啊！她们一定会灭掉汉家的火种的！"后来赵飞燕姐妹两人都被封为了婕妤，受到的宠幸和器重，压倒了后宫中所有的妃嫔，许皇后和班婕妤也因此便失宠了。于是赵飞燕就向汉成帝进谗言诬蔑诋毁许皇后和班婕妤，说她们用法术去蛊惑汉成帝，而且还诅咒后宫的人，甚至还骂咒到了国君。冬季，十一月，甲寅日（十六日），许皇后便被罢废了，她移居到上林苑的昭台宫去了以后，皇后的姐姐许谒等人也都被处死了，她的亲属们也都被遣归回了原籍山阳郡。汉成帝又去拷问了班婕妤，班婕妤回答汉成帝说："臣妾听说：'生死有命，富贵由天。'就连修行正道的人，都可能还得不到幸福，邪恶的人又怎么能够获得什么幸福呢？假使让鬼神知道的话，便不会接受诅咒主上，不遵守臣道的人的祈求；如果鬼神不会知道的话，那么即使祷告了又会有什么用呢？所以我是不会去做这种事的。"汉成帝很认可她的解释，就赦免了她，还赐了她一百两黄金。赵飞燕姐妹从此便越来越骄纵嫉妒，班婕妤担心时间久了以后，自己会遭到毒害，就向汉成帝要求到长信宫去供养太后。汉成帝就答应了她的请求。

益州广汉郡的男罪犯郑躬等六十多个人，联合进攻了政府的官署，劫走了囚徒，盗取了兵器库中的兵器，自称为山君。

四年（甲辰，前17）

秋天，在渤海、清河、信都各郡的黄河河水泛滥成灾，一共淹没了三十一个县邑，破坏了四万多栋官亭和百姓的房舍。平陵人李寻就向汉成帝上奏说："以前参与议论的人经常建议要去寻找那徒骇、太史、马颊、覆釜、胡苏、简、絜、钩盘、鬲津等九条黄河故道的遗迹，然后再去重新凿穿疏通它，以此来减少水患的发生。但是现在我们可以趁着黄河自己的决口，暂且先不要去堵塞它，来观察水势。黄河的水流经过的地方，一定会自然地稍微形成一些河川的痕迹，并且显露出沙土来。然后我们再顺应天意，把这些河川的痕迹描绘下来，这样就一定可以成功地找出过去那些已经湮废或已经改道的黄河故迹，而且这样所花费的财力也不会那么多了。"于是汉成帝便停止了行动，也不派人去堵塞黄河的决口。朝廷的大臣多次向汉成帝上奏说，灾区百姓的灾情非常严重，于是汉成帝就派遣使者前去安置、救济他们。

广汉人郑躬的党羽越来越多了，先后侵扰了四个县，聚集到一起的同伙甚至有一万人，就连州郡都无法制服他们了。冬天，汉成帝任命河东都尉赵护为广汉太守，调配郡里以及蜀郡的部众一共有三万人一起去平定他们。有贼党彼此互相捕捉斩杀，前来投降的，就免除他们所犯下的罪行。历经了一个月以后，乱党终于被平定了下来。于是汉成帝就调升赵护为执金吾，并且颁赐给他一百两的黄金。

就在这一年，平阿安侯王谭去世了。汉成帝十分后悔罢免了王谭，不再让他来辅佐政事，并且使得他因此而逝世，就再一次任用了成都侯王商，让他以特进的身份，掌管统领城门兵，而且还像列将军一样可以自己设置幕府，举荐任用官吏。

魏郡人杜邺，当时担任的是郎官的职务，平时就和车骑将军王音的关系十分要好，他看到王音从前和平阿侯王商有过嫌隙，便向王音进言说："你们亲为骨肉，却不互相亲附，如此谁能没有怨言呢？以前秦景公是一个拥有一千辆兵车的诸侯国的国君，但是他却容不下他母亲的弟弟公子针，因此《春秋》上面便讥讽了他。但是周公和召公就不是这个样子了。他们彼此之间都能够以忠心互相辅佐，用义理来互相匡助。周公对待召公，不但能与自己一样的亲近，并且能与自己一样的尊敬，不会因为自己是圣君的关系，而独自享受国家的宠爱，也不会因为自己的地位较高，而专享荣耀显要的职务，因此自陕以西的地方，周公便分给召公去治理，自陕以东的地方才由自己专门治理。两人同样都是辅佐皇上的重臣。所以在他们的内心里面，便能没有丝毫的怨隙；在表面上，也没有互相侵犯侮辱的羞耻，因而能够共同享受上天的保佑，并且拥有崇高的名声，这就是因为他们能够为了国家彼此相礼让啊！现在成都侯以特进的身份掌管统领城门兵，又拥有诏令，让他能够像丞相府、御史府、车骑将军府、左将军府、右将军府一样地举荐任用官吏，这其实就是皇上明白地表示将来一定会去宠信他啊！将军也应该要顺承皇上的旨意，去优厚地对待成都侯，要与过去的样子不同。每件事情，只要有议论，一定都要和他去商量一下，同时要出自自己的内心。那么，你们彼此之间就一定会互相和悦，而没有忧愁乖异了。"王音很赞许他的建议，便开始和成都侯王商亲密地交往。王音和王商两个人因此也都很重视杜邺。

永始元年（乙巳，公元前16年）

春季，正月，癸丑日（二十二日），太官藏冰的凌室失火了。戊午日（二十七日），戾后园的南门也失火了。

汉成帝想要册立赵婕妤为皇后，但是皇太后嫌弃她的出身过于卑贱低下，就对这件事加以阻碍。后来因为皇太后姐姐的儿子淳于长任侍中，经常到长乐宫去，和皇太后有所联系，为成帝传话，经过一年多的时间，汉成帝才得到了太后的旨意，皇太后答应了这件事。夏季，四月，乙亥日（十五日），汉成帝首先册封赵婕妤的父亲赵临为成阳侯。谏大夫河间人刘辅便向汉成帝上书说：“从前周武王和周公，都能够顺承天地的旨意，所以在讨伐商纣王的时候，才能在渡过黄河的时候，有白色的鱼跃入了周武王的船里面，以供给祭祀，以及在渡河之后，有火焰从上面垂下来，覆盖了周武王所居住的房子，然后化为赤色乌鸦的祥瑞。可是他们君臣之间，却仍然是那样地心怀恭敬和戒惧，彼此都能以脸色的变动来互相劝勉，一点儿也不敢大意。更何况现在正处于末世，不但没有蒙受到上天赐予后嗣的福气，还多次遭到上天的降威震怒，经常发生日月食、水旱灾和地震等灾异的人呢？虽然是早晚都自我监督自责，改过易行，敬畏天命，怀念祖业，精心挑选有贤德的家族，从中寻求有妇德妇容的窈窕女子，来承接宗庙，顺应神明，满足天下百姓的愿望。即使如此，能否获得生子生孙的福气，都仍然担心会太迟缓了，而现在您却是在肆意放纵您的情欲，倾心于卑贱的女子，甚至还想要让她母仪天下，封她为皇后，既不敬畏天命，也不觉得愧对于百姓。真的是没有比这更令人感到迷惑不解的事情了啊！俗话说：‘已经腐朽的木材，是不可以拿来用作柱子的，出身微贱的人，是只可以为人婢女，而不可以升为主人的。’只要是上天和百姓所不赞同的事情，是一定只会带来灾祸而没有祥福可言的，这是街市上的每个人所共知的道理，但是朝中各大臣却没有一个人站出来为此说一句话，臣私下里觉得很是伤心，所以不敢不冒死向皇上进言。”刘辅的奏章呈上去以后，汉成帝就派了侍御史去逮捕收押刘辅，然后把他关进了由宦官掌管的掖庭诏狱里面去了，但是群臣都不知道究竟是什么原因。于是左将军辛庆忌、右将军廉褒、光禄勋琅邪人师丹、太中大夫谷永等四个人便一起向汉成帝上书说：“刘辅从前以襄贲令的官位向皇上上书言施政上的得失，才得以蒙受皇上的召见而被擢升为谏大夫，这一定是他的建议不同于众人，具有卓越的见识，并且切中事理，符合皇上心意，所以才能够被提拔到这个地位。可是仅仅在一个月之内，他便被关进了秘狱。臣等认为刘辅幸好能够以宗室的亲属关系，位为谏臣，这次或许是因为他是新近才从外县入朝的，不知道朝廷的体制，以致触犯了皇上的忌讳，这种罪过其实应该是可以不必去深究的。如果他所犯下的只是小过错，您应该要对他隐忍宽恕，如果他有大罪恶，您也应该明白地批交给廷尉去进行审理，让众人都知道他的罪行。现在天意尚未转好，常常降下灾异，水旱灾相继到来，正是应当去崇尚宽容，多方面地去垂问建议，褒奖忠直的官员，使臣下能够尽言尽意，然而您却对诤谏的臣子施行了那么严苛激烈的刑罚，这将会使群臣震惊，并且使这些臣子失去了忠直的心意。假如刘辅并不是犯了直言诤谏的过失，所犯下的罪行又不是那么明显，而且天下那么大，我们是不可能使家家晓谕的。刘辅是和皇上同姓的近臣，他本来因为向皇上上书进言而得到了显要的官职，所以从管理亲族、教导忠义的义理方面来说，您实在是不应该把他拘禁在掖庭秘狱的。从公卿以下的官员，看到陛下快速升迁任用刘辅然后却又立刻去贬谪他，每个人都会因此而生出戒心来，报效国家的精气锐意，也会因而消失软弱下去，这会使他们再也不敢去向皇上尽忠直言，这实在不是用来推广视听，使得德风淳朴美好的方法啊！臣等心里为此感到非常伤心痛苦，我们请求陛下能够留神注意一下这件事情！”于是汉成帝就把刘辅转移到了少府的诏狱去，减免了死罪一等，改判他为三年的徒刑，让他去捡拾薪柴供给宗庙。

起初，在皇太后的八名兄弟当中，只有她的弟弟王曼因为死得早，所以没有被汉成帝封侯，太后因此便更加觉得非常感伤哀怜。王曼的遗孀渠，就被供养在了太后的长乐宫中，王曼的儿子王莽，因为在还很年幼的时候就失去了父亲，所以他所享受的荣华富贵便比不上其他的堂兄弟们。他的那些堂兄弟们，全部都是将军和五侯的儿子，就都趁着还身处高贵的地位的时候，奢侈浪费，彼此之间在车马声色逸游无度方面竞相挥霍。虽然王莽屈于人下，但是他言行恭敬谦和，勤奋好学，表现得十分有一个读书人的样子。在服侍他的母亲以及守寡的嫂嫂，抚养他哥哥王永的孤子王光等方面，都非常尽心尽意。再加上他十分善于待人，又长得很英俊，侍奉伯、叔父的时候，都很有礼节。在他的伯父大将军王凤生病的时候，王莽去服侍他，总是亲自先去尝药石，把自己弄得蓬头垢面的，好几个月都没有解衣休息过，克尽了卑幼之礼。于是在王凤将要去世的时候，便请求太后和汉成帝，希望汉成帝可以任命他为黄门郎，后来汉成帝又将王莽升为射声校尉。经过了一段时间以后，王莽的叔父成都侯王商便向汉成帝上书，表示他愿意把他的封邑分出来改封给王莽。长乐少府戴崇、侍中金涉、中郎陈汤等人都是当时的名士，他们也都替王莽说好话，汉成帝因此便很器重他，而且太后又经常向汉成帝赞美王莽。

五月，乙未日（初六），汉成帝便册封王莽为新都侯，升任他为骑都尉、光禄大夫、侍中。王莽值勤的时候很谨慎小心，爵位越是尊贵显要，他的行为表现得也越谦逊。他甚至还分散了他所得到的车马衣裘去接济他的门客，使得自己的家里没有多余的钱财。他还收罗赡养名士，结交了很多的将、相、卿、大夫。所以在朝任职的人便更加争相向汉成帝推荐他，善于游说的人也都到处去宣传他，这使得他的虚名更加隆盛无比，凌驾在他的叔父们之上。他还敢于做出一些违俗立异的事情，并且一点也不会觉得愧疚。他曾经私下去购买了一个侍婢，但是后来被他的兄弟们得知了这个消息，王莽便解释说："我是因为后将军朱子元没有儿子，我听说这个女子能够传宗接代，所以才买了她。"并且他当天就把这个女子送给了朱博。他隐匿了真实的情况，贪求名声，就像这个样子。

六月，丙寅日（初七），汉成帝册立了皇后赵氏，然后下令大赦天下。赵氏被册立为皇后以后，所受到的汉成帝的宠爱就不如从前了，但是她的妹妹很得汉成帝的宠幸，被封为了昭仪，住在了昭阳舍中。昭阳舍的中庭全部被粉刷成了朱红色，而大殿上被漆成了黑色，门限全部被都包上铜器，还涂上了黄金，墙中露出的横木就如带子一样，整个昭阳舍几乎处处都用黄金装饰着，然后再用今陕西省蓝田县东南的蓝田山所生产的美玉明珠，以及翠鸟的羽毛嵌入壁带里面装饰着，后宫从来就没有这样装潢过。赵皇后住在另外的一个馆舍中，经常和侍郎或者因为罪罚而在宫中服役但是生有很多孩子的人私通。赵昭仪曾经告诉汉成帝说："我的姐姐生性刚烈正直，如果遭人设计陷害，我们赵氏就将会无后了。"然后就哭得很伤心。汉成帝相信了她的话，只要是去向他禀报皇后的奸情的人，便会杀掉他。因此赵皇后更是公然恣意宣淫，却没有一个人敢说她的不是，可是她始终也没能生下一个儿子。

光禄大夫刘向认为，君王对百姓的教化，应该从宫内开始，由近及远，然后普及到天下的其他地方。于是刘向就摘取了《诗经》《书经》中所记载的贤妃、贞妇使国家振兴、家族显达以及孽庶、嬖幸扰乱灭亡了国家的事情，收集编录成了一部《列女传》，里面一共有八篇；又摘录了书传旧籍中的种种有关盛衰的事宜，著成了《新序》《说苑》，一共是五十篇，然后将这些呈奏给了汉成帝。他还多次向汉成帝上书谈论政事上的得失，陈述应当效法或者借鉴的史事。总共向汉成帝上奏了几十次，来协助汉成帝观察政事，并且补足行事上的错误和缺漏。汉成帝虽然不能完全采纳他的建议，但是内心很赞同他的意见，就经常赞美他。

昌陵（按当作延陵）修建的时候，因为规模过于奢侈，所以很长时间都不能完成，于是刘向便向汉成帝上疏说："臣听说一个国家的君主，一定要通晓天、地、人三统，明白天命可以授予的人，是没有一定的对象的，并不是只限于一姓而已。从古至今，没有一个不被灭亡的国家。孝文皇帝曾经感叹赞美石椁的坚固，张释之就对他说：'假如在石椁里面藏很多的金银珠宝，使人人都想去挖掘盗取的话，那么即使是用铜铁去浇铸南山，也还是会有间隙可乘的。'死亡的人埋在地下是没有结束的时候的，而国家是有兴盛和衰退的不同的，所以张释之的话其实是为孝文帝的长久做打算的。孝文帝领悟到了他这一层意思，便主张薄葬。仅仅制作棺椁去埋葬死者，是从黄帝开始的。但是黄帝、尧、舜、禹、汤、文、武、周公的坟墓都很低小，就连陪葬的东西也不多，他们的贤臣孝子也都能够顺承他们的意愿对他们进行薄葬，这实在是使君父安心，对他们尽忠尽孝的最真挚的表现啊！孔子在鲁国的防城埋葬了他的母亲，坟墓只有四尺高；延陵的季子埋葬他的儿子的时候，隐蔽了坟丘，坟墓低矮得几乎就看不出来。因此孔仲尼可以说是一个孝子，而延陵也可以算是一个慈父，舜、禹也都是忠臣，而周公能友爱兄弟。他们对于君主、父母、骨肉的埋葬，都很简单微薄，这并不是为了能够节俭而已，实在是为了方便死者的遗体，使他们不会遭到破坏啊！秦始皇被埋葬在了骊山的山曲处，在他即位不久的时候，命人在那里的地下挖了三重泉水，然后又铸铜把它塞住，接着又在上面堆积了一个如山一样高的坟墓，坟内用水银灌成了江河大海，又用黄金铸成野鸭、大雁，里面所埋藏的珍奇宝物，由工匠制成的各种防止别人偷盗的机械机关，华丽的棺椁，并且还命人在坟冢内修建了许多富丽豪华的宫殿，那些东西的数量真是不可计量。但是这也使得天下的百姓因为受劳役的差遣的痛苦，因而造反。骊山的陵寝尚未修筑完成，陈胜的部将周章所率领的百万军队就已经到达了。后来又有了项籍的一把大火，烧掉了秦朝的宫室，后来又因为牧童拿火把照明寻找丢失的小羊，因而失火烧毁了已经被盗取了财物的墓穴里面的棺椁。从古到今，如果要说起葬礼的丰厚，没有比秦始皇更丰富的了。可是才几年之内，就外受项籍纵火的灾难，内遭牧童失火的灾祸，这难道不是很伤感的事情吗？因此德业越是深厚的人，他的葬礼就越是微薄；越是富有智慧的人，他的葬礼也越微不足道；而越是没有德业而又缺少智谋的，他的墓葬就越是丰厚，那坟冢就越是高大，宫殿就越是华丽，所以也越快遭到人们的挖掘。由此看来，在埋葬的时候，如何才算是隐秘的，如何则反而容易被人知道，而招来盗窃这种结果，以及如何埋葬才是真的能够永保吉祥，如何则反而容易遭到毁坏，已经是很清楚明白的了！陛下即位的时候，便亲自以节俭为天下的百姓做表率，在刚开始修建初陵的时候，它的规模体制也很是简约细小的，天下的百姓没有一个不称赞皇上贤明的。但是等到要改建昌陵的时候，您却要加高坟冢，挖出来的土堆积得像山一样高，而所挖掘的百姓的坟墓，更是数以万计，而且您还要建筑迁移富豪前往居住用的住宅，使这些住宅可以聚集成邑，还要为修建定下期限，眼看时间一天天迫近了，所花费的实在是太多太多了。这使得死者在地下含恨，而活着的人则在世上忧愁，臣实在是感到非常担忧。如果您认为死者是能够知道的，那么我们挖开了人家的坟墓，是会遭到很多灾异的；如果他们是不会知道的话，那么死了以后又何必要那么大的花费，修建那么大的坟墓呢？如果把这种事情拿去问一问那些贤明的人，他们都会觉得不高兴的，如果拿去告诉百姓的话，他们也都会因此而感到愁闷苦恼。如果您是要借着这种做法，想使那些愚夫以及喜欢奢侈浪费的人觉得高兴，那么又何必呢？因此我请求陛下能够参照以往圣明的体制，将这些体制取为法则，并且以亡秦的灾祸作为借鉴，关于初陵的规模，您应该听从公卿大臣们的建议，使得百姓得以有机会休养生息。”汉成帝被他这一番言论所感动。

起初，解万年曾经自己向汉成帝说昌陵只需要三年便可以完成修筑，可是他却始终无法如期完工。于是群臣便争相向汉成帝进言兴建昌陵有很多不方便的地方。于是汉成帝就把这件事批交给主管的官员去进行商议，大家都对汉成帝说：“昌陵的地势很低矮，但是现在却要去把它加高来筑坟，如果量量已经修成的墓穴中的休息室，其实都还在平地上面，而且从别的地方取来用以填高的那些泥土，也是不能保住幽灵，使他们不逸出的，因为那些既不是原本的泥土，又不够深厚，所以并不坚固。至于那些招来进行修建的工人，也需要花费巨额的工资，甚至还需要点上油灯，连夜进行修建，而那些从东山运去的泥土，价钱都要和谷物一样的昂贵，因此建筑的这几年，使得天下百姓都普遍遭受了劳累辛苦。但是原来所修建的初陵，既顺应了天然的地势，依据原本就有的泥土，地势高耸宽敞，而且还邻近祖坟，何况以前又已经有了十年的修建基础，所以您应该再改回去继续修筑那初陵，仍然不要迁徙百姓前往那里聚居，如此应当比较便利。”

秋季，七月，汉成帝就下诏令说：“朕的秉性德行不够深固，还不能够做到和群臣进行广泛的商议，以致我误听了将作大匠解万年所说的‘昌陵三年便可以完成’的话，可是结果修建了五年，就连陵中的寝殿和司马门都尚未修建完成，反而使得天下财政紧张，百姓疲惫劳苦。那些从外面运来用作填补的泥土，又很疏松劣质，不够牢固，现在看来这陵寝的修建，是终究不会有完成的时候了。朕考虑到修造这陵寝的困难，感到很是伤心不安。既然已经犯下了过错，如果始终不改，那便是真的错了。因此，我现在便要罢废那个昌陵，再改回去继续修建初陵，并且不会在初陵上建造陵邑来迁徙官吏百姓前往聚居，以此来使天下的百姓不会再有动摇的心意。”

起初，继任酂侯萧何的侯位的子孙，因为没有子嗣去继承以及犯了罪，一共有五次都停止了祭祀。汉高后、汉文帝、汉景帝、汉武帝、汉宣帝感念萧何为开国立下的功劳，每一次都任命他的旁支去继承。这一年，萧何的第七代孙子酂侯萧获，因为犯了唆使家奴去杀人的罪，但是由于萧何的功劳，所以萧获被免除了死刑，从轻改判为徒刑。起初，汉成帝下诏令给主管的官员去探访寻求汉朝建立最初的功臣的后代，但是很长时间都没有结果。

于是杜业便劝汉成帝说：“唐尧、虞舜以及夏、商、周三代，都是因为封建了诸侯，才能够成就他们太平盛世的伟大功业，也正是因为这个，燕国和齐国的国运才能够和周朝一样那么昌隆，爵位既可以由儿子去继承，也可以由弟弟去继承兄长的爵位，这样才可以历年不会断绝。这并不是因为那些国家都没有刑罚，而是由于他们的先人对国家全心奉献，所以才会使得那些功臣的子孙甚至于他的旁支都能因此蒙受皇恩去继任他们先人的爵位。您看看过去那些汉朝的功臣们，也都是以剖符作为凭证，世世代代都可以去承袭封爵，遵守了指着黄河和泰山发誓的约定，可是这才仅仅经过一百多年，那些应该去承袭封爵的人，都已经一一凋零了，他们腐朽的骨骸，也被孤零零地弃置在墓地里面，而他们的后代子孙，则是流离迁徙在道路上，当他们活着的时候，仅仅是一名让人感到十分哀婉可怜的徒隶，等到他们死了以后，就连他们的尸体都不能够埋葬，反而是被抛弃在沟壑里面。如果我们拿过去的情况和现在的情况来进行比较的话，那实在是很值得悲伤的啊！现在皇上为他们的这个样子反倒怜悯，于是就下诏去寻访探求他们的后世子孙，四方的百姓因此也都感到很高兴，没有一个人不因此而对皇上心悦诚服，向朝廷归顺、称臣的。可是现在已经过去好几年了，却仍然没有寻访出什么头绪来，这个结果大概就是因为那些参与商议的人们，不能够去考虑清楚这件事情的主旨所在，仅仅只是在那里白白地进行议论而已。如果都是像这个样子的话，那就会使得朝廷的厚德遭到遮蔽，让百姓认为皇上是因为吝惜而不去封赏那些功臣的后代，因为缺略而不去寻求探访的，而这样子的传闻也会在全天下彰显的，那样的话，就不是用来开导教化，劝导后嗣的方法了。汉朝的那些功臣多半已经不在这个世上了，虽然我们很难再去让那些爵位一一地被继承起来，可是我们应该让那些功绩特别显著的功臣的后代，都能够再去继承他的封国。”汉成帝采纳了他的建议。癸卯日（十五日），汉成帝册封了萧何的第六代孙子钜鹿郡南䜌县的县长萧喜为酂侯。

汉成帝册立了城阳哀王的弟弟刘俚继任为城阳哀王。

八月，丁丑日（十九日），太皇太后王氏去世了。

九月，东莱出现了一条黑龙。

丁巳晦日（三十日），发生了日食。

这一年，汉成帝任命南阳太守陈成为少府，侍中淳于长为水衡都尉。

二年（丙午，公元前15年）

春季，正月，己丑日（初三），安阳敬侯王音去世了。在王氏当中，只有王音比较能修养自己的性情，他又好几次向汉成帝进言规劝汉成帝，他有着忠诚正直的节操。

二月，癸未日（二十八日）的夜里，流星像雨一样地陨落，流星的光彩十分闪烁，但是流星在还没有坠落到地上的时候，就已经消失。

乙酉晦日（三十日），发生日食。

三月，丁酉日（十二日），汉成帝任命成都侯王商为大司马、卫将军，任命红阳侯王立以特进的身份，掌管统领城门的兵马。

京兆尹翟方进被汉成帝任命为御史大夫。

谷永作为凉州刺史，到京城去向汉成帝上奏他所掌管的各种事宜。等到他向汉成帝上奏完公事以后，当他要回到他所管辖的辖区去的时候，汉成帝就派遣尚书去询问谷永，想要听取他所想要讲的话。于是谷永便回答说："臣听说国君降临天下，只要是拥有国家的人，他们最担心的就是，位于上位的人有了危险的事情，但是向他陈述危险的话，却不能够传达到他那里。如果所有陈述危险的言论每一次都能够顺利地使位于上位的人知道，那么商朝和周朝便不会这样地被改换朝代，相继兴盛起来，夏、商、周三代也就不会有什么改变了，而且还可传世无穷。当夏朝、商朝即将要灭亡的时候，即使是路上的行人都知道那将会是必然的事情了，可是那些亡国的君主，却仍然安然地认为自己还是如日在天，没有人能够去危害他的状态。因此他们的恶行也就一天天地增多了，他们却仍然不能够自己意识到；国运即将倾倒了，但是仍然不能自己领悟到。《易经》里面说：'今天之所以会有危险的事情发生，就是因为从前太过于安乐，自以为自己很安全，不知道戒备畏惧啊；之所以会有今天的灭亡，就是由于以前太过于安定，自以为自己能够长久地生存下去，不知道忧虑啊！'如果陛下真的能向百姓垂示宽厚明智的德行、操守，就不会有因为臣子犯了皇上的忌讳便遭到诛杀、惩罚，这样就使得那些卑微的臣子，都可以向皇上报告他们的所见所闻，而且这也是群臣们最大的心愿，同时也是国家最大的幸福啊！在元年九月，出现了黑龙；当月的三十日，发生了日食。今年的二月，己未日（初四）的夜里，有流星陨落了；乙酉日（初三），又发生了日食。在短短的六个月之间，竟然发生了四次大的灾异，甚至就在同一个月里面，发生了流星陨落和日食两件大事。这可是在夏、商、周三代的末期，甚至是在春秋时代的乱世的时候，都没有发生过的事情呀！臣听说夏、商、周三代之所以会毁掉了社稷，失去了宗庙，遭遇了荒乱灭亡的原因，其实都是由于女人和那一群恶劣的小人，沉湎在酒食和女色当中。秦朝之所以只传了两代，国家只存在了十六年便被毁灭的原因，也正是因为他们的生活太过于奢侈，即使当他们逝世的时候，也耗费太多了。但是现在这两样缺陷，却是陛下全部都具有的，还请您让我向您大概地陈述它将会引起的不良后果。

“在建始、河平年间，许皇后和班婕妤的显要与尊贵倾动一时，她们声势的隆盛，使天下都感到震惊，而妇人受到的宠爱，甚至已经到了无可复加的地步。可是现在那后起的赵飞燕和李平，她们所受到的宠爱，比许皇后和班婕妤当年所受到的宠爱还要多十倍。您现在废弃了先帝的制度，听信了她们的言论，使得对官员的任命不适合，还随意释放王法所应当诛杀的人，并且还使得她们的亲属也一个一个地都傲慢放纵起来，而且您还给了她们权力和威势，这使得她们恣意放肆毫无顾忌地干涉扰乱政治，即使是负责纠察举报的司隶校尉、丞相司直和绣衣直指等官吏，也都不敢按照法律去纠正举报她们。此外您还设置了掖庭狱，随心所欲地去逮捕诛杀他人，陷害百姓没有限度。您对百姓所施加的逮捕诛杀，甚至比商纣王用来刑罚诛杀人的炮烙还要痛苦。而您如此随意地夺取他人的性命，也只不过是为了替赵飞燕、李平去报复、复仇而已。但是对于罪证确凿的人，您反而去释放了他；公正办案的官吏，却遭到了逮捕和审问。您多方拘禁没有犯罪的人，并且还对他们进行捶打和拷问，逼迫他们承认那些莫须有的罪名。您甚至还帮富商大贾冒名假借，到处去放贷金钱，以此来分取利息，或者接受那些人其他的报答。这种随意操纵人的生死的事情，真是数都数不清。因此上天才会一再地发生日食，来彰显您这种胡作非为的罪行。

“作为一个国家的君主，一定是先放弃了自己，然后上天才会放弃他。而现在陛下放弃了您自己身为统一天下的至尊至贵的君王的身份，反而去喜好那些平民所去做的储蓄私人的田产、奴婢、财物的微小卑贱的事情；您厌倦了崇高美好的尊号，却喜欢微服出行，自称您是富平侯的家人，假冒为匹夫；您与那些轻浮没有义气的小人聚集在一起，并且把他们引为自己的宾客；您经常离开稳固的深宫，将自己置身在晨夜里面，让那一群小人伴随在您的身边，就好像乌鸟一般聚散不定，醉饱在吏民的家里面，混淆扰乱了应该穿的服饰，不分尊卑，共起共坐，沉迷于戏狎，混杂无别，没有限度地去游玩，日夜在外。这使得那些掌管门禁、奉命在夜晚进行守卫的武臣，都手中拿着干戈，在那里白白地守卫着空荡荡的宫殿，就连公卿以及百官都不知道陛下您到底在什么地方，而这种事情已经持续好几年了。

“君王就是要以百姓为根本，而百姓又要以财货为基础，一旦财货枯竭了，百姓便会反叛，如果百姓反叛了，君王就只有灭亡一条道路了。因此，那些圣明的君王会去爱惜保护他的百姓的财货，不敢做得太过分的，而且在他们差遣百姓的时候，心里面常常都会感到畏惧谨慎，不敢将民力用尽。但是现在陛下您却是那么轻易地就去剥夺了百姓的财货，一点也不爱惜民力，听信奸臣的谗言，舍弃了那高大宽敞的初陵，改去建造昌陵，而这一切所花费的劳役，比楚灵王为了要得到乾溪的宝物而去调遣的还要多过百倍，而所耗费的财物，简直可以和秦始皇建造的骊山陵寝相比拟了。您如此用尽天下百姓的财产，就这样经过了五年，最终却因为没有完成建造，又改回去继续修建初陵，这使得百姓的愁苦怨恨震惊了上天，饥馑频频降临，百姓也全都流离失所，到处向别人乞讨食物，因此而饿死在路上的，就有好几百万人了。国家既没有足够一年用的储存，百姓也缺少足够一个月用的积蓄，国家和百姓之间，上下都很匮乏，彼此之间都无法互相支援。《诗经》上面说：‘商汤讨伐夏桀的事情，就发生在离我们很近的前面的朝代，殷商的子孙，应该以夏朝的倾覆灭亡为借鉴。’因此我请求陛下能够深入思考夏、商、周、秦之所以会失去天下的原因，并且以此来考核审视您自己的行为，如果陛下的言行，并不像夏、商、周、秦亡天下的时候的那个样子，那么臣愿意被追究胡乱说话的罪过。

“自从汉朝开国以来，已经经过九代了，一共是一百九十多年，继位的国君一共有七位，这些人都能够顺承天道，遵守先王制定的法度，他们这些人当中有的因此使汉朝中兴，有的因此使得汉朝的天下长治久安。但是单单到了陛下，却是这样地违反了正道，放纵自己的欲望，轻易地舍弃了自己的使命，任意妄为。在盛壮的年岁，却不能享有拥有子嗣的福气，再加上又有了危险亡国的忧虑，此外您还长久地失去了身为一国之君应有的作为，您的言行都不合天意，类似这样子的事情，实在是太多了。您身为先帝的子孙，应该是为先人保护守卫功业的，但是您竟然是这个样子，难道您就不觉得心中有愧吗？现在社稷和宗庙祸福安危的机遇运气如何，就全部都在于陛下的作为了。如果陛下真的能够明白并且深深地反省自己，一心去改正自己的过错，返回到正常的道路上，并且把您从前所犯下的错误完全改掉，那么，等到您改善以后的德行彰明显著以后，那些上天所垂示的大灾异，必将可以得到消除，而那已经失去了的天命，也将会可以复兴，社稷和宗庙更将可以因此而得到保护！我请求陛下能够再三地去注意，深深地去省视体察臣的建议。”

汉成帝的性情，十分宽厚，再加上他又喜欢文辞，但是他却沉溺在嬉游宴乐当中，这也正是皇太后和汉成帝的那些舅舅们日夜所常常感到忧虑的。但是因为与汉成帝太亲近的亲属是很难经常去劝谏他的，因此他们便向汉成帝推举谷永等人，并且让他们趁着上天有了灾异的时候去向汉成帝直言进谏，希望汉成帝能够接纳他们的劝说和教导。谷永自己明白这种劝谏能够得到太后和诸舅的支持，便尽意地去向汉成帝进谏，一点顾忌也没有。再加上他每次进谏的时候，也都能够得到汉成帝的回答，并且汉成帝对他也优礼有加。可是这次他向汉成帝呈上的奏章，汉成帝却感到很生气。于是卫将军王商便暗中催促谷永赶快回到他自己的辖区那里去。而汉成帝则派了侍御史前去逮捕谷永，但是汉成帝却命令他，如果谷永已经到达了距离长安有六十里路，靠近延陵的交道厩的话，那么就让他回去算了。最终御史并没有追到谷永，就退了回来。那个时候汉成帝的心意也已经得到了宽解，于是他就很后悔派遣了侍御史去追捕谷永这件事。

汉成帝曾经和张放及赵、李等这些侍中在宫殿里面共同饮宴的时候，每一个人都把酒杯倒得满满的，然后一饮而尽，大声地谈话说笑着。那个时候汉成帝的辇车和在宫室中放下帷帐用来坐的地方，都陈设有带有绘图的屏风，上面画着纣王醉坐在妲己的身上，正在作通宵达旦的欢乐的样子，侍中、光禄大夫班伯那个时候久病刚刚好了，于是汉成帝便回头指着屏风上面的图画问班伯说："纣王的荒淫无道，就是像这个样子的吗？"班伯说："《尚书》上面只说：'纣王听信了妇人妲己的话，所以才自取灭亡。'怎么会有商纣王坐在妲己的身上在朝廷上恣肆的这个样子呢？这也就是我们所说的，一个人一旦做错了事情，那么所有的坏事便都会推到他的身上，但是他其实并没有坏到那种程度啊！"然后汉成帝说："如果不是像这个样子的话，那么这种图画究竟是在劝诫些什么呢？"于是班伯就回答说："那是因为殷纣一直沉迷在酒食当中，所以微子就出言告诫他，然后就离他而去了；由于他经常喝醉了酒以后呼喊号叫，把白昼当成黑夜，所以诗人在《诗经·大雅》这篇文章当中，就一再地嗟叹告诫，不忍心遽去。《诗经》和《书经》里面对于淫乱的劝诫，都是认为淫乱根源全都在一个'酒'上！"于是汉成帝就喟然长叹说："我已经很长时间没有看到班伯了，我知道今天才又能够听到这些善言美语。"张放等人都感到很不高兴，于是就稍微离开了一下，前去更换衣服，然后便全部都退了出去。

那个时候，在长信宫服侍的宦官林表正好奉命前来，他得知了这件事情，当他前去朝见太后的时候，便向太后报告了这件事情，于是太后就很受感动地哭泣着对汉成帝说：“最近皇上的脸色是又瘦又黑。班侍中本来是太将军王凤所推举的人，你应该要特别地去亲近和关照他，而且你还要从各方面去寻找访求像他这一类的人来辅佐帮助皇上的德行。而像富平侯张放这种人，你应该要遣送他回国才对。”汉成帝听后便说：“好的。”汉成帝的舅舅们听说了张放的事情以后，便向丞相和御史示意，要求他们去寻找张放的过失。于是丞相王宣和御史大夫方进就向汉成帝上奏说：“张放的语言行为傲慢放纵，奢侈淫乱，不知道节制，并且关上大门拒绝使者奉命前去逮捕贼人，又因为私人恩怨杀死伤害无辜的人，他的家奴和支属也都利用他的权势为非作歹，所以我们请求您能够遣送张放归国。”汉成帝压不住这件事情，只好把张放降调为北地都尉。这件事以后连着几年经常有灾异发生，张放也因此一直不能够回到朝廷中。但是汉成帝经常给张放寄去文书慰问他。一直等到敬武公主生了病以后，汉成帝才得以下诏命征召张放回家去探视母亲的疾病。

经过了几个月以后，公主的病也已经痊愈了，于是汉成帝就又派遣张放去当河东都尉。虽然汉成帝很喜爱张放，但是对上由于受太后的逼迫，对下又因为大臣，所以汉成帝只能无可奈何地哭泣着遣走他。

邛成太后去世的时候，因为丧事办得很仓促，所以官吏便用征收赋税来赶办这件事，汉成帝知道了以后，就去怪罪丞相和御史。冬季，十一月，己丑日（十一月无此日），汉成帝便下令罢免了丞相王宣的职务，将他罢为平民，御史大夫方进也被降调为执金吾。经过了二十多天以后，丞相这个职位仍然一直虚悬着，由于群臣多半都推举方进，认为他可以继任为丞相，再加上汉成帝也很器重他的才能，十一月，壬子日（初二），汉成帝就提升方进为丞相，并且封他为高陵侯。汉成帝还任命诸吏、散骑、光禄勋孔光为御史大夫。因为方进十分了解经术，得以蒙受汉成帝的升迁，他为官，使用律法刻薄严密，喜欢任用和自己有关系、有权势的人，以此来树立自己的威严。如果有他所憎恶的人，他就会用严刑峻法去深切地苛责那些人，因此有很多人被他中伤。于是就有人向汉成帝举报他挟私诬蔑，办理案件不公正，但是汉成帝因为方进所纠察举报的，都是合乎律条的，就不认为方进是错的。孔光，是褒成君孔霸最小的儿子，掌管负责尚书、典守枢机已经十多年了。他遵守法令，遵循已经有的例子，如果汉成帝有什么事情向他询问，他都是根据律法，用自己心里已经确认为正确的答案去回答汉成帝，一点儿也不会去询问汉成帝的旨意是如何的，来苟且迎合朝廷。汉成帝如果不遵从，他也不敢强行向汉成帝诤谏，因此他才能够长时间并且仍然稳固着他的地位。如果他对汉成帝有所建议的话，他也经常将草稿一改再改，他认为如果显露了国君的过错，并且因此而得到了忠直的名声，那就是人臣的大罪。如果有所推举的话，他就十分担心让被推举的人探知，如果他遇到休假日回家休息，在和兄弟妻子的闲谈当中，一点儿也不会涉及朝廷上的政事。即使有人问孔光：“长乐宫中的温室殿里面，都种一些什么树木啊？”孔光也会闭上嘴巴不去理会他的问题，而改用别的话去回答他。孔光不泄漏公事，就是像这个样子。

汉成帝到雍去祭祀五帝庙。

卫将军王商十分讨厌陈汤，便向汉成帝上奏说：“陈汤胡乱说皇上又将要迁徙百姓住到昌陵邑那里去，又说冬天会有黑龙出现，是因为皇上经常微服外出的缘故。”廷尉也向汉成帝上奏说：“陈汤说了不应该说的话，这是犯了大不敬的罪过。”但是汉成帝因为陈汤有斩杀郅支单于的功劳，便下诏罢免他为平民，并且将他发配到边疆去了。

汉成帝因为册立赵皇后的事情，得到了淳于长很多的帮助，所以很感谢他，就追念表扬他从前建议不要去昌陵的功劳，然后批交给公卿去进行商议，想要册封淳于长。但是光禄勋平当却认为：“淳于长虽然有善良美好的建议，但是不符合汉高祖所制定下来的，不是刘氏就不封为王侯，不是立下功劳就不封为侯的誓言、约定。”平当因此被汉成帝降罪，降调为钜鹿太守。汉成帝然后就下诏令说，因为常侍王闳和卫尉淳于长首先提出要避免去昌陵的好计策，因此封赐淳于长、王闳关内侯的爵位。将作大匠解万年因为邪恶不忠，祸害了百姓，所以和陈汤一起被流放到敦煌去了。

起初，少府陈咸和卫尉逢信的官位，都位于翟方进之上。翟方进晚进，当他还位为京兆尹的时候，他和陈咸的关系十分友好、和善。等到御史大夫的职位有了缺口的时候，因为这三个人都是当时非常著名的大臣，所以都被列为候选人，最后的结果是方进得到了这个职位。但是当时又正好遇到丞相薛宣因事获罪，而这件事又牵连到了翟方进，于是汉成帝便派了五名官秩二千石的大臣去盘问丞相和御史，陈咸负责审讯翟方进，他希望能够知道真实的情况，翟方进的心里因此对他便很怨恨。陈汤一直以来都是因为自己的才能得到了王凤和王音的宠信，陈咸、逢信都和陈汤关系十分友善，陈汤有好几次在王凤和王音那里向他们称赞他们，因此他们才得以被任命为中央政府当中较为高级的官员。等到王商贬斥了陈汤的时候，翟方进便向汉成帝上奏说：“陈咸、逢信因为附和、跟从了陈汤，所以才得以被举荐为九卿的官职，这是通过不正当的手段得到的官位，一点廉耻也没有。”结果他们两人也都被汉成帝免了官。

这一年，汉成帝任命琅邪太守朱博为左冯翊的长官。朱博对于郡上事务的治理，经常命令他所管辖的各县，任用他们各地的贤人豪杰为高级干部，无论文、武，都分别依照他们的才能进行任用。县里如果有比较大的盗窃以及其他非常的事情发生的话，朱博就写公文给去责备他们，而对于能够尽心尽力，绩效十分突出卓越的，他也一定给他们优厚的赏赐；而那些心怀诡诈，不能称职的人，他便去诛罚他们。因此地方上的豪强人士，对他都很畏惧顺从，几乎没有不能完成的事情。

三年（丁未，公元前14年）

春季，正月，己卯晦日（三十日），发生了日食。

起初，汉成帝采纳了匡衡的建议，罢免了去甘泉的泰畤，就在同一天，大风就吹坏了位于甘泉的竹宫，吹断或拔掉了庙中一百多棵已经有十围以上粗壮的树木。

汉成帝就觉得很奇怪，便去询问刘向。刘向就回答汉成帝说：“就算是一般的百姓人家，尚且不希望罢废去他们的家祠，更何况是一国的神宝旧庙呢？而且甘泉、汾阴和雍的五畤在刚刚建立的时候，都是因为那里有神明感应，我们才会去建造的，我们并不是随随便便就去建立宗庙进行祭拜的。在汉武帝、汉宣帝的时候，奉拜祭祀这三地的神明，礼仪敬意都非常整齐完备，因此神光才会特别显著。祖宗所祭拜的神明旧庙，实在是不可以轻易就去进行改动的。以前在汉元帝的时候，采用了贡禹的建议，后世的人遵循着这个例子，便经常有所变动。《易大传》里面说：‘那些诬蔑神明的人，连续三代会遭到灾祸。’恐怕这种罪过，不单单会只落在贡禹等人的身上而已啊！”汉成帝的心里因此便感到很后悔。又因为汉成帝久久都没有后代，在冬季，十月，庚辰日（初五），汉成帝就向太后报告，说是要命令主管的官员恢复位于甘泉的泰畤和汾阴后土祠的祭祀，一切都要如同过去一样，并且位于雍的五畤、陈宝祠，长安以及郡国中著名的神祠，也都要加以恢复。

这个时候，因为汉成帝还没有后代，就十分喜欢鬼神、方术这一类的说法，所以当时就有很多人便因为向汉成帝上书谈论有关祭祀和方术的事情，而被汉成帝任命为待诏，而且用在祭祀方面的费用也是相当地多。于是谷永就劝汉成帝说：“臣听说：如果明白了天地的性情，便不可能拿些什么神怪的事情去使他感到迷惑；如果知道了万物的本性，就不能用鬼神之类的事物去欺骗他。所有违背了仁义大道，不遵守五经正言，反而极力称扬鬼怪神奇，多方面地崇尚祭拜的方法，祈求那些不能降下祥福的祭祀，以及说到人世间有仙人存在，可以服用不死药，以祈求可以羽化仙去，又可以冶炼丹砂，使丹砂发生变化，以此来铸成黄金的这些说法，其实都是奸人在妖言惑众，挟持邪道，心怀诡诈，来欺骗国君的。如果听信了他们的话，绘声绘影，就好像可以遇见神仙一样；可是一旦认真去追求的话，就会空空地好像是在捕风捉影一样，是始终得不到什么神仙的。因此，真正贤明的君王，都会去拒绝这一类的说法，不会去听信它；圣人也会去放弃杜绝它，绝口不谈。过去秦始皇派遣徐福，调配了一批男女入海去求神采药，但是结果徐福趁机逃亡，再也没有回去，使得天下人都对他怨恨不已。而汉朝建立以后，有新垣平和齐人少翁、公孙卿、栾大等人，都因术穷词窘，被国君觉察到他们的诡计，而他们也一个个都被诛杀伏罪。因此我请求陛下能够抵制类似这些不可以相信的事情，不要让那些邪恶的人有机会来窥觊朝廷。”汉成帝很认可他的建议。

十一月，陈留郡尉氏县的男子樊并等一共十三个人谋反，杀掉了陈留太守严普，劫掠了官吏百姓，自己称为将军。后来有刑徒李谭、称忠、钟祖、訾顺等人一起杀了樊并，上奏给了汉成帝，使汉成帝知道，于是这些人便都被汉成帝册封为侯。

十二月，山阳郡铁官的刑徒苏令等一共二百二十八人攻杀了长吏，盗取了兵器库的兵器，自称为将军。经过了十九个郡国，杀掉了东郡太守和汝南都尉。后来由于汝南太守严䜣逮捕诛杀了苏令等人，严䜣便被汉成帝升迁为大司农。

原南昌县尉九江人梅福向汉成帝上书说：“过去，汉高祖接纳美好的建议，就好像是害怕会失去它一样；听从进谏的话语，就如同转圆一般地顺易；听取建议的时候，只考虑意见的本身有没有价值，而不会去计较提议的人的才能的优劣；推举功劳的时候，只谈论他功劳的大小，而不去考究他一直以来的行为或是出身是怎样的。所以陈平虽然出身于亡命之徒，却被起用为众谋士之主；韩信从一个小军官得到提拔，被任命为大将军。因此，天下有才能的人，都从四面八方前来归附汉王，大家都争着向汉王进献奇谋异计，那些有才智的人，竭力地向汉王进献出他的策略，而那些较为愚笨的人，也尽力地向汉王进献出他的思虑，勇士更加勇敢，懦夫也能够变得不怕死。汇聚了天下人的智慧，集结了全天下的威势，因此攻占秦朝的时候就如同鸿毛一般地轻松容易，打败项羽的时候也像捡取掉落的东西一样简单，这是汉高祖之所以能够做到天下无敌的原因。

“孝武皇帝非常欢迎忠心的诤谏，喜欢至善至理的言论，只要诤谏符合当时的情况，便会进行封爵，不必等到中了孝廉或是茂才以后；只要建议合情合理，便会有赏赐，不必等到有了显著的军功以后，所以天下的百姓都能各自去砥砺他们自己的心志，竭尽他们的精神，以此来谋求可以被国家所用，那些毛遂自荐，主动去显露自己的才能，以求可以被汉王重用的人，多得数都数不过来，汉代所得到的贤才，在这个时候也是一个登峰造极的时候。假如孝武皇帝能够听从这些贤士的计策，国家的太平，是可以达到的。可就是在这个时候，却是连年的进行战争，尸骨遍野，只是想要在胡、越之间快心逞意而已，也正是因此，淮南王刘安才能乘隙而起。而他的计划之所以最终会失败，就连他们策划的内容也被泄漏，也是因为众多的有贤能的人士都聚集在汉朝、淮南相和内史等地方，因此淮南王的大臣们才会不敢跟随淮南王一起反叛朝廷。

但是现在就连那些平民百姓也都正在窥伺朝廷的间隙，而正在乘机而起的，正是蜀郡中在鸿嘉年间郑躬等人的叛乱，还有山阳铁官的亡命之徒苏令这些人。他们践踏了名都大郡，寻求网罗党羽，招揽附合的人，索要财物，一点逃亡的打算也没有。这都是因为他们轻视大臣，不害怕朝廷的权力，所以现在就连匹夫都想要和皇上比试一下高下了。士人，是国家重要人才，如果得到了士人，国家便会显得庄重、有威仪；而如果失去了士人，朝廷就会被人们轻视。《诗经》里面说：‘周文王能够多多重用贤人，所以他的邦国才得以安宁。’国家大事，不是在乡野、民间的草民所应当去议论的；臣实在是担心自己会陈尸郊野，与弃尸在一起，因此我才会多次向皇上上书请求您可以召见我，可是我的上书每一次都没有被接纳。臣听说在齐桓公的时候，有一个人仅仅是懂得九九的算法，便请求晋见齐桓公，但是齐桓公并没有拒绝他，齐桓公其实是想要借此引来更加有贤能的人。现在臣所建议的，并不仅仅只是九九算法的小技能，可是陛下再三地拒见我，这可正是使天下的贤士之所以不来朝廷效力的原因啊！秦武王喜好勇力，于是那个时候的勇士任鄙就入函谷关自荐；秦缪公称霸，繇于便从西边从军向慕归顺。

“如果皇上现在想要得到天下的贤士的话，百姓有向皇上上书请求觐见的，您便应该让他到尚书那里去询问一下他想说的是什么，他所提出来的建议，如果有值得采纳的，您就应该颁授给他升斗的爵禄，赏赐给他一束布帛。这样一来，天下的贤士，自然就能激发出他的心意，使他吐露出他的忠言。那些善良美好的谋议，皇上自然就可以天天知道了。而治理天下的层次，国家里里外外的种种事宜，也自然就分明可观了。就天下的广大，以及官吏百姓的学术造诣来看，能言善道的人，应该是十分众多的。但是当这些才俊豪杰，在指出现世的弊端，陈述政治的情况的时候，能够出言成章，并且所提出来的意见，能既不违背先世的作为，也能合乎当世的时务的，却没有几个人能够做到。因此那些能够得到爵禄束帛的人，都是天下百姓的磨刀石，是汉高祖用来砥砺世人，使鲁钝的人奋发有为的方式。孔子说：‘如果想要把工事做好，一定要先使工具锋利。’所以如果想要使国家的政治上轨道，您必须能够首先得到有贤能才华的人士。可是在秦朝的时候并不是这个样子。他们设下了逮捕诽谤朝政者的法网，来为汉朝排除困难，使百姓抛弃了秦朝转而归顺汉朝。他们也就好像是倒拿着泰阿宝剑，再将剑柄递交给楚国一样，没有正确的义理的结果，使得陈涉、项羽能够乘机而起。

所以假如您真的可以不会失去权柄，那么即使天下发生了叛乱谋逆，也没有一个人敢去冒犯朝廷的锋芒。这也正是孝武皇帝能够对外扩张领土，建立功业，被汉代所景仰的原因。

但是现在陛下您不但不采纳天下百姓的言论，反而还要对他们加以杀戮。如果鸱鹊遭到了杀害，鸾凤自然就会高飞远去的；愚忠的人遭到了斩杀，有才智的人便会自然地退避。最近这段时间百姓向皇上上书所谈论的，多半是触犯到了那些并不是十分严重的法令，却遭受到严重刑罚的事，因此被拘禁在廷尉狱里而死的人实在是太多了。自从阳朔以来，天下的百姓就都十分忌讳言谈，担心自己的话会出什么错，尤其在朝廷中更是如此，群臣都仅仅只是顺承了朝廷的旨意而已，没有一个人敢于公正地去执行事务。为什么我会知道是这个样子的呢？您可以拿百姓所呈上来的建议，选取一些陛下所赞同的，尝试着批交给廷尉看一看，廷尉一定会说：'这不是他们应该说的话，这是犯了大不敬的罪行。'由此我就可以推测，也就可以看出群臣办事的态度是怎样的了。以前的京兆尹王章，本质忠诚正直，胆敢当着皇上的面，在朝廷上据理诤谏，孝元皇帝也因此而提拔了他，用来激励那些只是充数而不能够实际上有所作为的臣子，也用来矫正因为那些尸位素餐的臣子而歪曲的朝政。可是到了陛下您的手上，您竟然诛杀了他，就连他的妻子也被贬斥到合浦去了。对于一个人的恶行的厌恶，应该仅仅只是去惩罚他一个人而已，更何况王章并没有犯下什么叛逆大罪，但是他的灾祸牵连到了他夫妇全家。这是在阻断忠诚正直的人士的节操，使诤谏之臣的喉舌打结。尽管群臣都知道您这样的做法是不对的，可是他们却不敢向皇上进言劝谏，因此天下的百姓都互相先后以诤谏为警戒，这才是国家最大的祸患啊！

"我请求陛下能够遵循汉高祖的做法，杜绝秦朝之所以会战败灭亡的道路，删除不是国家急须要的法律，颁布让百姓不必忌讳言谈的诏书，并且多看多听，即使是再疏远卑贱的人，您也要去听听他们的意见，让深深地隐藏起来的人，不再去逃遁隐匿起来，让那些与皇上疏远的人，也不会再遭到堵塞，这也就是所谓的'能够广开四门，来招揽众多的贤人，才能够明视四方'啊！发生过的事情，已经追悔莫及了，可是尚未发生的事情，我们却可以提前就做好计划。现在是主上的威严受到了侵犯，主上的威权，被臣下侵夺了，外戚的权力威势，一天天地昌隆兴盛起来。陛下目前还看不到这种情形的具体情况，可是我请您能仔细考察这种形势已经造成的影响！

“从建始以来，国家就不断地发生日食、地震，大约说来的话，这些灾异已经有春秋时的三倍多了，至于发生的水灾，那更是多得无法比较了。权臣主管着国家的事务，主上的威仪就会变得微弱，这就使得在河平二年（公元二七年），沛郡铁官在铸钱的时候，金铁就好像星星飞走那样离开，这究竟是什么征兆呢？自从汉朝兴盛以来，社稷曾经遭遇过三次危险，那就是：吕氏、霍氏、上官氏的时候，这全部都是太后的家属，亲近尊亲的方法，应该是能够使他们全部都安全为上，您应该为他们聘请贤能善良的师傅，用忠孝的道理教导他们。但是现在您却是在尊宠他们的地位，把权柄交给他们，这使他们养成了傲慢横逆的习惯，使他们达到了灭族的情况，这就失去了亲爱亲人的大义。像霍光那么贤能的人，尚且不能为他的后代子孙考虑到他们的进退举止，可见权臣一旦到换了时代的时候，处境便会很危险。《尚书》里面说：‘不要以为星火刚刚开始燃烧，还很微弱渺小，不必去介意，但是一旦到燃烧旺盛的时候，就无法扑灭了。’如果等到大臣的威势凌驾君上，大臣的权柄比君主隆盛的时候，您再去想办法进行防患，那就已经来不及了！”但是最终汉成帝并没有采纳他的建议。

资治通鉴卷第三十二　汉纪二十四

起戊申（公元前13年），止癸丑（公元前8年），共6年。

【题解】 本卷记录了汉成帝刘骜永始四年至绥和元年共六年间的历史。此时为汉成帝执政后期，谷永上奏劝阻，停止对梁王刘立的调查，掩饰皇室乱伦丑闻。段会宗出使西域，使匈奴、乌孙、康居归附。蜀地发生山崩，成帝不思救济，竟抓捕野兽取乐。大权旁落外戚，灾害连年，元帝浑噩无为，众臣劝谏，元帝不纳。元帝恢复三公建制，王莽工于心计，善于伪装，夺取大司马之职。

孝成皇帝中

永始四年（戊申，公元前13年）

春季，正月，汉成帝到甘泉去祭祀泰畤，并且下令大赦天下。三月，汉成帝到河东去祭祀后土。

夏季，发生了大旱灾。

四月，癸未日（十一日），长乐宫的临华殿和未央宫东面的司马门都发生了火灾。六月，甲午日（二十三日），霸陵园的门阙失火。

秋季，七月，辛未晦日（三十日），发生了日食。

冬季，十一月，庚申日（二十一日），卫将军王商因为生病被汉成帝罢免了官职。

梁王刘立傲慢放纵没有限度，甚至到了在一天当中犯十一次律法的程度。梁国相禹向汉成帝上奏说："刘立对外戚王氏怀有怨恨，对他们有十分恶劣的言论。"汉成帝就将这件案子批交给主管的官员去进行调查和审理，于是刘立就被揭发出来他和他的姑母园子乱伦的事情，于是有司就向汉成帝上奏说："刘立有乱伦这样的禽兽行为，请求皇上诛杀他。”但是太中大夫谷永向汉成帝上书说：“臣听说，依照礼制，天子应当在门外设置一个屏风，这是因为皇上不想让自己的家事外泄出去，因此帝王的心意，应该是不去窥视他人的闺房私情，也不去探听他人在寝室里面的谈话。在《春秋》上面所记载的，也常常会隐讳亲属的过错和罪恶。现在梁王刘立的年纪还小，又患有狂病，首先是因为言论上的差错，被批交给相关官员去进行调查审理，因为没有查出事实，就又被告发了他闺房中的隐私，这应该不是原来的案件中的事实所在。而且梁王的答辩中又没有认罪，如果就这样勉强胡乱地去弹劾梁王刘立，牵强附会地去罗织那难以清楚的事实，单单凭借一方面的言辞，便去定罪结案，这对于国家的治理并没有什么好处。就这样轻易地污蔑了宗室，用乱伦的罪恶，向天下百姓广为公布宣扬，这也不适合替公族隐藏避讳过错罪恶，以增加朝廷的荣华，昭明圣德教化的道理。臣认为梁王尚且年少，而他的姑母已经年长，从年龄上来说，是不能互相匹配的；再加上按照梁国的富有，是足以提供花费优厚的聘礼去娶美女，招揽任伺巧艳美丽的女子的；还有他的姑母也应当有着羞耻心，一定不会同他乱伦的。前去进行调查审理案件的人，是奉命查问他言语上的过失的事实，但是为什么他会自己胡乱说些什么乱伦的事情呢？从这三方面来推测，如果说是会发生这样子的事情，恐怕是很不近人情的。所以这或许是梁王在急切之中，说错了话，却被调查人员抓住了把柄，而刻意去追查他们内部乱伦的迹象。现在事情才刚刚开始被揭露，朝廷如果能够加以掩饰，不予追究，其实是最好的办法。如果已经调查清楚，依法检举揭发了，您也应该在梁王尚未认罪的时候，就颁布诏令给廷尉，推选尚德通理的官吏，去重新进行审讯详问，证明这件事情的发生是没有根据的，确认这是错误地给人定了罪，将调查无罪的事实交付给相关官员，来广布公族亲疏的恩德，替宗室洗清污乱的耻辱，这才是治亲的大义所在。”汉成帝因此便将这个案子按下没有进行办理。

这一年，汉成帝任命司隶校尉蜀郡人何武为京兆尹。何武为官，奉公守法，能进善退恶，在职的时候，虽然没有显赫的名声，可是在他离职以后，百姓却十分怀念他。

元延元年（己酉，公元前12年）

春季，正月，己亥朔日（初一），发生了日食。

壬戌日（二十四日），王商又被汉成帝任命为大司马、卫将军的官职。

三月，汉成帝到雍去祭祀五畤。

夏季，四月，丁酉日（初一），天上没有云朵，竟然打起了雷来。并且还有流星从太阳的东南方飘落，四面闪闪发光，多得就好像下雨一样，从午后晡的时候（下午三时正至五时正）一直到黄昏才停止。

汉成帝下令大赦天下。

秋季，七月，在井宿出现了彗星。

汉成帝因为不断地有灾变发生，便广泛地向群臣谋议。北地太守谷永向汉成帝上奏说："一个国家的君王，如果能够亲身实践道德，顺承天地的旨意，那么雨、温、寒、热、风这五种征候，就能按照正常的顺序发生，百姓也就会长寿，祥瑞的征兆也会同时出现；但是如果不按照正道行事，胡作非为，违背上天的旨意，浪费财物，那么上天也会明白地显现出犯这些罪过所应该有的征兆，给他降下灾祸，并且一些怪异祸乱的事情也会同时发生，饥荒的年月会连年到来；如果到这种时候还仍然不知悔改醒悟，使得恶贯满盈，灾变丛生的话，那么上天便将不再做出警告的天象，转而会改将天下归命给其他有德的人去接受。这是天地间的正常道理，是古今所有帝王所遭遇到的同样的情况。此外，考虑到功德有厚薄的不同，期限有长短的差异，世代有中末的区别，天道也会有盛衰的变化。陛下继承了汉高祖、汉惠帝、汉文帝、汉景帝、汉武帝、汉昭帝、汉宣帝、汉元帝八世的功业，正是处于阳九的末季，接近三七二百一十年的灾厄劫数，遭到《易经·无妄卦》上面所写到的那无所复望的卦运，又正当刚刚进入元一百六岁中的灾难，这三七的劫数、无妄的卦运、百六的灾难三种不同的灾厄，就会聚集在一起。从建始元年以来，这二十年之间，各种比较大的灾异，都是同时发生的，比《春秋》上面所记载的还要多。在朝廷之内，在深宫后庭之中，将会有像淳于长一样的骄臣，如赵昭仪姐妹一般的悍妾，醉酒狂乱，猝起败坏国家；在北宫的园苑街巷当中，侍臣和姬妾家里的幽闲之处，皇上的一些细小的行为，将会招来夏征舒射杀陈灵公和崔杼伏杀齐庄公一样的作乱；在朝廷之外，在诸夏领土之中，将会发生如樊并、苏令、陈胜、项梁一般奋臂造反的灾祸。处在这种可能安全可能危险的分界，是宗庙国家最大的忧愁的时期。臣谷永甘愿冒着胆破心寒的杀头之祸，连年做出这种预言。下面有变乱的萌芽，然后才会在上面演化成变乱，怎么可以不小心谨慎呢？祸乱都是从细微的小事当中产生出来的，奸邪就是由于轻视忽视所造成的。我请求陛下能够端正君臣间相处应该有的义理，不要再和那些小人在一起狎戏玩弄喝酒作乐；要严格按照君臣、父子、夫妇之间的三个纲领，使得君为臣纲，父为子纲，夫为妇纲，并且您还要治理好后宫家事，疏远那些恃势骄妒的宠妃，看重亲近有着婉顺的德行的女子；应该在朝觐车驾的仪仗准备好以后再外出，在街上布列好士兵，清除了路上的闲杂人等以后再出行，不要再独自一人微服随便出门，在宠幸的臣妾家里胡乱饮食。等到微行、嗜饮、好色这三样事情都戒除了以后，内乱的根源，便会从此被堵塞住。诸夏的举兵，是由于百姓的饥馑，而官吏却不知道体恤；由于百姓的困顿，但是赋敛却更加沉重；也由于臣下的怨恨叛离，而皇上不知道。《易传》里面说：'发生了饥荒年月的灾异，如果还不知道节俭，这就实在是太浪费了，如此将会给人带来灭亡的灾祸的。'郡国连年都受到大水泛滥的灾害，禾麦都什么收成都没有，所以现在应该是减少赋税的时候了，但是主管的官员反而向皇上奏请增加赋税，这实在是太违背经书里面经常谈论到的义理，也和百姓的愿望大相径庭，这实际上是在招取百姓的怨恨，使国家走向衰败啊！臣请求陛下不要准许增加赋税的建议，并且您还应该更加地节省那些浮华奢侈的费用，广泛地散布您的恩泽，救济那些贫困的人，劝勉他们去从事农耕，来抚慰百姓惶恐的心情，那么诸夏的叛变，也许就将可以停止了！”

中垒校尉刘向向汉成帝上书说：“臣听说舜帝曾经劝诫伯禹说‘你不要像尧的儿子丹朱样骄傲’，周公也曾经戒勉成王说‘不要如殷王商纣一般的昏聩淫乱’，圣明的帝王是经常会拿过去败乱的事迹来进行自我警戒的，一点儿也不会忌讳谈论废兴的事情，因此臣才敢极力陈述我愚钝的意见，我请求陛下能够留神考察！按照《春秋》里面所记载的，从隐公元年到哀公十四年获麟的时候为止，在这二百四十二年间，一共发生过三十六次日食，但是现在却连着三年都发生了日食。从建始以来，大约二十年间，一共发生了八次日食，大概是每两年六个月就会发生一次日食，这可真的是古今少有的现象。灾异有大小多少的不同，征兆也有舒缓紧急的区别。看看那秦朝、汉朝的改朝换代，汉惠帝、昭帝子嗣的断绝，昌邑王刘贺被废夺太子位，孝宣皇帝的继起，都有过发生灾异的记录，这在《汉纪》里面就可以稽考。天命的变迁，难道不是昭然清楚的吗？臣幸好可以成为宗室的一分子，诚然看到陛下有着宽厚贤明的德行，希望您可以有一个办法去消除那上天所垂示的大的灾异，来复兴殷高宗、周成王时候的声誉，增加刘氏的功业，因此我很诚恳地多次冒犯着会遭到诛杀的危险向皇上上奏进言。天文是很难以了解的，臣虽然绘制了图画呈奏给皇上请您观览，但是还是需要口头说明您才能够更加明白，我请您能够赐给我闲暇的时间，使我能够指着图画来向您陈述天文变化的情况！”于是汉成帝便召刘向入见，可是汉成帝最终并没有采纳刘向的建议。

红阳侯王立推举陈咸做方正的官，通过了御前殿试以后，陈咸就被汉成帝任命为光禄大夫、给事中。丞相方进就向汉成帝上奏说：“陈咸从前是九卿的官，最后却因为贪鄙邪恶，被皇上罢免了官职，所以他现在不应该接受方正的推举，并且被充任为给事中的中朝官。”同时他还弹劾红阳侯王立选举不实，有意隐瞒。于是汉成帝就下诏免除了陈咸的官职，但是汉成帝并不许去弹劾红阳侯王立。

十二月，乙未日（初二），汉成帝任命王商为大将军。辛亥日（十八日），王商去世了。按照顺序本来应当由他的弟弟红阳侯王立辅政的，因为王立以前曾经让人经由南郡太守李尚开垦了几百公顷的荒田，但是其中有一部分原本就已经由百姓开垦过了，红阳侯王立却全部占为自己所有，并且向汉成帝上书说是新开垦得到了那块荒田，把这些田卖给了国家，并且从中贪取了比当时的价格贵了一亿钱以上的补偿，最后被丞相司直孙宝按验揭发了这件事，提出了弹劾，因此汉成帝就废弃了王立，改由他的弟弟光禄勋曲阳侯王根继任。庚申日（二十七日），汉成帝任命王根为大司马、骠骑将军。

官位为特进的安昌侯张禹，请求汉成帝可以把平陵的肥牛亭这一块土地赐给自己，想要将那里作为自己的墓地。曲阳侯王根向汉成帝力争不可以这样做，王根认为这一块土地正位于汉昭帝的陵寝，是汉昭帝的衣冠每个月依照规制出游庙园时必须经过的要道，所以汉成帝应该另外再找一块地方赐给他。汉成帝没有采纳王根的意见，最终还是把这块土地赐给了张禹。王根也因此很忌妒张禹所受到的汉成帝的宠信，便经常向汉成帝去诽谤批评张禹。可是汉成帝反而更加敬重厚待张禹，张禹每次生病的时候，汉成帝就会问候他的饮食起居，甚至还会亲自去那里慰问他，并到张禹的床前去探望他。于是张禹便向汉成帝叩头谢恩。那个时候张禹的小儿子还尚未做官，张禹就好几次看着他的小儿子进行示意，于是汉成帝便马上在张禹的床前任命他的小儿子为黄门郎、给事中。虽然张禹是住在家里，但是因为他是以特进的身份贵为汉成帝的老师，所以每当国家有大事发生的时候，汉成帝便会去和他进行商议。

那个时候，无论是官吏还是百姓，很多人都向汉成帝上书谈论灾异的出现，讥讽指责这些灾异是由于王氏的专政所引起来的，汉成帝的心里面也很认可这个看法，但是汉成帝只是还不能够确认是否真的就是如此。于是汉成帝便亲自到张禹的住所去，让左右的侍从人员退避，亲自向张禹询问发生灾异的原因，同时还把官吏和百姓所谈论的有关王氏的事情告诉了张禹。但是张禹因为自己的年纪已经很老了，而自己的子孙都还很年幼弱小，加上自己和曲阳侯王根的关系不是很好，他恐怕自己会遭到他们的怨恨，便告诉汉成帝说："《春秋》上面所记载的发生日食和地震的原因，有的是因为诸侯互相攻杀，有的是由于夷狄侵犯中国。天地发生灾异的原因，含义十分深远，难以明白地知道，所以圣人很少会谈论到有关天命的问题，而且绝口不谈怪力乱神的事情，像性命和天道这种问题，就连子贡这些人都不曾听到孔子谈论过，更何况是那些见识短浅、肤浅鄙陋的儒生呢？他们又能够谈论出些什么呢？陛下您应该勤于政事，处处行善，来应对天地所显示的灾异，尽量和臣下一同分享福祥，这才是儒家经术的大义所在。那些后学晚进的儒生，胡言乱语，迷惑误导他人，请您不要相信和任用他们，请您按照儒家的经术去决断事理。"汉成帝非常宠信张禹，因此汉成帝便不再去怀疑王氏的专权了。曲阳侯王根和王氏的那些子弟们，听说了张禹的这一番话，都感到很高兴，从那以后，便和张禹亲近友好起来。

槐里原县令朱云向汉成帝上书求见，那个时候还有公卿在汉成帝的身边，朱云便对汉成帝说："现在朝廷里面的大臣，对上不能匡扶辅佐人君，对下不能有益于百姓，都是白白地占着职位但是不去办实事，白白地领取着俸禄而德行却不配做官，这正是孔子所说的'浅陋的人是不可以让他们去侍奉国君，为国家办事的，因为他们一旦得到宠信和俸禄以后，便会患得患失，因此而以至于他们的言行邪恶孤僻，无所不为'的那种人啊！臣请皇上能够赐给我由少府的属官尚方所制作的斩马剑，去砍断一个佞臣的头，以此来警告其他的人！"汉成帝便问他："那个佞臣是谁呢？"朱云就回答汉成帝说："那个人就是安昌侯张禹。"汉成帝就很生气地对他说："你一个在下面小小的官员，竟然胆敢诽谤国家重臣，在朝廷上出言侮辱皇帝的师傅，你犯了应当被处死的罪行，绝对不可以被赦免！”

于是御史便将朱云拿下，朱云一时情急，就抓住大殿旁边的栏杆不放手，竟然使得栏杆也被他折断了。朱云高声向汉成帝叫着说：“臣得以和夏桀的臣子关龙逢、商纣的臣子比干一样，都因为诤谏而死，我也心满意足了！只是我不知道汉朝是不是也将会和夏、殷一样亡国啊！”御史这才把朱云拖了下去。左将军辛庆忌便将官帽脱下，将印绶解下，在大殿下面叩着头对汉成帝说：“朱云这个人向来就以狂癫耿直而出名，假如他说的话是对的，那您自然是不能杀掉他的；如果是他说错了话，您也应当宽容他的。臣冒着生命危险，请求您赦免他的罪行！”辛庆忌叩头流血。等到汉成帝的怒气慢慢消解了，朱云才得以免除一死。后来当要人去修理栏杆的时候，汉成帝就说：“你们不要去换新的栏杆了，就把那些已经弄坏的栏杆修补一下就可以了，我要用它来表扬那些能够对国家忠诚耿直的臣子！”

匈奴搜谐单于打算入朝朝见汉成帝，但是他在还没有进入边塞的时候，就病死了。他的弟弟且莫车继任了单于的位置，被称为车牙若鞮单于，车牙若鞮单于任命囊知牙斯为左贤王。

北地都尉张放到职几个月以后，便又被汉成帝征召入朝，做了侍中的官。太后给汉成帝上书说：“我以前对你提到的要你特别照顾班伯的事情，你还没有办到，怎么现在富平侯张放又回来了，我能不说话吗？”汉成帝赶紧向太后表示说：“我现在马上按照您的意思去办。”于是汉成帝便把张放派遣去当天水属国都尉。

将少府许商、光禄勋师丹升任为光禄大夫，班伯为水衡都尉，并且兼任侍中，官秩都是中二千石。汉成帝每次去朝见太后的时候，常常都让他们跟着一起去。如果遇到国家大事的话，汉成帝就派他们向公卿传达自己的旨意。汉成帝也渐渐厌倦了到处去游乐饮宴，又开始研习起已经荒废很久的经书。太后因此感到非常高兴。

这一年，左将军辛庆忌去世了。辛庆忌是一名捍卫国家的勇武大臣，他出生在国家太平无事的时候，那个时候匈奴和西域都亲近依附汉朝，对他的威信十分崇敬。

二年（庚戌，公元前11年）

春季，正月，汉成帝到甘泉去祭祀泰畤。三月，汉成帝到河东去祭祀后土神。祭祀结束以后，汉成帝就去龙门游玩，登上了历观，又爬上了西岳华山，然后才回来。

夏季，四月，汉成帝册立广陵孝王的儿子刘守为广陵孝王。

起初，乌孙国的小昆弥安日被投降的人杀死了，各翎侯因此大乱。汉成帝因此便下诏去征召以前做过金城太守的段会宗做左曹、中郎将、光禄大夫，并且命令他去安抚乌孙。于是段会宗就改立了安日的弟弟末振将为小昆弥，段会宗安抚了乌孙国以后，就回来了。那个时候大昆弥雌栗靡十分勇猛剽悍，末振将担心他会兼并乌孙国，就派了贵族乌日领前去诈降，趁机刺杀了雌栗靡。汉朝本来想派兵去讨伐他，却没能够做到，便又派遣中郎将段会宗前去改立公主解忧的孙子伊秩靡为大昆弥。过了一段时间，大昆弥和翎侯难栖又杀掉了末振将，安日的儿子安犁靡便继任为小昆弥。汉朝因为不能亲自杀掉末振将而感到十分后悔，就又派遣段会宗调配戊己校尉所管辖的诸国的士兵，马上去想办法诛杀末振将的太子番丘。段会宗担心一旦大军抵达乌孙，会惊动番丘，让他有逃亡的机会，从而不能够逮捕诛杀他，便把所有调配出来的士兵留在了垫娄负责防守，另外选取了三十名精良的弓弩手，直接进入昆弥所在的地方，然后把番丘招来，用末振将不应该派人刺杀大昆弥的事情去责备他，然后就亲手拿着剑，杀掉了番丘。番丘手下的官兵都感到很惊恐，就赶紧逃了回去。小昆弥安犁靡知道了以后，就立刻率领了几千名骑兵包围了段会宗。于是段会宗就告诉了他们他前来诛杀番丘的原因，并且对他们说："你们现在前来包围并且杀害我，这对于汉朝来讲，就好像是拔掉了牛身上的一根毛一样的微不足道。以前的宛王和郅支，他们的头之所以会悬挂在长安街上面，这些原因，都是乌孙国应当知道的。"

于是昆弥和他的官员，大家都对段会宗感到十分畏惧，还说：

"是因为末振将违背了汉朝的旨意，所以他的儿子才会被杀掉，你的做法是正确的，可是你为什么不事先告诉我们，好让我们先给他一些饮食，然后你再去杀掉他呢？"段会宗回答说："如果我预先告诉了昆弥，昆弥就会因为叔侄的感情，一定会让番丘想办法去逃亡隐藏，这对于汉朝来说，便是犯了大罪。如果你真的会先让番丘饮食以后，再把他交给我们处置，那样就又会伤害到你们之间的骨肉亲情。所以我事先才没有告诉你们。"昆弥和他的官员听了段会宗这一番解释以后，都无可奈何地哭泣着收兵回去了。段会宗回朝以后，就向汉成帝奏明了这件事情的始末，于是汉成帝就赐给了他关内侯的爵位，以及一百两的黄金。段会宗因为难栖诛杀末振将立下了功劳，就向汉成帝奏请希望可以任命他为坚守都尉，并且用雌栗靡被杀的这件事情，责备了大禄、大监，夺回了原本在汉宣帝的时候赐给他的金印、紫绶，改给了他铜印、墨绶。末振将的弟弟卑爰疐本来曾经共谋杀害大昆弥，因此他便率领着八万部众向北去投靠康居国，想要借他们的士兵去兼并两昆弥，于是汉朝便又派遣段会宗和都护孙建合力去防范他。

自从乌孙国分立为两昆弥以后，汉朝就因此很忧虑和操劳，有的时候是威胁、牵制，有的时候是镇压、安抚，但一点安宁的时候也没有。恰好这时康居国又派遣了他们的王子进入汉朝服侍汉成帝，并且奉命进贡财物，都护郭舜就向汉成帝上书说："匈奴以前强盛的时候，并不是因为兼并了乌孙国和康居国两个国家；等到匈奴归顺汉朝，向汉朝称臣的时候，也不是因为失去了这两个国家。虽然汉朝后来都接受了这三个国家将他们的王子送入汉朝作为人质，可是匈奴、乌孙和康居这三个国家之间，彼此仍然互相转输赠送，和过去一样进行交往；同时也互相窥伺、等待，一旦得到了机会，他们就会马上发兵进行攻击。由此可见，即使在他们之间互相亲近友好的时候，还是不能互相亲近信任，在他们分离的时候，也无法互相将对方当作臣属来役使。就现在的情况来说，自从汉武帝以来，就将宗室的女子下嫁给乌孙王，可是汉朝却从来没有得到过什么好处，反而乌孙还经常给中国惹是生非，带来麻烦。只是乌孙国既然早就已经和我们结为姻亲的关系了，现在又和匈奴一起向汉朝称臣，归顺汉朝，从大义出发，是不可以去拒绝他们的。至于康居国，他们却是那么的傲慢狡猾，一直到现在都仍然不肯对汉朝的使臣行叩拜礼。当都护府的官员到康居国去的时候，他们竟然让他们坐在乌孙国的使者之下，并且还要等到国王以及贵人先吃喝完毕以后，才让都护府的官员开始饮食，此外，他们还故意做出忽视汉使的样子，借此来向邻国夸耀自己竟然敢如此地慢待汉朝。由此推测，康居国为什么现在要遣送王子来汉朝服侍皇上呢？那就是因为他想要和汉朝做买卖，所以他们现在所说的一些好话以及所表示出来的友善的态度，其实都是骗人的。匈奴，在各蛮夷当中，是最强大的国家，现在他们对汉朝的侍奉，礼仪非常周到完备，假如他们听说康居国竟然敢不归顺汉朝，那将会使单于产生后悔自卑服侍汉朝的想法。所以我们应该把康居国派来进入汉朝服侍皇上的王子遣送回去，然后和他断绝交往，不派使者来往，以宣扬汉朝不和不知道礼义的国家交往的立场！”汉成帝因为康居国是最近才和汉朝开始交通来往，他认为偏远的国家是不容易归顺的，竟然不断地想办法去牵制康居国，不让他们脱离汉朝。

三年（辛亥，公元前10年）

春季，正月，丙寅日（初十），蜀郡的岷山发生了山崩，崩落下来的土石阻塞长江的流水长达三天之久。由于上游的水流不能流到下游去，江水因此枯竭。刘向对于这种灾异，感到十分厌恶心烦，便说：“在周幽王二年（公元前775年）的时候，岐山也发生过山崩，泾水、渭水、洛水也枯竭过一段时间，结果没有多久周幽王就被犬戎杀害了。岐山是周朝最开始兴起的地方。汉家原本也是蜀、汉兴起的，但是现在汉朝兴起的地方，竟然也发生了山崩，水流枯竭，而且彗星的长尾又扫到了摄提以及大角星座，从参星一直运行到了辰星的位置，汉朝恐怕是一定要灭亡了！”

二月，丙午日（二十日），汉成帝册封淳于长为定陵侯。

三月，汉成帝到雍去祭祀五畤。

汉成帝为了向胡人极力地炫耀中国有很多野兽，便在秋天的时候，命令右扶风调派百姓前往南山，西边从褒、斜两个山谷起，东到弘农郡，南至汉中，全部都张挂着捕兽的网，驱赶着野兽，去捕捉熊罴禽兽，然后把这些野兽装载在有栅栏围着，用来运送野兽的车子上，运到长杨宫的射熊馆，再用网子围成困住野兽的围障，然后把野兽放到那里面去，让胡人和熊罴去赤手搏斗，杀死的野兽归斗兽人所有，汉成帝亲自莅临前去观看。

四年（壬子，公元前9年）

春季，正月，汉成帝到甘泉去祭祀泰畤。

中山王刘兴和定陶王刘欣都入朝朝见汉成帝。中山王刘兴仅仅是跟随着太傅入朝，而定陶王刘欣则把自己封国的太傅、相，甚至就连掌管军事的中尉都一起带来跟着他入朝了。汉成帝因此就觉得很奇怪，便去询问定陶王。定陶王就回答汉成帝说："按照汉朝律令的规定：诸侯王朝见天子的时候，可以由他诸侯国里面官秩为二千石的官员陪从跟随。傅、相、中尉都是我诸侯国里面官秩为二千石的官员，因此我就让他们都和我一起来了。"于是汉成帝就又要他背诵《诗经》，结果他不仅能熟练地背诵，并且还能解释出《诗经》的义理。另一日，汉成帝就问中山王说："你只带了太傅前来，这是根据哪一条法令呢？"中山王不知道怎么回答；汉成帝又命令他背诵《尚书》，但是刘兴又不能完整地背诵下来；等到让他去吃饭的时候，他的动作也很慢，并且还是最后一个吃完的；等到他站了起来，走下台阶的时候，却连自己绑袜子的带子松了也没有发觉。汉成帝因此便认为中山王没有什么才能，所以就比较欣赏定陶王，多次称赞他的才能。那个时候，在诸侯王里面，只有这两个人是汉成帝的至亲，定陶王刘欣的祖母傅太后，在跟着定陶王前来朝见汉成帝的时候，曾经暗中贿赂赵皇后、赵昭仪和骠骑将军王根。赵皇后、赵昭仪和王根看到汉成帝仍然没有子嗣，就也想要事先去和他结交，来作为长久的打算，便一起接替着向汉成帝赞美定陶王，并且劝告汉成帝立他为继承人。由于汉成帝自己也很欣赏他的才能，于是就为他主持了加冠礼，然后才送他回国，那个时候刘欣才十七岁。

三月，汉成帝到河东去祭祀后土神。

有两颗陨石在关东（按《汉书·五行志》作都关）落下了。

王根推荐了谷永，于是汉成帝便从北地太守把他征召入朝，并且任命谷永为大司农。谷永前后向汉成帝上奏的四十多件事情，里面有一些是重复的，只是专门在批评汉成帝本身以及后宫的后妃而已；谷永偏袒王氏，汉成帝的心里也很清楚，所以对他并不是那么亲信。谷永在担任了大司农一年多以后，就生了病；在他的病假满了三个月的时候，汉成帝就不再准许他的假期，并且立刻罢免了他的官职。过了几个月以后，谷永便死了。

绥和元年（癸丑，公元前8年）

春季，正月，汉成帝下令大赦天下。

汉成帝召集丞相翟方进、御史大夫孔光、右将军廉褒、后将军朱博到宫中去进行商议："中山王刘兴和定陶王刘欣两个人当中究竟谁应当被册立为皇位的继承人呢？"

方进、王根、廉褒、朱博都认为："定陶王是皇上的弟弟的儿子。《礼记》上面说：'兄弟的儿子，就如同自己的儿子一样。把弟弟的儿子立为哥哥的后代，那也就是哥哥的儿子了。'所以皇上应该立定陶王为后嗣，来继承皇位。"只有孔光一个人认为："按照礼制，册立继承人就应该选择与自己最亲近的人。根据《尚书·盘庚》里面所记载殷王的继承情况为例子来看，商朝君王传位的方式，是哥哥去世，弟弟继位，从外丙、仲壬，一直到盘庚，大抵都是兄弟代立。中山王是先帝的儿子，皇上的亲弟弟，所以刘兴应该被立为皇位的继承人。"汉成帝以"中山王不成材，按照礼制，宗庙的体制是以父子为序，父昭子穆，昭居左，穆在右，所以将来兄弟不得接连入祀祖庙"为理由，没有采纳孔光的建议。二月，癸丑日（初九），汉成帝便下诏册立定陶王刘欣为皇太子。然后册封中山王刘兴的舅舅谏大夫冯参为宜乡侯，还给中山国增加了三万户的封邑，来安慰中山王刘兴，为了避免他怨恨自己。之后汉成帝就派了执金吾任宏暂时充当掌管诸侯事宜的大鸿胪，让他带着符节去征召定陶王去京城。定陶王向汉成帝上书推辞说："按照我的才能资质，是不足以被立为太子，进住太子的宫殿的。所以我请求您能够保留我住在长安的定陶国的官邸，让我能够早晚向您请安，问候皇上的起居。等到皇上有了皇嗣以后，我再回到定陶国去。"刘欣的奏章呈给汉成帝以后，汉成帝没有采纳他的建议。戊午日（十四日），孔光因为自己议论的内容不符合汉成帝的心意，所以被汉成帝降调为廷尉。之后汉成帝任命何武为御史大夫。

起初，汉成帝曾经下诏去探访寻求殷的后代，但是结果因为殷的子孙后来已经分化为了十几个姓，所以无法推算找出他的嫡传子孙。匡衡和梅福便都认为汉成帝应该册封孔子的后代，让他能够继承商汤的后裔。汉成帝采纳了他们的建议，就册封了孔吉为殷绍嘉侯。三月，孔吉和周承休侯都一起被晋升为公爵，两个人各自有一百里的封地。

汉成帝到雍去祭祀五畤。

起初，何武担任廷尉的时候，向汉成帝建议："末世习俗的弊病就是政事繁多，而现在宰相的才能，又比不上过去的人。现在丞相的职务，是一个人兼管过去三公主管的职事，因此才会导致事务废弛，长时间不能管理好国家。所以我们现在应该重新再去建立起以前三公的官职，来分担国家大事。"汉成帝采纳了他的建议。

夏季，四月，汉成帝将大司马的金印、紫绶赐给了曲阳侯王根，并且让他去设置大司马的官属，罢免了他骠骑将军的官衔。汉成帝又任命御史大夫何武为大司空，封他为汜乡侯，俸禄也增加到和丞相一样的程度，来使三公的结构齐备。

秋季，八月，庚戌日（初九），中山孝王刘兴去世了。

匈奴车牙单于死了以后，他的弟弟囊知牙斯继任了单于的位置，被称为乌珠留若鞮单于。乌珠留若鞮单于继承了单于的位置以后，任命他的弟弟乐为左贤王，舆为右贤王，汉朝也派遣了中郎将夏侯藩和副校尉韩容等人去出使匈奴。

有人告诉王根说："匈奴有一个地方十分险峻，楔进了汉朝的边界，和张掖郡相接，那里出产一些奇异的木材，可以用来制作箭杆，还有那里出产的鹫鸟的羽毛，可以用来制作箭翎，如果我们可以得到它，我们的边疆将会更加富饶，对于国家来说，我们的领土也会更加辽阔，将军也可以因为这件事而功业显著，名垂千古！"于是王根就向汉成帝上报了这件事情，并且告诉了他获得这一块土地将给中国带来的好处。汉成帝想要直接去要求单于把那块地割让给汉朝，可是又担心自己会遭到拒绝，担心诏命的执行会受到伤害，损害到汉朝的声威。于是王根就把汉成帝的旨意告诉了夏侯藩，要他自己去想办法劝说单于，使单于同意。

夏侯藩到了匈奴，便在谈话中劝说单于说："我看到匈奴有一块土地十分陡峭贫瘠，延伸到了汉朝的境内，和张掖郡连接，这使汉朝在张掖郡要派遣三名都尉在边塞上驻扎，还要有几百名士兵在那里进行防守。但是那里实在是太寒冷了，如果要他们在那里长期进行防守瞭望，那真的是太劳累辛苦了。所以单于应该可以上书给汉天子，将那块土地进献给汉朝，然后划一条直线，把延伸到汉朝境内的那一块割去，这样做就可以省去两名都尉和几百名士兵的兵力，并且用这个来报答皇上的厚恩，皇上给匈奴的回报也一定会很大的。"单于就说："这究竟是皇上的旨意呢，还是使者你的要求呢？"夏侯藩回答说："这其实是皇上的旨意。可是夏侯藩也是在为单于您筹划一条好计策啊！"单于回答说："那个地方是温偶駼王居住的，我并不知道那块土地的情况是怎样的，都出产什么东西，请你让我派人去查问一下。"

夏侯藩和韩容回到了汉朝以后，又奉汉成帝的命令再度到匈奴去了。一到达匈奴，他们便又要求单于把之前提到过的那块土地割让给汉朝。单于就说："从呼韩邪单于开始，我们父兄已经传了五代，汉朝从来就没有要求割让过此地，为什么偏偏到了我囊知牙斯单于，汉朝忽然提出了这个要求呢？我已经询问过温偶駼王了，他说匈奴西边的各诸侯王，要制造帐幕和车子的时候，都是依靠这一座山出产的木材来供给材料的。而且这一块土地是先父遗留下来的，我不敢轻易就失去它呀！"夏侯藩又回到汉朝以后，便被汉成帝改任为太原太守。后来单于就派了使者去上书给汉成帝，向汉成帝上报了夏侯藩要求割地的事情。汉成帝就下诏回复单于说："夏侯藩擅自假称诏令，向单于要求割让土地，按照律令本来应该被处死的，但是因为现在已经过了两次大赦，所以我改调夏侯藩为济南太守，不再让他到匈奴去了。"

冬季，十月，甲寅日（十四日），王根因病被汉成帝罢免了官职。

汉成帝认为太子以定陶王的身份被封为长房以后，依理便不可以再去照顾定陶王的亲属。十一月，汉成帝就册立楚孝王的孙子刘景为定陶王，使刘欣生父一脉得以延续。太子便与自己左右的人商议要去感谢汉成帝，少傅阎宗认为："您继承为他人的长房以后，按照礼制就不可以再去照顾自己原来的亲属了，所以您不应当因此去叩谢皇上。"但是太傅赵玄认为太子应当去谢恩，最终太子采纳了太傅的意见。汉成帝便下诏询问太子当初想要来谢恩的情形，最后尚书就因此纠正弹劾了赵玄不适当的行为，赵玄便被汉成帝降调为少府，由光禄勋师丹担任太傅的官职。

起初，太子尚且年幼，在定陶国里面，是由他的祖母傅太后亲自抚养照顾的。等到他被汉成帝立为太子以后，汉成帝便下诏让傅太后和太子的生母丁姬仍然住在定陶国的官邸里面，不可以和太子见面。过了一段时间以后，王太后想让傅太后和丁姬每隔十天就到太子的家里面去探望太子一次，汉成帝就说："太子既然已经继承正统了，就应当去奉养太后，不可以再去照顾他原来的亲属傅太后和丁姬了啊！”王太后却说：“太子从小是由傅太后抱养长大的，皇上现在让她到太子家里面去，也不过是让她以乳母的身份去罢了，这是没有什么关系的。”于是汉成帝便让傅太后可以到太子家里面去。而丁姬因为并没有抚养太子，就没有被允许去。

卫尉、侍中淳于长因为受到汉成帝的宠爱，深受汉成帝的信任，因此比公卿还要显要尊贵，他对外与诸侯、州牧和太守结交，所收到的贿赂和汉成帝的赏赐加在一起有好几百万，因而整日在声色当中放纵。许皇后的姐姐嬺，原本是龙雒思侯韩宝的妻子，在家守寡，淳于长便和她私通，因而就娶她做自己的妾。许皇后那个时候住在长定宫，便通过嬺的关系，贿赂了淳于长，想要托他去请求汉成帝再任命自己为婕妤。淳于长接受了已经被废的许皇后很多的金钱、车子、衣服、用品等，前后一共有一千多万，便假装答应她会替她向汉成帝求情，立她为左皇后。嬺每次要到长定宫去的时候，淳于长便托嬺向许皇后转达书信，戏弄许皇后，各种亵污轻薄的话，没有不说的。这样的来往送信、贿赂持续了好几年。

那个时候是由曲阳侯王根辅政，因为他经常生病，便多次向汉成帝上书请求可以辞职。淳于长以外戚的身份，又是九卿的官，如果王根退休的话，按照顺序就应该由他去继任王根的职位。侍中、骑都尉、光禄大夫王莽对淳于长受到的宠信心里感到十分嫉妒，他私底下听说了有关淳于长言行不检点的事情以后，就在他侍奉曲阳侯养病的时候，趁机告诉王根说：“淳于长看到将军生病很久了，心里就感到很高兴，以为自己应当会代替将军辅政，甚至还对着那些士大夫以及贵族子弟预言哪一个可以担任什么样的官职，什么人应当主管什么事。”同时王莽还把淳于长的罪过，也一一告诉了王根。王根便很生气地说：“如果真的是这个样子的话，你为什么不早一点说出来呢？”王莽回答说：“因为我之前不知道将军的想法是怎样的，所以我才不敢说出来！”王根就说：“你赶快去报告给太后，让太后也知道这件事情！”于是王莽就去求见太后，向太后一一报告了淳于长傲慢淫逸，想要代替曲阳侯王根辅政，还私通长定宫的贵人许皇后的姐姐孊，接受她们贿赂的衣物等的种种事情。太后听了以后也很生气地说：“这个孩子竟然敢放肆到这个样子！走！你去报告给皇上，让皇上也知道！”于是王莽便向汉成帝报告了这件事。汉成帝因为淳于长是太后的姐姐的儿子，只能罢免了淳于长的官职，但是并没有惩治他的罪，只是把他遣回到定陵侯国去了。

起初，红阳侯王立不能够辅政的时候，怀疑那是因为汉成帝受到淳于长进谗言毁谤，便时常怨恨淳于长。后来汉成帝也知道了这件事情。等到现在淳于长要被遣回封国去的时候，王立的嫡长子王融，因为淳于长经常乘坐的车骑已经没有什么作用了，便请求淳于长可以把他的车骑留下来送给他，于是淳于长就通过王融，给王立送去了很多珍宝。

于是王立便向汉成帝呈上了一件密封的奏章，为淳于长求情，请求汉成帝能够让他留下来。奏章上面说：“陛下既然已经在诏书上面说是因为皇太后，不去加罪淳于长了，那么就实在是不应该将淳于长遣送回封国。”这份奏章引起了汉成帝的怀疑，于是汉成帝就把这个案子批交给主管的官员去进行调查审理。相关官员便将王融拘捕起来，王立担心事情败露，就叫王融自杀灭口。汉成帝因此就更加怀疑淳于长这个案子有很大的问题，便把淳于长拘禁在洛阳的特别监狱里面，再三地去讯问追查淳于长。于是淳于长就一一地承认了自己曾经戏弄过被废弃在长定宫的许皇后，还许诺立她为左皇后的事情。淳于长也因此犯了大逆不道的死罪，后来淳于长就死在了监狱里面。他的妻子、子女也受到了牵连，被发配到合浦去了；而淳于长的母亲王若，汉成帝就下令让她回到原籍魏郡去。此外，汉成帝还派廷尉孔光带着符节去赐毒药给废后许氏，让她自杀。丞相翟方进又向汉成帝弹劾红阳侯王立狡猾，不守正道，请求汉成帝也可以惩治他的罪。汉成帝就说：“红阳侯是我的舅舅，我不忍心惩治他，就也把他遣送回封国吧！”于是翟方进就又向汉成帝上奏说王立偏袒后将军朱博和钜鹿太守孙闳，他们因此也都被罢免了官职，并且和以前的光禄大夫陈咸都回到故郡去了（按胡三省说是：“博、闳免官，独咸归故郡耳。”）。陈咸知道自己已经被禁止录用了，因此郁闷愤懑而死。

翟方进富有智谋才能，并且还能够通晓文书法令官吏治事等种种公事，又能以儒学经典装饰自己，言行也十分温文尔雅，圆通明敏，因此被称为通明达理的丞相，汉成帝也因此很器重他。他又善于观察汉成帝的想法，所以他向汉成帝建议的事情，没有一个不符合汉成帝的旨意。当淳于长被汉成帝宠信重用的时候，翟方进就只和他交往，并且向汉成帝称赞举荐他。等到淳于长犯了大逆不道的罪行遭到诛杀的时候，汉成帝因为翟方进是朝廷的重臣，就为他隐藏了他们交好的事情。翟方进内心感到十分惭愧，便向汉成帝上疏请求自己可以辞职退休。汉成帝回答说：“定陵侯淳于长已经伏罪了，虽然你和他有过来往，但是古书上面不是说过吗：‘如果一个人能够早上犯下过错，但是晚上就马上改掉，君子还是会赞许他的。’你还有什么可担心畏惧的呢？你现在应该专心一意，好好服药，保养好自己的身体。”翟方进因此就又出来任职办事，而且还向汉成帝一一报告检举了和淳于长有特别交情的京兆尹孙宝、右扶风萧育，以及刺史、郡守等以上的官员，所以汉成帝就又罢免了二十多个人的官职。

函谷关都尉、建平侯杜业一直以来就和翟方进不和，翟方进便向汉成帝上奏说：“杜业曾经接受了红阳侯的书信的嘱托，答应他不去追究淳于长的过错，这是不敬的表现。”因此杜业也被汉成帝罢免了，并且还被遣送回封国去了。

汉成帝因为是王莽最先揭发淳于长奸乱的事情，就称赞他忠心正直，于是王根便向汉成帝推荐王莽来接任自己的职务。丙寅日（本月无此日），汉成帝任命王莽为大将军，那个时候王莽是三十八岁。王莽既然超出自己的同列被提拔上来，继王凤、王商、王音、王根四位伯、叔父之后成为辅政大臣，他为了想要让他的声名超越之前的几个人，便竭力要求自己，一点也不倦怠，并且它还聘请了很多贤良的人作为自己的部属，将自己得到的赏赐，以及自己从封邑收上来的税赋，全部都拿来与自己的门客分享，生活比以前更加节俭。当他的母亲生病的时候，公卿诸侯都派了夫人前去探视王莽母亲的疾病，王莽的妻子前去迎接他们的时候，衣裙的长度竟然还没有碰到地面，膝盖前面还围着一条围裙，看到的人都以为那是他家里面的佣人，询问了以后，才知道原来她是王莽的夫人。他就是这样矫饰做作，以博取名声。

丞相翟方进、大司空何武向汉成帝上奏说：“按照《春秋》上面的义理，您应该要用尊贵的人去管理卑贱的人，不可以让卑贱的人凌驾在尊贵的人上面。刺史是相当于下大夫的小官，但是他却要去监管官秩为二千石的官员，轻重的标准是不合适的，所以臣请求您能够罢废刺史这个职位，改为设置州牧这个官职，来符合古制。”于是在十二日的时候，汉成帝便罢废了刺史的职位，改为设置了州牧，官秩也提升为二千石。

犍为郡有人在水边找到了十六枚古时候作为乐器用的玉石，那些议论的人认为这是一种祥瑞的征兆。因此刘向就建议汉成帝说：“您应该开办辟雍和庠序等各级学校，陈列礼器乐器，提倡那些中正平和的音乐，尽力推广谦逊礼让的美德，来教化百姓。如果能够做到这样但是却不能治理好天下，那是从来没有过的事情。也许会有人说：‘以前的礼仪是怎么样的，现在已经不够完备，不甚明了了呀！’礼本身是以感化一个人，使他能走上正道为根本目的，即使还有一些不完备，也还是可以利用它去教导一个人的。刑罚方面的过失，有的时候甚至会使人死伤，但是现在的刑罚，也并不是皋陶的时候所制定下来的律令，然而主管的官员一样还是要去请求另外制定法律，他们也会随着情况的不同而去进行删减增加。这都是救济时弊的需要。刑罚尚且如此，而一提到礼乐，却推辞说：‘不敢轻举妄动。”这其实就是敢于杀人，却不敢去教导一个人啊！仅仅因为俎豆祭品和管弦乐器等有一些欠缺、不完备，就拒绝放弃礼乐，这是因为礼乐有一点小的不完备，而竟然甚至于完全地废弃它，这将会成为一种十分巨大的损失，那实在是没有比这更会让人感到困惑的事情了！教化和刑法相比较，还是刑法比较轻一些，所以这种做法，实际上是放弃了应该去重视的，却去急于贪图没有那么重要的事情。教化，是我们来维系国家社会治安的法宝；刑法，则是用来帮助社会治安的。但是我们现在废弃了最重要的，却单单把次要的树立起来，这不是用来促使天下太平的方法。从京城开始，总是会有一些悖逆不孝顺的子弟，甚至还经常会有人因此被判处死刑，遭到杀戮，这都是因为他们不去学习仁、义、礼、智、信五常之道。我们现在这些人，在已经经历了有千年之久的衰落的周朝之后，又承接了残暴的秦朝的残风败俗，百姓都已经逐渐感染到了鄙薄的风俗，大家都是那么贪婪险恶，不明白道理，如果我们再不用仁义教化来引导他们，仅仅是注意到要用刑罚去约束他们，那么这种衰败没有秩序的情况，将会一直都得不到改善的！”于是汉成帝就把刘向的这个建议，交给公卿们去进行讨论。丞相和大司空也都向汉成帝上奏请求可以兴办学校，于是汉成帝便批准他们可以到长安城城南去考查巡视，准备设立学校。甚至都已经探测了土地，树立了标志，但是后来因为遇到了汉成帝的丧事，结果还没有能够有所兴建，便又停止了。于是就又有人说：“孔子只是一位平民而已，但是却能够教导三千名徒弟那么多，所以现在在皇上的太学中进行学习的弟子，实在是太少了。”于是太学的弟子名额就增加到了三千人。可是才经过了一年多的时间，就又恢复了原来的人员的名额。

刘向看到自己已经能够得到汉成帝的信任了，所以就经常公开去指责宗室，讥讽批评王氏以及在位的大臣，他所说的话，大多数都很沉痛恳切，出于自己内心的至诚。于是汉成帝就有好几次想要让他担任九卿的官职，使他在中央政府里面可以担任比较高级的职位，可是刘向每一次都得不到在位的王氏以及丞相和御史的支持，因此始终没有得到升迁。他在列大夫的官位上，前后一共有三十多年，一直到他去世。在他去死十三年以后，王氏果然取代了汉朝。

资治通鉴卷第三十三　汉纪二十五

起甲寅（公元前7年），止乙卯（公元前6年），共两年。

【题解】 本卷记录了汉成帝刘骜绥和二年至哀帝刘欣建平元年共两年间的历史。主要记录了西汉王朝的内部斗争和宫廷黑幕。天象不祥，成帝为应天变逼死丞相翟方进，于事无补，成帝无疾暴崩，哀帝立，哀帝没有作为，只是召回陈汤，傅太后入宫掌权，破坏成帝死因的调查，维护成帝皇后赵飞燕，因旧日争宠逼死中山王太后冯氏。

孝成皇帝下

绥和二年（甲寅，公元前7年）

春季，正月，汉成帝巡行驾临了甘泉宫，在泰畤（祭天神之坛）举行了祭天的仪式。

二月，壬子日（十三日），丞相翟方进去世了。当时天象显示火星接近心宿，停留在那里一直不离开，丞相府议曹平陵人李寻向翟方进上书，说："天灾地变逼迫了，上天的谴责也一天比一天加重了，我们怎样才能做到只受斥逐的惩罚啊！整个丞相府的官属有三百多人，我希望您能够从里面选择设和的人，来竭尽忠节，把凶险转移了。"翟方进为这件事感到十分忧愁，不知道应该怎么办。正好郎官贲丽精通天文星象，擅长占卜，他说大臣应当用自己的身体来抵挡皇上的灾祸，来使灾异消弭。于是汉成帝就召见了翟方进。等到翟方进回到家里以后，他还来不及自裁，汉成帝就赐下了策书，指责他不能处理好政事，使得灾异一直到来，百姓贫穷困乏，并且说："我想要罢免你的官职，但是我又不忍心这样做，我现在派尚书令赐给你十石上等的好酒、一头肥牛，你自己去谨慎地处理好这个问题吧！"于是翟方进在当天就自杀了。汉成帝对这件事情秘而不宣，只是派遣了九卿携带着策书，赠送给翟方进印章、绶带，赐给翟方进车子、棺材，由少府负责陈设的一切，就连屋子里面的柱子和轩前的栏杆都用白布包了起来。汉成帝亲自驾临吊祭了翟方进好几次，对翟方进的礼数和赏赐都比过去其他的丞相要好很多。

◆臣司马光说：晏婴有句话说："天命是不可以怀疑的，天命只有一个，是永恒不变的。"福祸的降临，又怎么能够将它转移呢？从前的楚昭王、宋景公不忍心将灾祸转移给辅佐的大臣，就说："将心腹的疾患，转移给身体的四肢，又能够有什么好处呢！"即使可以转移这些灾祸，仁慈的君王还是会不忍心去这样做，更何况这是不能转移的呢？假如翟方进没有犯下应当处死的罪，却把他秘密地杀死了，以此来抵挡重大的灾祸，这实际上是在欺骗上天，假如翟方进犯下了应当处死的罪，却秘密地杀死了他，又对他赐以厚葬，这是在欺骗百姓；孝成皇帝想欺骗上天、百姓，但是他最后并没有得到什么好处，可以说这是他不知道天命。◆

三月，汉成帝巡行驾临河东，祭祠后土神。

丙戌日（十八日），汉成帝在未央宫去世了。

汉成帝一直以来身体强壮并且没有疾病。当时，楚思王刘衍、梁王刘立来京城朝见汉成帝，第二天早晨，当他们向汉成帝辞别准备离开的时候，汉成帝还在白虎殿陈设了帷帐等用具，并且汉成帝还想要任命左将军孔光为丞相，就连侯印都已经刻好了，赞美他的言辞也都已经在诏书上写好了。当天晚上，一切还和平时一样正常，但是就在第二天早晨，汉成帝穿着裤袜准备起床的时候，衣服却突然掉了下来，并且不能开口讲话了，当计时的沙漏漏到十刻的时候，汉成帝去世了。民间喧哗，百姓们都认为罪过是在赵昭仪的身上。于是皇太后就下诏让大司马王莽联合御史、丞相、廷尉一起来审理这件事情，并且查问汉成帝日常的生活以及他发生疾病的时候的情形。最终赵昭仪自杀而死了。

◆班彪感叹说："我的姑妈在后宫担任婕妤的时候，她的父亲、兄弟都在汉成帝身边侍奉，他们有好几次都对我说：‘汉成帝十分善于修饰仪容，上车以后能够端正地直立着，不回头看，讲话一点也不急切，不指指画画，在朝廷处理政事的时候，仪态深沉平静，尊崇严肃，就像神一般，可以说是具有君主和敬的仪容了。汉成帝博览群书，融贯古今，能够宽容地接受臣子直率的言辞，公卿的奏议也都有值得称赞的内容。正好处在承平之世，却能够上下和睦亲和。可是，汉成帝最后却沉湎于美酒美色，使赵氏在内宫里面秽乱，使外戚在朝中专权，说起来真是令人叹息啊！’从建始元年开始，王氏开始执掌国家的命运，汉哀帝、汉平帝在位的时间又很短促，最终王莽篡夺了皇位，大概他所拥有的威福也是逐渐发展而得来的！”◆

汉成帝去世的当天，孔光在大行皇帝的灵柩前跪拜接受了丞相、博山侯的印信和绶带。

富平侯张放知道汉成帝去世了，追思仰慕汉成帝哭泣不止，悲痛而死。

◆荀悦评论这件事说：“张放并不是不爱汉成帝，但是他对汉成帝只有爱没有忠。因此，爱却不能尽忠，才是对仁德足最大的伤害！”◆

皇太后下诏恢复在长安南北郊举行的祭祀天地大典。

夏季，四月，丙午日（初八），太子刘欣继承皇位，拜谒了汉高祖刘邦的祭庙；尊称皇太后为太皇太后，皇后为皇太后。并且下令大赦天下。

汉哀帝刚刚登基，亲自践行节俭，减免省去了很多费用，由自己裁决各项政事，朝廷上下一致希望汉哀帝能够治理好政事。

己卯日（四月无此日），汉哀帝将孝成皇帝安葬在了延陵。

太皇太后下令傅太后、丁姬每隔十天就可以去一次未央宫。

汉哀帝下诏询问丞相、大司空：“定陶共王太后应当居住在哪个宫里面才最合适？”丞相孔光早就知道傅太后为人刚强暴戾，擅长权变计谋，从汉哀帝婴儿的时候起，便由她抚养长大，一直到把汉哀帝教育成人，再加上汉哀帝当初被立为太子的时候她也出过力。孔光十分担心傅太后以后会参与政事，不希望汉哀帝和她早晚都太接近了，于是孔光就向汉哀帝建议说：“您应该为定陶太后另外建一所宫室用来居住。”而大司空何武说：“定陶太后可以居住在北宫。”最后汉哀帝采纳了何武的建议。北宫有紫房阁道可以通到未央宫去，傅太后果然早晚都通过阁道到汉哀帝的住处，要求汉哀帝加封她尊号，提拔宠信她的亲属，使汉哀帝不能按照正常的方式去行事。高昌侯董宏迎合汉哀帝、傅太后的心意，向汉哀帝上书说：“秦国庄襄王的母亲原本是夏氏，但是他却是被华阳夫人所抚养的，等到他继承了皇位以后，夏氏和华阳夫人就都被尊为太后。所以您也应该册立定陶共王后为帝太后。”汉哀帝就把这件事情交付给主办的官吏。大司马王莽，左将军、关内侯、兼管尚书事师丹就一起写奏折向汉哀帝上奏弹劾董宏说：“董宏明明知道皇太后是最尊贵的称号，现在天下统一了，他却称述引用亡秦的事例来做比喻，欺蒙贻误当今的圣朝，这实在不是他所应该说的话，他这是犯了‘大不敬’的罪！”汉哀帝刚刚继位，态度谦卑恭让，就采用了王莽、师丹的建议，罢免了董宏的官职，将他降为平民。傅太后知道以后十分愤怒，于是就向汉哀帝要求，一定要称尊号不可。于是汉哀帝就上报了太皇太后，太皇太后就同意让汉哀帝下诏尊称定陶恭王为恭皇。

五月，丙戌日（十九日），汉哀帝册封傅氏为皇后，傅氏是傅太后堂弟傅晏的女儿。

诏书上面说：“根据《春秋》里面的义理，母亲会因为儿子而显得尊贵。所以应该尊称定陶太后为恭皇太后、尊称丁姬为恭皇后，分别设置了左、右詹事，采邑也比照着长信宫（指王太后）、中宫（指皇后）的宫殿。”汉哀帝还追尊傅太后的父亲为崇祖侯，丁姬的父亲为褒德侯；然后又册封舅父丁明为阳安侯，舅父的儿子丁满为平周侯，傅太后的父亲傅晏为孔乡侯，皇太后赵飞燕的弟弟侍中、光禄大夫赵钦为新城侯。太皇太后王政君下诏命令大司马王莽罢官并且离开朝廷回到自己的府第以回避汉哀帝的外戚。于是王莽就向汉哀帝上疏请求可以辞职，汉哀帝就派遣尚书令下诏起用王莽，又派遣丞相孔光、大司空何武、左将军师丹、卫尉傅喜向太皇太后上报说：“皇上听说了太皇太后的诏书以后，感到非常悲伤！如果大司马不能够被起用，皇上就不敢治理政事了！”于是太皇太后就又命令王莽上朝处理政事。

汉成帝的时候，靡靡之音的郑声特别盛行，这导致黄门著名的乐人丙强、景武等人当时十分富有并且尊贵，皇亲国戚甚至和国君争夺歌伎。汉哀帝还在做定陶王的时候就十分厌恶它，再加上他本身就不喜欢音乐，六月，汉哀帝下诏说：“孔子不是说过吗：‘要杜绝禁止郑声，因为郑声太淫乱了。’所以我们应该撤除乐府官；郊祭的时候所演奏的音乐以及古代兵法所演奏的武乐都在经书里面，那些不是郑国、卫国的音乐，可以把它们另外由其他官员管理。”有超过一半的人员都被裁减了。可是，由于百姓受靡靡之音熏染的时间已经很久了，而现在又不能制作其他高雅的音乐来进行替换，于是那些富有的官吏和百姓仍然沉湎于郑声，和过去一样。

王莽向汉哀帝推荐中垒校尉刘歆，说刘歆有才干德行，汉哀帝就任命刘歆为侍中，刘歆慢慢地升任为光禄大夫，地位也变得显贵起来，汉哀帝也越来越宠信他。刘歆后来也改名为刘秀。汉哀帝又命令刘秀负责审核校对《五经》，完成他的父亲刘向生前没有完成的事业。于是刘秀就汇总群书编成了七略，然后上奏给了汉哀帝，有《辑略》、有《六艺略》、有《诸子略》、有《诗赋略》、有《兵书略》、有《术数略》、有《方技略》。记录书目的一共有六略，包括三十八种、五百九十六家、一万三千二百六十九卷。其中叙述诸子的，分为九大流派：儒家，道家，阴阳家，法家，名家，墨家，纵横家，杂家，农家，刘秀认为“这九家都是在王道已经衰微，诸侯凭借自己的实力用武力互相征伐的时候兴起的，那个时候的君王的喜恶大不相同，因此这九家的学说同时兴起，分别阐述自己学派的主张，推崇他所喜好的学说，并且用这些学说来奔走游说各国，希望自己的学说能够迎合诸侯的爱好而被取用。虽然他们的学说不一样，但是就好像水和火可以互相消灭，也可以互相滋生。比如仁与义，敬与和，彼此相反，也都彼此相成。《易经》里面说：‘天下的人最终都会回到同一个地方，只是走的路有所不同而已；天下的道理是一致的，但是人们的思虑有很多。’现在，各个不同学派的人，都分别推崇自己学派的长处，如果我们深入研究，弄明白他们学说的宗旨，虽然每一个人都有偏见和短处，但是，把各家的主要内容和宗旨综合起来，其实也不过都是儒家中的六经所分化出来的。如果他们遇到了圣明的君主，把他们的主张折中修正，那么他们就都可以成为辅佐国事的良臣。孔子曾经说过：‘都城里面的人失去了礼仪，还可以从乡野中得到。’现在距离圣人的时代已经很远了，那时候的道术也都残缺废弃，没有办法从其他地方另外求取了，但是，我们可以采用他们这九家的学说，那不是比到乡野中去寻找要来得更好吗？假如我们能够钻研儒学的六艺，同时还参考这九家的学说，舍弃他们的短处，采取他们的长处，那么，我们也就可以通晓治国之道了。”

河间惠王刘良能学习献王的德行，他的母亲王太后去世的时候，他能够完全按照礼仪的规定来服行丧事。于是汉哀帝就下诏给刘良增加了一万户的封邑，让他作为皇族奉行礼仪的表率。

以前，董仲舒向汉武帝进言，他以为：“秦国采用了商鞅的方法，废除了井田制度，使百姓能够自由买卖田地，结果造成了有钱的人家的田亩前后相接，一望无际，贫穷的人家却连立锥之地都没有，城邑中有像国君一样尊贵的人，乡里面也有像公侯一样富有的人，普通的百姓怎么可能不穷困呢？虽然现在很难突然实行古代的井田制度，但是也应该稍微恢复一点，我们应该限制百姓占田的数量，将多余的土地用来资助缺少土地的人，堵塞兼并的途径，废除奴婢，废除主人可以擅自杀死奴婢的特权，减轻百姓的赋税，减少消除徭役，从而让百姓的财力与劳力都慢慢宽绰起来，然后我们才可以治理好国家！”等到汉哀帝登基以后，师丹又向汉哀帝建议说：“现在连续几代都是太平盛世，富有的官吏、百姓的钱财甚至有万万那么多，但是贫穷孤弱的百姓却越来越困苦，您应该稍微限制一下占田的数量才是。”于是汉哀帝就把他的建议交付下去，丞相孔光、大司空何武向汉哀帝上奏请求：“从诸侯王开始，诸侯王、列侯、公主占田分别制定限额：关内侯、官吏、百姓占田都不能超过三十顷；奴婢不能超过三十人，时间以三年为限。不遵守这个命令的，就把他们的田地没收然后充入官府。”

那个时候的田宅、奴婢的价格十分低廉，汉哀帝的贵戚和亲信都认为这个命令对自己不利，于是汉哀帝就又下诏书暂时放缓这个计划，最后还是搁置没有执行下去。汉哀帝又下诏说：“在齐国设置的三服官以及其他主管皇家服饰的官府，由于那些绮罗的绣纺是很难织成的，而且又是对女子纺织有害的东西，因此就全部停止不再制作和向京城运送了。同时还废除官秩为二千石以上的官吏任职满三年，可以保荐他的子弟当官以及诽谤诬欺的法令。掖庭宫里面年龄在三十岁以下的宫女，可以出宫嫁人；官府中年龄在五十岁以上的奴婢，全部赦免她们的罪行，让她们去做平民。增加官秩在三百石以下的官吏的俸禄。”

汉哀帝在未央宫设置酒宴，内者令将傅太后的座位安排在太皇太后的座位旁边，大司马王莽按次序进行巡视以后，就指责内者令说：“定陶太后只不过是藩王的妃子而已，怎么可以和至尊的太皇太后并排坐在一起？”然后下令把座位撤去，让他们给傅太后另外设置座位。傅太后知道了这件事以后，十分生气，于是就不肯参加未央宫的酒宴，并且因此而更加怨恨王莽。于是王莽就又向汉哀帝上疏请求辞职。秋季，七月，丁卯日（初一），汉哀帝赐了五百两黄金给王莽，四匹马驾驶的安车一辆，让王莽辞去官职回到了自己的府邸。公卿大夫大多都称赞王莽，于是汉哀帝就给予了他更多的恩宠，特意派遣中黄门在王莽的家中，来让他差遣，每隔十天，汉哀帝就给他赐一次餐。后来汉哀帝又下诏加封曲阳侯王根、安阳侯王舜、新都侯王莽、丞相孔光、大司空何武采邑人户各不相同。并且还任命王莽做特进、给事中的官职，每逢初一、十五就可以去朝见汉哀帝，朝见汉哀帝的时候的礼节和三公一样。汉哀帝又把红阳侯王立召回了京城。

傅太后的堂弟右将军傅喜，喜欢读书，志向品行也很高。王莽辞职以后，大家就都将希望集中在了傅喜的身上，希望由他来接任王莽的职位。当初，汉哀帝赐官职爵位给外戚的时候，只有傅喜一个人称病谦让推辞，傅太后刚开始参与政事的时候，傅喜好几次都劝谏她，因此傅太后不想让傅喜去辅佐朝政。庚午日（初四），汉哀帝任命左将军师丹做大司马，封他为高乡亭侯；赐了傅喜一百两黄金，让他交回右将军的印信绶带，以光禄大夫的身份去养病；任命光禄勋淮阳人彭宣做右将军。

大司空何武、尚书令唐林都向汉哀帝上书说："傅喜的品行道德高尚廉洁，修饰洁净，忠诚正直，为国忧劳，适合做皇上辅弼的臣子。但是您现在以傅喜生病为借口，一下子就把他遣送回到老家去了，大家都感到十分失望，都说：'傅喜是一个贤能的人，就是因为他的主张和定陶太后不合，所以才被罢免遣返的。'百官没有一个不为国家感到深深惋惜的。忠诚的臣子，是国家的卫士。鲁国因为任用了季友治理好了国内的混乱；楚国被其他国家重视还是轻视决定于子玉是否活着；魏国因为有了公子无忌才能抵御强敌；项羽的生存与灭亡是由范增来决定的。这样说来，百万之人那么多，也不如一个贤能的人，所以秦国才会花费千金贿赂赵国，来离间廉颇和赵王的关系；汉高祖才会使用了万金向敌国施加恩惠，来使项羽疏远亚父（范增）。傅喜能够在朝廷任职，是陛下的光辉，也是傅氏兴废的关键。"再加上汉哀帝自己也很看重他，所以没有多久就又起用了傅喜。

建平侯杜业向汉哀帝上书诋毁曲阳侯王根、高阳侯薛宣、安昌侯张禹，并且向汉哀帝推荐了朱博。汉哀帝从小就知道王氏骄横放纵、气焰嚣张，内心十分不喜欢他们，但是因为他刚刚登基，所以才暂且优待他们。杜业向汉哀帝上书一个多月以后，司隶校尉解光就向汉哀帝上奏："曲阳侯王根，在先帝的陵墓还没有完成的时候，就公开聘娶掖庭宫的女乐五官殷严、王飞君等，在家设置酒宴进行歌舞表演，还有王根的侄子成都侯王况，也聘娶了前掖庭宫的贵人做自己的妻子，他们一点臣子的礼节都没有，实在是大不敬，犯下了不道的罪名！"于是汉哀帝就说："先帝对待王根、王况父子十分优厚，但是如今他们竟然背弃恩德，忘却大义！"因为王根曾经有立太子的建议（立哀帝为嗣），所以汉哀帝就把他送回了原郡；然后罢免了王况的官职，将他贬为平民，责令返回他原郡。而由王根及王况的父亲王商所推举任官的人也都被免职了。

九月，庚申日（二十五日），发生了地震，从京城到北边郡国一共有三十多处城池被毁坏，一共有四百多人被压死。于是汉哀帝就向待诏李寻询问这次的灾异，李寻回答汉哀帝说："太阳，是所有阳性物质的主宰，是君王的象征。君王不遵守正道，那么太阳就会失去它的常度，暗淡无光。最近太阳尤其不明亮，光彩被侵夺而失去了原来的光彩，邪气珥、霓（都是日旁之气）多次出现，小臣不知道宫里面发生的事情，只能以太阳的变化来观察陛下，您的意志和行为比刚刚即位的时候的确是衰落了很多。我希望陛下可以振奋阳刚之气，意志坚决，慎守法度，不要听从女子的请求，不要受邪臣的摆布，那些保姆、阿母、乳母甜言谦辞的请托，千万不能听从，您要努力实行大义。不要在小的地方不忍心，如果是实在不得已的时候，您可以赐给他们货物，钱财，但是不可以胡乱地授予他们官职爵位，因为这实在是上天所禁止的！

"臣听说月亮是阴性物质的主宰，是后妃、大臣、诸侯的象征。最近月亮多次发生变异，这显示的是母后参与政治，扰乱朝廷所造成的，阴阳都受到了伤害，彼此互相妨碍。外臣不知道朝廷里面的事情，我只能相信天象，如果真的是这样的话，那么陛下现在所亲近的大臣就不足以依赖了。我希望陛下可以亲自去求取有贤能德行的人，不要让那些可恶的邪佞小人势力强大起来，这样才能使国家兴旺强盛，汉王朝才能强大起来！

“臣听说五行是以水为根本的，水是公平的标准，帝王施行王道，政事公正修明，那么百川就会顺畅，经脉就会畅通；如果帝王偏颇私党，失去纲纪，那么江水就会泛滥外溢，成为灾祸。现在汝水、颍水腾涨漫溢，和雨水一起为百姓带来了灾害，这就是《诗经》里面所说的‘百川沸腾’，这些灾害应该归咎于皇甫卿士等人（周室女宠之族）。我希望陛下可以稍稍压制一下外戚大臣！

“臣听说大地行事柔和平静，这是阴性事物的正常状态。最近关东发生了好几次地震，您一定要专心崇尚阳道，抑制阴道，来挽救因为上天的怪罪而降下来的灾祸，坚定您的意志，建立您的威势，关闭杜绝私下请托之路，提拔引进有才能的人，罢免辞退不能胜任职守的官吏，来使朝廷强盛起来！如果根本强盛了，那么，精神就可以振奋起来，就可以抵制为害的；如果根本衰弱了，那么，就会招致灾祸，获致凶险，被邪恶的阴谋所欺凌。我听说过去淮南王开始谋反的时候，他所认为不好对付的只有汲黯一个人，他认为公孙弘等人是不值一提的。公孙弘是汉朝著名的丞相，甚至到现在为止还没有人可以和他相提并论，可是即便如此，他还是会被轻视，更何况我们现在没有像公孙弘这样的人呢？所以说如果朝廷里面没有人才的话，那么就会被乱臣贼子所轻视，这种道理其实是很自然的。”

骑都尉平当被汉哀帝任命为河堤使，主管治理河堤的事务，他向汉哀帝上奏：“古时候的九河现在都已经堙灭难以寻找了。按照常理，治理水患有分泄河水，浚治河川的方法，却没有防止河道堵塞的记载。黄河从魏郡以东多次发生过河水泛滥决口的事情。水道是很难分辨清楚的，四海之内的百姓，是不能被欺骗的。我们应该多方面地去求取能够把水道挖深、把河水疏通的人。”汉哀帝采纳了他的建议。

待诏贾让向汉哀帝上奏说：“治河一共有上、中、下三种方案。古人建立国家，使百姓安居，划定疆界，在辨别土壤是否适宜进行垦殖经营的时候，一定会放弃川泽之水流到一起聚集的地方，而会选择在他们估计水势不会达到的地方。大河没有修建堤防，而小河小溪就可以流进去，然后在地势低下的地方，利用山坡去修筑堤坝，来形成湖泊池泽，这可以使它在秋天水多的时候能够利用它来作为蓄水的地方，左右两边起伏的水面可以十分宽大，水流也可以舒缓并且不急迫。说到土地上面有河川，就好比人的脸上有嘴一样；用土石修筑堤防来防止河水的泛滥，就好像是塞住小孩的嘴巴来阻止他啼哭是一样的，难道不是很快就阻止了吗？但是，孩子的死亡也是立刻就会等到的。所以说：'擅长治理河水的会使河水分泄，从而使河水通畅，擅长治理百姓的就要让百姓畅所欲言。'堤防的修筑，是源于战国时期，各国修筑堤防，使百川堵塞，分别使自己的国家得到好处。齐国和赵国、魏国以黄河为边界，赵国、魏国以山岭为边界，但是齐国地势低下，于是齐国就在距离黄河二十五里的地方修筑了堤防，河水向东流到了齐国的堤防，受到了阻碍，于是就向西流到了赵国、魏国；赵国、魏国也在距离黄河二十五里的地方修筑了堤防，虽然他们采用的不是正确的方法，但是，河床比较宽阔，河水还有地方可以流动。黄河的水在一定的时候流过来，然后又离开，使淤泥填满了河道，让这里的土地变得肥沃起来，于是百姓就利用它来耕田；经过了很长的时间也没有灾害发生，就开始渐渐地修建房屋宅院，最后那里就成为村落邑里；如果经常发生水灾，漂流、淹没了民宅、田畜，百姓就会另外去修筑更高的堤防来挽救自己，然后把城镇稍微做一点迁移，把里面的积水排泄出来，然后在那里居住下来，所以，经常发生被洪水冲跑淹死的惨剧，自然也就是正常的了。而现在的堤防，近一点的距离河水是几百步，远一点的就会是几里，在原来就有的大的堤防的里面又修筑了好几层小的堤防，百姓在那里面居住，这都是前代将水排出来所形成的。黄河从河内黎阳到魏郡昭阳，东西两岸都有石头修筑的堤防，使河水急剧回转，在一百多里之间，黄河二次向西猛拐，三次向东弯折，黄河被挤迫到这种程度，自然就不能平静停息。现在如果实行最好的方案，那就是把面对着水流的冲击的冀州的百姓迁移到别的地方，在黎阳县的遮害亭打开一个缺口，然后把黄河的水从那个缺口放出去，让它向北流入大海里面；黄河的西边紧邻着大山，东边靠近金堤，水势无法冲击到很远的地方，河水泛滥一个月也就会自动平静下来了。只是将会有人责难我们说：‘如果这样去做，那就一定会毁坏数以万计的城市、田宅和坟墓，百姓将会产生怨恨的。’过去大禹治理洪水，对于挡住河道的山陵，就会把它们全部损毁，所以才能够凿通了龙门山，打通了伊阙山，劈分了底柱山，击破了碣石山，把天地的本体都毁坏割裂了，而这些城市、田宅和坟墓只不过是人工建造的，又有什么值得去说的啊！现在靠近黄河的十个郡，每年仅仅是治理堤防的费用，就已经将近万万了，但是，一旦它严重决口了，那么将会受到的损失也就无法计算了。如果我们把多年治理黄河需要的费用拿出来，用来迁移百姓，遵照古代圣人的方法，确定山川的位置，使神和人各得其所、互不干扰；此外，大汉的国土有万里那么多，土地方正，我们又何必去和河水争这少许的土地呢？一旦建立下这样的功业，就可以治理好黄河，百姓就可以安定，千年都将可以没有灾害发生，所以说这是最好的方案。至于在冀州地区大量开凿运河渠道，使百姓能够利用它们来灌溉农田，使水势减小，虽然圣人的办法不是这个，可是，这也是挽救危局的好方法。我们可以从淇口开始，向东修筑石头堤防，多设置一些水门。议论的人可能会怀疑黄河的水太大，用水门是不能控制住的。但是荥阳县的运河的功能，就已经可以验证了。冀州灌溉水渠的水，从头到尾都需要依赖这种水门，这些河渠往往都需要从那里分别取水：天旱的时候，就打开东方的水流向下的水闸，去灌溉冀州的农田；洪水到来的时候，就打开西边高处的水闸，来使河水可以分散流开，使百姓的农田得到适当的管理，黄河的堤防也不会容易损坏。这实在是使国家富有，百姓安定，振兴利益，控制灾害，能支持几百年的方法，所以我才说这是中等的方案。至于只是修补完善原来就有的堤防，增加低的地方的高度，增加薄的地方的厚度，所消耗的劳力和费用将永无止境，但是我们还是会多次遭遇灾害，因此这是最差的方案！”

孔光、何武向汉哀帝上奏：“应该撤除的亲情已尽的祖先祭庙的名次，应该及时确定下来，请您和众臣一起讨论这件事。”于是光禄勋彭宣等五十三个人都认为“孝武皇帝虽然有功业，但是亲情已尽，所以应该撤除宗庙”。但是太仆王舜、中垒校尉刘歆议说：“按照《礼》（《礼记》）天子应该有七座祭庙。七是正规的数量，应该是一个不可以改变的数字，可以作为常数。但是宗（武帝庙号世宗）却不在这个数字里面，因此宗不是一个常数。如果有功德就被尊为‘宗’，因此不可以预先规定宗的数量。臣愚昧地认为孝武皇帝的功业是那么显赫，而孝宣皇帝又是那么尊崇他，建立了他的庙号，实在不应该撤除他的祭庙！”汉哀帝看了他的奏议以后，就指示说：“太仆王舜、中垒校尉刘歆所议论的很正确。”

何武的继母在蜀郡，于是何武就派属下将她从家乡接过来；但是当时正好遇到汉成帝去世了，属下担心去京城的路上会出现盗贼，于是就把何武的继母留在了原地。于是汉哀帝身边就有亲信讥评讽刺何武侍奉母亲不够孝顺厚道，当时正好汉哀帝也想更换大臣，冬季，十月，汉哀帝下诏书罢免了何武的官职，让他以列侯的身份回到了封国。癸酉日（初九），汉哀帝任命师丹为大司空。师丹看到汉哀帝更改了很多汉成帝的施政措施，就向汉哀帝上书说：“古时候，新即位的君主在服丧期间，不会颁布政令，国家大事都由宰相去处理；在三年守丧期间，不能改变他父亲生前的主张。之前先帝的尸体灵柩还停在灵堂上面的时候，您就已经开始给大臣们以及您的亲属授予官职和爵位了，并且那些人居然都是您宠信的外戚，您封您的舅父为阳安侯，皇后的尊号还没有确定的时候，您就已经预先封她的父亲为孔乡侯了。您罢免了侍中王邑、射声校尉王邯等人的官职，频繁地颁下诏书，经常改变政令，政事变更仓促突然，而不是逐渐变更的。虽然臣不能明白地公开表明大义，但也不能坚决地辞让爵位，随波逐流，凭空地接受封侯，增加陛下的过失。最近有许多郡国发生了地震水灾，百姓都被大水冲走淹死了，太阳、月亮昏暗，没有光彩，五星也失去了正常的运行，这都是举措失当，号令不定，法令制度和常理相违背，阴阳混浊的反映啊。

“臣恭敬地想，在人之常情方面，如果没有儿子，虽然年龄已经超过六七十了，还是会多娶一些妻妾，而想办法求得儿子。孝成皇帝深刻地认识了天命，明白陛下具有很高的德行，在他仍然身在壮年的时候，就能够克制自己的私欲，并且册立陛下为继承人。先帝没有疾病但是突然就去世了，然后陛下就继承了皇位，天下太平，百姓没有感到惊惧，这是先帝圣明的德行，正好与天人合一相符合。我听说‘不要违逆天帝的威严，因为它离你只有咫尺之远’，我希望陛下可以深刻地思考先帝选择陛下为继承人的深意，并且暂时先克制住自己的私欲，亲自施行新君不言的古制，来观察百官是如何从善向化的。天下，就是陛下的私人财产，您的亲戚又何必为不会富贵而发愁呢？您实在是不应该如此急促地就分封了他们，那样也不会长久的。”师丹又向汉哀帝上书了几十次，言辞都十分痛切恳直。

傅太后堂弟的儿子傅迁在汉哀帝的身边服侍，为人十分阴险奸佞，汉哀帝很厌恶他，于是就下令罢免了他的官职，将他送回了原郡。傅太后因此就感到很生气。汉哀帝没有办法，只好又把傅迁留了下来。

丞相孔光和大司空师丹就都向汉哀帝上奏说：“您前后颁布的两份诏书的内容完全相反，会使天下的百姓感到怀疑和迷惑，使百姓无法相信。臣请求您仍然坚持把傅迁遣送回原郡，来清除奸党。”但是汉哀帝最后不但没有把傅迁遣送回原郡，还恢复了他侍中的官职。汉哀帝受傅太后逼迫的窘况，都是像这个样子。

议郎耿育向汉哀帝上书替陈汤讼冤说：“甘延寿、陈汤，能够为大汉深入敌国，在边远的战场诛杀异族来宣扬我国的威仪，洗雪国家多年的耻辱，讨伐远国不服从我大汉的君主，捕捉万里之外、难以制服的强虏，又怎么会有人的功劳可以和他们相比呢？先帝赞美嘉奖他们，多次颁布诏书，来宣扬彰显他们的功劳，为此甚至更改了年号，使他们的事迹，传世无穷。与此相合，南郡向我们进献白虎，边境再也不必警戒防备。尽管恰好碰到先帝卧病在床，可是，先帝对这件事情仍然念念不忘，多次派遣尚书去责问丞相，催促他们迅速拟定功劳的等级；只因丞相匡衡从中进行排斥阻挠，最后汉成帝仅仅封赏了甘延寿、陈汤几百户的食邑，这就是功臣战士会感到失望的原因。孝成皇帝继承的是前人已经功成业就的基业，趁着征伐的威势，平息了战争，使国家安宁，可是，大臣不正，想要独专国家的权威，排斥嫉妒立下功劳的臣子，使陈汤被单独拘禁在牢狱中，不能向皇上表明自己，最后又因为无罪年老之身而被抛弃。敦煌正好位于通往西域的道路上，让过去具有威名、抵御外敌的臣子，一下子变成了有罪的人，还要被郅支单于过去的下属所讥讽嘲笑，实在是让人感到悲哀！至今奉命出使各国的使节，没有一个不用诛杀郅支单于的事情，来彰显宣扬汉朝的强盛的。我们借助功臣的功劳，来使敌人对我们感到畏惧害怕，但是我们却抛弃了功臣，从而让进谗言的人愉快，难道不令人悲痛吗？而且即使在安定的时候我们也不可以忘记危险，在兴盛的时候也必须考虑到衰微，现在国家已经没有汉文帝多年节俭积蓄下来的富饶的国库，也没有汉武帝招揽群臣推荐的贤才而延纳的众多勇猛善战令敌胆寒的名将，我们现在能够枭将擒敌的臣子只有一个陈汤了！假如陈汤去世时没有赶上陛下在位，我也仍然希望国家能够追记他的功劳，把他的坟墓加高，来表彰他的功劳，以鼓励后来的仁人志士。但是幸好陈汤能够身处当代，并且距离他立功的时间还没有多久。可是，如果您去听任邪佞的臣子将他驱逐贬谪到偏远的边塞，使他亡命躲避，家人离散逃窜，死无葬身之地。那些有远见的人，没有一个不认为陈汤的功劳是历代以来的人都不能赶得上的，而陈汤的过错却是人情所共有并且不能避免的。陈汤尚且落得如此下场，我们这些后继的人虽然能够继续为国家牺牲生命，疆场捐躯，可是，我们还是会受奸佞的臣子的口舌的钳制，被嫉妒的臣子陷害成囚徒！这也就是为什么臣为国家感到更加忧虑不安的原因了。”耿育的奏章呈给汉哀帝以后，汉哀帝就将陈汤赦还，后来陈汤就在长安终老。

孝哀皇帝上

建平元年（乙卯，公元前6年）

春季，正月，在北地郡有十六颗陨石炸裂然后坠落了。

汉哀帝下令大赦天下。

司隶校尉解光向汉哀帝上奏说：“臣听说许美人以及前中宫（皇后之宫）女史曹宫，都曾经蒙受孝成皇帝的宠幸，并且生下了两个儿子，可是，现在这两个儿子都下落不明。臣派遣属下进行查问，都得到了她们的实情：元延元年，曹宫怀有身孕；这一年的十月，曹宫在掖庭牛官令舍生下了一个儿子。可是中黄门田客却拿着汉成帝的诏策给了掖庭狱丞籍武，下令让籍武将曹宫母子关押在暴室狱，并且还吩咐籍武说：‘不许问她生下的小孩是男的、女的，也不许问她那是谁的小孩！’曹宫说：‘请你把我儿子的胎衣好好地收藏起来。你（掖庭狱丞籍武）知道这是什么人的孩子吗？’三天以后，田客就拿着汉成帝的诏策给籍武，问他说：‘小孩死了没有？’籍武回答说：‘没死。’田客就说：‘皇上和昭仪（赵昭仪）大怒，你为什么不动手杀掉？’于是籍武就磕着头说：‘不把这个小孩杀掉，我知道自己会死；但是即使我杀了，我仍然会死！’然后籍武就让田客代为向皇上上奏了一封密封的文书说：‘陛下没有可以继承的儿子，儿子不论是贵或贱，希望您能多加注意！’密奏呈上去以后，田客又拿着汉成帝的诏策来取走了小孩子，然后把小孩交给了中黄门王舜。王舜接受了诏书，将小孩送入了殿中，为他选择奶妈，并且告诉她说：‘好好抚养这个孩子，你将来会有赏赐的，千万不要把这件事泄漏出去！’王舜选了宫中的婢女张弃来当孩子的奶妈。三天后，田客又拿着汉成帝的诏策和毒药，叫曹宫把毒药喝下去。曹宫就说：‘果然，她们姐妹俩想要独擅天下！我的小孩，是个男孩，额头上面有“壮发”，就和孝元皇帝一样。现在小孩在哪里呢？大概已经被杀了吧！我怎么才能够让太后知道这件事呢？’然后曹宫就喝下毒药死了。张弃抚养的小孩子，经过了十一天以后，宫长李南就拿着汉成帝的诏书，将小孩带走了，不知道安置在了什么地方。许美人在元延二年怀孕，十一月生下了一个男孩。（赵）昭仪对汉成帝说：‘您经常骗我说您是从皇后的宫里过来的。假如您真的是从皇后的宫里过来的，那么许美人的小孩是从哪里生的呢！难道您要再将许氏立为皇后吗？’赵昭仪非常怨怒，就用手捶打自己，用头去碰墙门柱，从床上滚到了地上，啼叫哭泣不肯吃饭，并且对汉成帝说：‘您现在就必须安排我！我现在就要回家！’汉成帝就回答说：‘我现在特意把事情告诉你，为什么你反而发怒呢？真是太不能让人理解了！’于是汉成帝就也不吃饭。赵昭仪就说：‘陛下既然知道自己是对的，那为什么不吃饭呢？陛下曾经说过：‘我发誓绝对不辜负你。’但是现在许美人有了孩子，您终究还是违背了誓约，还有什么好说的呢？’汉成帝说：‘我是说因为赵氏，所以不册立许氏为皇后，让天下人没有一个能位居赵氏之上，你就不要忧虑了！’后来汉成帝就下诏派中黄门勒严从许美人那里取来了小孩，装在了苇草编成的箱子里面，放到了饰室门帘的南边再离开。汉成帝和赵昭仪坐着，命令侍者于客子将苇草编成的箱子的绳子解开，汉成帝命令客子和侍者全部出去，自己把门关好，单独和赵昭仪留了下来。没有多久，门被打开了，汉成帝喊客子，叫他把箱子封好，系上绳子，然后命令中黄门吴恭拿着诏策给籍武说：‘告诉籍武，箱子里面有一个死婴，把他埋在隐蔽的地方，不要让其他人知道！’于是籍武就在狱楼的墙下挖了一个坑坎，把小孩埋在了里面。其他喝药堕胎的发生了无数件，而且都是发生在四月丙辰日（绥和二年四月十八日）汉成帝颁布赦免令之前。臣谨慎核实过：永光三年的时候，男子忠等挖掘了长陵傅夫人的坟墓，这件事情正好碰上皇上下令大赦天下，但是孝元皇帝当时却颁下诏书说：‘这件事情，我是不可以赦免的！’于是就对这件事进行了彻底地追究和处理，最终让那些人全部都伏法了。天下的百姓都认为皇上处理得很正确。赵昭仪倾败扰乱了朝廷，亲自杀害了皇上的子嗣，她的家属也应当受到惩罚。但是她的兄弟亲属都处在尊贵的地位，在皇上的周围，天下的百姓都感到战栗，我请求皇上可以彻底追究这件事情！让丞相以下的官员详细地进行商议，来定下他们的罪行。”于是汉哀帝就罢免了新成侯赵钦、赵钦的侄子咸阳侯赵䜣的官职，将他们贬为平民，把他们的家属也都迁到了辽西郡。

议郎耿育向汉哀帝上疏说：“臣听说皇位的继承顺序失去了秩序，废嫡立庶，这是圣人之法严厉禁止的，是古今以来都不能容许发生的。可是，太伯发现季历适合做王位的继承人，就退了下来，并且坚决辞让，逃到了吴、粤去躲避，这是特殊情况下的权宜应变之法，不应算作常法，太伯把王位让给了季历，以尊崇圣嗣（文王），结果姬昌终于统一天下，子孙继承了他的事业，长达七八百年，他的功劳比夏禹、商汤、周文王还要高得多，道德也是最完美的，因此他的尊号上追到了太王（古公亶父），所以世界上一定有非常的变化，然后才会有非常的决策。孝成皇帝知道自己没有及时生下子嗣，同时也想到晚年可能会有皇子，但是，等到他去世以后，孩子年幼，不能处理政事，掌握国家的权力，那么主要的权力就会被母后操纵。母后过于骄横放纵，就会贪得无厌；少主弱小，大臣就不会听从少主的命令去行事。那个时候如果没有周公那么忠心地去辅佐成王，那么国家恐怕就会受到危害，倾覆扰乱天下。先帝知道陛下有贤圣通明的德行，仁孝慈爱的恩泽，具备独特的远见，于是就从自己克制自己的欲望做起，不再去后宫妃子们的住所，断绝了由于少主幼小而带来祸乱的根源，并且把地位传给了陛下，来使宗庙安定。但是有些愚昧的大臣既不能挽救国家的安危，制定长远的计划，又不知道推广皇上圣明的德行，继承先帝的志向，反而一再调查审讯后宫里面的事情，使先帝后宫的私事被暴露出来，诬蔑先帝有惑乱不正的过错，造成宠妾因为妒忌而残杀别人，实在是大大地抹杀了您圣贤远见的英明，违背了先帝为国忧虑的本意！谈论大德是不可以拘泥于习俗的，建立大的功劳是不能迎合众人的，这也是为什么孝成皇帝卓越的思想能够超越众臣万万倍，而且这也是为什么陛下盛大的圣德与上天相符合的原因，又怎么是当代平庸、见识短浅的臣子所能赶得上的呢？此外褒颂发扬顺从君父的美德，匡正补救消除已往的过错，是古今通行的大义。遇到事情不对的时候，就应该坚决力争，来防止未来发生祸乱；但是却分别随着旨意阿谀奉承，来迎合皇上；等到先帝去世了以后，尊号已经确定，所有的事情都已经结束了，然后才去探究追论已经没有办法去弥补的事情，揭发隐私，不能说明的过错，这实在是令臣感到深切伤痛啊！我希望皇上可以将这件事交付给主管的官吏去进行商议，假如真的像臣所说的一样，那么您就应该昭告天下，让他们都明白知道先帝圣明的旨意的起因。不然的话，白白地使毁谤的言论伤害到先帝，再慢慢流传到后代，远大偏远的异族，近则传遍全国，这绝对不是先帝寄托给后嗣的本意。孝顺的人，善于遵照父亲的遗志，善于完成先人没有完成的事业，我希望陛下能够仔细地去考虑！”

汉哀帝也认为自己被立为太子，得到了赵太后很多的帮助，最终没有再去追究这件事情。傅太后感激赵太后立汉哀帝为太子的功劳，赵太后也感到十分满意，所以太皇太后以及王氏都十分怨恨赵太后。

丁酉日（初四），光禄大夫傅喜被汉哀帝任命为大司马，并且被封为高武侯。

秋季，九月，甲辰日（十五日），在虞县有两颗陨石炸裂并且坠落了。

郎中令泠褒、黄门郎段犹等又向汉哀帝上奏说：“定陶恭皇太后、恭皇后都不应该再引用定陶诸侯的名称，并且把它们加在尊号的上面；车马、衣服也应该都符合皇室的身份；您应该设置官秩在二千石以下的官吏，在那里分别供职。您还应该为共皇在京城建立宗庙。”于是汉哀帝就将这份奏章交给下面的大臣进行商议，臣子们大多都顺从汉哀帝的想法说："母亲凭借儿子而尊贵起来，您应该给她们建立尊号，以此来重视孝道。"只有丞相孔光、大司马傅喜、大司空师丹认为不可以这样做。师丹对汉哀帝说："圣王制定的礼仪，是取天地为法式的。上尊下卑的法则，是用来确定天地的位置的，是不可以扰乱的，但是现在定陶共皇太后、共皇后都用'定陶共'作为号，这表示的是母亲跟随儿子、妻子跟随丈夫的道理。如果要设置官吏，车子、衣服和太皇太后一样的话，就不能用来使'没有两个都是最尊贵的'之道理清楚明白的。定陶共皇的尊号、谥号以前就已经确定了，理论上面是不能更改的。礼记里面说：'父亲是士，儿子是天子，在祭祀父亲的时候，虽然要用天子的礼仪去进行祭祀，但是父亲的殡服仍然要是士的衣服。'这说明儿子没有给父亲封赏爵位的道理，这是为了表示尊敬父母的原因。过继给他人去做儿子的，应该为他过继的父母服丧三年，而为自己的亲生父母的服丧就会减到一年，用来表明尊重继承人的祖先、重视正统的延续。孝成皇帝圣恩弘深远大，所以特意为共王选择了继承人，以承奉共皇一脉的祭祀，使共皇永远成为一国的太祖，万代都不会使祭祀共皇的香火因为没有后代而熄灭，恩义已经很完备了。陛下继承了先帝的位置，应该去主持天子的祭祀，承受宗庙、天地、社稷的祭祀，在道义上面就不能再去供奉定陶共皇，到共皇庙去进行祭祀了。而且您现在还想要在京城建立共皇的宗庙，让臣子去祭祀他，这是没有嫡嗣的祭祀。而且，当亲情已经结束的时候，他的宗庙就应当被撤除了，如今白白地放弃一国太祖不会结束的祭祀，反而去迁就没有嫡嗣应当去除的不正的礼仪，并不是用来尊重共皇的！"师丹与汉哀帝的意见因此开始渐渐不合。

恰好有人向汉哀帝上书说："古代用龟甲、贝壳作为货币，如今用钱币来取代它们，百姓因此贫穷，您应该可以改革币制。"于是汉哀帝就拿这个问题去询问师丹，师丹就回答汉哀帝说币制可以更改。于是汉哀帝就把师丹的奏章交付给主管的官吏进行商议，大臣们都认为实行钱币的日子已经很长时间了，很难突然就变更过来。师丹的年龄大了，忘记了他以前说过的话，于是就听从了公卿的商议。碰巧师丹又让属下抄写下来向汉哀帝上奏，但是他的属下却私下里抄写了一份他的草稿，丁、傅两家的子弟知道了以后，立刻就令人向汉哀帝上书告发“师丹向皇上所上的机密奏章，即使是路人都普遍拿着他的文稿”。于是汉哀帝就拿这件事去询问将军、朝中的臣子。他们都回答汉哀帝说：“忠贞的臣子是不应该显露谏诤的内容的。大臣向皇上上奏的事情，都不应该泄露到外面，您应该把这件事交付给廷尉去处理。”汉哀帝把这件事交付给廷尉以后，廷尉就立刻向汉哀帝弹劾师丹犯下了大不敬的罪，在事情还没有判定下来的时候，给事中、博士申咸、炔钦都向汉哀帝上书说：“师丹的经学、德行，没有一个人可以比得上，因此近代的大臣能像师丹那样的人很少。师丹由于心中烦闷，向汉哀帝上呈机密的奏书，不能够进行深入的思考，长远的考虑，就命令主簿进行抄录，所以奏章泄漏的过错不在于师丹，如果您因此就将他罢免废黜的话，恐怕不能使大家心服口服。”于是汉哀帝就将申咸、炔钦的官职分别降下了二等；然后，汉哀帝就颁布策书免除了师丹的官爵并且说：“朕以为你官位崇高，任务重大，可是，你却心怀诈欺，扰乱了国家，言行违背了命令，说话一再地矛盾，我为你感到可耻！但是因为你曾经身居太傅的官位，我不忍心命令廷尉去拷问你，现在我命令你上交大司空、高乐侯的印信，辞去你的官职回家！”

尚书令唐林向汉哀帝上疏说：“我私底下看到了您罢免大司空师丹职务的诏书内容，感到非常沉痛悲切。君子做文章的时候，都会为贤德的人掩饰他们的差错。师丹的经学是当代的儒家学者所尊崇的，品德高洁，也是国家的老前辈了，他亲自教导辅佐了圣上，位居三公；而且他所犯下的过失很小，全国的百姓都没有见他犯下过重大的罪过。既然事情已经过去了，您废除了他的爵位，对他的惩罚有些太重了。京城里面的有识之士都认为您应该恢复师丹的爵位和封邑，让他有机会去朝见皇上。我希望陛下能够裁决考虑众人的想法，用来安慰报答做过皇上的师傅的臣子！”汉哀帝听从了唐林的话，于是就颁下了诏书，赐师丹爵位为关内侯。

汉哀帝采纳了杜业的话，召见了朱博，重新起用了他，让他再次去做光禄大夫的官；将朱博调任为京兆尹。

冬季，十月，壬午日（二十三日），汉哀帝任命朱博做大司空。

中山王刘箕子，从小就患有眼病，一直都由祖母冯太后亲自抚养照顾，多次祈祷，祈求上天可以免除刘箕子的灾病。皇上派中郎谒者张由去对他进行医治。张由原本就有发狂并且变态的老毛病，他的毛病发作了，于是张由就发怒离开了中山国，回到了西边的长安。尚书就用文簿一一责问张由擅自离开中山国的原因。张由感到十分害怕，就诬告中山太后祷告天神，想要上天降下灾祸在汉哀帝和傅太后的身上。傅太后和冯太后都是一起侍奉元帝的，傅太后追念前情因而对冯太后产生了怨恨，因此她就派遣御史丁玄去进行查证。经过了几十天以后，丁玄没有查到什么证据，于是傅太后就另外派遣了中谒者令史立去审理这件事。史立接受了傅太后的旨意以后，希望自己能够因此而被封侯，于是就处理了冯太后的妹妹冯习以及弟媳妇君之，一共杀死了几十个人，还欺骗汉哀帝上奏说："冯太后祷告天神，祈求上天可以降下灾祸，阴谋杀死皇上，来立中山王为帝。"但是史立去责问冯太后的时候，却没有得到冯太后认罪的口供。于是史立就说："过去，熊从栏中扑上大殿的时候，你都可以走到熊的面前直立，用身体去抵挡，是多么勇敢，为什么现在你却如此胆怯呢！"于是冯太后就回头对两旁的人说："这是当年在皇宫里面发生的事情，你们是怎么知道的？你们想陷害我，这就是证明！"然后冯太后就喝下毒药自杀了。宜乡侯冯参、君之、冯习以及她的丈夫、儿子，凡是被牵连进这个案件的，有的自杀而死，有的因为遭受刑罚而死，一共死了十七个人。大家都对他们感到十分同情。

司隶孙宝向汉哀帝上奏请求汉哀帝可以再次审理冯氏的案件，傅太后大怒对汉哀帝说："皇上设置了司隶，难道主要就是让它追查我的吗？冯氏造反的事情已经很清楚了，孙宝之所以要求你重新审理这件事情，就是为了要显示宣扬我的过错，应该被治罪的人是我才对！”于是汉哀帝就听从了傅太后的旨意，将孙宝关进了监狱。尚书仆射唐林为孙宝向汉哀帝争辩，汉哀帝却认为唐林这是在结党营私，排斥异己，于是将唐林降职为敦煌郡鱼泽障军候。大司马傅喜、光禄大夫龚胜向汉哀帝极力辩护，于是汉哀帝就告诉了傅太后这件事情，然后将孙宝从监狱里面放了出来，恢复了他的官职。而张由因为是最先告发冯太后的，被汉哀帝赐爵为关内侯；史立被汉哀帝升为中太仆。

资治通鉴卷第三十四　汉纪二十六

起丙辰（公元前5年），止戊午（公元前3年），共三年。

【题解】 本卷记录了汉哀帝刘欣建平二年至建平四年共三年间的历史。主要记录了哀帝刘欣执政前期的政事。哀帝继位后违反伦理，为生父刘康、祖母傅氏上尊号。哀帝暴虐昏庸，亲小人远贤臣，外戚傅氏、丁氏、王氏，明争暗斗，傅太后干权，国势迅速衰落。

孝哀皇帝中

建平二年（丙辰，公元前5年）

春季，正月，在牵牛宿出现了彗星。

丁、傅宗族的人傲慢奢侈，都对傅喜的恭敬节俭十分忌恨，再加上傅太后向汉哀帝要求给自己和汉成帝的母亲一样尊贵的尊号，但是傅喜和孔光、师丹都坚持认为汉哀帝不可以这样做。汉哀帝难以违背大臣正当的议论，但是在内又受到了傅太后的逼迫，好几年都不能把这件事情决定下来。傅太后大怒，汉哀帝没有办法，只能首先罢免了师丹的官职，借此来动摇傅喜的想法，可是，傅喜始终都没有顺从。朱博和孔乡侯傅晏勾结在一起，共同谋划促成了给傅太后加尊号的事情，他们多次在闲暇的时候，从容谒见汉哀帝，向汉哀帝上呈密封的奏疏，向汉哀帝诋毁诽谤傅喜和孔光的缺点。丁丑日（正月无此日），汉哀帝最终用策书罢免了傅喜的官爵，让傅喜以侯爵的身份回到家里。

御史大夫的官职被撤销以后，议论的人都认为古今的制度不同了，汉朝上至天子的称号，下到佐史的名称，都和古代的制度有所不同，但是唯独更改了三公，这使得职权责任难以划分清楚，对于国家的治理并没有什么好处。于是，朱博就向汉哀帝上奏说："根据过去的例子：选择郡国太守、诸侯相治理其管辖的地方的成绩优良的做官秩为中二千石的官，选择官秩为中二千石的官员做御史大夫，做御史大夫能够胜任职务的就任命他做丞相，这样子的话，晋升官位就会有一定的顺序，不会产生混乱，这是用来尊敬皇上的圣德，看重国家的丞相的。但是如今官秩为中二千石的官员还没有做过御史大夫的官职就被升做了丞相，权势轻微，这不是加强统治国家的方法。臣愚昧地认为您可以废除大司空的官职，重新再去设置御史大夫的官职，遵守奉行原本就有的制度。臣愿意竭尽心力去做御史大夫的官职，来为百官做表率！"汉哀帝采纳了他的建议。夏季，四月，戊午日（初二），汉哀帝改任朱博为御史大夫。又任命丁太后的哥哥阳安侯丁明做大司马、卫将军，设置了属官，给大司马所加上的尊号和绶也和以前的制度是一样的。

傅太后又自己下诏给丞相、御史大夫说："高武侯傅喜亲近附会大臣，欺瞒蒙蔽皇上，和前任的大司空师丹背叛皇上的想法是一样的，不听从皇室的教令，损害了宗族，不适合再让他以朝请的名义去朝见皇上，你应该立即把他遣送回原封国去！"

丞相孔光，从先帝选择定陶共王为皇位继承人的时候，就对这件事持有异议而与傅太后和汉哀帝有了嫌隙，再加上他违背了傅太后的旨意，因此傅氏在朝廷做官的人和朱博内外互相勾结，一起向汉哀帝诋毁孔光。乙亥日（十九日），汉哀帝用策书罢免了孔光的官职，将他贬为平民。然后汉哀帝任命御史大夫朱博做丞相，封朱博为阳乡侯；又任命少府赵玄为御史大夫。汉哀帝在任命他们两个人的时候，就在二人登上大殿并且准备接受汉哀帝的封官的时候，忽然有像钟响一般很大的声音出现了，大殿里面的郎官卫士都听到了这个声音。

于是汉哀帝就拿这件事情去询问黄门侍郎蜀郡人扬雄和李寻。李寻回答汉哀帝说："这应该就是《洪范》里面所说的鼓妖。他们施行妖术的时候，往往是他们认为国君听言不清，被别人迷惑了，从而使有名无实的人能够进入朝廷任职，那么，就会出现这种有声音但是却没有形象的怪事，不知道是从哪里发出的这种声音。注解里面说：‘如果发生在年、月、日的中期的话，那么就预示着这是由正卿所造成的。’现在是四月的日子，再加上辰时、巳时，出现了这种声音，这正好就是发生在年、月、日的中期的意思（将一年分为三分，则四月巳为年的中期；将一日分为三分，则辰、巳为日的中期）。正卿，也就是指执政大臣。所以您应该罢免御史、丞相，以此来应付上天的改变。否则，即使您没有罢免他们的官职，不超过一年，这些人自己也会遭受到灾祸。”扬雄也认为：“鼓妖的出现，就是国君听言不清的象征。朱博这个人刚强果断，多权变的计谋，他适合做将军，但是他却不适合做丞相，如果您坚持不罢免他的话，恐怕会使上天感到愤怒，从而使国家遭受到凶恶紧急的灾祸。”汉哀帝没有听从他们两个的建议。

朱博做了丞相以后，汉哀帝就采纳了他的建议，颁下诏书宣布说：“定陶共皇这个称号，不应该再称呼为定陶了，从现在开始，就尊称共皇太后为帝太太后，称永信宫；共皇后为帝太后，称中安宫；为共皇在京城建立祭祀的庙宇，比照汉宣帝的父亲悼皇考的祭庙的规格建立。”于是，傅太后、丁太后、赵太后、太皇太后分别都设置了少府、太仆，并且官秩都是中二千石。

傅太后取得尊号以后，更加傲慢放纵，就连和太皇太后说话的时候，她甚至称太皇太后是“妪”。这个时候，丁、傅两家也在这一两年间急速兴盛起来，权力、威势也更加盛大，他们的家人有很多都是公卿列侯的官职。可是，汉哀帝并没有将很多权利给予他们，因此他们在威势上比不上王氏在汉成帝的时候。

丞相朱博、御史大夫赵玄向汉哀帝上奏说：“以前高昌侯董宏，是最先提出了尊称定陶共王后为帝太后的建议的，却被关内侯师丹向汉哀帝上奏弹劾，因此被罢免了官职贬为平民。那个时候汉哀帝正在守丧期间，国家大事都是由师丹进行处理的，但是师丹不去深思褒扬推崇尊号的深意，却狂妄地胡说，压抑贬低了尊号，使您的孝道受到了损害，实在是再也没有比这更加不忠的了！陛下仁慈圣明，明白地给帝太太后定下了尊号，董宏也应该因为他的忠诚孝顺重新被封为高昌侯；而师丹的罪恶违逆已经十分明显了，即使他蒙受了汉哀帝的赦免之令，也不应该再拥有爵位和封邑了，我请求您可以罢免了他的官职，将他贬为平民。”汉哀帝采纳了赵玄的奏疏。朱博、赵玄还向汉哀帝上奏说：“新都侯王莽以前做大司马的时候，没有广泛地去宣扬尊崇尊号的道理，反而压抑贬低了尊号，使您的孝道受到了损害，您应当在市集将他斩首，来警示众臣。即使他有幸蒙受了皇上的赦免之令，但是他也不应该再拥有爵位和封邑了，我请求您可以罢免他的官职，将他贬为平民。”汉哀帝回答说：“因为王莽和皇太后有亲属关系，我不可以罢免了他的官职，但是可以把他遣送回封国。”此外，等到平阿侯王仁隐藏赵昭仪亲属的事情被发现了以后，也都被遣送回了封国。

天下的很多百姓都为王氏受到的冤屈而感到不公平。谏大夫杨宣向汉哀帝呈上秘密的奏章说：“孝成皇帝深深地思考到了宗庙的重要，他称赞陛下有至高的品德，寻您来承继帝王的位置。圣上圣明的计划意义深远，恩泽也是十分地深厚。您追想一下先帝的用意，又怎么会是不想让陛下来代替自己，去侍奉太皇太后呢？太皇太后的年龄已经高达七十了，却多次经历忧虑伤感，皇上却还要下令让她的亲属自动辞职然后引退，来避开丁、傅这两家，路上的行人都为了这件事情而伤心落泪了，何况陛下呢？如果您登上高处，向远处望去，当您面对延陵（成帝的陵寝）的时候，难道您就不会感到羞愧吗？”汉哀帝被他的话深深地感动了，于是重新册封成都侯王商的次子王邑为成都侯。

朱博又向汉哀帝上奏说：“根据汉家以往的例子，州设置的刺史，俸禄微薄；但是，对他们的赏赐十分丰厚，因此人人都勤勉立功，以进取为乐。只是前几年您撤除了刺史的官职，改为设置州牧，官秩为真二千石（真二千石即二千石），地位比九卿低；一旦九卿有所缺少，就从州牧中名次靠前的去填补；这样一来，如果州牧的才干是平庸的，那就会只是随便地守住自己的位置而已了，我担心他们作为监察官的功效将会逐渐地减弱丧失，犯法作乱的行为也就无法得到禁止了。臣请求您能够撤除州牧的官职，转而设置刺史，还和过去一样。”汉哀帝采纳了他的建议。

六月，庚申日（初五），帝太后丁氏去世了，汉哀帝下诏将丁氏运回去葬到定陶共皇的陵寝里面，征用了陈留郡、济阴郡以及接近定陶国的郡县一共有五万人，去挖土筑坟，完成合葬。

当初，汉成帝在位的时候，齐国人甘忠可伪造了《天官历》《包元太平经》十二卷，他说汉家正好遇到了天地的一次最大的终结，应当重新接受上天的命令，并且把这个传授给了渤海人夏贺良等人。中垒校尉刘向向汉哀帝上奏说甘忠可假借鬼神，欺骗皇上，蛊惑百姓，于是汉成帝就下令将甘忠可关进了监狱，追究他挟诈欺罔的罪行并且取得了他认罪的口供，但是还没有对甘忠可进行判决，甘忠可就生病去世了。然而夏贺良等人仍然继续暗地里互相教授。汉哀帝登基以后，司隶校尉解光、骑都尉李寻向汉哀帝说明了夏贺良等人的事情，于是夏贺良等人都被汉哀帝任命为待诏在禁门黄闼服侍。汉哀帝几次召见了夏贺良等人，夏贺良等人对汉哀帝叙说：“汉朝的国运，在中途就衰落了，您应当重新去接受上天的命令。汉成帝不符合上天的命令，所以他才会断绝了子嗣。现在陛下您长时间生病，怪异的现象也一再出现，这正是上天在谴责和警告世人，所以您应该赶快另外再起一个元年，更改您的名号，然后您才能够延长年岁，增加寿数，等到皇子诞生以后，现在一直出现的灾异也就可以停止了。您知道了这个道理，却不能照这样子去做，凶险灾异就不可能没有，洪水将会出现，火灾也将会兴起，这些都会使百姓流离失所。”汉哀帝长时间地卧病在床，他希望自己的病情能够好转起来，于是，汉哀帝就采纳了夏贺良等人的建议，下令大赦天下，并且以建平二年作为太初元年，号称自己是“陈圣刘太平皇帝”，还把计时用的刻漏改为以一百二十刻为标准。

秋季，七月，汉哀帝下令在渭城西北原上的永陵亭一带修筑自己的陵墓，他没有下令将郡国的百姓迁移到陵区。

汉哀帝更改年号一个多月之后，还是和以前一样卧病在床。夏贺良等人就又想胡乱地去变更政事，于是大臣就向汉哀帝争辩，认为汉哀帝不可以答应他们的请求。于是夏贺良等人就向汉哀帝上奏说：“大臣们都不知道上天的命令是什么，您应该罢免了丞相、御史，任用解光、李寻来辅助朝政。”汉哀帝认为他们的话没有起什么作用，八月，就下诏说：“待诏夏贺良等人，建议我另外起一个元年，更改年号，增加刻漏的刻度，他们说这样做就可以使国家永远平安；由于朕对天道的信奉还不够笃定真诚，所以才会错信了他们的话，我希望可以借此来为百姓谋求福泽，却始终没有出现吉祥的征兆。犯下了过错却没有改正，这才是真正的过错！我在六月甲子的时候颁布下的诏书，除了赦令以外，剩下的全部都废除掉。夏贺良等人违反了正道，蛊惑了民众，他们奸诈邪恶的行为，应当全部进行彻底追究。”于是汉哀帝就下令将他们都关进监狱，对他们处以死刑。李寻和解光减免死罪一等，被放逐到了敦煌郡。

汉哀帝因为卧病在床，所以就将所有汉成帝时候曾经祭祀过的神祠都恢复了，一共是七百多所神祠，一年之中需要进行的祭祀就有三万七千多次。

傅太后对傅喜怨恨不已，于是就命令孔乡侯傅晏去暗示丞相朱博，让朱博向汉哀帝上奏罢免了傅喜的侯爵。朱博就去和御史大夫赵玄商议这件事，赵玄就说：“这件事皇上以前已经判决过了，再提恐怕不合适吧？”朱博回答说：“我已经答应孔乡侯了。普通人之间互相约定好了，还需要以死相报的，更何况是傅太后要求的呢！我朱博只有效死来做这件事了！”于是赵玄就答应了朱博去这样做。朱博不愿意单独向汉哀帝上奏请求斥退傅喜，因为前大司空汜乡侯何武以前也犯下过错而被罢免了职务遣返回封国，情况和傅喜很相似，于是朱博就向汉哀帝同时上奏弹劾他们两人：“傅喜、何武以前在位的时候，对国家的治理什么帮助也没有，即使现在您已经罢免了他们的官职，可是，现在他们所拥有的爵位和食邑，也不是他们所应该拥有的，我请求您能够把他们的爵位和食邑也都废除了，并且将他们都贬为平民。”汉哀帝知道傅太后一直都十分怨恨傅喜，于是就怀疑朱博、赵玄是受了她的指使，就将赵玄传召到尚书处，向他问明情形，赵玄就向汉哀帝谢罪降服。于是汉哀帝就下诏说：“我命令左将军彭宣和朝中大臣一起审问这件事情。”彭宣等人向汉哀帝上奏弹劾说：“朱博、赵玄、傅晏做事都不端正，犯了不敬的罪行，我们请求您可以下诏将他们传唤到廷尉诏狱。”汉哀帝减免了赵玄死罪三等，削减了傅晏四分之一的食邑，又让谒者持节为使臣，将丞相传召到廷尉那里去，于是朱博就自杀了，封国也被撤除了。

九月，汉哀帝任命光禄勋平当作御史大夫。冬季，十月，甲寅日（初一），平当被汉哀帝升作丞相，因为是在不适合封侯的冬季的月份，汉哀帝暂且先给平当赐爵为关内侯。任命京兆尹平陵人王喜为御史大夫。

汉哀帝想要让丁、傅两个家族的人担任重要的武官，这一年，汉哀帝就下诏罢免了左将军淮阳人彭宣的官职，让他以关内侯的身份回家，转而任命光禄勋丁望代为左将军。

乌孙国的卑爰疐侵犯劫掠匈奴西部的边境地区，于是单于就派兵去攻击他，一共杀死了几百人，抢掠了一千多人，将牛畜都驱赶走了。卑爰疐感到十分恐惧，就将儿子趋逯送到匈奴去做人质，单于接受了他，并且将这件事呈报给了汉朝。汉朝就派遣使臣去指责单于，警告命令他将作为人质的卑爰疐的儿子遣送回去；单于接受了诏命，然后就将人质送了回去。

三年（丁巳，公元前4年）

春季，正月，汉哀帝册立广德夷王的弟弟刘广汉做广平王。

帝太太后居住的桂宫正殿发生了火灾。

汉哀帝派遣使臣去召见丞相平当，想要册封他为侯，可是，平当病重，没有接受诏命。于是平当的妻室就对平当说：“难道你就不能为子孙勉强起来接受侯爵的印信吗？”平当就回答说：“我居于丞相高位的时候，就已经担负白吃饭不管事的罪责了；如果我现在起来接受侯爵的印信，回来就卧病死去了，那就会在死后遗留下罪过。我现在不起来接受侯爵的印信，才是为子孙着想啊！”于是，平当就向汉哀帝上书请求引退，可是，汉哀帝没有答应平当的请求。三月，己酉日（二十八日），平当去世。

在河鼓星出现了彗星。

夏季，四月，丁酉日（十七日），汉哀帝任命王嘉为丞相，河南郡太守王崇为御史大夫。王崇，是京兆尹王骏的儿子。王嘉感到那个时候施行的政令苛刻急切，担任郡太守、诸侯相的官员经常都有变更，于是就向汉哀帝上疏说：“臣听说圣王成就功业就在于对贤人的任用，孔子说过：‘贤才难得，难道不是这样的吗？’所以选择诸侯的继承人，只要多少像他的父祖的贤德就可以。即使不能完全和他的父祖一样的贤德，但是天子可以为他选择臣子，及时任命贤能的卿来辅助他。他处在这个封国里面，历代受到百姓的尊重，然后广大的士民才会归附他，因此教化就可以得到推行，治功可以得到建立。现在的郡太守，职权比古代的诸侯还要大；过去总是精心去选取贤才来担任郡守的职务，却很难得到贤才，为了提升擢用可以任用的人，甚至有从囚犯中起用的事例。从前魏尚因事犯罪，被关进了监狱，汉文帝被冯唐的话所感动，就派遣使者，拿着符节，去赦免了他的罪过，并且任命他为云中郡的太守，匈奴对他都十分畏惧。汉武帝（当作景帝，“通鉴”此处有误）从罪犯里面提拔了韩安国，任命他为梁国的内史，使得刘氏的骨肉得以平安。张敞被任命为京兆尹的时候，因为犯了罪本来应该被罢免职务，可是却有狡猾的官吏，明明知道这件事就去故意冒犯张敞，于是张敞就将他拘捕杀死了，因此死者的家人就去为他申明冤情，使臣也详细地审查了这个案件，向汉宣帝弹劾张敞杀害人，上奏请求汉宣帝可以逮捕张敞，但是汉宣帝却没有下令逮捕张敞，不久又恰好遇到赦免令，张敞逃命十多天以后，汉宣帝就征召了张敞，并且任命他为冀州的刺史，张敞最后获得了汉宣帝的任用。前代的君王并不是偏袒这三个人，而是因为看重他们的才能器度对国家有益处。孝文帝的时候，任用的官吏长期都没有改变，有的等到子孙长大以后，就以官名作为姓氏，仓氏、库氏就是管理仓库的官吏的后代；其中官秩为二千石吏秩尊高的也都安于官职，乐于供职，然后上下互相期待勉励，没有不守礼法、不务实际的想法。后来稍微有所改变，公卿以下的官员互相层层督促，要求严厉苛刻，又多次更改政事，司隶、州刺史检举弹劾官吏十分苛刻，就连细微的过错也不放过，揭发别人的隐私，有的官吏就做了几个月官就被罢免了，送走旧的官员，迎接新的官员，交错行走在道路上。才能中等的人，处事苟且，优待纵容下属的官员，以求能够保全自己；才能低下的，心里经常担忧恐惧，内心有很多顾虑，很多人一切都为自己打算。官秩为二千石的官吏是轻微低贱，官吏百姓都对他们十分轻慢，有的抓住他们小小的过错，就扩大他的罪状，使他被定罪，报告给司隶、刺史，有的甚至向汉哀帝上书报告汉哀帝，大家都发现官秩为二千石的官员很容易被扳倒，遇到稍微有一点不符合自己心意的，就会产生叛离的想法。前一段时间，山阳郡的亡命之徒苏令等人杀掠各郡国的时候，官吏和武士面对那么紧急危险的情况，都不肯为节而殉，为义而死的，就是因为郡太守、诸侯相的威信和权力早就被人侵夺。孝成皇帝感到十分懊悔，就颁下诏书，说对于官秩为二千石的官员不会以故意纵使犯罪或脱逃而对他们构成罪状，并且派遣使臣去赏赐他们黄金，表达慰问的意思，安抚他们的情绪，十分深厚，这实在是因为国家有危急的事情的时候，必须交由官秩为二千石的官员去办理，并且只有官秩为二千石的官员受到尊重，才会很难受到危害，然后他们才能统御驱使下属的官员。孝宣皇帝十分喜爱善于治理百姓的官吏，每当有弹劾他们的罪过的奏章，汉宣帝就会将奏章扣留在宫中，等到遇到大赦的时候，一切事情都解决了。根据以前的惯例：尚书很少把弹劾的奏章交付给有关机构进行查办。就是因为担心烦琐骚扰百姓，查核验证，囚禁审理，有的人就死在了监狱里面，所以弹劾的奏章里面的文字必须有'敢告之'这三个字，才会将它转交给有关机构进行审理。我希望陛下能够注意选择有贤德的人，记住他们的优点，忘记他们的过错，宽容忍耐臣子的缺点，不要求全责备。官秩为二千石、各州的刺史、三辅县令有才能胜任职守的，在人情上是不可能没有过错的，您应该可以宽恕忽略他们小的过错，使尽力供职的官员有所勉励。这是现在最紧急的事情，也关系到国家的利益。以前苏令作乱的时候，朝廷想要派遣大夫令他去驱逐盗匪并且调查苏令起兵的原因，那个时候所有的大夫里面竟然没有一个可以用的，于是就征召了盩厔县的县令尹逢，任命他为谏大夫然后派遣他出去。现在我们的那些大夫有才能的很少，我们应该预先培养可以造就的人才，那么，才能在士人前赴紧急危险的事情的时候，让他们不会爱惜自己的生命；不然，等到遇到事情的时候，才匆惶急遽去寻求，就不能表明朝廷有人才了。"王嘉趁这个机会向汉哀帝推荐儒者公孙光、满昌以及干吏萧咸、薛修等人，都是以前官秩为二千石并且有名声的官员，汉哀帝接纳而任用了他们。

六月，汉哀帝册立鲁顷王的儿子部乡侯刘闵为王。

汉哀帝因为病情仍然没有好转，冬季，十一月，壬子日（初五），就让太皇太后颁下诏书，恢复了甘泉宫泰畤、汾阴县后土祠，停止了南、北郊的祭礼。因为汉哀帝也不能亲自到甘泉宫、河东郡，就派主管的官吏代表他去行礼进行祭祀。

无盐县境内的危山的泥土忽然自动翻起来覆盖住青草，就好像是人力开掘的一样，成了驰道的样子；此外，瓠山的石头突然转侧立了起来，东平王刘云以及王后谒就亲自到石头的地方去进行祭祀，并且在宫中建立了一个瓠山立石的形象，又缚上了黄培草，一起进行祭祀。河内人息夫躬、长安人孙宠共同商议，一起向汉哀帝告发这件事情，说："这是一个获取封侯的机会啊！"于是他们就和中郎右师谭一起通过中常侍宋弘向汉哀帝上奏告发了变乱的事情。

那个时候汉哀帝生病，对很多事情都感到很厌恶，所以就将这件事情交付给主管的官吏去办理，主管的官员逮捕了东平王后谒，将她关进了监狱里面，进行查证审理；王后谒招供承认了"祭祀山石，祈求上天可以降下灾祸给皇上，为刘云谋求可以做皇上，因为认为山石转侧起立，是以前汉宣帝接受天命成为皇上的征兆"。主管的官吏向汉哀帝请求可以诛杀东平王，汉哀帝颁下了诏书，废黜了他的王位，将他放逐到了房陵县。最后刘云自杀了，王后谒以及刘云的舅舅伍宏和汉成帝的舅舅安成共侯夫人放，都被处以死刑。事情牵连到了御史大夫王崇，他被贬职为大司农。汉哀帝擢升孙宠做南阳郡的太守，右师谭做颍川郡的都尉，宋弘、息夫躬都升为了光禄大夫、左曹、给事中。

四年（戊午，公元前3年）

春季，正月，发生大旱。

函谷关以东地区的百姓无缘无故惊慌奔走，手里都拿着一根禾秆或麻秆，互相传递，说"西王母将会到来，我们是在替她传达诏策"，在道路上来回奔走，人数多达千人；有的人披着头发光着脚，有的人在夜里绕关而行，有的人翻墙进入，有的人乘坐车马奔走疾驰，利用国家设置的驿传车马来赶路，经过了二十六个郡国到达了京城，无法禁止。百姓又聚集在街巷、田间小路，摆设赌博的用具，用歌舞去祭祀西王母，一直到秋天才停止了。

汉哀帝想要册封傅太后的堂弟侍中、光禄大夫傅商为侯爵，尚书仆射平陵人郑崇向汉哀帝劝谏说："孝成皇帝册封自己五个亲舅舅做侯爵，天色因此而变成了赤黄。白天昏暗，太阳中有黑气。孔乡侯傅晏，是皇后的父亲；高武侯傅喜，位列三公才被封侯，根据汉家的旧制，他们被封爵还有根据和理由。但是现在您无缘无故想要封傅商为侯爵，破坏了汉家的制度，违背了上天和众人的心意，这可不是傅氏的福泽！臣愿意用生命去承当国家的灾祸！”郑崇说完就拿着诏书的草稿站了起来。傅太后大怒说：“哪里有做皇上的反而被一个臣子所控制，反而让他独断专行的呢！”

二月，癸卯日（二十八日），汉哀帝最终还是颁下诏书册封傅商做汝昌侯。

驸马都尉、侍中云阳人董贤深受汉哀帝的宠信，就连出宫也与汉哀帝同乘一辆车，进宫也随侍在汉哀帝的身边，汉哀帝对他的赏赐累积一共有数万之多，董贤的显贵使朝廷的官员都感到震惊。董贤和汉哀帝常常睡在一起，曾经有一次睡午觉的时候，董贤侧身躺在了汉哀帝的袖子上面，汉哀帝起床的时候，董贤还没有睡醒，汉哀帝为了不惊动董贤，割断了袖子以后才起来。

后来汉哀帝又颁下诏书，允许董贤的妻子在向门使通报姓名记录在案后，能够被引导出入殿门进入皇宫，住在董贤在皇宫里面的屋子。又征召董贤的妹妹做了昭仪，地位仅次于皇后。昭仪和董贤夫妇早晚往来，一起在汉哀帝的身边日夜服侍。汉哀帝还任命董贤的父亲董恭为少府，赐爵为关内侯。汉哀帝还颁下诏书，命令将作大匠为董贤在北阙附近建筑一个大宅，里面有前后大殿，殿门宽阔，土木工程十分浩大，豪华精巧绝伦。汉哀帝赏赐给他兵库里面的武器、宫中的卫兵、上好的珍宝。其中经过挑选而被列为上等的精良的器物，都在董贤的家里面，然而汉哀帝所使用的却是次一等的。汉哀帝连皇家丧葬用的棺木、珍珠连缀制成的寿衣、玉璧制成的寿裤，都预先赏赐给了董贤，没有一样东西是不完备的。汉哀帝又命令将作大匠在义陵旁边为董贤建立一个坟墓，里面还建设有休息的地方，用坚硬的柏木做题凑，墓园外面修建有警备的道路，四周的围墙就有几里那么长，门阙和用作守望防御的网状障墙有很多雕饰的屏风。

郑崇认为汉哀帝对董贤的显贵宠爱超过了法度，就向汉哀帝进行劝谏，因此而得罪了汉哀帝，汉哀帝多次借公事去谴责他，后来，郑崇因为脖子上面长了毒疮生病了，想要辞职退休，但是又不敢。尚书令赵昌奸邪、善于谄谀，一直以来都嫉恨郑崇，看到郑崇被汉哀帝疏远了，就趁机向汉哀帝上奏说：“郑崇和宗族的人勾结，我怀疑他们有奸谋，我请求皇上可以进行审理”。于是汉哀帝就谴责郑崇说：“你家门前来回奔走的人有很多，就好像是市集一样，你为什么要约束别人与主上交往呢？”郑崇回答汉哀帝说：“虽然在臣门前来回奔走的人有很多，但是，臣的心像水一般清，我希望皇上能够仔细考察审核！”汉哀帝就发怒了，将郑崇关进了监狱里面。司隶孙宝向汉哀帝上书说：“尚书令赵昌上奏仆射郑崇这件案子，经过反复审理，笞击拷问以后，郑崇都即将死去了，可是，始终没有一句招认的话，就连路上的行人都说郑崇是冤枉的。我怀疑赵昌是因为和郑崇之间有私人的恩怨，所以才向汉哀帝进谗言陷害他。如果就连宫禁之内皇帝身边主管机要的大臣，都受到冤枉诬蔑，将会使国家受到损失，还会招来很多诽谤。臣请求皇上可以惩办赵昌来纾解众人内心的不平。”孙宝的奏书呈递给汉哀帝以后，汉哀帝就颁下诏书说：“司隶孙宝附会臣下，欺瞒君上，想要利用春月是宽大赦免的时候，进行诋毁和欺骗，来满足他自已奸邪的心意，他才是害国的奸贼。现在我就罢免孙宝的官职，将他贬为平民。”郑崇最后还是死在了监狱里面。

二月，汉哀帝任命诸吏、散骑、光禄勋贾延为御史大夫。

汉哀帝想要册封董贤侯爵，却没有理由，侍中傅嘉劝谏汉哀帝更改定息夫躬、孙宠告发东平王刘云的奏章，抹去宋弘的名字，改说成是由董贤告发的，汉哀帝想要借由这个功劳来封侯，于是就先把进行告发的有功人员全赐封为关内侯。没有多长时间，汉哀帝想要册封董贤等人，但是心里又顾忌王嘉反对，就先派遣孔乡侯傅晏将诏书拿给丞相、御史看。于是，王嘉和御史大夫贾延就向汉哀帝进呈秘密的奏章说：“我私底下见到董贤等三人当初被赐爵位的时候，大家都议论纷纷，都说董贤显贵，其他的人都是借着他才蒙受恩宠的，流言一直到现在都没有平息；陛下对董贤等人施加的仁义恩泽没有停止过，您应该公布董贤等人上奏的奏章的原文，然后再去询问公卿、大夫、博士、议郎，考察是否符合古今的前例，彰明册封他的理由是否正当，使这件事能够名正言顺，然后您才可以赏赐爵位和食邑给他。如果您没有这样做的话，恐怕您就会失去众人的心了，全国的百姓，议论纷纷，很长时间都不会停止，激烈地议论抨击这件事情，如果公开议论这件事，一定会有人说应当封侯的，对陛下来说，就是采纳顺从了众人的建议；即使天下的百姓不高兴，也有人去承担过错，不用只由陛下一人承担。以前定陵侯淳于长刚刚被封侯的时候，他的事情公开地进行了议论，大司农谷永认为淳于长应当被封侯，于是大家就将过错都集中在了谷永的身上，不是只有先帝承受众人的讥讽。臣王嘉、臣贾延，才能低下，不符合职守，即使是死了也有余责，明明知道顺从皇上的旨意，不违逆皇上，就可以使自己的官位安稳，保全自己的身家性命，但是我们之所以不敢这样做，实在是想要报答皇上深厚的恩泽啊。”汉哀帝没有办法，只能暂且把这件事搁置下来。

夏季，六月，汉哀帝尊奉帝太太后为皇太太后。

秋季，八月，辛卯日（十九日），汉哀帝颁下诏书，严厉地指责公卿说：“从前楚国有子玉得臣，晋文公因为他而忧愁得不敢正着坐只能侧身坐着。就拿最近发生的事例来说，汲黯曾经挫败了淮南王谋反的阴谋。但是现在东平王刘云等人甚至有策划弑杀皇上叛逆作乱的阴谋，这是公卿大臣不能够尽心职守，致力于察觉阴谋，在事情还没有发生之前就加以消灭堙塞的缘故。幸好我依赖宗庙的神灵，侍中、驸马都尉董贤等人发现以后告知了我，才使他们都伏法了。《书经》里面不是说过吗：‘人主应该用察照之德，赐以爵禄之赏，来表彰臣下的善行。’现在我下令册封董贤为高安侯，南阳太守孙宠为方阳侯，左曹、光禄大夫息夫躬为宜陵侯，赐给右师谭关内侯的爵位。”

又下令册封傅太后的亲弟弟傅郑恽的儿子傅郑业为阳信侯。息夫躬与汉哀帝亲近之后，多次去觐见汉哀帝，与汉哀帝谈论事情，议论没有什么忌讳，向汉哀帝进呈的奏疏，逐个诋毁公卿大臣。大家都畏惧他的利嘴，遇见他都不敢正眼看他。

汉哀帝派遣中黄门拿出武库里面的兵器，前后一共有十车，送给了董贤和汉哀帝的奶妈王阿舍。执金吾毋将隆向汉哀帝上奏说：“武库里面的兵器，是天下的百姓公用的。国家的武器装备，修理制作的费用都来自大司农。但是大司农的钱，即使是皇上也不去供给；皇上的生活费用和犒劳赏赐臣下的钱，都来自少府。因此您这就是不把国家用于根本的钱财用在不重要的事情上，不拿百姓的劳力去供应没有必要的消耗，区别公私，来表示走的是正道。古代的诸侯、方伯专门负责征伐的事务，所以才会被赐予斧钺；汉家戍守边疆的臣子，职责就是抵御抗拒敌寇，所以才会被赐予武库里面的兵器，他们也都是在接受了职务和责任之后，然后才去接受了兵器。根据《春秋》里面所写的大义，大夫之家是不可以私藏武器铠甲的，这是为了压制臣子的威势，削弱私家的力量。但是现在董贤等人，都只不过是皇上宠信亲近的弄臣，对皇上有私情的卑贱的奴仆而已，凭着私人的恩惠，贱妾的关系，却可以拿着天下的兵器，把国家公用的东西送进了私人的家门，取走国家的兵器，给他们家用来进行武备，您把百姓的劳力分散给弄臣，把武库里面的兵器陈设在贱妾的家里，您把这些东西陈设在不适合的地方，会扩大骄纵僭越，这是不能用来给天下的百姓做榜样的。孔子说：‘雍乐怎么会出现在三家（鲁国的叔孙、仲孙、季孙）的庙堂呢！’臣请求您可以将武器全部收回来，还给武库。”汉哀帝感到很不高兴。

不久，傅太后派遣谒者以低价买了执金吾的八个官婢，毋将隆向汉哀帝上奏说：“购买官婢的价格实在是太便宜了，我请求您可以重新制定公平合理的价格。”于是汉哀帝就下诏给丞相、御史：“毋将隆作为九卿的官员，既没有办法匡正朝廷的缺失，反而上奏请求和永信宫（傅太后）争论购买官婢价格的高低，伤害了教化，败坏了风俗。因为毋将隆以前有过有助于安定国家的言论，所以现在我罢免他的官职，将他贬职为沛郡都尉。”当初，成帝末年，毋将隆为谏大夫，曾经向汉哀帝进呈机密的奏章说："古代遴选诸侯进入朝廷做公卿，就是为了褒扬他们的功德，您现在应该征召定陶王，让他住在定陶王府邸，来镇定天下。"汉哀帝想到他的话所以才宽恕了他。

谏大夫渤海人鲍宣向汉哀帝上书说："我私底下见到孝成皇帝的时候，外戚把持着权势，每个人都向孝成皇帝举荐他自己偏爱的人，他们的亲信充满了朝廷，阻碍有贤能的人的晋升道路，扰乱了国家，生活也十分奢侈，没有节制，使百姓贫穷困乏，因此发生了将近十次的日食，出现了四次彗星。这些危险灭亡的征兆，都是陛下曾经亲眼看到的，可是，为什么现在比以前更加厉害了啊！

如今百姓不能好好生活，有七种原因：阴阳没有调和，造成了水灾、旱灾，这是第一种百姓不能好好生活的原因；国家加重征收更赋和租税，苛责严酷，这是第二种百姓不能好好生活的原因；贪官污吏以公务为借口，不停止对百姓的勒索，这是第三种百姓不能好好生活的原因；势力强横的豪强大族，蚕食剥削百姓，兼并百姓的土地，永远不知道满足，这是第四种百姓不能好好生活的原因；苛刻的官吏滥发百姓徭役，导致百姓不能按时进行农桑活动，这是第五种百姓不能好好生活的原因；听到蛮夷部落的桴鼓的声响，就男女争相出外逃亡，追捕清剿，这是第六种百姓不能好好生活的原因；盗贼抢劫掠夺，拿走了百姓的财物，这是第七种百姓不能好好生活的原因。这七种百姓不能好好生活的原因还可以接受，但是还有七种导致百姓死亡的原因：残酷的官吏用廷杖将人打死，这是第一种导致百姓死亡的原因；办理案件，在监狱中虐待百姓，这是第二种导致百姓死亡的原因；冤枉陷害没有犯罪的无辜的百姓，这是第三种导致百姓死亡的原因；盗贼四处兴起，残杀百姓，这是第四种导致百姓死亡的原因；怨仇互相报复互相残杀，这是第五种导致百姓死亡的原因；五谷歉收，百姓饥饿，这是第六种导致百姓死亡的原因；气候不调，传染病盛行，百姓感染生病，这是第七种导致百姓死亡的原因。百姓有七种不能好好生活的原因，却没有一种可以帮助百姓生活的原因，您希望国家能够安定，实在是太困难了；有七种导致百姓死亡的原因，却没有一种可以让百姓生存下去的原因，您希望可以不使用刑罚，也实在是太困难了。这难道不是九卿、太守、诸侯、丞相贪婪残暴形成的习俗导致这种结果的吗？臣子们幸运地能够身居高官，享受丰厚的俸禄，又怎么会有人肯对小民存有同情的心，帮助陛下推广教化呢？他们的心志不过只是在为自己的家人经营，满足宾客的要求，做的是欺诈的事情，为图个人的私利而已。他们认为苟且附会，取容于世，委屈自己，顺从别人，是贤德的；认为拱手默然不言，白白地享用俸禄，尸位素餐，是明智的，他们反而认为像臣鲍宣等人是愚蠢的。陛下把臣在山野里面提拔出来，就是希望我可以对您有丝毫的帮助，怎么会只是让臣饮用美味的食物，做个大官，尊贵地站在高门大殿上面而已呢！

“天下，是皇天的天下。陛下在上是皇天之子，在下是百姓的父母，为上天像牧养牛马一样牧养人民，对待人民应当一视同仁，就如同《尸鸠》里面尸鸠善待他的七个儿子、平等对待的诗旨一样。现在虽然穷人吃的是蔬食，可是，还是不能够吃饱；穿的也仍然是破旧的衣服，父子、夫妇不能互相保全，实在令人为他们感到伤心而落泪。如果陛下不去挽救他们，他们又将要依附谁呢？为什么您只是供养外戚和宠臣董贤，给他们大量的赏赐，可以用多少万来计算，使他们的奴仆、宾客都把酒当水，把肉当豆叶来挥霍，他们的奴仆侍从，也都因此而富有，这实在不是上天的意思啊！再说汝昌侯傅商，他没有功劳却被封侯。官位爵禄并不是陛下的官位爵禄，而是天下百姓的官位爵禄。陛下选择的人，不应当将这个官位给他，又或者是所给的这个官位，不应当是这个人，但是您却希望上天可以感到喜悦，百姓服从，难道这不是很困难吗？方阳侯孙宠、宜陵侯息夫躬，论辩足以改变大家的想法，强悍足以使自己自立，他们实在是奸人中的雄才，蛊惑世人尤其厉害的人物，您应该及时罢免他们的官职；以及外戚的幼童中不通儒学经术的，都应该罢免他们的官职，让他们回去向师傅学习儒术。您还应该赶快征召前大司马傅喜，让他去管理外戚；前大司空何武、师丹，前丞相孔光，前左将军彭宣，他们的儒学经术都曾经接受过名师的教导，也都担任过三公的官职；龚胜去做司直的官，郡国都谨慎地向朝廷推荐人才；您可以委任这些人重要的职务。陛下以前因为对他们的一点小事，不能够忍耐，所以就把何武等人罢免了，这使全国百姓都感到失望。皇上对于没有立下功劳的人尚且还能够容忍，为什么就不能够容忍何武等人呢？治理天下的人，就应当把天下人的心意当作自己的心意，不能只是擅自做主，只是让自己内心感到快乐而已。”鲍宣的话虽然尖刻严厉，但是汉哀帝因为鲍宣是著名的大儒，所以也就宽容了他。

匈奴单于向汉哀帝上书，希望可以在建平五年去朝见汉哀帝。恰好这个时候汉哀帝生病了，于是就有人说：“匈奴从西北方向前来，气势压人；从黄龙、竟宁（宣帝、元帝之年号）年间的时候起，每一次单于到中国来朝见皇上，中原就会有大的变故发生。”

因此汉哀帝很难做出决定，所以就拿这件事去询问公卿，公卿也都认为单于的每一次朝见都浪费了官府大量的财货，可以暂时先不答应。

单于的使臣辞别了以后离开，还没有出发，黄门郎扬雄就向汉哀帝上书劝谏说：“臣听说《六经》里面所讲的治国之道，推崇在变乱尚未形成的时候就把它消弭于无形；军事上的取胜之术，推崇不通过战争厮杀就制服敌人。这两个说法都是高明精妙的策略，同时也是大事的根本，不能不去留意。现在单于向皇上上书请求前来朝见皇上，如果国家不答应并且拒绝了他的请求，臣愚笨地认为汉朝和匈奴的嫌隙将会从这里产生。匈奴原本就是五帝无法让他臣服，三王无法对他控制的国家，我们不可以和它有比较明显的嫌隙。臣不敢引用远代的事情来进行论述，请求您让我引用秦朝以来的史实来说明这个问题：凭借秦始皇的强大，蒙恬的威猛，匈奴虽然不敢窥伺西河，而是以建筑的长城，作为边界。等到汉朝刚刚开始兴起的时候，凭借着高祖的威力和英明，三十万大军仍然被围困在平城，这个时候高祖手下善于权诈诡异的策士、奇谋异计的臣子有很多，所以最后是如何脱险的，世人都无法知道，也无法言说。等到吕后的时候，匈奴悖逆傲慢，多亏了大臣灵活地处理，给匈奴的单于送去言辞谦卑的回信，因而才把危机解除了。到了孝文帝的时候，匈奴对我国的北边边境侵凌暴虐，侦查的骑兵甚至到了雍州、甘泉，京城十分震惊，于是就派遣徐厉、周亚夫、刘礼三位将军，分别驻守在棘门、细柳、霸上来对他进行防备，经过了几个月的时间才撤兵回来。

“孝武帝登位以后，在马邑县设下了圈套，想要引诱匈奴的主力深入然后攻击他们，然而也只是白白地浪费了大量的钱财，使军队劳累，却连一个匈奴人也没有见到，更何况是单于亲自前来相见呢？此后汉武帝深思国家的存亡大计，筹划安定万年的策略，然后就大规模地动员几十万的军队，派遣卫青、霍去病统领军队，前后一共经过了十多年，才渡过了西河，穿越了大漠，攻下了寘颜山，袭击了单于居住的地方，跑遍了匈奴的国土，追击奔逃的单于和匈奴的残兵败将，在狼居胥山积土为坛进行祭天，在姑衍山除地为蝉进行祭地，逼近了大沙漠，擒获的名王、贵族，一共有数百人那么多。从那以后，匈奴对汉朝感到震惊害怕，更加迫切地请求和我们结亲相和，但是他们却始终不肯向汉朝称臣。再说难道前世的人就喜欢支出耗费的费用，去役使没有犯罪的人，在狼烟候望的边塞的北边，去逞内心的一时之快吗？ 那是由于没有一次的辛劳，就得不到长久的安逸，没有短暂的花费，就不能够得到长久的安宁，因此汉武帝才会甘愿用百万大军去摧折凶残的匈奴，搬运国库的钱财来填平匈奴卢山的深沟而不感到懊悔。

“到了本始（宣帝之年号）的初期，匈奴仍然有暴戾之心，想要掠夺乌孙国，侵夺乌孙国的公主，因此我们才会动员田广明、范朋友、韩增、赵充国、田顺五个将军的军队，合计一共有十五万人的骑兵去攻击他，那个时候斩获的很少，只是振奋宣扬了我国的国威而已，表明汉军如万钧雷霆之势，行动如疾风一样罢了！纵然往返是徒劳的，没有失去士兵，但是还是使田广明、田顺两位将军自杀而死；因为北方的蛮狄不顺服汉朝，所以中国就不能高枕无忧。等到到了元康、神爵（皆宣帝之年号）年间，朝廷政治异常清明，社会风气良好，皇恩广泛地施行，而匈奴的内部却发生了叛乱，五个单于争夺王位，日逐王、呼韩邪单于率领匈奴的百姓归顺了汉朝，匍匐称臣，然而朝廷还是要去笼络他们，礼待他们，并没有打算把他们置于直接统治之下。从那以后，匈奴想要前来朝见皇上的都没有被拒绝过，不想前来朝见皇上的也没有勉强他们。这是什么道理呢？因为外国人天性急躁凶猛，体态容貌魁梧健壮，凭借着一身的蛮力，凭借着自己的气势，我们很难感化他们向善，但是却很容易引导他们为恶，因此我们想要和他们和谐相处，实在是很难做到。所以在他们还没有归顺汉朝的时候，朝廷就劳动军队，去进攻遥远的边境地区，耗尽了国力，耗光了财货。很多将士惨烈地牺牲在沙场上，攻坚破城，打败敌人，是那样的艰难；等到匈奴归顺汉朝以后，朝廷又对他们进行慰劳安抚，交际馈赠，接待他们的礼节隆重威严，是如此的完备周详。过去汉朝的军队曾经攻破了大宛的都城，攻下了乌桓族的军营，袭击了姑缯族的营壁，扫荡了荡姐族的土地，砍断了朝鲜国旌旗，拔去了两越（南越与东越）的军旗，历时短的战役，不过是十天或者一个月的战役；历时长的战役，也不会经历半年的战争，就已经能够在蛮夷的庭院里面耕田种植了，扫除原来的聚落，设置郡县，犹如云被扫净，席子被卷起，没有为后世留下一点可能的祸乱。唯独对北方的夷狄不能做到这种地步，他们才是中国真正的强敌，东、西、南三个方向的敌人，和他比起来，实在是差得太远了，前代对匈奴甚为重视，现在也不能轻易地改变态度而等闲视之。

“现在，匈奴的单于归义向化，怀着忠实诚恳的内心，想要离开自己的王庭，到陛下的大殿上面朝见皇上，这是前代遗留下来的有利于和平的策略，也是神灵所盼望出现的太平盛景，即使国家会有所花费，但是那也是不得已的。我们又怎么能够因为‘匈奴是从西北方向前来的，气势迫人’的胡话，拒绝匈奴来朝见皇上呢？如果推说让他们以后再来但是却没有约定好确定的日期，就会使他和汉朝疏远，消除了过去的恩德，开启将来的嫌隙啊！

“如果匈奴的单于因为怀疑而与我们产生嫌隙，使他有了怨恨汉朝的想法，仗恃以前有和好的言论，就会借着汉朝拒绝他们朝见皇上的时候说的话，而对汉朝产生怨恨，同时，趁这个机会和汉朝断绝了关系，最终放弃了臣服汉朝的心，到了那个时候，我们既不能威慑住他，又不能够劝服他，怎么可能不构成重大的忧患呢？目明的人能够看清楚无形的东西，耳聪的人能够听清楚无声的音响，假如我们真的能够在事情还没有发生的时候就预先防范好了，那么即使没有发动战争，也可以令忧患不生。否则，一旦产生了嫌隙，即使智者在内部绞尽脑汁，辛苦地进行策划，善辩的人在外面频频出使，还是不如在嫌隙还没有产生的时候，就遏止住它的好。再说，从前开拓西域，制服车师国，设置西域都护，管理西域的三十六个城邦国家的时候，又怎么仅仅是为了防备康居国、乌孙国能够越过白龙堆沙漠来侵犯我国西边的边境啊？实际上是因为要扼制匈奴。百年的艰苦奋斗获得的和平安定局面，却要在一天之内破坏掉，花费十分费用取得的胜利成果，却因爱惜一分而令其全部付之东流，臣真是私底下为国家感到十分不安。我希望陛下能够在还没有发生叛乱、还没有发生战争的时候稍加注意，来阻止边疆战争的发生！”

扬雄的奏书呈上以后，汉哀帝醒悟了，立刻就将匈奴的使臣传召回来，更换了给单于的书信并且答应了他的请求。汉哀帝还赐了五十匹帛、十斤黄金给扬雄。单于还没有启程，就生病了，于是单于就又派遣使者来向汉哀帝说明希望可以明年再去朝见，汉哀帝答应了他。

董贤受到的宠幸一天比一天尊贵，丁、傅二氏嫉妒他受到的汉哀帝的宠爱，孔乡侯傅晏和息夫躬商量想要求取辅政大臣的官位。正好遇到单于因为生病而没有朝见汉哀帝，息夫躬趁这个机会向汉哀帝进呈了奏书，他认为：“单于本来应该在十一月进入边关，但是他后来却以生病为借口，我怀疑他是有其他的变故。乌孙国的两个昆弥势力弱小，逃亡在外的卑爰的势力则强盛一些，他过去就与单于勾结，派遣自己的儿子作为人质前去侍奉单于，我担心他们两个会联合起来吞并乌孙国，一旦乌孙国被吞并了，那么匈奴的势力就会更加强盛，而西域就会危险起来。我们可以让投降的西域胡人假扮成卑爰的使臣前来向皇上上书，请求借助皇上的威势告诉单于，让单于将卑爰作为人质服侍单于的儿子送还回去。皇上就将奏章交付给有关的官员审理的时候，让匈奴的使者知道。那就是所谓的'最好的战略是破坏敌方的计划，其次是拆散敌方外交的连接援助'。"

息夫躬的奏书呈上去以后，汉哀帝就召见了息夫躬，召集公卿、将军广泛地进行商议。左将军公孙禄认为："中国经常利用威望和信用，怀柔夷狄，使他归顺中国，但是息夫躬想要用诈谋来对付匈奴，进献这种不讲信用的谋略，是不可以得到允许的。况且匈奴依赖先帝的恩德，自称藩属，为汉朝保卫我们的边塞；现在单于因为生病不能亲自前来朝见皇上，所以才会派遣使者前来叙述他的情况，仍然具有作为臣子的礼节。臣公孙禄可以保证直到我死为止也不会看到匈奴成为汉朝边境的忧患！"息夫躬紧接着公孙禄的话说："臣也是为国家着想，才希望能够在将来可能发生的事情发生之前就先设下防范的计策，预先推测出还没有形成的阴谋，我这是在为万代考虑啊。可是，公孙禄却想要用自己有限的年龄来保证眼前所看到的。臣和公孙禄的意见不一样，不可以同日而语啊！"汉哀帝赞同地说："是啊！"然后就命令臣子们退下，单独和息夫躬进行商议。

息夫躬就向汉哀帝建议说："灾异多次出现，我担心以后一定会出现不寻常的变化，我们可以派遣大将军去巡视边境的军队，整顿军事装备，斩杀一个郡的太守来树立威严，震动四方的异族，用这个方法来应对天象的变化。"汉哀帝认为息夫躬的建议是正确的，就拿这件事去询问丞相王嘉，王嘉回答汉哀帝说："臣听说引导百姓要依靠行动，而不是依靠言辞，顺应上天要依靠实际行动而不是依靠表面文章，下民虽然卑微弱小，但是也仍然不可以欺骗他们，更何况上天神通明达，难道可以去欺骗吗？上天显示出来的灾异，是用来告诫警示国君的，是想要让他觉悟，改正过失，诚心诚意，施行美好的政策，百姓的内心喜悦了，上天的目的也就实现了！但是善辩的人只是看到了事物的一方面，有时就胡乱地用自己的意思去附会星象历法，凭空捏造出匈奴、西羌将要发难的预言，打算发动战争，设计施行权变，这实在不是顺应上天的办法。太守、诸侯相只要犯下了罪过，就应该用车子很快地押送到朝廷，反缚双臂，接受死刑，恐惧到如此地步，然而摇唇鼓舌之人却妄想动摇国家安全的策略，把国家推向危难，雄辩的口舌，只是使人听了很舒服而已，实际上是不可以采纳的。讨论政事，最让人感到头痛的就是那些诬妄谄谀、倾覆危险、善辩无实、严密刻薄的言论了。从前秦缪公没有听从百里奚、蹇叔的话，最后使自己的军队遭到了败绩，后来他悔恨自责自己的过错，指责自己，痛恨那些误国的臣子，想起老人的诤言，作《秦誓》以悔过，从而使自己的名声流传后代。我希望陛下可以观览古代的告诫，一再地去查考印证，反复思考，不要被最先提出的建议影响了正确的判断！”汉哀帝没有听从。

资治通鉴卷第三十五　汉纪二十七

起己未（公元前2年），止壬戌（公元2年），共四年。

【题解】 本卷记录了汉哀帝刘欣元寿元年至平帝刘衎元始二年共四年间的历史。主要记录了傅太后死，傅氏、丁氏失势。哀帝宠信董贤，为之割断衣袖，赏赐众多。丞相王嘉直谏下狱，绝食而死。匈奴单于至长安朝哀帝。哀帝驾崩，太皇太后王政君夺回权力，重用野心家王莽。王莽迅速夺权，送女为后，篡位时机已经成熟。

孝哀皇帝下

元寿元年（己未，公元前2年）

春季，正月辛丑朔日（初一），汉哀帝下诏命令将军、官秩为中二千石的官员，各自推荐一个精通兵法的人，趁这个机会汉哀帝就任命孔乡侯傅晏为大司马、卫将军，阳安侯丁明为大司马、骠骑将军。

这一天，发生了日食。汉哀帝下诏命令公卿大夫尽心地陈说自己的过错，然后又命令大臣们推举贤良、方正、能直言的各一人。接着汉哀帝就下令大赦天下。

丞相王嘉向汉哀帝进呈机密奏章说："孝元皇帝继承帝位，温和恭敬，很少有欲望，国库里面的钱达到了四十亿。汉元帝曾经驾临上林苑，后宫的冯贵人跟随他一起靠近了兽栏，猛兽受惊跑了出来，冯贵人挺身上前阻挡它，汉元帝嘉奖赞美她的义勇，也只不过赏赐了她五万钱。后宫里面被皇上宠爱的人，受到赏赐的时候，汉元帝都会嘱咐他们不要在众人的面前拜谢。这是为了表示公平，不愿意被人指责自己不公，看重人心的得失，而且赏赐节约。那个时候外戚里面有千万钱财的都很少，所以少府、水衡才积存了很多钱。即使遭受初元、永光年间的灾荒饥馑，粮食歉收，再加上西羌部族的叛乱，对外还要供给军队的费用，对内需要救济贫苦的灾民，却始终没有倾覆危险的忧虑，这就是国库积藏充实的缘故。孝成皇帝的时候，谏臣大多建言皇上微服出行的害处，以及专宠美女，沉湎于酒色，将会损害道德，减少自己的寿数，他们的言辞十分激烈，但是汉成帝却始终没有对他们怨恨发怒。宠臣淳于长、张放、史育三个人中，史育多次被贬降，家财不满千万；张放被罢免了官职，遣送回了封国；淳于长在监狱里面被拷问而死；汉成帝没有因为自己私人的宠爱而去损害公众的义理，所以虽然汉成帝招致了许多喜好女色的讥刺，但是朝廷却平安无事，这才将帝业传给了陛下。陛下尚未登基，在定陶县的时候，喜好诗书，崇尚俭朴节约，在您被征召入朝为皇太子的时候，您所经过的地方，大家都称赞您道德高尚，这也就是为什么大家会用爱戴先帝的心意来同样地爱戴陛下。陛下刚刚登基的时候，更换了帷幕，撤除了精致的服饰，车子里面的座位也只是用绨缯包围了边缘作为装饰而已。每一次碰到先皇的寝庙需要修建的时候，您因为怜悯百姓劳苦，考虑到国家的经费不足，为了公义割舍亲情，常常停止先皇寝庙的修建，直到最近才又开始修建。但是驸马都尉董贤也在上林苑里面修盖了官府，您还为董贤修建了宏大的住宅，大门朝向皇宫的北门，引来王渠的水灌溉园林水池，您也派遣使者去监督施工，赏赐佐治的小吏和皂隶，远远超过了修盖宗庙时的情况。董贤的母亲生病了，就由长安府的厨官提供祈祷的用具和食品，因为是在道路上进行祈祷的，所以路上的行人都可以获得施舍的饮食。您为董贤制造器具，器具制造完成，还必须进呈给皇上以后才可以给董贤送去，有的器具制作的很好，您就会特别赏赐制作的工匠；即使是进献给宗庙、三宫的器具，也远远没有这样讲究。如果董贤的家里招待宾客、举办婚礼以及亲戚相见，百官就要一起去供献财物，甚至还要赏赐仆隶、奴婢，每个人达到了十万钱。当董贤家去市场购买物品的时候，您还派遣使者护送陪同，这使得商贾震动，路人喧哗，众臣惶恐并感到困惑。您颁布诏书停止苑囿的修建，却赏赐给董贤二千多顷田地，使官员限田的制度由此开始被破坏。奢侈僭越，放肆纵情，使阴阳发生变化混乱，频繁出现灾异，于是百姓之间开始有谣言流传，路人手里面拿着禾秆麻秆惊恐地奔走，上天也对这种现象感到困惑，不能使他们自己停止。陛下一直以来都是仁德明智，处事谨慎的，但是现在却因为这些过失而被人如此讥讽。孔子说：‘国家有危险不去解救，见颠覆不去匡扶，那么要你们这些丞相有什么用啊！’臣王嘉有幸能够位居丞相，我自己私底下内心经常感到悲伤以至于不能让皇上知道我对您的忠心，如果牺牲生命可以对国家有益的话，臣是不敢爱惜自己的生命的。我希望陛下能够谨慎地对待自己的偏爱，仔细地去观察大家所共有的疑虑！过去，邓通、韩嫣，骄纵显贵，没有限度，安逸享乐，不知道满足，这些小人不能克制自己的情欲，最后终于犯下了罪过，扰乱了国家，失去了自己的生命，因而不能长久地保全自己的富贵。这就是人们所说的‘原本是爱他的，反而却害了他’！您实在是应该深入观览前代的教训，节制对董贤的宠爱，来保全他的生命。”汉哀帝因此开始对王嘉渐渐不满。

前凉州刺史杜邺以方正的身份回答策问说：“臣听说阳尊阴卑，是天道之理。因此男子即便卑贱，也各自是自己家中的阳；女子即便尊贵，也仍然是本国之阴。所以礼教要求彰明妇人在家从父、既嫁从夫、夫死从子的道理，即使有文母（文王之妃太姒）的美德，也一定要依附于儿子。从前郑庄公放任姜氏对自己小儿子的溺爱，结果造成了共叔段篡夺国家大权的祸害；周襄王在内受到他的母亲惠后逼迫的压力，因而遭遇流亡郑国的危险；汉朝兴起，吕太后凭借权势，把朝廷大权私自交给她的亲属，差一点使国家受到了危难。我私底下看到陛下节约俭朴，端正自身，想要与天下人振兴天下，开创新的局面，可是，吉祥的征兆还没有降临应验，而日食、地震却频繁地发生。根据《春秋》里面记载的灾异现象，上天是在用这种景象来告诫人君。日食，就是表明阳被阴侵犯了。坤是用来表示地的，也就是土，就是母，以安静为美德，发生了地震，就是不遵循阴道的征验。占验天象非常明显，我又怎么敢不直说这些事啊？从前曾子问孔子听从父亲的命令，可以算是孝顺吗？孔子回答说：'这是什么话！'孔子赞美闵子骞谨守礼仪，不随便盲从亲人的命令，所作所为，没有不符合道理的，所以其他人也就无法离间他与父母以及亲人的关系。但是现在那些外戚的兄弟，不论是贤德的还是不贤德的，都在皇宫里面任职，在皇上的身边服侍，分布在重要的位置上，有的主管禁卫，有的带领军队屯驻，您的宠爱都集中在一家人的身上，使他们的权势越来越显贵，这是世上所少见、所少知的。甚至都到了同时设置两个大司马、将军官职的地步，即使是周朝皇甫氏的强大，鲁国三桓的隆盛，虽然鲁国建立了三军，三分公室，也没有办法和现在的丁、傅二氏相比较！就在您授予他们官职的当天，阴晦不明，发生了日食。不是在那天之前，也不是在那天之后，而正好是在授予官职的时候才发生，这说明陛下太过于谦虚逊让，不敢专断，顺从太后的旨意，不只是那一次，只要是太后说的话就听从，只要是太后想要的就满足，外戚中犯下罪行的不受法律的制裁，没有功劳才能的却都被授予了官位爵禄，这样的事情逐渐发展加剧，越积越多，这就是您所犯下的过错，我想向您讲清楚这些过失，从而使圣明的皇上醒悟过来。从前被诗人所讽刺的，被《春秋》所讥讽的，就是这一类的状况，恐怕不是针对其他方面。后人看到了前人出现过失的行为，就感到愤懑抑郁然后去抨击他们，等到自己也做了同样的事情，就不能像照镜子一样看见自己的过失，认为自己是正确的，其实计策已经出现失误了。我希望陛下能够尽力贡献自己的精诚来治理国家，一旦您想要做什么的时候，就需要去追思自己的初衷，不要被当前的情况蒙蔽了，每一件事都参考遵照古代的规定，作为警戒，来满足百姓的心愿，那么天下的百姓就都会感到喜悦，而上天和众神灵也将会把怒气收回来，至于吉祥福禄，我们还有什么好怀疑它不会回报降临呢！”

汉哀帝又征召孔光到公车（官署之称），询问孔光有关日食的事情，然后就任命孔光为光禄大夫，官秩为中二千石，并且任命孔光为给事中，地位仅次于丞相。

当初，王莽返回到自己的封国以后，关上门不会见宾客。他的次子王获杀死了家里的奴仆，王莽就严厉地指责了王获，然后命令他自杀谢罪。王莽在封国待了三年，官吏百姓很多都向汉哀帝上书为王莽申冤。到了这个时候，贤良的周护、宋崇等在回答汉哀帝的策问的时候，又一次为王莽向汉哀帝申冤，赞颂王莽的功德。于是，汉哀帝就征召王莽和平阿侯王仁回到京城，让他们去侍奉太皇太后。

董贤利用日食的变异，阻止了傅晏、息夫躬向匈奴发动战争的计划，辛卯日（正月无此日），还收回了傅晏的印信，罢免了他的官职，让他离开朝廷回家。

丁巳日（十七日），太皇太后傅氏去世了，汉哀帝将她与汉元帝合葬在渭陵，称之为孝元傅皇后。

丞相、御史向汉哀帝上奏弹劾息夫躬、孙宠等人的罪过，于是汉哀帝就罢免了息夫躬、孙宠的官职，将他们遣送回封国；又罢免了侍中、诸曹、黄门郎等几十个人。

鲍宣向汉哀帝上书说："陛下侍奉上天就像侍奉父亲一样，侍奉大地就像侍奉母亲一样，抚养百姓就像抚养自己的子女一样。但是，自您登基以来，上天缺少光明，大地发生震动，百姓造谣并且互相惊惧害怕。现在在正月初一就发生了日食，实在是令人感到害怕恐惧。百姓在正月初一就连损坏器具物品尚且会感到害怕，更何况是发生了日食呢！陛下应该深刻地在内心责备自己，避开在正殿听政，采纳正直的言论，寻找自己的过错失误，罢免外戚以及您身边没有做什么实事却享有俸禄的官员，您应该征召任命孔光为光禄大夫，觉察到孙宠、息夫躬的过错罪恶，罢免他们的官职，派人将他们遣送回封国，大家都一致支持这样的做法，没有一个人会不感到喜悦的。天和人的心意是一样的，人内心感到喜悦了，那么上天的愤怒就会被化解。在二月丙戌日（十六日），白气侵犯了太阳，连续几天都是阴田没有下雨，这就表示天下还有忧愁纠结在一起没有得到化解，百姓有怨气还没有得到平息。侍中、驸马都尉董贤，和陛下原本一点亲戚关系也没有，却凭借着自己的媚色、巧言阿谀使自己得到了皇上的欢心，结果使皇上对他的赏赐超越正常的规制，没有限度，用尽了府库里面的钱财，将三座宅院合并成一座宅院赏赐给他，但是仍然认为它太过狭小，就又拆除了宫廷的暴室来增加它的面积。董贤父子甚至可以坐着指使皇上的使者，命令将作大匠为其修盖住宅，甚至他家巡夜的小吏和皂隶都可以得到赏赐，当他去上坟，以及接待前去悼祭的宾客的时候，都由太官为他提供祭祀需要用的器具。全国各地向朝廷进献的珍品，本来应当是供养皇上一个人的，可是，现在反而都在董贤的家里面，这难道是天意和民意吗？天意是不可以长久违背的，您如此厚待董贤，反而会因此害了他！如果您真的想要怜悯董贤，就应该为他向天地认错，解除众人对他的仇恨，罢免他的官职，派人遣送他返回封国，没收您赐给他的车子器物，并且归还给官府，只有这样做，才可以一直保全董贤父子的生命，否则，被众人仇恨的人，是不可能长久平安的。孙宠、息夫躬也不应该被封侯，您应该免除他们的爵位，向天下表示您彻底改正过错了。然后重新征召何武、师丹、彭宣、傅喜等人，使百姓能够很清楚并且容易地知道陛下改过的决心，来顺应天意，建立伟大的政权，复兴太平的盛世。”汉哀帝有感于天象发生变化的严重性，于是就采纳了鲍宣的建议，征召了何武、彭宣，并且任命鲍宣为司隶。

汉哀帝假托傅太后遗留下来的诏书，请太皇太后下令给丞相、御史，要求他们给董贤增加二千户人家的采邑，赏赐孔乡侯傅晏、汝昌侯傅商、阳新侯郑业三人封国。王嘉没有公布诏书的内容，直接封起来退还给汉哀帝，然后再向汉哀帝进呈机密奏书劝谏说：“臣听说爵位、俸禄、土地，是上天所拥有的。《书经》里面说：‘上天任命有德行的人做官员，规定了五种不同色彩图案的衣服，来表示尊卑！’帝王代替上天赐人爵位和俸禄，更加应该谨慎。如果把土地分封给不适合的人，那么百姓就不会顺服，民众的怨气就会惊动阴阳，进而深深地损害皇上的健康。现在陛下的疾病这么长时间都不能痊愈，这正是臣王嘉内心所惧怕的事情。高安侯董贤，是一个依靠佞媚得到皇上宠信的臣子，陛下给他封赐爵位来使他显贵，耗尽了货财来使他富有，损害皇上的利益去宠爱他，国君的威严已经降低，府库的钱财已经耗尽，但是仍然担心不够。财货都是通过百姓的力量所产生的，孝文帝想要修盖一个露台，但是因为需要花费百金的修建费用感到为难，所以克制自己的私欲而没有修建。但是现在董贤却把官府的税收当作私人恩惠来随意施舍给别人，一家甚至可以得到千金的赏赐，自古以来，从来就没有像这样显贵的臣子，有关董贤的流言在各地传播，大家全都怨恨董贤。俗谚说：'一个人如果被一千个人一起指责，即使没有生病也会死去。'臣常常为此而感到害怕。现在太皇太后根据永信太后遗留下来的诏书去命令丞相、御史，增加董贤的采邑，赏赐三个侯国给他，臣王嘉私底下感到很迷惑。山崩、地震、日食的现象同时发生在正月初一，这都是上天因为阴侵阳而表现出来的警示啊。董贤之前已经被封为关内侯了，现在却又要册封他为高安侯；傅晏、傅商也再次更换封国采邑；郑业因为皇上的宠爱，贪求无度。您对他们的恩德已经太丰厚了，可是，他们却肆意向皇上求取，不知道满足，这大大地违背了尊崇傅太后的本意，实在不可以向天下的百姓公布，因为祸害实在是太大了！臣子骄纵，冒犯诬蔽圣上，使阴阳失去调节，阴阳二气互相感染而互相冲突，于是就伤害到了身体。陛下长时间地生病不能痊愈，继承者也没有确定，您实在应该考虑到使所有的事情都步入正轨，顺从上天和百姓的心意，以求上天的保佑，您怎么可以忽视自身的健康，肆意放纵自己，不顾及高祖创业的勤苦，留下他所建立起来的制度，并且使它一直流传下去呢！臣谨慎地向您进呈这机密的奏书，不敢显露出来让别人看见。并非是爱惜自己的生命而不敢以违拒诏旨之法自劾，我实在是担心天下的百姓知道了诏书的内容，所以才不敢弹劾自己的罪状。"

当初，廷尉梁相审理东平王刘云的案子时，冬月只剩下二十天，而梁相怀疑刘云的案子是一件冤案，供词有不真实的地方，于是梁相就向汉哀帝上奏希望可以将这件案子牵涉到的人犯押送到长安，另交给公卿重新进行审理。尚书令鞫谭、仆射宗伯凤认为可以准许梁相的请求。可是，汉哀帝却认为梁相等人是看到自己的身体还没有痊愈，对于朝廷里外的事情，有所顾虑才进行观望，怀有模棱两可的想法，希望刘云的案件能够侥幸拖过冬季，最终可以免去他的死刑，没有讨伐贼寇、痛恶坏人、为主上报仇的忠心，于是就罢免了梁相等人的官职，将他们贬为平民。过了几个月以后，汉哀帝下令大赦天下，于是王嘉就向汉哀帝推荐说“梁相等人都有才干德行，圣明的君王对臣下总是记录他们的功劳、抹去他们的过失，臣私底下为朝廷怜惜这三个人才”。

王嘉的奏书呈给汉哀帝以后，汉哀帝心里感到十分愤怒。过了二十多天以后，王嘉又把增加赏赐给董贤采邑的诏书递交回去，于是汉哀帝就发怒了，汉哀帝传召王嘉到尚书处，责问他：“梁相等人以前犯下了不忠的罪行，罪恶十分明显，你那个时候也曾经弹劾过自己的罪状；可是，你现在却又称赞他们，说你‘为朝廷怜惜他们’，这究竟是什么意思？”于是王嘉就摘下官帽向汉哀帝认罪。

汉哀帝就将这件案子交付给将军以及朝中大臣进行审理，光禄大夫孔光等人就向汉哀帝弹劾说“王嘉迷惑国家，欺骗皇上，犯下了不道的罪行，我请求皇上可以派遣谒者将王嘉传召到廷尉，把他关到诏狱里面去”。议郎龚等认为“王嘉的奏言前后不一致，您应该剥夺他的爵位和食邑，罢免他的官职，将他贬为平民”。永信宫少府猛等认为“王嘉的罪名既然已经成立了，您应该把他交给官吏，依照律法进行惩处。但是让大臣束住头发，锁上刑具，袒露身体，鞭笞拷打，实在不是尊重国家，褒扬宗庙的办法啊”！汉哀帝没有听从，最终颁布诏书命令“谒者拿着符节作为使臣，传召丞相到廷尉诏狱里面去”。

汉哀帝的使臣到了丞相府，丞相府的掾、史等官员都流泪哭泣，一起调配好毒药，给王嘉送去让他喝，但是王嘉不肯服毒。于是他的主簿就说："将相犯下罪行，是不可以面对狱官为自己陈述冤情的，这种做法世代相沿，已经成为惯例了，君侯应该自杀才对！"使臣严肃地坐在府门那边，主簿再一次走上前去，将毒药送给王嘉。王嘉拿起药杯摔在地下，对相府的掾史、主簿说："丞相我有幸能够担任三公的职位，如果我供职不谨慎，对不起国家，我就应当在都市中接受死刑，向万众宣告。丞相难道是小儿妇女吗？我为什么要服毒自杀呢？"于是王嘉就穿上朝服，出去接见使臣，再次跪拜接受皇上的诏书，然后乘坐小吏乘坐的小车，除去车篷，脱下官帽，随着使臣到了廷尉。廷尉收走了王嘉丞相、新甫侯的印信，将王嘉捆绑起来，用车子押送到了都船（署名）诏狱去。汉哀帝知道王嘉活着亲自去见执法的官吏，非常愤怒，就命令将军以下和五个官秩为二千石的官吏一起来审问王嘉。狱吏责问王嘉的时候，王嘉回答说："审查案件的时候，就是希望得到事情的真相。我私底下见到梁相等人以前审理东平王案子的时候，他们并没有认为刘云不应该死，只是希望公卿可以参与审理，表示更加慎重而已，我实在是看不出他对朝廷内外的事情，有所顾虑才进行观望，又或者是验证了刘云的罪状，阿谀攀附刘云的罪证。后来他们又有幸可以蒙受大赦，梁相等人也都是优秀的官吏，臣私底下为国家爱惜有贤能才干的人，并不是偏袒他们三个人。"

狱吏就说："假如真的是这样，那么，为什么你会有罪呢？你还是有负国的行为，不可能是无缘无故就被关进监狱的。"狱吏逐渐开始侵犯凌辱王嘉，王嘉抬头望天长叹说："我有幸可以担任丞相的职位，可是，我却不能任用贤才，黜退奸佞，因此我才会对不起国家，我即便是死了，还是有没有尽到的责任。"狱吏向他询问贤才、奸佞的名字。王嘉回答说："贤人，就是前丞相孔光、前大司空何武，我不能向皇上举荐引用他们；奸佞小人，就是高安侯董贤父子，他们扰乱朝政，但是我却不能黜退他们。臣犯下的罪行应该让我去死，就算我死了也没有什么怨恨！”王嘉被关在监狱里面二十多天，什么东西也没有吃，最后吐血而死。没有多久，汉哀帝看到了王嘉的供词，思索他说的话，恰好御史大夫贾延被罢免了官职。

夏季，五月乙卯日（十七日），汉哀帝任命孔光为御史大夫。秋季，七月丙午日（初九），汉哀帝任命孔光为丞相，恢复了原先封国博山侯的爵位；又任命汜乡侯何武为御史大夫。汉哀帝知道之前罢免孔光的官职并不是因为他真的犯了罪，而是因为与自己亲近的那些臣子诋毁诽谤孔光，于是汉哀帝就说："傅嘉以前做侍中的时候，向我进谗言诋毁有仁义贤能的人，诬陷大臣，使贤能的人才长久地失去他应该得到的职位，应该罢免傅嘉的官职，将他贬为平民，遣送他回到原郡去。"

八月，何武被调任为前将军。辛卯日（二十四日），汉哀帝任命光禄大夫彭宣为御史大夫。

司隶鲍宣因为犯下了羞辱丞相、闭门拒绝使者的罪行，失去了臣子的礼仪，汉哀帝下令将死罪减免为剪去他的头发并且用铁链锁住脖子的刑罚。

大司马丁明一直以来就十分尊重王嘉，于是就对他的死表达了怜悯；九月乙卯日（十九日），汉哀帝颁布诏书，罢免了丁明的官职，命令他离开朝廷回家。

冬季，十一月壬午日（十一月无此日），汉哀帝派遣前定陶太傅、光禄大夫韦赏为大司马、车骑将军。己丑日（十一月无此日），韦赏去世了。

十二月庚子日（初六），汉哀帝任命侍中、驸马都尉董贤为大司马、卫将军，册封的诏书里面说："我任命你担任三公的官职，让你作为汉朝的辅佐大臣！以后你要竭尽忠心，匡正众事，真正地坚持治政的中庸之道！"这个时候董贤才二十二岁，虽然他担任三公的职位，但是经常待在宫中服侍汉哀帝而没有掌管三公职事，只是主管尚书事务，百官必须通过董贤才能向汉哀帝上奏事情。

汉哀帝因为董贤的父亲卫尉董恭不应该担任卿的官职，就调任他做光禄大夫，官秩为中二千石；让董贤的弟弟董宽信接替董贤担任驸马都尉。董氏的亲属都担任侍中、诸曹的官职，能够定期去朝见汉哀帝，汉哀帝对他们的宠爱远远超过了丁、傅二氏。

当初，丞相孔光担任御史大夫的时候，董贤父亲董恭担任的是御史，需要侍奉孔光；等到董贤担任大司马的官职以后，他和孔光都是三公的官位。汉哀帝故意叫董贤私下去拜访孔光。孔光一直以来就恭敬谨慎，他知道汉哀帝想要尊崇宠幸董贤。等到他知道董贤快到的时候，就很谨慎地穿戴好衣帽，走出大门等待董贤的到来，直到远远地看见董贤的车子了才退回屋子里面，董贤到达中门以后，孔光才进入客厅，董贤下了车以后，孔光才走出来，拜见、送迎非常恭敬谨慎，不敢用接待同等地位宾客的礼节来接待董贤。汉哀帝知道这件事情以后，感到很高兴，立刻就下令任命孔光的两个侄子为谏大夫、常侍。董贤的权势自此以后和汉哀帝相等了。

这个时候，汉成帝的外戚王氏已经衰微没落了，只有平阿侯王谭的儿子王去疾担任侍中的官职，弟弟王闳担任中常侍的官职。王闳的岳父中郎将萧咸，是过去的将军萧望之的儿子，董贤的父亲董恭十分仰慕他，想要为儿子董宽信求娶萧咸的女儿做妻子，就请王闳去告诉他这件事情。萧咸感到十分惊惧而不敢答应，就私底下对王闳说："董公被任命为大司马的时候，册封的诏书里面说'允执其中'，这是唐尧禅让帝位给虞舜的时候说的话，不是授予三公的官职的册封文书惯用的文字，前辈们看到以后，没有一个不感到惊惧害怕的。这哪里是我家的女儿所能匹配得上的呢！"王闳生性聪明，有谋略，听了萧咸的话以后，也明白了，于是就回答董恭，转达了萧咸感觉自己地位卑微，高攀不上的意思，代替他向董恭表达深深的歉意。董恭叹息说："我们家有什么对不起天下的地方啊，竟然被人如此畏惧啊！"内心感到很不高兴。后来，汉哀帝在麒麟殿摆设酒席的时候，董贤父子、亲属都参加了宴会，侍中、中常侍都在两边服侍，汉哀帝酒喝多了，看了董贤好一会儿，然后笑着说："我想效法唐尧将帝位禅让给虞舜，怎么样啊？"王闳就走到前面插话说："天下是高祖皇帝的天下，并不是陛下所有的！陛下承继了宗庙祭祀，就应当传给自己的子孙于无穷无尽。王统帝业是至关重大的事情，皇上不可以拿这件事开玩笑！"汉哀帝沉默，感到不高兴，在两侧服侍的人都感到惶恐。于是，汉哀帝命令王闳出宫，回到郎署，不许再随侍禁中。

经过一段很长的时间，太皇太后为王闳向汉哀帝道歉，汉哀帝才又把王闳传召回来。王闳就向汉哀帝上书劝谏说："臣听说帝王设立三公的官职，就是效法天上日、月、星的意思，担任这个职位的应该是有贤德的人才对。《易经》里面说：'鼎折了脚，就会打翻大家所吃的东西。'这是用来比喻担任三公职位的人不合适。从前孝文皇帝宠爱邓通，也只不过是让他担任中大夫的官职；武帝宠爱韩嫣，也只不过是经常给他赏赐而已，都没有让他们担任公卿的官职。现在大司马、卫将军董贤，对汉朝没有立下什么功劳，和皇室也没有一点亲戚关系，而且也没有什么清白的名声、优秀的事迹、高尚的德行来匡正世俗的弊病，却连着好几年被晋升提拔，担任三公的官职，掌管统领宫中的禁卫军队，他没有立下功劳却被封赏爵位，他的父子、兄弟也凭空得到了越级的提拔，对他的赏赐耗尽了官府的钱财，万民为这件事喧哗，路人在道路上议论纷纷，实在是不符合上天的心意啊！从前褒邑的神蛇，变化成人，后来生下了美女褒姒，扰乱了周国。我担心陛下会因为犯下过错而被后人讽刺，而董贤也会有小人不知道进退的灾祸，这实在不是用来流传给后代效法的！"虽然汉哀帝没有听从王闳的谏言，但欣赏他年少志壮，也没有对他加罪。

二年（庚申，公元前1年）

春季，正月，匈奴单于以及乌孙国大昆弥伊秩靡都来京城朝见汉哀帝，汉朝认为这是一件荣耀的事情。这个时候西域一共有五十个国家，从译长到将、相、侯、王都佩戴着汉朝的印章绶带，一共有三百七十六个人；而康居、大月氏、安息、罽宾、乌弋等国，都因为位于距离汉朝很远的地方，所以不在计算之中，当他们前来向汉朝进贡的时候，汉朝也派遣使者送去等值的礼物，不把他们归属在西域都护管辖范围。从黄龙（宣帝年号）以来，单于每次来京城朝见汉哀帝，汉哀帝赏赐给他的锦绣、缯絮都比以前的要丰厚一些，以此来慰劳接待他们。单于在汉哀帝闲暇的时候，前去朝见，臣子们都走在前面，单于看到董贤年轻，就感到很奇怪，于是就去询问翻译官。汉哀帝命令翻译官回答说："大司马虽然年轻，却是因为有高尚的品德和才能才担任这个官职的。"于是单于就起立，向汉哀帝跪下恭贺汉朝能够得到一个有贤能德行的臣子。那个时候汉哀帝其实是因为太岁灾星在上林苑蒲陶宫方位，压伏了南方，才想让单于留宿在上林苑蒲陶宫，想要用咒诅之术来压伏他，但是他告诉单于这样做是为了更加尊重单于，后来单于知道了那其实是汉朝想要用咒诅之术来压伏他的实情，就感到很不高兴。

夏季，四月壬辰晦日（四月无此日），发生了日食。

五月甲子日（初二），正式确定了三公的名称，以及划分了他们各自的分工职责。汉哀帝任命大司马、卫将军董贤为大司马；丞相孔光为大司徒；彭宣为大司空，并封为长平侯。

六月戊午日（二十六日），汉哀帝在未央宫驾崩。

汉哀帝目睹了孝成皇帝的时代，政权脱离皇室，旁落在后家王氏的手里，等到即位以后，他多次诛杀大臣，想要加强国君的威势，来效法汉武帝、汉宣帝。但是汉哀帝却宠信进献谗言、奸佞邪恶的小人，憎恶痛恨忠贞耿直的臣子，汉朝的帝业也就从此衰落了。

太皇太后知道了汉哀帝驾崩的消息以后，当天就乘车到达未央宫，取走了皇帝的玉玺。太后在东厢召见了大司马董贤，询问董贤汉哀帝的丧事应该如何布置安排，董贤内心感到忧虑恐惧，回答不上来，只能脱下官帽向太后谢罪。太后就说："新都侯王莽，以前担任大司马的官职时曾经办理过先帝（成帝）的丧事，他熟悉旧例，我去命令王莽来协助你。"董贤就磕头说："那真是太好了！"太后派遣使臣速去传召王莽过来，并且下诏给尚书说：所有征调军队的符节、百官奏事、中黄门、期门兵都由王莽掌管。王莽按照太后的指示，命令尚书弹劾董贤，说在汉哀帝生病的时候，他没有亲自侍奉医药，并且因此禁止董贤再进入宫殿的司马中（宫内之门）。董贤不知道应该怎么办，只能到皇宫门口脱下官帽光着脚叩头谢罪。己未日（二十七日），王莽派遣谒者拿着太后的诏书到皇宫门口颁布给董贤说："董贤年轻，没有经历过事理，让他担任大司马，不符合百姓的心意，应该把大司马的印信收回来，罢免他的官职，让他回家！"当天，董贤和妻子就都自杀了。他的家人感到十分害怕，就在夜里把他们悄悄地埋葬了。王莽怀疑他们是在诈死，并没有真的死掉，于是主管的官吏就向他上奏请求打开董贤的坟墓，把董贤的棺材取出来，送到监狱里面去检验究竟是真的还是假的，然后埋葬在了监狱里面。太皇太后下诏命令"公卿推举可以担任大司马官职的人"。王莽以前担任过大司马，但是为了避开丁、傅二氏而辞去了官职，大家都称赞他贤能、有德行，又是太皇太后的近亲，于是从大司徒孔光以下，整个朝廷的臣子都向太皇太后推举王莽。

只有前将军何武、左将军公孙禄两个人的意见和其他的大臣不一样，他们认为"在过去惠帝、昭帝的时候，外戚吕氏、霍氏、上官氏把持着朝政，几乎危害到了刘氏的国家；现在孝成、孝哀两代国君接连没有子嗣，正应当选择立刘氏的近支亲属为新帝，不应该再让外戚把持朝政，应该让外戚和异姓大臣掺杂在一起，如果是为国家着想的话，就应该这样做"。于是，何武向太皇太后推举公孙禄担任大司马的官职，并且公孙禄也向太皇太后推举何武担任大司马的官职。庚申日（二十八日），太皇太后自己决定任命王莽为大司马，并且主管尚书事务。

太皇太后和王莽商量选择册立皇位继承人的事情。安阳侯王舜，是王莽的堂弟，他这个人正直谨慎，受到了太皇太后的信任和宠爱，于是王莽就向太皇太后请求，可以任命王舜为车骑将军。秋季，七月，太皇太后任命王舜和大鸿胪左咸为使臣，手里拿着符节去迎接中山王刘箕子作为皇位的继承人。

王莽又向太皇太后上奏，请求她颁布诏书给主管的官员：因为皇太后赵飞燕和妹妹赵昭仪独占了皇上的宠爱，阻塞了后宫侍寝的道路，残害灭绝了汉成帝可以继承皇位的子嗣，应该将她贬为孝成皇后，把她迁到北宫去住；但是又因为定陶共王太后傅氏和孔乡侯傅晏有相同的想法，一起谋划，背弃了汉成帝的恩情，忘记了根本，专断放肆，图谋不轨，现在将孝哀皇后贬到桂宫去住，免除傅氏、丁氏的爵位，遣送他们回到原郡去，将傅晏和他的妻子、子女迁移到合浦郡去。太皇太后唯独颁下诏书，褒奖傅喜说："高武侯傅喜，姿态端庄，本性诚恳严谨，有忠诚和正直的言行举止，傅喜虽然和已经去世的定陶太后有亲属关系，却始终没有顺从旨意，附和邪害；忠贞耿直，坚守节操，最后也因此被斥退驱逐回封国。古书上面不是说过吗：'到了天寒地冻的时候才知道只有松柏是不会凋谢的。'我现在将傅喜传召回长安，让他以特进的身份，可以定期朝见皇上。"虽然傅喜表面上是受到了褒奖，却孤单独立，因此他感到忧愁恐惧。后来他又被遣送回了封国，最后老死在家里面。王莽又将傅太后的尊号贬为定陶共王母，将丁太后的尊号贬为丁姬。王莽又向太皇太后上奏说董贤父子骄纵放肆，奢侈僭越，请求太皇太后下令将他们的财物没收，收入各县的府库，并且罢免那些凭借董贤被授予官职的官员。还要将董贤的父亲董恭、弟弟董宽信和他的家属都迁到合浦郡去，特准他的母亲可以回到原郡巨鹿。

长安城里的百姓知道以后都嘈杂哄闹，到董贤的家里去假装哭泣，实际上是想要去偷窃。官府变卖了董氏的财物，一共得到了四十三亿之多。董贤以前厚待过的沛人朱诩自己弹劾了自己的罪状然后离开了大司马府，买了棺材寿衣等，收殓了董贤的尸体进行安葬。王莽知道这件事情以后，就用其他的罪名，杀死了朱诩。因为大司徒孔光是著名的大儒，还辅佐过三位国君，太皇太后也十分敬重他，天下的百姓也都信服他，于是，王莽非常尊崇侍奉孔光，还向太皇太后引荐孔光的女婿甄邯为侍中、奉车都尉。而那些自己一直以来就不喜欢的人，王莽就会附会罗织他们的罪名，写下弹劾的奏章草稿，让甄邯去拿给孔光，按照太皇太后的旨意暗示孔光，孔光一直以来就胆小谨慎，不敢不以自己的名义呈递上去，然后王莽再告诉太后自己的意见，太后总是会认可他的奏书。于是，王莽就向太后上奏弹劾何武、公孙禄互相标榜推举，因此罢免了他们两个人的官职，何武被遣送回了封国。王莽又向太后上奏说董宏的儿子高昌侯董武，他的父亲是奸佞邪恶的人，应该剥夺他的爵位。还向太后上奏说南郡太守毋将隆以前做冀州牧的时候，在审理中山冯太后的案子时，冤枉陷害没有犯罪的人，关内侯张由诬告皇上的亲骨肉，中太仆史立、泰山郡太守丁玄陷害别人被判处大辟的死刑，河内郡太守赵昌诬告陷害郑崇，幸好他们都遇到了赦免的命令，免除了死刑，但是都不应该在国中任官了，罢免了他们的官职，将他们贬为平民，让他们迁到合浦郡去。中山王的案件，本来是史立、丁玄自己刑讯处理的，只是和毋将隆联名向皇上上奏这件事情而已。王莽年轻的时候，仰慕毋将隆的为人，想要和他结交，可是，毋将隆却不怎么亲近他，所以王莽就借这件事把他排挤掉了。

红阳侯王立，是太后的亲弟弟，虽然没有官位，但是王莽因为他是自己的叔伯，内心对他又敬重又害怕，他担心王立会在太后面前从容地谈论国家政事，使自己不能随心所欲做事，就命令孔光向太后上奏弹劾王立的罪恶："王立以前知道定陵侯淳于长犯下了大逆的罪过，但是王立接受了淳于长的贿赂，就为淳于长辩护说情，贻误了朝廷；后来他又提议让官婢杨寄的私生子去做皇子，大家都说：'吕氏、少帝的局面又要出现了。'天下的百姓纷纷怀疑王立这样做的动机，使他难以向后世交代，完成辅佐幼主的功业。我请求您派人遣送王立回到封国。"太后没有听从。

王莽就说："现在汉家已经衰落了，接连两代君主都没有子嗣，只好让太后代替幼主主持朝政，实在是令人感到畏惧。即使您勉力做到公正无私，首先为天下的百姓着想，仍然要担心人心不服；现在您因为私人的亲情而反对大臣们的建议，这样一来，臣子们就会偏颇邪恶，祸乱也就会从此而兴起。您应该先暂时派人遣送他回到封国，等到局势都安定下来以后，再征召他回来。”太后没有办法，就派人遣送王立回到了封国。王莽胁持上下的手段，都类似这个样子。

于是，亲附顺从王莽的都被提拔了，而忤逆怨恨王莽的都被诛杀了，王莽任用王舜、王邑为自己的心腹，甄丰、甄邯负责弹劾以及司法刑狱，平晏主管机要的事务，刘秀主管起草诏书文告，孙建负责军事。甄丰的儿子甄寻、刘秀的儿子刘棻、涿郡人崔发、南阳人陈崇都因为有才干受到了王莽的器重。王莽外表严厉，言谈方直，如果他想要做某件事，只需要在言辞形态上面稍微做出一点暗示，他的同党就会按照他的意思公然地向太后进呈奏书；但是王莽却叩首流泪哭泣，坚决推辞谦让，他对上使太后迷惑，对下向众人表现他的谦恭可信。

八月，王莽又向太皇太后上书请求，要求废黜孝成皇后、孝哀皇后，将她们贬为平民，把她们遣送到汉成帝和汉哀帝的陵园去守墓。当天，两位皇后都自杀而死。

大司空彭宣因为王莽专擅权势，就向太后上书说：“三公就好比鼎的三只脚，是一起侍奉国君的，如果有一只脚不能胜任，就会使鼎倾覆，破坏里面的美食。臣资质浅薄，年龄也已经大了，多次受到疾病的困扰，头脑昏乱，记忆也不好了，我希望可以交回大司空、长平侯的印信，并准许我辞职，回到我的家乡，等待辞世。”王莽就报告了太后，于是太后就颁下诏书罢免了彭宣的官职和爵位，命令他回到封国去。王莽因为怨恨彭宣自己向太后请求辞职，所以就没有赐予他黄金、安车、驷马。彭宣在封国住了几年然后就去世了。

◆班固感慨地说：薛广德能够保持高悬安车的荣耀，平当拒绝了封爵，明理知耻，彭宣发现了危险就中止做官，他们和苟且偷生并且担心失

去官位的人截然不同啊！◆

戊午日（二十七日），太后任命右将军王崇为大司空，光禄勋东海人马宫为右将军，左曹、中郎将甄丰为光禄勋。

九月辛酉日（初一），中山王刘箕子继任了皇位（就是汉平帝），下令大赦天下。

汉平帝当时只有九岁，太皇太后临朝听政，大司马王莽把持着朝政，百官各司其职，最后都听从王莽的裁决。王莽的权势一天比一天扩大，孔光感到忧虑害怕，不知道应该怎么办，就向汉平帝上书请求辞职；王莽就告诉太后，说皇上的年龄尚小，您应该为他配置师傅，于是太后就调任孔光做汉平帝的太傅，担任四辅的官位，兼任给事中，兼管宿卫、供养、宫中署门户，察看皇上御用的衣服、车马、食物。太后任命马宫为大司徒，甄丰为右将军。

冬季，十月壬寅日（十二日），将孝哀皇帝安葬在了义陵。

孝平皇帝上

元始元年（辛酉，公元1年）

春季，正月，王莽暗示益州的地方官，命令边塞外自称是越裳氏的蛮夷，通过译使，向汉平帝进献一只白色的野鸡、两只黑色的野鸡。王莽向太后报告了这件事，建议太后下诏：用白色的野鸡去祭祀宗庙。于是，臣子们大肆歌颂王莽的功德，认为他“像周公姬旦使周成王获得白野鸡的祥瑞一样，那个时候周公旦还仍然在世，就托名周朝，让他被尊称为周公，现在王莽有定国安汉的功劳，也应该被赐予尊号为安汉公，并增加他的采邑人户，使与公爵爵位相称”。于是太后就颁布诏书，命令尚书去准备这件事。王莽向太后上书说：“臣和孔光、王舜、甄丰、甄邯共同制定了迎立当今圣上的国策，我现在只希望您能够单独列举孔光等人的功劳奖赏，舍弃臣王莽，不要把我和他们列在一起。”甄邯向太皇太后报告了这件事，太皇太后就下诏说：“《尚书》里面说‘不要有所偏私，不要袒护同党，圣王之道才能够宽阔平坦。’你有安定宗庙的功劳，不可以因为你是我的至亲，就遮蔽隐藏，不去宣扬褒奖。你就不要推辞了！”王莽又向太后上书了四次表示坚决推让，称自己生病了不去上朝；左右的臣子就告诉太后：“您还是不要改变王莽的心意了，只去褒奖赏赐孔光等人吧。”王莽这才肯上朝。二月，丙辰日（二十八日），太后颁布诏书：“任命太傅、博山侯孔光为太师，车骑将军、安阳侯王舜为太保，全部增加赏赐一万户的食邑；左将军、光禄勋甄丰为少傅，封他为广阳侯；以上四人都分别授予四辅的职务。侍中、奉车都尉甄邯被封为承阳侯。”这四个人接受了封赏以后，王莽还是没有上朝理事。

臣子们又向太后上书说：“王莽虽然恭谨谦让，但是朝廷也应该表彰嘉奖他的功绩，及时地给予奖赏，表示朝廷注重立下功劳的人，不要让百官和百姓感到失望！”于是太后就下诏：“任命大司马、新都侯王莽为太傅，担任四辅的职务，加封称号为安汉公，给他增加两万八千户的封邑。”于是，王莽就假装担心害怕，没有办法才上朝理事，接受了太傅、安汉公的尊号，但是推辞归还了增加封邑的赏赐，他说：“我希望可以等到百姓每一户人家都可以自给自足了，然后才能接受赏赐。”臣子们又争着向太后为王莽说话，于是太后就颁下诏书说：“王莽希望自己可以等到百姓每一户人家都可以自给自足再接受封赏，我可以接受这个请求，不过也要让俸禄和赏赐都增加一倍。等到百姓每一户人家都可以自给自足以后，大司徒、大司空就立刻把这件事上奏给我，让我知道。”王莽仍然谦让不肯接受，反而建议太后褒扬赏赐宗室和群臣，立已经去世的东平王刘云的太子刘开明为东平王；又任命已经去世的东平思王刘宇的孙子刘成都为中山王，作为中山孝王的后嗣；册封汉宣帝的曾孙刘信等三十六个人为列侯；又给太仆王恽等二十五个人都颁赐关内侯的爵位。又命令诸侯王、公、列侯、关内侯没有儿子但是有孙子以及同一个母亲的兄弟的孩子的，都可以作为自己的继承人；皇族近亲支系的后裔因为犯罪而被开除宗室谱籍的，恢复他的属籍；天下的官吏官秩为二千石以上但是因为年老而退休的，将原有的俸禄分成三份，一份给他，一直到他去世为止。下至平民百姓、鳏夫寡妇，有关恩惠照顾的政策，没有不去施行的。

王莽既想讨好官吏百姓，又想专权独断，他知道太后年龄已经大了，厌恶政治，就暗示公卿向太后上奏说："过去根据官吏的功劳和资历，按顺序逐阶提升到二千石，各州部刺史所推举的茂材、异能等被委任为官吏的，大多都和他们的职务不符合，您应该让他们都去拜见安汉公。另外，太皇太后的年龄已经大了，不适合亲自过问这些小事。"让太皇太后颁布诏书说："从今以后，只有封爵的事情才需要上呈给我，让我知道，其他的事情可以让安汉公、四辅裁决处理。州牧、二千石以及茂材、新任的官吏有事情需要上奏的，就直接把他们引到安汉公官署，去拜见安汉公，由安汉公去考察他过去是否有功绩，并且询问他到任以后将会如何施政，来了解他能否称职。"于是，王莽就接见了每一个人，关怀备至，表达恩意，馈赠丰厚的礼品，对于那些不迎合他的意思的官员，就公开向汉平帝上奏罢免他的官职，王莽的权势几乎和国君相等了。

汉平帝设置羲和官，官秩为二千石。

夏季，五月丁巳朔日（初一），发生日食。汉平帝下令大赦天下。公卿以下推举敦厚能直言进谏的各一人。

王莽担心汉平帝的外戚卫氏侵夺他的权力，就上报太后说："以前汉哀帝即位的时候，背弃恩义，自行使外戚丁、傅二家尊显，扰乱了国家，几乎危害到了社稷。现在皇上年龄幼小，又继承了大宗因而即位为汉成帝的后嗣，应该明确正统相承的道理，以之前发生的事为警诫，防备再出现从前的事情，作为后代效法的榜样。"

六月，太后就派遣甄丰拿着印信，在中山国任命汉平帝的母亲卫姬为中山孝王后；赐予汉平帝的舅舅卫宝、卫宝的弟弟卫玄关内侯的爵位；赐予汉平帝的三个妹妹尊号为君，让他们都留在中山国，不可以到京城去。

扶风郡功曹申屠刚以"直言"的身份，在回答朝廷策问的时候说："臣听说周成王年幼，周公旦代为摄政，听从官位低下的贤臣的意见，把权力平分，广布恩宠，所作所为顺应天地的心意，没有施行不适当的措施。可是，就近处来说，就有召公的不高兴；就远处来说，有管、蔡、商、奄四个国家的流言。现在陛下刚刚长大，自从他即位以来，就和自己的至亲骨肉分离，与外戚断绝来往，不能互通亲情。况且根据汉朝的制度，虽然任用了英才贤士，但还是需要提拔姻亲，使姻亲和异姓臣子掺杂在一起任职，杜绝嫌隙，这实在是为了安定宗庙、巩固社稷。您应该赶快派遣使臣征召中山太后到京城，把她安置在行宫里，让她可以定时朝见皇上，还要征召冯、卫二族，只安排他们担任闲散的官职，使他们能够亲执兵器，亲自担任宫中的警卫，来抑制祸患的发生，对上可以使国家安定，对下可以保全四辅。"王莽就让太后下诏说："申屠刚所说的话违反了儒家的经典，胡乱陈说，违背了大义！"然后就下令罢免了他的官职，命令他返回家乡。

丙午日（二十日），汉平帝册封鲁顷公的第八代孙公子宽为褒鲁侯，侍奉周公的祭祀；封褒成君孔霸的曾孙孔均为褒成侯，侍奉孔子的祭祀。

汉平帝颁布诏书："天下凡是已经判定有罪的女子，准予释放她们回家，但是她们必须每个月交纳三百钱，由官府雇人在山上伐木来自赎。免除贞妇的赋税，每个乡有一个名额。大司农部丞定为十三个人，每个州设一人，劝导农民从事耕田植桑。"

秋季，九月，汉平帝下令赦免了天下囚犯。

二年（壬戌，公元2年）

春季，黄支国向汉朝进献了一头犀牛。黄支国位于南海，距离京城三万里。王莽想炫耀自己的威望和盛德，所以就派遣使臣向黄支国的国王馈赠丰厚的礼物，叫他派遣使臣向朝廷进贡。

越巂郡官员向太后上奏说，有一条黄龙在长江里面游动。太师孔光、大司徒马宫等人都称赞说"王莽的功德可以比得上周公旦，您应该把他的功绩祭告宗庙才是"。大司农孙宝说："周公旦是崇高的圣人，召公奭是伟大的贤人，但是他们两个人尚且还有不和，这种情况被记录在经书里面，可是，这对于他们的名声、品德什么损害都没有。现在风雨不按照时节，百姓生活贫困，但是每遇到一件事，臣子们就异口同声地去赞美王莽，难道就没有不赞美的人吗？”当时大臣们的脸色都发生了变化，显得十分惊恐。甄邯立即宣布，奉旨停止讨论。恰好这个时候孙宝派遣属下去迎接自己的母亲，他的母亲在前来的路上生病了，于是就留在孙宝的弟弟的家里面，只是将孙宝的妻子接了过来，司直陈崇向汉平帝上奏弹劾孙宝，这个案件就交付给三公进行审讯。孙宝回答说：“我的年龄已经七十了，糊涂昏聩，供养母亲的恩义衰退了，只知道照顾自己的妻子、子女，全部都正如奏章所说的。”孙宝因为犯罪被罢免了官职，死在了自己的家里面。

汉平帝改名为刘衎。

三月癸酉日（二十一日），大司空王崇因为生病向汉平帝请求辞职，来避开王莽。

夏季，四月丁酉日（十六日），汉平帝任命左将军甄丰为大司空，右将军孙建为左将军，光禄勋甄邯为右将军。

汉平帝册立代孝王玄孙的儿子刘如意做广宗王，江都易王的孙子盱台侯刘宫为广川王，广川惠王的曾孙刘伦为广德王。册封汉朝兴起以来的大功臣的后代周共等人都为列侯以及关内侯，一共是一百一十七个人。

郡国发生大旱灾，出现了蝗虫，青州尤其严重，百姓逃荒流亡。王莽把这件事情告诉了太皇太后：您应该改穿有花纹的丝帛服装，减省御用的膳食，来向天下的百姓表示克己节约。王莽趁这个机会向汉平帝上书表示自己愿意捐出一百万钱，捐献田地三十顷，交给大司农来补助贫民。于是，公卿大臣都仰慕然后效法，有二百三十个人捐献了田地宅院，把这些田地和宅院按照贫民的人数去分配。又在长安城里面修建了五个乡里，修盖了二百所住宅，用来让贫民居住。

王莽带领臣子们向太皇太后上奏说：“幸好仰赖陛下的恩德，

最近风雨依照时节，甘露从天而降，灵芝生长，蓂荚、朱草、嘉禾等这些美好的征兆同时降临，我希望陛下仍然遵照规定穿帝王的正常服装，恢复太官正常的饮食供应，使做臣子的各自都能尽力使陛下有和乐之心，精心周到地供养您！”王莽又让太皇太后颁下诏书，表示不允许这样做。每当发生了水旱灾害，王莽就总是吃素食，左右的大臣就告诉太皇太后这件事。太皇太后派遣使臣诏令王莽说：“我听说你只吃素食，为了百姓深深忧虑。幸好今年秋天可以丰收，你还是需要按时吃肉，为国家爱护自己的身体！”

六月，在巨鹿降落了两颗陨石。

光禄大夫楚国人龚胜、太中大夫琅邪人邴汉因为王莽独掌政权，都上书请求辞职。王莽让太皇太后颁下诏书说：“因为官职的事情而去麻烦两位大夫，朕感到很不忍心，两位大夫就好自为之，修养品德，笃守正道，去安享高年吧。”然后给予了他们优厚的礼遇，把他们遣送回家。

梅福知道王莽一定会篡夺汉朝的江山，突然有一天就抛弃了自己的妻子、子女离开了，没有人知道他去了哪里。后来，据说有人在会稽郡看到了梅福，他已经改变了姓名做了吴县的守门卒了。

秋季，九月，戊申晦日（三十日），发生了日食，汉平帝下令赦免了天下囚犯。

王莽派遣执金吾候陈茂贴出告示劝说江湖盗贼成重等两百多个人投降，盗匪全部自动出来自首了，王莽把他们都遣送回自己的家乡，为当地官府供应劳役。把成重迁移安顿到云阳县，赐给他公家的田地、住宅。

王莽想用盛大的威严和德泽来讨好太皇太后，表示太皇太后的威望和圣德已经达到了极盛，超越了前代，就暗示单于命令他派遣王昭君的女儿须卜居次云进入皇宫侍奉太皇太后，所以给予单于的赏赐十分丰厚。

车师后王国有一条直通玉门关的新道，往来交通比原先的道路要近，戊己校尉徐普想要把它拓宽成大道。车师后王姑句认为他们正好位于西域前往中国的要冲，如果把它拓宽成大道，那么汉朝使者的沿途供给就会由他们去负担，所以心里感到不方便。徐普想要勘明新道的路线分界，然后上奏给朝廷，就把姑句传召过来，让他证明新道的确比旧道要近，姑句不肯证明，于是徐普就将他扣押了起来。

他的妻子股紫陬对姑句说：“过去车师前王被都护司马杀害了，现在你被囚禁了这么久，一定会被杀死的，你还不如去向匈奴投降呢！”姑句等人立刻就骑马突围冲出了高昌郡的军垒，逃到了匈奴。此外，去胡来王唐兜和赤水羌多次互相攻击，唐兜战败了，就向都护报告危急的情况，可是，都护但钦没有及时地去援助。唐兜被困紧急，怨恨但钦没有援助，于是往东退走，想拒守玉门关，但是玉门关的守将不准许他入关，于是，唐兜就率领妻子、子女、一千多百姓逃亡到匈奴并且向匈奴投降。单于接受了他们的投降，把他们安置在左谷蠡王所居住的地方，然后单于就派遣使臣向汉朝上书报告了实情说：“臣很慎重地接受了唐兜的投降。”太皇太后下诏派遣中郎将韩隆等人出使匈奴，责备单于。单于就磕头认罪，将姑句和唐兜抓了起来，交给了汉朝的使者。太皇太后又下诏派遣中郎将王萌在西域恶都奴的边界上等待接收两个俘虏。单于派遣使臣将他们送走以后，就向汉朝请求可以宽恕姑句和唐兜两个人的背叛罪行，使者回去以后向王莽上报了单于的请求。

可是，王莽没有准许单于的请求，下诏召集了西域各国的国王，陈列军队，当众斩杀了姑句、唐兜。接着，王莽又制定了四条新的规定：凡是逃亡到匈奴的中国人，凡是逃亡到匈奴的乌孙国人，凡投降匈奴的西域诸国佩戴中国印信绶带者，凡是投降匈奴的乌桓国人，匈奴都不可以接受。王莽派遣中郎将王骏、王昌，副校尉甄阜、王寻出使匈奴，颁布了这四条新的规定和诏书放在同一个匣子里面，加上了封条，交给了单于，然后命令单于遵照新的规定执行，并且趁这个机会把过去汉宣帝所制定的约束也放在匣子里面封好带了回来。这个时候王莽向汉平帝上奏要求中国人取名字不能带有两个字，然后就派遣使臣暗示单于，应该向汉平帝上书表示仰慕中国古代文化风俗，要把名字改成一个字的，汉朝一定会给予他丰厚的赏赐。单于听从了使臣的暗示，就向汉平帝上书说："我幸运地能够充当中国的藩国臣属，我私底下为太平圣制感到高兴。臣原来的名字是囊知牙斯，现在谨请改名为知。"王莽感到非常高兴，告诉了太皇太后这件事情，然后就派遣使臣回答单于已经知道了，并且赐给单于十分丰厚的奖赏。

王莽想要把自己的女儿嫁给汉平帝成为皇后，来巩固自己的权力，就向太皇太后上奏说："皇上即位已经三年了，还没有娶皇后，后宫的妃嫔也有空缺。过去国家发生的危难，本来是没有继承人，后宫的妃子的来路不正所引起的，我请求您可以考察讨论《五经》里面的有关记载，订定聘娶皇后的礼仪，正式决定以皇上娶十二个女子为标准，来广大地求取可以继承皇位的子嗣，广泛地在殷、周天子的后裔，周公、孔子的后代，以及在长安的列侯之家中，挑选合适的女子。"太皇太后将这件事情交付给下面主管的官吏，然后主管的官员呈上了很多女子的名字，王氏家族的女子有很多都在遴选的名单里面。王莽十分担心她们和自己的女儿竞争当皇后，就向太皇太后上书说："臣本身没有高尚的品德，女儿的资质才能又是下等，她不应该和众女一起被挑选。"太皇太后以为他是诚心诚意的谦虚，就颁下诏书说："王氏家族的女人，是朕的外戚，就不要参加挑选了。"庶民、诸生、郎吏以上，守候在皇宫门口上书的官吏，每天就有一千多个人。公卿、大夫有的到殿廷里面，有的匍匐在宫内官署的门下，都向太皇太后要求说："安汉公立下了如此高显盛大的功勋，现在到了应该立皇后的时候，为什么却单单舍弃了他的女儿呢？天下的百姓将要把期望归聚到哪一位身上呢？我希望您能够让他的女儿做皇后！"王莽派遣长史以下的官员分别去劝说并且阻止公卿以及诸生请愿，希望他们不要再向太皇太后说立自己的女儿为皇后，可是向太皇太后上书的人反而更多了。王莽又为自己辩白说："您应该广选众女。"公卿争辩说："您不应该采纳众女而使正统出现混乱。"王莽就顺势说："那就请你们仔细察看我的女儿吧。"

资治通鉴卷第三十六　汉纪二十八

起癸亥（公元3年），止丁卯（公元8年），共六年。

【题解】 本卷记录了元始三年至初始元年间的历史。此卷详细写了王莽代汉的经过。王莽借吕宽一事大肆消灭异己，太皇太后也被王莽玩于掌心之上。元始五年加九锡之礼。元始六年王莽称“摄皇帝”，毒死平帝，改立幼君。王莽代理皇帝长达三年，镇压宗室及地方反抗。后来，王莽认为篡权条件成熟，遂称帝，改国号新。王莽以奸诈之心，一步步夺取政权，以至改朝换代。

孝平皇帝下

元始三年（癸亥，公元3年）

春季，太皇太后派遣长乐少府夏侯藩、宗正刘宏、尚书令平晏去接见那些女子，从那些女子里面选择可以聘娶的。他们回来以后，就向太皇太后上奏说：“安汉公的女儿王涵濡浸润道德教化，有美好的容貌，适合继承帝王的统嗣，承担祭祀的事务。”太师孔光、大司徒马宫、大司空甄丰、左将军孙建、执金吾尹赏，以及摄太常事、太中大夫刘秀以及太卜、太史令都穿戴鹿皮冠、穿上素色的衣裳，按照仪式进行占兆和占卦，都说：“占兆遇金水王相，占封遇父母得王。这是金、水互相辅佐的吉兆，父母和睦喜悦的卦象。这就是所谓的本身康乐、强健的预兆，子孙大吉的征兆。”接着，又用太牢（牛、羊、豕三者兼备）策书祭祀、禀告了宗庙。主管的官吏向太皇太后上奏说：“按照往例：聘娶皇后的彩礼，是二万两黄金，折合钱是二亿。”王莽执意推辞谦让，只接受六千三百万钱，并且拿出其中的四千三百万钱分赠被选为从嫁媵妾的十一家，以及王姓家九族以内的贫苦亲属。

夏季，安汉公向太皇太后上奏关于车马和衣服穿着的制度，全国官吏平民的日常生活，丧葬送终，男婚女嫁，以及奴婢的买卖和待遇，田地房产的转移，各种用具等，分别定立等级，又设置祭祀五谷的神庙，并且在郡国、县邑、乡聚，都设置了学官。

大司徒司直陈崇派遣张敞的孙子张竦起草奏章，歌颂安汉公的功劳德行，他认为："您应该扩大他的封国，使他能够像周公旦辅助周朝一样，让他的儿子也能够接受爵位的封赏，就像周成王命令周公旦册封伯禽为周公一样，赏赐的等级也应该相同，此外，其他儿子的封赏，也都应该像周公旦的六个儿子一样。"太皇太后就把这份奏章拿给众位大臣看。正当大臣们在商量这件事的时候，恰好发生了吕宽的事情。

当初，王莽的长子王宇反对王莽隔离卫氏家族，他担心一段时间以后，会遭到卫氏的报复，就私底下和卫宝通信，让卫后向上书，感谢皇上的恩德，并且借这个机会向皇上陈述丁、傅两家的罪恶，希望自己可以被传召到京城去。王莽告诉太皇太后，让太皇太后下诏命令主管的官员褒扬赏赐中山孝王后，增加了汤沐邑七千户人家。卫后日夜哭泣，希望可以见到汉平帝的面，但只是增加了封邑的户数。王宇再次让她向汉平帝上书，请求可以被传召到京城去。但是王莽没有准许。王宇和老师吴章以及大舅子吕宽一起商量这件事，吴章认为王莽不可以劝谏但是他相信鬼神，可以制造灾变怪异来恐吓他，这样吴章就可以根据灾变怪异去顺势推演，游说王莽将政权移交给卫氏。然后王宇就命令吕宽在夜里把血涂洒在王莽的住宅，结果被守门的官吏发现了。王莽就把王宇抓了起来，押送到监狱里面，让他喝毒药自杀。王宇的妻子吕焉，当时怀有身孕，也被关进了监狱，等到她生下孩子以后，王莽就把她也杀了。甄邯等人把这件事告诉了太皇太后，于是太皇太后就颁下诏书说："安汉公身居周公旦的地位，辅佐像周成王这样的幼主，可是能够实施对管叔、蔡叔的诛灭，不因为骨肉亲情而伤害君臣之间的关系，朕非常嘉勉这种大义灭亲的壮举！"王莽于是下令将卫氏的亲属全部屠杀了，只留下卫后一个人。吴章被腰斩，在东市门被施以分裂尸体的酷刑。

当初，吴章是当时著名的大儒，跟随学习的人很多，弟子有一千多人。王莽认为那些弟子全部都是恶人的党徒，应该把他们都禁锢起来，让他们不能做官，于是，这些人就都改认别人做自己的老师。平陵人云敞那个时候担任大司徒掾，就向汉平帝上书弹劾自己的罪状，说自己是吴章的弟子，希望把吴章的尸体领回去，为他准备棺材，将他的尸体收殓埋葬，京城的人都称赞他有高尚的道义。

于是王莽就假借吕宽的案子下令彻底追查他的同党，牵连王莽一直以来就厌恶的官员，将他们都诛杀了。汉元帝的妹妹敬武长公主一直以来就与丁、傅二家亲近，等到王莽独揽大权以后，就去批评王莽。红阳侯王立，是王莽的叔父，平阿侯王仁，性格一向刚强正直，王莽就以太皇太后的名义颁下诏书，派遣使臣去进行监督，逼迫他们自杀而死。而王莽却告诉太皇太后，敬武长公主是患了急病才死的，太皇太后想要亲自去她家进行祭悼，王莽就竭力阻止，太皇太后才没有去。甄丰派遣使臣乘坐驿马赶去各地处理卫氏同党的案子，诛杀卫姓家族党羽，郡国豪杰以及汉朝的忠臣义士凡是不依附王莽的，都被诬陷说有罪，然后将他们诛杀了。

何武、鲍宣以及王商的儿子乐昌侯王安，辛庆忌的三个儿子护羌校尉辛通、函谷都尉辛遵、水衡都尉辛茂，以及南郡太守辛伯都因为这件事被处死了。一共死了几百个人，全国的百姓都为这件事感到震惊。北海人逢萌对他的朋友说："君臣、夫妇、父子的伦常都已经废弃了，如果再不离开的话，就会祸及自身！"然后就摘下帽子挂在东都城门上面，回到故乡，带着家属乘船渡海，到辽东郡客居。

王莽征召深明古礼的少府宗伯凤到皇宫里面向太皇太后讲解说，作为一个国家的太皇太后，不能够顾及私人亲属的道义，并且建议太皇太后下令要求公卿、将军、侍中、朝臣都要去听宗伯凤的讲说，目的就是在内教训皇上，在外消除百姓的议论。在此之前，秺侯金日磾的儿子金赏、都成侯金安上的儿子金常都因为没有儿子而撤销了他们的封国，王莽就下令让金日磾的曾孙金当以及金安上的孙子京兆尹金钦去继承他们的封国。金钦说："金当应该为他的父亲以及他的祖父建立宗庙并且让大夫去主持伯祖父金赏的祭祀。"甄邯那个时候正好就在旁边，就当着汉平帝以及文武百官的面叱责金钦，然后向汉平帝上奏弹劾说"金钦诬蔑祖先，没有孝道，犯了大不敬的罪行"。然后逮捕了金钦，将他关进监狱里面，后来金钦在监狱里面自杀而死。甄邯因为维护了社会秩序、国家体制，没有阿谀偏私，忠孝双全，汉平帝下令增加了甄邯一千户的封邑。另外又册封了金安上的曾孙金汤为都成侯。金汤接受封赏的当天，不敢回家，来显示作为大宗继承人应遵循的大义。

这一年，尚书令颍川人钟元被汉平帝任命为大理官。颍川郡太守陵阳人严诩当初因为对父母的孝顺行为而被推荐当官，他把掾、史等属官当作自己的老师、朋友，如果有了过失，总是把门关起来自责，从来没有大声说过话。后来郡中发生动乱，王莽就派遣使臣征召严诩，官府官吏有几百个人设宴为他饯行，严诩坐着以手按地哭泣。官吏们就说："朝廷征召明府君，这对明府君来说是吉祥的征兆，你不应该这么悲伤。"严诩回答说："我其实是在为颍川人感到悲哀，怎么是在为自己感到忧愁呢？我因为柔弱被征召，那么朝廷就一定会选择刚猛的人来代替我，等到代替我的官员到任了以后，必定会有人死亡，所以我才感到悲伤啊！"严诩到了京城以后，王莽就任命他为美俗使者。然后调任陇西郡太守何并为颍川郡太守。何并到了颍川郡接任颍川郡太守以后，就立刻下令逮捕了钟元的弟弟钟威以及阳翟的侠士赵季、李款，然后把他们全部杀害了。这使整个郡里面的人都感到震惊害怕。

四年（甲子，公元4年）

春季，正月，汉平帝在郊外祭祀汉高祖来配享上天，在明堂祭祀孝文帝来配享上帝。

汉平帝下令改封殷绍嘉公为宋公，周承休公为郑公。

汉平帝颁下诏书："妇女除非是本人犯了法，以及男子年龄在八十岁以上、七岁以下的，只要他的家人不是犯下了不道的罪行，以及不是朝廷颁下诏书指名要求逮捕的，官府一概都不能逮捕；如果到了必须调查的时候，官员必须到妇女或老幼居住的地方进行调查。本诏书自即日起就成为法律！"

二月丁未日（初七），太皇太后派遣大司徒马宫、大司空甄丰等人带着御用车轿和皇家的仪仗队，到安汉公家里去迎接王莽的女儿，授予皇后印玺，把她迎接进未央宫。然后太皇太后下令大赦天下。

汉平帝让太仆王恽等八个人分别设置副使，拿着符节，任命他们为使臣，分别去全国各地进行巡查，考察社会风俗。

夏季，太保王舜等人以及官吏百姓向皇上上书的，一共有八千多人，他们都请求汉平帝"按照陈崇的建议，增加对安汉公王莽的赏赐"。汉平帝把奏章交付给下面主管的官吏，主管的官吏就向汉平帝上书请求"增加安汉公王莽的封地，把召陵、新息二县以及黄邮聚、新野县的田地全部划归给安汉公王莽；采用伊尹、周公旦的称号，给安汉公加上宰衡的官号，让他位居上公，三公要向他报告工作，自称'冒昧陈辞'；册封王莽的母亲为功显君；册封王莽的两个儿子：王安为褒新侯，王临为赏都侯；增加皇后的聘礼三千七百万，合起来是一亿钱，用来表明礼仪的隆重；太皇太后来到前殿亲自进行加封和任命，安汉公在前面下拜，两个儿子在后面下拜，就和周公的旧例一样。"王莽叩首推辞谦让，出宫以后就向汉平帝进呈机密奏章说："我希望可以只是接受对我母亲的封号，但是要退还王安、王临的印信以及爵位称号、封邑民户。"汉平帝把这件事交付给主管的官员进行处理，太师孔光等人都说："对王莽的赏赐仍然不足以和他立下的功劳相比；谦逊退让，是安汉公的一贯作风，皇上完全可以不听从。忠臣的气节有时候也应该自己屈服，使国君的恩义可以得到伸张。皇上应该派遣大司徒、大司空拿着符节，奉皇上的命令征召安汉公赶快进入宫廷主持朝政；并且下诏命令尚书不要再接受任何安汉公推辞退让的奏章。”汉平帝准许孔光等人的奏章。王莽这才出来办理公务，仅仅是减掉了召陵县、黄邮聚、新野县的封田罢了。

王莽又从增加的聘礼里面拿出了一千万钱送给太皇太后左右的侍从人员。王莽虽然独揽大权，但是，他仍然千方百计去欺骗迷惑、讨好侍奉太皇太后，甚至是太皇太后身边那些常侍的随从，用尽了各种方法，甚至达到了以千万计的贿赂。王莽多次向太皇太后进言请求可以册封太皇太后的姐、妹为君，给她们封赏汤沐邑。因此，太皇太后身边的人早晚都向她称赞王莽。王莽知道太皇太后始终还是一个女人，厌恶居住在深宫里面，就打算用游观的乐趣来换取她的权力，就像市场买卖一样，于是让太后四季都乘坐着车子到四郊去游览，慰问救助孤儿、寡妇、贞妇，太皇太后经过各属县，就布施恩惠，赐给百姓钱币、丝帛、牛肉、美酒，每年都是这个样子。太皇太后身边那些供支使的小儿生病了，就住在外舍，王莽就亲自去探望他们。王莽想要得到太皇太后的欢心，所使用的手段就是这个样子。

太保王舜向汉平帝上奏说：“天下的百姓都听说安汉公不接受相当于可以出一千辆兵车的国家的封地，推辞了女儿万两黄金的聘金。没有一个不仰慕王莽的。蜀郡男子路建等人停止了诉讼，惭愧地回去了，就是周文王感化虞君、芮君，让他们自动停止争执返回本国，也比不上安汉公啊！您应该昭告天下的百姓，让他们知道这件事。”于是，孔光感到更加害怕恐惧了，坚持声称自己生病了，要辞去自己的官职。太皇太后就颁下诏书说：“太师不必每天都来上朝，只要每十天上朝一次就可以了，宫廷会为你设置几案和手杖，赐给你十七种食物的美餐，然后你再回去；太师府的属官各自仍然是以前的职位，不进行改变。”

王莽向汉平帝上奏请求建筑明堂、辟雍、灵台，为学生修盖一万间房屋，规模十分宏伟。在太学设立《乐经》的课程；增加博士的名额，每一经各五个人。在全国征求精通一艺、教授弟子十一人以上的经师，以及收藏有散的逸《礼经》、古书、天文、图谶、钟律、《月令》、兵法、《史籀篇》文字，而通晓了解其中的意义的，都到公车署去。收罗全国具有卓著才能的士人，到公车署去的前后有一千多人，王莽让他们全部都到朝廷里面，把他们的说法都记录下来，并且打算让他们去改正流传的谬误，使各种不同的说法统一起来。

王莽又征召了能够治理黄河的士人，以百计算，每个人的主张并不相同，长水校尉平陵人关并认为："黄河通常在平原郡、东郡的两边决口，这两处地方的地势低下，而且土质松软低劣。我听说大禹治理黄河的时候，原本把那个地方空了出来，不让百姓在那里居住，作为调节黄河的地方。夏禹认为水大的时候可以到那里把河水倾泻出去，水少的时候那里自己就会逐渐干涸，虽然地方时常会发生改变，但还是没有离开那一带。上古距离现在已经很遥远了，那个时候的很多事情现在很难考察了，所以就近考察秦、汉以来的情况，黄河在古曹国、古卫国的地域决口，它的南北相距不超过八十里，我们可以把这个地方空出来，不要在那里修建官亭、民屋也就可以了。"御史临淮人韩牧则认为："只要大概在《禹贡》里面记载的九河的地方进行穿凿疏通，即使不能使九条河流全部被疏通，只要能够疏通四五条，对我们也是有好处的。"大司空掾王横说："黄河流入渤海的出口，那里的地面比韩牧想要挖掘的地方要高出很多。过去，那里经常下雨，吹东北风，海水倒灌，就会从西南方向流出去，然后淹没几百里，古九河的水道，早就已经被海水逐渐覆盖了。大禹当初疏导黄河的河水，本来是打算让它顺着西山向东北方向流去。《周谱》里面说：'周定王五年的时候，黄河改道了。'这就说明，现在黄河所经过的河道，并不是大禹当初所凿通的河道了。还有，秦国攻打魏国的时候，曾经使黄河决堤，把河水灌入魏国的都城，决口的地方也就逐渐增大了，不能再进行堵塞。所以，您应该把当地的百姓全部迁移到完整平坦的地方，重新开凿一条河道，使黄河可以顺着西山的山麓，沿着高地从而向东北方向流到大海里面，这样才能避免水灾的发生。"司空掾沛国人桓谭主持这一次的议论，就向少傅甄丰说：“现在一共有这几种方案，其中一定有一种是正确的，您应该详细进行考核，都能够预先发现利弊得失。计划决定了以后，才可以开始行动，所需要的费用只不过几亿万，而且还可以使那些游手好闲、没有产业的人找到工作。游手好闲，没有产业的人，他们闲着不事生产，与他们参与劳动，都同样需要大量的衣服和食物，与其由国家供给他们衣服和食物，还不如让他们去修治黄河，为国家劳作，这样做对双方都有好处，对上可以继承大禹的功绩，对下可以为百姓除害。”那个时候王莽崇尚的只是空话，并没有具体实施。

大臣们向汉平帝上奏说：“从前周公旦代替成王处理了七年国政，才把国家的制度制定妥当。现在安汉公才辅佐了四年国政，只用了二十天就完成了修建明堂等事情，大功就全部完成了，您应该将宰衡的地位提高到诸侯王之上。”汉平帝颁下诏书说：“可以这样做。”然后就命令大臣们去商量九锡的法规。

王莽向汉平帝上奏，请求汉平帝尊孝宣庙为中宗，孝元庙为高宗；又向汉平帝上奏请求废弃刘询父亲刘据祭庙，不再进行修建；撤销南陵、云陵，改设为两个普通的县。王莽的上奏得到了汉平帝的准许。

王莽自以为他的德威，感化了北边的匈奴，招来了东边的海外国家，怀柔了南边的黄支国，只有西边还没有受到影响，于是王莽就派遣中郎将平宪等人带了很多金币去招引住在塞外的羌人，让他们向汉朝献上自己的土地，归顺朝廷。平宪等人向汉平帝上奏说：“羌人以良愿等为首的部落，大约一共有一万两千人，愿意成为汉朝的臣民，他们向汉朝进献了鲜水海、允谷、盐池，这些地方土地平坦，芳草鲜美茂盛，都送给了汉朝的百姓；自己去居住在险峻的地方，作为汉朝的屏障，我们询问良愿投降的用意是什么，他回答说：‘太皇太后圣明通达，安汉公仁慈道德，天下太平，五谷丰收，有的禾苗长到了一丈多长，有的一粒谷子里面包含三粒米，有的不需要种植自己就生长了出来，有的茧不需要经过养蚕吐丝就自己结成；甘露从天上降下，甘泉从地下涌出来；凤凰飞来送来了吉兆，神雀飞临聚集在一起。自从安汉公辅政的这四年以来，羌人没有遭遇过什么艰难痛苦的事情，所以我们愿意归顺朝廷。’您现在应该及时让他们住在方便的地方，安排他们的生产和生活，设置属国管辖保护他们。”汉平帝把这件事情交给了王莽，王莽又向汉平帝上奏说：“现在我们已经拥有东海、南海、北海三个郡了，我请求您接受良愿等人向汉朝进献的土地作为西海郡。然后把天下划分为十二个州，以符合古代的制度。”汉平帝准许了王莽的上奏。冬季，汉平帝下令设置西海郡。又增订了五十条法律，所有触犯了律令的人都被流放到了西海郡。被流放过去的人，竟以千万计算，百姓开始怨恨了。

梁王刘立被指控犯下了与卫氏家族勾结的罪行，被汉平帝罢免了官职，并且流放到了南郑县；刘立最后自杀。

汉平帝下令划分京城长安，设置了煇光、丞烈前后两个郡。更改公卿、大夫、八十一元士的官名、等级以及十二个州的名称。更改了郡、国的管辖区域，有的废除、有的新设、有的改变、有的改易，使天下的事情增加了很多，就连官吏都不能记得十分清楚。

五年（乙丑，公元5年）

春季，正月，汉平帝放弃了在主庙进行祭祀，在明堂对远近祖先进行大合祭，一共有二十八个诸侯王、一百二十个列侯、九百多个宗室子，被征召前来助祭。完成了祭礼以后，参加的皇室子弟都增加了食邑户数，赐封了爵位以及金银、丝帛，提高他们的俸禄，让他们担任官职，各有差别。

安汉公又向汉平帝上奏，请求恢复在长安南郊祭天、北郊祭地的祭礼。在这三十多年之间，祭祀天地的地方，已经一共更改了五次。

汉平帝颁下诏书说：“自从汉王朝建立到现在，皇室的子弟已经有十多万人了，各郡、各封国应该分别设置宗师来负责纠察训导他们的错误，使他们不至于触犯律法，获得教训。”

夏季，四月乙未日（初一），博山简列侯孔光去世了，汉平帝赐予十分丰厚的陪葬品，为他举办了十分隆重的葬礼，送葬的车子就有一万辆。然后汉平帝任命马宫为太师。

因为王莽不接受新野县的田地而向汉平帝上书的官吏、百姓，前后一共有四十八万七千五百七十二个人，以及被接见的诸侯王、公、列侯、现存的宗族，都向汉平帝叩着头说：“您应该尽快赏赐安汉公王莽。”于是，王莽就向汉平帝上书说：“官吏百姓们呈上来的奏章并且被交付给下面的官员进行商议的，和赏赐安汉公有关的事情都先搁置下来不要呈上去，以方便臣王莽能够竭尽力量，首先完成制作礼仪、乐章的事情。等到这些事情完成以后，我希望您准许我辞去官职，让我回家，以便让贤能的人才能够被皇上任用。”甄邯等人把这件事情告诉了太皇太后，太皇太后就颁下诏令说：“安汉公每一次觐见皇上的时候，都是流着泪磕着头说，希望自己可以不要接受皇上的赏赐，如果皇上坚持给予安汉公赏赐，就不敢承受这个位子了。现在制定礼乐制度的工作还没有完成，而这件事情必须由安汉公亲自决定，所以就暂且由安汉公去制定礼乐制度，等到这些工作全部完成，群臣报告了以后，再研究大家从前的建议。但是关于九锡的礼仪，仍然需要尽快制定上奏！”

五月，汉平帝颁下诏书加赐安汉公王莽，赐给了他九锡。王莽叩头再拜，接受了绿色的蔽膝和龙冠、礼服，用美玉装饰的佩刀，鞋头突出的鞋，由四匹马拉的皇上乘坐的车，装饰着九束绦子的大龙旗，用白鹿皮制作的古冠、细褶白布衫，兵车军马，朱红色的弓、箭，黑色的弓、箭，立在左边的红色钺斧，立在右边的有金饰的戚斧，一套铠甲、头盔，两樽美酒，两个玉石酒器，两枚皇上才可以使用的青色玉珪，规定王莽的家里可以安装红漆大门和修建檐内台阶，设置宗官、祝官、卜官、史官四个官职，拥有护卫勇士三百人。

王恽等八个人奉命去考察各地的风俗返回了京城，说全国的风俗整齐划一，并且编造郡、国的民歌民谣，颂扬功德，一共有三万字。

闰月丁酉日（十四日），汉平帝颁下诏书给羲和刘秀等四个人，命令他们负责修建明堂、辟雍，使汉朝的土木工程与周文王筑灵台、周公旦建洛阳城能相符合。太仆王恽等八个人奉汉平帝的命令去巡视各地的风俗，宣扬阐明道德教化，使诸侯各国的风俗能够整齐划一，刘秀等四人和王恽等八人，都被汉平帝册封为列侯。

这个时候，只有广平王的丞相班稚没有向汉平帝报告吉瑞和歌谣；琅邪郡太守公孙闳在官府谈论灾害。于是甄丰就派遣属官赶快前往广平、琅邪二郡，示意当地的官吏、百姓向皇上报告吉瑞而避讳报告灾害，然后向皇上上奏弹劾“公孙闳捏造发生了灾害，班稚拒绝报告吉瑞的征兆，他们两个人都犯下了不道的罪行”。班稚，是班婕妤的弟弟。太皇太后就说：“不宣扬美好的道德，应该和伪造灾害消息的处罚分开进行。而且班稚和后宫有贤德的班婕妤是一家人，他是我所怜悯的人。”于是最后就只是把公孙闳关进了监狱里面，将他诛杀了。班稚感到惊恐害怕，就向汉平帝上书陈述世受国恩，并且向汉平帝承认了自己的罪过，请求汉平帝宽恕他的罪过，然后表示自己愿意归还封国的相印，到长安的延陵园去，做一个掌守园寝门户的园郎，太皇太后答应了他的请求。

王莽又向汉平帝上奏请求统一购买东西的价格，使做生意没有两样价格，官府没有诉讼的案子，城市里面没有盗贼，乡野没有饥民，道路上没有人去拾取别人遗留在道路上的东西，实行男女分开行走的制度，凡是违反律法的人，都只在衣服的颜色上加以区别，处以象征性的刑罚，来表示耻辱。

王莽向太皇太后上奏说：“定陶共王的母亲傅太后，汉哀帝的母亲丁姬，之前不遵守藩臣姬妾的规矩，坟墓竟然和元帝的一样高，而且还携带着帝太后、太皇太后的印信被埋葬了。我请求您同意我去发掘定陶共王的母亲以及汉哀帝的母亲丁姬的坟墓，把印信取出来；将定陶共王的母亲傅太后归葬到定陶县，埋葬在定陶共王的坟墓旁边。”但是太皇太后认为这件事情已经过去了一段时间，不必再去发掘她们的坟墓了。王莽坚持自己的意见，所以太皇太后就颁下诏书下令用傅太后原来的棺材去改葬。王莽又向太皇太后上奏说：“定陶共王的母亲傅太后以及汉哀帝的母亲丁姬的棺材都是用最名贵的香梓制成的，而且尸体上还穿着用珠子串缀的外套、金镂玉衣，这些都不是藩臣的姬妾应该穿着的服饰。我请求您可以改用普通木材的棺材，剥去用珠子串缀的外套、金镂玉衣；将丁姬埋葬在妃嫔的坟墓旁边。”王莽的上奏被太皇太后准许了。

公卿和在位的朝廷文武官员都迎合王莽的旨意，将钱帛捐献出来，派遣子弟以及诸生、四方的夷族一共十多万人，拿着畚锸等工具，帮助将作大匠把定陶共王的母亲傅太后、汉哀帝的母亲丁姬的坟墓铲平。二十天之内，坟墓就全部都被铲平了。王莽又用荆棘把原地围了一圈，来作为世人的警诫。王莽又下令拆除了共皇的祭庙，把当初建议汉哀帝建筑先皇庙的泠褒、段犹都放逐到了合浦郡去。

汉平帝征召师丹到公车府去，赏赐了师丹关内侯的爵位，恢复了他原来的封邑。过了几个月，汉平帝又改封师丹为义阳侯；一个多月以后，师丹去世。

当初，汉哀帝的时候，马宫担任光禄勋的官职，和丞相、御史一同议定了傅太后的谥号为孝元傅皇后。等到王莽追究诛杀之前参与议定的人的时候，马宫因为和王莽的关系比较好，所以唯独他没有被诛杀。但是马宫内心感到惭愧害怕，于是就向汉平帝上书说：“臣以前在议定陶共王母亲的谥号的时候，迎合上面的旨意、附和别人的意见，违反背离了儒学经典，胡乱陈说，迷惑贻误了皇上，是臣作为臣子的不忠。虽然我有幸能够有机会悔改自新，但是我实在是没有脸面再到朝廷议政，也没有心思再居住在官府里面了，我不应该再享有封爵、食邑的赏赐。我希望您准许我上交太师、大司徒、扶德侯的印信，避开贤能的士人得到提拔的道路。”八月壬午日（二十日），王莽用太皇太后的诏令给马宫颁下策书说："四辅的职务，是为国家维持纲纪；三公的责任，就是辅佐国君；不能坚持自己的原则，就无法继续任职。你说的话十分真诚，不敢掩饰自己的过错，朕非常尊重你的操守。现在，我不剥夺你的爵位和食邑，只是准许你上交太师、大司徒的印信给使臣，以侯爵的身份离开朝廷返回家里。"

王莽认为皇后有生下子孙的祥瑞，就修通了子午道，从长安杜陵县穿过终南山，直通汉中郡。

泉陵侯刘庆向汉平帝上书说："周成王年龄幼小，由周公旦辅佐他处理国政。现在皇上年龄幼小，您应该让安汉公施行皇上的权力，就像周公旦一样。"大臣们都说："您应该按照刘庆的话去做。"

这个时候汉平帝的年龄逐渐长大了，因为他的母亲卫后不能到京城，就十分怨恨王莽，并且感到不高兴。冬季，十二月，王莽趁着腊日大祭向汉平帝进献椒酒的时候，在椒酒里面投放了毒药；汉平帝中毒生病。王莽就写下诏书，在泰畤向天神祈祷，请求保全皇上的性命，表示愿意自己代替皇上去死，他把诏书藏在绑着金縢的匣子里面，放在前殿，告诫众位大臣不可以说出去。

丙午日（十二月无此日），汉平帝在未央宫去世了。太皇太后下令大赦天下。王莽命令全国官秩在六百石以上的官吏，全部都服丧三年。王莽向太皇太后上奏建议尊称孝成庙为统宗；孝平庙为元宗。将孝平帝入殓，为他穿戴上成人的衣冠，将汉平帝安葬在康陵。

◆班固感慨地说：孝平帝的时候，都是由王莽发号施令，褒扬自己的善行，宣扬自己的功德，因此使自己尊崇威严。从他的文辞上来看，中原以外的众多蛮夷，没有一个不想归顺臣服的。吉祥的征兆纷纷出现，美好的征兆都应验了，就连歌颂的声音也都一起兴起了；至于上有天象的变异，下有百姓的怨恨，王莽也无法掩饰了。◆

王莽任命长乐少府平晏为大司徒。

太皇太后和大臣们商量选择皇位继承人的事情。那个时候汉元帝没有后代，但是汉宣帝的曾孙被封为王侯并且仍然健在的有五个，被封为列侯的有四十八个。王莽憎恶他们已经长大了，就对太皇太后说："兄弟之间不能相互作为后代。"于是就征召汉宣帝所有的玄孙，从中选择皇位的继承人。

这一个月，前辉光郡人谢嚣向太皇太后上奏说武功县长孟通在挖掘深井的时候，得到了一块白色的石头，上面是圆形的，下面是正方形的，石头上面还有朱红色的文字，文字是"宣告立安汉公王莽为皇上"。上天赐给皇上祥瑞征兆的兴起，就是从此开始的。

王莽让众大臣把这件事情告诉了太皇太后，太皇太后知道了以后说："这是欺骗天下的百姓，不可以实行！"太保王舜对太皇太后说："事情已经发展到了这个地步，已经没有什么办法了，即使想要破坏它，您的力量也不够去制止它。而且王莽又不敢有什么别的企图，他只是想要通过公开宣称自己代替皇上摄政来加强自己的权势，好去镇服天下人罢了！"太皇太后的内心知道不可以这样做，可是，她的力量又不够去制止这件事情的发生，就只好答应了这种做法。王舜等人就一起让太皇太后颁下诏书说："孝平皇帝寿命短暂去世了，我已经命令主管的官吏传召孝宣皇帝的二十三个玄孙，从里面选择适合的人，来继承孝平皇帝的后裔。但是玄孙的年龄还很幼小，如果得不到十分有道德的君子来辅弼他，又有谁能够让他安居帝位呢？安汉公王莽，已经辅佐了三代的朝政，现在和周公旦的时候虽然不一样了，但是功业是一样的。现在前煇光郡人谢嚣、武功县长孟通都向我上奏说了白石红字的符命，我深深地思索了里面的意思，上面所谓的'为皇帝'的意思，就是代行皇上的职权。现在我特意命令安汉公暂时登上皇位，代行皇上的职权，就像过去周公旦的时候一样，有关开列典礼仪式的事情，上奏给我，让我知道！"

于是，大臣们都向太皇太后上奏说："太皇太后圣德昭明，深深地理解了天意，颁下诏书命令安汉公暂时登上皇位，代行皇上的职权。臣请求您让安汉公登上皇上的位置，穿着皇上的礼服，戴着皇上的礼帽，背靠着设置在门窗之间的斧形图案屏风，向着南面接受大臣们的朝见，处理政事；他的车驾进出，要清理道路阻止他人在路上行走，平民和臣子向他自称为男奴女奴，全部按照皇上的礼仪制度办事。在郊外祭祀天地，在明堂祭祀宗亲，在宗庙祭祀先人，祭祀各种神祇，祝祭的赞词是‘假皇帝’， 平民和臣子称他为‘摄皇帝’，自称是‘予’。讨论决定朝廷的大事，通常以皇上的诏书形式称为‘制’，来秉承和遵循上天的心意，辅佐汉朝，抚育安定孝平皇帝的幼子，来完成寄托幼孤的义务，振兴国家安定的教化。当他朝见太皇太后、帝皇后的时候，就恢复作为臣子的礼节。在自己的官署、家宅、封国、采邑可以独立地实行政治教化，就按照诸侯礼仪的往例办。”太皇太后颁下诏书说：“可以这样做。”

王莽上

居摄元年（丙寅，公元6年）

春季，正月，王莽在南郊祭祀上帝，又举行了迎春、大射、养老等礼仪。

三月，己丑朔日（初一），王莽立汉宣帝的玄孙刘婴为皇太子，称号叫作孺子。刘婴，是广戚侯刘显的儿子，当时只有两岁。王莽声称，经过占卜相术的卜卦以后，认为他最吉利，所以就立他为皇位的继承人。尊王皇后为皇太后。

王莽任命王舜为太傅、左辅，甄丰为太阿、右拂，甄邯为太保、后承；又设置了四少的官职，官秩都是二千石。

四月，安众侯刘崇和封国丞相张绍商量说：“安汉公王莽一定会危害刘氏，天下的百姓都认为他不好，只是没有一个人敢首先举事，这是我们宗室的耻辱。我率领宗族首先举事反对他，全国一定会响应我的。”于是张绍和一百多个跟随他的人，就去进攻宛县；但是还没有攻进去就失败了。

张绍的堂弟张竦和刘崇的远房伯叔刘嘉到朝廷里面去自首，王莽就赦免了他们没有加罪。张竦就趁机替刘嘉撰写奏书，歌颂王莽有高尚的道德，痛陈刘崇的罪状："我希望为宗室带头，父子兄弟都背着竹笼，扛着铁锹，赶到南阳郡去，铲平刘崇的宫室，让那里成为积蓄污水的池沼，就和古代的制度一样。刘崇的土地神社甚至应该像当年亡国的亳社一样毁掉，在周武王打败了殷商之后，把那里分赐给其他的诸侯，用来作为永远的借鉴和警诫！"于是，王莽就感到非常高兴，册封刘嘉为率礼侯，就连刘嘉的七个儿子也都被赐给了关内侯的爵位；后来，王莽又册封张竦为淑德侯。长安城就把这件事编成俗语说："要是想要被册封，就要去找张伯松，即使拼命会战斗，不如巧妙会上奏。"（想求封侯，可去请教张伯松，力战为功，还不如刘嘉的巧奏。）从此以后，凡是阴谋造反的人，宫室都被铲平变成污池了。大臣们又向太皇太后上奏说："刘崇等人胆敢阴谋造反，就是因为王莽的权力还太小。应该提高加重王莽的权力地位，以使天下的百姓安定。"五月甲辰日（十七日），太皇太后颁下诏令，传召王莽在觐见太后时称自己为"假皇帝"。

冬季，十月丙辰朔日（初一），发生了日食。

十二月，大臣们向王莽上奏请求王莽将安汉公在皇宫里面的住舍称为摄省，官府称为摄殿，住宅称为摄宫。王莽准许了他们的奏章。

这一年，西羌人庞恬、傅幡等人怨恨王莽夺取了他们的土地，就反攻西海郡太守程永，程永赶快奔跑逃走了。王莽处死了程永，然后派遣护羌校尉窦况去攻击西羌。

二年（丁卯，公元7年）

春季，窦况等人打败了西羌。

五月，王莽下令改铸货币：一个错刀，价值是五千钱；一个契刀，价值是五百钱；一个大钱，价值是五十钱。和五铢钱在民间同时流通，民间偷偷私自铸造货币的有很多。王莽就颁下禁令，要求列侯以下不准私藏黄金，私人的黄金送到御府可以兑换相应的货币，可是，始终没有把货币兑换给那些送去黄金的人。

东郡太守翟义，是翟方进的儿子。和外甥上蔡人陈丰密谋说：“新都侯王莽代行皇上的职权，向天下的百姓发号施令，故意选择宗族里面幼年的孩子作为孺子，假托周公旦辅佐成王的做法，来试探天下人心的向背，他将来一定会取代汉家的，这个迹象已经越来越明显了。现在宗室衰落微弱，外面又没有强大的同姓诸侯，天下的百姓都低下头顺从王莽，没有一个人能够挽救国家的危难。我幸运地能够成为宰相的儿子，本身又担任一个大郡的太守，我们父子都蒙受了汉朝的大恩，在道义上我们也有义务应当为国家讨伐贼寇，使国家安定；我打算发动军队西进，诛灭不应该代行皇上职权的人，自己重新去选择宗室的子孙，辅助他继承皇位。即使我不能完成这个使命，我也愿意为国家牺牲，虽然身体被埋葬了，但是我的名声可以一直流传下去，还可以不愧对先帝。我现在准备起兵了，你愿意追随我吗？”陈丰当时只有十八岁，勇武雄壮，就一口答应了下来。于是翟义就和东郡都尉刘宇、严乡侯刘信、刘信的弟弟武平侯刘璜一起谋划，在九月检阅军队的日子，斩杀了观县的县令，趁机控制了当地的战车、骑兵、弓箭手，又招募了郡里面勇敢的人，部署将帅。刘信的儿子刘匡，那个时候是东平王，于是就联合东平国的军队，拥立刘信为皇上；翟义称自己为大司马、柱天大将军；用檄文通告了各郡、各封国，说：“王莽用毒酒毒死了孝平皇帝，这才登上了皇位，他想要铲除汉朝的政权。现在皇上已经即位了，恭敬地来执行上天对王莽的惩罚！”各郡、各封国都被震动了。军队到达山阳郡的时候，人数已经达到了十多万。

王莽知道了这件事以后，惶恐害怕得吃不下东西。太皇太后对她的侍从说：“人心看到的都是相同的，即使我是一个女人，也知道王莽一定会因此而使自己陷入危险的境地。”于是王莽就任命他的同党、亲戚：轻车将军、成武侯孙建为奋武将军，光禄勋、成都侯王邑为虎牙将军，明义侯王骏为强弩将军，春王城门校尉王况为震威将军，宗伯、忠孝侯刘宏为奋冲将军，中少府、建威侯王昌为中坚将军，中郎将、震羌侯窦况为奋威将军，一共七个人，每个人各自选择任命函谷关以西地区的人为校尉、军吏，率领函谷关以东地区的士兵，再征调各郡临时召集的部队，去攻击翟义的军队。王莽又任命太仆武让为积弩将军，带领军队驻守护卫函谷关；将作大匠蒙乡侯逯并为横壄将军，带领士兵驻守护卫武关；羲和、红休侯刘秀为扬武将军，带兵驻守护卫宛县。

三辅（京兆尹、左冯诩、右扶风）知道翟义起兵的消息以后，从茂陵县以西到汧县的二十三个县，都一起爆发了盗贼祸乱。槐里县男子赵朋、霍鸿等人称自己为将军，进攻、焚烧官府，杀死了右辅（右扶风）都尉以及斄县县令，他们聚集到一起互相商量说："将领们的精锐部队都到东边去了，现在京城空虚，我们可以进攻长安城！"军队的人数渐渐增加到了十多万，在未央宫的前殿都可以看到火光了。

于是王莽又任命卫尉王级为虎贲将军，大鸿胪、望乡侯阎迁为折冲将军，向西攻击赵朋等人。任命常乡侯王恽为车骑将军，带兵驻守护卫平乐馆；骑都尉王晏为建威将军，带兵驻守在城北；城门校尉赵恢为城门将军；各自都率领、整编军队，进入戒备状态。王莽又任命太保、后承、承阳侯甄邯为大将军，让他在高庙里面接受斧钺，统率带领全国的军队，左手拿着符节，右手拿着斧钺，带兵驻守在城外。王舜、甄丰早晚都在宫殿里面进行巡查。

王莽每天都抱着孺子在郊祀祭坛和宗庙里面祈祷，将大臣们召集起来，宣称："从前周成王年龄幼小，由周公旦代行皇上的职权，然而管叔、蔡叔却挟持纣子禄夫叛变了。现在翟义也挟持刘信在国家作乱。自古以来，就连古代伟大的圣人尚且为这个而感到担心害怕，更何况是才能低下的臣子王莽呢？"大臣们都说："不经历这次的变动，就不能彰明您高尚的德行！"

冬季，十月甲子日（十五日），王莽根据《周书》撰写了《大诰》，说："当我接到翟义造反的奏书的那一天，宗室在京城的才俊人士，一共有四百人；以他们作为百姓楷模的贤士，一共有九万人；我恭敬地任用这些贤人、俊杰，一起保护汉朝的继承人，最后完成这功业。”然后王莽派遣大夫桓谭等人前往全国各地，告示天下的百姓自己会将帝位还给孺子的意图。

将领们向东到达了陈留郡菑县，和翟义的军队进行了战斗，打败了翟义，斩下了刘璜的头。王莽感到非常高兴，又颁下诏书首先册封车骑都尉孙贤等五十五个人都为列侯，让他们直接在军队里接受任命的诏书。并借这个机会下令大赦天下。于是，精锐的官员士兵就在圉城围攻翟义。十二月，他们打败了翟义的军队。翟义和刘信放弃军队逃跑了，等到他们到了固始县境内的时候，翟义被逮捕了，就在陈县的闹市里面分裂了他的尸体；但是刘信却始终没有被捉到。

初始元年（戊辰，公元8年）

春季，发生了地震。王莽下令大赦天下。

王邑等人回到京城以后，就向西和王级等人联合起来一起去进攻赵明、霍鸿。二月，赵明等人被消灭了，众县的动乱就这样被平息了，恢复了原来的秩序。王莽的军队胜利后回到了京城，于是王莽就在白虎殿设置了酒会，犒劳和赏赐众将帅。王莽颁下诏令命令陈崇审核考察军队的功劳，排列出他们的高低，按照周朝把爵位分为五等的制度，来册封立下功劳的臣子为侯、伯、子、男，一共册封了三百九十五个人，指出“他们都是怀着愤怒的心情，从东边开始进行征伐，向西边进行攻击，顷刻之间就把羌寇、蛮盗、叛虏、逆贼都消灭了，天下的百姓也都顺从称臣了”，叙功封爵的诏书都是这样写的，都是用的这个理由。

其中本来应该赐予关内侯爵位的人，都改名为附城，又有几百个人。王莽挖掘了翟义的父亲翟方进以及翟义在汝南郡的先祖坟墓，把他们的棺材灵柩都烧掉了；屠杀了他的三族，惩罚牵连了同姓的子嗣，就连幼儿都不能幸免遭到了杀害，王莽甚至还把尸体都放进同一个大坑里面，然后用荆棘、五毒一起和他们埋葬了。王莽又下令把翟义以及赵朋、霍鸿党羽们的尸体都堆积在濮阳县、无盐县、圉城、槐里县、盩厔县通道的旁边，一共有五处，还插了一块木板在尸体的上面，用来标明，上面写着：“反虏逆贼鳣鲵。”翟义等人都失败了，于是王莽自认为自己的威势德行一天比一天兴盛了，就开始谋划正式即位做皇帝的事情。

大臣们又向王莽上奏：您应该晋升儿子王安、王临的爵位，封他们为公爵；册封您的侄子王光为衍功侯。那个时候，王莽已经将新都国的封邑归还给了朝廷，大臣们又对王莽说应该册封王莽的孙子王宗为新都侯。

九月，王莽的母亲功显君去世了。王莽认为自己代行皇上的职权，登上了宫廷至尊的宝座，继承了汉朝大宗的后代，于是就为功显君穿上了五服中最轻的缌缞的丧服，在帽子上面添加了用麻环绕而成的孝带，就好像是皇上吊祭诸侯的丧服。一共吊祭了一次，会祭了两次，然后王莽就命令新都侯王宗为丧主，服丧三年。

司威陈崇向王莽上奏：王莽的侄子衍功侯王光私底下告知执金吾窦况，让窦况替自己去杀人。于是窦况就替他把那个人抓了起来，用法律处死了。王莽大怒，严厉地指责了王光。王光的母亲对王光说：“你看你自己和长孙、仲孙相比，谁和王莽更加亲近呢？”长孙、仲孙是王莽的儿子王宇和王获的字。于是，王光母子就自杀了，就连窦况也死了。起初，王莽因为服侍母亲、供养嫂嫂、抚养兄长的儿子得到了名声，等到后来悖逆苛刻，但是又这样子假装公正来显示给天下的百姓看。王莽下令让王光的儿子王嘉去继承王光的爵禄为侯。

这一年，广饶侯刘京向王莽上奏说齐郡出现了一个新井，车骑将军千人扈云向王莽上奏说在巴郡发现了一头石牛，太保属臧鸿向王莽上奏说扶风郡雍县发现了一块仙石。王莽都欢迎接受了。十一月甲子日（二十一日），王莽向太皇太后上奏说：“陛下正好是汉朝十二代，正好又碰上了‘三七’二百一十年数字的困厄，您承受了上天威严的命令，颁下诏书命令臣王莽暂时登上皇位，代行皇上的职权。广饶侯刘京向我上书说，七月中的时候，齐郡临淄县昌兴亭长辛当一个晚上做了好几次梦，梦见有人对他说：‘我是天公的使者。天公命令我告诉亭长：摄皇帝应该成为真正的皇上。如果你不相信我，这个驿亭里会出现一口新井。’亭长第二天早晨起来以后，就到驿亭里面去看，结果真的发现那里出现了一口新井，深入地下将近一百尺。十一月壬子日（初九），正好是冬至日，巴郡的石牛，戊午日（十五日），雍县的仙石，都被运送到了未央殿的前殿。臣和太保安阳侯王舜等人前去查看，那个时候天空刮起了大风，尘土飞扬，天色变得晦暝，当风停止的时候，我们在石头前面得到了铜质的符命和有图的布帛，上面的文字是：‘上天告示皇上的符信，进献的人可以被封侯。’骑都尉崔发等人看见了这些文字并且说出了它的意思。孔子说：‘要畏惧上天赐予的意志，敬畏身居高位的长辈，敬畏圣人高深的教导。’臣王莽不敢不遵照执行！臣请求在我服侍天神地祇、宗庙，向太皇太后、孝平皇后奏报的时候，都称自己为‘假皇帝’；至于我对天下的百姓发号施令，天下的百姓向我奏报事情，都不要说是‘代理’，把居摄三年改为初始元年，把计时用的漏刻刻度改为以一百二十刻为标准，来符合上天的命令。臣王莽一定会日夜养育孺子成长，使他可以和周朝成王的品德相媲美，并且向全天下的百姓宣扬彰明太皇太后的声威和德泽，让各地的百姓都富足以后，再对他们施行教导。等到孺子长大成人以后，再把明君的权力归还给他，就像周公旦过去所做的事情一样。”太皇太后准许了王莽的上奏。众人都知道他是在奉行符命的意思，王莽又指使大臣们广泛地进行议论，分别上奏给太皇太后，以显示他正式登上皇位的趋势正在逐渐形成。

期门郎张充等六个人密谋共同劫持王莽，去拥立楚王刘纡为皇上。结果被王莽发现，全部被王莽诛杀了。

梓潼人哀章在长安城求学，一直以来品行就不好，只是很喜欢讲大话，他看见王莽登上了皇位，代行皇上的职权，就制作了一只铜匮、两张标签，其中一张上面写的是“天帝行玺金匮图”，另外一张上面写的是“赤帝玺某传予黄帝金策书”。所谓某，就是高皇帝的名字。那份策书说王莽是真天子，太皇太后应该遵照上天的命令。图和策书上面写的都是王莽的八个大臣，又加上了两个好名字王兴、王盛，哀章趁这个机会把自己的名字也加在了里面，一共有十一个人，都写明了官职和爵位，用来辅佐朝政。哀章知道齐郡新井、巴郡石牛的事情已经都交付给下面的人去办理，就在当天黄昏，穿上黄色的衣服，拿着铜匮到高帝祭庙去，把它交给了仆射。于是仆射就向上奏报。

戊辰日（二十五日），王莽到达了高庙，跪拜接受天神命令转让统治权的铜柜，他听从神命，接受了汉朝的禅位，戴上帝王的冠冕，去拜谒太皇太后，回来以后就坐在未央宫的前殿，颁下诏书说："我的德行不高，凭借着是皇初祖考黄帝的后代，皇始祖考虞帝的后裔，而且是太皇太后的支属。皇天上帝，使我高显，对我予以隆厚的保佑，让我完成天命，继承大统，符契、图文、铜匮、策书，都是神灵对我的诏告，上天把天下广大的百姓都交付给我。赤帝汉氏高皇帝的神灵，秉承上天的命令，传给我铜匮策书，我十分敬畏，不敢不谨慎地接受！根据占卜，因为戊辰正好是吉日，所以我就戴上了帝王的冠冕，登上真天子的座位，决定将我所拥有的天下的称号全部更改，建立新的王朝。我决定更改历法，更改车马、服饰的颜色，更改供祭祀用的牲畜的毛色，更改旌旗，更改用器制度。把今年十二月癸酉朔日（初一）定为始建国元年正月初一；把丑时作为一天的开始。车马、服饰的颜色配合土德，崇尚黄色；祭祀用的牲畜与正月建丑相应应该使用白色；使者符节的旄头旗幡都使用纯黄色，上面写上'新使五威节'来继承皇天上帝威严的命令。"

王莽即将要正式即位，就先把那些符命祥瑞捧上来，向太皇太后上报，太皇太后十分震惊。那个时候，因为孺子还没有长大成人，所以传国的印玺仍然放在长乐宫里面。等到王莽即位以后，王莽请求太皇太后交出传国的印玺，但是太皇太后不肯把印玺交给王莽。王莽就命令安阳侯王舜去规劝太皇太后。王舜一向谨慎恭敬，太皇太后十分信任他。王舜拜见了太皇太后，太皇太后知道他是来为王莽讨要传国印玺的，就发怒大骂他说："你们父子宗族，都是蒙受汉家的庇护，富贵了好几代，但是你们不但没有回报，反而利用别人托孤寄国的机会，趁着对自己有利的机会，夺取别人的国家，不去顾及恩情道义。这个样子的人，即使是猪狗也会憎恶他们的，天下怎么会有你们兄弟这样的人啊？而且王莽自认为自己可以凭借铜匮符命而登基成为真正的皇上，他更改了历法、更改了车马、服饰颜色，更改了制度，也应当自己另外制作一个传国的印玺，流传万代，又怎么会需要使用这个亡国不祥的传国印玺，并且想要从我这里得到它呢！我是汉家的老寡妇，早晚都会死的，我打算把这个传国印玺和我一起埋葬，你们终究是不可能得到这个印玺的！”太皇太后因此哭泣着说，太皇太后身旁两侧的常侍随从以及下面的人都跟着太皇太后一起哭了。王舜也悲伤得不能自止，过了很长的时间，王舜才抬起头对太皇太后说：“臣等已经没有什么好说的了。只是王莽是一定要得到传国印玺的，太皇太后难道能够始终不给他吗？”

太皇太后听王舜所讲的话十分恳切，担心王莽会用暴力胁迫她，于是就把汉朝传国印玺拿了出来，投掷在地上，然后对王舜说：“我年龄已经大了，等到我死了以后，你们兄弟最终将会全部被灭族！”王舜得到了传国印玺以后，进呈给王莽。王莽感到非常高兴，就在未央宫的渐台为太皇太后设置了酒会，让大家尽情地欢乐。

王莽想要更改王太后在汉朝时的旧封号，更换她的印信，但是又担心她拒绝这样做，然而王莽的远族王谏想要讨好王莽，就向王莽上书说：“皇天废除了汉朝并且命令建立新的王朝，太皇太后不应该继续称尊号，应当和汉朝一起废除，来遵守上天的命令。”王莽就把王谏的奏书拿给太皇太后看，太皇太后看了以后说：“他说的话有道理！”王莽就趁机对太皇太后说：“这是悖乱德行的臣子，应当对他处以死刑！”那个时候，冠军人张永向王莽献上了刻有符命文字的符命铜璧，说太皇太后应该被称为新室文母太皇太后，王莽就颁下诏书采纳了张永的建议。于是，王莽用鸩酒毒死了王谏，然后册封张永为贡符子。

◆班彪评论说："自从夏商周三代以来，无论皇上还是诸侯失去权势，只有很少不是因为宠爱女子。等到王莽兴起以后，孝元帝皇后王政君经历了汉朝四世皇上，身居国母的高位，享受了国家六十多年的奉养，王姓家族的众小人，世代都掌握着国家的权柄，轮换掌握着国家的权力；一共有五个大司马、十个侯爵，最终促成了王莽夺取汉朝的政权。君王的名位尊号都已经完全丧失，由别人另外建立了一个新的王朝，但是孝元后王政君还眷恋地紧握着一个传国印玺，不想把它交给王莽，实在是妇人之仁，令人感到悲哀啊！◆

资治通鉴卷第三十七　汉纪二十九

起己巳（公元9年），止甲戌（公元14年），共六年。

【题解】 本卷记录了王莽始建国元年至天凤元年间的历史，这是王莽大力改制的时期：王莽推行官制改革，以用新制取代汉制；更改地名，重划行政区域，贬低周边封爵地位；进行土地改革，推行井田制，禁止土地买卖；屡次改革货币，造成币制大乱；实行五均六筦，以平抑物价。最终，王莽的改革均遭失败，以至清流之臣归隐山林，甚至出现拒不受命绝食而死的龚胜之人。

王莽中

始建国元年（己巳，公元9年）

春季，正月朔日（初一），王莽率领公侯卿士捧着新制作的太皇太后的印信，呈给了太皇太后，为了遵从上天的命令，去掉了汉朝的尊号。

当初，王莽迎娶前丞相王孙沂的孙子宜春侯王咸的女儿为妻，现在立她为皇后，她一共生下了四个儿子，王宇、王获之前已经被处死了，王安又是一副糊里糊涂的样子，于是王莽就立王临为皇太子，王安为新嘉辟。册封王宇的六个儿子都为公爵。王莽下令大赦天下。

王莽颁下诏书册封孺子为定安公，赐给他一万户的食邑，土地纵横各一百里；在他的封国里面修建了汉朝祖宗的祠庙，与周朝的后代一样，可以使用汉朝的历法和车马、服装的颜色，不必遵从王莽新制定的制度；把孝平皇后册封为定安太后。诏书宣读完以后，王莽亲自握着孺子的手，流着眼泪抽泣着说："从前周公旦暂时登上皇位，代行皇上的政权，最后还是能够把明君的权力还给周成王；现在我却被上天威严的命令所逼迫，不能够按照自己的意思去做！”悲伤叹息了很长时间，中傅带着孺子走下了宫殿，面向北边，向王莽称臣。百官在席上陪在他的旁边，没有一个人不感动的。

王莽又按照哀章以前进献的金匮图、金策书上面罗列的十一个人，都进行了封赏和任命他们相应的官职，王莽任命太傅、左辅王舜为太师，册封为安新公；大司徒平晏为太傅，册封为就新公；少阿、羲和刘秀为国师，册封为嘉新公；广汉郡梓潼人哀章为国将，册封为美新公；这就是四辅，位列上公。太保、后承甄邯为大司马，册封为承新公；丕进侯王寻为大司徒，册封为章新公；步兵将军王邑为大司空，册封为隆新公；这就是三公。太阿、右拂、大司空甄丰为更始将军，册封为广新公；京兆人王兴为卫将军，册封为奉新公；轻车将军孙建为立国将军，册封为成新公；京兆人王盛为前将军，册封为崇新公；这就是四将。一共是十一个公。

王兴，以前担任的是城门令史；王盛，以前是卖饼的。王莽根据符命找到了十多个和这个姓名相同的人，其中这两个人的容貌符合占卜和观相的要求，就直接将他们从平民起用，来显示神奇。

这一天，王莽册封和任命的卿大夫、侍中、尚书官，一共有几百人，所有刘姓皇族担任郡太守的都改调为谏大夫。把明光宫改为定安馆，让定安太后在那里居住；把大鸿胪府改为定安公宅；都设置门卫使者监督管理。告诫保育人员和奶妈不能和刘婴（孺子）交谈，让他一个人住在空洞洞的屋子里面，一直到他长大成人，还不能说出六畜的名称。后来，王莽把自己的孙女，也就是王宇的女儿嫁给了他。

王莽颁下诏书规定了百官的职责，都以《尚书》里面典、诰的文章为标准。设置了大司马司允、大司徒司直、大司空司若，官位都是孤卿。将大司农改名为羲和，后来又改名为纳言；把大理改名为作士；把太常改名为秩宗；把大鸿胪改名为典乐；把少府改名为共工；把水衡都尉改名为予虞，和三公司卿（司允、司直、司若）分别归三公负责管辖。王莽一共设置了二十七个大夫，八十一个元士，分别负责京城诸官府的职务。又将光禄勋等官职改名为六监，官位都是上卿。把郡太守改名为大尹，把都尉改名为大尉，把县令、县长改名为宰；长乐宫改名叫作常乐室，长安改名叫作常安；其他的百官、宫室、郡县也全部更改了它们的名称，不能够完全记录下来。

王莽册封为王氏服丧一年的亲属为侯爵，为王氏服丧九个月的为伯爵，为王氏服丧五个月的为子爵，为王氏服丧三个月的为男爵，这样的女亲属也可以被赏赐爵位。男的封邑用“睦”为称号，女的封邑用“隆”为称号。王莽又说：“汉朝的诸侯有的称王，以致四方的夷民也仿效这样的称呼，违背了古代的制度，也背离了大一统的义理。我现在规定诸侯王的称号都为公，至于四夷的百姓僭越名号为王的就全部改称为侯。”于是汉朝的诸侯称王的三十二个人都降为公，诸侯王的子弟称侯的八十一个人都降为子，后来，王莽把他们的爵位都剥夺了。

王莽又册封黄帝、少昊、颛顼、帝喾、尧、舜、夏、商、周以及皋陶、伊尹的后裔都为公、侯，令他们可以分别去对自己的祖先进行祭祀。

王莽因为继承了汉室太平的事业，以及丰厚的国库和诸官府富足的资产，众多的异族也都归顺称臣，天下安定，但是即使拥有了这些，他的内心还是得不到满足，他认为汉家的格局太小，想要改变，想要更加宏大。

王莽就说自己是黄帝、虞舜的后裔，一直到齐王田建的孙子济北王田安才失去了政权，齐人称齐国的王族为王家，因此就以“王”为姓氏；所以他以黄帝为自己的初祖，虞帝为自己的始祖。王莽追尊陈胡公的尊号为陈胡王，田敬仲的尊号为田敬王，济北王田安的尊号为济北愍王。他建设了五座祖宗祭庙，四座皇族祭庙。天下姚、妫、陈、田、王五姓都是皇姓，世世代代免除徭役赋税。王莽又册封陈崇、田丰为侯，让他们作为胡王、敬王的后裔。

全国的州牧、太守因为之前在翟义、赵明等人造反的时候，都能够带领州、郡，对新朝忠诚，因此就册封了所有的州牧为男爵，太守为附城。王莽将汉高庙改为文祖庙。在京城里汉氏陵园中的宗庙，仍然维持原状，祭祠进献都还和过去一样。刘氏皇族仍然不需要缴纳赋税，承担徭役，一直维持到他们去世；州牧需要多派使者前往慰问安抚，不让他们受到侵辱和冤屈。

王莽认为刘字是由“卯、金、刀”构成的，就颁下诏书命令刻有“正月刚卯”的佩饰和钱币“金刀”都不准继续使用，并且下令废止了错刀、契刀以及五铢钱，重新另外制作小钱，直径六分，重量为一铢，上面刻有“小钱直一”的文字，再加上以前的“大钱五十”，分为两类，同时发行使用。为了防止百姓私底下偷偷铸币，就下令禁止私人携带铜、炭。

夏季，四月，徐乡侯刘快集结了几千人的同党，在自己的封国里面兴兵起义。刘快的哥哥刘殷，是原来汉朝的胶东王，那个时候已经被王莽改封为扶崇公。刘快集结兵力攻打即墨县，刘殷就关上城门，把自己关进了监狱。让官吏、百姓去抵抗刘快。刘快被打败逃走了，逃到长广县死了。王莽赦免了刘殷的罪行，把他封国的食邑增加到了一万户人家，面积方圆一百里。

王莽颁下诏书说：“古时候一个成年人的耕田是一百亩，从中抽取十分之一作为赋税，就能够使国家丰裕，使百姓富有，于是赞美的声音也就兴起了。秦朝破坏了圣人的制度，废除了井田的制度，因此就出现了吞并土地的情况，发生了贪婪卑鄙的行为，强势的人占有的田地，以千亩计算，而贫困弱小的人竟然连一块可以用来居住生存的田地也没有。又设置了买卖奴隶的市场，把奴隶和牛马关在同一个栏圈里，被地方上的官吏控制，专横地裁决他们的命运，这些都和‘天地的本性，以人类最为宝贵’的道理完全背离了。汉朝减少了耕田的租税，从中抽取三十分之一作为赋税，但是通常有其他的替代税，病残以及年老、丧失了劳动力的也都要缴纳赋税，再加上土豪劣绅侵犯欺压，利用租佃关系，让穷人去耕种富人的土地，共享他们的收成，富人也持势侵凌，劫掠穷人的收成。所以名义上是从中抽取三十分之一作为赋税，实际上却是抽取十分之五。所以有钱的人家狗马有吃不完的粮食，因为骄奢而去做邪恶的事情；而贫穷的人家却连糟糠都吃不饱，由于困窘而去作奸犯科，他们都触犯了律法，刑罚因此不能搁置不去使用。我现在下令把天下的田地全部改称为'王田'，奴婢为'私属'，都不能进行买卖。那些男子人数不满八个，但是田地却超过九百亩的家庭，必须把多余的田地分给亲族、邻里、同乡亲友。那些过去没有田地的，现在应该分到田地，一切都按照规定办理。敢有反对井田这种圣人首创的制度，不遵守法纪、蛊惑民众的，我就将他流放到四方边远的地方，去抵御妖怪鬼神，就和我的祖先皇始祖考虞帝过去所做的一样！"

秋季，王莽派遣五威将王奇等十二人，颁布了四十二篇符命给天下的百姓：其中德祥类的有五篇、符命类的有二十五篇、福兆类的有十二篇。五威将恭敬地捧着符命，带着印信，凡是王侯以下以及已经更改官职名称的，从中原以外远至匈奴、西域以及边徼之外的异族，都被立即授予新朝的印信，并且借这个机会收回了过去汉朝的印信。王莽下令大赦天下。

五威将乘坐着画有乾卦图像的车子，驾着六匹母马，后面插有锦鸡的羽毛，服装配饰非常雄伟。每一位五威将都分别设置了五个元帅，由五威将手执符节，五帅举着旗幡。他们向东方出行的，到达玄菟郡、乐浪郡、高句骊县、夫余国；向南方出行的，到达了边塞以外的地区，经过了益州郡，将句町王改为句町侯；向西方出行的，到达西域，把他们所有的国王都改为侯爵；向北方出行的，到达匈奴王庭授予单于印信，更改了汉朝印章上面的文字，也就是不用玺字，改为使用章字。

王莽任命统睦侯陈崇为司命，主要负责纠察监督上公及以下所有的朝廷官员。王莽又任命说符侯崔发等人为中城、四关将军，负责京城的十二个城门以及绕溜道、羊头山、肴山、黾池、湃水、陇坻的坚固，在他们官名前面都加上了五威两个字。

王莽又派遣了五十个谏大夫到各郡、各封国去，铸造钱币。

这年，真定县、常山郡降下了大冰雹。

二年（庚午，公元10年）

春季，二月，王莽下令大赦天下。

七十二位五威将、元帅回到了京城，向王莽奏报，汉朝的诸侯王去掉王号改称为公的都把印信交了上来成为平民，没有一个违背命令的。只有原来的广阳王刘嘉向王莽进献符命，鲁王刘闵向王莽进献神书，中山王刘成都向王莽上书，赞美王莽的功德，都被王莽册封为列侯。

◆班固评论这件事说：从前周朝分封了八百个诸侯国，其中同姓家族的有五十多个，这正是为了亲近亲人，尊敬贤才，它关系到国家的兴衰，使国家的根本深入稳固，使外人不能动摇国家的根本。所以在周朝兴盛的时候，有周公旦、召公奭来辅佐他的政治，使刑罚可以搁置不去使用；当周朝衰微的时候，也仍然有五位霸主来扶助其中弱小的地区，和他们一起守护；即使周朝衰弱到了极点，天下的百姓仍然称呼他为共主；诸侯纵然强大到了极点，也还是不敢倾灭周室。周朝一共经历了八百多年，直到周朝的命运穷尽，德行终了，被下降为平民，才和自然的年寿一起终结。秦朝讥笑夏、商、周三代，就称自己为皇帝，却让子弟做平民，秦朝的政权在国内没有至亲骨肉的辅佐，在国外没有藩属封国的护卫；所以陈胜、吴广揭竿起义了以后，刘邦、项羽紧接着就灭亡了秦朝。所以说：周朝的统治能够超过它的国运年数，而秦朝却在统治的时间还没有到就亡国了，这是国家的形势造就了它们这样的结局。

汉朝建立的初期，警觉到秦王朝覆亡的原因，是皇族的孤立，于是，就尊崇皇族的子弟为王，大规模地建立了九个封国。从雁门郡的东边一直到辽水北边的尽头，建立了燕国、代国；常山郡以南，太行山以东，渡过黄河、济水，一直到大海，建立了齐国、赵国；谷水、泗水以南，龟山、蒙山一带，建立了梁国、楚国；东边围绕长江、洞庭湖，接近会稽郡，建立了荆国、吴国（高帝六年建立了荆国，十二年改名为吴国，实际上是同一个国家）；北边以淮河为边界，经过庐山、衡山，建立了淮南国；汉水之北，顺着汉水而下，横亘九嶷山，建立了长沙国。每一个封国的边界都相接，环绕了汉朝东、南、北三面的边疆，向外与匈奴、南越国接壤。皇上自己可以直接控制河东、河南、河内、东郡、颍川、南阳等郡，又从江陵县以西到巴郡、蜀郡，北方从云中郡到陇西郡，再加上京城、内史郡，一共是十五个郡；在这十五个郡里面，还包含了很多公主、列侯的食邑。有些封国大的，封国面积跨州并郡，连接了几十个城镇，宫室、百官的制度和京城的相同，可以说是为了矫正亡秦孤立的失败，大封子弟，有些矫枉过正了，反而失去了他的初衷。

但是尽管如此，汉高祖创立大业，事务繁多，十分繁忙，孝惠帝在位的时间又短，高后以女主的身份代行皇上的职权，可是，全国仍然安定，没有狂悖叛乱的忧虑，最后终于平定了吕姓家族的篡权阴谋，成就了太宗的事业，也依赖了这些诸侯的力量。但是封国国君本是皇族的末流，末流太滥，就会满溢出来，造成灾难，小的荒淫无道触犯律法，大的乖戾叛逆最终使自己断送了性命，失去了封国，所以文帝分割了齐国、赵国给其他的子弟，景帝削减了吴国、楚国的领土，武帝颁布了推恩令，让封国自己分割给其他的子弟。从此以后，齐国被分割为七个国家，赵国被分割为六个国家，梁国被分割为五个国家，淮南国被分割为三个国家。皇子被册封为亲王的时候，即使是大的封国也不会超过十个城镇。长沙、燕、代等国家虽然仍旧是旧有的名称，可是，南北都已经分别设置了郡县，已经不再紧邻南北的边疆了。汉景帝遭遇了吴国、楚国等七国叛乱的灾难，更加裁制贬抑诸侯，减少封国官员编制。汉武帝遭遇了衡山王、淮南王的谋反，于是就颁布了仕于诸侯的律法，制定了附益的法纪。于是，封国的国君只能得到丰衣足食的租税，不可以参与政事。到了哀帝、平帝年间，那些诸侯都是先世册封的诸侯的后裔，和皇上的亲属关系，也更加疏远了，皇上在近侍的臣妾中长大，不被百姓所尊敬，势力和当地的富人没有什么区别。而且本朝皇上在位的时间又很短促，汉成帝、汉哀帝、汉平帝都很早就去世了，一连三代都没有留下后嗣。因此王莽知道中朝和外藩都衰微无力，皇室和诸侯国也都衰微没落了，他也就没有什么好顾虑惧怕的了，于是产生了奸邪的想法，凭借着太皇太后的权力，假托伊尹、周公旦的美名，在朝廷上擅自作威作福，用不着走下台阶就夺取了汉朝的全部政权。等到完成了这些阴谋以后，王莽就登上了皇位，凭借着帝王的威严，分别派遣五威将之类的官员，驾着传车急行全国各地，颁行符命；而汉朝的诸侯王叩头至地，双手捧上印信，只担心落在别人的后面，有的诸侯王甚至称赞王莽有美好的德行，歌颂王莽有圣明的品德，奉承谄媚来求取王莽的欢心，这难道不令人感到悲哀吗？◆

国师公刘秀向王莽上奏说："周朝有泉府的官职，用来收购民间没有卖出去的物资，供应民间缺少的物资，也就是《易经》里面所说的'治理财物，端正言行，那么百姓就不会为非作歹了'。"于是王莽就颁下诏书说："《周礼》里面记载了由官府办理赊贷的记录，《乐语》上面记载有五均的设立，古书里面就有关于诸的记载。现在开办赊货之法，设立五均之制，设立若干国家经营之业，目的就在于使百姓平均，抑制富豪侵吞兼并。"于是，王莽在长安城以及洛阳城、邯郸、临菑、宛地、成都都设置了五均司市、钱府官。司市平时在每个四季的第二个月制定出货物上、中、下三个等级的价格，来保证市场价格的稳定。百姓卖不出去的五谷、布帛、丝绵等货物，由均官调查确定是实情以后，就按照成本购买；一旦物价上涨，超过平价一钱，均官就将所藏货物以平价卖给百姓；如果物价比平价低，就任由百姓自由买卖。另外如果百姓有穷困想要赊贷的，钱府可以进行借贷，每个月一百钱收取利息三钱。

同时，新朝廷按照古书《周官》向百姓收税，凡是拥有田地却不去耕种的，称为不殖，必须要罚缴三个人的税；城镇里面的住宅不种植果木蔬菜的，称为不毛，必须要罚缴三个人的布匹；游手好闲并且没有工作的，必须要罚缴一个人的布匹，也就是一匹布；其中不能缴纳布匹的就替官府做一些零散的工作，由官府提供他们生活需要的衣服、食物。那些在山林、水泽中获取金、银、铜、锡、鸟、兽、鱼、鳖以及从事畜牧业的牧民，妇女种桑养蚕、织布纺线、缝纫，工匠、医师、巫师、算卦、祭司以及具有其他方面技能的人，小贩、商人，都必须到所居住的官府，各自申报自己盈利的总额，由县府扣除他们的成本，计算出他们的盈利，分成十分，从里面拿出来一分作为赋税。如果有人胆敢不去申报自己所经营的生业，或者所申报的自己所经营的生业不真实的，就把他们的经营所得全部没收，并且那些人还需要替县府工作一年。羲和鲁匡又向王莽上奏请求统一酒类由官府专卖，王莽采纳了他们的建议。王莽又下令禁止百姓私自挟带弩弓和铠甲，凡是触犯这条规定的就流放到西海郡去。

当初，王莽向匈奴颁布关于处理投降的人的四条约定，后来乌桓校尉告诉乌桓国的百姓不要再给匈奴进贡兽皮布匹。匈奴就派遣使臣去催促乌桓国缴纳兽皮布匹，然后将乌桓国的酋长抓住，捆绑起来，倒着悬挂。酋长的兄弟感到非常愤怒，一起杀害了匈奴派遣去的使臣。

单于知道了这件事以后，就征调了左贤王的军队入侵乌桓国，攻击他们，杀了许多无辜的百姓，掳掠了将近一千妇女弱小才离开，把这些人安置在东部地区，然后派人告诉乌桓国的国君说："你拿马匹、牲口、兽皮、布帛来把她们赎回去！"乌桓国就派人带了财货牲口去赎人，可是匈奴把乌桓国的财物收了下来，却没有把那些人质放回去。

等到五威将王骏等六个人到达匈奴以后，赠送了很多金帛给单于，向他们说明了新朝接受天命取代了汉朝的情况，因此需要更换单于的旧印。旧印上面的文字是"匈奴单于玺"，王莽将文字改为"新匈奴单于章"。将帅到达以后，授给单于新的印信，宣读诏书要求他交上旧有的印信。单于跪拜了两次，接受了诏书。翻译官走向前去，打算从单于的身上解下旧有印章的组绶并且拿走，单于举起手臂打算交给他。这个时候左姑夕侯苏在旁边对单于说："您还没有见到新印章上面的文字，应该暂时先不要给他。”于是单于就放下手臂，不准翻译官解绶带。单于请使臣坐在帐幕里面，打算上前向他敬酒。五威将就对他说：“旧有的印信您应该按时交上来。”单于回答说：“好的。”就又举起手臂，让翻译官解带。这时左姑夕侯苏又提醒单于说：“您还没有见到印章上面的文字，暂时先不要给他。”单于回答说：“印章上面的文字又怎么会改变呢！”于是，就解下了旧有的印章交给了汉朝的使臣，将帅将新的印信交给了他，他也没有立即解下来看印章上面的文字。

宴会一直到了夜里，才停止下来，右帅陈饶对将帅们说：“刚才姑夕侯怀疑印章上面的文字改变了，几乎使单于没有交上旧有的印信。假如等到他看到新的印信，发现印章上面的文字已经更换了，他一定会要求拿回旧印的，这不是用说辞就可以阻止的。如果等到我们得到了印信以后，却又失去了印信，那实在是再也没有比这更令人感到羞耻的了！不如我们将它击坏，来断绝祸患的根源。”将帅犹豫不决，没有一个人响应。陈饶是燕人，果断而且勇悍，当即就拿起斧头将它击坏了。第二天，单于果然派遣了右骨都侯当去告诉将帅说：“汉朝发给单于的印信用的是‘玺’而不是‘章’，而且也没有‘汉’字；但是众王之下的印文才有‘汉’字，最下一个字才是‘章’。现在不但将‘玺’字改为‘章’，而且还加上了‘新’字，使单于与下属的大臣没有什么差别。现在单于希望能够把旧有的印信拿回去。”将帅就把击破的旧印拿给他看，然后告诉他说：“新王朝接受了上天的命令并且制作了新的印信，旧的印信也已经被将帅自己击坏了。单于应该接受上天的命令，遵守新王朝的规定！”

右骨都侯当回来把这件事告诉了单于，单于知道已经没有什么办法可以挽救了，再加上他又得到了新王朝的许多馈赠，于是派遣弟弟右贤王舆带上要向新王朝进贡的马、牛，随五威将帅前往新朝表示感谢，并且趁着这个机会向王莽上书请求仍然使用旧有的印文。将帅返回京城的途中经过了左犁汙王咸居住的地方，看到了很多乌桓国的百姓，就询问左犁污王咸是怎么回事；左犁污王咸就详细地将以前侵虐劫掠乌桓国的事情告诉了他们。将帅就说："中国之前与匈奴有密封的四个条约，你们不能接受乌桓国的投降。你赶快把他们全部放回去！"左犁污王咸说："请您允许我暗中和单于商量一下，只要我能够得到单于遣送他们回去的命令的话，就立刻把他们全部放回去。"单于让左犁污王咸问他们说："这些人应该在边塞里面放回去呢，还是在边塞外面放回去呢？"将帅都不敢擅自决定，就把这件事上报给了朝廷。王莽颁下诏书回复说："在边塞外面放回去。"王莽将所有出使的五威将都封为子爵，元帅封为男爵；唯独陈饶因为立下了击破单于印玺的功劳，被册封为威德子。

匈奴的单于栾提知早先因为汉朝中郎将夏侯藩要求他割让土地，而说过拒绝汉朝的话，后来又因为向乌桓国索取赋税没有得到，所以就攻击掠夺乌桓国的百姓，中国与匈奴的嫌隙也就此产生了，再加上这一次印章文字的更换，单于更加怨恨中国了。于是单于派遣了右大且渠蒲呼卢訾等十多个人，率领一万骑兵，以护送乌桓国百姓回国的名义，把军队驻扎在了朔方郡的边塞附近，朔方郡的太守知道了这件事情以后，就上奏给了朝廷。王莽就任命广新公甄丰为右伯，派遣他出使西域。车师后王须置离知道了这件事情以后，对于送往迎来的庞大开支感到害怕，就商量谋划逃亡，逃到匈奴那里去；都护但钦召见了须置离，将他斩杀了。须置离的哥哥辅国侯狐兰支率领了须置离二千多人的部属，逃亡到了匈奴，向匈奴投降；单于接受了他们的投降，派遣军队和狐兰支联合起来侵入、掠夺、攻击车师国，斩杀了车师后王国后城长，击伤了西域都护司马，然后和狐兰支一起返回了匈奴。

那个时候，戊己校尉刁护生病了，校尉的下属史陈良、终带、司马丞韩玄、右曲侯任商共同商量说："西域众国发生了很多叛乱的事情，匈奴大规模地入侵，我们一定会面临死亡的危险，我们可以杀了校尉刁护跟他的儿子、兄弟，率领大家向匈奴投降。"于是，他们杀了刁护以及他的儿子、兄弟，挟持了戊己校尉全部的官吏士兵男女二千多人，向匈奴投降，单于任命陈良、终带为乌贲都尉。

冬季，十一月，立国将军孙建向王莽上奏说：“九月辛巳日（九月辛巳日是用王莽丑正历，是寅正的八月十八日），陈良、终带称自己为废汉大将军，逃到了匈奴。此外，本月癸酉日（十一月也用莽历是寅正十月，十月无此日），一个不知道哪里来的男子拦在臣孙建的车子前面，称自己是‘汉朝的皇族刘子舆，是成帝小妻的儿子。刘氏就要重新登上皇位了，你赶快去把宫殿整理出来’！我逮捕了那个男子，把他关到了监狱里面，原来他是常安人，姓武名仲。这些人都违背了上天，违抗上天的命令，犯下了大逆不道的罪行。刘氏的宗庙不应该设置在常安城里面，而且刘姓家族为官的人应该跟汉朝同时废弃。陛下太过于仁慈了，一直都没有下决定，先前旧安众侯刘崇等人又一次聚集了众人密谋造反，使狂妄狡猾的家伙假托已经灭亡的汉朝，以至于招致了杀灭的刑罚却仍然没有断绝这一类事情的发生，这都是您圣明的恩德不能在即将滋生事端的初期就对他们予以断绝的缘故啊。臣请求您把刘氏在京城的那些祭庙全部废除了；罢免所有刘姓家族为官的人的官职，让他们都离开朝廷回到家里，在家里等待被授予新的官职。”王莽颁下诏书说：“我准许这样的做法。嘉新公、国师因为符命被任命为我的四辅，明德侯刘龚、率礼侯刘嘉等一共三十二个人，都知道上天的命令，有的向我进呈了天符，有的向我献上嘉言，有的逮捕或者告发了造反的人，他们都立下了很大的功劳。刘姓皇族成员中和这三十二个人同宗共祖的，他们的官职都不用罢免，我赐他们可以姓‘王’。”只有国师公把自己的女儿许配给了王莽的儿子王临，所以没有给他赐姓。

安定公太后自从汉朝灭亡了以后，经常假称自己生病了，不上朝觐见王莽。她那个时候年龄还不到二十岁，王莽对她感到既尊敬害怕，又忧伤哀怜，就想要让她改嫁，于是就取消了安定公太后的称号，改称为黄皇室主，想要让她和汉室断绝关系，王莽命令孙建的嫡子装扮后带着御医去询问她的病情。安定公太后大怒，就用鞭子击打自己身边的侍从，因此真的生病了，不肯起床。王莽于是不再去勉强她。

十二月，响雷。

王莽凭借着府库的财富，想要在匈奴树立自己的声威，就将匈奴的单于改称为“降奴服于”，颁下诏书派遣立国将军孙建率领十二个将军分道一起出发：五威将军苗䜣、虎贲将军王况从五原郡出发；厌难将军陈钦、震狄将军王巡从云中郡出发；振武将军王嘉、平狄将军王萌从代郡出发；相威将军李棽、镇远将军李翁从西河郡出发，诛貉将军杨俊、讨濊将军严尤从渔阳郡出发；奋武将军王骏、定胡将军王晏从张掖郡出发。此外，还有偏裨将领一百八十人，募集天下的囚犯、壮丁、兵士一共三十万人，运输军服皮衣、兵器、粮食，从沿海连接长江、淮河一直到北边的郡，使者乘坐驿车疾行，监督催促，按照战争时候法令来处理这些事情。先到达的军队在边郡驻扎，等所有的军队全部到达以后再一起出动，目标是紧逐匈奴，一直追到丁零部落。把匈奴的国土和百姓分成十五个部分，将呼韩邪单于的十五个子孙都立为单于。

王莽因为钱币一直不能流通，又颁下诏书说：“货币都是大面额的话，就不能应付小额的买卖，都是小面额的话，数量就太多了，运输装载就麻烦费事；轻重大小各有它的差次阶品，那么，使用起来就方便了，百姓就乐意使用了。”于是，重新铸造了金、银、龟、贝、钱、布等几种货币，称为宝货。其中钱币有六种，金币有一种，银币有二种，龟币有四种，贝币有五种，布币有十种，所有的宝货分别由金、银、铜、龟、贝五种物质铸成，有金货、银货、钱货、布货、龟货、贝货六种名称，合计一共有二十八种币值。钱币、布币都用铜铸作，其中混杂铅锡。因为货币的种类太多，百姓都感到十分混乱，不愿意使用这些货币。王莽知道百姓的愁苦，于是只使用小钱直一和大钱五十，这两种货币同时流通，龟币、贝币、布币等暂时停止使用。无法禁止私自铸币的事情的发生，就加重那方面的刑罚，一家偷偷铸造货币，邻居五家受到连坐，将这些人充入官府做奴婢。官吏和平民外出要携带钱币作为通行副证，才可以通过；不拿符传的，路上饮食的地方以及驿舍都不允许停留；如果是在水道，要道就要被拘留。公卿都拿着符传才可以进入宫殿的大门，王莽想要通过这种方法使货币得以流通。那个时候，百姓认为汉朝铸造的五铢钱方便适用，反而认为王莽大小钱同时流通，难以分辨清楚，并且币值不断发生变化，难以得到百姓的信任，私底下都使用五铢钱进行交易买卖。并且谣传说应当废除大钱，百姓都不愿意携带。王莽对这件事感到十分忧虑，就又颁下了诏书："那些携带五铢钱，并且说应该废除大钱的，仿照非议井田制度的罪行，流放到四方边远的地区去！"连同犯下了买卖田宅、奴婢、铸钱罪行的人，从诸侯、卿大夫到庶民，按照犯罪程度的轻重来处以相应的刑罚，被处罚的人多得没有办法去计算。于是，农民、商人都失业了，食物和财货都废弃了，百姓甚至在街市道路上流泪哭泣。

王莽密谋计划篡夺汉朝政权的时候，官吏百姓都争着伪造符命，都被封为侯爵。那些没有伪造符命的就互相调笑说："怎么只有你没有上天的任命书吗？"司命陈崇向王莽上报这件事的时候说："这将会开启奸邪的大臣求取您赏赐的道路，并且使天命混乱，您应该断绝它的根源。"王莽也对这些人感到厌恶，于是就颁下诏书命令尚书大夫赵并负责审查办理，只要不是五威将帅所颁布的符命，就全部被关进了监狱。

当初，甄丰、刘秀、王舜都是王莽的心腹，他们首先在官位上鼓吹引导，让王莽据有高位大权，赞美表彰他的功德，宣扬王莽的恩德；安汉公、宰衡的称号以及册封王莽的母亲、两个儿子、侄子，都是甄丰等人所共同策划的，而甄丰、王舜、刘秀也因此受到了王莽的赏赐，都富有显贵了，他们也就没有再想着让王莽登上皇位，代行皇上的职权。王莽登上皇位，代行皇上的职权最初的谋划，是出自泉陵侯刘庆、前煇光人谢嚣、长安令田终术三个人。王莽左右辅佐的事情已经完成了，心里面就想要代掌政权，甄丰等人顺从了他的意图，王莽就又册封了王舜、刘秀、甄丰等人的子孙来对他们进行回报。甄丰等人的爵位已经很尊显了，内心也已经得到满足了，再加上又实在是害怕汉朝的宗室、天下的豪杰，而那些与王莽疏远的人因为想要得到王莽的宠幸而使自己尊显，就纷纷制作了符命，王莽就根据哀章等人制作的符命登上了皇位，王舜、刘秀只是内心感到畏惧而已。甄丰一直以来就刚毅强硬，王莽察觉到他不高兴，所以就假托符命上面的文字，调任他为更始将军，和卖饼出身的王盛地位相当，甄丰父子默不作声。这个时候，甄丰的儿子甄寻担任侍中、京兆大尹、茂德侯的官职，就伪造了符命，说新王朝应当把京城附近地区以陕县为界分开治理，设立两个地区长官，任命甄丰为右伯，太傅平晏为左伯，仿照周公旦、召公奭的成例。王莽就采纳了他的建议，任命甄丰为右伯。甄丰朝见王莽陈述了自己的职责以后，准备向西出发，还没有启程，甄寻就又伪造了符命，说前汉氏平帝后黄皇室主是甄寻的妻子。王莽是依靠骗术才登上皇位的，心里怀疑大臣怨恨诽谤自己，正想要显示威严来慑服臣下，因此就发怒说："黄皇室主是天下百姓的母亲。这说的是什么话啊！"然后王莽就下令逮捕收押甄寻。甄寻逃走了，甄丰就自杀而死。甄寻跟随方士躲进了华山，过了一年多，才被抓到，甄寻的供词牵连到了国师公刘秀的儿子隆威侯刘棻，刘棻的弟弟右曹、长水校尉、伐虏侯刘泳，大司空王邑的弟弟左关将军、掌威侯王奇以及刘秀的学生侍中、骑都尉丁隆等人，牵连了公卿以下的乡党、亲戚、列侯以及以下，王莽一共处死了几百人。并且将刘棻流放到幽州，将甄寻流放到三危山，在羽山诛杀了丁隆，死者的尸体都是用驿车装载递送的。

这一年，王莽开始对神仙的事情产生了兴趣，他听从了方士苏乐的话，修建了八风台，将八风台修筑完成，花费了一万两黄金。后来他又在宫殿里面种植五色秫粟，播种之前，先用各种宝玉去煮水，然后用煮玉的水泡养种子，一斛粟的成本，就需要花费一两黄金。

三年（辛未，公元11年）

王莽派遣田禾将军赵并征调边防士兵在五原郡、北假一面驻守，一面开垦土地，来补助军粮。

王莽派遣中郎将蔺苞、副校尉戴级率领一万骑兵，携带了很多珍珠宝物到云中郡的边塞附近，去引诱招降呼韩邪单于的几个儿子，想按照次序册封他们为十五个单于。蔺苞、戴级先派遣翻译官出塞，诱骗左犁污王咸和王咸的儿子王登、王助三个人出来。他们到了以后，蔺苞、戴级就胁迫他们任命王咸为孝单于，王助为顺单于，给予了他们丰厚的赏赐，然后将王助、王登送到了长安城。王莽册封蔺苞为宣威公，任命他为虎牙将军；册封戴级为扬威公，任命他为虎贲将军。单于知道了这件事情以后，发怒说："之前单于接受了汉宣帝的恩惠，不能辜负汉宣帝。现在的皇上并不是汉宣帝的子孙，他又怎么能够做皇上呢？"然后单于就派遣左骨都侯、右伊秩訾王呼卢訾以及左贤王乐率领军队入侵了云中郡益寿塞，杀死了很多官吏百姓。此后，单于栾提知逐个地告知了左右大都尉、接近汉朝边界的那些王侯，入侵中国的边塞，大肆进行抢劫掠夺，规模大的时候有一万多人，规模中等的时候有几千人，规模小的时候也有几百人，他们杀死了雁门郡、朔方郡的太守、都尉，劫掠夺取官吏百姓的牲畜，数量多得不能计算出来，中国的边境因此而空虚衰败了。

这个时候，将领们都已经到达了边境，但是因为大家还没有聚集在一起，所以就不敢出关去攻击匈奴。讨濊将军严尤向王莽上书劝谏说："臣知道匈奴侵害中国的事情，由来已经很长时间了，但是，我从来没有听说上古之世有非征伐不可的事。后来的三家周、秦、汉虽然都出兵征伐他们，却都没有使用上策的。周朝所使用的是中策，汉朝所使用的是下策，秦朝则是没有什么策略可说的。在周宣王的时候，猃狁曾经入侵了中国，到达了泾阳县，周宣王就命令将领去征伐他们，将他们从边境全部打败了，让他们退了回去。周宣王看待戎狄的入侵，就像是看待蚊虫一样，只要把他们都赶走也就可以了，所以天下的百姓都说他高明，这是中策。汉武帝挑选将领，训练军队，让他们携带少数的衣装粮食，深入遥远的敌人心脏地带，虽然他有战胜敌人获胜的功绩，但是，胡人也常常报复他，以至于战争接连发生，祸患没有停止过。前后三十多年的时间，中国疲惫虚损，匈奴也受到了创伤杀戮，然而天下的百姓都称赞汉武帝勇武，这是下策。秦始皇不能忍耐小小的耻辱且轻视百姓的劳力，修建了稳固的长城，长达万里，作为运输调兵的通道，从靠近大海的地方开始，虽然保持了疆界的完整，但使中国内部枯竭，最后导致了国家的灭亡，这是没有策略可言。现在的天下，不断遭遇旱荒的灾害，连年收成不好，西北的边境更加严重。朝廷却要征调三十万军官士兵，准备足够三百天用的粮食，东方搜刮到海滨、贷山，南方搜刮到长江、淮河，然后才可以准备齐全。计算它的里程，即使是耗费一年的时间，大军也不能聚集到一起，那些先到达的军队，都居住在一起，暴露无遗，结果造成了军队疲惫，兵器损坏，在气势上就已经不能继续作战了，这是第一个困难。边境既然已经空虚了，那么就不能向军队供给军粮了，虽然我们可以在内部调动郡、国的，但是不能紧接相续，这是第二个困难。总计一个人三百天的粮食，用干粮来计算，是一百八十斗，已经不是用牛力去运输就能胜任的，况且牛也需要携带自己的食物，这就要再加上二百斗，那就实在是太重了；匈奴的境内都是沙漠，土质都是碱性的，而且严重缺乏水草，根据往事来估量，军队出发不到一百天，牛就一定都会死，而且还是全都死光，虽然还有剩余的粮食，但不能让士兵携带，这是第三个困难。匈奴的境内秋冬十分寒冷，春夏多大风天气，士兵需要携带许多炊具、木柴、炭火，重得根本就拿不动，吃干粮喝水，这个样子经历一年四季，军队里面就一定会有发生疾病瘟疫的忧虑，因此从前讨伐匈奴的军事行动从来没有超过一百天，并不是不想长时间地进行作战，实在是情势不允许，这是第四个困难。军队需要自己携带物资补给品，那么，轻巧精锐的士兵就会减少了，不能够快速地行军，即使敌人慢慢地撤退，在形势上我们也不能赶上敌人，即使我们的军队有幸遇上了敌人，能够和他们交战，却又要被军事装备拖累，未必就一定可以获胜，如果我们的军队遇到了危险，前后都是单行道，不能够同时进行撤退，敌人只需要在前后拦住截击，我们的军队就会遭遇无法预测的危险，这是第五个困难。大规模地使用了百姓的劳力，却不一定可以立下功劳，这才是臣担忧的啊！既然您现在已经派出了军队，就应该让先到达边塞的军队发动攻击，命令臣严尤等人能够深入敌人的境地，以雷霆万钧之势进击，并且给予敌人创伤杀戮。”王莽没有采纳严尤的谏言，照旧运输兵器粮食，天下的百姓因为这个无法安宁。

左犁污王咸接受了王莽的孝单于封号以后，很快地就骑马离开了边塞，回到了匈奴王庭，详细地报告了单于自己被胁迫的情形。单于就改封他为于栗置支侯，这是匈奴最低贱的官职。后来，王助（王咸的儿子）生病死了，王莽就任命王登（也是王咸的儿子）代替王助为顺单于。

在边塞驻扎的部队，到处放纵扰民，而内地各郡因征兵催税，苛刻迫急，百姓不堪愁苦，于是就放弃、离开了家乡，开始逃亡流浪到其他的地方成为盗贼，其中以并州、平州所属诸郡最为严重。于是王莽任命七公（四辅及三公）、六卿（羲和、作士、秩宗、典乐、共工、予虞）的名号都兼任将军，派遣著武将军逯并等人去镇守著名的都会，另外派遣中郎将、绣衣执法各五十五个人，分别镇守边境大郡，监察那些大奸巨猾、擅弄兵权之人。但是这些人都趁这个机会在各地作奸犯科，扰乱州、郡，甚至公开贿赂，劫掠夺取百姓的财物。王莽就颁下诏书严厉指责他们说："从今以后，胆敢触犯这个律法的人，就逮捕囚禁，将名字上报给我，让我知道！"然而那些人还是照旧任意胡为。北方的边境自从汉宣帝以来，几代都没有出现战争的警报，百姓繁多，牛马遍布原野，可是，等到王莽扰乱了匈奴，与匈奴交战以后，边境就出现了百姓死亡、被俘虏的情况，就在这几年之间，北方的边境空虚了，原野上面甚至有暴露的尸骨。

太师王舜自从王莽篡夺了君位以后，心悸的毛病越来越厉害了，终于去世了。

王莽为太子设置了师、友各四个，让他们依照大夫的官职授予俸禄。王莽任命前大司徒马宫等人为师疑、傅丞、阿辅、保拂，这是四师；任命前尚书令唐林等人为胥附、奔走、先后、御侮，这是四友。王莽还设置了师友、侍中、谏议、《六经》祭酒各一个人，一共是九个祭酒（师友、侍中、谏议为三祭酒，《六经》有六祭酒，共为九祭酒），官位都是上卿。

王莽派遣使臣带着玺书、印信、安车、驷马去迎接龚胜，当场就任命龚胜为师友祭酒。使臣和郡太守、县长吏、三老、官属、行义、诸生，千人以上到龚胜所住的街巷宣读诏书。使臣想要让龚胜起身出来迎接，就在门外站了很长时间。龚胜说自己的病很严重，将床摆放在屋子里门户的西边、南窗的下面，头朝着东方，使者就将官服穿在了他的身上。使者把皇帝诏书、印信交给了他，向他呈献了安车、驷马，走到前面对龚胜说："圣明的新朝从来没有忘记过您，制度的厘订还没有完成，等着您去完成；想要听到您将会施行的政策，是怎么来使国家安定的。"

龚胜回答说："我一直以来就愚笨，现在又加上年龄大了，经常生病，生命没有剩下多少时间了，如果跟随使君上路的话，我一定会死在路上的，对国家一点好处也没有！"使臣就要挟劝说龚胜，甚至要把印信佩戴到龚胜的身上，但是龚胜总是推辞不愿意接受。使臣就向王莽上奏说："现在正好是盛夏炎热的时候，龚胜生病了，体力不好，您可以让龚胜等到秋天天气凉爽了以后再启程出发。"王莽颁下诏书准许了。于是使臣每隔五天就和太守一起到龚胜家去问候龚胜的起居，并且对龚胜的两个儿子以及他的学生高晖等人说："朝廷这么虚心等待龚先生，用封侯的礼仪来对待龚先生，即使他生病了，也应该移住到驿站的房舍去，表示自己有启程去京城的意思，这样做就一定会为子孙留下封邑的。"高晖等人告诉龚胜使臣的话，龚胜知道即使自己推辞也没有什么作用，就对高晖等人说："我蒙受了汉家的大恩，没有办法去报答了。现在我年龄也大了，早晚都会死，但是在道义上，我怎么能够以一身去侍奉两个不同姓氏的皇上呢？等到我死了以后又怎么去面对我的故主呢？”龚胜于是就吩咐他们用棺木准备自己的身后之事：“衣服只要可以包住身体，棺木只要可以包住衣服，也就可以了。等到把我埋葬以后，不要追随现在流行的风俗，在坟墓上动土、种植柏树、给我建立祠堂！” 龚胜说完了这些话以后，就不再开口吃饭了，经过十四天而去世。去世的时候七十九岁。

这个时候具有清高名声的人，还有琅邪人纪逡，齐人薛方，太原人郇越、郇相，沛人唐林、唐尊，他们都是因为深明儒家经典，砥砺操行，行为谨慎端正，而在当世具有显著的名声。纪逡、唐林、唐尊都在王莽的朝廷里面担任官职，被王莽封为侯爵，地位尊贵显要，受到王莽的敬重，历代担任公卿的职位。唐林多次向王莽进呈奏疏，规劝、纠正他的过失，具有忠诚正直的节操。唐尊则是穿着破衣服，脚穿磨出洞的鞋子，假装自己十分简朴，享有虚伪的名声。郇相担任王莽太子的四友之一，因为生病去世了，王莽的太子就派遣使臣为郇相送上了寿衣、寿被。可是，郇相的儿子手攀着棺材不愿意接受，说：“我去世的父亲留下了遗言：‘师友所馈赠的物品，不可以接受！’现在皇太子自称是我父亲的朋友送来这些东西，所以我不可以接受。”京城里面的人都因为这件事称赞他。王莽派遣安车去迎接薛方，薛方通过使臣婉谢说：“唐尧、虞舜在朝堂之上，下面的民间还有巢父、许由。现在英明的国君，正在尊崇唐尧、虞舜的美德，所以小臣实在是想要像许由那样在箕山隐居，不再入世。”使臣向王莽上报了薛方的话。王莽听了他的话以后，感到十分高兴，也就不再去勉强他。

当初，隃麋人郭钦担任南郡太守，杜陵人蒋诩担任兖州刺史，他们也都因为廉洁正直而出名。王莽登上皇位，代行皇上职权的时候，郭钦、蒋诩都因为生病被罢免了官职，回到了家乡，卧病在床不出门，在家里面去世了。汉哀帝、汉平帝的时候，沛国人陈咸因为熟悉律令而被任命为尚书。王莽辅佐朝政的时候，把汉朝的很多制度都更改了，陈咸的内心十分反对王莽的做法；等到何武、鲍宣去世了以后，陈咸感叹说："《周易》里面说：'君子只要见到一件事的细微变化，就会立刻去做，没有整天都迟疑等待，再去行动的道理。'我现在也可以离开了！"就向王莽上书请求允许退休离职。等到王莽篡夺了汉朝的政权以后，就征召陈咸去担任掌寇大夫；陈咸就称自己生病了，婉谢了王莽，不肯答应去王莽的朝廷做官。那个时候，陈咸的三个儿子陈参、陈钦、陈丰都在王莽的朝廷做官，于是陈咸就命令他们全部辞去官职，回到家乡，把家门关上，不再外出，不和外界来往，家里面还是沿用汉家规定的日子去祭祀路神和年终祭祀众神。别人问他为什么要这样做，陈咸就回答说："我的祖先怎么会知道王氏年终的腊祭呢？"陈咸还把家里面所有关于律法的书籍全部收了起来，藏在墙壁里面。另外还有齐人栗融，北海人禽庆、苏章，山阳人曹竟，都是儒生，他们也都辞去自己的官职，不在王莽的朝廷里面做官。

◆班固赞叹说：从春秋列国的卿大夫一直到汉朝兴起以后的将相名臣，为了保护自己的荣华富贵而丧失立身处世原则的，实在是太多了。所以，具有清高节操的士人，在那个时候就实在是非常珍贵了。可是，他们当中的大多数只能约束自己，却无法影响到别人。王吉、贡禹的才能比龚胜、鲍宣要强很多。可是，他们却以死来坚持原则、弘扬正道，龚胜付出了实际的行动。固守正道但是说出来的话并不一定会实践，薛方的行迹相近于用诡诈言语达到忠贞目的。郭钦、蒋诩遁逃不去做官，不污秽自己的志向、节操，和纪逡、唐林、唐尊的作为完全不相同。◆

这一年，靠近黄河的各郡，都发生了蝗灾。

黄河在魏郡决口了，河水泛滥到了清河以东的几个郡。在这件事发生之前，王莽十分担心一旦黄河决口，会危害到王莽在元城的祖坟。可是，等到黄河决口以后，洪水都向东边流了过去，元城没有受到这次黄河决口的危害，所以王莽就没有修筑堤坝来堵塞河水。

四年（壬申，公元12年）

春季，二月，王莽下令大赦天下。

厌难将军陈钦、震狄将军王巡向王莽上书说："在边塞逮捕了匈奴人，对他们进行查问以后，他们招认说匈奴侵犯我国的边境都是孝单于栾提咸的儿子栾提角所做的。”于是王莽就召集了在京城驻守的各族使节，在长安的街市上将栾提咸的儿子栾提角斩首示众。

大司马甄邯去世了。

王莽到达了明堂，颁下诏书说：“把洛阳定为东都，把常安定为西都。国家疆域是联合一体的，各自都有自己的采邑、任邑。按照《禹贡》把全国划分为九州，依照周朝把爵位分为五等。诸侯的人员名额一共是一千八百个，附城的数量也是这样的，来等待立下功劳的人。凡是公爵，一律平等，封地的面积都是一百里，食邑为一万户人家；其他的爵位，以此为等差。现在已经受封的，公侯以下一共是七百九十六人，附城是一千五百五十一人。”因为图谱计籍还没有调查测量完竣，而没有授予封国食邑的，暂时都让他们在属于大司农的都内领取俸禄，每月支钱几千。诸侯都非常穷困贫乏，有的甚至接受别人的雇佣去做工。

王莽性格急躁好动，不能安静下来，他每一次想要做什么事情的时候，动不动就要模仿古代的制度，也不去考虑是否和当时的社会相适应，所以制度始终不能确定下来。贪官污吏就趁这个机会为非作歹，天下的百姓因此怨声四起，犯罪的人也有很多。王莽知道百姓愁苦怨恨，就颁下诏书说：“凡是持有国家的土地的，都可以自由出售，不用受到法律的制约。犯下私自买卖平民的罪行的人，暂时一律都不进行处罚。”可是，其他政令荒谬混乱，刑罚苛刻残酷，赋税沉重频繁，还是和过去一样。

当初，五威将帅出使西南夷，将句町王改为侯，句町王邯怨恨愤怒，不愿意服从。王莽就示意牂柯郡大尹周歆用欺骗的手段杀死了邯。邯的弟弟承就调动军队去杀死了周歆，州郡就出兵去讨伐承，但是没有打败他。于是王莽就又调动高句丽的军队去攻击匈奴；可是高句丽的军队不想去攻击匈奴，受到了郡的逼迫，于是高句丽人就都逃出了边塞，触犯了律令，抢劫杀人，成为贼寇。辽西郡大尹田谭去追击他们，结果被他们杀死了。州、郡就都把罪责归在高句丽侯驺的身上，严尤向王莽上奏说：“貉人犯法，并不是从驺开始的，假如他们真的别有用心，您也应当命令州、郡暂时先去安抚他们。现在突然说他们犯下了重大的罪行，我担心这会促使他们叛变，而夫馀等部族也一定会有附和的。现在我们还没有平定匈奴，夫馀、濊貉又兴起了，这实在是很大的忧患啊。”

但是王莽并没有对他们进行安抚，于是濊貉就叛变了。王莽颁下诏书命令严尤去攻击他们。严尤把高句丽侯驺引诱到军队里面以后，就将他斩首了，并且把他的首级传送到了长安。王莽看到以后感到很高兴，将高句丽改称为下句丽。于是貉人就更加猖狂地侵犯边境，东部、北部和西南的各蛮夷族都乱起来了。王莽正是志得意满的时候，他认为四方蛮夷各族用不着费多大力气就能够加以吞并、消灭，于是就去专心研习查考古代的做法加以仿效。王莽又颁下诏书说：“在本年二月的时候，我会到东方进行巡行视察，有关部门要把礼仪程序开列出来。”但是过了没有多长时间，文母皇太后生病了，王莽就把这个计划暂时停止挪后了。

当初，王莽做安汉公的时候，想要讨好太皇太后，于是就借着斩杀匈奴郅支单于的功劳，向太皇太后上奏请求尊崇元帝庙为高宗；等到太皇太后去世以后，就将要按照礼仪和丈夫分享祭祀的香火。等到王莽将太皇太后的名号改为新室文母以后，就断绝了她和汉朝的关系，不让她和汉元帝一起享受汉朝的祭祀，并且毁坏了孝元庙，重新为文母太后另外修盖了一座祭庙；只是保留下来了一个孝元庙的旧殿作为文母放置食具的地方，等到这个祭庙建成了以后，就称这里为长寿宫；只是因为太皇太后还仍然健在，所以不称它为庙；王莽在长寿宫设置了酒宴，邀请了太皇太后。太皇太后到达了那里以后，看到孝元庙被废弃毁坏，满地都是泥土，太皇太后就吃惊悲伤地哭泣说：“这些汉朝的祭庙，都是有神灵的，他们什么地方得罪了你，你为什么要把它损坏呢？况且假如真的没有鬼神的话，那么又何必修盖祭庙啊？假如鬼神真的存在，我作为他的妃妾，又怎么可以侮辱帝王的庙堂来摆放祭祀我的食品啊？”太皇太后私底下悄悄地对身边的侍从说：“这个人轻慢侮辱太多的神灵了，又怎么能够长时间地获得神灵的保佑呢！”这次的酒宴就在不愉快中结束了。自从王莽篡夺了汉朝的政权以后，他知道太皇太后怨恨自己，所以只要是可以用来讨好太皇太后的事情，王莽没有一件不去做的，却使太皇太后越来越不高兴。汉朝的宫廷服装，都用黑色貂皮，王莽下令改穿黄色貂皮；汉朝以正月初一作为元旦，王莽改十二月初一作为元旦；汉朝每年十二月举行腊祭，祭祀天地神灵，王莽改在九月举行。太皇太后命令她的属下仍然穿汉朝的黑色貂皮；至于汉家的正月初一和腊日，太皇太后就独自和她身边的侍从聚餐。

五年（癸酉，公元13年）

春季，二月，文母皇太后去世了，享年八十四岁。王莽把她和汉元帝合葬在渭陵，但是在中间开了一条沟把他们隔开来。

王莽在常安设置了祠庙，规定新王朝世世代代要在这个祭庙里面进行祭祀。汉元帝的配享，神主安放在太后神主的龛架下面。王莽为太皇太后服丧三年，来表示对太皇太后的哀悼。

乌孙国的大、小昆弥派遣使者来向王莽进献礼物。王莽因为乌孙国的百姓大多数都亲近归附小昆弥，又看到匈奴同时侵略了乌孙国很多地方的边境，于是想要得到乌孙国人的欢心，就派遣使臣引导小昆弥的使者坐在大昆弥的使者的上位。师友祭酒满昌向王莽上奏弹劾使臣说：“胡人是因为认为中国讲究礼仪，所以才会归顺中国，向中国称臣。大昆弥，是乌孙国的国君，但是现在使臣安排臣子使者的位置位于国君使者的上位，这不是使胡人归顺中国的方法。被派遣负责接待的使臣这是犯下了大不敬的罪行！”王莽发怒，就罢免了满昌的官职。

西域诸国因为王莽长期没有恩惠和信用，焉耆国首先叛变，杀死了都护但钦。于是，西域各国与内地关系崩溃解体。

十一月，出现了彗星。过了二十多天以后，就消失不见了。

这一年，因为私自挟带铜、炭的人实在是太多了，于是废除了不许私自挟带铜、炭的法令。

匈奴的乌珠留单于去世了，执事大臣右骨都侯须卜当，恰好是王昭君的女儿伊墨居次栾提云的夫婿。伊墨居次栾提云时常想要和中国和亲，再加上一直以来和于栗置支侯栾提咸很要好，伊墨居次栾提云看到栾提咸曾经被王莽封作孝单于，所以就想拥立栾提咸做乌累若鞮单于。乌累单于栾提咸即位以后，就册封自己的弟弟舆为左谷蠡王。乌珠留单于的儿子栾提苏屠胡本来被封为左贤王，后来被改称为护于，打算把单于的位置传位给他。栾提咸怨恨乌珠留单于贬低了自己的称号，于是贬低护于为左屠耆王。

天凤元年（甲戌，公元14年）

春季，正月，王莽下令大赦天下。

王莽颁下诏书说："我本来打算在本年每个季节的仲月周游全国，行巡狩之礼，太官携带干饭、干肉，内者令负责帐篷床席，所经过的地方，不需要有什么供给。等到东、西、南、北依次结束了巡狩之礼，就在全国的中心洛阳定都。"众大臣向王莽上奏说："皇上非常孝顺，最近又遭遇了文母皇太后的丧事，容色还没有恢复，饮食又减少了；现在一年里面还要出巡四次，路程万里，您的年纪已经大了，不是吃干饭、干肉所能够应付得了的。我希望您可以暂时不要进行巡狩，等到您三年的丧期服满以后再去，以保重您的身体。"

王莽听从了大臣们的请求，改到了将在天凤七年进行巡狩视察。又过了一年，王莽前往全国中心洛阳城，派遣太傅平晏、大司空王邑前往洛阳，选择基地，打算修建住宅、坛域、茔界，并且要兴建起皇家宗庙、土谷神社和祭祀天地的坛址等。

三月，壬申晦日（寅正二月三十日），发生了日食。王莽下令大赦天下。因为发生了日食，天象变异，王莽罢免了大司马逯并的官职，让他仅以侯爵的身份参加朝会，罢免了太傅平晏负责尚书事的官职。王莽任命利苗男䜣为大司马。王莽正式登上皇位以后，对大臣特别防备，限制、削弱他们的权力，朝中的大臣有指责其他大臣的过失的，就会受到王莽的提拔。孔仁、赵博、费兴等人因为敢于抨击大臣，所以受到了王莽的信任，王莽选择他们去担任重要显贵的官职。国将哀章的行为十分不端正，王莽为他特意设置了和叔之官，让他担任国将之副，告诫他说："你不仅要在公府里保全国将本人，还应当保全他在西州的亲属。"王莽对他所封的公都瞧不起，其中以哀章尤其厉害。

夏季，四月，降下了霜，草木都凋零了，海边更加严重。六月，全国都布满了黄色的烟雾。秋季，七月，大风将树连根拔起，刮走了北阙直城门上面的屋瓦。降下冰雹，牛羊都被冻死了。

王莽根据《周官》《王制》里面记载的文字，设置了卒正、连率、大尹的官职，职务就像太守一样。王莽还设置了二十五个州牧、部监，将长安城的郊区划分为六个乡，每个乡都设置一个帅；将三辅地区划分为六个尉郡，把河内郡、河东郡、弘农郡、河南郡、颍川郡、南阳郡作为六个队郡；把河南大尹改名为保忠信卿；把河南郡属县增加到了三十个，设置六郊州长各一人，每个人管辖五个县。其他的官名也全部更改了。大郡也被划分了，有的郡甚至被划分为五个郡，总计一共有一百二十五个郡。九州的范围里面，一共有二千二百零三个县。又模仿古代的六服制度，把国土划分为惟城、惟宁、惟翰、惟屏、惟垣、惟藩，分别以它们的方位作为名称，合计起来一共有一万个封国。这之后，每年还都会发生改变，一个郡甚至更改了五次名称，但最后还是恢复了它原来的名称。官吏和百姓都不能记住，王莽每一次颁下诏书，总是要在新名之下附记原来的名称。

匈奴右骨都侯卜当、伊墨居次云建议单于栾提咸与中国和亲，栾提咸同意了，然后派遣使者到西河郡虎猛县制虏塞下，告诉边塞的官吏说："匈奴单于想要见和亲侯。"和亲侯，就是王昭君的侄子王歙。

中部都尉就向朝廷奏报了这件事，王莽就派遣王歙及王歙的弟弟骑都尉、展德侯王飒出使匈奴，恭贺单于栾提咸的即位，赏赐了栾提咸黄金、衣服、被褥、丝织品。欺骗栾提咸说作为人质进入朝廷服侍皇上的单于的儿子栾提登仍在人世，并且趁这个机会要求用钱财引渡陈良和终带等人。于是单于就将陈良等二十七个人全部抓了起来，把他们全部装上刑具，塞进囚车，交给了汉朝的使者，匈奴单于派遣厨唯姑夕王富等四十个人护送王歙、王飒返回京城。王莽特别制定了烧杀刑，将陈良等人活活烧死了。

边境地区发生了严重的饥荒，出现了人吃人的现象。谏大夫如普巡视完边境的军队回来以后，上报王莽说："士兵长时间地戍守在寒苦的期房，边郡没有东西可以去供给。现在单于刚刚与我们和好，我们应该趁这个机会把军队撤走。"校尉韩威向王莽建议说："我们可以凭借新朝的威势，把夷狄吞并，就好像是吃掉嘴巴里面的虱子一样。臣愿意带领五千名勇敢的战士，一点粮食也不带，饥饿了就吃胡虏的肉，口渴了就喝他们的血，可以在匈奴境内横冲直撞！"王莽认为他的话很豪壮，就任命韩威为将军。可是，王莽采纳了如普的建议，调回了那些在边境戍守的将士，罢免了陈钦等十八个人的官职，又撤走了四关镇都尉那些戍守、开垦种植的军队。

匈奴乌累若单于栾提咸贪图王莽的贿赂馈赠，所以表面上仍然保持着汉朝时代与中国和睦的样子，可实质上匈奴不断地侵虐劫掠中国的边境。同时，单于的使臣从中国回来以后，匈奴乌累若单于栾提咸知道单于儿子栾提登已被处死，对中国就十分怨恨，不断从东部边境一带攻击侵袭。汉朝的使臣诘问匈奴乌累若单于栾提咸，栾提咸就回答说："乌桓国和匈奴的一些不肖奸狡的人一起做出这种坏事，侵入边塞，就好比中国有盗贼一样！栾提咸刚刚即位，秉持国柄，威信还不高，我会尽我的全力去禁止这类事情的发生，不敢有叛乱的想法！"王莽再次派遣军队到边境去戍守。

益州蛮夷因为受到了愁苦的困扰，全部同时叛变了，并且把益州大尹程隆杀害了。于是王莽派遣平蛮将军冯茂调动了巴、蜀、犍为三郡的官吏士兵，粮秣军饷直接向百姓征收，进击益州郡叛乱民众。

王莽又颁下诏令恢复了金币、银币、龟币、贝币等货币，对它们的价值进行了调整，取消了大钱、小钱，改由新发行的货布、货泉两种钱币代替。但是因为大钱已经流通很久了，一旦废除了它，恐怕百姓仍然不会停止对它的使用，于是特别准许百姓暂时可以使用大钱，以六年为期限，等到这个期限过了以后，就不可以继续使用大钱。钱币每改变一次，百姓常常就会因此破产而触犯律法。

资治通鉴卷第三十八　汉纪三十

起乙亥（公元15年），止壬亥（公元22年），共八年。

【题解】 本卷记录了新朝天凤二年至地皇三年间的历史，这一时期属于王莽政权后期，记载了新朝政权从内忧外患到各种矛盾激化的过程。主要有以下内容：王莽怕臣子效仿自己谋权篡位，削弱大臣权力，凡事亲为，致使大权旁落，上下不宁；朝廷内部贿赂腐败之风盛行，民不聊生；新政全面失败，民变纷起；与少数民族关系紧张，北方匈奴侵扰，西域之战及西南夷均败北；百姓无法忍受暴政及各类自然灾害的打击，民众四起，终酿成绿林、赤眉大起义；王莽信谗拒谏，任用庸将，屡遭败迹；太子诛杀王莽未遂；南阳刘氏起兵，与起义军共反王莽，王莽政权濒临灭亡。

王莽下

天凤二年（乙亥，公元15年）

春季，二月，王莽下令大赦天下。

民间谣传在黄山宫里面有黄龙摔死了，奔走前往看热闹的老百姓有一万人之多。王莽十分憎恶这件事，就下令逮捕了一些人，询问他们这件事是从哪里传出来的，却始终也找不到。

匈奴单于栾提咸既然已经和中国和好了，就想向新朝索要他儿子的尸体。王莽本来打算派遣使臣将尸体送回去，但是又担心栾提咸怨恨新朝，把使臣杀害了，于是逮捕了以前建议说应当将栾提咸的儿子杀死的前将军陈钦，用其他罪名将他处死了。王莽任命辩士济南人王咸为大使。夏季，五月，王莽又派遣和亲侯王歙和王咸等人护送右厨唯姑夕王返回匈奴，顺便趁这个机会送回以前被杀死的栾提咸的儿子栾提登以及他的众随从贵族的棺材。单于栾提咸派遣栾提云、右骨都侯须卜当的儿子大且渠须卜奢等人到边塞去迎接他们。王咸到达了单于王庭以后，向单于陈述了王莽的声威德行，再加上王莽也赠送了单于很多的黄金珍宝，就借这个机会顺便更改了单于的称号，改称匈奴为“恭奴”，单于为“善于”，赐给了他新朝授予的印信，册封骨都侯须卜当为后安公，须卜当的儿子大且渠须卜奢为后安侯。单于贪图王莽的财物，所以就勉强听从了。可是，匈奴还是像以前一样入侵抢劫中国的边境。

王莽心里认为只要确定了国家的制度，那么天下自然就能太平了，所以他就精心思考划分地域，制定礼仪，创作乐歌，都讲求符合《六经》的说法。公卿大臣早晨上朝，傍晚退朝，连着商量了好几年，但是仍然没有做出决定，以至于没有时间处理诉讼冤案和百姓迫切需要解决的问题；县宰的缺额，都是由大尹代理这个职务的，长达好几年的时间；发生的各种贪赃枉法的事情，一天比一天厉害；王莽派去驻守各郡、各封国的中郎将、绣衣执法，都凭借着自己的权势，互相弹劾检举别人的罪状然后奏报给王莽。

此外，还有十一公士分布在各地，分别督促、鼓励耕种和纺织，安排每季每月的工作，检查各种规章的实行情况，车水马龙，在路上络绎不绝，召集官吏百姓，逮捕取证，郡县官府征收的赋税和财物，层层贿赂，不分是非清浊，有很多人去朝廷申冤诉苦。王莽知道自己是因为以前独揽大权才会得到汉朝的政权，所以总想亲自去包揽一切事务，而有关的官员只需要按照已经决定的政令办事，以图能够免除自己的罪责而已。那些珍宝名器、钱库、钱谷官都由宦官负责管理；官吏、百姓上呈的机密奏章，也都由宦官、近臣拆开，尚书反而不知道，他就是这样地畏惧防备臣子。王莽又喜欢改变制度，政令烦琐众多，本来应当由下面的臣子奉守执行的，经常要等到考察诘问以后才可以去办理，以致前面的事情没有完，后面的事情又赶上了，所以王莽混乱糊涂，所有的事情没完没了。王莽经常在灯火下办公，但是直到天亮王莽还是不能办理完公事。尚书借此机会作奸犯科，阻塞下情，向王莽上书等待回答的一连几年都得不到回答，被拘禁在郡县监狱里面的人要遇到大赦才可以出狱，京城卫戍士兵不能轮换甚至达到三年之久。米谷的售价常常很贵，边境二十多万人的军队，都仰赖县官供给衣食；五原郡、代郡更是遭殃，有的人成为盗贼，几千人成群结队，辗转进入邻近各郡。王莽派遣捕盗将军孔仁率领军队和郡县一起去出击，经过一年多才平定。

邯郸县以北的地区降下了大雨，地下的水涌了出来，水深的地方有几丈那么深，冲走淹死了几千人。

三年（丙子，公元16年）

春季，二月乙酉日（寅正正月二十四日），发生了地震，降下了大雪。关东地区尤其厉害，雪深的地方有一丈深，有的竹子、柏树都枯死了。大司空王邑向王莽上书，以发生了地震为理由，请求辞职。王莽没有答应，说："大地有动有震，震有害，而动没有害。《春秋》记载地震，《易·系辞》只说到了地动，动的时候就张开，静的时候就合拢，万物由此滋生。"王莽喜欢欺骗掩饰自己，就是像这个样子。

从前，王莽以厘订制度没有完成为理由，上自公爵侯爵，下至小吏，都拿不到俸禄。夏季，五月，王莽颁下诏书说："我遭到了阳九困厄的不幸，百六灾难的厄运，国家的财政开支不足，百姓生活不安，从公卿以下，一个月的俸禄是八百缕、二匹布，有的是一匹缯。每当我想到这个问题，没有一次不感到忧愁的。现在困厄的时候已经过去了，官府的钱财虽然不算充足，但是已经略微宽裕了。将从六月庚寅朔日开始，按照制度给官吏发放俸禄。"

四辅、公卿、大夫、士以下至舆、僚，一共十五等。僚禄一年是米谷六百六十斗，按照等差逐渐上升，以符合他们的职务。到四辅的俸禄是米谷十万斗。王莽又颁下诏书说："古时候，年岁丰收就增加俸禄，年岁歉收就减少俸禄，来表示官吏和百姓同喜同忧。现在，利用年终的统计作为统一计算的根据，幸好天下没有发生灾害的时候，太官供应的膳食品类就完备了，如果发生了灾害，就根据灾害的轻重，分为十等，计算数量减少膳食。从十一公、六司、六卿以下，各分到州郡、国邑，保护这些地区渡过灾害，也根据灾害的轻重，分为十等，计算受灾多少来减少俸禄。从京师仓库的储积粮里面领取俸禄的郎官、侍从官和京师官吏，俸禄的充足与减少，就以太官膳食的齐备或减少作为尺度。我希望上下一心，鼓励促进农业生产，使百姓安定。”王莽的制定是如此烦杂琐碎，核算课计很难办理，官吏始终得不到自己的俸禄，就分别利用自己的职权做坏事，接受贿赂，来解决自己的费用开支。

戊辰日（寅正闰四月初八），长平馆的西岸崩塌了，阻塞了泾河水流，河水决口向北流去。臣子们向王莽敬酒祝贺，认为这就是《河图》里面所说的“用土去镇服水”，是匈奴灭亡的好兆头。于是王莽派遣并州牧宋弘、游击都尉任萌等人率领军队去攻击匈奴，到达边境后驻扎下来。

秋季，七月辛酉日（寅正六月初二），霸城门发生了灾害。

戊子晦日（寅正六月二十九日），发生了日食，王莽下令大赦天下。

平蛮将军冯茂攻打句町国，士兵因为感染传染病而死的有十分之六七，向百姓征收财物，赋税额高达十分之五，使得益州空虚耗损，战争却一直不能取胜。于是王莽就召回了冯茂，把他关进监狱，冯茂就死在了监狱里面。冬季，王莽另外派遣宁始将军廉丹和庸部牧史熊，大规模调动了天水县、陇西县的骑兵，广汉、巴、蜀、犍为等郡的官吏百姓十万人，再加上负责运输粮食的一共二十万人去攻击它。他们刚刚到达的时候，还斩杀了几千个敌人的首级。但是后来，军粮一直无法供应，士兵饥饿，又感染了传染病。王莽就征召廉丹、史熊回到京城，廉丹、史熊向王莽请求增加支援，表示一定要战胜句町才班师还朝，于是，捐税更加严重了。就都大尹冯英不愿意供给，就向王莽上书说：“自从西南夷叛变以来，断断续续，前后差不多就要十年了，各郡、各县都不停地进行抵抗攻击，您也接着任用了冯茂，苟且推行不顾后果的政策。僰道县以南的地方，山势险峻深邃，冯茂把许多百姓都赶到远地居住，花费了上亿的钱财，官吏士兵遭到毒气而死的，有十分之七。现在廉丹、史熊对于自己保证的规定期限感到害怕，就限期征集调发众郡的军粮，又夺取了百姓的资财，十取其四，弄得梁州地区民穷财尽，却始终没有立下战功。您现在应该停止战争，一边派遣军队驻守，一边开垦土地种植，公开设置封赏，招诱夷人。”王莽大怒，罢免了冯英的官职。后来自己又有所觉悟，说：“冯英也不能深加责难。”于是王莽任命冯英为长沙连率。越嶲郡蛮夷任贵也杀害了太守枚根，自立为邛谷王。

翟义党人王孙庆被捉住了，王莽命令太医、尚方和擅长屠宰的人一起将王孙庆解剖了，测量他的五脏，用小竹枝疏通他的血管，弄清来龙去脉，说是可以用来治病。

这一年，王莽派遣大使五威将王骏、西域都护李崇、戊己校尉郭钦出使西域。众国都到郊外去迎接他们，并且给他们供应兵士和粮食。王骏想要攻击他们，焉耆国假装投降，却集结军队来防备。王骏等人率领莎车国、龟兹国的七千多个士兵，分成了几个队伍，命令郭钦以及佐帅何封另外率领一军作为后卫。王骏等人进入焉耆国，焉耆国的伏兵突然出现拦截袭击了王骏，再加上姑墨、封犁、危须等国的军队叛变，同时转回来一起偷袭王骏，把王骏等人全部斩杀了。后来郭钦到达了焉耆国，焉耆国的军队还没有回来，郭钦对他们发动了袭击，屠杀了他们的老弱，然后从车师国进入边塞回国。王莽任命郭钦为镇外将军，封他为剿胡子；册封何封为集胡男。李崇收集了残余的军队，退回去护卫龟兹国。等到王莽失败，李崇去世，西域也就和中国断绝了来往。

四年（丁丑，公元17年）

夏季，六月，王莽在明堂重新把象征封国的茅草与泥土授予诸侯王，亲自设置有文采的石质几案，陈列菁茅和四色的泥土，祭告泰山、国家宗社、后土、先祖、先妣然后对他们进行授封。王莽喜好说空话，羡慕古代的制度，给很多人封赐了爵禄。可是，王莽的本性实在吝啬小气，托词还没有确定土地的规划，所以暂时先授予象征封国的茅土，来安慰那些喜欢封爵的人。

秋季，八月，王莽亲自到京城南郊，铸造威斗，威斗是用五色的石子和铜制成的，形状是北斗星的样子，长两尺五寸，王莽想要以此来诅咒战胜各地兵马。威斗铸成以后，王莽就命令司命背着它，王莽外出的时候，他就走在王莽的前面，王莽进宫的时候，就把威斗放在自己的身边。

王莽设置了羲和命士，去督促实行管理财政的五均、六管制度。每个郡都有几个名额，都由富豪、大商人担任，这些官员乘着驿车，谋求私利，在全国来往，趁着这个机会和郡县官吏勾结到一起，设立假账，国库没有能够充实起来，而百姓更加穷苦。这一年，王莽又颁下诏书，重申肯定六管，每一项管理制度下达，总要为它设置条规禁令，进行防止，违犯的人罪重的甚至会被处死。奸猾之徒与贪官污吏同时侵害百姓，百姓个个都不能够平安生活，王莽又要求上公以下所有有奴婢的人，每一个奴婢要缴纳三千六百钱的税金，天下的百姓更加愁苦了。纳言冯常就六管制度向王莽劝谏，王莽大怒，罢免了冯常的官职。

新朝的法令烦琐苛刻，百姓随便一动，就会触犯禁令，农民没有时间去耕田纺织，徭役又繁多加重了，而且旱灾、蝗虫灾接连发生，诉讼和监狱中关押的囚犯长时间都不能结案。官吏用苛刻暴虐的手段来树立自己的威严，利用王莽的禁令，剥削百姓，侵占民间财产，使富人不能保护自己的财产，穷人不能活命。于是，无论贫富都成为盗贼，他们依靠高山大泽的险阻，使官吏无法制服，官吏只好蒙蔽上级，盗贼的人数一天比一天增加。临淮人瓜田仪占据了会稽郡长州苑险要的地方；琅邪人吕母聚集了几千人的党羽，杀死了海曲县的县宰，乘船进入大海，成为海盗，他手下的人数渐渐增多，有一万左右。荆州发生了饥荒，百姓逃入了山野草泽，挖掘荸荠来吃，互相攻击争夺。新市人王匡、王凤因为出面为大家评理，排解纠纷，就被推举为首领，拥有几百人。于是，那些犯罪逃亡的人——南阳人马武、颍川人王常、成丹等人都去投奔他们。这些人一起攻打距离城市较远的村落，藏身在绿林山里面，仅仅几个月的时间，人数就已经多达七、八千人。又有南郡人张霸、江夏人羊牧等和王匡一起崛起，都有一万人那么多。于是王莽派遣使者到当地去赦免了这些盗贼犯下的罪行，使者回来以后对王莽说："盗贼解散以后，仍然常常聚集到一起。问他们原因，他们都说：'令人感到忧愁的法令既繁多又苛刻，动辄就会触犯法令，努力劳动所得到的报酬，还不够缴纳赋税。即使是在家关门自守，又往往会因为邻居犯下了盗铸钱币、持铜的罪行，要连坐入狱，贪官污吏就借此敛取民财，逼迫得百姓只有死路。'百姓走投无路，所以就都起来做盗贼了。"王莽大怒，罢免了他的官职。如果有人顺从他的意思说"百姓倨傲狡猾，应当处死他们"，或者说"这只是偶然的时运，并且没有多长时间就会消失"，王莽就会感到很高兴，升迁他的官职。

五年（戊寅，公元18年）

春季，正月朔日（初一），北军南门发生了灾害。

王莽任命大司马司允费兴为荆州牧。王莽接见了他，并且询问他到任以后的施政方案，费兴就回答王莽说："荆、扬二州的百姓，大都依靠险要的山泽，以捕鱼采樵为业。前一段时间，国家推行六管制度，征收山林湖沼税，损害侵夺了百姓的利益，再加上连年发生旱灾，百姓饥饿贫穷，所以沦为了盗贼。我到任以后，就要下令明白地告诉盗贼返回家园，贷放农具、耕牛、种子和粮食，减免他们的赋税，希望能够减轻他们的负担，解散、安抚他们。"王莽发怒，罢免了费兴的官职。

天下的官吏因为得不到俸禄，纷纷都去做不法的勾当，郡尹、县宰的家里都积累了上千斤的黄金。于是王莽就检查了始建国二年匈奴侵犯中国以来，所有军官以及边境官吏大夫以上牟取不法利益来增加产业从而富有的，没收他家里所有财产的五分之四，用来资助边防的急需。各公府官吏乘着驿车很快就跑遍全国，审查贪污案件，动员他们的部下去告发自己的上级、奴婢告发自己主人，王莽原本希望可以用这个办法来杜绝不法的事情，可是，不法的事情却越来越严重了。

王莽的孙子功崇公王宗由于犯下了画自己的容貌时穿戴着天子的衣帽、私自刻了三个印章的罪行，被发现以后，自杀而死。王宗的姐姐王妨是卫将军王兴的夫人，被指控犯下了祈祷鬼神给自己的婆婆降下灾祸、杀死婢女灭口的罪行，和王兴都自杀死了。

这一年，扬雄去世了。当初，汉成帝在位的时候，扬雄担任郎官、给事黄门的官职，和王莽、刘秀的官位是一样的。汉哀帝初期，杨雄又和董贤的官位相同。王莽、董贤担任三公的官职，权势比国君还要大，只要是他们向皇上推荐的人没有一个不得到提拔的。可是，扬雄经历了汉成帝、汉哀帝、汉平帝三代，官职也没有得到调动。等到王莽篡夺了汉朝的政权，扬雄因为年龄已经大了并且长时间身居高位，被擢升为大夫。扬雄对势利看得很淡，喜好古代的典章制度，喜欢儒家学派的道理，打算用撰写文章使自己在后代成就名声，就写下了《太玄》一书，来讨论天、地、人之道。扬雄看到先秦诸子其他学派的学说，各用智慧的语言，与儒家背道而驰，大多诋毁訾骂儒家学派的圣人，荒唐怪异，巧言诡辩来扰乱朝政，虽然都是小小的论辩，但是终究会破坏儒家圣贤大道，使众人感到迷惑，使众人信奉他们，却不知道错误在哪里，所以当时常常有人向扬雄提出问题，扬雄总是用合乎礼法的言论回答他们，称为《法言》。

扬雄只求自省，不对外宣扬，因此当时的人们都忽略了扬雄，只有刘秀和范逡尊敬他，而桓谭认为他无与伦比，巨鹿人侯芭拜他为师。大司空王邑、纳言严尤知道扬雄去世了以后，就对桓谭说："你经常称赞扬雄的书，难道他的书能够流传后世吗？"桓谭说："一定能流传的，只是您和我都来不及看到而已。一般说来，人都是对眼前的看得轻贱，而把遥远的看得贵重，大家亲眼看到扬雄的俸禄、地位、容貌，没有一项动人之处，所以才会看不起他的书。从前老子把他的虚无思想写成了《道经》和《德经》，轻视仁义，抨击礼学，可是，后代喜欢他的人还认为它的价值超过了《五经》，从汉朝文、景二帝一直到司马迁都有这样的言论。现在扬雄的书，文字含义十分深刻，而所发议论又不违背圣人之道，那么将来就一定能够超越诸子！”

琅邪人樊崇在莒县起兵，有一百多个人，辗转进入泰山。盗贼们认为樊崇勇武凶猛，纷纷归附了他，仅仅一年的时间，人数就多达一万余了。樊崇的同郡人逄安，东海人徐宣、谢禄、杨音也分别起兵，合起来一共有几万人，他们也带领军队跟随樊崇，一起攻打莒县，仍然不能攻陷莒县，就返回在青、徐二州之间抢劫。又有东海人刁子都，也起兵在徐、兖二州之间抢劫掠夺。于是王莽派遣使臣调动郡、国的军队去攻击他，但是无法攻克。

匈奴乌累若单于栾提咸去世了，他的弟弟左贤王栾提舆即位，成为呼都而尸道皋若鞮单于。栾提舆即位以后，贪图赏赐的利益，就派遣大且渠奢和伊墨居次云的外甥醯椟王，一起到长安去进贡。王莽派遣和亲侯王歙和王奢等人一起到制虏塞下，和栾提云、须卜当会合，并且趁这个机会用兵逼迫、威胁栾提云、须卜当，率领人马去长安。栾提云、须卜当的小儿子从塞下得以逃脱，回到了匈奴。须卜当到达了长安以后，王莽就任命须卜当为须卜单于，还打算派遣大批军队出塞去帮助他登上匈奴单于的位置，然而大军一时无法集结。而匈奴对新朝也更加恼怒，就纷纷侵入中国北方的边境掳掠抢劫。

六年（己卯，公元19年）

春季，王莽发现全国有很多盗贼，就命令太史推算出三万六千年的日历，下令每隔六年就更改一次年号，布告天下，又颁下诏书说“自己将会像黄帝一样成仙升天”，打算以此来欺骗迷惑百姓，使盗贼瓦解。众人都讥笑他。

王莽第一次把《新乐》呈献于明堂、太庙。

更始将军廉丹攻打益州，不能取胜。益州夷人栋蚕、若豆等人起兵，杀死了郡太守。越巂夷人大牟也叛变了，屠杀官吏百姓，并侵占他们的财产。王莽召回了廉丹，改为派遣大司马护军郭兴、庸部牧李晔去攻击蛮夷若豆等人，太傅羲叔士孙喜去平定江湖的盗贼。然而同时匈奴劫掠边境十分厉害，王莽就大规模招募全国的壮丁以及犯下死罪的囚犯、官吏、百姓的奴仆，起名叫作猪突、豨勇，把他们作为精锐部队。向全国所有官吏和百姓征税，每三十分财产抽取一分，缣绢都运送到长安。命令公卿以下直到郡县佩戴黄色绶带的官吏都要去保养军马，马匹数量的多少根据各人的官秩规定等级，而官吏都把这个负担转嫁到百姓的身上。王莽又广泛召集有特殊技术可以攻打匈奴的人才，打算越级提升他们，于是上言建议的就有万人左右：有的说能够不用舟船桨楫渡过江河，把军马连接在一起，接力乘骑，可以渡过百万军队；有的说不用携带任何粮食，只要吃下药物，全军就不会感到饥饿；还有的说能够飞行，一天能飞行一千里，可以去侦查匈奴。王莽就对他们进行试验，那个人拿大鸟的羽毛做成两扇翅膀，头上和身上都附上羽毛，翅膀用扣环纽带操纵，飞了几百步就掉了下来。王莽知道他们不能起到什么作用，却硬要博取珍惜人才的名声，于是把他们都任命为理军，赏赐他们车马，等待出发。

当初，王莽想要引诱须卜当，大司马严尤就劝谏王莽说："须卜当在匈奴右部，他的军队从来没有侵略过我们的边境，还总是把单于的消息都告诉了我们，这对边疆有很大的帮助。如果现在把须卜当迎接来，并且安置在长安槁街，他就只不过是一个胡人罢了，不如让他留在匈奴还有助益。"王莽没有听从。等到他把须卜当迎来以后，就打算派遣严尤和廉丹去攻击匈奴，都赐姓征氏，称为二征将军，王莽命令他们诛杀栾提舆而立须卜当来代替他。兵车出发到长安城西马圈，没有起行。严尤一向具有智谋才略，他反对王莽攻打四方夷狄，多次向王莽进言劝谏，都不被听从；等到即将要出兵的时候，朝廷进行讨论，严尤坚决地说："匈奴可以暂且放在后面，您应当先忧虑华山以东地区的盗贼。"王莽大怒，颁下诏书，罢免了严尤的官职。

大司空议曹史代郡人范升向王邑上书说："我听说做儿子的不离间父母之间的感情才能被称为孝子，作臣子的不诋毁君王才能被称为忠臣。现在大家异口同声，歌颂皇上神圣，称赞您英明，但是英明的意思是无所不见，神圣的意思是无所不闻。现在天下的事情，都比日月在天上还要明显，比雷霆万钧还要震撼，然而皇上却说没看见，您却说没听到，那么，善良的百姓要到哪里去呼唤苍天呢？您认为对却不说出来，这还是小的过错；但是明明知道是错的还是去服从命令，那么，这就是大的过错了。这两种情况，你一定居于一种，怪不得天下的百姓都将怨恨集中在了你的身上。皇上认为远人不服从是最大的忧虑，我却认为国内百姓的不满才值得特别担心。现在的举措和时机正好相反，所决定的事跟常理相反，在翻车的道路上奔驰，在失败的轨迹上步步跟进，往后降临的灾祸将更加可怪，爆发得越晚就越是可怕。现在，正好是一年开始的春季，却征调壮丁到远方服役，粗劣的饭菜都不够吃，田地荒芜没有人去耕种，粮食的价格高涨，一斛甚至要几千钱，官吏和百姓都陷入水深火热之中，不再将自己当作国家的百姓。这样的话，用不了多长的时间，胡人、貉人就会来把守门阙，青州、徐州的贼寇就要进入帷帐了。我有一番话，可以解除天下百姓的痛苦，免除善良百姓的窘迫，不可以用文字表达，希望您可以推荐我，让我毫无保留地陈述我心中的想法。"王邑没有理会。

翼平郡连率田况奏报郡县对民间财产的估计不真实，于是王莽就又从三十分中抽取了一分。王莽认为田况说话忠实，关心国家，把他的爵位提升为伯爵，赐给他两百万钱，大家都咒骂田况。青、徐二州的百姓，大多数都抛弃了家乡，逃亡到了别的地方，年龄大的和幼小的都死在了道路上，而年轻力壮的都成为盗贼。

夙夜郡连率韩博向王莽上书说："有一个奇士，身高一丈，体大十围，来到了臣的官府里面，说想要奋力去攻击匈奴，称自己是巨无霸，生长在蓬莱山东南、五城西北的昭如海边，小车不能装下他，三匹马拖不动他。我当天就用大车套上四匹马，树立虎旗，将巨无霸运载到了京城。巨无霸睡觉就枕在鼓上，用铁筷子吃饭，他是上天派来辅佐新朝的！我希望陛下可以为他准备大铠甲、高车、孟贲夏育的衣服，派遣一个大将和五百个勇士，在道路上来迎接他。京城门户不能够容纳他的，必须增高加大，显示给所有的蛮族看，来震慑安定天下。”韩博的意思是想要借此来讥讽王莽。可是，王莽知道了以后，很厌恶他，就将巨无霸留在了新丰县大家都可以看得到的地方，并将他的姓更改为巨母氏，意思是说因为文母太后才会出现这个人，这是使自己成为霸王的符命。然后就征召韩博，把他关进了监狱，因为那不是他应该说的话，就杀死了他。

函谷关以东连年发生了饥馑荒旱，刁子都等人的党徒逐渐增多，达到了六七万。

地皇元年（庚辰，公元20年）

春季，正月乙未日（寅正十二月二十七日），王莽下令大赦天下，更改年号为地皇，根据三万六千年的日历。

王莽颁下诏书说：“当军队出动行进的时候，有人敢胡乱奔跑、喊叫，触犯法令的，就立即判处斩首的处罚，不必等到秋季！”于是，春、夏二季都在城市中斩首，百姓感到震惊害怕，路上的人都不敢讲话，只是用眼睛彼此互相看着示意而已。

王莽看见各地的盗贼都很多，又想镇压他们，再次颁下诏书说：“我的皇初祖考黄帝平定天下，自己率领军队担任大将军，在内设置大将，在外设置五个大司马，从大将军到士吏，一共是七十三万八千九百人，士是一千三百五十万人。我接受符命的文辞，效法古人，将要一一设置起来。”于是，王莽就设置了前、后、左、右、中大司马的官职，从众州牧到县宰都赐予了大将军、偏将军、裨将军、校尉的称号。使臣乘着驿车经历郡国，每天将近十几批，仓库里没有现存的粮食供给，驿站的车马不够，就征用路上的车马，从民间拿取来进行办理。

秋季，七月，大风损毁了王路堂。王莽就颁下诏书说："在壬午日（寅正六月十六日）晡食的时候，发生了暴风雷雨吹倒屋子、折断树木的灾难，我对此感到很恐惧，恭敬地思考了十天，才解除了我的迷惑。从前上天降下符命的文辞说，要册立王安为新迁王，王临在洛阳建设封国，为统义阳王，议论的人都说：'王临在洛阳建立封国，为统义阳王，是说他据有全国的中心，是新朝的继承人，应该立他为皇太子。'从此以后，王临生了很长时间的病，即使现在痊愈了，也没有完全康复。王临有哥哥被称为太子，名分不正。因此我登上皇位以来，阴阳不和，粮食减少，蛮夷侵扰中国，内外都有盗贼奸邪在作乱，百姓惶恐不安，不知道应该怎么办。我深深地思考这些过错，就是由于名分不正。我应该册立王安为新迁王，王临为统义阳王。"

王莽又颁下诏书说："以黄色为贵，红色为贱。应当让郎官、侍从官都穿大红色的衣服。

有很多观察云气的人都说出现了大兴土木的征兆。九月甲申日（寅正八月十九日），王莽在长安城的南面修建了九座宗庙，其中黄帝庙占地四十丈见方，高十七丈，其他的庙仅仅是它的一半大，规模十分宏伟。王莽广泛征集天下的工匠以及官吏百姓义务捐输钱谷来资助兴建，人马粮草在道路上络绎不断。九庙的设计与施工，都极尽各种工匠的技巧，工事费用需要几百万，而士兵、工匠死亡的，以万来计算。

从这个月开始，一连下了六十多天的大雨。

巨鹿男子马适求等人策划发动在燕、赵二地的军队来讨伐王莽。大司空的属官王丹发觉以后，向王莽报告了这件事。王莽就派遣三公大夫逮捕了他的同党，进行治罪，牵连到各郡、封国几千个才能出众的豪杰，都被处死了。王莽册封王丹为辅国侯。

王莽规定：凡是私下铸造钱币的，都要被处死，抨击败坏宝货的，一律流放到四方遥远荒凉的地方。但是犯法的人实在是太多了，使法律无法执行。于是王莽就将处罚减轻，规定私下铸造钱币的，夫妻一起送进官府做奴婢，官吏以及邻近五家邻居知道但是没有检举揭发的，和他同罪；抨击败坏宝货的，百姓就罚服一年劳役，官吏就罢免他的官职。

太傅平晏去世了，王莽任命予虞唐尊为太傅。唐尊说："国家空虚，百姓贫穷，灾祸的根源就在于奢侈过甚。"于是唐尊身穿短衣小袖，乘坐母马拉的简陋车子，坐卧时用禾秆做衬垫，用瓦质食器吃喝，又用瓦器盛食，并且把这些东西一一馈赠给公卿。外出的时候，看到不分开走路的男女，唐尊就亲自下车，对他们采用象征性的刑罚，拿红土水浸过的旗幡污染他们的衣服。王莽知道这些事以后很赞赏他的做法，就颁下诏书告诫公卿："我希望你们的操行可以和他一样。"并册封唐尊为平化侯。

汝南人郅恽深明天文星象与历法，他认为汉氏一定会复兴，就向王莽上书劝告他说："上天之所以会发生异象，就是想要使您觉悟，让你回到臣子的位置上去。取之于天，应该交还给天，才可以说是知道天命！"王莽大怒，将郅恽逮捕起来关进了诏狱，过了冬天，遇到大赦，郅恽才得以出狱。

二年（辛巳，公元21年）

春季，正月，王莽的妻子去世了，谥号是孝睦皇后。当初，王莽的妻子因为王莽多次杀死了自己的儿子，流泪哭泣导致失明。王莽命令太子王临住在宫中照顾她。王莽的妻子身边有一个侍女叫原碧，王莽和她发生了关系，后来王临也和她私通了，王临担心事情泄漏出去，两个人就计划共同杀死王莽。王临的妻子刘愔，是国师公的女儿，善于观察星象，她说王临的宫里将会有木、金二星相合，王临心里感到喜悦，以为自己的计划将会成功。后来，王临被贬为统义阳王，又被打发到外面的宅第居住，更加感到忧虑惶恐。恰好遇到王莽的妻子病得严重，王临就给母亲写信，说："皇上对待子孙太过于严厉了，从前我的哥哥长孙、中孙都是在三十岁的年龄就死了。现在儿臣我又正好是三十岁了，我十分担心一旦母后不能保住自己的生命，那我就不知道将会死在哪里了！”

王莽去探望妻子的病情，看到了王临的书信，大怒，怀疑王临有恶毒的想法，就不让他参加丧礼。等到王莽的妻子下葬以后，王莽就将原碧等人抓了起来，拷打审问，原碧完全承认了通奸、谋杀的事情。王莽想要掩盖这件事情，就派人将审理这个案件的司命从事杀害了，埋在监狱里面，他的家人都不知道他们到哪里去了。王莽又赐给王临毒药，王临不愿意喝，自杀而死。王莽又命令国师公刘秀说：“王临本来不知道星学，事情都是从刘愔开始的。”于是刘愔也自杀而死。

这一月，新迁王王安生病去世。当初，王莽被封为侯爵到达封国的时候，和他的侍女增秩、怀能发生了关系，生下了王兴、王匡两个儿子，王莽把他们都留在了新都国，因为不确定他们究竟是不是自己的儿子。于是等到王安死了以后，王莽就用帝王的车驾，派遣使者去迎接王兴、王匡，册封王兴为功修公，王匡为功建公。

占卜先生王况对魏成大尹李焉说：“汉家将会复兴，李氏会是他的辅佐。”因此替李焉编著了预知未来的谶书，合起来一共有十多万字。事情败露后，王莽就杀死了他们。

王莽派遣太师羲仲景尚、更始将军护军王党率领军队去攻打青、徐二州的贼寇，国师和仲曹放帮助郭钦去攻打句町国，但是都无法获胜。军队不遵守纪律，百姓因此更加困苦。

王莽又将天下的粮食布帛都转运到西河郡、五原郡、朔方郡、渔阳郡，每一个郡的数量都是以百万计算，想要用来攻击匈奴。须卜当生病去世以后，王莽将自己的庶女嫁给了他的儿子后安公须卜奢，用来表示对他的尊崇和宠爱，因为王莽最终还是打算用武力立须卜奢为匈奴的单于，所以对他的尊荣宠爱都很深厚。等到王莽失败以后，栾提云、须卜奢也在中原去世了。

秋季，降下来的霜，严重伤害了豆类庄稼，函谷关以东的地区发生饥馑，发生蝗灾。

王莽减轻了私下铸造钱币的处罚以后，犯法的人越来越多了，甚至五人牵连犯罪，被没收钱币送入官府做奴婢。其中男的就用囚车载送，女的就步行，都用铁锁链套住他们的脖子，送到长安负责铸钱的官府那里去，人数有十万人之多。到达那里以后，使他们另外结成夫妇，拆散原有的夫妻。因此愁苦而死的有十分之六七。

上谷人储夏自己向王莽请求去游说瓜田仪投降。但是瓜田仪还没有出发就死了。王莽把他的尸体要来，进行安葬，为他修盖了坟墓、祠室，谥号是瓜宁殇男。

闰月丙辰日（寅正闰八月），王莽下令大赦天下。

郎官阳成修向王莽进献符命，说他应该重新册立皇后。又说：“黄帝因为有一百二十个女子侍候他，才成为神仙。”于是王莽就派遣中散大夫、谒者各四十五个，分别巡视全国，广泛选取被邻里所推崇的有淑女的人家，进呈她们的名字。

王莽十分厌恶汉高庙的神灵，于是就派遣虎贲武士进入高庙，用武器四面掷击，用斧头砍坏门窗，用桃木汤浇洒墙壁，用土红色鞭子抽打墙壁，并且命令轻车校尉住在里面。

这一年，南郡人秦丰聚集了将近一万人的部众。平原女子迟昭平也在黄河之畔的险要地区聚集了几千人。王莽召集臣子们，询问他们捉拿盗贼的策略，大臣们都说：“这些人得罪了上天，都是没有灵魂的躯壳，顷刻之间，就会消灭，活不了多久了。”前左将军公孙禄被传召前来参加商议，公孙禄说：“太史令宗宣，主管星象历法，占卜气节变化，把凶险的征象当作吉利的征象，扰乱天文，使朝廷施政错误。太傅、平化侯唐尊，用虚伪的言行来窃取名誉地位，结果害了别人的子弟；国师嘉信公刘秀，颠倒五经，毁坏了经师所传授的方法，造成学士思想混乱；明学男张邯、地理侯孙阳，制作了井田制度，使百姓丧失土地产业；羲和鲁匡，设立了六管制度，使得手工业者和商人陷入走投无路的困境；说符侯崔发，阿附谄谀，奉承讨好，使下情不能上达。您应该杀了这几个人，来安慰天下的百姓！”又说：“匈奴不可以攻打，您应当和他们和亲交好。臣担心新朝的忧患不在匈奴而在国家的内部。”王莽发怒，命令虎贲勇士将公孙禄搀扶出去，可是，王莽采纳了一些他的意见，因为百姓怨恨抨击鲁匡，将鲁匡降调为五原郡卒正。六管制度并不是鲁匡一个人搞起来的，但是王莽为了满足众人的愿望，把他抛弃了。

当初，各地的百姓都因为饥寒穷苦而成为盗贼，渐渐地众人聚集在一起，常常盼望着年岁好的时候能够回到家乡，即使聚集起来的人已经上万了，也不敢掠夺占有城池，只希望能够维持一天的生计也就可以了。各县长官和州牧、郡太守都是在乱斗的时候被兵刃杀伤而死的，盗贼并不敢故意杀死他们。可是，王莽却始终不能明白他们沦为盗贼的原因。

这一年，荆州牧发动了两万个亡命之徒去讨伐绿林贼，贼寇首领王匡等人率领自己的属下在云杜县迎战，打败了荆州牧的军队，杀死了几千个人，把所有的军用物资全部掳获了。荆州牧想要撤退到北边去，绿林将领马武等人又伏击了他，钩住荆州牧车上挡泥的装饰板，刺杀了他的骖乘，但是他们却不敢杀死荆州牧。盗贼最后攻下了竟陵县，转过来袭击云杜县、安陆县，把很多妇女抢走，回到了绿林山里面，此时已经增加到了五万余人，州、郡都无法制止。有一个大司马的属官到豫州去办案，被盗贼俘虏了，盗贼将他送交给县衙。属官回来以后，就向王莽上书详细地报告了这件事。王莽大怒，认为这是污蔑欺骗，就颁下诏书指责四辅和三公说：“吏，就是管理的意思。宣扬德政，彰明恩泽，我任用州牧，是让他们去管教养育百姓，是仁政的原则。压制豪强，逮捕诛杀奸邪、盗贼，是正义的节操。但是现在不是这个样子。盗贼发生了，却总是不能够逮捕他们，以致他们结成群党伏击乘坐驿车的官员，能够逃脱出来的官吏又胡乱自说：‘我曾经指责盗贼：“为什么要这样做呢？”盗贼回答说：“是因为贫穷。”盗贼还护送我出来。’现在庸俗的人谈论事情大多都是这样的。

想想看，只是因为贫困饥寒就犯法去做坏事，小的是一个人去偷窃，大的是一伙人去抢劫，不过就是这两种而已。可是，现在竟然合谋结党，人数以千百计算，这是大规模的叛乱，哪里还是饥寒就可以解释得了的呢？四辅、三公应该严肃告诫卿大夫、卒正、连率、庶尹，认真管教抚养善良的百姓，赶快逮捕诛杀盗贼！如果有人不同心合力，不憎恨狡猾的盗贼，反而胡乱地说是饥寒使他们成为盗贼，就将这个人逮捕到监狱里面去，查办惩治他的罪行！”于是，在下位的那些官吏就更加惶恐，没有人再敢去说盗贼的真实情况，州郡又不能擅自调动军队出击，因此也就无法制止那些盗贼。

只有翼平郡连率田况一直以来就勇敢果决，动员了四万多年龄在十八岁以上的男子，发给他们兵库里面的武器，把军令刻在石碑上面向他们宣布。樊崇等人知道了这件事，就不敢侵入郡界。田况向王莽上奏弹劾自己，王莽就责怪田况：“没有赐给虎符却擅自调发军队，这是玩弄兵权，这种罪过与耽误军事调动一样。因为你自己保证一定会擒拿消灭贼寇，所以暂且不惩治你的罪行。”后来田况主动向王莽请求越过郡界攻打盗贼，将所到之处的盗贼都打败了。

王莽就颁下诏书命令田况代理青、徐二州的事务，田况向王莽上书说：“盗贼刚刚崛起的时候，他们的势力原本是很小的，当地的治安官吏和邻里相保的伍人就能够捉住他们。可是，责任在于县府主要的官吏不在意这件事，县欺骗郡，郡欺骗朝廷，实际上人数是一百个，却上报说是十个；实际上人数是一千个，却上报说是一百个。朝廷怠慢忽视，不及时进行督察，这才发展到了蔓延几个州的程度，到了这个时候，朝廷才派遣将帅，派遣很多使臣，乘着驿车赶去督查郡县。郡县忙着服侍上司，对于上司的责问，只是应对塞责而已，供给酒饭，准备物资和费用，来解救自己的死罪，没有时间再去忧虑盗贼和办理官府的事务。将帅又不能够亲自率领官兵去冲锋陷阵，一交战就被盗贼打败，官军的士气就逐渐低落了，只能是白白地耗费了百姓的钱财而已。过去他们幸运地蒙受了赦免的命令，盗贼本来打算解散，但是有的人反而遭到了伏击，他们惶恐地退回了山谷，辗转互相告知。所以各郡县已经投降的盗贼都更加惊惧，担心被欺骗和诛杀，就趁着收成不好，百姓饥饿，不能够安居的时候，在十天的时间里面，又聚集了十多万人，这就是为什么盗贼那么众多。现在洛阳以东的地方，一石米就要花费二千钱，我私底下看到诏书，上面写着您要派遣太师、更始将军前来，他们二人是国家的护卫大臣，如果跟随他们前来的侍从太多的话，沿途的百姓就无法向他们供给食物，但是如果随从人员太少的话，就无法用来威震远方了。您应该迅速在州牧、大尹以下挑选官吏，明确规定对他们的赏罚，让他们收集分散的乡聚和没有城池的小封国，将他们年老体弱的居民迁移安置到大城里面，储备积蓄粮食，合力坚守。等到盗贼来攻城的时候，就不能攻下。而盗贼所经过的地方，又没有粮食，那么势必就不能使他们聚集在一起；就像这个样子，招抚他们的话，他们就一定会投降的；如果我们攻击他们，他们就一定会被消灭。现在您白白地又派出许多将帅，郡县的官吏百姓害怕他们，反而比害怕盗贼还要厉害得多。您应该把所有乘坐驿车的使臣都传召回来，让郡县的官吏百姓可以休息，将必须平定青、徐二州的盗贼的任务交给我田况去办理，我一定能够做到。”王莽畏惧厌恶田况的才能，于是就暗中派遣了使者接替管理他的军队，然后派遣使者赐给田况盖了御玺的诏书。使者到达以后，接见了田况，就命令由另外的人代替他监管部队，派遣田况到西边的长安，任命他为师尉大夫。田况离开了以后，齐地也就被盗贼攻陷了。

三年（壬午，公元22年）

春季，正月，九庙建筑竣工了，安放了神主。王莽前去晋见，坐着六匹马拖的大车，把用五彩羽毛织成龙形图案的衣服，披在了马上，马的头上装着角，有三尺长。王莽又制造了华丽的九层车盖，高八丈一尺，用四轮的车子装载，拉车的人都喊着“登仙”的口号，王莽外出的时候，就命令他们走在前面。官员们私底下就说：“这像是运棺材的车，不像是神仙之物。”

二月，樊崇等人杀死了景尚。

函谷关以东的地区出现了人吃人的现象。

夏季，四月，王莽派遣太师王匡、更始将军廉丹到东边去讨伐众贼。当初，樊崇等人的党羽渐渐增多以后，就相互约定说："杀人的，就处以死刑；伤人的，就给予他同样的伤口。"其中最尊贵的称号是三老，其次是从事，再其次是卒史。等到听说太师、更始将军即将前来讨伐他们的时候，他们十分担心自己的部下和王莽的军队混战时难以辨认，就命令所有人都将自己的眉毛涂成红色，以便互相识别辨认，因此被称为赤眉。王匡、廉丹一起率领了十多万的精锐士兵，经过的地方，都放任自己的士兵掳掠，不加约束。东部地区因此出现了民谣："宁愿遇到赤眉，也不要遇到太师。太师还勉强可以，更始将军却会杀了我！"最终确实像田况所说的一样。

王莽又派遣了许多大夫、谒者分别教导百姓将草木熬成糊状食品，但是这种糊状食品却不能吃，反而增加了人力、物力的浪费。

绿林盗贼感染了传染病，将近一半的人都死了，就各自分散离开了绿林山。王常、成丹向西进入了南郡，称自己为"下江兵"。王凤、王匡、马武以及他们的支党朱鲔、张卬等人向北进入了南阳郡，称自己为"新市兵"。他们都称自己为将军。王莽派遣司命大将军孙仁巡察豫州，纳言大将军严尤、秩宗大将军陈茂进攻荆州，各随带官员一百多人，乘坐着驿车到达郡县去招募士兵。严尤对陈茂说："派遣将领却不发给兵符，遇到事情一定要先请示然后才可以出动，这就犹如牵着猎犬却要求它去捉野兽一样。"

从东边飞来了蝗虫，飞行遮蔽天空。

流亡的人进入函谷关的，一共有几十万人，于是王莽就设置了养赡官，给他们提供食物。由使者监督，但是这些使者竟然和官吏一起盗取了供给那些流民的食物，饿死的流民有十分之七八。

在此之前，王莽派遣中黄门王业负责长安城的买卖，王业用很低的价格向百姓收购物品。百姓都感到很忧虑。王业却因为省钱立下了功劳，被赏赐了附城的爵位。王莽听说京城里面发生了饥荒，就去询问王业。王业说："那些都是流亡的人。"然后就在市面上购买国米饭、肉羹，把这些东西拿给王莽看，说："居民吃的都是这样的食物。"王莽相信了他的话。

秋季，七月，新市贼王匡等人进攻随县。平林人陈牧、廖湛又聚集了一千多人，称自己为"平林兵"，来响应新市兵。

王莽颁下诏书指责廉丹说："仓库粮食已尽，国库财物已空，可以愤怒了，可以出战了！将军接受国家委托的重任，如果不在原野之中牺牲生命，就没有办法报答朝廷的厚恩！"廉丹惧怕，于是连夜召见了他的部属冯衍，把诏书拿给他看。冯衍就趁这个机会游说廉丹说："张良因为五代都是韩国的相国，所以就在博浪沙中用铁椎谋刺了秦始皇。将军的祖先，是汉朝忠诚的臣子。新朝兴起，天下英雄豪杰没有人心悦诚服。现在全国溃散混乱，人们思念汉朝的恩德，远远超过了周人对召公奭的思念。只要是人们所歌颂赞美的，上天一定追随。现在我为将军谋划，您不如先占据大郡，镇压官吏士兵，对他们进行安抚，然后砥砺他们的品质，接纳英雄豪杰之士，向他们请教忠智的谋略，振兴国家的利益，为百姓除去祸害，那么您的福禄就会流传无穷，您的功业永远都不会磨灭。这和军队在原野中被打败，使你的尸体跟草木同时腐烂，功业败坏，丧失名誉，使先祖蒙受耻辱相比，哪一个好呢？"廉丹没有听从。冯衍，是左将军冯奉世的曾孙。

冬季，无盐人索卢恢等人起兵，占据了城池造反，亲近依附盗贼，廉丹、王匡攻下了无盐城，斩下了一万多个首级。王莽派遣中郎将捧着加盖了御玺的文书，前去慰劳廉丹、王匡，将他们进升公爵，并且册封了十多个立下功劳的官吏士兵。赤眉别校董宪等人的部队有几万人在梁郡活动，王匡打算向他们进攻。但是廉丹认为他们刚刚攻下城池，士兵疲劳，应该让士兵暂时休息一下，来恢复军队的战斗力。可是，王匡没有理会他，率领军队，单独前进，廉丹只好跟着他。在成昌地方交战，王匡的部队被打败了，于是王匡就逃走了。廉丹就派遣官吏拿着自己的印章、组绶、符节交给王匡，说："小儿可以逃跑，但是我不能！"就留了下来，战死了。校尉汝云、王隆等二十多个人当时在别的地方作战，听到了这个消息以后，都说："廉公已经战死了，我们还需要为谁活呢？"就立刻赶去和盗贼作战，最后都战死了。

国将哀章主动向王莽请求自己愿意去平定崤山以东地区的盗贼，于是王莽派遣哀章赶到了东边和太师王匡合作进行作战。王莽又派遣大将军阳浚去防守敖仓，派遣司徒王寻率领十多万人在洛阳驻兵，镇守南宫，派遣大司马董忠到中军北垒去教导士兵学习射箭，任命大司空王邑代理三公的职责。

当初，长沙定王刘发生下了舂陵节侯刘买，刘买生下了戴侯刘熊渠，刘熊渠生下了考侯刘仁。刘仁因为南方地势低下，气候潮湿，就改封到了南阳郡的白水乡，和宗族迁到了那里，定居下来。刘仁去世以后，儿子刘敞继承了他的爵位。恰好遇到王莽篡夺了汉朝的政权，封国就被取消了。舂陵节侯刘买的小儿子刘外担任郁林郡太守，刘外生下了巨鹿郡都尉刘回，刘回生下了南顿县令刘钦。刘钦聘娶了湖阳人樊重的女儿，生下了三个儿子：刘縯、刘仲、刘秀，兄弟三人的父母很早就死了，就在叔父刘良的家里生活。刘縯个性刚强坚毅，意气激昂，慷慨大度，自从王莽篡夺了汉朝的政权以后，就经常气愤不平，心中怀有光复汉朝的志向，不经营家人的田宅产业，反而倾尽自己的所有，甚至破产，来和天下的英雄豪杰结交。刘秀的鼻子很高，额上的骨头隆起如日，对农事十分勤勉。刘縯常常讥笑他，将他比作汉高祖刘邦的哥哥刘喜。刘秀的姐姐刘元是新野人邓晨的妻子，刘秀曾经和邓晨一起去拜访穰人蔡少公，蔡少公学了很多《河图》《洛书》等符命之类的书籍，就说："刘秀应该做皇上。"有人说："你说的是国师公刘秀吗？"刘秀就开玩笑说："你怎么知道不是我呢？"在座的人都哄堂大笑。只有邓晨心里感到高兴。

宛人李守，喜好星学历算、谶书，担任王莽的宗卿师，曾经对他的儿子李通说："刘氏将会复兴，李氏将会做他的辅佐大臣。"等到新市兵、平林兵崛起的时候，南阳郡人心浮动，李通的堂弟李轶对李通说："现在天下动乱，汉朝应当复兴。南阳郡刘家的宗室，只有刘伯升（伯升是刘縯的字）兄弟广泛接纳众人，我们可以和他们一起图谋国家大事。"李通笑着说："我也是这个意思！"恰好刘秀到宛县去贩卖粮食，李通就让李轶去迎接刘秀，和他见了面，借这个机会向他详细解说了谶书预言的事情，和他相结交，商定了计划。李通打算在立秋日趁着骑兵武士大检阅的时候，劫持前队大夫甄阜以及属正梁丘赐，然后向众人发号施令，让李轶和刘秀回到舂陵县起兵响应。

于是，刘縯就召集了许多豪杰商议说："王莽残暴酷虐，百姓分崩离析，现在又连年发生了旱灾，到处都发生了战争，这也是上天要灭亡他的时机，我们恢复汉高祖的伟业，奠定万世不朽的基业，也正是这个时候！"大家都认为他说得很对。于是，就分别派遣自己的亲人在众县起兵，刘縯自己则去发动了舂陵县的子弟。有很多家的子弟都感到害怕，纷纷躲藏逃避起来，说："伯升要害死我了！"等看到刘秀穿着红衣，戴着武官的帽子，都吃惊地说："谨慎敦厚的人都这样做了啊！"这才使自己稍微安定了下来。一共得到了七八千子弟，将宾客加以调配安排，称自己是"柱天都部"。刘秀这个时候二十八岁。可是，李通的起兵计划还未付诸实施，事情就泄露了，于是逃亡出走了，他的父亲李守以及家属牵连犯罪被处以死刑的，一共有六十四人。

刘縯派遣族人刘嘉去招抚说服新市兵、平林兵，和他们的主帅王凤、陈牧向西进攻长聚。进攻唐子乡时，杀死了很多人，又杀死了湖阳县尉。由于军队里面的财物分配不公平，大家都很愤怒怨恨，想反过来攻打那些刘姓家族的军队。于是刘秀就收集了族人所得的财物，全部交给了他们，大家才高兴了。他们继续向前挺进，攻陷了棘阳县，李轶、邓晨各自带领着自己的宾客前来会合。

严尤、陈茂打败了下江兵。成丹、王常、张卬等人收集了逃散的士兵，退到了蒌溪，在钟山、龙石山之间展开战斗，人数增多，大家又振作了起来。他们随后带领军队在上唐乡和荆州牧作战，打败了州府官军。

十一月，在南方张宿出现了彗星。

刘縯打算进攻宛县，到达了小长安聚，和甄阜、梁丘赐交战。这个时候天空布满了浓雾，汉军战败了。刘秀就骑了一匹马逃走了，遇到妹妹伯姬，就和她一起骑马逃跑。继续向前走，又见到了姐姐刘元，刘秀就催她上马，刘元挥手说："你们走吧！你们不能救我，我们也不要死在一起！"恰好这个时候追兵赶到了，刘元以及她的三个女儿都被诛杀了，刘縯的弟弟刘仲以及刘姓宗族战死的，有几十个人。

刘縯又收集了剩余的士兵，退回到棘阳县据守。甄阜、梁丘赐乘胜把军粮装备都留在了蓝乡，带领十万精卒向南渡过了潢淳水，靠近沘水，在二水之间的险要地方扎营，破坏了身后的桥梁，表示绝不回师的决心。新市兵、平林兵看到汉军被打败了许多次，甄阜、梁丘赐的军队又将要大举进攻，就纷纷想解散离开，刘縯感到很忧虑。

恰好下江兵五千多人聚集到了宜秋，刘縯立即和刘秀、李通到达了他们的营垒，说："我们希望可以见到下江兵中一位贤明的将领，商量大事。"大家就推举了王常。刘縯见到王常以后，就向他说明了联合作战的好处，王常大大觉悟说："王莽残暴酷虐，百姓都思念汉朝。现在刘氏皇族复兴了，就是天下真正的主人，我实在是想要挺身而出，为你效力，帮助你完成大业。"刘縯说："如果事业成功了，我又怎么会独自享受呢？"就和王常深相结交，告辞离开了。王常回到军营以后，就向其他将领成丹、张卬详细说明了这件事情。成丹、张卬认为自己兵力强大，就说："大丈夫既然已经起事了，就应该自己做主人，为什么要受别人的控制呢！"于是王常就慢慢地向他的将帅们说明这件事情："王莽的政令苛刻严酷，长时间地失去了百姓的心意，百姓歌颂思念汉朝，已经不是一天了，正因为这样，我们才能够崛起。百姓所怨恨的，上天一定会铲除；百姓所盼望的，上天一定会赐予。兴起大事，一定要向下顺从百姓的心意，向上符合上天的意思，然后才可以成就大业；如果我们仗恃自己强横，仗着自己勇猛，感情用事，放纵自己的私欲，即使得到了天下，也一定会失去它的。凭借着秦始皇、项羽的威势，尚且遭到了夷戮倾覆的厄运，何况现在我们这些平民聚集在山林草泽里面，如果也任情纵欲，那就是在走灭亡的道路。现在南阳郡众刘姓家族起兵，观察他们前来和我们进行商量的人，都有深谋远虑，具备辅佐帝王的才能，和他们一起合作，一定能够成就大功，这是上天用来帮助我们的啊！”下江兵的众将虽然个性倔强，而且缺少见识，可是，他们一直以来就尊敬王常，都一致认错说：“如果没有王将军，我们几乎做了不义的人啊！”然后就带领军队和汉军、新市兵、平林兵会合。于是，众部同心合力，士气更加高昂。刘縯用丰盛的酒食招待士兵，订立盟约，让士兵休息三天，然后把军队分成六部。十二月晦日（三十日），军队秘密行动，乘夜出发，偷袭攻下了蓝乡，获取了所有的军粮装备。

资治通鉴卷第三十九　汉纪三十一

起癸未（公元23年），止甲申（公元24年），共二年。

【题解】 本卷记录了淮阳王更始元年、二年间的历史。元年二月，刘玄称帝。六月昆阳之战，汉军大胜。九月王莽被斩，新朝灭亡。刘玄迁都洛阳，刘秀安抚河北，开始独当一面。更始二年，当刘玄荒废政事之时，刘秀在河北历尽艰难，与更始决裂。更始帝号令不行，各地纷纷起兵，全国进入动乱纷争之中。

淮阳王

更始元年（癸未，公元23年）

春季，正月，甲子朔日（正月壬子朔，甲子日当是十三日），汉军和下江兵一起攻打甄阜、梁丘赐军，斩杀了甄阜、梁丘赐，又杀了两万多个士兵。王莽的纳言将军严尤、秩宗将军陈茂带领军队打算驻防宛县，刘縯和他们在清阳县一带交战，打败了严尤、陈茂的军队，于是包围了宛县。在此之前，青、徐二州的盗贼虽然有几十万人那么多，但始终没有公文、号令、军旗、编制。等到汉军崛起以后，大家都称自己是将军，攻城略地，传递文书，声讨王莽的罪行。王莽知道了这件事以后，就开始感到惧怕。

春陵戴侯的曾孙刘玄在平林兵中，被称为更始将军。这个时候汉军已经有十多万人了，众将议论认为军队众多却没有一个共同的领袖，就想拥立刘氏来顺从大家的愿望。南阳郡的豪杰和王常等人都主张拥立刘縯，但是新市兵、平林兵的将帅以不遵守军纪为乐，害怕刘縯的威武严明，贪图刘玄的软弱无能，抢先共同定下策略拥立刘玄，造成既定事实，然后再传召刘縯前来，告知他们的决定。刘縯说："各位将军希望可以尊立宗室，那当然很好！但是现在赤眉兵在青、徐二州崛起，拥有几十万的人马，如果他们知道了南阳拥立皇族为领袖的消息，我担心赤眉也会拥立皇族作为自己的领袖，这样的话，我们还没有消灭王莽，而刘姓皇族就开始互相进攻，这将会使天下的百姓不知所从，疑窦丛生，而损坏自己的力量，不是消灭王莽的好方法。况且，春陵县距离宛县不过三百里路而已，突然自行拥立领袖，就会成为天下攻击的目标，让后来人承受衰败，这不是好的计谋。不如暂且称王来发号施令，国王的权力也足以斩杀将领。如果赤眉拥立的人贤能，那么，我们就率领人马一起前去投奔归附他，他一定不会剥夺我们的爵位的。即使我们现在不拥立领袖，等到消灭了王莽，降服了赤眉以后，然后再称皇上，也不算晚。”众将大多都说：“好！”张卬拔剑砍击地面，说：“对自己做的事情，抱着怀疑态度，就一定不能成功，今天的这个决定，不能再生他念！”大家都赞成他。

二月，辛巳朔日（初一），在淯水沙洲中筑土设置了坛场，刘玄登上皇位，面向南方站立，接受大臣们的朝见。可是，他感到羞愧，满脸流汗，只能举手却说不出话。于是刘玄就宣布大赦，更改了年号，任命自己的堂叔刘良为国三老，王匡为定国上公，王凤为成国上公，朱鲔为大司马，刘縯为大司徒，陈牧为大司空，其他的人都是九卿将军。因此豪杰感到失望，很多人都不服。

王莽想要向外界显示内部的安定，于是就染黑了自己的头发和胡须，册立杜陵人史谌的女儿为皇后，此外还设置了后宫，地位封号比照公、卿、大夫、元士的，一共遴选了一百二十位妃嫔。

王莽下令大赦天下，颁下诏书说：“王匡、哀章等人讨伐青、徐二州的盗贼，严尤、陈茂等人讨伐前队地区的盗贼，明白地向他们宣告前来投降的不杀、守约不变；如果继续迷惑而不解散，我将会派遣大司空、隆新公（王邑）率领一百万的军队去剿灭他们。”

三月，王凤和太常偏将军刘秀等人率领汉军攻略昆阳、定陵、郾三县，这三个县也都归顺了。

王莽知道严尤、陈茂战败了，就派遣司空王邑乘坐传车急速出发，和司徒王寻一起派遣军队去平定崤山以东的地区。同时王莽还征召了通晓六十三家兵法的人担任军官，任命巨人巨无霸为垒尉，又把那些猛兽虎、豹、犀牛、象等都赶了出来，用来助长军队的威势。王邑抵达了洛阳以后，各州郡分别选派精锐的士兵，由州牧、太守亲自带领，定期汇合到一起的有四十三万人，号称有一百万人。其余正走在路上的，军旗、粮食、装备，长达千里，源源不断。夏季，五月，王寻、王邑从颍川郡南边出发，和严尤、陈茂会合了。

汉军的将领们见到王寻、王邑的军队兵多势众，就都转身逃跑了，逃入昆阳县，惊慌不安，担心自己的妻子、子女，就想在这里分散回到各自的城池去。刘秀就说："现在城内的军队、粮食已然很少，但是城外的贼寇强大，我们联合起来一起抵抗敌人，也许还能立下功劳。如果我们在这里分散，势必不能全部保全。而且现在还没有攻陷宛城，不能前来支援，假如敌人占领了昆阳县，只要一天的时间，我军众部也就都会被消灭。现在怎么能不心胆相同，一起来完成大业，却反而只是想要守住妻儿财物呢？"众将发怒说："刘将军怎么敢说这样的话！"刘秀笑着站起来。恰好这个时候侦察的骑兵回来了，报告说："敌人大军即将来到城的北面，军阵长达几百里，我看不到尾。"

众将一直以来就轻视刘秀，等到了这样紧急的时候，才互相议论说："重新去请刘将军来计谋这件事吧。"刘秀又给将领们描述了成败的因素，众将都说："好的。"这个时候城里只有八九千人，刘秀就让王凤和廷尉大将军王常防守昆阳县，和五威将军李轶等十三个骑士连夜从昆阳城的南门驰出，到外面去收集士兵。

这个时候王莽到达城下的军队将近十万人，刘秀等人几乎不能出城。王寻、王邑指挥军队包围了昆阳县，严尤建议王邑说："昆阳城虽然小，很坚固，现在假冒皇上的刘玄在宛城，我们大军迅速向那里进兵，他一定会吓跑的。一旦宛城被攻陷了，昆阳县自然也就会向我们投降了。”王邑说：“我过去围攻翟义的时候，因为不能活捉他，而被王莽责怪，现在我率领百万大军，遇到城池却不能攻陷，这样就不能显示军威了。我们应该先攻陷屠杀了这个城池，踏着血泊前进，前面唱着，后面舞着，难道不是很痛快吗？”于是，把昆阳城包围了几十层，所列的军营，有上百个，铙鼓的声音，远远传到了几十里之外，此外还挖掘了地道，用撞车、楼车去撞城，用许多弓弩向城内乱射，箭下如雨，城里面的人为了躲避飞矢都扛着门板出去打水。王凤等人请求投降，没有被理睬。王寻、王邑自己认为顷刻之间就可以成功，不担心军事上会出其他事故。严尤建议说：“《兵法》里面写过：‘包围敌城要留下一个缺口。’应该让他们能够逃出来，从而使围攻宛城的绿林军感到害怕。”王邑没有听取这个建议。

棘阳县守长岑彭和前队副严说一起守卫宛城，汉军攻击了几个月，城中因为缺粮而人吃人，于是全城投降了。刘玄进入城中，并且在宛城建设都城。将领们想要杀了岑彭，刘縯就说：“岑彭，作为一个郡的长官，专心坚守，这是他有气节的表现。现在我们要做大事，应当表扬义士，还不如册封他来得好。”于是刘玄就册封岑彭为归德侯。

刘秀到达了郾县、定陵县，就调发了众营的士兵。可是，众将贪惜财物，想要分出一部分兵士留守。刘秀就说：“如果我们现在打败了敌人，珍珠宝物将会多出一万倍，就可以立下大功；如果我们被打败了，就连头颅都无法保住，又怎么会有什么财物呢！”于是，刘秀就调发了所有的军队。六月，己卯朔日（初一），刘秀和众营官兵一起出发，亲自率领了一千多个步兵骑士做前锋，在距离王莽大军四五里的地方摆好阵势。王寻、王邑也调发了几千个士兵和他们交战，刘秀带兵冲了过去，砍下了几十个首级。众将都高兴地说：“刘将军平时看到弱小的敌军都胆怯，现在见到强敌了却那么英勇，实在是太奇怪了！既然我们处在军队的前面，我们请求能够帮助将军！”

刘秀又向前进兵，王寻、王邑的军队退却了，汉军各部就一起趁这个机会，砍下了几百、上千个首级。汉军接连获胜，就不断继续向前进兵，众将的胆气更加雄壮了，没有一个不是以一抵百的，刘秀就和三千个敢死兵从城西的水岸边冲向敌人的中军将军的营帐。王寻、王邑轻视汉军，亲自率领了一万多人巡行军阵，戒令各营都按照部署，按军不动，独自迎上前去，和汉军交战，结果失利，但是大军又不敢擅自相救。王寻、王邑的军阵一片混乱，汉军趁着锐势击溃了敌军，杀死了王寻。昆阳城中的汉军也击鼓大喊而冲杀出来，城里城外的势力结合在一起，里应外合，喊声震动天地。王莽的军队被打得大败，逃跑的人互相踩踏，倒在地上的尸体，长达一百多里。刚好那个时候打大雷，刮大风，屋瓦全部都被吹走了，大雨好像从天上倒灌下来一样，滍川的水暴涨，溢了出来，虎、豹都感到十分畏惧，掉到水里被淹死的士兵，需要以万来计算，滍川的河水因此不能流动。王邑、严尤、陈茂的装备都很轻便，骑马踩在死人的身上，渡水逃走了，汉军获取了王莽军队丢下的全部军用物资，多得没有办法计算，一连捞了几个月都没有捞完，有些剩余的就都被烧了。王莽军队里面的士兵四散逃亡，分别回到自己的郡去，只有王邑单独和他所率领的几千个长安勇士回到了洛阳，关中的人听到了这个消息以后，都为之感到震惊。于是，全国豪杰很快就一致响应，都杀死了自己的州牧、太守，称自己是将军，使用汉氏的年号，等待刘玄的诏令。不到一个月的时间，天下就都是这种情况了。

王莽听汉军说自己用毒酒杀死了孝平皇帝，就集合了众位公卿到王路堂去，打开以前为汉平帝向上天请命而放在匣子里的他替汉平帝请求解除疾病、愿以身代死的策文，哭着拿给大臣们看。

刘秀又向颍川郡进军，却一直攻不下父城县，于是在巾车乡驻扎大军。颍川郡掾冯异监督五个县，被汉军生擒了。冯异就说：“我有老母在父城县，我愿意回去，把这五座城池献上，来报答您的恩德！”刘秀准许了他的请求。冯异回去以后，就对父城县长苗萌说：“刘玄的将领们大多数凶暴强横，只有刘秀将军经过的地方，没有抢劫人和财物，看他的言行举止，他不是一个平庸的人！”于是冯异就和苗萌率领五个县的官吏百姓投降了。

新市兵、平林兵的将领们因为刘縯兄弟的威名越来越大，就暗中建议更始帝刘玄除掉他们兄弟。

刘秀对刘縯说："看情况，更始帝刘玄打算跟我们过不去。"刘縯却笑着说："一直就是这个样子的。"刘玄集合了全体将领，让刘縯拿出他的宝剑，细细查看。这个时候，绣衣御史申屠建随即进献上玉玦，暗示刘玄下令，但是刘玄不敢下令。刘縯的舅舅樊宏对刘縯说："申屠建难道就没有当年范增打算杀死刘邦的意思吗？"刘縯没有回答。李轶和刘縯兄弟的关系以前很要好，可是他后来又去谄媚侍奉拥有权柄的新贵。刘秀告诫刘縯说："你不能再相信这个人了！"刘縯没有听从。刘縯的部将刘稷，在整个军队里面是最勇敢的，知道刘玄刚刚登上皇位，就发怒说："当初起兵图谋大事的，是刘氏兄弟。现在刘玄是干什么的！"刘玄任命刘稷为抗威将军，刘稷不愿意接受，刘玄就和众将部署了几千个士兵，先逮捕刘稷，打算诛杀他，刘縯就坚决为他争论，表示反对这样做。李轶、朱鲔趁这个机会建议刘玄将刘縯一起抓起来，当天就斩杀了他们两个人；刘玄任命刘秀的堂哥光禄勋刘赐为大司徒。刘秀听到了这个消息以后，就从父城骑马疾驰到宛县向刘玄请罪。司徒部属去迎接刘秀，表示哀悼，刘秀私底下并不和他们交谈，只是深深地责备自己而已，不曾夸耀自己在昆阳之战中立下的功劳，又不敢为刘縯穿着丧服，饮食说笑和平常一样。刘玄因此惭愧，任命刘秀为破虏大将军，封为武信侯。

道士西门君惠对王莽卫将军王涉说："谶书记载说刘氏应当复兴，国师公的姓名就是。"王涉就和国师公刘秀、大司马董忠、司中大赘孙伋一起商量，准备用他们带领的士兵去劫持王莽，向刘玄的政权投降，来保全自己的宗族。秋季，七月，孙伋告诉了王莽他们的计谋，王莽就召见了董忠，当面对他进行诘问指责，打算借这个机会击杀他。王莽派遣武士用斩马剑将董忠劈死，逮捕了董忠的宗族，用浓醋、毒药、白刃、荆棘合在一个圹穴里面埋葬了他们。刘秀、王涉都自杀而死。王莽因为王涉是他的亲人，刘秀（刘歆）是他的旧臣，厌恶别人说他的内部崩乱了，所以就隐匿了对他们的诛杀。王莽因为军队在外面打了败仗，大臣们又在内部叛乱了，身边没有可以信任的人，不能够再考虑远方的郡国，就召回了王邑，任命王邑为大司马，任命大长秋张邯为大司徒，崔发为大司空，司中寿容苗䜣为国师。王莽忧愁烦闷，什么东西也吃不下，只是饮酒、吃鳆鱼，阅读军书疲倦了，就靠着几案打盹儿，不再上床睡觉了。

成纪人隗崔、隗义，上邽人杨广，冀人周宗一起起兵来响应汉朝的军队，攻打平襄县，杀死了王莽的镇戎郡大尹李育。隗崔的侄子隗嚣，一直以来就有名声，喜爱阅读经典，隗崔等人一起推举他担任上将军，隗崔担任白虎将军，隗义担任左将军。隗嚣派遣使者去聘请平陵人方望，任命他为军师。方望建议隗嚣在平襄县的东郊兴建汉高祖刘邦祭庙。己巳日（七月二十一日），这些人祭祀汉高祖、太宗、世宗，隗嚣等人都自称臣子执事，杀马一起发誓，来振兴辅助刘姓皇族，向各郡、各封国传递文告，声讨王莽的罪恶。带领了十万人的军队，击杀了雍州牧陈庆、安定郡大尹王向。又分别派遣将领去招抚陇西、武都、金城、武威、张掖、酒泉、敦煌等郡，这些地方都向隗嚣归顺了。

当初，茂陵人公孙述担任清水县长的官职，以才能干练闻名于世，后来王莽调升他为导江郡卒正，以临邛县为行政所在地。汉朝军队崛起的时候，南阳人宗成、商人王岑起兵，进攻掠夺汉中郡，来响应汉军，杀死了王莽的庸部牧宋遵，聚合了几万人。公孙述派遣使者去迎接宗成等人，宗成等人到达了成都县，劫夺抢掠，残暴蛮横。公孙述就召集了郡里的豪杰说："天下的百姓都不堪忍受新朝的苦难，思念汉朝已经很长时间了。所以听到汉朝的军队到达了，就赶快到道路两边去迎接他们。现在百姓没有罪过但是妇女、小孩被抓了起来，这些人是贼寇，而不是义兵。"于是，公孙述就派人假冒汉朝使者，授予公孙述辅汉将军、蜀郡太守兼益州牧的印信，公孙述挑选了精锐部队，向西去攻击宗成等人，杀死了他们，兼并了他们的部下。

前钟武侯刘望在汝南郡起兵，严尤、陈茂都去归附他。八月，刘望登上了皇位，任命严尤为大司马，陈茂为丞相。

王莽派遣太师王匡、国将哀章去防守洛阳。刘玄派遣定国上公王匡去进攻洛阳，西屏大将军申屠建、丞相司直李松去进攻武关，三辅地区为之震动。析人邓晔、于匡在南乡起兵，来响应汉朝的军队，攻击武关都尉朱萌，朱萌投降；攻击右队大夫宋纲，杀死了宋纲；向西攻陷了湖县。王莽越来越忧虑，不知道应该怎么办。崔发说："古时候国家有重大的灾难，就用哭向上天告哀来战胜它。您应该祷告上天祈求它的帮助！"于是王莽就率领大臣们去京城南郊，陈述了他接受符命的首尾经过，然后抬头大哭，声嘶气绝，并且伏地磕头。众儒生和百姓们每天早晚会集合起来哭泣，为他们准备餐粥。哭得非常悲伤的人，王莽就任命他为郎官，以致被任命的郎官多达五千多人。

王莽任命了九个将军，都用虎字作为将军的称号，率领禁卫军精锐士兵几万人，向东方出发，把他们的妻子儿女收容到皇宫里作为人质。那个时候宫中的黄金还有六十多万斤，其他的贵重珍宝差不多也是这个数目，然而王莽越来越吝啬，仅仅赐给九虎士兵每人四千钱。大家就更加怨恨王莽，一点战斗的意志也没有了。九虎到达了华阴县回溪，占据险要的地方自守。于匡、邓晔率领军队去攻击他们，六位虎将军被打败逃走了，其中两位虎将军到皇宫里面去向王莽请罪，王莽派遣使臣去责问他们那些战死的人在哪里，于是这两位虎将军就自杀而死，另外四位虎将军逃走了。还有三位虎将军收集逃散的士兵，去保卫位于渭口的京师仓。

邓晔打开了武关关门，去迎接汉军。李松率领三千多人抵达了湖县，和邓晔等人一起攻打京师仓，但是没有攻下。邓晔就任命弘农郡掾王宪为校尉，率领几百人，向北渡过渭水，进入左冯翊的境内。李松派遣副将军韩臣等人直接向西推进到新丰县，攻击王莽的波水将军窦融，韩臣等人一直把他追赶到了长门宫。王宪向北一直推进到了频阳县，经过的地方，人们都出来迎接并且归降。众县的豪门大族各自起兵，称自己是汉朝将军，率领众人，追随王宪。李松、邓晔带领军队到达华阴县的时候，长安附近的军队已经从四方前来，在城下会合。众人听说天水郡隗氏也将要到达了，都争着要第一个入城，贪图建立大功和掠夺财物的好处。王莽下令赦免了城里面的囚犯，给他们授予了兵器，杀了大猪，喝它的血，和他们发誓说："如果有不为新朝效力的人，社鬼会记住他的！"王莽派遣更始将军史谌率领他们。这些人渡过了渭桥以后，就都四散逃走了，史谌只好一个人回去了。各路士兵挖掘打开了王莽妻子、儿子、父亲、祖先的坟墓，焚烧了他们的棺材以及九庙、明堂、辟雍，火光映照了城中。

九月，戊申朔日（初一），攻城的军队从宣平城门进入了京城。张邯遇到士兵就被杀了，王邑、王林、王巡、䞍恽等人分别率领军队在北阙附近进行抵抗。等到黄昏的时候，官府、邸宅里的人全部奔走逃亡了。己酉日（初二），城里少年朱弟、张鱼等人害怕遭到掳掠，就奔跑喧哗，聚集成群，焚烧尚方工场门，用斧头去砍敬法殿的小门，喊说："叛贼王莽，你为什么还不出来投降呢？"大火蔓延到了宫殿的傍舍、承明殿。承明殿，是黄皇室主居住的地方。黄皇室主说："我还有什么脸面再见汉朝的人啊！"然后就自己纵身投入火中被烧死了。

王莽为了避火来到宣室前殿，火却一直跟着他烧。王莽穿着深青色而露着红色的禅衣，手里面拿着虞帝的短刀。天文郎在前面按着占测时日的式盘，王莽转动座席，随着斗柄所指的方向坐下来，说："既然上天把这样好的品德赋予了我，汉军他们又能把我怎么样呢？"庚戌日（初三），天快要亮了，大臣们扶着王莽从前殿去了渐台，公卿等侍从官吏还有一千多人跟随着他。王邑白天黑夜都在作战，疲惫到了极点，士兵快死伤完了，王邑疾驰进入宫中，辗转到达渐台，看见他的儿子侍中王睦脱下衣帽正打算逃走，王邑就大声斥责他，命令他回去，父子一起护卫王莽。士兵进入前殿，听说王莽在渐台，大家就一起将他包围了几百层。渐台的人还在用弓箭与包围的士兵对射，等到箭射光了以后，就用短刀交战，王邑父子、䠠恽、王巡都战死了，王莽躲进了内室。申时以后，士兵们登上了渐台，苗䜣、唐尊、王盛等人都死在了渐台。商人杜吴杀死了王莽，校尉东海人公宾把王莽的头砍了下来，士兵们就分割了王莽的身体，把他的四肢关节、肌肉肢解了，切割成许多块，争着去砍杀的有几十个人。公宾就拿着王莽的头去见王宪。王宪称自己是汉朝的大将军，城里几十万的士兵都属于他。王宪住进了长乐宫，把王莽的妃嫔都作为妻妾，使用王莽的车子、衣服和器物。癸丑日（初六），李松、邓晔进入长安，将军赵萌、申屠建也到达了。因为王宪得到玉玺、组绶却没有上交，又私藏了很多宫女，使用了皇上的仪仗，就把他抓起来杀了。把王莽的头传送到了宛县，挂在闹市里面，百姓一起掷击他，有的人甚至把他的舌头切下来吃了。

◆班固感慨说：王莽最初因为外戚的身份兴起，降低自己的身份，尽力做事，来博取声誉。等到自己身处高位，辅佐朝政的时候，为国家辛勤工作，按照正直的原则去做事，难道他就是孔子所说的‘只是表面上装作仁义的样子，实际上行为却违背它’的人吗？王莽本来没有仁义的品德，却有谄媚奸佞的才能，又利用自己的四位叔父历代所掌握的权势，遇到汉朝中途衰落，汉成帝、汉哀帝、汉平帝连着三代都没有继嗣，而太皇太后王政君寿命很长，为他做主，所以王莽才能够施逞奸诈邪恶的手段，从而篡夺了汉朝的政权。根据这些事实推论，这也是天时促成的，不是人力所能够做到的！等到他篡夺了政权，登上了皇位以后，治理国事，倾败的趋势，比夏桀、商纣那时候还要危险；可是，王莽却安然地认为自己是黄帝、虞舜的再世复出，于是开始放纵暴戾，滥施威力诈术，毒害流布全国，灾害蔓延到了蛮夷，却还不能够满足他的私欲。因此，全国境内，众人都感到忧愁，失去了自己快乐谋生的心意，朝廷和地方都愤怒怨恨，不论远近，同时叛乱，城池失守，四分五裂，终于使天下的城池变成了废墟，祸害遍及了百姓，根据古书里面记载的乱臣贼子，考察他们引起的祸乱，从来没有一个能够超过王莽的！从前秦朝焚毁了诗书等典

籍来确立自己的一家主张，王莽引用六经来装饰自己的谬论，他们走的路不同，但是结果完全一样，都因此而导致灭亡，全是为圣明的帝王开道铺路罢了！◆

定国上公王匡进攻夺取了洛阳、活捉了王莽的太师王匡、哀章，把他们全部斩杀了。

冬季，十月，奋威大将军刘信在汝南郡击杀了刘望，同时诛杀了严尤、陈茂，他们管辖的郡县就都投降了。

刘玄打算以洛阳为都，任命刘秀兼摄司隶校尉，命令他先去修整宫室官府。于是刘秀设置了属官，用正式的公文通知了地方官府，处理政事完全按照西汉旧制。那个时候，三辅的官员派遣代表去洛阳迎接刘玄，看见将领们经过的时候，都系着卑贱者的发巾，穿着妇人的衣服，没有一个不讥笑他们的。等到看见司隶校尉的下属官员，都感到非常高兴，有些年龄大的官员甚至流泪说："没有想到我今天又看到了汉朝官吏威武的仪表！"从此有见识的人都归心刘秀。

刘玄北上在洛阳定都，分别派遣使者去招抚各郡、封国，宣布："先投降的，就恢复他原有的爵禄和官位！"使臣到达了上谷郡，上谷郡太守扶风人耿况出来迎接使臣，把自己的印信上交给他，使臣收了他的印信以后，经过了一个晚上，仍然没有归还的意思。功曹寇恂带领士兵，去拜见使臣，请求使臣把印信归还给耿况，但是使臣不愿意交还，说："我是皇上的使臣，功曹难道要来威胁我吗？"寇恂说："我不敢威胁你，只是私底下为你的思虑不够周密而感到惋惜。现在天下刚刚平定，你拿着符节奉承皇上的命令，郡、封国没有一个不引颈盼望，侧耳而听的。可是，您现在刚刚到达上谷郡，就先毁坏了自己的信誉，以后您又将要怎样对其他的郡、封国发号施令呢？"使臣没有回复。寇恂呵斥左右的侍从退下，以使臣的名义传召耿况过来，耿况到了以后，寇恂就上前去把印章、组绶拿给耿况。使臣没有办法，只好用皇上的名义把印信赐给了他，耿况接受了以后就回去了。宛人彭宠、吴汉逃亡到了渔阳郡，同乡韩鸿担任刘玄的使臣，去北边各州招抚，用皇上的名义颁下诏书，任命彭宠为偏将军，兼管渔阳郡太守的事务，任命吴汉为安乐县令。

刘玄派遣使臣招降赤眉。樊崇等人听说汉朝复兴了，就把军队留在了原地，仅率领二十多个将领，跟随使臣前往洛阳，刘玄将他们都封为列侯。但是樊崇等人既没有封国，而留下来的人也渐渐有了背叛的想法，于是又逃回了自己的营地。

王莽的庐江郡连率颍川人李宪占据本郡自守，称自己为淮南王。

前梁王刘立的儿子刘永到洛阳朝见刘玄，刘玄册封他为梁王，以睢阳县作为他的都城。

刘玄打算派遣自己亲近的大将去巡行招抚黄河以北的郡县，大司徒刘赐说："南阳刘姓的宗室子弟中只有文叔（刘秀之字）可以胜任。"朱鲔等人却认为不可以，刘玄犹豫不决，刘赐恳切地规劝他。于是刘玄就任命刘秀代理大司马的事务，带着符节，向北渡过黄河，镇抚慰问各州、郡。

刘玄任命大司徒刘赐为丞相，命令他率先进入函谷关，修建宗庙、宫室。

大司马刘秀到达了黄河以北的郡县，所经过的郡县，考核官吏，晋升有才能的，贬黜没有才能的，为那些有冤枉的囚犯平反并且送他们回去，废除了王莽苛刻的政令，恢复了汉朝的官名制度。官吏百姓都感到很高兴，争先恐后地拿着牛肉、美酒来迎接慰劳刘秀，但是刘秀都没有接受。

南阳人邓禹骑马追赶刘秀，一直追到邺县才追上。刘秀说："我能擅自封爵和任免官吏，你这么远前来，难道是想要做官吗？"邓禹说："我不愿意做官。"刘秀说："如果是这样的话，那你想要做什么呢？"邓禹说："我只是希望你的威望、德泽能够普及全国，我能向您贡献出我小小智力，使我的功业、名声能够记录在史册上面罢了！"刘秀笑了笑，就把邓禹留下过夜，私下交谈。邓禹建议刘秀说："现在崤山以东还没有安定，赤眉、青犊的人马每一次出动，都要以万计算。刘玄本来就是一个平凡的人物，而且又不亲自处理朝政，众位将领都是庸碌的人，靠着机遇爬上高位，志向在于发财，争着卖弄自己的权势，只是想要满足自己的私欲罢了，并没有忠诚正直、聪明智慧、深谋远虑、远大眼光，不是想要使君主尊崇、使百姓安定的人。观察古代圣明君主的兴起，不过就是两个条件而已，也就是天时和人事。现在从天时来看，刘玄登上皇位以后，灾异正在兴起；从人事来看，帝王的大业并不是平凡的人物就可以胜任的，离心离德，四分五裂，这种形势已经是可以见到的了。虽然您立下了辅佐的功业，但恐怕还是没有什么成就。何况您早就已经具有了盛大的德行和功业，受到了天下百姓的向往和敬佩，无论带兵还是从政，都是纪律严肃，赏罚分明守信。当今之计，您不如招揽英雄，务求取悦民心，创立汉高祖当年的功业，拯救万民的生命，以您的远虑，实在是很容易就可以平定天下！”刘秀听了以后感到非常高兴，就命令邓禹在帐中停留休息，和他一起商量谋划。刘秀每一次派遣或者任命将领，大都会征求邓禹的意见，邓禹对将领的判断，都能和他们的才能相符合。

刘秀自从哥哥刘縯死了以后，每当他单独居住的时候，就不吃酒肉，枕头卧席上都是他的泪水痕迹，主簿冯异独自跪下磕头，宽解晓谕。刘秀阻止他说：“你千万不要乱说！”冯异就趁这个机会建议他说：“刘玄政治混乱，百姓没有什么人可以依赖拥戴。一个人饥渴得太久，很容易就可以使他们吃饱。现在您可以不用等待命令就在自己控制的这一大块土地上面独自做事，您应该分别派遣下属招抚巡行郡县，传播您的善行恩德。”刘秀采纳了他的建议。骑都尉宋子人耿纯在邯郸县晋见了刘秀，退下以后，发现刘秀的属官带兵的方法和其他的将帅不同，就私底下主动和刘秀结交。

汉朝已故的赵缪王刘元的儿子刘林向刘秀建议，将黄河在列人县的那段堤防掘开，用水来淹没赤眉。可是，刘秀没有答应，离开列人县去了真定县。刘林一直以来在赵、魏一带行侠仗义，王莽在位的时候，长安城里面有一个名字叫刘子舆的人称自己是汉成帝的儿子，王莽就把他处死了。邯郸县的占卜先生王郎根据这件事，就谎称自己才是真的刘子舆，他解释说："我的母亲本来是汉成帝的歌女，曾经看到一股黄气罩到了自己的身上，于是就怀孕了。赵皇后知道以后就想谋害她，幸好她用别人家的婴儿顶替了，因此才能够保全自己的生命。"刘林等人相信了他的解释，就和赵国的富豪李育、张参等人谋划，共同拥立王郎为皇上。恰好这个时候民间传说赤眉即将渡过黄河，刘林等人趁这个机会传播谣言说"赤眉将会拥立刘子舆为皇上"，来试探众人的反应，大多数的百姓都相信了这个说法。十二月，刘林等人率领车骑数百人，在早上进入了邯郸城，停在了以前赵王的王宫，拥立王郎为皇上。然后，分别派遣将帅攻下了幽、冀二州，把文告分送给各州、各郡，赵国以北、辽东郡以西听到了消息以后都纷纷响应。

二年（甲申，公元24年）

春季，正月，大司马刘秀因为王郎刚刚崛起，正处于兴盛的状态，就向北攻略蓟县夺取土地。

申屠建、李松从长安迎接刘玄迁都；二月，刘玄从洛阳出发。当初，三辅豪杰借用汉将军的号诛杀了王莽，每个人都希望自己可以被封侯。申屠建杀了王宪以后，又宣扬说："三辅男子太凶狠狡黠，一起把他们的首领杀死了。"于是，官吏百姓一片惶恐，三辅所属各县，纷纷聚集军队保全自己，这使得申屠建等人攻不下来。刘玄到达了长安以后，就下诏大赦，只要不是王莽的后代，其他的都赦免了他们的罪行，于是，三辅全部安定了。

这个时候，长安只有未央宫被焚烧了，其他的宫室、供帐、仓库、官府都安然无恙，和过去一样，城市街巷也和原来一样没有任何改变，刘玄住在长乐宫，登上前殿，官吏们按照次序排列在正殿前的院子里面。刘玄羞愧惭怍，低下头用手刮席，不敢看人。将领们有后到的，刘玄问："你们抢到了多少东西？"刘玄的左右侍官都是在宫中已经待了很久的官吏，对此惊愕不已，相视不语。

李松和棘阳人赵萌向刘玄进言，说您应该把那些立下了功劳的臣子都封为王，朱鲔为这件事与他们争论，认为汉高祖刘邦事先说过，不是刘姓的皇族，就不能封王。刘玄就首先册封了那些宗室：刘祉为定陶王，刘庆为燕王，刘歙为元氏王，刘嘉为汉中王，刘赐为宛王，刘信为汝阴王。然后册封王匡为泚阳王，王凤为宜城王，朱鲔为胶东王，王常为邓王，申屠建为平氏王，陈牧为阴平王，卫尉大将军张卬为淮阳王，执金吾大将军廖湛为穰王，尚书胡殷为随王，柱天大将军李通为西平王，五威中郎将李轶为舞阴王，水衡大将军成丹为襄邑王，骠骑大将军宗佻为颍阴王，尹尊为郾王。只有朱鲔推辞不愿意接受。于是刘玄就任命朱鲔为左大司马，宛王刘赐为前大司马，配合李轶等人镇压安抚函谷关以东的地区。刘玄又派遣李通镇守荆州，王常代理负责南阳郡太守的事务。任命李松为丞相，赵萌为右大司马，共同承担朝廷之内的责任。

刘玄迎娶了赵萌的女儿为妻子，所以把政事都交给赵萌去处理，自己却日夜在后宫中饮酒宴会；臣子们想要向刘玄奏闻或者议论政事，刘玄总是因为喝醉而不能和大臣们相见，有的时候没有办法，就命令侍中坐在帷幕里面和大臣们说话。韩夫人更是喜欢喝酒，每当她侍奉刘玄喝酒，看到中常侍前来向刘玄上呈奏事时，就发怒说："皇上正在和我喝酒，你就非要在这个时候来向皇上奏事吗？"然后就站起来，把书桌击坏。赵萌独揽大权，擅自决定生杀。郎官中有人对刘玄说赵萌任意胡作非为，刘玄就发怒，拔剑杀死了那个人，从此再也没有人敢说赵萌的不是。

这样一来，成群的小人、膳夫都被胡乱地授予官职爵位，长安因为这件事有了这样的话："灶下养，中郎将；烂羊胃，骑都尉；烂羊头，关内侯。"（意思是说："灶旁炊烹的，可以做中郎将；能够将羊胃煮烂的，可以做骑都尉；能够将羊头煮烂的，可以做关内侯。）军师将军李淑向刘玄上书劝谏说："陛下完成大业，虽然是凭借着下江兵、平林兵的势力，但是这只是临时的措施，不能在安定了以后继续施行。只有爵号和车服仪制，是圣人所看重的，现在所赐给的人，都不是应该得到这些的人，并且希望他们对国家有万分之一的帮助，这就好比爬到树上去求鱼，登上高山去采珠。四海之内看到这样，就会有人暗中窥伺汉朝的皇位！”刘玄发怒，将他囚禁起来。众将在朝廷外面都擅自进行诛杀和赏赐，各自设置了州牧和太守，州、郡之间的行政交叉错杂，不知道应该按照谁的吩咐去做。因此关中地区离心离德，全国怨恨叛乱。

刘玄征召了隗嚣和他的叔父隗崔、隗义等人。隗嚣即将要出发的时候，方望认为刘玄的成败还不能够确定，就坚决地制止他。可是，隗嚣没有听从他的建议，方望就留下一封书信辞职离开了。隗嚣等人到达了长安以后，刘玄任命隗嚣为右将军，隗崔、隗义都按照他们旧有的封号赐封。

耿况派遣他的儿子耿弇带着上呈的奏书到达了长安，耿弇这个时候二十一岁。他走到宋子县的时候，恰好王郎起兵了，耿弇的随从官员孙仓、卫包就说：“刘子舆，是汉成帝的嫡传嗣子；舍弃他不去归附，要远行到哪里去呢？”耿弇用手握着剑柄说：“刘子舆是个欺骗蒙混的贼子，最后一定会成为投降的俘虏！我到长安去，是为了向国家陈述上谷郡、渔阳郡二郡的兵马状况，等到回去以后就可以调动冲突军阵的骑兵，来攻击那些没有组织的军队，就像摧折枯木腐物一样。我看你们没有择主而从的眼光，全族不久就会被诛灭的！”孙仓、卫包于是逃亡，向王郎投降了。

耿弇听说大司马刘秀在卢奴县，就赶到北方去拜见刘秀。刘秀将他留在了官府，任命他为长史，和他一起向北到达了蓟县。王郎命人到各地去传递檄文，用十万户的采邑作为封赏来捕捉刘秀，刘秀命令功曹令史颍川人王霸到市集里面去招募人攻击王郎，市集里面的人都发声大笑，举手挖苦嘲笑他，王霸惭愧地回来了。刘秀打算回到南方去，耿弇说：“现在军队都从南方过来，您不可以到南方去。渔阳郡太守彭宠，是您的同乡；上谷郡太守，是我的父亲。调动这两郡的一万个骑兵，王郎也就不值得忧虑了。”刘秀的属官和亲信都不肯，说：“人死了，头还要向着南方，我们又怎么可以到北方去，进入敌人的袋囊里面呢？”刘秀指着耿弇说：“这是我北路的主人。”

恰好前广阳王的儿子刘接在蓟县起兵，来响应王郎，搅乱了城里，听说王郎的使者刚到，官秩为二千石及以下的官吏就都出城去迎接王郎。于是，刘秀急忙驾着车辆出去，到了南城门，城门已经关上了，刘秀攻击了南城门，才得以出了城。于是刘秀昼夜向南奔驰，不敢进入城镇，吃饭休息都在道路旁边。到了芜蒌亭，那个时候天气很寒冷，冯异向刘秀呈上了豆粥。到了饶阳县，属官都缺乏粮食。刘秀就称自己是邯郸城的使者，进入客馆，客馆里面的官吏正在吃饭，刘秀的随从难以忍受饥饿，就争先抢夺东西来吃。客馆里面的官吏就怀疑他们是假的，于是用棒槌敲打了数十遍鼓，欺骗他们说“邯郸将军到”，刘秀的属官吓得脸色都变了。刘秀登上车子，打算赶快逃走，后来又担心逃不走，就慢慢地回到了座位上，说：“请邯郸将军进来。”经过了很长的一段时间，才驾车离开。昼夜加速行走，冒着霜雪的肆虐，面部都出现了裂痕。

刘秀等人到达了下曲阳县，听说王郎的军队就在他们的后面，随从的官员都感到十分害怕。到滹沱河，负责打探消息的官员回来报告说：“河水解冻了，冰随着河水流动，没有船只，不可以渡过去。”刘秀就派遣王霸去仔细察看一下。王霸担心惊动众人，想要继续往前走，等受到河水的阻拦以后再返回，就骗众人说：“河里面的冰都结得很硬，我们可以渡过去。”属官都感到很高兴。刘秀笑着说：“去打探消息的官员果然是胡说的！”于是就继续向前进。等到接近河边的时候，河水也已经结冰了，刘秀就命令王霸监护大家渡河，等到只剩下几个骑马的人还没有到达河对岸的时候，冰就已经融解了。到达南宫县，遇到了大风雨，刘秀就带领车子进入路旁的空屋，冯异把柴草抱来，邓禹把火点燃，刘秀对着炉灶烘烤衣服，冯异又呈上了麦饭。

刘秀等人到达了下博县的城西，惶恐疑惑，不知道应该到哪里去。有一个穿着白色衣服的老人站在路边，指着前面说："努力干吧！信都郡是长安城的门户，距离这里还有八十里呢。"刘秀就立即骑马赶去那里。那个时候，郡、国都已经向王郎投降了，只有信都郡太守南阳人任光、和戎郡太守信都人邳彤不肯归附。任光自己认为孤城单独防守，恐怕不能保全，恰好他听说刘秀到了，就感到非常高兴，官吏百姓都喊万岁。邳彤也从和戎郡前来与他们会合，大多数议论的人都说可以利用信都郡的军队，护送自己，向西回到长安。

邳彤说："官吏歌颂思念汉朝已经很长时间了，所以刘玄举起尊贵的称号，天下的百姓就纷纷响应了，三辅清理宫室、道路来迎接他。现在占卜先生王郎，冒充汉成帝的庶子，顺应着天下大势，驱赶汇集乌合之众，这才攻下了燕、赵二地，但是他们并没有坚固的基础。您调用二郡的军队鼓起劲来一起去讨伐他，又何必担心不会取胜啊！如果您现在放弃这样的条件，打算回去，岂不是白白地失去了黄河以北的地区，而且还必定会惊动三辅，严重损毁您的威严，不是一个好计谋。如果您不再有讨伐王郎的想法，那么，即使是信都郡的军队，还是很难会合。为什么呢？因为您已经到了西边，那么邯郸城的势力就已经形成了，百姓也就不肯抛弃父母、背叛已经登位的国君，却护送你远走千里，他们的离散逃亡是必定会发生的！"于是刘秀就决定留下来不走。

刘秀因为二郡的兵力太弱，打算去投奔城头子路、力子都的军队，任光却认为刘秀不可以这样做。于是刘秀下令从邻近的县征召成年的壮丁，得到了四千个精兵，刘秀任命任光为左大将军，信都郡都尉李忠为右大将军，邳彤为后大将军，并且兼任和戎太守，信都县令万修为偏将军，把他们全部都封为列侯。刘秀任命南阳人宗广暂时负责信都郡太守的事情，命令任光、李忠、万修率领军队跟随自己向王郎反击。邳彤率领军队充当前锋，任光就编写了大量的声讨文告说："大司马刘公率领城头子路、力子都一百多万军队从东方前来，攻击这些叛贼！”然后派遣骑士赶到巨鹿郡界去散发。官吏百姓都得到了文告，互相传播。刘秀在傍晚的时候抵达了堂阳县界，命令许多骑兵，拿着火把，水畔一片光亮，堂阳县误以为大军压境，立刻就投降了。刘秀又攻击了贳县，贳县也投降了。城头子路，本来是东平人爰曾，在黄河、济水一带抢劫掳掠，部众有二十多万人，而力子都也有六七万人，所以刘秀就想要去投奔他。昌城人刘植占据了昌城县，聚集了几千人的军队去迎接刘秀。刘秀任命刘植为骁骑将军。耿纯率领宗族宾客两千多人，年老有病的就都随身携带着棺材，在育县迎接刘秀。刘秀任命耿纯为前将军。进攻下曲阳县，下曲阳县投降，刘秀的军队渐渐会合，达到了几万人，又向北进攻中山国。耿纯担心宗室怀有谋叛的想法，就派自己的堂弟耿䜣当天夜里回到故乡，烧掉他们的房子，把他们的反叛之心断绝了。

刘秀发兵攻陷了卢奴县，在所经过的地方，征调紧急情况下使用的军队，向沿边的郡县发布文告，号召他们一起攻打邯郸城；郡县纷纷响应。那个时候，真定王刘杨发起军队，去附和投靠王郎，部众有十多万，刘秀就派遣刘植去游说刘杨，刘杨就投降了。刘秀因此进入真定县，并且迎娶了刘杨的外甥女郭氏为妻子，以团结刘杨。刘秀继续前进，进攻元氏县、防子县，都攻了下来。刘秀到达鄗县以后，击杀了王郎的部将李恽，进入柏人县，又打败了王郎的部将李育。李育逃回了汉中郡，固守柏人城，刘秀继续进攻，却无法攻陷。

南郑人延岑起兵攻占汉中郡，建立了军队。汉中王刘嘉就去讨伐他，延岑最终战败投降了，刘嘉的部众一共有几十万人。校尉南阳人贾复看到刘玄朝廷政治混乱，就劝导刘嘉说：“现在天下还没有安定下来，大王却对目前所拥有的东西心满意足，难道这些东西就没有不保的可能吗？”刘嘉说：“您志向大，不是我所能任用的。大司马刘秀在黄河以北的地方，他一定可以任用你。”于是刘嘉就给刘秀写信，向刘秀推荐贾复和长史南阳人陈俊。贾复等人到达柏人县，见到了刘秀，刘秀任命贾复为破虏将军，陈俊为安集掾。

刘秀家里年轻的仆人触犯了律法，军市令颍川人祭遵杀死了他，刘秀发怒，就下令要逮捕祭遵。主簿陈副劝谏刘秀说："你总是希望军士们遵守纪律，现在祭遵执法，没有规避，这是在贯彻执行您的教令啊。"于是刘秀就赦免了祭遵，任命他为刺奸将军，然后对众将说："你们都应该小心祭遵！我家里面年轻的仆人触犯了律法，尚且被他杀死了，所以他一定不会对你们有所偏袒的。"

当初，王莽诬陷杀害了鲍宣以后，上党郡都尉路平就想杀死鲍宣的儿子鲍永，多亏了上党郡太守苟谏对鲍永的保护，鲍永因此才能够保全自己。后来刘玄征召了鲍永，任命鲍永为尚书仆射，兼管大将军的事务，率领军队安抚河东郡及并州所属郡县，可以自行任命偏将和裨将。鲍永到达了河东郡以后，就攻击青犊兵，将他们打得大败，大获全胜。刘玄任命冯衍为立汉将军，在太原郡驻兵，和上党郡太守田邑等人修理装备，训练士兵，来保护并州的土地。

有人劝说大司马刘秀，感觉防守柏人县还不如把巨鹿郡给平定了。刘秀就统率军队向东北方向去，攻下广阿县。

刘秀一打开地图，就指给邓禹看，说："天下郡、国如此多，可如今我们才得到其中的一个。你以前说我不必为平定天下的事情而担心，这算是什么道理啊？"邓禹说："当今天下的局面比较混乱，人们非常思念贤明的君主，就好比赤子思念慈母一样。古代那些兴起的人，都决定于他们道德的厚薄上，而不是在占有土地的面积大小上！"

在蓟县非常混乱的情况下，耿弇和刘秀失散了。因为耿弇想投奔到他父亲耿况那儿去，所以就向北跑到昌平县，并且建议他的父亲耿况去攻打邯郸城。此时，王郎已经派遣将军进攻渔阳郡、上谷郡，还赶紧派出那里的军队去助阵，北方各州都怀疑不已，很多人都想归顺他。上谷郡功曹寇恂、门下掾闵业说服耿况说："邯郸仓促地崛起，前途是很难预测的。大司马刘秀，是刘伯升的同胞弟弟，他一向尊敬有才气的人，礼貌地对待士兵，我们可以归向他。"耿况说："邯郸方面的势力正是很大的时候，仅凭我们的力量是不能单独与他对抗的，怎么办啊？”寇恂回答说：“如今上谷郡的势力依然坚固充实，有一万骑兵，我们在此可以好好地选择取舍。我请求向东与渔阳郡取得联系，大家的心朝着一致的方向，我们不分彼此，邯郸城实在不值得我们那么煞费苦心地考虑它！”耿况认为他说得很对，就派寇恂向东去联合彭宠，他们打算各自派出两千个冲锋的骑士、一千个步兵，去见大司马刘秀。

安乐县令吴汉、护军盖延、狐奴县令王梁也劝彭宠归顺刘秀，彭宠认为他们说得很对。可是，属下的人都想归附王郎，彭宠也不能违逆他们的意思。吴汉出城后，停在城外的亭子里，遇到一个文儒的人，就请他一起吃饭，问他在那里所听到的事情。儒生说：“大司马刘秀，他所到过的地方，都被郡县所赞美过；邯郸举尊号的，实在不是刘秀。”吴汉听了之后非常高兴，就冒充刘秀的书信，将檄文送到渔阳郡，让儒生拿了它去见彭宠，叫他将所听到的事情详详细细地都告诉彭宠。刚好寇恂此时也到了，彭宠就拨出了三千步兵骑士，命令吴汉兼任长史，和盖延、王梁一起带领军队，向南攻打蓟县，并杀死王郎的大将赵闳。

寇恂回来之后，就和上谷郡长史景丹以及耿弇带领大军，一起到南方去，和渔阳郡的军队相会合，在所到过的地方，他们斩杀王郎的大将、九卿、校尉以下的人，一共砍了三万个头颅，并且平定了涿郡、中山国、巨鹿郡、清河郡、河间国一共有二十二个县。

他们又向前到达广阿县，听到人们说城里车马很多，景丹等人就停下兵马，问当地人说：“这是谁的军队？”他们回答说：“这是大司马刘秀的。”众将士都很高兴，就进到城下。刚到城下就有人传言说，上谷、渔阳二郡的军队是因为邯郸城王郎而来的，大家都特别害怕。刘秀亲自登上西边的城楼指挥军队，问他们是从哪里来的。耿弇在城下拜见刘秀，便将他召了进来，耿弇就向他详细地讲述了派出军队的情形。刘秀就将景丹等人全部召进来，笑着说：“邯郸将帅好几次说我动员渔阳、上谷二郡的军队，我暂且回答他们，说‘我已经动员了’，可哪里想到这两个郡的兵马确实是因为我而来的！这样，我当然要和士大夫一起分享这功名了。”刘秀就命令景丹、寇恂、耿弇、盖延、吴汉、王梁都做偏将军，让他们回去统领自己的军队，加封耿况、彭宠做大将军；封耿况、彭宠、景丹、盖延都做列侯。吴汉这个人，朴质敦厚，很少掩饰自己，在这么短的时间，根本不能用言辞来表达自己的意思。可是，他深沉稳重，足智多谋。他好几次被邓禹推荐给刘秀，刘秀便开始慢慢地亲近并且敬重他。

尚书令谢躬和他所带领的六个将领被更始命令去讨伐王郎，但是不能攻下；等刘秀的军队到了，和他们军队相会合的时候，他们就向东去包围巨鹿郡，可是经过一个多月也没能攻下。王郎命令将领去攻打信都郡，城门被豪门大族马宠等人打开，来迎接他们。更始命令军队攻下信都郡，刘秀命令李忠回去，兼管太守一职所需做的事。将领倪宏、刘奉等被王朗命令带领几万人去救巨鹿郡，刘秀在南䜌县迎战，结果失利。景丹等派出突骑（冲锋部队）去攻打他们，倪宏等人也大败。刘秀说：“我听说突骑是天下异常精锐的部队，今天看到他们作战，这种乐趣哪能说得尽呢！”耿纯对刘秀说：“要是长时间地守住巨鹿郡的话，兵士们疲惫不堪；我们不如率领大军及精锐部队，去进攻邯郸城，如果王郎已经被杀，那巨鹿郡不必交战也就自动归降我们了。”刘秀听从了他的意见。

夏天，四月的时候，刘秀命令将军邓满留守巨鹿郡。向邯郸城进军，连续交战多次，终于将它攻破，王郎就派他的谏大夫杜威去向刘秀请求投降。杜威强调王郎确实是成帝的儿子，刘秀说：“假如成帝复活的话，天下也不能被他得到，更何况是骗人的子舆呢！”杜威请求刘秀封王郎为万户侯，可是刘秀说：“他只要能够保全生命也就不错了！”杜威怒气冲冲地离开了。刘秀加紧攻打邯郸城，打了二十多天。

五月，甲辰日（初一），王郎的少傅李立打开城门，把汉军放了进去，于是，他们攻下了邯郸城。王郎打算在夜里逃走，可是王霸追了上来，将他给杀了。刘秀搜集王郎的文书，结果却得到自己的官民与王郎勾结，并且对自己不利的诋毁诽谤信件几千件。刘秀没有看，把众将军集合起来，将这些文书当着他们的面烧掉，说："我要让那些反叛的人自己安定下来！"

刘秀分配吏卒归属自己想去的军队，他们都说愿意追随大树将军。大树将军，就是偏将军冯异，他这个人谦虚退让，不夸张自己的功劳，敕令吏卒如果不是交战或者受到敌人的攻击，要经常走在所有营后面。每停留在一个地方，众将士都坐在那儿谈论战功，只有冯异常独自隐蔽在树下，所以他被士兵称为"大树将军"。

护军宛人朱祜对刘秀说："长安的政治形势很是混乱，你有额头上骨头隆起如日的相貌，这就是天命啊！"刘秀说："传召刺奸把护军给抓起来！"朱祜就再也不敢乱说了。更始派遣使臣拥立刘秀做萧王，并且命令他们停战，和那些有功的将领到京城。派遣苗曾做幽州牧，韦顺做上谷郡太守，蔡充做渔阳郡太守，一起合并为北方的州、郡。

萧王刘秀住在邯郸城的宫里，白天睡在温明殿，耿弇进到殿里，走到他的床边，趁着四下无人比较空闲的时候，就对他说："我们的吏卒死伤情况很是严重，请您派人去上谷郡再增加一些兵卒。"萧王刘秀说："王郎都已被攻破了，而且河北也被我们扫荡平定了，哪里还需要再用兵呢？"耿弇说："虽然王郎已经被我们打败了，但天下战事才刚刚开始，如今西方有使者来，想与我们停战，但是我们绝对不可以听从他们的意见。铜马、赤眉等人有几十伙，每伙人数都有几十上百万人，所向披靡，如果刘玄不能将他们制服，那么，不久后，我们也将一定失败。"萧王刘秀坐起来说："你居然敢讲这种错话，我一定要把你给斩了！"耿弇说："大王疼爱我、厚待我，就像父子一般，所以我才敢对你说真心话。"萧王刘秀说："我只是跟你开个玩笑罢了，那你的意思是什么？"耿弇说："百姓认为王莽是他们的忧苦，又思念刘氏，听说汉军兴起，他们没有一个不高兴的，感觉就像脱离虎口而又能回到慈母的身边一样。现如今更始做天子，可是众将士在华山以东，专擅命令，不受节制；那些皇亲国戚在京城里，不遵纪守法，任意掳掠百姓，人人内心，更是思念王莽的朝代，所以知道他一定是失败的。你功业名声已经很是显著，如果用义来讨伐，天下只要随着檄文的传达，就可以被平定。天下是重中之重，你可以自己想办法夺取，而不要使其他的人得到它！”萧王刘秀就拿河北尚未平定当作借口来推辞，而不接受更始的征召，开始和更始离异。

就在这个时候，铜马、大肜、高湖、重连、铁胫、大枪、尤来、上江、青犊、五校、五幡、五楼、富平、获索等贼寇首领，各自带领自己的部队，人数加起来一共有几百万，到处掠夺百姓们的财富。萧王打算攻打他们，所以就任命吴汉、耿弇都做大将军，拿着符节向北发动幽州十个郡的突骑。苗曾听到这个命令，暗地里敕令各郡不能接受调发。吴汉先带领二十个骑士赶到无终县，苗曾出城到路上迎接他们，被吴汉给抓起来，并将他斩了。耿弇到达了上谷郡之后，也将韦顺、蔡充抓起来，把他们斩杀了。北方各州被他们的行动震惊不已，于是派出了所有的军队。

秋天，萧王刘秀在鄡县攻打铜马贼，吴汉带领突骑军队到清阳县与萧王刘秀会合，人马声势浩大，到幕府，吴汉呈上所有军士的名单，请求交给公家保管，不敢私自留用，萧王刘秀因此更加敬重他。偏将军沛国人朱浮被萧王刘秀任命为大将军、幽州牧，治理蓟城。铜马贼的粮食被吃光了，打算在夜里逃走，萧王刘秀追击他们到馆陶县，他们被打得大败。接受铜马贼投降还没结束，高湖、重连等贼寇从东南方来，和铜马贼所剩下的兵队相合；萧王刘秀又和他们在蒲阳县大战一场，将他们全部打败因此而降服，并且让他们的魁首做列侯。将领不能相信贼寇的话，投降的贼寇自已待在那里也不安心。萧王刘秀知道他们心里的想法，便命令投降的那些贼寇各自回到营地，整编队伍，自己却骑马，行装轻便，按照次序去巡视部队。投降的贼寇就改变心意，互相说："萧王以诚心待人，我们又怎么能不为他牺牲生命呢？"从此那些贼寇都服从萧王刘秀的命令。所有投降的人被萧王刘秀分配给众将，人数有几十万。赤眉偏军的统帅和青犊、上江、大彤、铁胫、五幡等贼有十多万人，会聚在射犬，萧王刘秀带领军队，前去进攻，把他们打得大败；向南招抚河内郡，河内郡太守韩歆投降。

以前，谢躬和萧王刘秀一起消灭了王郎，但是很多次都和萧王刘秀的意见不一致，所以时常想偷袭萧王。可是，他怕萧王的军队势力强大而停止了偷袭。即使他们俩都住在邯郸县，在城里也是分开居住的，然而萧王常设法去安慰他。谢躬对官职事物很勤勉，萧王经常称赞他说："谢尚书，可真是一方好官吏啊！"所以谢躬也就因此不再怀疑萧王了。他的妻子知道这件事，经常告诫他说："你和刘公很长时间以来都不相容，却相信他的空话，最终一定会被他所制服的！"谢躬不接受她的劝说。后来，谢躬带领他的几万军卒回到邺城驻守。等到萧王向南攻击青犊贼时，就命令谢躬在隆虑山袭击尤来贼，谢躬的军队被尤来贼打得大败。萧王趁着谢躬在城外，就让吴汉和刺奸大将军岑彭偷袭并且占据了邺城。

谢躬不知道这个情况，依然轻装骑马回到邺城，吴汉等人不费吹灰之力就将他抓起来杀了，他的部下也跟着他全部投降了。

柱功侯李宝、益州刺史李忠被更始命令，带领一万多兵卒去进攻蜀郡、汉中郡；公孙述也差遣他的弟弟公孙恢在绵竹县反击李宝、李忠，把他们打得大败，他们被迫逃走了。于是公孙述就自封为蜀王，成都郡作为都城，当地的人民、蛮夷都归他所有。

冬天，中郎将归德侯刘飒、大司马护军陈遵被更始命令出使匈奴，授给单于汉朝旧制的印玺组绶，趁着这个机会便将云、当尚存人间的亲属、贵人、随从送回匈奴。单于舆很傲慢，对陈遵、刘飒说："匈奴原来和汉朝就是一家兄弟，匈奴曾经一度内乱，孝宣皇帝援助而立呼韩邪单于，所以我们才得以称臣来尊奉汉朝。可是现在汉朝也大乱，被王莽谋划篡位，匈奴也派出军队去进攻王莽，让他的边境空虚，使天下大乱，人民想念汉朝；王莽最终因此失败而汉朝才得以复兴，也是因为我们的力量；所有你们应当再尊敬我才是！”陈遵和他的意见相反，但是单于依然保持自己的意见。

赤眉贼樊崇等人带领军队进入颍川郡，把他的兵卒分成二队，樊崇和逢安是一队，徐宣、谢禄、杨音是另一队。赤眉贼虽然战胜很多次，可是军队的人都疲倦乏困到了极点，厌倦作战，而且日夜忧愁哭泣，打算回到东边去。樊崇等人一起谋划，考虑到众人如果到东边去，他们的军队一定会自行解散，所以还不如向西进攻长安。于是，樊崇、逢安从武关，徐宣等人从陆浑关两路一起攻打长安。王匡、成丹和抗威将军刘均等人被更始帝刘玄命令分别以占领河东郡、弘农郡来抵抗他们的进攻。

萧王刘秀想要向北攻取燕、赵二地，估计长安一定会被赤眉贼给攻破，又想趁着这个机会把关中给合并了，却不知到底该任命谁去担此重任。就任命邓禹做前将军，平分他部下的两万精兵，让他向西到达函谷关，并且命他自己可以选择副将以下可以和他一起去的人。这个时候，朱鲔、李轶、田立、陈侨带领军队，号称三十万大军，和河南郡太守武勃一起防御洛阳；鲍永、田邑驻守在并州。因为河内郡地势险要，郡内富足，萧王刘秀打算选择一些可以防备河内郡的大将，却很难找到能够担任这个职务的人，就问邓禹。邓禹说：“寇恂文韬武略兼备，有治人御众的才干，如果不是让他出任的话，就没有什么人可以派的了！”于是萧王刘秀就任命寇恂做河内郡太守，并且负责大将军一职的事务。

萧王刘秀对寇恂说：“当年汉高祖将萧何留守在关中，如今我要委任你在河内郡；你应该竭力保证粮食充足，带领好军队督促好兵马，防御其他军队的入侵，只要不让他们渡河向北前进也就可以了！”萧王刘秀任命冯异为孟津将军，魏郡、河内郡在黄河旁边的军队都归他所统领，来抵御洛阳之敌。萧王刘秀亲自把邓禹送到野王县，邓禹到西边去之后，萧王刘秀就又带领军队到北边去。寇恂在此期间调度干粮，制造兵器，提供给军队使用；军队就算向远方讨伐，粮食，兵器也都未曾缺乏断绝过。

隗崔、隗义谋划叛变，回到天水郡。隗嚣深怕因为他们的叛变而一并受到牵连灾祸，所以就向更始帝刘玄告发他们。更始帝刘玄诛杀了隗崔、隗义，任命隗嚣做御史大夫。

梁王刘永占领封国，兴起军队，招来了很多郡内的豪杰志士；济阴郡、山阳郡、沛郡、楚郡、淮阳城、汝南郡被沛人周建等代理将帅给攻下了，共计得到二十八个城邑。梁王又差遣使者负责任命西防县贼帅山阳人佼疆为横行将军，东海郡贼帅董宪做翼汉大将军，琅邪郡贼帅张步做辅汉大将军，督察青、徐二州，与他们的军队相会合，于是，擅自占据了东边。

邔县人秦丰在黎丘乡兴建军队，攻取了邔县、宜城等十多个县，人数多达一万，自称为楚黎王。

汝南人田戎攻下夷陵县，并且称自己为扫地大将军，辗转抢掠郡县，人数达几万。

资治通鉴卷第四十　汉纪三十二

起乙酉（公元25年），止丙戌（公元26年），共两年。

【题解】 本卷记录了东汉光武帝建武元年、二年间的历史。这是群雄争霸的两年：赤眉立帝，颠覆更始政权，西北局势发生重大变化，赤眉后期势力逐渐削弱；绿林军瓦解；刘秀的汉军不断壮大，平定河北，建立东汉政权。光武帝消灭各方割据势力，开始部署全国统一战争，不战而攻下洛阳。光武帝推行教化，清吏治，淳风俗。光武帝大将南讨时军纪不严，导致南人降后再反。光武帝北讨被逼反的渔阳太守彭宠受挫，统一进程被延缓。

世祖光武皇帝上之上

建武元年（乙酉，公元25年）

春季，正月，方望和安陵人弓林一起拥立前定安公刘婴做天子，召集了他们的同党几千人，一起在临泾县居住。更始帝刘玄调遣丞相李松等人去击败他，但是都被他们的人给杀了。

邓禹来到箕关，击败河东郡都尉，包围了安邑县。

赤眉军二部都在弘农郡会合。更始帝刘玄派遣讨难将军苏茂抵挡他们的进攻；结果苏茂军大败。赤眉军大集合之后，于是分一万人组为一营，一共是三十营。三月，更始帝刘玄调遣丞相李松和赤眉军在蓩乡作战，李松等人大败，多达三万人都死了，于是赤眉军辗转向北来到湖县。

蜀郡功曹李熊劝说公孙述应该称为天子。夏天，四月，公孙述登基为皇帝，号成家，改年号为龙兴；让李熊担任大司徒，公孙述的弟弟公孙光任大司马，公孙恢为大司空。越巂人任贵率郡来向公孙述投降。

萧王刘秀在元氏县向北攻打尤来、大枪、五幡等贼，追他们到北平县，接连几次都打败了他们；之后又在顺水的北面作战，乘着胜利之势，草率进击，反而被他们打败了。萧王刘秀一个人逃到高岸上，遇见突骑王丰，王丰下马，把马让给萧王刘秀骑，萧王刘秀因此才免于一死。失散的那些兵卒退回原地防守范阳县。在军队里没有看到萧王刘秀，有人说他已经被杀害了，众将士都不知该怎么办才好，吴汉说："只要你们努力就一切安好，王兄的儿子（刘縯之子，刘秀之侄子）在南阳郡，我们哪里需要担心没有国君呢！"众人都很害怕，几天之后，大家才安定了下来。由于害怕萧王刘秀的威名，贼寇虽然已经战胜，可是在夜里，就都离开了。大军又攻打到安次县，连续作战，都把贼寇打败了。贼寇兵败之后，进入渔阳郡，到过的地方，都对百姓加以掳掠。强弩将军陈俊对萧王刘秀说："贼寇他们没有粮秣装备，我们应该命令装备轻巧的军队出现在贼寇的前面，让百姓各自坚固壁垒，拒绝向贼寇提供粮食，这样我们就可以不交战而消灭他们了。"萧王刘秀很是同意他的说法，就调遣陈俊带领装备轻巧的军队立刻出现在贼寇的前面，看到那些人民防守壁垒坚固完备的，就命令他们继续坚守；食物放散在旷野之上的，就将它们取回来。等到贼寇到来的时候，他们得不到粮食，肯定就会散失败走。萧王刘秀对陈俊说："能够让这些贼寇被围困住，可全是将军的计策啊。"

冯异寄信给李轶，向他说明祸福的道理，并且劝他归附萧王刘秀；李轶知道长安已经是一个危险的地方，可是因为伯升被杀身死的事情，他的心里很是不安定，就回信对冯异说："刚开始，我原本和萧王刘秀计划一起建造汉朝，可如今我镇守在洛阳城，将军你负责驻守孟津，都是特别重要的地方，千年才难得有一次这样的机会，只要我们两个人心思相通，其义足可断金。希望你能够向萧王刘秀深深地表达我的意思，我愿意来辅佐国家，使人民安居乐业。"经过通信以后，李轶不再和冯异交战，所以冯异也能顺利向北攻打天井关，攻克了上党郡的两个城邑；接着，河南郡成皋县以东的十三个县又被他攻下了，投降的士兵有十多万人。武勃带领一万多人，去进攻那些反叛的人，冯异和他在士乡交战，打败了他，斩了武勃；可是李轶紧紧地关着城门不去营救。冯异看见他劝降的信奏效，就把情况详细地报告给了萧王刘秀。萧王刘秀回信给冯异说："季文生性欺诈，不是一般人就能抓到他紧要的纲领的。如今我们应将信寄给太尉并告诉他，让他加紧警戒防备。"大家都很奇怪萧王刘秀公开李轶书信的这一做法。朱鲔听到了这件事，就立马派人前去刺杀李轶。因此城里的人大部分都背离了他，也有很多人投降了。

朱鲔听说萧王刘秀打算向北讨伐，可是河内郡势力单薄，于是就命令他的将领苏茂、贾强带领三万多兵卒，渡过巩河，去进攻温县；朱鲔又亲自带领几万人，进攻平阴县，因而牵制冯异的势力。檄书一来到河内郡，寇恂立刻率领自己的军队，赶快出城，而且还转告所属各县的人，让他们命令军队到温县与他们会合。军吏都劝谏说："如今有洛阳的军队在渡黄河，前后连续不断；我们应该等大军全部到齐了，才可以出兵。"寇恂说："温县，是河内郡的最后一道屏障，一旦失去温县，河内郡就不能被守住了。"于是，派兵尽快赶去。第二天交战的时候，冯异派来的援兵还有众县的军队刚好到达，寇恂命令士兵登到城墙上，击鼓呼喊，大声说道："刘公的军队到了！"苏茂的军队听到了这句话，整个军阵都被惊动了。寇恂想趁机追击，结果反而被打败。冯异也渡过黄河攻击朱鲔，朱鲔被迫逃走；冯异和寇恂一直追他们到洛阳城，绕城一周才回去。从此，洛阳城都处于震动恐惧的状态，即使是白天，城门也牢牢关闭。

冯异、寇恂把军情都向上报告了，众将士都入宫庆贺他们的大胜，并且想要趁机呈上他们对萧王刘秀的尊号。将军南阳人马武首先上前说："即使大王坚持谦逊退让，可是我们历朝的江山社稷怎么办呢？我们认为您应该先登上帝位，再商量征讨的事情。像我们现在连正式的名号都没有，就东闯西杀，到底谁才是贼呢？"萧王刘秀吃惊地说："将军怎么敢讲这话？理应处斩！"于是就率领军队回到蓟县。

刘秀又命令吴汉带领耿弇、景丹等十三位将军去追击尤来等贼寇，砍了敌人一万三千多个首级，一直紧追到浚靡县才回来。贼寇分散进入辽西郡、辽东郡，没想到却被乌桓、貊人袭击，他们的人几乎被杀光了。

都护将军贾复和五校在真定县作战，贾复受伤很严重。萧王刘秀吃惊地说："我之所以不让贾复再带领其他的军队，就是因为他轻视敌人。果然，我又损失了一员名将！我听说他的妻子已经怀孕，如果生的是女孩，我就让我的儿子娶她；反之，如果生的是男孩，就让我的女儿嫁他；不要他再为自己的妻子和儿女担心。"过了不久，贾复的病痊愈，他在蓟县追到萧王刘秀，两个人见面之后，非常高兴。

萧王刘秀回到中山郡，众将士又重新呈上他的尊号，可是萧王刘秀还是不肯同意。等走到南平棘县的时候，众将又坚持恳求他，可是萧王刘秀依然不答应。等众将士出去之后，耿纯进到萧王刘秀的房间对他说："天下追随我们的那些士大夫，他们抛弃自己的亲戚，离开热爱的故土，追随大王出生入死，大家肯定是期望能够仰攀龙鳞，依附凤翼，来完成自己的心愿。可如今大王拖延时间，违背大家的心意，不正名位，我生怕士大夫的心中从此对我们绝望，因此计谋穷尽，就有回到家乡的念头，不愿意让自己长时间在外劳苦。大家一旦分散了，可就很难再聚合在一起了。"耿纯言辞诚恳真挚，萧王刘秀听了之后深受感动，就对他说："我会再考虑这个问题的。"

在走到鄗县之后，萧王刘秀召见冯异，并向他询问各个地方的动静。冯异说："更始帝刘玄肯定会失败的，宗庙的存亡，全部在大王的身上，所以我们应该听从大家的建议！"此时，恰好赶上儒生强华从关中捧着《赤伏符》来觐见大王，说："刘秀发兵捕不道，四夷云集龙斗野，四七之际火为主。"（意思是说：刘秀出兵，逮捕那些不施行仁道的人，四面八方的蛮夷都愿意归向他，就好像天上的云层那样可以很快密集地汇集在一起，天子在野外和那些不施行仁义道德的人相抗战。自从汉高祖开国之后的二百二十八年，将以火德为主。）

臣子们趁机又上奏恳请进呈尊号。六月，己未日（二十二日），萧王刘秀在鄗县的南边登上皇帝宝座，更换年号为建武元年，并下令大赦天下。

邓禹包围安邑县，可是几个月都久攻不下，更始帝刘玄的大将军樊参带领几万人渡过大河的北边，打算进攻邓禹；邓禹在解县的南面迎战，把他给杀了。王匡、成丹、刘均把他们的军队合并起来，一共有十多万人，又一起去攻打邓禹，结果邓禹的军队失败了。第二天，癸亥日（二十六日），王匡等人认为是干支的最后一天，所以决定不出兵。邓禹得以修整军队，在甲子日（二十七日），王匡派出所有的军队进攻邓禹。邓禹命令所有军队不得擅自行动。等王匡的军队来到营垒旁边之后，邓禹就传令让所有的将士出动，击鼓然后共同攻打，大败王匡军队。王匡等人逃走，邓禹再度追击，击杀了刘均和河东郡太守杨宝。于是，邓禹平定了河东郡，王匡等人逃回了长安。

张卬和众将商量说："赤眉军早晚都会来的，我们用不了多久就会被他们灭亡。与其这样，我们还不如把长安那些财物掠夺了，然后再向东回到南阳郡；事情如果没有成功，我们就进入江湖池溪做盗贼好了！"于是他们就一起进宫，向更始帝刘玄进言；更始帝刘玄很是生气不答应，张卬等人也就不敢再说什么了。更始帝刘玄命令王匡、陈牧、成丹、赵萌到新丰县驻军，李松驻军掫城，来抗击赤眉军。张卬、廖湛、胡殷、申屠建和隗嚣共同谋划，打算在立秋的那一天行貙膢之祭的时候，一起把更始帝刘玄劫持了，共同完成他们以前的谋划。更始帝刘玄知道这件事之后，假装以身体有病不方便出席为借口，召张卬等人进宫，打算把他们杀了；唯有隗嚣称病没有进宫。刚好赶上门客王遵、周宗等人领兵自卫。更始帝刘玄犹豫不决，张卬、廖湛、胡殷怀疑事情有所变化，于是就突然出走；只有申屠建还留在那里，于是更始帝刘玄就把申屠建杀了，并让执金吾邓晔带领军队去包围隗嚣的住处。张卬、廖湛、胡殷带领军队，火烧宫门，进入宫里作战，更始帝刘玄被他们打得大败；隗嚣突破重围，逃回了天水郡。第二天早晨，更始帝刘玄为了投奔赵萌，便向东到新丰县。更始帝刘玄开始怀疑王匡、陈牧、成丹和张卬等人一起计算谋害他，就把他们都召来了；陈牧、成丹先到，就被他杀了。王匡害怕，便带领军队进入长安，和张卬等人会合。

赤眉军来到华阴县之后，看到军队里有一个齐地之巫，常常伴随着击鼓而跳舞，用来祭祀城阳景王刘章，巫者随口胡乱地说："景王大怒说'本应该做天子，为什么又要做贼呢？'"凡是那些嘲笑巫者的人都得了病，这件事惊动了军队里的人。方阳为方望的弟弟，向樊崇等人进言说："如今将军拥有兵力达百万之多，如果向西边京城进军，却没有正义的名号的话，则会被百姓称为众贼，不能保持很长的时间；我们不如立个宗室，以正义的理由，前去征讨，以此来发号施令，试问有谁敢不听从！"樊崇等人认为方阳的话很正确，而且巫者的话越来越灵验。等他们继续向前到达郑县的时候，就互相商量着说："如今我们已经逼近长安，而且按照鬼神的旨意也是这样，我们应该寻找到刘氏，共同拥立他为天子。"

在此之前，经过式县的赤眉军劫持了前式侯刘萌的儿子刘恭、刘茂、刘盆子三个人，并且让他们跟着。刘恭自幼学习《尚书》，跟随着樊崇等人到洛阳，向更始帝刘玄投降，又被更始帝刘玄封为式侯，做侍中，留在长安。刘茂和刘盆子被留在军队里，归属右校卒史刘侠卿，从事牧牛的事。等到樊崇等人打算立刘氏为皇帝的时候，他们在军队里寻觅景王的后代，一共找到七十多人，可是只有刘茂、刘盆子还有前西安侯刘孝是景王最近的亲属。樊崇等人说："听说古代天子所带领的军队都称为上将军。"于是就将"上将军"三个字写在木简上，作为符命，又拿两片没有写字的木简一块儿放在箧里。为了祭祀城阳景王，他们在郑县的北方设置祭坛，众三老、从事都需要参加大典。让盆子等三人排在中间站着，并且根据年纪大小的顺序抽取木简。由于盆子最年幼，所以他最后抽取，抽到了有符命的木简；众将士都向他俯首称臣，行下跪拜大礼。盆子这时刚十五岁，披头散发，光着脚走路，穿着破烂不堪的衣服，汗迹发黄，看到大家如此下跪行礼，心里怕得想哭。刘茂对他说："你把这个符命藏好！"于是盆子就把它咬断，扔掉了。任命徐宣做丞相，樊崇为御史大夫，逄安是左大司马，谢禄担任右大司马，其他的人都做列卿、将军。盆子虽然被称为皇帝，但是，还是早晚得向刘侠卿跪拜行礼。他时常想跟牧童一起出去玩耍，可是侠卿很不高兴地阻拦了他，樊崇等人也不再问候探望他。

秋天，七月，辛未日（初五），光武帝刘秀差遣使臣拿着符节去任命邓禹做大司徒，封他为酂侯、食邑一万户；邓禹这时候二十四岁。后来皇帝刘秀又商量选举大司空，由于《赤伏符》上面说"王梁主卫作玄武"，丁丑日（十一日），刘秀派野王县令王梁为大司空。根据谶书的记载，刘秀让平狄将军孙咸兼任大司马一职，可是大家都不高兴。壬午日（十六日），刘秀只好派吴汉做大司马。

起初，琅琊人伏湛被更始帝刘玄任命为平原郡太守。这时，天下四处兴起军队，只有伏湛安然无事，安抚人民。门下督曾谋划为伏湛兴起军队，但是伏湛将他们抓起来杀了。于是，吏民都特别相信他，便归向他，平原郡全境就是靠着伏湛才得以保全。伏湛被光武帝刘秀征召，并命为尚书，负责审订旧制一事。于是刘秀又派邓禹向西进行征讨，任命伏湛做司直，管理大司徒的一切事务。刘秀每次出去讨伐的时候，经常让他留下镇守。

邓禹想要进入夏阳县，就必须从汾阴县渡过黄河。更始帝刘玄的左辅都尉公乘歙带领十万士兵和左冯翊的军队一起在衙县抗击邓禹；邓禹依旧将他们打败被迫逃走。

宗室刘茂在京、密二县间召集了很多人，自称为厌新将军。颍川郡、汝南郡都被其攻下了，人数达十多万。光武帝刘秀命令骠骑大将军景丹、建威大将军耿弇、强弩将军陈俊去进攻他。刘茂前来投降，光武帝刘秀封他为中山王。

己亥日（七月无此日），光武帝刘秀亲自到达怀县，命令耿弇、陈俊的军队驻扎在五社津，以戒备荥阳县以东的进攻；命令吴汉带领建义大将军朱祜等十一位将军到洛阳，包围朱鲔。八月，军队又向前进到了河阳县。

李松从掫城带领军队赶回来，跟随更始帝刘玄和赵萌共同到长安去进攻王匡、张卬。可是连续交战了一个多月，王匡等人被打败逃走了，更始帝刘玄就迁到了长信宫去居住。

赤眉军到高陵县的时候，王匡、张卬等人迎接并且向他们投降，于是，他们一起联兵攻击东都门。李松出城迎战，却被赤眉军活捉了。李松的弟弟李况做城门校尉，于是就打开城门，把他们放了进来。九月，赤眉军进入长安。更始帝刘玄一个人骑着马逃走，从厨城门出去。式侯刘恭由于赤眉军拥立他的弟弟为皇帝，就把自己关在诏狱里；后来听说更始帝刘玄被打败逃走了，这才肯出诏狱，见定陶王刘祉。刘祉帮他解下刑具，共同跟随更始帝刘玄到渭水边。右辅都尉严本，担心更始帝刘玄走失，被赤眉军杀害了，就把更始帝刘玄带到高陵县，严本带领军队的警卫，事实上是把他包围了。更始帝刘玄的将、相都投降在赤眉军旗下，只有丞相曹竟没有投降，他手里拿着宝剑，被击杀而死。

辛未日（初六），光武帝刘秀下诏封更始帝刘玄为淮阳王；吏民如果有人敢伤害他的话，罪名和“大逆”一样；将他送到官府，封为列侯。

起初，宛地人卓茂，宽宏大量，遵守仁义美德，恭敬长辈慈爱幼小，安然恬静，为人坦荡，以学道为最大的乐趣，雅正朴实，不注重浮华的外表，自己的行事作风都在清浊之间一点都不偏激。从少到老，从来没有和谁竞争过，乡里的那些老朋友，就算行事才能和卓茂不同，可是也都很敬爱和仰慕他，并且对他心悦诚服。哀帝、平帝年间，卓茂做密县县令。他一向爱民如子，经常用善言善行来教导大家，从来没有口出恶言，吏民彼此相亲相爱，也都不忍心去骗他。曾经有人说所属亭长接纳了他赠送的米肉，卓茂说：“是亭长主动向你要的呢，还是你因为自己的事情托他帮你而请他接受的呢，还是感觉他平时对你们有恩惠而馈赠的呢？”那个人说：“是我自己给他拿去的。”卓茂说：“送给他才接受的，那你为什么还要说呢？”那个人说：“我私下里听说贤德圣明的国君在位的时候，人民根本不需要害怕官吏，官吏也不会向人民索要钱财珍品。可如今我怕官吏，因此才送他米肉；官吏最终接受了我所送的，所以我才前来告诉你们啊。”卓茂说：“你自己本身就是一个目中无法的人！人们之所以可以住在一起而没有混乱，和那些禽兽有很大的区别，是因为人们心中有仁、爱、礼、义，知道大家彼此对事对物要尊敬。只有你不想修治，难道你能够远走高飞，离开人间吗？官吏自然不能够依靠自己所拥有的威势权力强行求取。可是亭长一向都是个好官，一年四季送些东西给他，也是礼啊！”那个人说：“如果是这样的话，那么官府的法律文件为什么又要禁止呢？”卓茂笑着说：“律令是为大法所设置的，而礼是用来顺从人情的。今天我用礼来教你，你对我一定不会有怨恨厌恶；但是如果我要用律令来办你，你肯定就不知道该怎么办了！官府里面，情节轻的我们可以论罪，重的就可以被杀戮了。你姑且回去好好想一想吧！”以前，卓茂刚到县城的时候，有所废弃搁置，管吏和民众就嘲笑他，旁边县城的人知道了也都讥笑他没有才能。河南郡为他设立守令，卓茂一点也没有嫌弃之意，还是像过去一样认真办事。几年之后，教化很有成效，达到了路不拾遗的状态；当他升官到京城去做丞相的时候，密县的老老少少都流泪为他送行。等到王莽暂时代理天子的事务来施行法政的时候，卓茂就假装生病又回去了。等到光武帝刘秀登基的时候，先派人寻找过卓茂，卓茂这时已经七十多岁了。甲申日（十九日），光武帝刘秀下诏说：“你的名声为天下第一，理应接受天下的重赏。现如今派卓茂做太傅，封为褒德侯。”

◆司马光说：孔子曾经说过，“善于推荐选用有善行的人，教导没有才能的人，人民就会相互劝勉”。因此虞舜举用皋陶，商汤举用伊尹，而那些不仁的人就会被他们远远地抛弃，这就是那些有德之人之所以在位的原因。光武帝刚登基的时候，群雄相互竞争，天下混乱，当世非常看重那些摧毁坚阵、攻破强敌的猛将，以及擅长谋略、雄辩无碍的策士，可是只有那些能够为皇帝选取忠厚的臣子，表扬嘉奖善良的官吏，在平常的地位中拔举起来，并被安置在众公之前的，或许才能让汉室恢复振兴，享受长久的国运，这是知道先专心致志去做他应做的事，并且得到它根本的原因。◆

众将包围了洛阳几个月，由于朱鲔坚决防守而一直未能攻下来。因为廷尉岑彭曾经是朱鲔的校尉，光武帝刘秀就派他前去说服。朱鲔在城上，岑彭在城下向朱鲔讲述成败利害关系。朱鲔说："大司徒被谋害的时候，我曾经也参与了他们的谋划，而且还劝谏更始帝刘玄不要派萧王刘秀向北讨伐，我清楚地知道自己的罪过实在是很大。所以不敢投降！"岑彭回来，把详细的情况都报告给了光武帝刘秀。光武帝刘秀说："办大事的人，就不应该忌恨那些小怨。朱鲔今天如果向我投降的话，他的官职爵位就都可以保住，哪里还需要杀罚呢！滔滔不绝的黄河之水可以作为我说话的凭证，我绝对不会反悔！"然后岑彭又去告诉朱鲔，朱鲔从城上把绳索放下来，说："如果你一定要我相信的话，你可以凭借它而上来。"岑彭走到绳索前准备攀登而上，朱鲔见他如此真诚，就答应了投降。辛卯日（二十六日），朱鲔的双手被绳索反绑着，和岑彭共同来到河阳县。光武帝刘秀帮他把绳子解开，召见他，又命令岑彭当天夜里就把朱鲔送回城去。第二天早晨，朱鲔和苏茂等人带领所有的士卒，出城向光武帝刘秀投降。朱鲔被任命为平狄将军，封为扶沟侯；后来又做了少府，封赐传了几代。

光武帝刘秀命令御史河内人杜诗到洛阳去抚慰安定人民。将军萧广却放纵自己的兵卒在洛阳强暴凶横。杜诗告诫他，他却还不改正，就被击杀了。回来之后，他将情形向光武帝刘秀报告。光武帝刘秀召见他，赐给他棨戟，并提升了他的官职。

冬季，十月，癸丑日（十八日），光武帝刘秀来到洛阳，住在南宫。于是，刘秀就决定把都城给定在那儿。

赤眉军写信给更始帝刘玄说："圣公如果投降的话，就封为长沙王；一旦多过二十天，就不再接受投降。”更始帝刘玄命令刘恭前去恳请投降，赤眉军也派将领谢禄前去接受投降。更始帝刘玄随从谢禄，袒露着上半身，把印玺组绶进呈给刘盆子。赤眉军叫更始帝刘玄坐下，并把他安置在庭中，想要把他杀了；刘恭、谢禄就替他求情，却没有被答应，就把更始帝刘玄带出去了。刘恭追着喊说：“微臣实在是倾尽全力去保护你，我请求能够先死！”他拔剑想自杀；樊崇等人赶紧共同拯救阻拦他。于是就把更始帝刘玄给放了，并封他为畏威侯。刘恭又坚决替他请求，希望能够封他为长沙王。更始帝刘玄常常跟随着谢禄一起居住，刘恭也拥戴保护他。

刘盆子住在长乐宫，三辅郡、县、营长差遣使者进献物品，士兵经常劫夺百姓的财富，又多次向吏民施以暴力掠夺，吏民于是就又都回到了自己的营寨坚守。

正当人民不知道该归向谁的时候，听说邓禹趁着胜势，单独克敌制胜，况且军队行动纪律严明，大家都仰望他的风声。于是就拖着小孩背着老人来迎接他的军队，投降的人每天以数千来计算，人数号称有一百万。邓禹每停留在一个地方，总是停下车子，持着符节，慰勉招致大家，父老儿童也都在他的车边站满了，他们没有一个不感到欢心喜悦的，于是邓禹名声大震，都传到了函谷关以西的地方。

众将领豪杰都劝邓禹，让他直接进攻长安，邓禹说：“不可以。如今我们虽然有很多人，可是真正能够作战的人却很少，而且前面没有可仰赖的粮食，后面没有运粮的援助；然而赤眉军近期刚刚攻取长安，财物米谷十分充足，与它的锋芒锐势相比，我们实在不能相抗。盗贼大多儿住在一起，却没有对一天的完整计划，即使财物米谷很多，然而世事变化多端，又怎么能够在那里坚守呢！上郡、北地、安定三个郡，土地面积广大，却人烟稀少，而且米谷富饶，六畜众多，我们可以暂时在北道上停止进军，在靠近粮食丰足的地方，培养士兵们的气势，等到赤眉军自己被败坏，我们才可以想办法去制服他们。”于是，邓禹便带领军队向北到栒邑县。他们所到的地方，众营堡郡邑都打开城门，归降并亲近他。

光武帝刘秀命令岑彭去攻打荆州城的那些贼人，攻下了犨、叶二县等十多座城。

十一月，甲午日（三十日），攻下了亲自到达怀县。

梁王刘永在睢阳县称帝。

十二月，丙戌日（十二月无此日），攻下了返回到洛阳。

三辅都苦于赤眉军的残暴酷虐，而且更加同情更始帝刘玄，想暗地里偷偷地把他救出来；然而张卬等人都深深地一直为此事在忧虑担心，于是就派谢禄去杀死他。

刘恭夜里偷偷地前往，去收藏他的尸体。光武帝刘秀命令邓禹将他的尸体埋葬在霸陵。中郎将宛人赵熹打算出武关，在路上又遇到了更始帝刘玄的亲戚，都没穿衣服穿还光着脚，饥饿疲倦到了极点，赵熹便将自己所有的钱财和粮食都给了他们，并且护送他们前进。宛王刘赐知道这件事之后，打算把他们迎回自己的故乡。

等到隗嚣回到天水郡之后，他又召集自己的部下，重新整治父辈给他所留下来的基业，自称是西州上将军。三辅士大夫逃难的，很多都来归附隗嚣，隗嚣也谦逊地去接引他们，并且像平民一样与他们结交为朋友；以和平陵人范逡为师友，前凉州刺史河内人郑兴做祭酒，茂陵人申屠刚、杜林做治书侍御史，马援做绥德将军，杨广、王遵、周宗以及平襄人行巡、阿阳人王捷、长陵人王元做大将军，安陵人班彪等做宾客，于是名声震动了整个西州，甚至传到了华山以东地区。马援小的时候，因为家里面不太富裕，钱不太够用，于是告别他的哥哥马况，打算到边塞那边的郡县去耕田放牧，马况说："你身上有大才，不过应该在很晚的时候才能够有所成就。一个很好的工匠是从来都不向别人显示自己还没有雕琢好的玉石的，我暂时就顺从你所喜好的，让你去耕田放牧吧。"于是，马援就来到北地郡耕田放牧。他经常对他的宾客说："大丈夫胸怀大志，你穷困的时候应当更加坚定自己的信念，在年老的时候就应当使自己更加雄壮。"后来他们家有几千头牲口，万斛米谷之数。不久，他却叹息说："凡是那些财产大增的人，都应该以能救济穷困百姓，施与自己的恩泽为最重要的事情，否则，他就只是个守财奴罢了！"于是马援就将自己的所有产业全部送给他的亲戚朋友。后来听说隗嚣喜好有才能的人，就去追随他了。马援很是被隗嚣尊敬器重，和他一起决定策略。班彪，是班穉的儿子。

起初，平陵人窦融家历代都在河西做官，对于当地的风土习俗相当了解，和更始帝刘玄的右大司马赵萌关系很是要好，私下对兄弟说："天下的安危不是我们这些普通人就可以猜测出来的。可是，河西这个地方非常富足，临近黄河，地理形势十分险固，张掖属国拥有一万骑精锐的骑兵，万一有紧急的情况，我们断绝黄河的渡口，就足以防守自保，所以这里是个不怕灭绝的地方啊！"于是窦融就凭借与赵萌的关系而请求到河西去。赵萌将窦融推荐给更始帝刘玄，更始帝刘玄命令他到张掖属国做都尉。窦融到了张掖属国之后，安抚当地人民并且结交英雄豪杰，怀柔辑睦羌虏，很得他们的好感。这时，酒泉郡太守安定人梁统、金城郡太守库钧、张掖郡都尉茂陵人史苞、酒泉郡都尉竺曾、敦煌郡都尉辛彤，都是州、郡之中很有才华的人，窦融和他们都交情甚好。等到更始帝刘玄失败的时候，窦融和梁统等人商议说："如今天下混乱，我们不知到底该归向谁了。由于河西地处偏僻交通隔绝在羌、胡的中间，如果我们不能做到心志相同，一起出力的话，我们就很难防守自己。然而两军的权势相同，力量相当，就更没有办法去统率军队了。我们应该推举一个人做大将军，为共同保全五个郡，来观察时局的变化。"商议决定以后，他们却各自谦虚地互相推让。后来按照名位的次序，大家一起推举梁统做大将军；梁统坚持拒绝，大家就推举窦融兼管河西五郡大将军的事。武威郡太守马期、张掖郡太守任仲都孤立无援，没有其他人和他们一起做伴，于是他们俩就一起上书说明他俩的实际情况；然后就解下印章组绶而默默地离开了。于是，梁统被派去做武威郡太守，史苞为张掖郡太守，竺曾任酒泉郡太守，辛肜当敦煌郡太守。窦融停留在张掖属国，像从前一样兼任掌管都尉之职；设置从事，督察五个郡。河西这个地方民俗朴实，而且窦融等人施政也宽大平和，所以整个河西上下相亲相爱，安定富足。他们在此训练兵马，锻炼战技，熟悉警报，羌、胡等人来侵袭边塞的时候，窦融总是亲自带领兵卒和众郡去营救，而且都能赴敌并且不失期契，每次敌人都被他给打败了。后来，羌人、胡人都因此很是震惊，便归顺于窦融，亲近归附，内部各郡流亡的人民以及躲避灾荒的也都不断地归附于他。

王莽在任的时候，天下人都很是思念汉朝君主对他们的恩德，安定郡三水县卢芳住在左谷里，骗大家说他就是武帝的曾孙刘文伯，说“曾祖母，是匈奴浑邪王的姐姐”，常常拿这句话在安定郡一带欺骗大家。王莽末年，就和三水属国羌、胡一起兴起军队。更始帝刘玄到达长安之后，任命卢芳做骑都尉，让他镇守在此并且安抚安定郡以西地方的百姓。更始帝刘玄失败之后，三水县豪杰打算一起拥立卢芳做上将军、西平王，并命令使者和西羌、匈奴通过结亲来增进彼此之间的友好关系。单于认为：“汉氏中途断绝来往，如今刘氏又来归顺，我也应当像呼韩邪立他一般，让他尊敬并侍奉我。”于是就命令句林王带领几千骑兵，把卢芳兄弟迎进匈奴，拥立卢芳做汉帝，任命卢芳的弟弟卢程做中郎将，带领胡人骑兵回去，进入安定郡。

光武帝刘秀以为关中还没有被安定，可是邓禹又长期不进军，于是光武帝刘秀就赐书信指责他说：“司徒，是唐尧；亡贼，是夏桀。长安吏民惶恐不安，眼下没有可依附可归顺的，你应该按时进攻征讨，来镇定安慰西京的百姓，维系百姓之心！”可是邓禹还是坚持以前自己的想法，另外要想进攻上郡众县，还需要再征召军队，运输粮食，回到大要县。积弩将军冯愔、车骑将军宗歆防守栒邑县，两个人为了争夺权势，就互相攻击，最终，冯愔把宗歆给杀了，趁机就赶紧反击邓禹，邓禹就命令使者向朝廷报告。光武帝刘秀就问使者：“你知道冯愔最亲近喜爱的人是谁吗？”使者回答说：“是护军黄防。”光武帝刘秀衡量冯愔、黄防不能长时间地合并在一起，形势上必定会有所相违背，就回答邓禹说："将来绑冯愔的，一定是黄防。"就差遣尚书宗广拿着符节去让他们投降。一个多月后，果然是黄防将冯愔给抓了起来，并且带领他的部属来认罪。更始帝刘玄众将王匡、胡殷、成丹等人都到宗广那里投降，宗广和他们一起回到东边；到了去安邑县的路上，那些想逃走的人都被宗广给杀了。

冯愔叛变之后，率领他的军队向西边的天水郡进军；隗嚣迎击他，在高平县冯愔被他打败，并且将他所有的粮食装备等都收归已有。于是，有使者按照邓禹的吩咐，临时以光武帝刘秀的命令，拿着符节，任命隗嚣做西州大将军，并且可以根据自己的判断独立处理凉州、朔方郡的事情。

冬至后第三个腊日，赤眉军准备了音乐，好好地宴请宾客，可是酒还没开始喝，臣子们就在下面争论不休；而那些看关的人都被越进宫墙的士兵们给杀了。士兵们在此掠夺酒肉，彼此杀伤。卫尉诸葛稺知道这件事之后，率领军队进宫，击杀了一百多人，这样才安定下来。刘盆子见到这种情形心里很是害怕，日夜不停地哭泣，身边跟随他的那些官员见到发生这样的事情也都很同情他。

光武帝刘秀命令宗正刘延去攻打天井关，可是和田邑连续交战十多次，刘延没有能攻破继续前进。等到更始帝刘玄失败之后，田邑差遣使者去向光武帝刘秀请求投降；田邑被任命为上党郡太守。光武帝刘秀又调遣谏议大夫储大伯拿着符节去征召鲍永；可是鲍永由于不知更始帝刘玄现在到底是死是活，于是就怀疑他并且没有答应投降，先把大伯抓了起来，并差遣使者赶到长安去，探听消息是否属实。

起初，光武帝刘秀和更始帝刘玄一起在宛县的时候，娶了新野人阴氏的女儿丽华为妻。这一年，光武帝刘秀便调遣使者去迎接丽华和他的姐姐湖阳公主、妹妹宁平公主共同来到洛阳；封丽华为贵人。更始帝刘玄的西平王李通娶宁平公主为妻子，于是光武帝刘秀就征召他做了卫尉。

起初，更始帝刘玄曾派王闳做琅琊郡太守，张步占据着那个郡不让他做太守。于是王闳便告诉他说如果投降的话，就可很随意地得到赣榆等六个县；王闳收集军队和张步交战，却没能打胜。自从张步接受刘永的官职称谓以后，就在剧县训练军队，泰山郡、东莱郡、城阳县、胶东县、北海郡、济南郡、齐郡，都被他所命令的将领给攻下了。王闳自知军队的力量敌不过张步，于是就去求见张步。张步却陈列大批的军队来见他，特别生气地说："我究竟有什么罪？你以前要对我攻得那样厉害！"王闳按着剑说："我身为一郡太守，遵守朝廷的命令办事，而你却以拥有军队来和我相对抗。我那时只是攻打贼寇罢了！怎么能说厉害呢！"张步站起来，然后向王闳下跪认罪，和他一起吃饭喝酒，以待贵宾的方式来款待他，并且同意王闳管理全郡的事。

二年（丙戌，公元26年）

春季，正月，甲子朔日（初一），发生日食。

刘恭知道赤眉军肯定会失败，于是就在暗地里教他的弟弟盆子让他归还印玺组绶，学习说谦辞逊让的话。等到元旦那天，会见大臣的时候，刘恭先说："大家一起拥立我的弟弟做皇帝，这份恩德对我们来说实在是太深厚了！他被立为皇帝也快一年了，可是混乱的局面却一天比一天厉害，我担心他实在不能够承受大家的重托，恐怕死了对大家来说也没有什么利弊关系，希望他能退位做个平民，而你们再找一个贤德明智的人做皇帝，还恳请大家能够好好地考虑一下我说的话！"樊崇等人向皇上谢罪说："这些都是我们的罪过。"刘恭又坚决请求让皇帝退位。有人说："这是式侯应该管的事情吗？"刘恭心里很害怕，就转身离开了。盆子见此情景就下床解下身上的印玺组绶，向大家磕头说："如今我们设置了天子却一直在做贼，天下人对我们有所怨恨，不愿意再信服归向我们，这都是所立的人不适当造成的后果。希望大家能够让我退位，把机会留给那些贤能的人！如果一定要通过杀我来负这个责任的话，那我也不会因此而逃避的！”说完这话就在一旁落泪叹息。樊崇和参加朝会的几百人，都特别地怜悯同情他，于是便离开坐席，跪下磕头说：“都是我们不好，才辜负了陛下，请求从今以后，肯定不会再有人胡作非为了！”就一起抱着盆子，帮他把印玺组绶系好；可是盆子喊道，这实在是不得已而为之啊。散会出宫以后，各自紧闭营门，自行防守。三辅一致响应，称赞天子聪明，人民都抢着回到长安，城市乡里都快满了。二十多天后，赤眉军又再次出动，大肆掠夺百姓，像过去一样残暴。

刁子都被他的部下所杀，剩余的同伙和众贼在檀乡会合，称为檀乡贼，檀乡贼对魏郡、清河郡的百姓进行掠夺。魏郡大吏李熊的弟弟李陆打算在城里反叛，来迎接檀乡贼，有人就把这个消息告诉了魏郡太守颍川人铫期。于是铫期就召见李熊并且详细地询问，李熊磕头承认，希望他和自己的母亲一起受死。铫期说：“与其在城中做官，还不如做贼快乐，你可以回去和老母一起去投靠李陆，我不反对！”铫期还派吏将他送出城去。李熊出城，找到李陆，快到邺城西门的时候，李陆心中惭愧不已很是感动，为了向铫期谢罪就自杀了。铫期叹息感慨，很是惋惜，于是就用礼来埋葬他，还恢复了李熊原来的官职。于是，郡里的人都佩服他的威仪诚信。

光武帝刘秀调遣汉统领王梁等九位将军进攻邺城东边漳水附近的檀乡贼，打败了檀乡贼，十多万人都投降了。光武帝刘秀又派王梁和大将军杜茂统率军队全部集中在魏郡、清河郡、东郡，平定了所有的营堡，三个郡都因此清静了，而且前进的道路畅通无阻。

庚辰日（十七日），光武帝刘秀封所有功臣作列侯；还把四个县的食邑都赐给了梁侯邓禹、广平侯吴汉。博士丁恭建议光武帝刘秀说：“古代封诸侯的时候，为了使干强枝弱，便于治理，从来都没有超过一百里见方之地。可如今封四个县的食邑，和古代的法制相违背啊。”光武帝刘秀说：“古代都是因为不行仁政才导致亡国，却从来没有听说是因为功臣的封地多而被灭亡的。”阴乡侯阴识，是贵人阴丽华的哥哥，因为战功光武帝刘秀应当增加封赏，阴识磕头谦逊地说："如今天下刚刚平定，将帅有功的人很多，因为臣是后宫的亲属，多次晋升爵位增加食邑，已经没有什么脸面去面对天下人。这是亲戚接受赏赐，其他人应该根据功勋来接受赏赐。"光武帝刘秀就听从了他的意见。光武帝刘秀让大家都说出自己心里所喜欢的封邑，每个人都想要好的县城；只有河南郡太守颍川人丁綝只要求把本乡封给他就满足了。有人问他为什么，丁綝说："我能力微薄，功劳也小，能够封个乡亭侯就已经足够了！"光武帝刘秀顺从他的志愿，封他为新安乡侯。郎中魏郡人冯勤被光武帝刘秀命令主管诸侯的封事，冯勤根据功勋大小等差别，国土的远近，地势的厚薄，彼此没有差错，没有一个人对他不满意的。通过此事，光武帝刘秀认为他很有才能，便将尚书众事都交给他负责。按照以往的规矩：只有资深的令史才能将尚书郎一职依次补实，直到光武帝刘秀才开始用孝廉做尚书郎。

这一年，在洛阳修建高庙，四季和高祖、太宗、世宗共同祭祀；在宗庙的右边修建社稷；在城南修建祭天之坛。

长安城里粮食都被赤眉军吃光了，于是就把收集来的珍珠宝物运走，在宫室、市里大规模放火，任意杀人抢劫，没有人敢在长安城里行走；然后又率领兵卒向西去，号称有一百万人，从南山辗转抢掠各城邑，最终来到安定郡、北地郡。邓禹率领军队向南到长安，在昆明池驻军，拜谒祭祀高庙，并且把十一个皇帝的神主牌位给收集完之后，送到洛阳。趁着这个机会又去看了看帝王的茔墓，并派吏士来为它们奉行祭祀和看守。

真定王刘杨造谶书说："赤九之后，瘿杨为主。"（意思是说：高祖的九代孙，应该由长肿瘤的刘杨做国君。）刘杨身体上长了很多肿瘤，想通过这个来迷惑众人，而和绵曼贼交往。光武帝刘秀命令骑都尉陈副、游击将军邓隆去征召他，刘杨却紧闭城门不愿意接见他们。后来光武帝刘秀又命令前将军耿纯拿着符节前往幽、冀二州，所经过的地方，安慰犒劳王、侯将相，而暗地里却命令将士们把刘杨抓起来。等耿纯到达真定县，留在驿站馆舍里的时候，便邀请刘杨与他相见。耿纯，是真定宗室的后裔，所以刘杨对他也没有什么好怀疑的，况且自己兵卒强盛，而耿纯的神情安详，刘杨就带着随从的那些官吏过来见耿纯；刘杨让其他兄弟带领强兵在门外。刘杨进去之后，见到耿纯，耿纯很有礼貌地接待他，对他也很恭敬，而且还邀请他的兄弟都进来；于是，耿纯命人把所有的门窗关好，将他们全部杀了，之后就带领军队出来。真定县的人们听说这件事情之后既震动又害怕，没有一个人敢轻举妄动。光武帝刘秀可怜刘杨的阴谋还没开始发动，就被诛杀了，心里有所过意不去，就又封刘杨的儿子刘德为真定王。

二月，己酉日（十六日），光武帝刘秀亲自到达修武县。

鲍永、冯衍知道更始帝刘玄确实已经死亡的消息，就为他办身后事，并放出储大伯等人，将印玺组绶封好呈上，把所有的军队都给解散了，以幅巾束首而来到了河内郡。光武帝刘秀见了鲍永，问他说：“你的部下都在哪里呢？”鲍永离开坐席，跪下磕头，说：“我侍奉更始帝刘玄，却不能帮他保全性命，心里实在惭愧，而我清楚地知道我的部下都希望富贵，所以我把他们全部解散了。”光武帝刘秀说：“你这番话说得很好。”可是，心底里却嫌他归降得太晚，有点不太高兴。后来，鲍永由于立功被光武帝刘秀重用，冯衍却被光武帝刘秀废除。鲍永对冯衍说：“从前汉高祖刚平定天下的时候，赏赐了有罪的季布，却诛杀了有功的丁固，如今我们遇到了贤明的天子，还有什么好担心的呢！”冯衍说：“有人招惹邻居的妻妾，其中那个年长的就骂他，可是年轻的那个却向他表示友好。等到她们的丈夫死后，他就选择那个年长的做他的妻子。有人对他说：‘那个年长的不是骂你的吗？’他说：‘对别人来说，当然是要那个向我示好的人；但是对我来说，却应该要那个骂人的！’天命是很难预测的，人道却是很容易就能够坚守的，我们守住人道的臣子，哪里还会忧虑死亡呢！”

由于大司空王梁多次违背光武帝刘秀的诏令，光武帝刘秀很是生气，就调遣尚书宗广执持符节马上赶到军队里把王梁给杀了；宗广把王梁关入囚车，押送至京城，来到京城之后，光武帝刘秀不仅赦免了他，还派他做中郎将，防御北边的箕关。

壬子日（十九日），光武帝刘秀任命太中大夫京兆人宋弘为大司空。宋弘推荐沛国人桓谭做议郎、给事中。皇帝命令桓谭弹琴，而且特别喜欢他音调繁杂的乐声。宋弘知道这件事之后，心里很不高兴；暗地里看到桓谭从宫中出来，就穿了端庄的朝服，坐在府里，差遣官吏把他召来。桓谭到了，宋弘不给他座位，就开始责怪他，并且说："你是能自己纠正错误呢，还是要丞相通过法纪来检举你呢？"桓谭磕头认错；很长时间之后，宋弘才允许他回去。后来，光武帝刘秀在宫殿上和大臣相见的时候，光武帝刘秀令桓谭弹琴。桓谭见到宋弘在，便失去了他平时弹琴的仪态。光武帝刘秀感到困惑，就问桓谭原因。这时，宋弘就离开坐席，脱下官帽，向光武帝刘秀谢罪说："微臣之所以把桓谭举荐给陛下，是期望他能够用忠正的方法去引导陛下；可是，他却让朝廷沉湎于靡靡之音，这是臣的过错。"光武帝刘秀就改正容色而向大家认错。

湖阳公主刚守寡，光武帝刘秀和她共同讨论朝中的大臣，并暗中观察是否有符合她心意的人。公主说："宋公无论是威仪容止，还是道德器量，都是那些臣子赶不上的。"光武帝刘秀说："我正打算为你考虑这件事。"于是，光武帝刘秀接见了宋弘，光武帝刘秀让公主坐在屏风后面，就对宋弘说："谚语说：'显贵了，就换朋友；富有了，就换妻子。'你感觉这是人之常情吗？"宋弘说："微臣只听说贫贱时候的朋友不能够忘记，患难时候的夫妻不能够离异。"光武帝刘秀回头对公主说："这件事情成不了了！"

当光武帝刘秀征讨王郎的时候，彭宠曾经命令突骑去援助军队，运输粮食，才使得粮食前后没有断绝。等到光武帝刘秀追赶铜马军到蓟县，彭宠依仗自己功劳之高，期盼的愿望也很高；可是光武帝刘秀对待他，却一直都未能满足他的愿望，因此心中愤恨不平。等到光武帝刘秀登基之后，吴汉、王梁，曾经是彭宠的属下，他们都做到了三公，只有彭宠没有任何晋升，更加怏悒，心里感觉很是不得志，感叹地说道："像我这样的人，就应该被封为王，并不只是像现在这样，那肯定是陛下把我忘记了！"

这时，北方的各州都四分五裂，只有渔阳郡情况还比较好。原来这个地方设置有铁官，彭宠就通过倒卖铁矿来买米谷，累积了大量的钱财，而自己更加富裕强大。幽州牧朱浮，年轻有才干，想通过对社会公德及习俗的严格规划，来收敛那些士子的心，把州里那些德高望重的人，以及王莽在位之前两千石官吏征召过来，都把他们接引安置到幕府里，将所有郡仓库里的米谷发出来，供给他们，抚养妻儿。彭宠感觉天下混乱还没有安定，一直发生战争，不应设置那么多官员来损耗粮食，于是就没有听从他的命令。朱浮个性矜夸急躁，自以为是，彭宠性格也执拗好强，结果使他们俩之间猜忌怨恨辗转相积。彭宠多次被朱浮诬告陷害，使他入罪，秘密上奏给光武帝刘秀说彭宠私自聚集了很多军粮，居心叵测。但是光武帝刘秀又常常将秘密故意泄露出来，让彭宠知道，并以此来要挟恐吓他。到了这个时候，有诏书征召彭宠，彭宠就上奏给光武帝刘秀说，希望能够和朱浮一起被征召；可是，光武帝刘秀却怎么也不答应。彭宠越来越猜疑自己的能力；而他的妻子本性刚强，从来不能忍受被别人如此地压抑屈辱，就努力地劝说他不要接受征召，说："如今的天下还没有安定，那些有势力的人都在四方各自割据称霸，渔阳是个大郡，兵马最精良，我们为什么要因为被别人所上奏而抛弃这里前去呢！"于是彭宠就又和亲信的部下商议，可是部下也都对朱浮怀恨在心，没有人劝他前去的。光武帝刘秀命令彭宠的堂弟子后兰卿前来开导他；可是，彭宠就以此为由把子后兰卿扣留在了渔阳郡，出兵造反，并任命部署将帅，亲自统领两万多人，到蓟县去攻打朱浮。又因深知和耿况都有大功，可是对他们的赏赐都特别微薄，于是就多次差遣使者去邀请并诱惑耿况归顺；可是，耿况不接受，并把他的使者给斩了。

反叛的延岑围了南郑县。汉中王刘嘉的军队被打败之后逃走了。

延岑就占据了汉中郡，并向武都县进军；未料想却被更始帝刘玄的柱功侯李宝给打败了。延岑被迫逃到天水郡。公孙述调遣将军侯丹去攻打南郑县。刘嘉把剩下的那些伤残的士兵顿了一下，得到几万人，派李宝做丞相，从武都县向南进攻侯丹，失败之后，把军队带回到河池县、下辨道，接着又和延岑一连交战几次。延岑带兵往北走，来到散关，到达陈仓县；刘嘉追赶进攻之下，终于把他打败了。

公孙述命令将军任满阆中县直下江州县，再向东占领扞关，这样就得到了益州全部的土地。

辛卯日（二月无此日），光武帝刘秀回到洛阳。

三月，乙未日（三月无此日），大赦天下。

更始帝刘玄在南方还有很多的大将没有投降。光武帝刘秀把众将召来商讨军事，将檄文扔到地上生气地说："郾县是这里面最强盛的，宛县次之，应当派谁去攻打它呢？"贾复毫不犹豫地说："微臣请求攻击郾县。"光武帝刘秀笑着说："执金吾攻打郾县，我还有什么好担心的呢！大司马应该去攻击宛县。"于是，秀命令贾复去攻打郾县，并将它一举拿下；最终尹尊向他投降。后来贾复又向东边进攻更始帝刘玄的淮阳郡太守暴汜，暴汜也投降了。

夏天，四月，虎牙大将军盖延督率驸马都尉马武等四个将军攻打刘永，刘永被打败；结果，就把刘永包围在睢阳县。

因为前更始帝刘玄的将军苏茂反叛，杀死了淮阳郡太守潘蹇，并且占领广乐城而向刘永称臣；刘永派苏茂做大司马、淮阳王。

当吴汉攻打宛县的时候，宛王刘赐和更始帝刘玄的妻子来到洛阳向他们投降；光武帝刘秀封刘赐做慎侯。他的叔父刘良、族父刘歙、族兄刘祉都是从长安来的。甲午日（初二），封刘良为广阳王，刘祉为城阳王；光武帝刘秀还封他哥哥刘縯的儿子刘章为太原王，刘兴为鲁王；更始帝刘玄的三个儿子——刘求、刘歆、刘鲤为列侯。

光武帝刘秀见到邓王王常投降，非常高兴，说："如今我见到了王廷尉，终于不需要再为南方担心了！"于是就任命他为左曹，封为山桑侯。

五月，庚辰日（十九日），光武帝刘秀的族父刘歙被封为泗水王。

光武帝刘秀由于阴贵人一向宅心仁厚，宽宏大量，就打算立她做皇后，因为郭贵人有儿子，阴贵人一直都没有答应。六月，戊戌日（初七），光武帝刘秀立郭氏为皇后，她的儿子刘强封为皇太子；大赦天下。

丙午日（十五日），光武帝刘秀封泗水王的儿子刘终为淄川王。

秋季，贾复向南进攻召陵县、新息县，将这两地平定了。因为贾复属下的部将在颍川郡杀了人，颍川郡太守寇恂秉公执法把他给抓起来，关到了监狱里面。这时候还是军队刚刚建立的时期，军营里面如果有谁犯法的，对他们大部分人都是可以包容的，可是寇恂在市场上就把他杀了。贾复认为这件事情对他来说是极大的羞辱，一回来，经过颍川郡的时候，就对那些亲近的部属说："我和寇恂都是将帅，我的部下却被他这样所害，如果今后见到寇恂，我一定要用手中的剑亲手杀死他！"寇恂知道他的想法之后，不想和他见面。寇恂的外甥谷崇说："我是一位将军，可以随身佩带剑侍候在你的身边；如果有突然的事情发生，也一定能够与他相对抗的。"寇恂说："你这样说就是你的不对了。从前蔺相如没有害怕秦王，却甘心被廉颇侮辱，他为的是整个国家。"就下令属县盛设饮食器具，储备滓酒；执金吾的军队来到郡界，每个人都享有两个人的酒食。寇恂出城，到路上迎接，却立刻以生病为缘故转身就往回走。贾复带领军队想去追他，可是吏士都喝醉了，后来就回去了。寇恂差遣谷崇把情形报告给朝廷，于是光武帝刘秀就征召寇恂。寇恂到达后，光武帝刘秀接见了他；这时贾复已经先在座位上了，想站起来回避一下。光武帝刘秀说："天下还没稳定，两只老虎又怎么能因为一些个人恩怨而争斗不休呢？今天就由朕来调解。"于是，他们两个人就坐在一起，非常高兴，后来还乘同一辆车，一起出宫，结成朋友之后才离开。

八月，光武帝刘秀亲自带领众将士去攻打五校贼。丙辰日（廿六日），光武帝刘秀就来到了内黄县，在羛阳将五校贼打得大败，他的部属五万人都降服了。

光武帝刘秀命令游击将军邓隆帮助朱浮去攻打彭宠。邓隆在潞县的南方驻扎军队，朱浮驻军在雍奴县，命令官吏把情形都报告给了朝廷。光武帝刘秀读了檄文，非常生气，对派来的官吏说：“两军的营地相差一百里路那么远，在形势上哪里能互相帮助呢！等你回去之后北军肯定就被打败了。”彭宠果然命令精锐的部队去攻打邓隆的军队，并将他打得大败；可是朱浮距离他们太远，以至于不能去帮助他们。

盖延包围睢阳县好几个月，才把它给攻下了。刘永逃到虞县，虞县人却叛变了他，还把他的母亲、妻子给杀害了；刘永和几十个部下被迫逃到谯县。苏茂、佼强、周建把军队联合起来，一共有三万多人，去营救刘永；盖延和他们在沛郡的西边打仗，大败他们。刘永、佼强、周建逃到湖陵县去防守，苏茂逃回广乐城；于是沛郡、楚郡、临淮郡被盖延平定了。

光武帝刘秀命令太中大夫伏隆去招降郡国，执持符节出使青州、徐州。青、徐二州的盗贼们知道刘永被打败了，都特别担心想恳请投降。张步命令他的佐助孙昱跟随伏隆到朝廷进呈奏书，奉上鳆鱼。伏隆，是伏湛的儿子。

因为堵乡人董䜣在宛城叛变，拘捕了南阳郡太守刘驎。扬化将军坚镡攻打宛城，将他拿下；董䜣这才逃回了堵乡。

吴汉攻打南阳郡众县，在所到过的地方，多是对百姓进行欺凌。破虏将军邓奉谒告才回到新野县，看到吴汉掳掠他的乡里，心中感到很是愤怒，于是就反叛他，并且打败了汉军，派兵占领了淯阳县，与那些叛贼在南北会合。

九月，壬戌日（初二），光武帝刘秀从内黄县回来了。

陕州盗贼苏况攻下了弘农郡；光武帝刘秀派景丹去攻打他。可是恰巧景丹去世了，征虏将军祭遵去讨伐弘农郡、柏华郡、蛮中城的贼寇，把他们都平定了。

赤眉军率领军队打算往西到达陇县，隗嚣命令将军杨广去迎击，把他们给打败了；又追着败军到达乌氏县、泾阳县两个县之间，将他们打败。赤眉军来到阳城县番须谷里，正好赶上了大雪，坑谷里到处都布满了雪，有很多兵卒都被冻死。于是，他们又往回返，挖开那里的陵墓，把珍贵的货物都盗走了。凡是那些用玉盒子装着进棺材的，大多数都像活人一样，盗贼于是就污辱吕后的尸体。邓禹命令军队在郁夷县进攻他们，反而被他们打败了；邓禹就从云阳县离开了，赤眉军又回到了长安。延岑在杜陵县驻扎军队，赤眉军的将军逢安攻打他。邓禹感觉逢安精锐的部队都在外边，于是就带领军队攻打长安；刚好赶上谢禄的救兵赶到，邓禹的军队被他们打败落荒而逃。延岑攻打逢安，把他们打得大败，有十多万人都死了。

廖湛统领十八万赤眉军进攻汉中王刘嘉，刘嘉和他在谷口县交战，把他们给打得大败，刘嘉亲自把廖湛杀了，就回到云阳县有粮食的地方。新野人来歙是刘嘉妻子的哥哥，也是光武帝刘秀姑妈的儿子。光武帝刘秀命令邓禹去招降刘嘉，刘嘉就跟着来歙到邓禹那里投降。见到李宝那么傲慢，邓禹就把他给杀了。

冬季，十一月，光武帝刘秀派廷尉岑彭为征南大将军。光武帝刘秀在君臣大会中指着王常对臣子们说："这个人曾经统率下江的那些将士辅助汉室，忠心像金石一样坚硬，真是个忠臣啊！"于是当天，王常就被光武帝刘秀任命为汉忠将军，并派他和岑彭带领建义大将军朱祐等七个将军去征讨邓奉、董䜣。岑彭等人先进攻堵乡，邓奉去营救它。打败了朱祐的军队，朱祐被邓奉俘虏。

铜马、青犊、尤来那些剩下的贼寇一起拥立孙登做天子。孙登被他的将军乐玄给杀死了，乐玄率领他的部下五万多人投降。

邓禹自从冯愔叛变之后，声明和威望都有所损伤，粮食又相对匮乏，战争多次因此失败，归向亲附的人一天比一天分散。赤眉、延岑在三辅施行暴力作乱百姓，郡、县的那些豪门大族各自拥有军队，邓禹一直都未能把他们平定了。光武帝刘秀就调遣偏将军冯异代替邓禹攻打他们，并把他们亲自送到河南县，对冯异下令说："三辅遭受王莽、更始帝刘玄的作乱之后，再加上赤眉、延岑给他们造成的灾祸，当地的百姓都穷困到了极点，没有一个可以依托的地方。将军如今奉令征讨那些不遵纪守法的人，营堡那些打算投降的，就命令他们的首领到京城；把那些百姓解散了，让他们专心去从事农业；以此来破坏他们的营堡，不留给他们再聚集的机会。并不是一定要掠夺土地、攻城屠杀才叫作征讨攻伐，最重要的是平定战乱，安抚并集聚当地的人民。那些将士并不是不善于战斗，只是喜欢掳掠而已。你本来就擅长驾驭吏士，期望你能够自行修饬，不要让郡、县的人民再那么受苦了！"冯异跪下磕头，接受命令，带领军队向西前进；所到过的地方，都广泛地布施威严信用，有很多盗贼都投降了。

◆司马光说：从前周朝人称赞武王的美德说："宣扬令人怀念的美德，我追求的只是安定天下。"是说帝王的军队，其志向只是为了传布威望美德，安定人民罢了。现在看看光武帝能取得关中，用的就是这个方法。这样难道不是很好吗？◆

光武帝刘秀于是又把邓禹给征召回来了，说："注意点，一定不要和那些实力已经快完了的贼寇交战！赤眉贼粮食缺乏，就应该到东边来。我们以饱足来等待他们的饥饿，用安逸来等待他们的疲惫，就好像折杖击打一样，相当容易，这就不是将士应该担心的，不可以再随便进军！"

光武帝刘秀派伏隆做光禄大夫，又出使到张步那儿去，任命张步为东莱郡太守，并且和刚任命的青州牧、太守、都尉一起来到东边。诏令伏隆可任命令、长以下的官职。

十二月，戊午日（三十日），光武帝刘秀下令那些被王莽断绝的宗室列侯，都可以恢复原来有的那些封国。

当时赶上三辅大闹饥荒，城里面人吃人的现象层出不穷，基本上已经空虚了，尸骨遍布原野。前朝遗留下的那些人民经常聚集到一起而形成营堡，并且各自都加强壁垒，去清除原野。赤眉军到这里掳掠时，没有得到什么有价值的东西，于是就带领军队又回到了东边，还剩下二十多万人，在军队行进的时候就四分五裂了。光武帝刘秀命令破奸将军侯进等人在新安县驻军，建威大将军耿弇等人驻扎在宜阳县，来拦截他们回去的路，命令众将士说："贼寇要是跑到东边去的话，我们可以带领宜阳的军队到新安县来会合；贼寇即使跑到南边去，我们也可以率领新安的军队到宜阳来会合。"冯异和赤眉军在华阴县相遇，相抗两个多月，交战几十次，终于把赤眉军降服了，共有五千多人。

资治通鉴卷第四十一　汉纪三十三

起丁亥（公元27年），止己丑（公元29年），共三年。

【题解】 本卷记录了光武帝建武三年至五年间的历史。这是群雄逐鹿中原的激烈时期，也是光武帝平定天下卓有成效的三年。消灭赤眉军，东汉扎根洛阳。冯异入镇关中，阻止公孙逊北上。光武帝分派将领或亲征，并灭群雄，使中原大局初步稳定。在平定群雄过程中，因不当逼反邓丰等三叛将，最终也将其扫平。交趾、西域各国归附。窦融归附后，对隗嚣实行牵制。当时四分天下的局面，光武帝已占三分，处绝对优势。

世祖光武皇帝上之下

建武三年（丁亥，公元27年）

春季，正月，甲子日（初六），冯异被命令做征西大将军，邓禹因为没有任何功劳而心里感到无比惭愧，用饥饿的兵卒多次向赤眉军求战，可是总是失败，于是就带领车骑将军邓弘等人由河北县渡河到湖县，请求冯异和他们一起去进攻赤眉军。冯异说："我和贼寇对战了几十天，虽然那些有本领的将士曾被他们俘虏，可是我们还剩下很多人，可以通过对他们建立起来的信任去慢慢地引诱他们，让他们投降。单凭用军队去打败他们是很困难的。皇上如今命令众将士在渑池县驻兵，迎击他的东边，让我去攻击它的西边，经过一次作战就成功，这是万无一失的好计谋！"邓禹、邓弘没有听从光武帝刘秀的旨意，邓弘就和赤眉军作战到黄昏。赤眉军假装被打败了，抛弃粮食等装备就逃走了；可是实际上，车子上装的都是土，只是把豆子盖在了它的上面，当士兵饥饿的时候，就争先恐后地想办法去得到它。于是赤眉军又把军队带了回来，进攻邓弘，邓弘的军队被打得溃不成军混乱而逃；冯异和邓禹联合军队去营救他，赤眉军稍微退后。冯异感到士兵们饥饿疲倦，可以暂且休息一下。可是，邓禹没有听他的话，又前去作战，结果被赤眉军打得大败，有三千多人死伤，邓禹只带了二十四个骑士逃脱险境才回到宜阳县。冯异丢弃战马奔跑着，登上回溪阪，和几个部下一起回到他们的营地，把那些士兵又聚集起来，重新加强防御自守。

辛巳日（二十三日），光武帝刘秀在洛阳修建四座亲庙，祭祀父亲南顿君以上到舂陵节侯。

壬午日（二十四日），大赦天下。

闰月，乙巳日（是年闰二月。闰二月不应放在二月之前，疑此“闰月”是“二月”之误，而下文“二月”为“闰月”之误。如为二月，戊子朝，乙巳应为十八日；闰二月，戊午朔无乙巳日），邓禹把大司徒、梁侯的印信给交了上去；光武帝刘秀下令归还梁侯的印信，并且派他做右将军。

冯异和赤眉军约好交战的日期，让将士们都改变了装束，衣服和赤眉军的相同，在路边埋伏。等到第二天的时候，赤眉军派一万人去进攻冯异的前方，冯异只用少数兵去救援它；贼寇见到他势力如此微弱，就把所有的人马都派出来去攻击冯异，冯异就让军队去大战。黄昏的时候，看到贼寇的气势衰竭，冯异之前埋伏的壮士忽然起来，衣服和他们的相同，便使赤眉军区分不出来到底是敌是友，众将士就惊散了；冯异追赶过来攻击他们，在崤谷之底把他们给打得大败，男女八万人因此被降服。光武帝刘秀颁下玺书慰劳冯异说：“从前，你虽然在回溪阪止息没有胜利，可是如今终于能在渑池县高飞大有作为，可以说是在开始的时候有所损失，然而在最后却获得了成果。朕要根据军功来进行赏赐，来酬答你的大功。”

赤眉军剩余人马都向东边的宜阳县逃去。甲辰日（是年闰二月无甲辰日，而二月甲辰应为十七日），光武帝刘秀亲自带领全部军队，摆好严密的阵势来等待他们。赤眉军在途中突然遇到大军，惊吓得都不知该如何是好，于是就派刘恭去向他们恳求投降，说："盆子带领一百万人马向陛下投降，您打算怎样对待他呢？"光武帝刘秀说："孤不会把你们处死的。"丙午日（是年闰二月无丙午日，而二月丙午应为十九日），盆子和丞相徐宣以下三十多人都把上衣脱去，露出手臂来投降，并把所得的传国印信交给光武帝刘秀。把兵器战甲在宜阳城的西边堆积起来，差不多和熊耳山一样高。赤眉军还有十多万人马，光武帝刘秀命令宜阳县的厨子把食物准备好，赏赐给他们。第二天早晨，让大批士兵陈列在洛水边，给盆子的君臣列队观看，光武帝刘秀对樊崇等人说："你们有没有后悔投降的？朕如今派你们回营，带兵击鼓相攻，决定彼此的胜败，我不想勉强地让你们服从。"徐宣等人磕头说："臣等走出长安东都门，君臣通过商议，才决定归顺圣上。百姓只能和他们享受现有的成果，却不能在刚开始的时候和他们一起商议，所以没有告诉大家。如今我们能够投降，就好像离开了虎口，回到慈母身边一般，打心底里高兴，没有一丝怨恨！"光武帝刘秀说："你就是所谓铁中刚利的部分，一般人中的佼佼者！"戊申日（是年闰二月无戊申日，而二月戊申，应为廿一日），光武帝刘秀从宜阳县回来。命令樊崇等人各自都和妻子在洛阳居住，并赐给他们田地住宅。后来，樊崇、逢安叛变，被杀掉了；杨音、徐宣也在家乡去世。光武帝刘秀可怜盆子，让他做赵王的郎中；他生病之后，瞎了眼睛，无奈就派他做荥阳县的均输官，并且把均输官的田地都赐给他，让他一辈子都享用此赋税。刘恭为了给更始帝刘玄报仇，把谢禄杀了，年纪老了却又被关进了监狱；光武帝刘秀赦免了他的罪，不杀他。

二月，刘永立董宪为海西王。刘永知道伏隆到剧县，也差遣使者封张步为齐王。张步贪图王爵，迟疑很久却一直没有决定。伏隆开导说："高祖和天下人约定，只有刘氏才可以被封王。如今已能做个十万户的侯了！"张步想把伏隆留下，和他一起防守青、徐二州；但是，伏隆没有听，要求回去向光武帝刘秀报告使命的执行情况，于是张步就把伏隆抓了起来，没有办法才接受了刘永的封赐。伏隆趁机派了一个人向光武帝刘秀上书说："臣子伏隆奉命出使，表现不好，结果却被凶恶的叛徒囚禁了；虽然身处困顿的境遇里，可是，为了朝廷就算牺牲生命，也在所不惜。又，吏民知道张步叛逆，从心底里都不想归附他，期望可以按时进军，不要以臣子伏隆为念！我最大的愿望就是能够活着回到朝廷，被自己的主管官吏诛杀。假使不幸死在了贼寇手中，那么，我的父母、兄弟以后就只能靠陛下帮我好好照应了。期望陛下和皇后、太子永远享受万国对我朝的朝贡，和上天一样没有尽头！"光武帝刘秀得到伏隆的奏疏，于是就召见了他的父亲伏湛，伤心地流着眼泪给他看，说："我恨不得现在答应他们的条件而让他们马上把伏隆放回来！"后来，张步就将伏隆杀了。光武帝刘秀正在担心北方渔阳郡，南方正对梁、楚用兵，所以张步能够拥有齐地，占领十二个郡。

光武帝刘秀亲自到达怀县。

吴汉带领耿弇、盖延在轵县西边攻打青犊的那些贼，把他们打败了，从而使他们投降。

三月，壬寅日（十六日），司直伏湛被派做大司徒。

涿郡太守张丰以无上大将军为名造反，和彭宠的军队相会合。朱浮由于光武帝刘秀没有亲自讨伐彭宠，于是就上奏疏求救。光武帝刘秀下诏回答说："前几年的时候，赤眉贼在长安横行霸道，我计算着他们的粮食没有了，就肯定会到东边来；果真不出我所料，他们前来归向亲附。如今衡量这些叛贼，在形势上不可以长久生存，其中肯定有自相残杀的。如今军队粮食等储备不充实，所以在等待后继之麦！"朱浮城里的粮食都被吃光了，出现了人吃人，刚好耿况命令军骑前来相救，朱浮才得以脱离险境而顺利逃走，于是蓟城向彭宠投降。彭宠自称是燕王，攻取右北平郡、上谷郡几县，把财物都赠送给了匈奴，以此向其借兵来相助；又向南结合张步和富平、获索众贼寇，都和他们往来。

光武帝刘秀亲自带领兵将去讨伐邓奉，到堵阳县。邓奉逃回到了淯阳县，而董䜣投降。夏季，四月，邓奉被光武帝刘秀追赶到了小长安，光武帝刘秀和他交战，把他打得大败；邓奉也袒露着上身，通过朱祜而向他们投降。光武帝刘秀因为邓奉过去是有功之臣，而且他们之间的嫌隙也是因为吴汉才发生的，打算完全原谅他。岑彭、耿弇劝谏说："邓奉背恩叛变，连续几年对百姓残暴掳掠，陛下来到以后，又不知悔改，而还亲自在军阵里，等到军队被打败的时候才肯投降，如果您不杀邓奉的话，今后就没有办法去惩戒坏人了！"于是，将他斩了，并恢复了朱祜的官位。

自从延岑打败赤眉军以后，就任命设立州牧、太守，打算把关中给占领了。这个时候，关中贼寇的势力还很强大，延岑占领蓝田县，王歆盘踞下邦县，芳丹占领新丰县，蒋震占领霸陵县，张邯占领了长安县，公孙守把长陵县占领了，杨周占据在谷口县，吕鲔占据陈仓县，角闳占据汧县，骆延占据盩厔县，任良占据鄠县，汝章占据槐里县，都各自称为将军，拥有军队多则一万多人，少则也是几千人，辗转互相攻打。冯异在作战的同时，还一边行进，在上林苑里驻军。延岑率领张邯、任良共同去进攻冯异；冯异反击他们，把他们打得大败，那些亲附延岑的营堡都前来投降，于是延岑才从武关逃到了南阳郡。这个时候，人民都饥饿难忍，一斤黄金只换得五升的豆子，前进的道路还被阻隔了，运输的东西不能及时送，冯异的军卒全部把果实当作粮食。光武帝刘秀命令南阳人赵匡做右扶风，调遣军队去援助冯异，而且输送缣、谷。冯异的军粮慢慢地变多了，于是就把那些不服从命令的英雄豪杰杀了，而那些投降亲附且有军功的就被好好犒赏，加以奖励，把所有营的首领全部送到京城之后，就把他们的部属解散了，命令他们去从事原来的事业。他的威严在关中广为流传。除了吕鲔、张邯、蒋震差遣使者投降蜀国公孙述之外，其他的都被平定了。

吴汉带领骠骑大将军杜茂等七个将军到达广乐城，包围了苏茂；周建招募收集了十多万人准备去营救他。吴汉就先迎上前去，和他进行交战，失败之后还从马上摔了下来，膝部受了伤，又返回到营地；于是周建等人就又联合军队，来到城邑。将军们对吴汉说："大敌当前，而你现在却受伤躺在床上，军心就混乱了！"后来吴汉就把伤口包扎好，很快起身，杀牛飨士，勉励大家，这样，将士的士气自然大增。第二天，苏茂、周建派出军队，去包围吴汉；吴汉奋力攻打，把他们打得大败，苏茂逃回湖陵县。睢阳人把城占领了打算反叛，去迎接刘永，于是盖延就带领众将士把他们包围了；吴汉派杜茂、陈俊留下，防守广乐城，自己带领军队去援救盖延，包围了睢阳县。

光武帝刘秀把人马从小长安带了回来，命令岑彭带领傅俊、臧宫、刘宏等三万多人，向南去进攻秦丰。五月，己酉日（二十四日），光武帝刘秀回到皇宫。

乙卯晦日（三十日），发生日食。

六月，壬戌日（初七），大赦天下。

延岑进攻南阳郡之后，得到了几座城，建威大将军耿弇和他在穰县作战，把他打得大败。延岑和几个骑兵逃到东阳聚，和秦丰相会合；秦丰把女儿嫁给他。建义大将军朱祜带领祭遵等人和延岑在东阳一起作战，把他打败了；延岑被迫逃回到秦丰那儿。于是朱祜又向南和岑彭等军队相合。

延岑的护军邓仲况因为拥有军队，就占据了阴县，可是刘歆的孙子刘龚是和他一起谋划的人。前侍中扶风人苏竟拿书信来劝说他，后来仲况和刘龚就都投降了。苏竟从来都不夸耀自己的功劳，于是就隐居起来，以道为乐，在家寿终。

秦丰在邓县对抗岑彭。秋季，七月，岑彭将他打败了。后又攻打黎丘城，秦丰被包围，另外命令积弩将军傅俊带领军队招抚长江以东的地方，扬州全部被平定。

盖延包围睢阳县一百天之后，刘永、苏茂、周建等人突出重围，打算逃到酂县；盖延很急迫地追击他们，于是刘永的将军庆吾就把刘永的头给斩下来而自己投降了。苏茂、周建逃到垂惠聚，一起拥立刘永的儿子刘纡做梁王。佼强逃到西防县去防备。

冬季，十月壬申日（十九日），光武帝刘秀亲自到达舂陵县，去祭祀寝庙。

耿弇从容地对光武帝刘秀说，自己愿意去北方收集上谷郡还没动员的军卒，去平定渔阳郡的彭宠，捕获涿郡的张丰，返回来之后再收服富平、获索等贼，并向东攻打张步，平定齐地。光武帝刘秀感觉他的心意很坚定，于是就答应了他。

十一月，乙未日（十二日），光武帝刘秀从舂陵县回来。

这一年，李宪自称皇帝，设立文武百官，占据九个城，人数达十多万。光武帝刘秀对太中大夫来歙说："如今西州还没有平定，子阳就自称皇帝，路程艰难险阻而且异常遥远，大家正专心致志地在考虑函谷关以东的军事，想得到西州的办法，真不知道在哪里？"来歙说："微臣以前在长安和隗嚣相遇。这个人一开始起兵的时候，是以汉室的名义。微臣愿意带着威严的命令，用坚定不移的诚信来开导他，想必隗嚣肯定会自己绑着双手，主动来投降，那么，公孙述自取灭亡的趋势，也就没有什么值得图谋了！"光武帝刘秀认为他说得很对，于是就命令来歙出使到隗嚣那儿去。隗嚣不仅对汉室有功，还接受了邓禹爵位的题署，那些谈论的心腹，有很多就劝他派使者和京城相通，后来隗嚣就拿着奏疏到朝廷。光武帝刘秀用优厚的礼仪来对待他，包括说话称他的字，用国家之间的礼节，对他的犒劳非常优厚。

四年（戊子，公元28年）

正月，甲申日（初二），光武帝刘秀大赦天下。

二月，壬子日（初一），光武帝刘秀出巡来到怀县；壬申日（二十一日），又回到洛阳。

延岑又对顺阳县进行侵犯；后来光武帝刘秀调遣邓禹统领军队，把他给打败了。延岑被迫逃到汉中郡；公孙述让延岑做大司马，还封他为汝宁王。

田戎听说秦丰被打败了，心里就感到很害怕，打算投降。由于他妻子的哥哥辛臣贪婪地想得到彭宠、张步、董宪、公孙述等所得到的郡国，就提示田戎说："洛阳这个地方，就像手掌一样那么小，我们不如暂时按兵不动，来观看他的变化。"田戎说："凭借秦丰强大的势力，还被征南将军（岑彭）所包围，我毅然决定了要投降！"于是就把辛臣给留下，派他守夷陵县，自己带领军队，顺着长江而下，再从沔水逆流返上，来到黎丘城。辛臣就在田戎出走之后，把田戎的珍珠宝物盗走了，从小路前去，先向岑彭投降，而且还用书信招降田戎说："我们应该及时投降，不要拘泥于以前所商量的！"田戎疑心辛臣把自己出卖了，就用龟甲占卜，出现的兆象是中裂，于是他又一次反叛，和秦丰相会合。岑彭把他们给打败，田戎被迫逃到夷陵县。

夏季，四月，丁巳日（初七），光武帝刘秀出巡来到邺县；己巳日（十九日），到达平县，光武帝刘秀命令吴汉、陈俊、王梁在临平县攻击五校贼。鬲县有五大家族一起把守长赶走了，并把鬲县占据起来反叛；众将士争抢着要去进攻他们。吴汉说："让鬲县有人造反，是守长的过错。如果有谁敢轻举妄动鲁莽进军，我就把他斩首示众！"于是就把檄文传告郡府，嘱捕守长，而且还派人向鬲县人承认错误；城里五大家族的人，都非常高兴，很快地就都相继投降。众将就佩服地说："不经过打仗，就能把城邑给攻下来，这可不是我们一般人所能赶得上的！"

五月，光武帝刘秀亲自来到元氏县；辛巳日（初一），又到达卢奴县，想亲自去讨伐彭宠。伏湛劝谏说："如今兖、豫、青、冀等州，是中国的都会，可是，贼寇在到处实施暴虐，而且还没服从政令的教化。渔阳郡和外面的地方离得很近，荒远空虚，又怎么会值得谁先去图谋呢？如今陛下抛弃近的，却致力于远的；抛弃容易的，却想探求很困难的，这个实在是臣所担心的！"后来光武帝刘秀才回去。

光武帝刘秀命令建义大将军朱祐、建威大将军耿弇、征虏将军祭遵、骁骑将军刘喜到涿郡去攻打张丰。祭遵最先到达，着急进攻张丰，把他给擒住了。起初，张丰喜欢方技，有个道士说张丰应该做天子，于是就用五色纸袋包一块石头，系在张丰的手肘，说"石头里有玉玺”。张丰相信他，于是，他就造反了。被捕以后，当斩首的时候，还说：“手肘系着的石头，里面有玉玺。”旁边的人把纸袋包给刺破，张丰这才知被骗了，抬头叹息说：“应死无恨！”

光武帝刘秀命令耿弇攻打彭宠。耿弇因为父亲耿况和彭宠一起援助汉朝有些功劳，而且又没有其他兄弟在京城，才没有敢单独进军，于是就请求到洛阳。光武帝刘秀下诏回答说：“将军的全家人都为国如此地辛劳，功效那么显著，我又有什么好猜忌的？有什么好质疑的？而要求征召呢！”耿况知道这件事之后，就命令耿弇的弟弟耿国入京侍从。这时，祭遵在良乡县驻军，刘喜驻军在阳乡县，彭宠带领匈奴军队打算去进攻他们；可是，耿况派他的儿子耿舒去偷偷地袭击匈奴的军队，把他们打败，还斩杀了两个王，彭宠才败退落荒逃走。

六月，辛亥日（初二），光武帝刘秀回到皇宫。

秋季，七月，丁亥日（初八），光武帝刘秀亲自到达谯县，命令捕虏将军马武、骑都尉王霸去垂惠聚把刘纡、周建给包围了。

董宪的部将贲休带领兰陵县的人民投降；董宪知道之后，就从郯县去包围他。盖延和平狄将军山阳人庞萌在楚地，恳请前去救援他们。光武帝刘秀说：“你们可以直接去攻打空虚的郯县，那么，兰陵县的包围自然就不攻自破了。”盖延等人感觉贲休的城邑危在旦夕，于是就先去救他。董宪迎战而装作被打败之后退兵，于是盖延等人就击破包围，来到兰陵城。第二天，董宪又派出大批军队，一起去包围；盖延等人感到很担心，立马出城，突破重围之后就逃跑了，去进攻郯县。光武帝刘秀生气地对他们说：“朕先前要你们先攻郯县，就是出于出其不意的缘故！可是如今奔走之后，贼寇的计谋就已经确立了，兰陵县被围困，怎么才能被解除呢？”盖延等人到了郯县，果然如他们所料而没有取胜；可是董宪却攻下了兰陵县，杀了贲休。

八月，戊午日（初十），光武帝刘秀亲自来到寿春县，调遣扬武将军南阳人马成统率诛虏将军南阳人刘隆等三个将军带领会稽、丹阳、九江、六安四个郡的军队去进攻李宪。九月，军队来到舒县，便把李宪包围了。

王莽末年，天下大乱，只有临淮郡大尹河南人侯霸保住了自己的郡。光武帝刘秀在寿春县召见侯霸，命令他做尚书令。这个时候，朝廷还没有原来的典章制度，又缺少前朝的臣子，而侯霸对那些繁杂的事情都比较熟悉，收取遗文，把前代法制的每一个条例都写得清清楚楚呈现给光武帝刘秀，并加以实行。

冬季，十月，甲寅日（初七），光武帝刘秀回到皇宫。

隗嚣命令马援前去观察公孙述的动态。马援原来和公孙述是同乡，彼此感情比较好，他感觉当他到达以后，两个人应该握手言欢，像过去一样友好；可是，公孙述却陈列大批宫廷卫士，然后才把马援给请进去，互相行礼拜见完毕之后，就让他出宫，到馆舍去休息。另外还替马援做了都布单衣、交让冠，在宗庙里会见百官，站在以前还是老朋友的位置，可是公孙述却是设立天子的鸾旗、旄头骑，清道登车，屈身前进，用礼飨宴官属，排场很大，打算授给马援封侯大将军的官位。宾客都很高兴地留下，马援清楚地告诉他们说："如今天下胜负还没确定，公孙非但没有礼贤下士，和你们一起图议成败，反而却在修饰这些小节，像个木偶，这个人哪里能够使天下贤士长时间留下呢！"辞别他们之后回来了，对隗嚣说："子阳，不过是只井底之蛙而已，却如此狂妄自大，我们不如一心和东方的刘秀一起往来。"

于是隗嚣就命令马援带信到洛阳。马援刚到，等了很久，才由中黄门领进，光武帝刘秀在宣德殿的南边堂屋里，只是在头发上系着头巾，坐在那里，迎面而笑，对马援说："你曾经在两个皇帝之间徘徊；如今朕见到你，才觉得深感愧疚。"马援磕头很是谦虚地说道："如今这个年代，不只是国君可以选择臣子，臣子也要选择明智的国君！微臣和公孙述是同一个地方的人，从小感情很要好；可是，微臣上一次到蜀地的时候，公孙述在台阶排列了很多带着兵器的卫士，然后才让臣进去。微臣如今从远方来，陛下怎么知道我不是刺客，还如此简便轻易地就接见我呢？"光武帝刘秀又笑着说："你不是刺客，只是一个说客而已！”马援说：“天下大乱，僭窃位号，称帝称王的，不计其数；可是，如今见到陛下如此心胸宽宏，器度广大，和高祖一模一样，才知道自有真的帝王。”

太傅卓茂去世。

十一月，丙申日（十九日），光武帝刘秀亲自来到宛县。岑彭进攻了秦丰三年，砍了九万多个头颅；秦丰只剩下一千多兵卒，粮食也就快被吃完了。十二月，丙寅日（二十日），光武帝刘秀亲自来到黎丘城，命令使者去招降秦丰，秦丰却始终不肯投降；于是就命令朱祐等人代替岑彭去围攻丘城，让岑彭、傅俊带兵向南去进攻田戎。

公孙述召集军兵几十万人，在汉中郡囤积粮食；后来又修建了十层的楼船，雕刻了很多天下州牧、郡太守的印章。命令将军李育、程乌带领几万人马外出，在陈仓县驻军，以此来接近吕鲔，将三辅给夺过来。冯异迎击，把他们打得大败，于是李育、程乌就一起逃到了汉中郡。冯异又返回来，继续把吕鲔打败了，军营里面有很多人都投降了。

就在这时，隗嚣调遣军队援助冯异有功，就差遣使者向朝廷报告，后来光武帝刘秀就亲笔写了一封信回答说：“慕悦你德义，打算能够与您结交。以前周文王三分天下有其二，还侍奉殷室，只是我像驽马、铅刀一样愚笨，不能勉强人使用，可是却多次承蒙伯乐对我十分地照顾。将军向南抵抗公孙述的军队，向北防御羌、胡的作乱，因此冯异才有机会向西讨伐，能凭着几千人在三辅作持久战，如果没有将军的支持，那么，咸阳也就会被别人攻下了！如果让子阳到汉中郡，三辅期望可以借助将军的兵马，和他的实力不相上下。如果你肯按照我说的这些话去做，智士计算功勋、割地为王的时机也就到了！管仲说：‘生我的是父母，成就我的是鲍子。’从今以后，我们用亲笔信相互联系，不需要听从别人那些离间构陷的话。”后来，公孙述又多次命令士兵趁机出兵，于是隗嚣就和冯异将势力合并到了一起，一起摧折他。公孙述差遣使者把大司空、扶安王的印章组绶授给隗嚣；隗嚣把使者给斩了，而且出兵进攻他，因此，蜀兵也就不能再向北方出动。

泰山郡有很多英雄豪杰都和张步的军队有关系。吴汉举荐强弩大将军陈俊为泰山郡太守，去打败张步的军队，于是，泰山郡被平定。

五年（己丑，公元29年）

春天，正月，癸巳日（十七日），光武帝刘秀回到皇宫。

光武帝刘秀命令来歙拿着符节送马援回陇山以西的地方。隗嚣和马援生活在一起，问起东边洛阳的事情，马援回答他说："以前到朝廷，皇上接见几十次，每次都是接见我和我交谈，从夜晚到早晨，那个才智勇略，可不是一般人可以相比较的。而且每次都坦诚相待，表现得非常有诚意，没有丝毫隐藏，器度恢宏，注重大节，智略和高帝一样；广博阅览经学，政事办得井井有条，前代的人没有可以和他相比较的。"隗嚣说："你认为他跟高帝相比怎样呢？"马援说："估计赶不上。高帝做事没有必须要这样做，也没有一定不可以这样做；可是，如今皇上喜欢官吏的事情，举动合乎规则，又不喜爱喝酒。"隗嚣心里很不高兴，说："照你这样说，反而比他还要好了！"

二月，丙午日（初一），光武帝刘秀大赦天下。

苏茂带领五校的军队赶到垂惠聚去救周建。马武被苏茂、周建所打败，逃亡的时候经过王霸的军营，于是就大喊求救。王霸说："如果贼兵大规模出动的话，肯定两败俱伤，你只需要奋力作战就可以了！"后来他们就紧闭军营，加强防护。军吏都要抢着出战，王霸说："苏茂的军队精锐，人数又多，可是我们的将士心里都非常害怕，而且捕虏将军（马武）跟我相依附，如果两军指挥不一样的话，我们就会败亡的，如今军营给关闭了，加强对外面的防守，表示不相互救援，盗贼肯定会趁着优势，轻易地出兵；捕虏将军在没救兵的情况下，他们作战自然会加奋勇无敌。像这样，当苏茂的军队都累了，而我们再利用他们的破败，就可轻而易举地战胜他们了。"苏茂、周建果真派出了所有的军队进攻马武，打了很久，王霸军队里有几十个壮士剪断头发，恳请出战，无奈王霸才打开营门，出动精锐的骑兵，攻击敌军的后方。苏茂、周建腹背受击，惊骇混乱，大败逃走，王霸、马武各自回到了军营里。苏茂、周建后来又聚集军队去挑战他们，可是王霸安心地躺在床上不出战迎战，犒劳士卒，在那儿饮酒作乐。军营里被苏茂射箭如雨地攻击着，王霸前面的酒杯被他们给射中了，王霸却依然安稳地坐着不动。军吏都说："苏茂前天已经被我们打败，今天想要打击他太容易了！"王霸说："不对。苏茂的军队是远道而来，因为粮食不充足，所以才多次挑战我们，来求取一时的胜利。如今我们城门紧闭，让士卒休养生息，这就是常说的'不需要作战，就可让敌人的军队投降'。"苏茂、周建既然不能和王霸交战，于是就带领军队又返回营地了。当天晚上，周建的侄子周诵谋反，关闭城门，不许放他进来，后来周建就死在了路上；苏茂投奔到下邳郡，和董宪会合；刘纡投奔到佼强那儿去。

乙丑日（二十日），光武帝刘秀亲自来到临魏郡。

彭宠的妻子多次夜里做噩梦，又见到很多很奇怪的变化；卜筮、望气的人都说兵灾将会在内部兴起。由于子后兰卿是在洛阳做人质之后才回来的，所以彭宠不信任他，让他统率军队，留守在外边，可是内部没有亲信。彭宠在便室里斋戒，奴仆子密等三人趁着彭宠睡着，就一起把他绑在了床上，告诉外面官吏说："大王斋戒，命令外吏全体休息。"冒充说是彭宠的命令，把奴婢也给抓起来，分别安置在一个地方。后来又以彭宠的命令，喊他的妻子，妻子来到这里之后，大吃一惊，说："奴仆们都造反了！"奴仆就用力撞她的头，掴她的面颊，彭宠着急喊道："赶快为将军们置办行装！"于是，两个奴仆带着彭宠的妻子到里面去拿宝物，留下一个奴仆负责看管彭宠。彭宠对那个看守的奴仆说："你这个小孩，我平日里可是待你不薄啊。如今我只是被子密他们强行劫持而已！快帮我把绳子给解了，我就把女儿彭珠嫁给你，家里的财物也都归你。"小奴打算帮他解开绳索，看了一下户外的情况，见到子密在听他的话，于是就不敢为他松绑绳索。后来，他们把金玉衣服收集好，到彭宠的屋子里装好，把六匹马都装上鞍勒，叫彭宠的妻子缝两个绢袋。夜幕降临之后，把彭宠手上的绳索解开，让他写下文符，告诉城门将军说："现在差遣子密等人到子后兰卿那儿去，不要稽迟留止他。"写好之后，奴仆就把彭宠和他妻子的头砍了下来，装在袋子里，就拿着文符，骑马出城，借此机会前往朝廷。第二天早晨，小门没有打开，官属就翻墙进去了，见到彭宠的尸体，又吃惊又害怕。彭宠的尚书韩立等人共同拥立彭宠的儿子彭午为国王，国师韩利又斩了彭午的头，到祭遵那儿投降，把彭宠的宗族都给杀了。光武帝刘秀封子密做不义侯。

◆权德舆评议说：伯通（彭宠之字）反叛王命，子密谋害君主，归结原因都是作乱，罪状都很明显，应各自施以刑罚，以彰示王法才是；可是，反而却授予子密五等的爵位，又用'不义'作为名称。而且举止既不义，就不可以被封侯；而这种人却可以封侯，那么，汉室的爵位也就没有什么值得劝勉了。《春秋》记载卫国司寇齐豹因个人恩怨杀害了卫侯的哥哥孟絷因此被称之盗，又说明三个叛徒名字的义理，恐怕和这个情况就不一样了吧！◆

光武帝刘秀命令扶风人郭伋做渔阳郡太守。郭伋承继纷乱之后，教育人民，训练军队，彰显威严信用，把盗贼都给消除分散了，匈奴也远远地逃到了别的地方；仅在位五年，人口就增加一倍。

光武帝刘秀命令光禄大夫樊宏拿着符节到上谷郡去迎接耿况，说："边塞的那些郡县，条件如此的严寒清苦，不适合长久地居住。"耿况到了京城，赐给他豪宅，奉朝会请召，封他为牟平侯。

吴汉带领耿弇、王常在平原郡攻打富平、获索等贼，把他们打得大败；追赶征讨剩下的那些同党，直到渤海郡，投降的有四万多人。光武帝刘秀就命令耿弇去进军征讨张步。

平敌将军庞萌，为人谦逊和顺，光武帝刘秀很信任敬爱他，经常称赞说："可以把帮助幼主的艰巨任务交付给他，而且还能接受做个诸侯的命令的人，那就是庞萌。”于是就让他和盖延一起去进攻董宪。这时，诏书单独下给盖延而没有给庞萌，庞萌就私自认为是盖延在诽谤他，自行猜疑，于是就背叛偷袭盖延的军队，把他打败；后来又和董宪联合和好，自称是东平王，在桃乡的北边驻军。光武帝刘秀知道这件事情之后，非常生气，便亲自带领军队去讨伐庞萌，又对众将士说：“我曾经以为庞萌是社稷的臣子，将军能不嘲笑我这句话吗？老贼理应族灭，期望各位都准备好兵马，我们在睢阳县会合！”

庞萌攻下了彭城，于是就把楚郡太守孙萌给杀了。郡吏刘平趴在太守的身上，失声痛哭，恳求替他去死，身上有七处都受伤了；庞萌感觉他很讲义气，于是就把他们给放了。太守气绝而复苏，口渴了想要喝水，刘平就侧身把伤口流出的血，给他喝。

岑彭攻打夷陵县，田戎逃到了蜀郡，汉军把他所有的妻室和儿子以及士卒几万人都给抓捕了起来。后来公孙述就命令田戎为翼江王。

岑彭打算进攻蜀郡，因为大川两岸的粮食比较少，水流湍急，运输东西很是困难，于是就把威虏将军冯骏留下来驻守江州，都尉田鸿在夷陵县驻守，领军李玄在夷道县驻扎军队，后来自己率领军队又返回来在津乡驻扎军队，把守荆州重要的据点，明确地告诉那些投降的蛮夷，上奏光武帝刘秀请求册封他们的君长。

夏季，四月，天下大旱，还有蝗灾。

隗嚣问班彪说：“从前周朝灭亡之后，战国群雄相互竞争，经过几代才得以平定下来。可能合纵连横的旧事将会在今天重新上演吧？难道将由一个人承受天命，再一次兴起吗？你感觉纵横之事如果在如今兴起会怎么样呢？还是秉承火德将代兴，在于一个人呢？”班彪说：“周朝的兴废，和汉朝完全不一样。以前周朝的爵位分为五等，诸侯之国，各自为政，根基微弱之后，枝叶自然就强大了，所以在当时有纵横的事情发生，这是事情发展的必然趋势。汉朝承袭秦朝的制度，改设郡、县，国君有专制独裁的威严，可是臣子却没有百年的权柄。至于成帝借助外戚，哀帝、平帝在位时间短暂，国运的继承，三次都被断绝，所以由王氏独揽朝政，才有机会窃取称号爵位，危机是从上面发生的，也就殃及不到下面的百姓，所以王莽成为皇帝之后，天下人没有一个不因为对他失望而叹息的。十多年之间，中央和地方都如此混乱，远地和近处都起兵，假借名号，聚集将士，都称是刘氏，真是不需要商量，而说辞就一样了。当今拥有州地的英雄豪杰，都没有六国世代事业的资本，可是人民赞颂吟咏，思念仰慕，所以汉朝肯定能够又一次再次兴起，也就可以知道了。”

隗嚣说：“先生说周朝、汉朝的情势还可以，至于只看到愚笨的人一贯都知道刘氏姓氏名号的原因，而再说汉朝将重新兴起，那未免也太孤陋了！以前秦朝失去它的政权，刘邦争逐才获得，这时候的人们又知道汉朝吗？”于是班彪就为他写了《王命论》，来讥讽他。说：“从前唐尧将帝位禅让给虞舜时说：‘天道的运数皆在你身上。’虞舜也用这句话来命令夏禹。至于后稷、殷契，都辅助唐尧、虞舜，到了商汤、周武王才得到天下。刘氏承袭唐尧的国运，唐尧根据火德，而汉朝继承它，而且有赤帝之子的符命，所以以为鬼神在保佑，天下人才都归向于此。按照这个说来，从来没有见过命运没有基础，功德不为人所记得，就可以崛起在那天子之位的！俗人见到高祖从平民中兴起，不知道其中的缘故。甚至比成天下人一起逐鹿，高祖只是侥幸疾速而最终获得罢了。却不知道要夺取皇帝的宝座，是靠时运的，而不只是单纯用智慧武力就可以强求的。悲哀啊！这就是为什么世上有那么多乱臣贼子！庄稼收成不好，流落他乡的贱隶，在路上饥寒交迫，所想的不过是一斤黄金而已；可是，最终还是辗转死在溪谷里，这又是什么原因造成的呢？贫穷也是有命运的。更何况天子的尊贵，四海的富有，神明的福祚，是能得到而胡乱居住的吗？所以国家就算遇到困厄的时运，有窃取权柄，勇猛像韩信、英布那些人一样，像项梁、项籍那样强势，势大像王莽的人；可是，最终还是被烹煮、腰斩，煮成肉酱，车裂身体；更何况那些小人还不及这些人，却一心想盗取帝位的呢！以前陈婴的母亲以为陈婴的家世贫困低贱，忽然就得到那么多金银珠宝富贵起来是不吉祥的，于是就阻止陈婴不要称王；王陵的母亲知道汉王一定能夺得天下，就用剑自杀身亡，来坚定地鼓励王陵效忠刘邦的决心。单凭一个普通妇人的观察，还能推论事理如此地极致细腻，知晓祸福的先机，而保全宗庙无尽的祭祀，把姓名流传在史书里，更何况是男子汉大丈夫的事呢！所以穷困显达是有命运的，可是吉祥凶险全在于自己，陈婴的母亲知道抛弃，王陵的母亲知道兴起，懂得这两个事例，帝王的名分也就可以确定了。再加上高祖豁达明智而仁慈宽容，可以知人善用，礼贤下士，接受张良的谋略；洗脚的时候还可以拔足而起，向郦食其的进说而行礼；把韩信从部队中提拔起来，将陈平从逃命之中加以收容，于是，各路英雄进献他们的力量，所有的策划都兴举，这就是高祖的雄才大略，也就是成就帝业的原因。至于说到祥瑞符命和人事相符合，这些事情实在是太多了，所以淮阴侯韩信、留侯张良说这是上天所赐予他们的，而不是人力所可以强求的。英雄如果能够觉悟，眼光深远，深远的见识，学习王陵、陈婴知道遵守自己的本分，去除韩信、英布非分的贪图，抵挡追鹿先得的愚昧之说，懂得帝位的传授肯定是有规则的，不要贪图那些不能得到的妄想，而被陈、王二母所嘲笑，那么福泽就可以流传给子孙，官禄也就能永久地享有了！”隗嚣没有听从他的话。于是班彪就远远地居住到黄河以西的地方去了；窦融命令他做从事，非常礼遇器重他。后来班彪就帮窦融精心策划，让他一心一意地去侍奉汉室。

起初，窦融等人听到光武帝刘秀的威严德泽，从心底里就很想向东归附皇帝，可是由于河西相隔比较远，不能亲自前往，于是就跟着隗嚣接受建武的政令；隗嚣都胡乱地使用他的将军印章组绶。隗嚣在外面顺从父辈人的属望，在背地里却怀有二心，命令辩士张玄去说服窦融，说：“更始帝刘玄的大事完成之后，没有多长时间就又灭亡，这是同一姓氏不能再次兴起的征验！如今就算有人为君主，也都相继归属皇帝了，万一被拘执，自然就会失去权柄，以后不幸遭遇危险失败的话，即使后悔，也就来不及了。当今天下豪杰争相追逐，成败胜负还没确定，应该各自占据自己的领土，和陇西郡、蜀郡南北相合，如果好的话便可成为六国之一，不好也还能做个尉佗。”窦融等人和豪杰一起商讨这件事情，其中有自己见解的人都说：“当今皇帝的姓名见于谶纬符命，像前代博通事务的道术之士谷子云、夏贺良等都说汉朝可以再次接受天命的符命，所以刘子骏把名字给改了，期望可以应验它的预料。等到王莽末年，西门君惠谋划要拥立子骏，事情暴露之后就被杀，他快要被行刑出来的时候对观看的人说：‘谶书记载得不错，刘秀真是你们的国君！’这些都是最近很明显的事情，也是大家有目共睹的。更何况如今称帝的那几个人，以洛阳土地面积最为广大，军队势力最强，纪律最为严明，观看符命，考察人事，其他姓氏的人估计也不能担当如此大任！”后来大家议论纷纷，有的一样，有的不同。

于是窦融就决定采取策略向东归顺，命令长史刘钧等人拿着书信来到洛阳。在此之前，光武帝刘秀也曾派出使者送书信给窦融而进行招抚，在路上看到刘钧，就和他一起回去了。光武帝刘秀见到刘钧，感到非常高兴，并且行礼设宴款待他们，结束之后就让他回去，赐给窦融说：“如今益州有公孙子阳，天水郡有隗将军。当蜀、汉打仗的时候，他们谁胜谁败全部在于将军，举足向左则蜀重，向右则汉重。按照这个想法说来，如果您想帮助某一方时，力量又怎么可以计算呢？如果要想成就像齐桓公、晋文公的霸业，帮助我这个弱小的国家，就应该勉励完成功业；如果想要三分天下，鼎足而立，连横或合纵的话，也应该赶紧决定。如今天下还没有并合，我和你又相隔那么远，不是互相并吞的国家。现今讨论的人，肯定有像任嚣教尉佗设立七个郡那样的计划。分封为王的，只能享有当地的租税，却不能治理人民，参与当地的政事，只是做一些适合自己的事情而已。”就命令窦融担任凉州牧的官职。玺书到达河西之后，河西的人都感到无比的惊讶，感觉光武帝刘秀能够知晓万里之外的事情。

朱祐着急进攻黎丘城，六月，秦丰穷途末路，出城投降，用囚车把他给送到了洛阳。后来吴汉弹劾朱祐废弃天子的命令，接受秦丰的投降；光武帝刘秀把秦丰杀了，而并没有给朱祐定罪。

董宪和刘纡、苏茂、佼强离开下邳郡，回到兰陵县，让苏茂、佼强去援助庞萌包围桃城。光武帝刘秀这个时候刚好在蒙县，在听到这个消息之后，就把粮食等装备给留下了，并且亲自带领强兵连夜赶去。到达亢父县之后，有人说百官都处于疲倦的状态，可以暂时停下来过夜；光武帝刘秀不听他们的话，又赶了十里路，在任城投宿，距离桃城只剩下六十里的路程。第二天，众将恳求进军，庞萌等人也率领军队来挑战；光武帝刘秀命令众将士不可以出城迎战，而要士卒休养生息，培养锐气，来挫杀他们的锋芒。此时，吴汉等人在东郡，赶紧命令使者把他们给召来。庞萌等人惊讶说："几百里路日夜行走，感觉到了就应该开战；可是，刘秀却坚决把守任城，把别人招到城下，我们真的是不能去了！"就命令所有的军队前去进攻桃城。城里的人听说光武帝刘秀来到了，于是大家胜利的心意就更加坚定；庞萌等人进攻二十多天，众将士都很是疲乏困倦，没有能攻下。吴汉、王常、盖延、王梁、马武、王霸等人都来到了，光武帝刘秀就带领众军营救桃贼，并且亲自攻击作战，把他们打得大败。庞萌、苏茂、佼强在晚上逃到董宪那里，去追随他。

秋天，七月，丁丑日（初四），光武帝刘秀亲自来到沛郡，又往前面走，来到了湖陵县。董宪和刘纡召集所有的军队几万人在昌虑县驻守；董宪招抚诱惑五校那些剩下的贼寇，防守建阳县，来抵抗汉军。光武帝刘秀来到蕃县之后，在距离董宪的处所一百多里路的地方，众军恳求进军，可是光武帝刘秀又没有听从，知道五校贼缺少粮食，就会撤退，于是就下令各自加强营垒的防守，来等待敌人的疲倦乏困。没有多久，五校贼果真如他们所料带兵离开了。光武帝刘秀就亲自前来，从四面向董宪攻击，经过三天，把他打得大败。佼强统领他的部下投降，苏茂逃到张步那儿去，董宪和庞萌逃到郯县去防守。八月，己酉日（初六），光武帝刘秀亲自来到郯县，留下吴汉攻打他们，而自己又返回去攻打彭城、下邳郡。吴汉拿下郯县，董宪、庞萌逃到朐县去防守。刘纡不知道该依附谁，他的军士高扈就杀了他而带领其他人投降了。吴汉进军包围了朐县。

冬天，十月，光武帝刘秀亲自来到鲁地。

张步听说耿弇马上就要来了，于是就派他的大将军费邑在历下城驻扎军队，后来又命令军队驻守在祝阿县，而且在泰山、钟城陈列几十个壁垒来等待他。耿弇渡过黄河之后，先攻打祝阿县，从早晨就开始攻城，还没到中午就已经攻下了；还故意从包围中开一个角，让他们有机会可以逃回钟城。钟城人听说祝阿县已经攻破了，心里非常害怕，于是就留下空洞的壁垒而离开了。

费邑命令弟弟费敢在巨里聚防守。耿弇进军之后先威胁巨里聚，严厉命令军队里的人尽快修治进攻的兵器，公开下令众部，三天之后理应竭尽所有的力量进攻巨里城；而且还故意让捕获的当地老百姓逃脱，使他们能够逃回，把耿弇攻城的准确日期告诉费邑。费邑到了这一天，果真亲自带领了三万多精锐兵卒去营救。耿弇很高兴，就对众将说："你知道我为什么要修治进攻的工具吗？我只是打算引诱获致他们罢了！在郊野的士兵如果没有击破的话，又如何放心地去进攻城邑呢！"后来就派三千人守住巨里聚，自己就带领精兵登上山城，趁着居高的优势，和对方进行交战，把他们打得大败，亲自来到军阵，斩了费邑。后来，拾取首级，给城里的人看，城里的人都发出惊恐的声音。费敢就带领所有的部属逃回到张步那儿去。耿弇又收集他的积蓄，放纵军队去进攻那些还没拔取的，平定了四十多个营垒，于是济南郡终于平定了。

这时，张步以剧县为都城，命令他的弟弟张蓝带领两万精兵在西安县防守，所有郡的太守加起来一万多人在临淄县防守，相隔有四十里路。耿弇进军到画中邑，处于两个城之间。耿弇看到西安县城小而且坚固，并且张蓝的军队还那么精锐，临淄县名义上虽然是大城，但实际上是很容易攻取的，于是就下令众校五天之后会合，进攻西安县。张蓝听到这个消息之后，早晚警戒防守。等到攻城的那天，半夜里，耿弇就下令众将都提前在床席上吃饭，到了天亮，就来到临淄城。护军荀梁等人商讨这件事，认为“攻打临淄县，西安县就一定会去营救它；而进攻西安县，临淄县却不能去救，所以还不如去攻西安县”。耿弇说：“不对。西安县听说我们要去攻打它，所以日夜防备，正在为自己担心，哪里还有多余的时间去救人！临淄县我们出其不意地到达，一定惊恐骚扰，我们只要进攻它一天，就一定可以拔取。拔取临淄县，那么，西安县就孤立无援，和剧县断绝来往，肯定又逃离，这就是所说的‘攻击一个而得到两个’的道理。万一先进攻西安县，不能马上就攻下的话，整顿军队，再攻坚城，死伤的人一定很多。即使能拔取它，张蓝带领军队逃回到临淄县，并合军队和威势，探听我们军队实力的虚实；可是我们深入敌地，后面没有粮草运输，不需要一个月的时间，还没开始作战，军队就已疲倦困乏了。”于是，众人进攻临淄县。只花了半天的时间，就拿下了，进入占据该城。张蓝知道了，心里感到很害怕，于是就带领他的部属逃回了剧县。

耿弇立刻警告军队不得掳掠，等张步到了再开始获取，以此来激怒张步。张步知道之后，大笑着说：“就算尤来、大彤十多万军队，我都是一接近他们的军营，就把他们给打败了；如今大耿的军队比他们少得多，而且又都疲惫不堪，哪里还需要害怕呢！”于是就和三个弟弟张蓝、张弘、张寿以及前大彤首领重异等军队，号称二十万兵马，到临淄县大城的东边，打算进攻耿弇，耿弇上书给光武帝刘秀说：“微臣盘踞临淄县，挖深战壕，筑高城墙；张步从剧县方向来进攻我们，军队疲困劳顿，饥饿口渴，如果想要继续前进，就只有靠我去引诱他进攻；要是想撤离，就之后再攻打他。微臣靠营而战，比对方的兵马精锐百倍，用安逸来等待疲劳，用坚实去进攻虚弱，只需要十天的时间，张步的首级我们就可以得到了。”于是，耿弇就先从淄水旁边出动，和重异遇到了；突骑部队打算放任而战，可是，耿弇怕挫折敌人的锋锐，为了表示衰弱自己来壮大对方的气势，让张步不敢接着前进，于是带领军队回到小城，把军队设置在里面，命令都尉刘歆、泰山郡太守陈俊分别陈列在城下。张步气势盛大，直接攻打耿弇的军营，和刘歆等人交战。耿弇登上齐王宫中的坏台，向远处望去，看到刘歆等人已经开始打斗，就亲自统率精锐部队，在东城下从侧面进攻张步，把他们打得大败。流箭射中了耿弇的大腿，他就用随身携带的刀把它砍断了，身边没有一个人知道。等到黄昏时候，终于停战了。耿弇第二天早晨又带领军队出战。

这时，光武帝刘秀在鲁城，听说耿弇被张步攻打，于是就亲自去救他。还没有到达，陈俊对耿弇说："剧贼军队众多，可以暂时关闭军营，让士卒们休养生息，再等待皇上到来。"耿弇说："天子即将来到，作为臣子的就应该杀牛、酌酒来接待百官，怎么反而要将贼寇交给皇上去讨伐呢？"于是就派出军队，和敌人大战。从早晨到傍晚，又把他们打得大败了；被杀伤的人很多，根本没有办法计算，沟坑都被填满了。耿弇知道张步被困而打算撤退，于是就预先在两侧设置伏兵，像小鸟展开翅膀一样来等待他。深夜里，张步果然带兵离开了，伏兵出现，任意地攻打他们，追到臣眛水附近，八九十里，僵硬的尸体都连到了一起，获得了两千多辆载粮秣装备的车子。张步回到剧县，兄弟就各自分兵离散开了。

几天之后，光武帝刘秀来到临淄县，亲自慰劳军队，臣子们大会合。光武帝刘秀对耿弇说："以前韩信攻下历下城，开创汉室的基业；如今将军攻打祝阿县，振兴伟大的事迹，这些都发生在齐地的西界，功劳也差不多相当。然而韩信是袭击已经投降的兵卒，将军是一个人攻克强劲的敌人，这功劳又比韩信更难。又因为以前田横受郦食其的欺骗，就把他烹杀了，等到田横投降的时候，高帝下诏警诫郦食其的弟弟卫尉郦商不可以把他当作仇家；张步以前也曾经杀了伏隆，如果张步前来投降的话，我也应该下诏给伏隆的父亲大司徒伏湛来诠释他们的恩怨，这又是相当相似的事情。将军以前在南阳郡，建立下这伟大的策略，我经常以为志气很大，恐怕很难实现；可是，到如今，足以证明只要是有志气的人，他所做的事最后一定会成功的！”光武帝刘秀前进来到剧县。

耿弇又追击张步，张步逃到平寿县，苏茂带领一万多人来救他。苏茂责备张步说：“以前凭借南阳军的精良，延岑的擅长作战，反而被耿弇给打败了，如今大王为什么要前往进攻他的营地呢？既然喊我前来，为什么又不能等待呢？”张步说：“太惭愧了，我也没什么可说的了。”光武帝刘秀命令使者告诉张步、苏茂，能彼此砍杀投降的，就封为列侯。于是张步就斩了苏茂，到耿弇的军门，把上衣给脱去，露出手臂，向他投降；耿弇就把他送到光武帝刘秀那里，而自己带领军队，进入平寿城而把它给占领了，树立十二个郡的旗帜战鼓，让张步的士兵分别到本郡的旗下，人数还有十多万，粮食装备的车子有七千多辆，都解职而送回家乡。张步的三个弟弟各自被囚禁在监狱里，而由光武帝刘秀下诏都给赦免了，并且册封张步为安丘侯，和妻子一起居住在洛阳。

这时，琅琊郡还没有被平定，光武帝刘秀调遣陈俊做琅琊郡太守；陈俊才刚进入郡境，盗贼就都逃散了。

耿弇又带领军队到城阳郡，把五校之贼剩下的人都给降服了，齐地全部给平定之后，就整顿部队，胜利返回到京城。耿弇做将军，一共平定了四十六个郡，屠灭了三百个城池，而且从来都没有受到过挫败。

开始建筑太学。光武帝刘秀回到宫里，亲自来到太学，稽考效仿古代的典制，修治讲明礼乐，让礼乐制度的气象焕然一新，很值得观看。

十一月，大司徒伏湛被罢免官职，任命侯霸做大司徒。侯霸听说太原人闵仲叔的名声很大，于是就召见他，仲叔到了之后，侯霸不问政事，只是犒劳他的勤苦而已。仲叔说：“刚接到你的命令的时候，我一边高兴，另一面又很是担心。如今见到了你，心里的那些高兴忧惧就全部消失了。难道认为仲叔是不值得问的吗？既然如此的话，那么就不应该征召我。征召我了却又没有问我，那是失去人才！”于是就告别了他的府邸，留下罪状之后离开了。

起初，五原人李兴、随昱，朔方人田飒，代郡人石鲔、闵堪各自兴起军队，自称是将军。匈奴单于差遣使者和李兴等人约好，打算让卢芳回到汉地做皇帝。李兴等人就统领军队回到单于王庭来迎接卢芳。十二月，和他一起来到边塞，以九原县为都城；把五原、朔方、云中、定襄、雁门五个郡都掠夺占领了，而且还设置太守、县令，和胡人的军队侵略北方，让人民忍受战乱之苦。

冯异治理关中，任职三年之后，上林苑就像都市一样繁华。有人向光武帝刘秀上奏章说：“冯异的威权最重，人民都愿意归向他，号称是咸阳王。”光武帝刘秀拿奏章给冯异看。冯异很是担心，于是就上书陈述自己的罪过。光武帝刘秀下诏答说：“将军对于国家，在道义上是君臣，在恩情上是父子，有什么好嫌忌的？有什么好怀疑的？并且产生担心害怕的想法呢！”

隗嚣骄傲地夸赞自己的长处，装得很有智慧的样子，常常把自己比成是西伯，和将士们一起商议想称王。郑兴说：“从前文王有三分之二的天下，还要臣服听命于殷朝；武王到孟津观兵，不请自来的诸侯就有八百个，还要把军队带回来，等待时机成熟；高帝讨伐多年，还要以沛公的名义来带兵。如今你的德行虽然很好，可是世代没有宗周的福祚；威武经略虽然振兴，却没有高祖的功业；如果想兴举不可能成功的事情，只是摆明了惹祸上身而已，恐怕这样不可以吧！”隗嚣这样才停下来。后来，他又设置了很多职位来尊大提高自己，郑兴说：“中郎将、太中大夫、使持节官，这些都是帝王所设置的官吏，不是臣子应该设立的。对于实质来说并没有帮助，而且在名义也有所损害，这不是尊敬皇上的用意。”隗嚣认为很难，于是就停了下来。

这时，关中的将帅多次上书说蜀国可以被攻破的情况，光武帝刘秀就把这些奏书给隗嚣看，于是就借机派遣他去进攻蜀国来验证他的信实。隗嚣上书，极力地劝说三辅势力孤单微弱，刘文伯在边境，实在不适宜对蜀国用兵。光武帝刘秀知道隗嚣想挟持两头，不愿天下统一，于是对他稍微减损礼仪，而且端正君臣的礼节。光武帝刘秀因为隗嚣和马援、来歙关系要好，就多次命令来歙、马援奉命出使，劝他来到京城进行朝见，答应给他显赫的爵位。隗嚣接连命令使者，坚持以谦逊之辞，说自己没有功德，等天下平定之后，就隐退回乡里。光武帝刘秀又命令来歙去劝说隗嚣，叮嘱让他的孩子来到京城侍奉皇上，隗嚣听说刘永、彭宠都已经被打败消灭了，于是就派遣长子隗恂跟随来歙来到朝廷；光武帝刘秀派遣他为胡骑校尉，并册封他为镌羌侯。

郑兴借着隗恂的事情，请求把父母埋葬到自己的故乡，隗嚣不听，还让郑兴搬到另一个房子里面，更加对他以礼相待。郑兴进入相见说："如今因为父母还没有下葬，臣希望能够辞职；假如由于增添礼数，迁移屋子，而中途改变自己的想法，就停留下来，这是拿双亲做获利的钓饵，太没有礼了，将军又怎么能用我呢！我希望把妻儿留下，一个人把自己的父母葬在故乡，将军又有什么好怀疑的呢？"于是隗嚣就让他和妻儿一起到东边去。马援也率领自己的家属跟随隗恂回到洛阳，由于所带的宾客很多，所以就恳请在上林苑里开垦土地，光武帝刘秀就答应了。

隗嚣的部将王元感觉天下的成败不可以随便猜测，所以不愿意把过多的精力专注在亲附汉室的事情上，就劝说隗嚣："以前更始帝刘玄在西都的时候，大家都积极响应他，天下人都特别仰慕他，感觉已经太平；可是万一失败之后，将军几乎就没有安身之处了。现如今在南方有子阳，北方有文伯，江湖海山，有数十人称王称公；可是，却因为儒生的说法所限制，放弃诸侯的基业，客居危急之国，却祈祷万无一失，这是朝着失败的方向走去的。如今天水郡充实殷富，兵马最为强盛，我恳求以极小的兵力来为大王守住东边的函谷关，这是相当难得的机会。假如谋划不到这上面的话，而且还能养精蓄锐，据险自保，拖延时间，长时间相持，来等待天下的变故；即使图谋王业没有成功，最差的情况也还能成就霸业。总之，鱼不能离开水，而神龙一旦失去它的势力，也就和蚯蚓没有什么差别了！”隗嚣心里感觉王元的谋略很正确，就算已经派了长子入朝做人质，可是依旧可以依靠着自己险要的地形，想在某一地区称霸。

申屠刚劝谏说：“我听说如果是人民所归向的，上天就会帮助他；人民所叛离的，上天就会想办法除去他。如今的皇朝（光武帝刘秀）实在是受了上天的庇佑，而不是人力所勉强就可以得到的。现如今朝廷玺书一再地来到，把国事委托给你，完全是出于信任你，打算和将军吉凶与共。就算是一般平民相交，还有到死也不会违背允诺的信义，更何况是天子呢！如今归顺汉室，又有什么好害怕的？亲附蜀国，又可以得到什么好处呢？却如此长时间迟迟不下决定！如果忽然有特殊变化，对上有亏忠孝，对下则愧对当代的人。在事情还没发生之前的预言，肯定经常会被以为是虚假的话；可是，等到事情发生之后，就又来不及了。因此忠贞、恳切的谏言，很少能被采纳，实在期望你能一再回想我这个老人所讲的话！”隗嚣没有听取，于是游士、长者也都慢慢地离开了他。

王莽末年，交趾众郡都关闭城门以求自保。岑彭原来和交趾牧邓让感情很要好，于是就写信给邓让，讲述国家的威严德泽；后来又调遣偏将军屈充致送檄文到长江以南的地方，并且颁布光武帝刘秀的命令。于是，邓让和江夏郡太守侯登、武陵郡太守王堂、长沙郡相韩福、桂阳郡太守张隆、零陵郡太守田翕、苍梧郡太守杜穆、交趾郡太守锡光等人相继差遣使者入朝贡献自己的宝物，后都被封为列侯。锡光，是汉中郡人，在交趾郡，用礼义来教化大家；光武帝刘秀又派遣宛人任延为九真郡太守，任延来教导民众农耕婚配的事情，所以五岭以南的地方实行华夏的习俗，是从锡光、任延这两位太守开始的。

这一年，光武帝刘秀下令征召处士太原人周党、会稽人严光等人来到京城之后。周党觐见，却只俯伏而没有报名请见，陈述自己期望遵从自己的志向的想法。博士范升上奏光武帝刘秀说："谨见太原人周党、东海人王良、山阳人王成等，蒙受皇上深厚的恩泽，使者曾经三次去聘请之后，才肯上车。等到在朝廷觐见陛下的时候，周党没有因为礼数而屈服，只是俯伏并没有通名请见，内心高傲强悍，大家同时都离开了。周党等人论文，不能阐明事理，论武又不能为国捐躯，只是徒有美名，期望获得三公的高位。微臣愿意和他们坐在云台的下面，来考察他们谋国的方法。如果跟微臣所说的不一样，您可以以不实的罪名来处罚我；如果胆敢私自窃取虚有的名声向上夸耀，来谋取自己的高誉，都是犯大不敬的罪名！"奏疏进呈，光武帝刘秀下诏说："自古以来，明王圣主肯定有不愿意臣服的士人，伯夷、叔齐不享用周朝的俸禄，太原人周党不肯接受朕的官禄，这些也都是各有自己的志向。另外赐四十匹布帛，不再商议这件事情。"

光武帝刘秀小时候和严光一起读书，等到登上天子之位以后，于是就依据他的形貌遍地寻找他，终于在齐国找到了他，经过屡次征召才回到京城；光武帝刘秀派他做谏议大夫，他始终不肯接受，就离开了京城，而在富春山里耕种垂钓。他最终在家里去世了。

王良后来担任沛郡太守、大司徒司直，在位期间恭敬节俭，生活节俭朴实，妻子儿女从来都不进官府。后来，因有病回到了家，一年之后，光武帝刘秀再次征召他；到了荥阳县，病情加重，不能继续前进。于是就去拜访他的朋友，可是朋友却不肯见他，说："没有忠实的言语高深的谋略，却能够取得至高无上的地位，为什么要那样不怕烦地往来个不停！"于是就拒绝了他。王良感到很是惭愧，从此以后，很多次被征召，都没有接受，后来就在自己的家乡去世了。

元帝在世的时候，莎车国王延以前在京城做侍子，仰慕并喜爱中国。到了王莽作乱时，匈奴抢掠占有了西域，可是唯独延不肯依附隶属，还经常命令众子："我们应该世代侍奉汉家，这个使命一定不可以辜负！"延去世之后，儿子康即登基。康带领西域其他的国家，抗击匈奴，护卫前都护吏士、妻儿一千多人；致送檄书到黄河以西等其他地方，打探中原的消息。窦融就承诺以王命来拥立康做汉莎车建功怀德王、西域大都尉，五十五个国家都归顺他。

资治通鉴卷第四十二　汉纪三十四

起庚寅（公元30年），止乙未（公元35年），共六年。

【题解】 本卷记录了东汉光武帝建武六至十一年间的历史。主要记述了光武帝平定陇蜀，完成统一大业。隗嚣与公孙述均无大志远谋，一个据陇，一个据蜀，都希望出现称霸一方的局面，但两人均错失良机。光武帝用兵山东时，公孙述未东出，光武帝利用隗嚣给公孙述北出造成阻碍。当天下四分而光武帝占三时，全力攻陇，历时五年才平定陇西。公孙述失去屏障，不到一年也全线溃败，但汉军也为战争付出了沉重的代价。其间，河西窦融归汉也加速了隗嚣的失败。在战争间隙，光武帝实行了一系列的改制，成为一代明主。

世祖光武皇帝中之上

建武六年（庚寅，公元30年）

春季，正月，丙辰日（十六日），把舂陵乡改为章陵县，世世代代免除徭役，和丰县、沛国一样。

吴汉等人攻打朐县之后，把董宪、庞萌斩杀了，平定了长江、淮河、华山以东的地方。众将士返回到京城，光武帝设置酒会，对他们进行赏赐。

光武帝在军队里长时间地奔波劳累，隗嚣就命令自己的儿子入朝侍奉，公孙述把远处的边境霸占了，于是就对众将说："暂且应该把这两个人放到我们的谋划之外！"就让所有的将士在洛阳休息，并把兵士分到河内郡，多次寄书信到陇西郡、蜀国，并告诉他们祸福之道。

公孙述多次寄书信给中国，讲述自己的符命，期望能够迷惑大家。光武帝回信给公孙述说："图谶说公孙述就是宣帝。来替代汉朝的，姓当涂，他的名字叫高；难道你就是高这个人吗？而且又拿所刻的掌纹来做验证，像王莽一样的作为哪里值得别人去效仿呢！你不是我的乱臣贼子，只是在急遽的时候人人都想做国君而已！你年纪已经大了，妻子儿女还那么弱小，应该尽早为自己决定策略。天下帝位，不可以用武力来相争，应该再三留心。"题为"公孙皇帝"。而公孙述没有回答。

公孙述的骑都尉平陵人荆邯劝公孙述说："汉高祖从军队中兴起，好几次军队都被打败了，自己本身受到了困窘，可是军队失败又结合，受伤痊愈之后又起来作战。这又是什么道理呢？是因为前进牺牲之后而成功，比后退而走向灭亡要好。隗嚣遇到时运际会，在雍州割据，军队势力强大，士人都争相亲附，威风影响到华山以东的地方；赶上更始帝政治混乱，又失去天下，大家大失所望，天下四分五裂，隗嚣不趁着这个时机，来排除危险，趁着优势而去争抢光武帝的位置，反而想退却做西伯的事情，看重师法章句，礼遇结交处士，停止战争，用谦卑的言辞来侍奉汉朝，感叹自己以为是文王复出！让汉帝不因为关中、陇西担心，把精力全部都放在向东征伐上，四分天下而占有其中的三分；派出私使，召集那些不相亲附的人，让西州的英雄豪杰都把心思集中在华山以东，那么，五分天下就有其中的四分；假如向天水郡出兵的话，天水郡肯定会被打得溃不成军，等到天水郡平定之后，那么，九分天下就得到了其中的八分。陛下凭借着梁州的土地，对内侍奉光武帝，对外为三军提供需要，那么，人民愁苦疲困，不能奉行上面的命令，就会有王莽自败的变乱！微臣的计策是应该趁天下人的期望断绝之前，还可招引豪杰的时候，赶快在此期间动员国内的精锐部队，派遣田戎占领江陵县，接近长江汇合的地方，依仗巫山的坚固，建筑壁垒，加强对敌军的防守，致送檄文到吴、楚，那么，长沙郡以南的地方就一定会马上归顺的。派遣延岑从汉中郡出兵，去平定三辅，那么，天水、陇西二郡他们就拱手相让，自动臣服了。像这样，在全国范围内震动，希望能够取得重大的利益。”公孙述问众臣，博士吴柱说：“武王进攻殷朝，有八百个诸侯不约而会合，大家都说纣王可伐，可是，还是把军队带了回来，等待上天的命令。从来没听说把邻近的援助军队派出到千里之外的。”荆邯说：“如今东帝没有些许权柄，指挥乌合之众，跨上战马，去攻破敌军的城墙，所到过的地方都被平定了，还不赶紧趁着这个机会和他分取功劳，反而却坐在那儿漫谈武王伐纣的理论，这是又要学习隗嚣想做西伯啊！”

公孙述感觉荆邯的话说得很对，打算动员全部北军的屯驻兵士还有华山以东侨居在蜀国的军队，命令延岑、田戎分别从两路出发，和汉中郡众将的军队会合，势力合并到一起。蜀人和他的弟弟公孙光以为不应该让国家的势力空虚，而都到千里以外的地方，以一次战争就来判断胜负，极力反对这件事情，公孙述这才停止。延岑、田戎也多次请求派兵立功，可是公孙述始终怀疑不肯听信，只有公孙氏才能掌管军政大事。

公孙述把铜钱给废除了，后又设置铁钱，钱币不让流通，人民因此备受困苦。他行政苛刻细微，观察细小的事情，就像做清水县令的时候一样认真，喜欢更改郡、县、官名。年轻的时候曾经做郎官，认真学习汉家旧的条令法制，进出乘舆，鸾旗旄骑。又推立他的两个儿子为王，各以犍为郡、广汉郡的几个县做食邑。有人劝谏说：“成败还不能预知，战士都在战场上风吹日晒了，如今却封自己喜爱的儿子做王，这充分表明了没有远大的志向。”公孙述不听从，因此大臣都怨声载道。

冯异从长安进京朝见光武帝，光武帝对公卿说：“这是我兴兵时候的主簿，为我铲除荆棘，平定关中。”说完退朝之后，就赏赐珍宝、钱帛给他，下诏说：“急遽之际，在芜蒌亭呈上豆粥，滹沱河献上米饭，如此深厚的情意，很久都没有机会报答。”冯异磕头敬谢说：“微臣听说管仲对齐桓公说：‘期望国君不要忘记臣以前用箭射过你的带钩，微臣也不会忘记您曾用槛车囚禁过我。’齐国依靠他们才昌盛起来。微臣如今也期望光武帝不要忘记当年在河北县的困境，小臣也不敢忘记昔日巾车您对我的恩德。”停留十多天之后，光武帝就命令他和妻子儿女等人回到西边。

申屠刚、杜林从隗嚣那儿来，光武帝把他们都任命为侍御史。并让郑兴做太中大夫。

三月，公孙述命令田戎从江关出发，召集他昔日的部下，想依靠他们来进攻荆州，可是，却没有成功。

光武帝就下令给隗嚣，要他从天水郡进攻蜀郡。隗嚣上书说：“白水县地势险要，栈道基本都是坏的。公孙述性情严厉残酷，上下的人都特别担心，等他的罪恶盈满表现出来的时候，然后再进攻他，这样一定会有一呼百应的阵势。”光武帝知道他始终不会被自己所用，于是就打算去攻打他。

夏季，四月，丙子日（初八），光武帝考察民情亲自来到长安，拜谒帝王的茔墓。命令耿弇、盖延等七个将军从陇道进攻蜀郡。先命令中郎将来歙拿着光武帝的玺书赐给隗嚣，告诉他光武帝的旨意。隗嚣又假借很多疑难的缘故，把事情拖了很久而迟疑不决。来歙于是很生气地问隗嚣说：“光武帝因为你知道善恶得失，了解成败废兴，所以才通过亲笔书信表达自己的诚意。足下表示忠实诚信，既然已经命令伯春入朝做内侍，却反而想用谄媚惑乱小人的话，这是灭族的计谋啊！”于是就想上前刺杀隗嚣。隗嚣起身进去，部署带兵将杀来歙，来歙就拿着符节乘车离开了。隗嚣让牛邯带领军队去包围他。隗嚣的将军王遵劝阻他说：“君叔虽然是乘一车出使到远方来，可是他毕竟是陛下的姑子，如果把他杀了，对汉室来说虽然没有什么害处，但是随后就会招致被灭族的危害。从前宋国把楚国的使者捕杀了，于是就招致被围穷厄的祸患。小的国家尚且都不能被侮辱，更何况是光武帝，而且还有伯春的性命呢！”来歙为人讲信义，言行从来没有不一致，而且来往游说的话，都经过深思熟虑；西州的士大夫们都很相信并尊重他，大多数人都替他讲话，所以才能消除劫难，而回到东边。

五月，己未日（廿一日），光武帝从长安回到洛阳。

隗嚣于是发起军队叛变，命令王元占领陇坻，砍伐树木，堵塞道路。将士们就和隗嚣一起作战，结果被打得大败，于是就各自率领兵卒逃离陇坻。隗嚣追得很紧，马武就挑选了精骑负责抵抗，杀了几千人，众军才得以回来。

六月，辛卯日（廿四日），光武帝下诏说："设置官吏，是用来治理人民的。可是如今百姓遇到灾难，人数减少了很多，但县衙官吏的职务，设置得还是很多。应该让司隶、州牧各于所部在自己的县考核实际，精简吏员，县国不够设立长吏的一起办理。"于是，合并了四百多个县，官吏的职务也大量减少，十个才留一个。

九月，丙寅晦日（三十日），发生日食，执金吾朱浮上奏疏说："以前唐尧、虞舜的昌盛，官吏都要经过三次考核；大汉的兴起，也累积功劳绩效，官吏都在位任职很久，甚至传给子孙让他们长大之后担任。当时官吏的职务，怎么能全部治好！对此议论的人，又哪里能不嘈杂哄闹！要认识天地的功绩不能马上而完成，艰难的事业要经过多日才能办好。可是近些日子官吏多次更换，迎接新上任的人来替代他们，在路上往来奔波劳累。察其莅官治事的日子很短，并不能看见他们的职责所在，如果严厉峻切地要求他们，人人就担心不能自保，因为检举弹劾所逼迫，讥刺讽议所担心忧虑，所以都争着掩饰欺诈虚伪，而期望获得虚假的名声，这就是为什么使日月失去行度的应验。事物成长太快的一定在短时间内夭亡，功业短时完成的一定急速败坏。如果要摧折长久的事业而制造快速完成的功业，这不是陛下的福分。希望陛下在一年之上放宽要求，把期望治绩寄托在若干年之后，那么天下人会感到太幸运了。"光武帝听从了他的话，从此州牧、郡太守的任免就很简化了。

十二月，壬辰日（二十七日），大司空宋弘被免除官职。

癸巳日（二十八日），光武帝下诏说："最近，军队还没有解除，费用不够充足，所以税务行十分而取一分。如今粮食储备比较充实，应该命令郡国收取现有田租，是三十分而取一分之税，按照过去的税法制度。”

众将士从陇坻退下，光武帝命令耿弇在漆县驻军，冯异在栒邑县驻军，祭遵在汧县驻军，吴汉等人返回去驻守长安。冯异带领军队还没有来到栒邑县，隗嚣就趁着胜势，让王元、行巡带领两万多人从陇坻下来，分别命令行巡进攻栒邑县。于是冯异就带兵赶去，想先占据那个县。众将说：“敌军势力强大，而且趁着刚刚胜利的优势，不可以和他一起交战，我们应该把军队暂停在有利的地方，再慢慢地想办法。”冯异说：“敌军气势盛大，而且习惯重复去做从前所占小利的事情，于是，便要深入敌军；假如被他取得栒邑县，三辅就动摇了。以我们的兵力攻打他是远远不够的；可是，防守却绰绰有余。如今先占领该城，用安逸来等待辛劳，不是用来和他相争的。”于是就偷偷地前往，关闭城门，收起军旗战鼓。行巡不知道此事，尽快赶去。冯异趁他没有注意，忽然敲起战鼓，竖立军旗而出城迎战。行巡在惊慌混乱中奔跑逃走，冯异追赶进攻，把他打得大败。祭遵也在汧县打败了王元。于是，北方众豪杰尊长耿定等人全部叛变隗嚣而投降了。光武帝命令冯异向义渠县进兵，打败了卢芳的将军贾览、匈奴奥鞬日逐王，北地郡、上郡、安定郡也都相继投降了。

窦融又让他的弟弟窦友上书光武帝说：“微臣很幸运能够凭着是先后的亲属，历代做两千石的官，又因为臣担任将帅一职，而奉守一方，所以命令刘钧告诉真心实话，自以为底里都露，丝毫没有隐藏。然而，玺书极称蜀、汉二位国君三分天下、鼎足而立的权柄，任嚣、尉佗的计谋，私下深自悲痛感伤。微臣窦融虽然没有见识，没有智慧，可是，在利与害的关系上，顺与逆之间，又怎么能够放弃真正的故主，反而去侍奉奸诈虚伪的小人；废除忠义贞纯的节操，去做倾斜覆灭的事情；放弃已经完成的基业，去寻求那些不切实际的利益。这三种情形，就算去问狂夫，尚且都知道如何取舍，而我又怎么会别有用心呢！谨派舍弟窦友到朝廷，亲自口述最真挚的心意。”窦友来到高平县，正好遇到隗嚣反叛，道路不通，于是就命令司马席封从偏僻的小路传递这封信。光武帝也命令席封赐给窦融、窦友信，用来抚慰他们，感情十分深厚。

窦融于是给隗嚣写信，说："将军自己也亲身遇到厄运的时候，国家不利的时刻，守节不邪，去侍奉当今王朝。我们为什么要欣然服从起义军，愿意随从他们一起征伐，实在就是为了这个。可是如果因为处于愤恨之间，就让自己改变了节操，另作打算，抛弃成功，建立很难完成的事业，百年以来所累积的辛劳，就要毁于一旦，难道不觉得可惜吗？可能是因为你手下那些办事的人为了贪图功勋，建立谋略，才走到了今天这个地步的。如今西州的地势情况紧急，人民兵卒大多分离散失，很容易去帮助别人，要想建立自己的权势却很困难。我猜想你如果迷失路途还不知回头，听到道理而仍然执迷不悟，那么不是向南和子阳相会合，就是向北归顺于文伯！凭着不切实际的交情而轻视强劲的敌人，依仗着有远方的救兵就轻视近处的敌人，这样是看不到什么好处的。自从军队兴建以来，城墙都成了废墟，人民都辗转死在沟壑里。还好依靠天命才稍微有所回转，可是，如今将军又加重它的困难，这就是使长年的疾病不能痊愈的原因，幼弱的孤儿将又流浪分散，说起来真是令人伤心落泪。平常人尚且都不忍心这样做，更何况是仁德的人呢！我听说想要尽忠很容易，可是要想做得适宜却很困难。太多地担心别人，而说得很过分，原本是报德，可是，很可能反而被人萌生怨恨，而且我知道将由于说话而获罪！"隗嚣没有接纳。

窦融就和五个郡的太守共同准备兵马，进呈奏疏，请求出兵的确切日期；光武帝很赞赏他。于是窦融就和众郡太守带领军队来到金城郡，进攻隗嚣的党徒先零羌封何等人，把他们打得大败。还因此并合了黄河，宣扬武威，侍奉光武帝。这时候大军还没有向前进，窦融就把他们带回来了。

光武帝由于窦融的信实卓著彰明，就更加夸赞他，修治窦融父亲的坟墓，用太牢的祭品祭祀他，多次命令轻装的使者，将各地珍异的肴馔赏赐给他。

梁统还担心大家起疑心，就派人去暗杀张玄，于是他和隗嚣断绝来往，都解下兼摄的将军印章和组绶。

在这之前，马援听说隗嚣想要对汉室不忠，就多次用书信指责暗示他，隗嚣接到书信之后，更加生气。等到隗嚣起兵造反的时候，马援就上书说："微臣原来和隗嚣是好朋友，以前让臣到东边去，他对臣说：'原来打算为汉室，期望你去考察一番，只要你内心以为可以，就专心致志地去做好了。'等到臣回来，用忠诚的心对待他，实在想劝说他向善，而不敢用不义去欺瞒他。可是，隗嚣自持奸诈的心，恃强凌弱，主客易位，怨恨狠毒的情愫就积聚在臣的身上。微臣其实本来不想说的，从前也没向您报告过，如今期望听从命令，到您那儿，毫不保留地说出消灭隗嚣的方法。"于是光武帝就召见他，马援就把谋略详细地说给他听。

光武帝就让马援带领五千突骑，奔走劝说隗嚣的将军高峻、任禹等人，下至羌族酋豪，为他们讲述祸福，而离间隗嚣的支派党羽。马援又写信给隗嚣的将军杨广，让他晓示劝谏隗嚣说："马援看到天下已经平定，人民的心情相同，可是，季孟继续反叛，做天下人都憎恨指射的目标，我常常担心全国人民因为痛恨他，而打算屠割杀害他，所以恋恋不舍地写上这封信，来表达怜悯同情的思虑。至于听说季孟把罪过都汇集在我的身上，却容忍王游翁谄媚佞邪的说法，宣称函谷关以西的地方，很轻易就可以被平定。可是根据如今的情势来看，结果究竟又将怎样呢！

"我最近到河内郡，探访伯春，看到他的奴仆吉从西方回来，说伯春的小弟仲舒想来看望吉，要问伯春还好吗？竟然都说不出话来，早晚大哭。而且还说他家悲惨愁苦的情形，不可以用言语来表达。有怨愁可以责备，但是不能通过毁灭的手段来进行报复，我知道之后，情不自禁地哭泣落泪。我原本知道季孟孝顺慈爱，就算是曾参、闵损也不能超过。孝顺自己双亲父母的，哪儿有不疼爱自己儿子的！能有儿子身为刑械所系，而自己叛变跋扈，胡作非为，就好像高祖要求项羽分羹的事情吗？

“季孟平生说自己组建军队，目的是要保全祖国和父母的坟墓，又说只是重视士大夫而已。可是，如今想要保全的马上就被攻打灭亡了，想要完成的使命也即将就要被伤害毁坏，想要重视的人却要受到轻视。季孟曾经侮辱子阳而不接受他的爵禄，可是，如今却要和那些庸庸碌碌的人去亲附他，难道没有一点惭愧吗？如果蜀国又让隗嚣以儿子做人质，隗嚣该怎么办，从哪里去找儿子做人质呢？过去，子阳一心想用王相之位相待，却被春卿拒绝了，如今进入了老年，就可以低头和小儿们一起共用槽枥而进食，在冤家的朝廷上并肩做官吗？

“如今国家对待春卿的情意很深厚，应该让牛孺卿和耆老大人们共同去劝说季孟，假如计划没有被采用的话，真可以转头离开。从前打开地图观看，看到天下郡国一共有一百〇六处，怎么能够用陇西、天水两个地方来反抗华夏其他的一百〇四个郡国呢？春卿侍奉季孟，对外有君臣的道义，对内有朋友的交情。说到君臣，本来就应该劝谏相争；论朋友，也应该相互砥砺。又怎么能够明知道不可能成功，却只是在一旁萎缩悔恨，坐视不管而随着族灭呢？趁着今天完成谋略，还很好，错过了这个时机，那可就不好了！再说来君叔是天下的信士，朝廷尊重他，他的内心也很喜欢隗嚣，经常单独为西州讲话。我衡量朝廷，特别想在这方面建立信义，肯定不会违背约定的。我不能长时间地留在这里，期望你尽快回信告诉他。”杨广居然没有回答。

众将士每逢有疑难而不能轻易决定的意见，就派人把马援请过来，大家都很敬重他。

隗嚣上奏疏谢罪说：“官民听说大军忽然来到，都担心得着急自救，微臣隗嚣没有能力管住他们。我的军队虽然取得了胜利，但是我依然不敢废弃臣子的礼节，亲自把他们追回来。以前虞舜侍奉父亲，父亲用大杖打他，他拔腿就跑；如果用小杖打他，他就接受。微臣虽然不太聪明，但是岂敢忘记这个道理呢？如今臣子侍奉当今皇朝，皇上赐我死，我就死；对我加刑，我就受刑；假如我能够改过，那就算我死了也感激不尽。”主管官吏感觉隗嚣的话很傲慢，于是就请求把他的儿子给杀了。可是光武帝于心不忍，又命令来歙到汧县，赐信给隗嚣说：“从前柴将军说：‘陛下仁义宽容，那些诸侯即使有逃亡背叛之后再回来的，也都恢复了他原来的官位称号，而且没有杀戮。’如今你如果能够自己捆着双手，再命令隗恂的弟弟到朝廷来，那么爵位官禄就都可以保全了，而且还有很大的福分。我现在已经四十岁了，在军中生活了十年，厌烦了那些流言谣传。假如不想这样做，就没有必要回答。”隗嚣知道光武帝已经知道他在欺骗，于是就命令使者向公孙述称臣。

匈奴一直侵犯卢芳，光武帝就派遣归德侯刘飒出使匈奴，跟他们重修旧好。单于傲慢不逊，虽然命令使者复命，可是，依旧进犯掠夺。

七年（辛卯，公元31年）

春天，三月，罢除郡国轻车、骑士、材官，让他们都回到民间去。

公孙述立隗嚣为朔宁王，命令军队往来，为他声张形势，并且对他加以援助。

癸亥晦日（三十日），发生日食。光武帝下诏命令百官各自进呈秘密奏章，命上书的不能称圣。太中大夫郑兴上奏疏说：“国家没有好的政治，于是就被日月谴责；更重要的是要顺从民意，来选拔人才，给予他们应该担任的官职。如今公卿大夫大多数人都推举渔阳郡太守郭伋能够胜任大司空的职位，可是却没有及时决定；后来就有路人谣传，都说‘朝廷要用有功的臣子’，有功的臣子被任用，那么，人选和官职就不相称。期望陛下能委屈一下自己，顺应大家的意思，来成就众臣让位于贤者之功。近年来，日食现象大多出现在月末，太阳和月亮提前会合，都是月亮行进快速的原因。太阳代表的是国君的形象，月亮代表的是臣子的形象；国君过于着急而臣下担心，所以月亮加快了行进的速度。如今陛下高亢明爽，可是众臣却惶恐急促，应该注意和柔而能立事的政治，留心《洪范》治国的大法。”由于光武帝亲身勤于政事，时常过于急迫苛刻，所以郑兴就上奏谈到了这个问题。

夏季，四月，壬午日（十九日），秀大赦天下。

五月，戊戌日（初六），命令前将军李通为大司空。

大司农江冯上书说：“应该让司隶校尉监察三公。”司空掾陈元上奏疏说：“微臣听说以臣为师的，可以成为帝王；以臣为宾的，可以成为霸主。所以武王以太公做老师，齐桓公让夷吾做仲父，最近的就是高帝以优礼对待相国，太宗给予宰辅权柄。到了亡新王莽时，见到汉室日益衰落，独自掌管国家的权柄而盗取天下，以自己为中心，不听信众臣的话，还剥夺公辅的职责，削弱宰相的权威，以探察举发为明察，揭发隐私为正直，而致使家仆控告自己的主人，子弟密告父兄的变乱，法网周密，刑法严峻，大臣都不知道该怎么办；然而却没有人禁止董忠的阴谋，惨遭世人杀害。当今各地依然混乱，天下还没有统一，人民对于视听都非常在意。陛下应该重新修改文王、武王时期圣明的典制，继承祖宗遗留下来的美德，替在下的士人着想，屈抑自己的节操，礼贤下士，实在不应该让主管官吏监督三公、四辅的名位。”光武帝就听从了他的建议。

酒泉郡太守竺曾因为弟弟为了个人恩怨而杀了人，于是就自动解职，离开了该郡；窦融秉承王制，派遣竺曾做武锋将军，另派辛彤做酒泉郡太守。

秋季，隗嚣统率三万兵马侵扰安定郡，来到阴槃县，冯异统领众将反抗他；隗嚣又命令偏将下陇山，到汧县去进攻祭遵。可是都占不到便宜就返回去了。

光武帝想亲自去讨伐隗嚣，就先和窦融约定好出兵的日期，正好遇到下雨，道路被中断了，而且隗嚣的军队已经撤退，于是就停止了。

光武帝派遣来歙用书信让王遵降服，于是王遵就前来向他们投降，光武帝任他做太中大夫，封为向义侯。

冬季，卢芳因为一些事情杀了他的五原郡太守李兴兄弟；他的朔方郡太守田飒、云中郡太守乔扈分别率领自己全郡官民都来向他投降，光武帝让他们的官职还像以前一样。

光武帝喜欢谶纬的书，和郑兴一起商量祭祀天地的事宜，说："我要通过谶纬的书来决断它，你觉得怎么样呢？"答说："微臣没有研究过谶纬的书！"光武帝很生气地说："你不研究谶纬的书，是在反对它吗？"郑兴惊慌地说："微臣只是有些书没有学过而已，并不是反对那些书。"光武帝不高兴的想法这才消除。

南阳郡太守杜诗施政清静平和，振兴公利，除去弊害，人民都感到很安定。后来又修治水池，广泛地开垦田地，那里每家每户的人们都很富足，当时的人把他比成西汉哀帝时的河南郡太守召信臣。南阳郡因此有句话说："前有召父，后有杜母。"（意思是说：爱民如子的好官，先前有召信臣，后来有杜诗。）

八年（壬辰，公元32年）

春季，来歙带领两千多人去伐山开路，从番须谷、回中山直接攻打略阳道，砍了隗嚣的守将金梁。隗嚣很吃惊地说："多么神奇啊！"光武帝知道进攻略阳道之后，感到非常高兴，说："略阳道，是隗嚣所依赖的险要之地，他的心腹都已经被破坏，那么，割断他的肢体也就轻而易举了！"

吴汉等众将知道来歙把略阳道给占领之后，就争相赶去。光武帝感觉隗嚣失去了他所依靠的地方，亡失他重要的城邑，势必用他所有的精锐部队来攻打；长时间地包围，可是，城邑却久攻不下，士兵困乏疲惫之际，就可以趁着他的危机而攻打。于是，把吴汉等人又都追了回来。隗嚣果然让王元在陇坻反抗，行巡在番须进行防守，王孟在鸡头道抵挡，牛邯驻屯在瓦亭。隗嚣就亲自带领几万人去包围略阳道，公孙述也命令将军李育、田弇去帮助他，伐山建堤，阻挡汹涌的水势，让它跃起去灌溉城里。来歙和将士以死抵抗，箭射完了，就把屋子给拆了，砍断树木，拿来当作兵器。隗嚣用所有精锐部队去进攻那个城，可是几个月都没有攻下。

夏季，闰四月，光武帝亲自带领军队讨伐隗嚣，光禄勋汝南人郭宪劝谏说："东边的地方刚刚平定，光武帝不适合远征。"于是就拦在车前拔出身上随身携带的刀，割断车子束在马胸的革带。光武帝依旧没有听从，继续向西到漆县。众将大多感觉帝王亲征，不应该去那么远的地方身入险境，计划迟迟没有决定；光武帝就召马援来问情况。马援趁机说隗嚣将帅有背叛的趋势，军队此次前进一定可以取得胜利；又在光武帝面前，把米粒堆积成山谷的样子，比画它的形势，公开指示众军所经过的路径，往来剖析，明白可知。光武帝说："敌人已经在我的眼中了！"第二天早晨，他就下令进军，来到高平县第一城。

窦融带领五个郡的太守以及羌虏小月氏等几万步兵骑士，五千多辆装备车子，来和大军一起会合。这时候军队刚刚成立，众将朝谒皇帝的礼制仪容都不齐，于是窦融就先让从事去问会见的适当礼仪。光武帝知道了，感觉很好，把这件事公开告诉百官，就设置酒宴，来大宴群臣，用优礼来款待窦融。

后来，一起进军，从几路上陇山。让王遵用书信去招降牛邯，牛邯答应了，后来就任牛邯为太中大夫。于是，隗嚣的十三个大将、十六个属县、十多万的部下都投降了。隗嚣带领妻子儿女逃到西城县，听从杨广的说法，而田弇、李育守住上邦县。略阳道被围困的危机给解除了。光武帝犒赏来歙，特意把席位单独设在将领们上首，并赐给来歙的妻子一千匹细绢。

光武帝带兵来到了上邦县，诏告隗嚣说："如果亲自前来投降的话，父子就可以相见了，并且还保证不会有其他的事情发生。如果最后想做黥布，那就只能由你自己负责了。”隗嚣仍然不肯投降，于是就把他的儿子隗恂给杀了。差遣吴汉、岑彭把西城县给包围了；耿弇、盖延包围上邽县。

把四个县封给窦融，做安丰侯，弟弟窦友被封为显亲侯，还有五个郡的太守都被封为列侯，让他们回去镇守西边的地方。窦融因为很长时间独断一方的军政，感到自己的心里很不安定，于是就很多次上书请求派人来替代。光武帝下诏回答说：“我和将军就像一个人身体的左右手一样，你很多次执持谦虚逊让，为什么却如此不了解我的心意，好好劝勉抚恤士民，不要擅自随意离开军队！”

颍川郡的盗贼成群而起，把它的属县都给掠夺侵占了，河东郡的守军也叛变了，京城因为这个事情感到很是不安。光武帝知道了这些事之后，说：“我很后悔当初没有听从郭子横的话。”

秋季，八月，光武帝从上邽县日夜兼程赶到东边去，赐给岑彭等人书信说：“两城如果被顺利攻下的话，就可带领军队继续向南进攻蜀国的叛贼。人常常苦于不知足，在平定了陇西郡之后，又希望可以得到蜀国，每一次带领军队出征，胡须都因为这个而变白了！”

九月，乙卯日（初一），光武帝回到皇宫。光武帝对执金吾寇恂说：“颍川郡离京城如此之近，应该及时把它给平定了。只是鉴于只有你才能把它平定罢了！你可以从九卿复出而继续为国忧劳吗？”他回答说：“颍川郡的盗贼因为听说陛下打算对陇西郡、蜀国作战，所以极其狂妄狡猾，趁机作乱，而彼此连累罢了！如果听说陛下向南讨伐，盗贼一定很担惊受怕而归顺，微臣愿意拿着兵器，做陛下的先锋。”光武帝答应了他。庚申日（初六），光武帝向南讨伐，颍川郡的盗贼就全部投降了。寇恂竟然不愿意担任颍川郡的太守，人民都拦路说：“希望从陛下那儿再借寇君一年。”于是就把寇恂留在长社县，安慰吏民，并把其他投降的盗贼都给收留了。

东郡、济阴郡的盗贼也兴起，光武帝命令李通、王常进攻他们。因为东光侯耿纯曾经做过东郡的太守，威信在卫地很有名，就让使者任命他为太中大夫，并命令他和大军在东郡会合。东郡盗贼知道耿纯来到郡界，于是就有九千多个士兵到耿纯那儿投降，大军没有交战就回去了；玺书又派耿纯做东郡太守。戊寅日（二十四日），光武帝从颍川郡回来。

安丘侯张步带领妻子儿女逃到临淮郡，和弟弟张弘、张蓝打算聚集他过去的部下，乘船入海。琅琊郡太守陈俊追赶征伐，将他们杀了。

冬季，十月，丙午日（二十二日），光武帝亲自来到怀县；十一月，乙丑日（十二日），又返回洛阳。

杨广死后，隗嚣穷苦困乏，他的大将王捷另外在戎丘城，登上城楼，呼叫汉军说："帮隗王守城的，都一定要敢于牺牲，绝对没有二心，希望众军马上撤退，请求用自杀来表明心迹。"于是，拔剑自杀而死。

起初，光武帝下令对吴汉说："众郡甲兵都只是白白地浪费粮食，如果有人逃亡，就会使军心沮丧败坏，应该把他们全部解散了才对。"吴汉等人贪图权贵聚集力量来进攻隗嚣，于是，军队不能被遣散，而且粮食一天比一天少，后来吏士由于服役疲倦，逃走的人很多。岑彭堵塞谷水来灌溉西城，城差一丈多就险些被淹没了。正好王元、行巡、周宗带领蜀国五千多个救兵从高处忽然来到，击鼓哗噪而大喊，说："百万大军来了！"汉军大吃一惊，来不及把军队摆好阵势，王元等人就突围而下定决心跟他们死战到底，于是，才能够进城，迎接隗嚣回到冀州。吴汉军队的粮食吃光了，就把装备的车子给烧掉了，统率军队从陇山下来，盖延、耿弇也跟着他们撤退。隗嚣命令军队紧急地在后面进攻众营，岑彭就在殿后反击，众将才足以保全军队而回到东边；唯独祭遵驻军在汧县而没有后退。后来吴汉等人又在长安驻军，岑彭回到津乡。于是，安定、北地、天水、陇西等郡又反被隗嚣所有。

校尉太原人温序被隗嚣的将军苟宇所抓捕，苟宇一再明白譬解，想要让他投降。温序很是生气，斥责荀宇等人说："叛贼怎么能胁迫汉将！"于是就拿符节击杀了几个人。荀宇的部下抢着要杀他，荀宇阻拦他们说："这个人肯为节操而死，是个义士，可以赐给他剑。"温序接受剑之后，把胡须含在嘴里，看着两边的人说："我既然是被贼所杀，就不能让胡须被土玷污！"于是就拔剑自杀而死。从事王忠保护他的灵柩回到洛阳，光武帝下诏赐他墓地，任命他的三个儿子做郎官。

十二月，高句丽王差遣使者入朝献物，光武帝恢复了他的王号。

这一年，闹大水。

九年（癸巳，公元33年）

春季，正月，颍阳成侯祭遵在军中去世；光武帝下诏让冯异合并了他的军营。祭遵为人节约谨慎，克制自己个人的欲望，秉公行事，把光武帝所赏赐的宝物都分给了士兵；军队纪律约束严厉整齐，所到过的地方，吏民都不知道有军队的存在。选取贤士，都采用儒术，对酒备乐，必定要歌唱雅诗，做投壶之戏。在临死的时候，遗命告诫薄葬；问他家事，终究不说一句话。光武帝怜悯疼惜哀悼他尤为厉害，祭遵的灵柩送到河南郡，光武帝穿着丧服亲自到来，探望哭泣，哀痛至极；回来，到达城门的时候，光武帝看到丧车经过，痛哭流泪久久不能停止；丧礼完毕之后，光武帝又亲自用太牢的祭品去祭祀他。命令大长秋、谒者、河南郡尹主持丧事，由大司农负责提供费用。等到下葬的那天，光武帝又亲自来到现场；下葬结束，又到他的坟地，去慰问他的夫人、家属。后来，朝会的时候，光武帝经常感叹说："去哪里才能够找到像祭遵这样为国担忧操劳、奉行公事的人呢！"卫尉铫期说："陛下十分仁德，不停地哀悼思念祭遵，让臣子们都各自感到羞愧而心怀担心。"光武帝才停止。

隗嚣既病且饿，吃的是粗干粮，后因愤怒而死。王元、周宗就拥立隗嚣的小儿子隗纯做王，带领军队，把冀州给占领了。公孙述命令将军赵匡、田弁去帮助隗纯。光武帝下令让冯异去进攻他们。

公孙述命令他的翼江王田戎、大司徒任满、南郡太守程汎带领几万人来到江关，打败冯骏等军队，于是，就把巫县以及夷道、夷陵二县给攻下来了，并且趁机占领荆门、虎牙二山，横着江水架起浮桥、关楼，插立欑柱来阻断水路，又扎帐为营，跨过山头来阻挡陆路，抗击汉军。

夏季，六月，丙戌日（初六），光武帝亲自来到缑氏县，登上了轘辕山。

吴汉带领王常等四个将军以及五万多人，到高柳县去进攻卢芳的将军贾览、闵堪；因为匈奴来援助他们，汉军失败了。于是，匈奴转为强盛，劫掠骚扰的人一天比一天增多。光武帝下令让朱祜在常山郡驻军，王常在涿郡驻军，破奸将军侯进在渔阳郡驻军，派讨虏将军王霸做上谷郡太守，以防御匈奴。

光武帝命令来歙全权监临护视众将而在长安驻军，太中大夫马援做他的帮手。来歙上书说："公孙述以陇西、天水二郡为屏障，所以才能够拖延生命，暂时休养生息；可是如今二郡已经平定扫荡，那么，公孙述的智慧谋划已经穷尽了。我们应该选择兵马，储备粮食。如今西州刚被打败，军队以及百姓都疲惫饥饿，如果用钱财粮食来让他们投降，那么这些人就可以聚集。微臣知道国家要提供的不是只有这一项开支，而且费用支出不够；可是，有时候是不得已而为之的！"光武帝感觉他说得很对。于是，就下令汧县积储米谷六万斛。秋季，八月，来歙带领冯异等五个将军，到天水郡去讨伐隗纯。

骠骑将军杜茂在繁畤县和贾览进行交战，杜茂的军队被打败了。

众羌从王莽末年就开始入住边塞境内，大多数金城郡的属县都被他们给侵占了。隗嚣没有办法征讨，就借机会靠近，安慰接见，发动他们跟汉室相对抗。司徒掾班彪上书说："如今凉州郡县都有向羌人投降的人。羌人是披头散发、所穿衣服左边开襟的异族，却和汉人混乱交杂地相处，风俗习惯不仅不同，言语又不通，而且很多次被小吏及狡黠之人所侵犯，穷困怨怒，丝毫没有保障，所以他们都叛变了。蛮夷抢掠作乱，都是因为这个而兴起的。依据原来有的规章制度，益州郡县设立蛮夷骑都尉，幽州郡、县设立领乌桓校尉，凉州郡县设立护羌校尉，都执持符节而统治，为了解决他们所结的恩怨，一年四季都派人加以巡逻，探问他们的痛苦患难。还多次命令使者翻译，通达信息，让塞外羌人做官吏的耳目，州、郡因此就可以有所警戒防备。所以如今我们应该恢复原来的体制，来彰显威严的戒备。”光武帝就听从了他的意见。让牛邯去做护羌校尉。

盗贼杀了阴贵人的母亲邓氏和弟弟阴䜣。光武帝为这件事深深地感到悲伤，于是就册封贵人的弟弟阴就为宣恩侯。后来又召见阴就的哥哥侍中阴兴，想加封他，把印章组绶放在面前。可是阴兴坚持并谦让地说：“微臣并没有先登敌城、攻陷军阵的功劳，可是一家几个人都享受爵位食邑，会被天下人怨恨，这个实在不是我所期盼的！”光武帝很赞赏他，所以就没有改变他的志向。贵人问他原因，阴兴说：“外戚之家往往被不知道谦虚退让所害，嫁女儿的时候想把她许配给王侯，娶媳妇的时候就希望可以娶公主，我的内心实在感到愧疚不安。富有显贵是有权限的，做人应该懂得满足，夸张奢侈更是会被他人所耻笑的。”贵人被他的话感动了，深深地让自己谦下损抑，始终都不肯替同宗的亲属谋取官位。

光武帝命令寇恂回来，让渔阳郡太守郭伋为颍川郡太守。郭伋把招降的山贼赵宏、召吴等几百人，都送回了家，并且还赐予他们农籍；然后弹劾自己擅自把投降的贼给放了，可是光武帝没有怪罪于他。后来，赵宏、召吴的党羽听说郭伋的威信，就远从长江以南，或从幽、冀二州，不约而同地共同投降，连续不断。

莎车国王康去世，由他的弟弟贤继承王位，进攻拘弥、西夜二国国王，而派康的两个儿子去做国王。

十年（甲午，公元34年）

春天，正月，吴汉又带领捕虏将军王霸等四个将军、六万人，从高柳县进攻贾览，匈奴几千骑兵去营救他。在平城县下屡次进行交战，把他们打败逃跑了。

夏阳节侯冯异等人和赵匡、田弇交战快一年，才把他们都给杀了。隗纯还没被打败，众将士想暂且返回停战，可是冯异坚持到底，丝毫不为他人所动摇，于是就一起进攻落门聚，没能攻下。夏季，冯异在军中去世。

秋季，八月，己亥日（二十五日），光武帝亲自来到长安。

起初，隗嚣的将军安定人高峻拥有自己的军队，把高平县第一城给占领了，建威大将军耿弇等人去包围它，经过了一年，都没有能攻取成功。光武帝打算御驾亲征，寇恂劝谏说："长安在洛阳、高平之间，要想接应既近又方便，安定、陇西二郡肯定会震动惊慌；这里是一个安稳的地方，可以牵制四方。可是如今人马疲惫，正处于危难之中，对陛下是危险的。前年颍川郡的事件，可以作为警告。"光武帝不肯听取谏言，进军来到汧县。高峻还是不肯投降，光武帝就命令寇恂前去招降他。寇恂拿着玺书来到第一城，高峻命令皇甫文出来与他相见，措辞行礼倨傲；寇恂很是生气，打算把他给杀了。众将劝谏说："高峻有一万精锐的兵卒，有很多强劲的弓弩，戍守西边陇西郡的通道，一连几年都没有能攻下，如今打算招降他，却反而把他的使者杀了，这样恐怕不可以吧！"寇恂没有同意，就把皇甫文给斩了，让他的副使回去告诉高峻说："由于军师无理，已经被我杀了！如果要投降，就赶快投降；不要的话，就加强防守！"高峻担心害怕，于是当天就打开城门投降。众将都恭贺，就顺便问他说："请问杀了他的使者，却能让他开城投降，这是什么道理呢？"寇恂说："皇甫文，是高峻的心腹，是他谋取计策的人。如今前来，说理倨傲，肯定没有归降的想法。要是保全了他，那么，皇甫文的谋略就得逞了；如果把他给杀了，就可以让高峻丧失胆量，所以他就投降了。"众将都说："这可不是我们所能比得上的。"

冬季，十月，来歙和众将攻打落门聚，周宗、行巡、苟宇、赵恢等人献出隗纯投降，王元逃到了蜀郡。把隗姓宗族迁移到京城以东的地方去。后来，隗纯和宾客逃到了胡地，来到武威郡，被逮捕，处死了。

先零羌和其他族人掠夺金城、陇西二郡，来歙带领盖延等人进军攻打，把他们打得大败，砍了几千个敌人的头颅。于是，便打开仓库，去救济饥饿困乏的百姓，陇山以西终于安定了，而且凉州诸郡到京城的道路也打通了。

庚寅日（十七日），光武帝回到皇宫。

十一年（乙未，公元35年）

春季，三月，己酉日（初九），光武帝亲自来到南阳郡，后又返回，来到章陵县；庚午日（二十日），光武帝回宫。

岑彭在津乡驻军，多次进攻田戎等人，都没有取得胜利。光武帝调遣吴汉带领诛虏将军刘隆等三个将军，总共派出荆州军队六万多人、战马五千匹，和岑彭在荆门山会合。岑彭准备几千艘战船，吴汉感觉众郡船夫要消耗很多粮食，就打算撤除他们。可是，岑彭以为蜀国军队强大，不能被遣散，就上书说明情况。光武帝回答岑彭说："大司马熟知应用步兵骑士的方法，却不精通水战，荆门山的军事，全以征南公（岑彭）为重就可以了。"

闰月，岑彭命令军中招募进攻浮桥的士兵，首先登上的有重赏。于是，偏将军鲁奇接受招募而攻打。可是这个时候，东风狂急，鲁奇的船只逆流而上，直向浮桥冲去，而欑柱有反杷钩，使鲁奇的船只没有能够离开；鲁奇等人也就趁着这个情况拼死作战到底，利用投掷火把去烧浮桥，风急火大，桥楼被焚烧坍塌。岑彭带领全军顺着风势一起进攻，所向披靡，蜀军大乱，有几千人都被淹死了，把任满杀了之后，活捉程汎，可是田戎逃到江州县去防守。

岑彭上奏光武帝派刘隆做南郡太守；自己带领辅威将军臧宫、骁骑将军刘歆一直向前，来到江关。命令军队不可以劫掠抢夺，所经过的地方，人民都捧着牛酒来迎接犒劳，岑彭又谦让不肯接受，于是人民都非常高兴，争着打开城门投降。光武帝下令让岑彭守卫益州，做州牧，拿下各郡之后就兼任太守之职，岑彭如果离开了郡界，就把太守的名位传给在他之后的将军。遴选属官兼代州中长吏。

岑彭到江州县，由于它城防坚固很难一下子攻取，粮食充足，于是就留下冯骏看守它；自己带领军队，乘着优势，直向垫江县，成功攻取平曲县，收取它几十万石米。吴汉留在夷陵县，把楫装在船上，露出在外，而继续前进。

夏季，先零羌进犯临洮县。来歙推荐马援做陇西郡太守，进攻先零羌，把他们打得大败。

公孙述让王元担任将军一职，命令他和领军环安在河池县抵抗。六月，来歙和盖延等人攻打王元、环安，把他们打得大败，就攻取了辨县，趁着胜势而继续前进。蜀人非常担心害怕，就派遣刺客去行刺来歙，来歙还没断气，就派人马上将盖延召来。盖延见到来歙，就俯下身子悲伤哀痛，不能抬头相看。来歙训斥盖延说："虎牙（盖延，为虎牙大将军的省词）怎么能如此呢！如今我被刺客刺中，没有办法来继续报答国家的恩典，所以叫你前来，想把将军的事情嘱咐给你，你却反而像小儿女子一样痛哭流泪呢！刀刃就算在身上，不能指挥军队斩了你吗？"盖延停止哭泣，勉强站起来，接受他的告诫。来歙亲自写表说："微臣在深夜众人就寝之后，不知道被什么人所行刺，刺中了臣的要害。微臣不敢自怜，实在恨自己奉行的职责不能和名位相当，而让朝廷蒙羞。治理国家应该以得到贤才为根本，太中大夫段襄，正直无私，可以担当大任，希望陛下可以裁断审察。还有微臣的兄弟不贤，一直都害怕获罪，希望陛下可怜，多多赐予教正。"把笔给扔了，抽出身上的刀刃而断气身亡。光武帝知道这件事之后，大吃一惊，看到呈文而眼泪不止；让扬武将军马成兼中郎将接替他的职位。来歙的灵柩回到洛阳，光武帝穿着丧服，亲自前去吊唁他，送到墓地下葬。

赵王刘良跟着光武帝送来歙的灵柩回来，进入夏城门，和中郎将张邯抢路，斥责张邯让他转车；又指责门候，让他向前走几十步。司隶校尉鲍永上奏弹劾“刘良没有行过诸侯的礼节，这就犯了大不敬的罪”。刘良是尊贵的皇亲国戚，可是鲍永却去弹劾他，让朝廷上下都为之肃然起敬。鲍永派遣扶风人鲍恢做都官从事，鲍恢为人也刚正不阿，从来不让横行霸道的人祸害百姓。光武帝经常说：“尊贵的皇亲国戚都暂时要缩手不能胡来而避开二鲍。”

鲍永巡视各县来到霸陵县，路过更始坟墓的时候，行跪拜大礼，痛哭竭尽哀思而离开了，到了西边的扶风，杀牛去祭拜苟谏的墓。光武帝知道这些事之后，心里很不高兴，问公卿说：“如果奉命出使的人都像这样的话，该怎么办？”太中大夫张湛回答说：“仁，是行事的主体；忠，是义理的主体；行仁不遗忘故旧，尽忠不忘记君王，这才是最高的行为。”光武帝的心意才宽解。

光武帝亲自带领兵马去讨伐公孙述。秋季，七月，驻扎在长安。

公孙述命令他的将军延岑、吕鲔、王元、公孙恢率领所有的军队到广汉县和资中县去抵抗，又命令将军侯丹带领两万多人到黄石滩去抗拒。岑彭命令臧宫带领五万投降的士兵，从涪水上行到平曲县，对抗延岑，自己把军队分散开来，顺着江水而下，回到江州县，然后逆着都江的水流而往上走，去偷袭侯丹，把他打得大败；接着就日夜兼程，着急赶了两千多里路，直接成功拿下武阳县。命令精锐的骑兵马上去进攻广都县，从那里到成都只有几十里路，情况就像风雨一样，所到过的地方，敌人都逃散了。刚开始，公孙述听说汉军在平曲县，于是就命令大军去迎战。等到岑彭来到武阳县的时候，绕出在延岑的军队后面，蜀地就为之震动惊骇。公孙述很是吃惊，用杖击地说：“这是什么神啊？”

延岑在沅水（应作沈水）有很多军队。藏宫军队缺少粮食，后备粮食又一直没有运来，那些投降的士兵都想在郡城逃离背叛，又另外聚众保守，来观望成败。臧宫打算带兵返回去，害怕引起背叛；可是刚好光武帝命令谒者带领军队到岑彭那儿去，有七百匹马，臧宫就骗他们说是光武帝的命令用来加强自己的实力，日夜兼程马不停蹄地进兵，设置很多军旗，登上高山，击鼓哗噪，右边是步兵，左边是骑兵，夹着船只而不断前进，呼喊的声音震惊山谷。延岑没有想到汉军突然来到，于是登山望去，非常担心害怕；臧宫趁机纵兵进攻，把他打得大败，被砍首级或淹死的士兵就有一万多人，水都因为这个而变得污浊了。延岑逃到成都，他的部下全部投降，把他所有的兵马珍宝都获取了。因此趁着胜势，追赶败军，投降的以十万计算。军队到平阳乡，王元率领部下投降。

光武帝给公孙述去信，讲述祸福，并且表示确然不移的信约。公孙述看信叹息，拿给亲近的大臣看。太常常少、光禄勋张隆都劝说公孙述投降。公孙述说："废兴，是命，哪里有投降的皇帝呢！"左右大臣不敢再多说什么。常少、张隆都因为这个担心忧愁而死。

光武帝从长安回来。

冬季，十月，公孙述让刺客假称是逃亡的奴仆，去向岑彭投降，在晚上去刺杀了岑彭；太中大夫监军郑兴率领他的军营，等到吴汉来了就把军营交给他。岑彭带兵一向很严谨，根本不让他们侵扰人民，邛谷王任贵听说岑彭的威信之后，即使远在几千里之外，还命令使者去迎接他们并且投降；刚好岑彭已被刺客杀死，光武帝就把任贵所进献的财物全部赐给了岑彭的妻儿。蜀人为岑彭建庙而祭祀他。

马成等人顺利拿下河池县，于是平定了武都郡。先零以及其他各种族的羌人有几万人，会集于此并掠夺百姓，在浩亹隘反抗。马成和马援深入敌境，强力攻打，把他们打得大败，还把那些投降的羌人迁移到天水郡、陇西郡、扶风去安置。

这个时候，朝廷的大臣认为金城郡破羌县的西边，此行路途甚远，而且贼寇很多，建议把它给放弃了。马援上书光武帝说："破羌县以西的地方，城邑大多牢固，易于固守；它的田地都是肥沃的土壤，灌溉方便。如果让羌人住在湟中，那么，为乱祸害的可就不止这些了，所以一定不可以抛弃。"光武帝听从他的建议。人民返回去的有三千多人，马援为他们设置长吏，修缮城郭，建筑警戒的坞候，开挖沟渠，鼓励农耕畜牧的发展，郡里的人都很高兴地从事生产。后来又招抚塞外的氐人、羌人，他们也都愿意来归降亲附，于是马援就奏请光武帝恢复他们的侯王君长；光武帝全部答应了。就撤出马成的军队。

十二月，吴汉从夷陵县带领三万人马，逆着长江的水流而迎上，去进攻公孙述。

郭伋做并州牧，经过京城的时候，光武帝问他施政的得失情况，郭伋说："选人填补各种职位，应该选择天下的贤士俊秀，而不应该都只用南阳郡的人。"这时，做官的大多人都是光武帝的同乡老友，所以郭伋谈到了这个问题。

资治通鉴卷第四十三　汉纪三十五

起丙申（公元36年），止丙午（公元46年），共十一年。

【题解】 本卷记录了建武十二年至二十二年间的历史，这一时期是光武帝执政中期。光武帝虽然平定了公孙述，但北方始终不宁。匈奴对抗东汉，联合乌桓等侵犯北方，直至建武二十二年，北方才大致安定下来。此时，交趾夷及西南夷等相继叛乱，国内也不时发生民变，东汉朝廷处在内忧外患之中。马援平交趾，西南夷平服，天下始治。光武帝四处体察民情，惩治、诛杀贪官污吏；奖励忠直之臣；重视教育；保护开国功臣，使他们都能颐养天年。光武帝还打破传统，更易太子，立贤不立嫡。

世祖光武皇帝中之下

建武十二年（丙申，公元36年）

春季，正月，吴汉在鱼涪津把公孙述的将军魏堂、公孙永打败了，于是，包围武阳县。公孙述差遣女婿史兴去营救他们，吴汉前去进攻，把他给打败了，于是就进入了犍为郡界，众县都防守自己的城池。光武帝下令让吴汉直接进攻广都县，占领它的要地。吴汉就向广都县进兵攻打，将它拔取，调遣轻装疾行的骑兵火烧成都的市桥。公孙述的将帅担心害怕，便日夜叛变逃离，就算公孙述把他们的家人都给杀了，也还是没有能禁止他们。光武帝一定要招降他，于是就又下诏告诉公孙述说："不要因为来歙、岑彭都被刺身死，而让自己犹豫不定，如今及时亲自前来投降的话，那么宗族的性命就都能保全了。诏书由我亲笔写下，是不能多得的。"公孙述始终没有投降的想法。

秋季，七月，冯骏攻下江州县，捉拿到田戎。

光武帝告诫吴汉说："成都有十多万兵卒，不可以掉以轻心。你只要坚决防守广都县，等他前来进攻，不要和他交战就行了。万一他不敢来，你就转移军队驻地去靠近他，等他力量削弱了，才可以再去进攻。"吴汉趁着优势，就亲自带领两万步兵骑士攻打逼近成都，距离该城十多里路，依靠长江的北边扎营，架搭浮桥，让副将武威将军刘尚带领一万多人在长江以南的地方驻守，扎下营地，彼此相距二十多里路。光武帝知道这个军情之后，大吃一惊，责备吴汉说："最近不厌其烦地告诫你，哪里知道你做事竟如此悖乱呢！已经轻视敌人，深入敌地，又和刘尚分别扎营，如果有紧急的情况发生，根本就来不及照应了。敌人万一出兵牵制你，又让大批人马进攻刘尚，刘尚被打败，你也就失败了！如果幸运没有其他事故发生，那你就马上带兵回到广都县去。"诏书还没有到达，九月，公孙述果然命令他的大司徒谢丰、执金吾袁吉带领十多万兵马，分成二十多个军营，出城进攻吴汉，后又派其他的将领带领一万多人去劫持刘尚，让他没有办法去营救。吴汉和他们大战了一整天，被打败了，逃到营垒，谢丰就把他包围了。于是吴汉就聚集众将士，鼓励他们说："我和众将越过艰险，辗转征战千里的路，终于深入敌地，来到了他们的城下。可是如今和刘尚两个地方都被包围了，形势上既不能相互接应，那么它的祸患就很难估测了。我想秘密发兵到江南，靠近刘尚，和他的军队相会合，一起来反抗他们。如果诸位能够齐心协力，每个人都为自己作战的话，大功就可建立；如果不是这样，则肯定失败，没有人有机会活命。成败的机会，就在这一战。"众将都说："是。"于是，让兵卒吃饱喝足，马匹喂足，营门三天紧闭，不出城迎战，反而插立了很多旗子，使烟火不断，夜里，人人含枚，就率领兵马和刘尚的军队会合。谢丰等人没有察觉，在吴汉和刘尚军队会合的第二天，谢丰就让一部分军队去反抗长江以北的地方，而自己带领人马去进攻长江以南的地方。吴汉就派所有的军队上去迎战，从早晨到申时，终于把他们打得大败，谢丰、袁吉被斩杀。于是，他率领兵马回广都县，把刘尚留下抵抗公孙述，细致地向光武帝报告实情，并且深深地责怪自己。光武帝答说：“你回广都县，决定是很正确的，公孙述肯定不敢越过刘尚的军队来进攻你。万一他们先攻打刘尚，你从广都县五十里路带领所有的步兵骑士赶去，赶到正好他们已危困，打败他是一定的。”从此吴汉和公孙述在广都县、成都之间作战，打了八次，吴汉八次都大获全胜，于是就在成都的内外城之间把军队驻扎下来。

臧宫攻取绵竹县，拿下涪城，公孙恢被斩杀了；后来又夺得繁、郫二县，和吴汉在成都会合。

李通为了可以躲避权势，于是向光武帝请求辞职；经过两年，光武帝才批准他交上大司空的印章组绶，赐位特进，奉朝会请召。后来，主管官吏上奏册封皇子，光武帝很感激李通首先建议灭莽兴汉的大计，当天就册封李通的小儿子李雄为召陵侯。

公孙述困厄危急，对延岑说：“现在应当怎么办？”延岑说：“男儿理应从死中谋求生路，怎么能坐致穷困呢？财物是很容易获取的，对此不应该吝惜。”公孙述就把黄金布帛全部分散给大家，招募了五千多个敢于牺牲的勇士去配合延岑。延岑在市桥插立旗子，来进行伪装，击鼓挑战，然而秘密命令奇兵在吴汉的军队后面进攻吴汉，把吴汉打败了，吴汉掉进水里，依靠抓着马的尾巴才能出来。吴汉的军队只剩七天的粮食，于是就暗地里准备船只，准备逃离；蜀郡太守南阳人张堪知道了这件事之后，赶去见吴汉，说公孙述肯定失败，我们不应该有撤军的打算。吴汉听取了他的意见，就显示衰弱来向敌人求战。

冬季，十一月，臧宫在咸阳门驻扎军队；戊寅日（十八日），公孙述亲自带领几万人去进攻吴汉，派延岑反抗臧宫。延岑曾三次与他们大战，三次都取得了胜利，从早晨到中午，军士没吃东西，都很疲惫。吴汉趁机派护军高午、唐邯带领几万个精锐的士兵进攻他，公孙述的军队大乱；高午奔到阵里去刺杀公孙述，公孙述被穿通胸膛，从马上掉了下来，身边的人把他抬进城里。公孙述把军队嘱托给延岑，当天晚上，就去世了；第二天早晨，延岑率全城投降。辛巳日（二十一日），吴汉把公孙述的妻儿给杀了，还把公孙氏全部灭了，而且族灭延岑，最终放任军队大肆掠夺，公孙述的宫室被火烧。光武帝知道了这件事之后，很是生气，就责备吴汉。后又责备刘尚说："开城投降三天，官民归顺，小孩、老母，人口以万计算，如果纵容士兵任意放火，百姓知道之后肯定很是伤心。你是宗室的子孙，又曾经担任官职，做这样的事你于心何忍呢！抬头望天，低头看地，与秦西巴放小鹿，乐羊啜己子之羹，两个人哪一个仁德呢！你这样实在有失砍杀敌将、抚慰人民的道义！"

起初，公孙述派遣广汉人李业做博士，李业坚持声称自己有病不能起身。公孙述觉得没有把他给招过来，感到很耻辱，于是就让大鸿胪尹融拿着诏书去劫持李业，"如果起身的话就授给他公侯的高位，不起身就把毒酒赐给他"。尹融把意思说明白："当今天下四分五裂，谁能知道是非对错，却拿自己小小的身体去试探那深不可测的深渊！朝廷仰慕你的声名美德，特意空出官职，留下职位，到现在都已经七年了，四季进献的珍贵食物，都没有忘记赏赐给你；所以怎么说你也理应向上奉事知己，向下为自己的子孙后代着想，生命名誉都得以保全，不是很好吗？"李业就感叹说："古人不进入危难的国家，不停留在混乱的国家，就是为了这个原因。君子见到危难可以牺牲自己的性命，怎么能够用高官厚禄来引诱他呢！"尹融说："你应该把妻子叫出来商量一下。"李业说："我从心里已经决定很长时间了，为什么要叫妻子来商量呢！"于是就喝下毒药身亡了。公孙述怕有谋杀贤臣的恶名，就命令使者前去吊祭，赠送给赙仪一百匹布帛，李业的儿子李翚逃走，没有接受。公孙述又召请巴郡人谯玄，谯玄没有去；就命令使者用毒药去威胁他，太守亲自来到谯玄的家里，劝说他启程，谯玄说："保存志节，成全高名，死还有什么好遗憾的呢！"于是就接下毒药。谯玄的儿子谯瑛向太守磕头失声痛哭，甘愿献上家里一千万钱，去赎取父亲的性命，太守替他求情，公孙述同意了。公孙述又召请蜀郡人王皓、王嘉，害怕他们不来，就事先囚禁了他们的妻子儿女，使者对王嘉说："立刻准备行李，妻儿的性命才能够保全。"回答说："犬马还认得主人，更何况是人呢！"王皓就先拔剑自杀，家人把他的头交给使者。公孙述很生气，就把王皓的家属都给杀了。王嘉知道之后感叹地说："晚了啊！"就对着使者拔剑自杀而亡。犍为人费贻始终不愿意做公孙述的官，就用漆把全身涂成癞疮，伪装癞病，装作发疯而逃避。同郡的任永、冯信，都谎称是青风眼，推脱征召的命令。蜀地被光武帝平定之后，下令派常少为太常，张隆为光禄勋。谯玄已经死了，就用少牢的祭品去祭祀他，命令当地官府归还他家里的钱，还表彰李业的里门。征召费贻、任永、冯信，可是任永、冯信都因病而死，唯独费贻做官到合浦郡太守。光武帝感觉公孙述的将军程乌、李育很有才能，就都提拔重用他们。于是，西域各国都因此心悦诚服，没有一个不归顺的。

起初，王莽派广汉人文齐做益州郡太守，文齐指导农耕，训练军队，把那些降服了的蛮夷都聚合在一起，很得他们的欢心。公孙述在位的时候，文齐坚持守护险地相拒，公孙述囚禁他的妻儿，同意封他为侯，可是，文齐不肯投降。后来，知道光武帝登基，就差遣使者从小路去向他汇报。等到蜀地平定之后，光武帝召集他做镇远将军，封为成义侯。

十二月，辛卯日（初一），扬武将军马成兼摄大司空一职。

这一年，参狼羌和其他种族进犯武都郡，陇西郡太守马援把他们给打败，降服了一万多人，于是，陇山以西的地方得以清明平静。马援专心施展恩惠信实，以宽容对待部下，任用官吏担任职务，只是掌握大原则，可是宾客旧友却每天有很多人到他的家。诸曹有时向他汇报外面的事情，马援总是说："这是丞、掾的事情，哪里需要来劳烦我呢！你们应该好好可怜可怜我这个老头，让我能够尽情地逍遥。至于豪门大族扰害小民，狡猾的官吏不听从命令的事情，这才是太守应该管的事！"邻近的县城曾经有人报仇，吏民就谎称是羌人叛变，百姓逃入城里，狄道县长就到府门，请求把城门关了，并把军队派出去。马援这个时候正在和宾客一起喝酒，大笑说：“胡虏怎么敢再度进犯我！告诉狄道县长，回去守住官舍。实在害怕紧张的，可以躲在床下！”后来，慢慢安定下来，郡里的人都很佩服他。

光武帝下诏说：“边塞官吏的兵力如果不能抗战的话就防守，追击敌人时要先了解敌人的情况，不受军法中‘逗留法’的控制。”

山桑节侯王常、牟平烈侯耿况、东光成侯耿纯都相继去世。耿况生病，光武帝很多次亲自去看望他，后又让耿弇的弟弟耿广、耿举都做中郎将。耿弇兄弟六人，都担任高官，由官署侍候医药，当时的人都感觉他们很光荣。

卢芳和匈奴、乌桓国的军队聚合，多次进犯边境。光武帝命令骠骑大将军杜茂等人带领军队驻守北边的地方，以飞狐道为行政所在地，修建亭候、障塞，修治烽燧，一共和匈奴、乌桓国大小交战几十上百次，一直都没有取得胜利。

光武帝下令让窦融和五个郡的太守入京觐见。窦融等人接到诏书就启程了，官属宾客在后面跟随着，车子有一千多辆，马牛羊遍布原野。他们来到之后，亲自到城门，把印章组绶交上去。诏令使者归还印章组绶，然后再觐见，赏赐恩宠，让全京城的人都震惊羡慕。没有多久，光武帝就任命窦融为冀州牧。后来又让梁统做太中大夫，姑臧县长孔奋是武都郡丞。姑臧县在黄河以西的地方是最富有的，天下还没有平定，士人大多数都不修治节操，做县长的没有几个月，就让自己积累了很多财富；孔奋任职四年，处世务求廉洁公正，被大家所嘲笑，感觉自己处在富有的地方，居然没有使自己积聚财物。等到跟随窦融进京朝见，众太守、县令都是连车财货，布满了平川洼泽；可是只有孔奋没有什么资产，一辆车子上路，光武帝因此而嘉奖他。

光武帝派遣睢阳县令任延为武威郡太守，亲自接见他，告诉他说：“好好侍奉长官，不要让自己失去名声。”任延答说：“微臣听说忠臣一般是不随和的，如果随和的臣子就不是忠心的。行为刚正，秉公办事，是臣子的节操；朝廷上下都没有什么异议，这不是陛下该有的福分。好好侍奉上官，微臣是不敢奉行诏令的。”光武帝叹息说：“你的话说得很对！”

十三年（丁酉，公元37年）

春季，正月，庚申日（初一），大司徒侯霸去世。

戊子日（二十九日），光武帝下令说：“郡国进献的奇珍异宝，应该命令太官不再接受！远方进献祭祀宗庙的食物，则依照旧例。”这个时候，他国有进贡名马的，一天能够行走一千里路，又进贡宝剑，价值一百斤黄金。光武帝下令把宝剑赐给骑士，名马用来拖鼓车。光武帝原来不喜爱听音乐，手里也不拿珍珠美玉，曾经出城打猎，等光武帝晚上回来，上东门候汝南人郅恽守关不开。光武帝命令跟随的人到门缝相见，郅恽说：“灯火距离太远，看不清楚到底是谁。”于是不接受召见。光武帝无奈之下只好回来，从东中门进宫。第二天，致恽上奏疏说：“以前周文王不敢在遨游、畋猎上任意妄为，只是和万民奉行政事，然而如今陛下却到远方山林打猎，夜以继日，打算让社稷宗庙怎样呢！”奏书呈上，光武帝赐给郅恽一百匹布，把东中门候贬职为参封县尉。

二月，光武帝调遣捕虏将军马武在滹沱河驻扎军队，以防备匈奴的进犯。

卢芳攻打云中郡，很长时间都没有攻下。他的将军随昱在九原县留守，想威胁卢芳前来投降；卢芳知道之后，和十多个骑士一起逃入匈奴的地域，他的部下全部归附随昱，随昱就到朝廷投降。光武帝下令任命随昱为五原郡太守，封为镌胡侯。

朱祜上奏说：“古代臣子接受封赏，不加封王爵。”丙辰日（二十七日），下令让长沙王刘兴、真定王刘得、河间王刘邵、中山王刘茂都降低爵位做侯。丁巳日（二十八日），让赵王刘良做赵公，太原王刘章为齐公，鲁王刘兴为鲁公。这个时候宗室还有绝国封侯的加起来总共一百三十七人。富平侯张纯，是安世四世孙，经历过王莽的时代，由于为人严谨淳厚，做事情能够把握要点，所以才得以保全从前的封爵；建武初年，带头亲自来到朝廷，所以照旧做了侯。于是，主管官吏上奏："列侯不是宗室，不应该恢复封国。"光武帝说："张纯守备宫廷十多年，不应该废除才是！"改封为武始侯，以富平县的一半地方做封地。

庚午日（二月无此日），让绍嘉公孔安做宋公，承休公姬常为卫公。

三月，辛未日（十二日），光武帝让沛郡太守韩歆做大司徒。

丙子日（十七日），兼摄大司空马成又一次担任扬武将军。

吴汉从蜀地整队凯旋，到宛县的时候，光武帝下令让他访家上坟，并且赏赐粮食两万斛；夏季，四月，回到了京城。于是，光武帝大宴将士、功臣，增添食邑，另外加封的总共有三百六十五人，其中外戚、恩泽受封的共计四十五人。光武帝打算封邓禹为高密侯，以四个县做封邑；李通为固始侯；贾复为胶东侯，以六个县为封邑；其他各有差别。已经过世的人就加封他的子孙，或者改封庶子。

光武帝在军中很长时间，厌烦了军队里的事情，而且知道天下人都疲倦辛劳，喜欢休养生息，所以自从陇西郡、蜀国平定之后，不是特别要紧的，就不再说军队的事情。皇太子曾经询问攻打作战的事情，光武帝说："以前卫灵公问军阵的事情，孔子没有回答。这不是你可以胜任的。"邓禹、贾复知道光武帝想要停止战争，修治文德，不想让有功的人在京城拥有军队，于是就让他们都除去战甲兵器，崇尚儒家之学。光武帝也想要保全功臣的爵位食邑，不让他们因为失职之事，而丧失爵位食邑，就免除了左、右将军的官职。耿弇等人也把大将军、将军的印章组绶上交了，都以列侯的身份回府，光武帝赐给他们特进之位，奉朝会请召。

邓禹往常在家的品行淳厚完备，有十三个儿子，都让他们各自学习一门技艺，治理好家庭，教育好儿女，让他们都可以成为能让后代效仿的人；所有用度开销都来自国邑，自己不去经营谋利。

贾复为人刚正坚毅，具有大节，回到家之后，全家都培养威严厚重的品行。朱祐等人举荐贾复适合做宰相，光武帝正因为吏事要求三公，所以有功的臣子都不用。这个时候，列侯只有高密、固始、胶东三个侯和公卿参与商讨国家大事，光武帝对待他们十分有恩。光武帝虽然操控驾驭有功的臣子，可是，也时常能庇护他们，宽容他们的小过。远方进贡的珍贵美味的食物，必定先普遍地赏赐给诸侯，而太官却没留下的，所以基本都能保全他们的福禄，没有被诛杀和谴责的。

益州郡传送公孙述的盲人乐师、郊庙乐器、葆车、舆辇来到京城，于是，祭器才完善。这个时候，战争既然已经停止，天下事情还不是很多，文书往来和赋税徭役，一切要求简要，甚至是十件保留一件。

甲寅日（二十五日），光武帝派冀州牧窦融为大司空。窦融自己感觉不是旧臣，万一进入朝廷的话，地位一定会在有功的臣子之上，所以每逢入朝会觐见的时候，脸色和说话，都是非常地谦虚恭敬，光武帝也因此更加地亲近厚待他。窦融谨慎小心，心里面久久不安，很多次辞让爵位，进呈奏疏说："微臣窦融有儿子，每天早晚都教他经术，不让他看天上的星象，阅谶书，实在想让他谦恭谨慎，害怕做官，诚信笃实，坚持正道，不期望他有才能，更何况是把好几个城邑以及广袤的土地传给他，让他承袭享受诸侯王国呢！"于是就又恳请光武帝在闲暇的时候可以接见他；可是，光武帝没有答应。后来，朝会结束之后，在座席的后面犹豫，光武帝知道他要谦让爵位，就让近臣传旨窦融出宫。有一天见到了，就上前命令窦融说："前几天，知道你打算辞让官职，归还封地，所以说由于天气过于闷热，叫你可以去外面随便活动一下；今天相见，应该谈论其他的事隋，不要再说这些了。"窦融就不敢再讲明请求了。

五月，匈奴进犯河东郡。

十四年（戊戌，公元38年）

夏天，邛谷王任贵命令使者奉上三年的计簿，随即任命为越巂郡太守。

秋季，会稽郡发生严重的传染病。

莎车国王贤、鄯善国王安都命令使者奉呈奇珍异宝。西域苦于匈奴的大肆搜刮，都心甘情愿地归属汉朝，再设立都护，光武帝感觉中国刚刚安定，就没有同意。

太中大夫梁统上奏疏说："微臣私下看到元帝初元五年，有三十四件案子都减轻了斩首之刑；哀帝建平元年，有八十一件减轻斩首之刑，其中四十二件，是亲手杀人的，减轻死刑一等。自此之后，明确规定为法制，所以人民轻易犯法，官吏很随意地杀人。微臣听说立君的道理，是要以仁爱为主。仁，是爱人；义，是正理。爱人就要全心全意去杜绝那些残暴的事情发生；正理就要想到除去祸害；刑罚必须适中，不要采用轻的。高帝成天下，约定律令，实在很合适，文帝只是减去肉刑和连坐的法令，其他都按照原来的典制。到了哀帝、平帝登基，由于在位的时间很短，听讼裁断很少。丞相王嘉随意附会，删除先帝原来有的约定和制订的法律，短短几年的时间，就删除了一百多条，有的在道理上有所欠缺，有的不能让民心愿意臣服，微臣谨慎地呈上其中对政体特别有危害的，奏陈在左边，期望陛下明诏主管官吏，认真择取其中好的，制定永远的法典。"光武帝把这件事交给在下的公卿，光禄勋杜林奏说："大汉刚刚建立，免除苛政杂税，举国上下欢喜，等到后世，法令就慢慢地增多了。就连果桃菜蔬的赠送，都积聚在一起变成了赃物，对义理没害的小事，竟然被处以死刑。至于那些法不能禁的，令不能止的，就上下相互遮蔽，形成的弊端更加严重。微臣愚笨认为应该按照旧有的法制，不可以随便更改。"梁统又上奏说："微臣所上奏的，并不是要让刑罚变得严厉。经书说：'为了约束百姓，刑罚要适度。'适当的解释，就是不轻不重。自从高祖到孝宣帝，全国可以说很太平，等到初元、建平年间，盗贼数量就慢慢地增多了，这都是刑罚不适中，愚蠢的人轻易犯罪而造成的。以此看来，那么，刑罚减轻的措施，反而存在着重大的隐患，恩惠加在犯法作乱的人的身上，祸患却转移到善良人的身上！”这件事情被搁下，光武帝没有答复。

十五年（己亥，公元39年）

春天，正月，辛丑日（二十三日），大司徒韩歆被免职。韩歆喜欢说比较刚正的话，没有什么隐蔽掩饰，光武帝经常不能容忍他这样。韩歆在光武帝面前，讲明年收成将不好，指着上天，划着大地，口气说得很刚强严正，所以因为这个被罢免了官职，返回老家。光武帝还是不高兴，于是又差遣使者宣读诏书责备他；韩歆和儿子韩婴都自杀了。韩歆原来有很大的声誉，又不是因为犯了什么罪而死，所以有很多人都不服；光武帝就追赐钱谷，用完备的礼仪去厚葬他。

◆司马光说：以前殷高宗告诉傅说："如果吃了药就头不晕眼不花了，那么他的病就不能痊愈。"严厉正直的话，对臣子来说虽然没有什么好处，对国家来说却有福。因此光武帝要日夜求取，担心害怕听不到才行。可惜啊！在汉光武的时期，韩歆却因为正直的劝谏而死，哪里不是对仁德圣明的损害！◆

丁未日（二十九日），有彗星出现在西方的昴宿。

光武帝派遣汝南郡太守欧阳歙为大司徒。

匈奴进犯掠夺，形势一天比一天厉害，州、郡都不能阻止。二月，光武帝调遣吴汉带领马成、马武等人进攻北边的匈奴，把雁门郡、代郡、上谷郡六万多吏民都迁移到了居庸关、常山关以东的地方安置，以逃避胡人的进犯掠夺。匈奴左部于是又辗转在边塞之内停留了下来，朝廷因此很担心，增添边境的军队，每部有几千人。

夏季，四月，丁巳日（十一日），封皇子刘辅为右翊公，刘英为楚公，刘阳为东海公，刘康为济南公，刘苍为东平公，刘延为淮阳公，刘荆为山阳公，刘衡为临淮公，刘焉为左翊公，刘京为琅琊公。癸丑日（十七日），追封兄长刘縯做齐武公，兄长刘仲为鲁哀公。光武帝感叹刘縯的功业不成，于是抚养他的两个儿子刘章、刘兴，并且对他们疼爱有加。由于他们俩从小就处在尊贵的地位，打算让他俩熟悉吏事，于是让刘章暂时代替平阴县令，刘兴做缑氏县令。后来，刘章升为梁郡太守，刘兴升为弘农郡太守。

光武帝以为天下开垦的田地，大部分是自己丈量而不确切的，而且户口、年纪都有所增减，就把诏书下达州郡，查证是否属实。于是，刺史、太守有很多人进行巧谋欺骗，以丈量田地为名义，把人民汇集在田里，后来又丈量屋舍、村落，人民就拦截着道路哭喊；有的官吏优待豪强，侵害苛待贫困的百姓。

这个时候，众郡分别命令使者向朝廷汇报，光武帝见到陈留郡的公文上有字，拿到跟前看，写的是："颍川郡、弘农郡可以问，河南郡、南阳郡不可问。"光武帝就问官吏这公文是从哪里来的，目的是什么，官吏始终不肯招认，欺骗光武帝说："在长寿街捡到的。"光武帝大怒。当时，东海公刘阳十二岁，在帐后告诉他说："官吏受到郡府下令，把要同其他郡丈量土地的情况做一个比较！"光武帝说："如果是这样的话，那为什么偏偏要说河南郡、南阳郡不可以问？"答说："河南郡，乃帝王之城，有很多光武帝亲近喜欢的臣子；南阳郡，是光武帝的故乡，有很多光武帝的近亲；田地住宅大多超过规定，所以不能以此作为衡量的标准。"光武帝命令虎贲中郎将询问官吏，官吏才点头如实招来，正是像东海公所回答的那样。光武帝从此更加器重喜欢刘阳。

光武帝命令谒者切实考核两千石长吏阿谀歪曲、处事不公的人。冬季，十一月，甲戌日（初一），大司徒欧阳歙从前做汝南郡太守时丈量土地不符合实际，获赃一千多万事发，被关进了监狱。欧阳歙世世代代教授《尚书》，八代做博士，众生为欧阳歙在宫门前哀求的，有一千多人，甚至有人愿意剃发去毛，自处髡刑。平原人礼震，十七岁，恳求能够替代欧阳歙而死。可是，光武帝竟然没有赦免，欧阳歙死在监狱里。

十二月，庚午日（二十七日），光武帝命令关内侯戴涉做大司徒。

卢芳从匈奴又入侵高柳县并在此停留。

这年，骠骑大将军杜茂犯了派军吏杀人的罪行，被罢免了官职。光武帝就让扬武将军马成取代杜茂，修建障壁，每隔十里设立一个伺望警戒敌情之候，来防御匈奴。派遣骑都尉张堪兼管杜茂的军队，在高柳县攻击匈奴。下令让张堪为渔阳郡太守。张堪在此任职八年，匈奴不敢进犯边塞，鼓励人民进行农耕，而使得百姓富足。百姓都赞颂说："桑无附枝，麦秀两歧。张君为政，乐不可支！"（意思是说：采桑后，砍去其繁茂的枝叶，第二年就可以长得茂盛；麦子长出两个穗，是吉祥的预兆。张君行政，人民很是快乐！）

安平侯盖延去世。

交趾郡麊泠县雒将的女儿徵侧，异常英武，交趾郡太守苏定以法令去管束她，徵侧很生气而怨恨他。

十六年（庚子，公元40年）

春季，二月，徵侧和她的妹妹徵贰一起叛变。九真、日南、合浦三郡的俚人都响应她们俩，总计夺得了六十五个城，之后自立为王，以麊泠为都城。交趾州刺史还有众太守都只能自保。

三月，辛丑晦日（三十日），发生日食。

秋季，九月，河南郡尹张伋和十多个郡太守都犯了丈量田地不切实际的罪过，被关进监狱而死。后来，光武帝在空闲时对虎贲中郎将马援说："我很恨自己从前杀了太多的太守、国相！"答道："因为罪过而死，有什么多的呢！只是死的已经死了，人死马援不能复生罢了！"光武帝听了哈哈大笑。

郡国成群的盗贼，四处兴起，郡、县追赶讨伐，军队到时他们就解散，离开之后又会聚在一起，以青、徐、幽、冀四州情况尤其严重。冬天，十月，光武帝差遣使者到郡、国，任由盗贼们相互检举，五个人共斩一个人就免去他们的罪；官吏就算追赶盗贼畏惧逃避，有意纵容，也都不再追究，应允以擒贼讨贼立功。其中，州牧、太守、县令、长吏因为犯了在界内有盗贼却没有逮捕的罪过，还畏惧懦弱、放弃城池、不能尽职尽责的，都不以为是缺失，只按照获取盗贼多少定论优劣；可是，有意隐瞒的就要判罪。于是，他们相互追捕，盗贼都解散了，把他们的首领迁移到其他的郡里，赐予他们田地，提供公粮，让他们谋生安定。从此牛马放牧可以不需要赶回去，城门也可不必关闭。

卢芳和闵堪命令使者恳求投降，光武帝立卢芳为代王，闵堪为代相，并且赏赐给他们两万匹缯，趁机派他和匈奴和睦相好。卢芳上奏疏感谢光武帝，讲述自己对朝廷的思念之情；于是光武帝下诏答应卢芳第二年正月进京朝见。

从前，匈奴听说汉朝悬赏抓获卢芳，贪图钱财，所以派卢芳回去投降。后来，卢芳把功劳归属自己，不说是匈奴派遣来的，单于又感觉把原来的计策说出来是件丢人的事，所以始终得不到赏金。于是他特别愤恨，对百姓侵略得更加厉害。

马援上奏，应该依据旧有的法制，铸造五铢钱，光武帝接纳了他的建议，天下人都因此很方便。

卢芳进京朝见光武帝，往南来到昌平县的时候，有诏书传来，让他停止，命令改为第二年朝见。

十七年（辛丑，公元41年）

春季，正月，赵孝公刘良去世。起初，怀县豪门大族李子春的两个孙子杀了人，怀县县令赵熹深究他们的违法行为，于是两个孙子就自杀了，却把子春关押起来。京城里贵戚替他求情的有几十个人，赵熹依旧不听。等到刘良生病，光武帝亲自去问候他的时候，问他有什么想说的话，刘良说："我平日里一向和李子春交情要好，可是如今他犯罪，怀县县令赵熹想杀他，我想为他求命。"光武帝说："官员奉行法律办事，万万不可扭曲事实。你可以更改说其他所想要的。"刘良没有再说什么。等到刘良去世之后，光武帝怀念他，就赦免了子春，把他放了出来，而升赵熹做平原郡太守。

二月，乙未晦日（二十九日），日食。

夏季，四月，乙卯日（初二），光武帝巡视亲自来到章陵县。在五月，乙卯日（二十一日），回宫。

六月，癸巳日（二十九日），临淮怀公刘衡去世。

逆贼李广进攻皖县，光武帝调遣虎贲中郎将马援、骠骑将军段志去征讨他。秋季，九月，马援、段志顺利拿下皖县，杀了李广。

郭后宠爱衰微，很多次心生怨恨，光武帝对她很是生气。冬天，十月，辛巳日（十九日），光武帝把皇后郭氏废了，立贵人阴氏为皇后。下诏书说："不好的事情，不是国家的幸福，所以不能献酒庆贺。"郅恽对光武帝说："微臣听说夫妻的和睦，父亲不能从儿子那儿得到，更何况臣子能从君主那儿得到吗？这是微臣们所不敢直接说的。就算是这样，还是希望陛下能够考虑到计划的可与不可，不要让天下人有讨论社稷的话也就行了。"光武帝说："郅恽擅长推己及人，估量君主，知道我肯定不会有所偏袒而轻视天下人的反应的！"于是光武帝就晋封郭后的儿子右翊公刘辅为中山王，将常山郡隶属于中山国，郭后为中山太后，其他的九个国公都改封为王。

甲申日（二十二日），光武帝亲自来到章陵县，修建寝庙，祭祀旧宅，巡视田庐，设酒作乐，赏赐宗室。这个时候，宗室的老太太由于喝酒喝得高兴，于是就互相告诉说："想当年文叔年轻时为人谨慎信实，于人不婉曲酬应，只是正直温柔而已，现如今居然能像今天这样！"光武帝听了，大笑说："我治理天下，也想通过柔道来实行。"在十二月，光武帝从章陵县返回来。

这年莎车国王贤又差遣使者来进献珍物，请求设置都护；光武帝赐给西域都护的印章组绶还有车旗、黄金、精丽服饰等用品。敦煌郡太守裴遵上言："夷狄不能给他们过多的权力；以免后来又让诸国失望了。"光武帝下诏书想要收回都护的印章组绶，而改赐汉朝大将军的印章组绶给他们；可是他的使者不肯改换，裴遵就强行夺过来。贤从此开始对他们有所怨恨，可还是谎称是大都护，写书信给各国，各国也都归顺服从。

匈奴、鲜卑、赤山乌桓很多次联合军队，侵犯边塞，掠杀官民；光武帝下诏任命襄贲县令祭肜为辽东郡太守。祭肜勇敢而有力气，夷狄每次进犯边塞的时候，他经常做士兵的先锋，多次把他们打败了。祭肜，是祭遵的堂弟。

徵侧等人连续几年掠夺作乱，光武帝下诏命令长沙、合浦、交趾三郡预先准备好车船，修路铺桥，把山间溪谷之间的道路给打通，储备粮食。派遣马援做伏波将军，让扶乐侯刘隆做副将，向南进攻交趾郡。

十八年（壬寅，公元42年）

二月，蜀郡守将史歆反叛，进攻太守张穆，张穆越过城墙逃走；宕渠人杨伟等兴起军队，来响应史歆。光武帝命令吴汉等人带领一万多人讨伐他们。

甲寅日（二月无此日），光武帝巡行亲自来到长安；三月，来到蒲坂县，去祭祀后土。

马援沿着海而前进，跟随山势，砍树成路，长达一千多里，来到浪泊湖旁边，和徵侧等人作战，把他们打得大败，追赶到禁溪，终于让贼寇都分散逃走了。

夏季，四月，甲戌日（十五日），光武帝回宫。

戊申日（四月无此日），光武帝巡行亲自来到河内郡；戊子日（二十九日），回宫。

五月，气候无比干燥。

卢芳从昌平县回来，心里面担心害怕，于是叛变，和闵堪互相攻击几个月，匈奴命令几百个骑兵迎接卢芳离开边境。卢芳留在匈奴里十多年，由于生病而死。

吴汉带领广汉、巴、蜀三个郡的军队，包围成都一百多天，秋季，七月才攻下它，把史歆等人给斩杀了。于是吴汉乘着木筏，顺着长江而下，来到巴郡，杨伟等人害怕就解散了。吴汉杀了他们的首领，把他的党徒几百家都迁移到南郡、长沙郡，然后又返回去了。

冬季，十月，庚辰日（二十四日），光武帝亲自来到宜城县，回来祭祀章陵；十二月，回宫。

这年，光武帝罢免了除州牧这个官职，而设立刺史这个职位。

五官中郎将张纯和太仆朱浮上奏建议："礼，既然身为某人的儿子，就应该尊奉大宗，让自己父母亲的地位降低。理应除去如今的四个亲庙，拿先帝的四个太庙代替它们。"大司徒戴涉等上奏建议"立元、成、哀、平四帝之庙"。光武帝自己以为是昭穆次序，应该是继元帝之后。

十九年（癸卯，公元43年）

春季，正月，庚子日（十五日），追封宣帝为中宗。便开始在太庙祭拜昭帝、元帝，在长安祭拜成帝、哀帝、平帝，舂陵节侯以下在章陵县；那些在长安、章陵县的，都由太守、县令、长吏侍候祭拜。

马援斩杀徵侧、徵贰。

逆贼单臣、傅镇等人聚集侵扰原武县，自称是将军。光武帝下令让太中大夫臧宫带领军队去包围他们，可是多次攻打都没有能够拔取，有很多士兵死伤。光武帝召集公卿、诸侯询问对策，他们都说："应该增添悬赏的金额。"只有东海王刘阳说："妖巫劫掠，在形势上肯定维持不了多长时间，其中肯定有后悔打算逃走的人，只不过是城外包围紧密，不能逃走罢了！我们应该对他们稍稍宽缓，让他们有机会可以逃走，一旦逃走，那么一个亭长也就能够抓住他们了。"光武帝以为他说得很正确，于是就下令对臧宫撤除包围，给逆贼一个缓冲的机会，妖贼们也就都分散了。夏季，四月，成功拿下了原武县，斩了单臣、傅镇。

马援攻打徵侧余党都阳等人，来到居风县，他们都投降了；五岭以南等地方都被平定了。马援和越人申明用过去的法制来制约他们，自此之后，骆越奉行马将军的往例。

闰月，戊申日（二十五日），晋升赵、齐、鲁三个公爵都做王。

郭后被废除以后，太子刘强的心里很不安定。郅恽对太子说：

"长时间处在疑虑担心的地位，对上是违逆孝道，对下是临近危险，还不如把太子之位给辞了，去侍奉母亲来得好。"太子接纳了，多次凭借亲近的臣子还有众王来表达他的诚意，期望能够做个诸侯。光武帝不舍得这样做，犹豫了好几年。六月，戊申日（二十六日），光武帝下诏说："依据《春秋》的大义，册封太子是根据尊贵而不是按照长幼。东海王刘阳，是皇后的儿子，理应继承大统。皇太子刘强，崇尚执持谦虚逊让，甘愿做个诸侯，父子之情，很难长时间违背。就下令派刘强做东海王，立刘阳做皇太子，改名为庄。"

◆袁宏论说：建立太子，为的是重视嫡统，统一民心，不是对天下人有重大罪恶的人，就不可以随便更改。世祖中兴汉氏的霸业，就应该遵循正当的道理，作为后世的法则。如今太子的德行，在仪容举止上并没有什么亏缺，而世祖宠爱的妃子又很多，像这样的嫡子被更改了位置，可说是不对的！可是东海王回到封国，谦让恭敬的心就更加显著；明帝承袭大统，友爱之情更加深厚。就算长幼改变了位置，兴起废除也不一样，然而父子兄弟，纯挚的天性却没有一丝间隙。用夏、商、周三代的大道理来处理这件事，又怎么能超过它呢！◆

光武帝派太子的舅舅阴识代替执金吾，阴兴做卫尉，一起辅助太子。阴识个性忠厚，入朝之后虽然极力提出正直的言论，可是等到和宾客交谈的时候，却从来没有提及国家大事。光武帝很是敬爱他，经常指着阴识而告知尊贵的外戚，激发鼓励近臣。阴兴虽然以礼对待贤士，喜欢施与，可是，苦于门下没有游侠，他和同郡人张宗、上谷人鲜于裒感情不太好，可是知道他们有用，还是赞赏他们的长处而向光武帝禀报；朋友张汜、杜禽，和阴兴交情很深厚，由于看重外表的华丽而缺少内涵，所以都只是用钱财来帮助，资助他们，却从来不替他们讲话。因此世人都称赞他忠贞。

光武帝派遣沛国桓荣为议郎，让他教导太子经书。光武帝亲自来到太学，召集博士们在前面谈论，桓荣辩论说明经书的道理，经常以礼让别人相服，而从来不以善于言辞来取胜别人，儒者没有一个能比得上他的，特加赏赐。后来又下令让众生唱雅诗，敲乐磬，一整天才让他们停止。光武帝让左中郎将汝南人钟兴教育皇太子还有宗室、诸侯《春秋》，赏赐给钟兴关内侯的爵位。钟兴以没有什么功劳来推脱，光武帝说：“先生教导太子还有众王侯，难道不是很大的功劳吗？”钟兴说：“臣的老师是少府丁恭。”于是，光武帝又封丁恭，可是钟兴却一直坚决推辞，没有接受。

陈留人董宣为洛阳县令。湖阳公主的奴仆白天杀了人，就躲藏在主人的家里，官吏四处都抓不到他。等到主人外出之后，让这个奴仆作陪同，董宣在夏门万寿亭等他，让车子停下，去牵住马匹，拿刀划地，大声责备公主的过错。命令奴仆下车，就把他给杀了。公主立刻回宫，告诉光武帝，光武帝很生气，就把董宣召来，打算用刑杖打死他。董宣磕头说：“微臣期望请求说一句话之后再死。”光武帝说：“你想说什么话？”董宣说：“陛下圣德使汉朝中兴，可是却纵容奴仆杀人，将怎么治理天下呢！微臣不需要用刑杖，请求可以自杀！”于是就用头撞在柱子上，血流满面。光武帝命令小黄门扶着他。后来又让董宣向公主磕头认错；然而，董宣不听从他的话；仍逼迫他磕头，于是董宣就用双手撑着地，终究不肯低头。公主说：“文叔做平民百姓时，私自藏匿亡命和有死罪的人，官吏不敢到家里来；可是，如今做了光武帝，威严却不能执行到一个县令的身上吗？”光武帝笑着说：“天子和平民不一样！”于是就下令：“让这个不肯低头的县令出去！”并且赏赐给三十万钱；董宣就把这些钱全部分给了众吏。因其可以打击豪门贵族的强权，京城里的人没有一个不震惊战栗的。

九月，壬申日（二十一日），光武帝巡视南阳郡；来到汝南郡南顿县馆舍，设置酒宴，赏赐给官民，免除南顿县的田地赋税一年。父老乡亲都上前磕头说：“先皇（汉光武的父亲）曾经住在这里很长时间，陛下知道官府室宇的所在之地，每次来都赐予深厚的恩泽，但愿可以赏赐我们免税十年。”光武帝说：“天子是天下的重器，我经常担心不能够胜任，日子一天天过去，又怎么可以期待十年呢！”官民又说：

“陛下实在是吝惜这些，怎么说得这样谦卑呢！”光武帝大笑，又增添了一年的免税权限。后来又继续向前来到了淮阳国、梁国、沛国。

西南夷栋蚕造反，把长吏杀死了；光武帝下令让武威将军刘尚去征讨他。大军途经越嶲郡，邛谷王任贵害怕刘尚平定南边后，肯定施行威严的法令，然后自己就不能为所欲为了，于是就会聚了士卒，建立起军营，酿造很多的毒酒，计划先犒赏军队，然后再趁机暗中袭击刘尚。刘尚知道他的计谋之后，就派出一部分军队先去占领邛都县，于是尚把任贵逮捕了，还把他杀了。

二十年（甲辰，公元44年）

春季，二月，戊子日（初十），光武帝回宫。

夏季，四月，庚辰日（初三），大司徒戴涉有意让太仓县令奚涉犯罪，后来被关进监狱而身亡。光武帝感觉三公职责相互联系，于是就下令罢免了大司空窦融的官位。

广平忠侯吴汉病重，光武帝亲自去探问他，问他想要说什么，答说：“微臣很愚笨，没有什么知识，但是只希望陛下谨慎行事，不要轻易赦免罢了。”五月，辛亥日（初四），吴汉去世；光武帝下令送葬比照大将军霍光的往例。

吴汉的个性一向是对事坚忍，每次跟随光武帝出征，光武帝如果没有安顿好的话，他就总是很小心侍奉。众将士看到战阵失利，有的就很担心，失去了原来淡定的态度，可是吴汉的态度和气概却一如既往，正常地修理准备器械，激励吏卒的斗志。光武帝这时候派人前去看大司马在干什么事，回来说正在修治作战攻打所要的兵器，就感叹说：“吴公这个人比较让人满意，他的威重让人感到就像一个敌国一般。”吴汉过去每次出兵的时候，都是早晨接到命令，然后傍晚就出发，一点也没有时间准备行李。等到在朝廷里，吴汉却对朝事明察秋毫，谨慎诚朴，在仪容上表现得淋漓尽致。吴汉曾出战，妻子在后方收购田产，吴汉回来之后，就责备她说：“军队在外面，官兵的花费开支都不够，为什么要买这么多田地房子呢？”于是就把这些田产全部分给了兄弟、亲戚。所以吴汉才能够胜任职务，使得功名善终。

匈奴抢夺上党、天水二郡，最后来到扶风。

光武帝因为得了一种头痛目眩的病，病得很重，就让阴兴兼侍中，在云台广室接受临终前的命令。后来，正好病就好了，于是就召见阴兴，要让他代理吴汉做大司马，阴兴就磕头流泪，坚持拒绝说："微臣不敢珍惜自己，实在是担心亏损圣德，微臣不能随意胜任！"说话时发自肺腑，感情十分真诚，把两侧的臣子都感动了，光武帝后来也就听了他的话。太子太傅张湛，自从郭后被废除以后，就假称有病，不再上朝，光武帝勉为其难要他起来，想起用他为司徒，张湛就以病重为理由，坚持拒绝推辞，说自己如今已经不能再继续胜任朝廷的大事，于是光武帝就答应免他了。

六月，庚寅日（十四日）的那一天，光武帝派遣太守河内人蔡茂为大司徒，太仆朱浮为大司空。壬辰日（十六日），又让左中郎将刘隆做骠骑将军，兼管大司马所任的一切职务。

乙未日（十九日），光武帝调任中山王辅为沛王。任命郭况为大鸿胪，光武帝很多次亲自来到他的家，赏赐了黄金布帛，数量多得无人可及，京城里的人就都称郭况的家是"金穴"。

秋季，九月，马援从交趾郡回来，平陵人孟冀出来迎接慰劳他。马援说："如今匈奴、乌桓国还在扰乱北边的地方，要勇于自动恳求前去进攻他们，男儿理应死在边塞的原野，用马革包裹自己的尸体，然后归葬故乡，怎么能够睡在床上，死在妇孺们的手里呢！"孟冀说："真是烈士，男子就应该如此！"

冬季，十月，甲午日（二十日），光武帝亲自来到鲁国、东海国、楚国、沛国。

十二月，匈奴进犯天水郡、扶风、上党郡。

壬寅日（二十八日），光武帝回宫。

马援主动请求去进攻匈奴，光武帝应允了他，让他出征在襄国县驻军，并且下令让百官为他饯行。马援对黄门郎梁松、窦固说："但凡人富有地位显赫之后，就应该让他能够再次微贱。像你们这些打算不要再微贱的人，只想高高在上，坚决把持好自己。回头你们好好地想我的话！”梁松，是梁统的儿子；窦固，是窦友的儿子。

刘尚率兵和栋蚕等打了好几仗，都把他们打败了。

二十一年（乙巳，公元45年）

春季，正月，刘尚追赶到不韦县，斩杀了栋蚕的将帅，西南的那些夷族也都被顺利地平定了。

乌桓国和匈奴、鲜卑一起联合军队进行掠夺，代郡以东的地方受到乌桓国的祸患尤为严重。乌桓国的居处临近边塞，早上从旃帐出发，傍晚就来到了城郭，代、上谷、渔阳、右北平、辽西五个郡的民众百姓，每家都是受害者，以至于郡、县被损坏，人民流亡，边境冷清，不再有人烟足迹。秋季，八月，光武帝命令马援和谒者分别修建堡垒，慢慢地建立郡县，有的设置太守、县令、长吏，把人民又重新给招回来。乌桓国最为富强的就是居住在上谷郡外白山的人，马援就带领三千骑兵进攻他们，然而却无功而回。

鲜卑一万多骑兵抢夺掠杀辽东郡，太守祭肜带领几千人去迎击他们，亲自披上战甲，攻破敌阵。敌人大败而四处逃跑，掉进水里而被淹死的，就超过一半，于是赶紧追随他们出塞。敌人情况危急，便都丢弃了兵器，赤裸着身子，分散逃走。自此之后，鲜卑震惊害怕，畏惧祭肜，不敢再窥伺边塞。

冬天，匈奴抢掠上谷、中山二郡。

莎车国王贤慢慢地变得骄纵蛮横，还打算吞并西域，多次进攻诸国，增加求取赋税，诸国都忧愁担心。车师前王、鄯善、焉耆等十八个国家都命令自己的儿子进京侍候，奉献上他们的奇珍异宝；等见到光武帝的时候，都流泪磕头，期望能够设立都护。光武帝感觉中国刚刚安定，北方边境还没有投降，就派人把他们的侍子都送回去，并且还赏赐了他们很贵重的礼物。诸国听说都护没有派出来，而且侍子也都被送了回来，心里很是担心害怕，就致送檄文给敦煌郡太守，“希望能够把侍子留下而给莎车国看，说侍子已经被留下，都护不久就会派出，希望可以马上停止战争”。裴遵把情况报告给朝廷，光武帝同意了。

二十二年（丙午，公元46年）

春季，闰正月，丙戌日（十九日），光武帝亲自来到长安；二月，己巳日（二月无此日），又返回洛阳。

夏天，五月，乙未晦日（三十日），发生日食。

秋天，九月，戊辰日（初五），发生地震。

冬天，十月，壬子日（十九日），大司空朱浮被光武帝免职。癸丑日（二十日），光武帝派光禄勋杜林为大司空。

起初，陈留人刘昆做江陵县令的时候，县里突发火灾，刘昆向火磕头，火没有多久就熄灭了，后来，他任弘农郡太守一职，发生老虎背着小虎渡过河的事情。光武帝听了之后，感到很惊奇，就征召刘昆代杜林做光禄勋。光武帝问刘昆说：“以前在江陵县，让风向反转，把火熄灭了；做了弘农郡的太守之后，老虎从北边渡过河来，是因为实施德政才发生这些事的吗？”刘昆回答说：“那些都只是偶然而已。”光武帝身边的臣子都笑了，光武帝叹息说：“这是长者的话！”回头让国史记在了简策上。

这一年，青州发生蝗灾。

匈奴单于舆去世，之后由他的儿子左贤王乌达鞮侯即位；又死之后，由弟弟左贤王蒲奴即位。匈奴内部连续好几年都发生干旱和蝗虫的自然灾害，有几千里之广的土地寸草不生，人畜遭受饥饿，感染传染病蔓延，死亡损失超过一半。单于害怕汉朝趁着他们的败破而进攻，于是就差遣使者到渔阳郡去求亲以示友好；光武帝差遣中郎将李茂去复命。

乌桓国趁着匈奴势力衰退，就把它给打败了，于是匈奴被迫又向北迁移了几千里，使得沙漠以南的地方空无一物。光武帝下令免去众边郡的亭候、士卒，用钱币缯帛诱惑乌桓国投降。

西域诸国侍子很长时间留在敦煌郡，都担心思念故乡，想逃亡回去。莎车国王贤知道都护没有来，就把鄯善国打败了，攻击龟兹王。鄯善国王安上书说："期望在此派儿子入朝侍候，另外派遣都护前来；如果此次都护没能派出来，就只好被迫向匈奴投降了。"光武帝回答说："现如今我们的使者大兵不能够派出去，如果诸国的力量不能够顺从心愿的话，那么东西南北任凭你们归顺好了。"于是，鄯善国、车师国又归附匈奴。

◆班固评论说：孝武帝的时候，想办法制服匈奴，害怕它兼并西域各国，跟南羌结成联盟，就表列河西四郡——武威、张掖、酒泉、敦煌纳入汉朝的版图，打开玉门关，通往西域，来摧毁匈奴的右臂，让南羌、月氏二国分离，单于就失去了外援，因此逃到了远方，可是沙漠的南方就没有王庭。遇到文、景二帝时代长时间宁静，人民经过五代——高祖、惠帝、吕后、文帝、景帝的休养生息，财力充足，兵强马壮，所以能够亲眼看到犀布、玳瑁，就建立珠崖七个郡；想到蒟酱、竹杖，就开辟牂柯、越巂两个郡；听到天马、蒲陶，就直通大宛、安息两个国家；从此远方的奇珍异宝，从四面八方而来。于是，就开创苑囿，扩建宫室范围，盛设帷帐，充实好玩的用具，准备了很多美酒和美女来宴请四夷的宾客，以鱼龙、角抵的玩耍，来供大家欣赏，还有赂遗赠送，都在万里之外就献上了，至于军旅的费用，更是不计其数。等到了费用不够的时候，就去收取百姓的酒税，公卖盐铁，铸造白银，制成皮币，算计到车船，税收到六畜。民力物力大大减损，钱财也用尽了，再加上荒年之际，盗贼四处兴起，道路不畅通，直到这样使者才被派出去，身披绣衣，手里拿着斧钺，到郡国进行斩杀，之后才攻克了这个困难的局面。因此末年止于抛弃轮台这个地方，而且光武帝颁下哀痛的诏书，这个难道不是仁圣之君所懊悔的吗？

况且通达西域，距离近的有白龙堆，远的则有葱郁的山岭，那里有身热、头痛、悬度的险厄，按照淮南王、杜钦、扬雄的提议，都感觉这是天地用来划分区域、断绝内外的界线。西域各国，各自有君长，可是军队分散势力薄弱，没有办法统一，就算归属匈奴，也是不相归附的；匈奴能够得到他们的马匹、毛毡，却不能带领他们共同进退。他们跟汉朝隔绝，道路还相距那么远，得到他们，也没什么好处；放弃他们，也不见得有什么坏处，盛德功业的建立，全在于自己，不用取决于他们。所以自从建武以来，西域每次想到汉朝的武力德泽，都很高兴地归属，所以很多次命令使者把侍子安置在汉朝，期望可以设立都护。圣上由古及今，依据时机的恰当与否，推脱而没有答应；就算大禹善待西戎部落，周公旦谦辞白雉，汉文帝归还千里马，这些深义他都具备了！◆

资治通鉴卷第四十四　汉纪三十六

起丁未（公元47年），止庚申（公元60年），共十四年。

【题解】 本卷记录了光武帝建武二十三年至汉明帝永平三年间的历史。这是两任皇帝交替之际，两位皇帝均有治国之能，国力日强，百姓日丰。光武帝封禅泰山，祭天告成功；光武帝分化匈奴，采取以夷制夷的方法，边境逐渐安宁，但偶有反叛；光武帝晚年渐生骄奢之心，迫害功臣马援，马援高年出征为国捐躯，反遭迫害。明帝继位后，尊儒学，治礼乐，体察民情，表彰功臣，但也因偏听偏信，使政治转向严苛。

世祖光武皇帝下

建武二十三年（丁未，公元47年）

春季，正月，南郡蛮反叛；光武帝命令武威将军刘尚征讨，把他们打败了。

夏季，五月，丁卯日（初八），大司徒蔡茂去世。

秋季，八月，丙戌日（八月无此日），大司空杜林去世。

九月，辛未日（十三日），光武帝派陈留人王况做大司徒。

冬季，十月，丙申日（初九），光武帝派太仆张纯做大司空。

武陵蛮渠帅相单程等人叛变。光武帝调遣刘尚率领一万多人，逆着沅水而上，到武溪进攻他们。刘尚轻视敌人，深入敌军阵地，蛮人趁着险峻的地势奋力迎击，结果刘尚全军覆没。

起初，匈奴单于舆的弟弟右谷蠡王知牙师依照顺序应该做左贤王，左贤王依照次序就应该做单于。单于想要传位给自己的儿子，于是就杀死了知牙师。乌珠留单于有个儿子叫比，是右薁鞬日逐王，统率南边的八个部落。比看到知牙师被杀死之后，就口出怨言说："依照兄弟次序来说，右谷蠡王依照顺序就应该被立；按儿子来说，我是前单于的长子，应该被立的也是我啊！"于是，心里怀着猜忌和担心，每年正月的庭会就很少出席。单于疑心他，就命令左、右骨都侯督领比所带领的军队。等到单于蒲奴继位的时候，比心里更加怨恨，于是就暗中命令汉人郭衡拿着匈奴地图到西河郡太守那儿，恳求向内归附。左、右骨都侯已经感觉到了他的心思，在五月龙祭会那天，就劝单于把比给杀了。比的弟弟渐将王在单于的帐下，知道这个秘密之后，就马上去报告比。比就召集了八个部队的军队四五万人，等待左、右骨都侯回来，要把他们给杀了。骨都侯就快要来了，知道了他们的计谋，就逃离了。单于命令一万骑兵去进攻比，见到比的人数很多，就不敢攻打而又返回去了。

这年，鬲侯朱祐去世了。朱祐为人纯朴正直，推崇儒学；做将军的时候大多接受别人的投降，以战胜平定城邑为基本，而不想砍取敌人头颅为战功。后来又不准士兵抢夺人民的财物，可是军人喜欢不遵守纪律，所以很多人因此而怨恨他。

二十四年（戊申，公元48年）

春季，正月，乙亥日（十九日），光武帝大赦天下。

匈奴八个部落的大人一起提议拥立日逐王比做呼韩邪单于，敲五原郡的塞门来投降，甘愿永远做屏障，来抵抗北方胡虏。光武帝就把这件事情交给公卿办理，商议的人都感觉"天下才刚刚平定，中国内部一无所有，夷狄真假难料，不可以答应他们"。只有五官中郎将耿国认为"应该像孝宣帝一样，接受他的请求，命令他向东抵抗朝鲜，向北抵御匈奴，相率鼓励四夷，让边郡能够完复"。光武帝听取了他的意见。

秋季，七月，武陵蛮进犯临沅县；光武帝命令谒者李嵩、中山郡太守马成讨伐，结果没有取得胜利。马援请求带兵出征，光武帝怜恤他年事已高，没有答应。马援说："微臣还可以披甲上马。"光武帝准许他试试看。马援按鞍回视，表示还可以被重用，光武帝笑着说："这个老翁还真是勇健！"于是，光武帝调遣马援带领中郎将马武、耿舒等率四万多人，到五溪去抗战。马援对友人杜愔说："我蒙受光武帝圣恩，年纪大而没有多少时日了，时常担心不能为国家牺牲。如今愿望终于实现了，就是死也甘心闭目了，唯独权贵子弟有的在两侧，有的参与政事，很难以调和，耿耿于怀，只是讨厌这些罢了！"

冬季，十月，匈奴日逐王比自立为南单于，差遣使者到朝廷，甘愿勤守藩篱，自称臣子。光武帝拿这件事情询问朗陵侯臧宫。臧宫说："匈奴饥疫分别兴起，微臣愿意率领五千骑兵前去立功。"光武帝笑着说："你是常胜的兵家，很难能够一起和你考虑敌情，我应该自己好好考虑这件事。"

二十五年（己酉，公元49年）

春季，正月，辽东郡域外貊人入侵边境，太守祭肜去招降他们。祭肜又用钱财货物去招抚接纳鲜卑大都护偏何，让他召集其他的民族，相继来塞下请求投降。祭肜说："如果你们真的想要立功，就应该回去进攻匈奴，斩取敌人头颅送来，这样才可以取信于你。"偏何等人马上进攻匈奴，斩了两千多个头颅，把头颅拿到了郡府。后来，每年都进攻，而且还总是送头颅来，接受恩赐。从此匈奴势力微弱，边境没有了抢掠的消息，鲜卑、乌桓等国都进京进献礼物。祭肜为人稳重刚毅，以恩信来安抚夷狄，所以大家都很敬畏喜欢他，能让大家都誓死尽力。

南单于命令他的弟弟左贤王莫带领一万多兵卒去进攻北单于的弟弟薁鞬左贤王，并将他活捉；北单于震惊恐惧，后退到一千多里的土地上。北部薁鞬骨都侯和右骨都侯带领三万多人归向南单于。三月，南单于又命令使者到朝廷贡献宝物，请求派遣使者督护，送入侍子，修订旧有的约定。

戊申晦日（二十九日），发生日食。

马援的军队来到临乡，打败了蛮兵，斩获他们两千多人。

起初，马援生病的时候，虎贲中郎将梁松来探望他，在床下一个人跪拜，马援没有答礼。梁松离开后，众子问马援说："梁伯孙是光武帝的女婿，在朝廷的地位非常显赫，受到大家的尊敬，公卿以下，没有一个不害怕他的。大人为什么单独不向他行礼呢？"马援说："我是梁松父亲的朋友，就算他地位显赫，我又怎么能够失去彼此的次第呢！"

马援的侄子马严、马敦都喜欢讽刺批评别人，和游侠来往，马援在交趾郡的时候，写回一封信，告诫他们说："我要你们听到别人的过错，就像听到自己父母的名字一样，耳朵可以听听，但是嘴巴却不可以说出来。喜爱讨论别人的优劣，随意讽刺朝政的得失，这是我最讨厌的事情；我甘愿死去，也不想让子孙有这样的举止行为。龙伯高为人敦行厚道，周到谨慎，嘴里不讨论别人的是非对错，谦逊信约，勤俭节约，清廉公正，很有威严，我很喜欢他，尊敬他，希望你们向他学习。杜季良的为人是豪情侠骨，喜爱讲道义，常常担忧别人所担忧的，高兴别人所高兴的，父亲死的时候，招来了宾客，几个郡的人都到齐了，我也很喜欢他，敬重他；可是，却不想让你们向他学习。就算学不到伯高的样子，也还可以做一个谦虚谨慎的人，就像所说的'刻鹄不成功，还像只野鸭'那样；学不到季良的样子，就会沦为被天下轻视的人，也就是所说的'画只老虎不成功，却反而像只狗'。"伯高，就是山都县长龙述；季良，就是越骑司马杜保；他们都是京兆人。看到杜保的仇人上书，诉讼说"杜保行为举止轻薄，侵扰群众，蛊惑大家，伏波将军在万里之外寄回家信，告诫侄子，可是梁松、窦固却跟他结交，将继续助长他的轻薄和虚伪，败坏风气扰乱民众"。该书上奏之后，光武帝召见梁松、窦固，拿诉讼书以及马援训诫的家信给他们看，梁松、窦固磕头直到流血，然后光武帝才赦免了他们的罪。光武帝下令免除杜保的官职，提拔龙述为零陵郡太守。梁松从此怨恨马援。

等到马援征讨武陵蛮的时候，在下隽县驻扎军队，有两条路可以进入，如果从壶头山进军，路程比较近，可是水流湍急；从充县进军的话，虽然道路平坦开阔，但是运输距离遥远。耿舒计划从充县这条路进军；可是马援感觉花费很多时间，而且还耗费粮食，不如从壶头山进军，扼制住它的咽喉，充县的盗贼也就不攻自破了。于是马援把这件事情报告给了朝廷，光武帝听取了马援的计划。进军在壶头山扎营，盗贼凭借着高峻的地势，守住险隘，河水湍急，船只没有办法上行。遇到大热天，有很多士兵得了传染病，马援也得了病，就在山边打洞做成屋子，来遮蔽热气。盗贼每次登上高险之地，就击鼓哗噪，马援总是拖着脚缓慢地前来观看，两侧的人都为他雄壮的意志而感到难过，没有一个不为他感动流泪的。耿舒给兄长好畤侯耿弇的信中说："上次我上书说应该先攻打充县，粮食运输虽然困难，可是，兵马能用，军人几万，都想争先奋战。可是如今在壶头山驻扎军队，居然不能前进，大家都郁闷不乐，即将疫死，实在让人深感痛惜！上次到临乡，盗贼无故就来了，如果在晚上进攻他们，就可以把他们都给消灭了，可是伏波像个西域做买卖的胡人，每到一个地方就停下来，因此很是失利。如今果然传染病盛行，都应验了我所说过的话。"耿弇接到书信，进呈光武帝，光武帝就派梁松赶着驿车赶去询问马援，趁机就代替他督领军队。

等到马援去世，梁松就趁着这个机会设计诬陷马援。光武帝很是生气，把马援新息侯的印章组绶追收了回来。起初，马援在交趾郡常吃薏苡，确实可以让身体轻松，防御瘴气，军队回来的时候，就运了一车子。等他死了之后，就有人上书诋毁诽谤他，以为之前所运的都是夜明珠和有文采的犀牛角。光武帝更加生气。

马援的妻儿很是担心，不敢把棺木运回祖坟，轻率地就把他葬在墓地的西边；宾客旧友，也都不敢前去吊唁会葬。马严和马援的妻儿拿着草绳把他们相连绑到一起，自己主动到朝廷去请罪。光武帝就把梁松的奏书拿出来给他们看，才知道犯了什么罪，于是就上书陈述冤屈，前后共六次，措辞都非常哀痛恳切。

前云阳县令扶风人朱勃到朝廷上书说："微臣曾经有幸看到前伏波将军马援，从拔取西州后，钦佩仰慕圣上的德义，历尽崎岖艰险，冒着万死的危险，讨伐陇西郡、冀州，谋划如泉水涌出，情势就像圆规转动一样灵活，兵卒一动有功，军队前进总是取得胜利，铲除了先零羌，飞箭刺穿小腿；到交趾郡作战，跟妻儿生别。最近又向南征讨，很快就攻下了临乡，军事已有头绪，但未完成而先死。吏卒虽然患有传染病，但是马援也没有一个人单独活着。作战有的时候由于持久而建立功劳，有时因为迅速而导致失败，深入敌军境地，不一定是对；不向前进军，也不一定是错，人之常情，哪里有人喜欢长久集聚在极险之地而不想生还呢！可是马援肯为朝廷做二十二年的事，向北远征塞外沙漠，向南曾渡过江海，冒着毒气，为军事而死，名声被辱没，爵位也断绝，封土没能相传，天下人都不晓得他犯了什么过错，众人也不知他为什么毁败，家属闭门谢客，下葬也不回归祖坟，怨恨嫌隙都兴起，宗亲担心害怕而战栗，已经死了的不能表达自己，活着的又没人肯为他诉讼，微臣私下里为此伤心！英明的君主对尊位的赏赐是很丰厚的，可是对于刑罚的执行却是很简约的，高祖曾经给陈平四万斤黄金，让他负责离间楚国的军队，却没有问他为哪些支出，哪里会在钱谷之间疑心他呢！微臣恳请光武帝，期望把这件事交给在下的公卿，公平公正地处理马援的功罪，是应该断绝，还是继续保留，来满足全国人民的盼望。"光武帝的心意才稍微宽解。

起初，朱勃十二岁，就可以背诵《诗经》《书经》，常常去拜访马援的哥哥马况，说话沉静。这个时候，马援才知道读书，见到他之后，感到有些自卑。马况知道他的心思，就亲自倒酒安慰马援说："朱勃器量小，所以很快就见到了效果，可是他的智慧都在这些上面了，他最后还应该跟你学习，不要担心畏惧。"朱勃不到二十岁，右扶风恳请让他去试做一年渭城县的邑宰。等到马援做了将军，封了侯之后，朱勃的官位只不过是个县令而已。马援后来虽然富贵地位显赫，却把朱勃当作旧友时常戏弄他，可是朱勃却更加亲近马援。等到马援遭遇谗言陷害，也只有朱勃能对他始终如一。

谒者南阳人宗均监视马援的军队，马援死后，士卒因传染病死的，超过一大半，蛮人也饥饿困乏。宗均就和众将商量说："如今路途遥远，士卒生病，不能继续前进作战，我打算通过权宜承用王制来让他们招降，你们感觉怎么样呢？"众将都俯首向地，不敢回答。宗均说："忠臣出境，只要能够让国家安定，就有权处理。"于是谎称王制调伏波司马吕种代沅陵县长，派遣吕种捧诏书进入敌军的阵营，把恩惠信实全部告诉他们，并且借机率领军队跟随在他的后边。蛮夷震惊感到害怕，冬季，十月，一起斩杀了他们的大帅就投降了。于是，宗均来到贼寇的营地，解散了他们的军队，送回原郡，帮他们设置长吏之后才回来，众蛮终于被平定了。宗均回到朝廷，就先上告自己谎称王制的罪状；光武帝奖励他的功劳，去迎接他，还赐给他金帛，命令他路过自己的家，可以去上坟祭告。

这一年，辽西郡乌桓国大人郝旦等人带领部属前来归附，光武帝下令封乌桓国首领为侯、王、君长的一共有八十一个，让他们在边塞之内居住，分布在沿着边境的那些郡，派他们引来同族，给他们提供衣食，最后做汉朝的密探，协助进攻匈奴、鲜卑。这个时候，司徒掾班彪上书说："乌桓国人生性轻薄黠猾，喜欢掠夺杀害百姓，如果长时间放纵他们而没人率领的话，就肯定又会去抢掠居民，只是把责任交给主管投降的属官的话，恐怕不能把他们制服了。微臣愚笨地以为应该再设立乌桓校尉，实际上对归附召集有好处，可以省去对国家边境的担忧。"光武帝听取了他的建议，于是又开始在上谷郡宁城县设立校尉，建立兵营，并且主管鲜卑的赏赐、质子，和一年四季的彼此买卖。

二十六年（庚戌，公元50年）

在正月，光武帝下令增加百官的俸禄，其中一千石以上的，依照西京原有的制度减少；六百石以下的，比原来的官禄有所增加。

开始建造寿陵。光武帝说："古代帝王的墓葬，都用陶人、瓦器、木车、茅马，让后代的人都不知道他的处所。太宗（文帝）知道循环往复的道理，景帝能遵守孝道，虽然遭到天下混乱的局面，但是只有他的霸陵能够保持完整，继续享受他的福泽，那不是很好吗！如今规定土地不得超过二三顷，没有必要高如山陵，只要微微升起即可，陂池只要让它不要有积水就可以了。经过改朝换代之后，和山丘就没有什么区别了。"

光武帝命令中郎将段郴、副校尉王郁到南匈奴出使，去给它建立王庭，距离五原郡西部边塞共八十里路。使者让单于俯首叩拜接受诏书，单于犹豫了一下之后，才肯俯首称臣。拜完之后，派负责翻译的人告诉使臣说："由于单于刚刚即位，在左右的人面前下跪实在感到羞愧，恳请使者在众人面前不要让他难堪。"诏书让南单于来到云中郡居住，开始设立出使匈奴的中郎将，带领军队来保护它。

夏季，南单于所抓获的北虏薁鞬左贤王带领他的部属还有南部五个骨都侯，加起来一共三万多人，叛变转回，在距离北庭三百多里路的地方，树起旗号自己做单于。一个多月，每天不停地进攻，五个骨都侯都因此而战死了，左贤王自杀，那些骨都侯的儿子各自带领军队自保。

秋季，南单于命令儿子入朝侍奉。光武帝下令赐给单于冠带、玺绶、车马、金帛、甲兵、什器，后来又把米谷干粮两万五千斛、牛羊三万六千头运输到河东郡去帮助他。光武帝派遣中郎将带领五十个解除罪刑的人，跟随单于，参与言辞诉讼，观察动静。单于在每年快要结束的时候，总是命令使者去向朝廷汇报，而且再另外送一个侍子进京朝见，汉朝也命令谒者把以前送来的侍子送回到单于的王庭，并赐给单于和阏氏，左、右贤王以下彩色丝绸共计一万匹，每年都是如此。于是，云中、五原、朔方、北地、定襄、雁门、上谷、代八个郡的人民都回到了自己的故土。光武帝命令谒者分别带领不加刑具的犯人，去修补城墙，把在中国边境上的人民大部分都送回众县，还赐给旅费，另加粮食。这个时候，城郭都成了废墟，只能摧毁重新修建，光武帝这才后悔起初徙民这件事。

冬季，南单于的五个骨都侯的儿子又带领三千个部下，返回了南部，北单于派骑兵追赶，把他们全部逮捕了回来。南单于命令军队进行反抗，可是每次迎战都失利了，于是，光武帝又下令，让单于迁移到西河郡美稷县，后又派段郴、王郁留在西河郡辅助他，派遣西河郡长史每年带领两千骑兵、五百个不加刑具的犯人，去援助中郎将保卫单于，冬季驻守，夏季撤回，自此之后，成为惯例。南单于在西河郡居住以后，也设立了众部之王，帮助汉朝镇守北地郡、朔方郡、五原郡、云中郡、定襄郡、雁门郡、代郡，而且都率领部队，帮助郡、县侦探巡视，以互相传递信息。北单于很是担心，就把很多掠夺而来的汉人归还了，用来表示友好之意。掠夺的士兵每次来到南部附近的时候，转回路过伺候望敌之亭的时候，总是谢罪说："只是进攻亡虏薁鞬日逐而已，绝对不敢进犯汉朝人民。"

二十七年（辛亥，公元51年）

夏季，四月，戊午日（二十一日），大司徒王况去世了。

在五月，丁丑日（十一日），光武帝下令司徒、司空都将"大"字删去，改称大司马为太尉。骠骑大将军兼大司马刘隆当天去职，太仆赵憙为太尉，大司农冯勤为司徒。

北匈奴差遣使者到武威郡去请求与大汉结亲相好，于是光武帝召集公卿当廷商量，却没有什么结果。皇太子进言说："南单于刚刚归附大汉，北面的敌人害怕被讨伐，所以虚心听从，争着想归顺。可是如今没有出兵讨伐，反而和北敌交往，微臣担心南单于就会有反叛的意愿，而且北敌投降的也不会再来了。"光武帝感觉他说得很对，就告诉武威郡太守不可以接受他的请求。

朗陵侯臧宫、扬虚侯马武上书说："匈奴贪图利益，没有礼貌诚信，穷困就磕头投降，定安的时候就掠夺百姓。敌人如今人畜都患传染病而死，被干旱和蝗虫所害，大地草木不生，人民疲倦困顿，力量相对贫乏，还比不上中国的一个郡，在万里之外，性命的生死，全部取决于陛下；福泽不再来，机会或许很容易地失去，哪里需要坚守文德而放弃军事呢！如今派遣将军到边塞，悬赏丰厚的奖励，明告高句丽、乌桓、鲜卑等国进攻它的左边，发动河西的四个郡，天水、陇西两个郡的羌人进攻它的右边，像这样，北敌的灭亡不需要几年就可以了。微臣担心陛下仁慈恩德，不舍得这样做，而谋臣又迟疑不定，致使万代不朽的功业不能在当今的皇朝建立！”光武帝下诏书答说：“《黄石公记》说：‘柔能克刚，弱能克强。放弃近的，去谋取远的，那样将很辛劳却没有功绩；放弃远的，而去谋取近的，就可以安逸而有所成。所以说：专心从事扩展地盘的，则荒芜；专心从事德行广大的，则势力强大；能够充实自己所有的，则人民安定；只贪图别人所有的，则残暴。残亡破灭的政治，即使一时成功，最后也肯定失败。’如今国家没有很好的政治，灾害变异不停地发生，百官担心害怕，人民不能安身自保，还会去想远方边塞之外的事吗？孔子说：‘我怕季孙的忧患不在颛臾。’更何况北狄势力还很强大，而且屯田警备，传闻的事情，有很多都不真实。如果真能拿半个天下去消灭大敌的话，怎么不是我最大的愿望！如果没有适当的时机，还不如让人民休息。”从此以后，众将士再也不敢说用兵的事了。

光武帝问赵憙深远的计策，赵憙请求送众王回到自己的封国。冬季，光武帝开始送鲁王刘兴、齐王刘石到自己的封国。

这一年，光武帝的舅舅寿张恭侯樊宏去世。樊宏的为人，谦逊柔和，戒惧谨慎，每次朝会的时候，总是自己预先来到，俯身等事；所上权宜措施，都亲手书写，然后毁坏草稿；公开朝会问到他，却不敢当众回答。宗族由于受到他的感染，也都没有人犯法。光武帝很尊重他。等到他病危的时候，遗命要薄葬，其他东西都不要。他感觉棺柩只是一个藏身的器具，不应该再次看到，如果有腐烂败坏，会让孝子伤心的，于是就下令和夫人同一坟墓，分开埋葬。光武帝感觉他的遗命很好，就把他的遗书给百官看，接着说：“如今没有听从寿张侯的意思，就没有办法表明他的美德；并且在我死后，也要效法这个形式。”

二十八年（壬子，公元52年）

春季，正月，己巳日（正月无此日），调任鲁王刘兴为北海王；把鲁国隶属在东海郡之下，由于东海王刘强进退有礼，所以光武帝就优待他把大国封给他，拿二十九个县给他做食邑，并且赐给他虎贲、旄头，设置钟磬的乐器，比照光武帝。夏季，六月，丁卯日（初七），沛太后郭氏去世。

起初，马援哥哥的女婿王磐，是平阿侯王仁的儿子。王莽失败之后，王磐获得大量财富，在长江、淮河一带，做游侠，很有名声。后来，到京城，和那些贵戚关系要好，马援对外甥曹训说：“王氏，是个废绝的姓氏，子石应该隐居以求自保，如今却反而到京城，和贵戚相交，任意独行，让很多人都欺凌挫折，他肯定会失败的。”一年多之后，王磐因事而亡；王磐的儿子王肃，又来到王侯的官邸。这个时候，禁令还比较宽松，众王都在京城，争修名誉，招募游说之士。马援对司马吕种说：“建武之初，可以说是天下重开，从今以后，举国上下应该一天比一天安定。只是担心诸侯众子都年轻力壮，甚至不允许和宾客交往的禁令还没制定，如果和宾客交往过多的话，那么重大的刑案就一定会发生。你们千万要小心啊！”到了这个时候，有人上书控诉王肃等被杀之家，作为众王的宾客，担心惹是生非。见到更始的儿子寿光侯刘鲤得到了沛王的喜欢，就在心里怨恨刘盆子，想结交宾客来杀死前式侯刘恭。光武帝很是生气，沛王就被关进了监狱，三天后才被放出来。光武帝下令郡、县抓捕众王的宾客，彼此相互牵连，死的人数以千计算；吕种因此受到了灾祸，临刑的时候感叹地说：“马将军可真是神仙啊！”

秋季，八月，戊寅日（十九日），东海王刘强、沛王刘辅、楚王刘英、济南王刘康、淮阳王刘延开始来到封国。

光武帝大会群臣，问：“你们有谁可以教太子？”众臣逢迎光武帝的心意，都说："太子的舅舅执金吾原鹿侯阴识可以。"博士张佚表情很严肃，说："如今陛下立太子，是为阴氏呢，还是为天下呢？如果是为阴氏，那么阴侯可以；要是为天下的话，那么就必定要用天下的贤才！"光武帝说好，道："要设立老师，来教导太子；如今博士不畏其难敢于纠正我，更何况是太子呢！"于是就任命张佚做太子太傅，让博士桓荣做少傅，并赐给他们衣车、骑马。桓荣大会诸生，陈列车马、印章组绶，说："今天所接受的这些东西，都是考证古事学问所得的援助，能不鼓励为学吗？"

北匈奴派遣使者进献马匹和皮裘，另外又恳请能够结亲和好，还请求音乐，后又请求带领西域诸国胡客共同来进献珍宝觐见光武帝。光武帝就把这件事交给太尉、司徒、司空三府商量对答之事。司徒掾班彪说："微臣听说孝宣光武帝下令边境守尉说：'匈奴是个大国，能够机变巧智地欺诈的人很多，如果和他相交而知道他的真实情况，就可以更好地退敌抵御；对答而中其预谋，就反而会被轻视欺骗。'如今北单于看到南单于来归附，担心谋取他的国家，所以多次请求结亲和好，又大老远地赶着牛马和汉人和合为市，而且还命令有名的君王，贡献很多，这些都是在对外表示他强盛而且互相欺骗夸大。微臣看他进献越重，就知道他的国家越空虚；归附请求的次数越多，担心害怕就越多。可是如今我们既没有援助南边，也就不应该和北边断绝来往，根据联系牵制的道理，就礼来说，外族致礼，是没有不回答的。我感觉可以给予他们很多赏赐，大约可以跟他们所贡献的差不多就行了，至于回答的言辞，必定要和事情相吻合。如今把所写草稿一起呈上，说：'单于没有忘记汉朝的恩泽，追念祖先以前旧有的约定，打算做好和亲的工作，来辅助自身，安定国家，这个想法跟谋略都是很好的，很替单于赞美！过去，匈奴多次曲戾背德，呼韩邪、郅支自相仇视猜忌，都受过孝宣光武帝的恩泽救助，所以各自命令侍子，自称为藩臣，以防守堡塞。后来，郅支愤怒乖戾，自己断绝汉朝的恩惠，而呼韩邪则亲附，忠孝更加明显。等到汉朝把郅支消灭，于是呼韩邪终于得以保全自己的国家，传位于自己的儿子，子子孙孙相承袭。如今南单于带领部属到南边去，敲响边塞之门来顺从，自以为呼韩邪是嫡长子，依照顺序，应该被立为单于，却被侵犯剥夺权力，失去权职，猜忌怀疑，彼此背离，很多次向朝廷恳请兵卒将帅支援，回去扫荡北边的王庭，战略繁多，没有什么不用的。只是想到这些话不能够只听信一方的言辞，又由于北单于最近进贡财物，是打算要修好彼此之间的关系，因此拒绝而没同意他，打算来促成单于忠孝的高义。汉朝坚持威严信实，统领各国诸侯，只要是日月能够照到的国家，都是臣妾，在道义上，远方所有的蛮夷，不管关系亲近或者疏远，归顺的就加以赏赐，背叛的就诛灭惩罚，善恶的成效，可以通过呼韩邪、郅支上看出来。如今单于打算修好彼此的关系，真诚已经表明，哪里还在意你带领西域诸国共同来贡献晋见！西域诸国归属匈奴，跟归属汉朝又有什么区别！单于连续经历战事，国内经济空虚耗损，贡物只要稍微表达礼仪就可以了，为什么必须要贡献马匹、皮裘呢！如今赠送五百匹颜色各异的丝绸、一副弓箭套、四支箭给单于；后又赐给献马的左骨都侯、右谷蠡王每人四百匹颜色各不相同的丝绸、一把斩马剑。单于起初说：“先帝在时曾赐给呼韩邪的竽、瑟、箜篌都坏了，但愿再加衡量多少而颁布赏赐。”一想到单于的国家还没有安定，正在鼓励众将士威武的气节，致力于从事征战杀伐，竽、瑟的应用，比不上良弓、利剑，所以没有拿来送给你。我不吝惜那些小东西，只是就单于的适用，而让驿使向你表明。’”光武帝就全部采纳了他的建议，照着去做。

二十九年（癸丑，公元53年）

春季，二月，丁巳朔日（初一），发生日食。

三十年（甲寅，公元54年）

春季，二月，光武帝到东边的地方进行巡视。众臣上奏光武帝说：“自您登基已有三十年，按理说应该到泰山行封禅之礼。”光武帝下诏书说：“朕登基三十年，人民满腔怨气，《论语》说：‘我欺骗谁，欺骗天吗？’‘难道说泰山之神还比不上林放吗？’为什么要污染记载七十二位封禅贤君的史册！如果郡、县从远处命令官吏来敬酒而献上无疆之寿，大大赞赏那些不切实际的声誉的话，就必须把他的头发剃去，让他去充当戍卒，从事垦殖事项。”于是，众臣都不敢再说什么。

甲子日（十三日）的时候，光武帝亲自来到鲁地济南郡；在闰月，癸丑日（闰三月初三），又返回皇宫。

有彗星出现在紫宫星座。

夏季，四月，戊子日（初九），调任左翊王刘焉为中山王。

在五月，发大水。

秋季，七月，丁酉日（七月无此日），光武帝亲自来到鲁国。冬季，十一月，丁酉日（十一月无此日），又回宫。

胶东刚侯贾复去世。贾复跟随作战，从来没有失败过，很多次和众将突破重围，解除了危急，身上受伤十二处。光武帝因为贾复敢于深入敌军阵地，所以很少让他远征，然而却感觉他的勇节很雄壮，就经常让他跟随着自己，所以贾复很少有独当一面的功劳。众将士每次在谈论战功的时候，贾复都不曾说话。光武帝总是说：“贾君的功劳，我自然知道。”

三十一年（乙卯，公元55年）

夏季，五月，发大水。

癸酉晦日（三十日），发生日食，发生蝗灾。

京兆掾第五伦兼管长安市，处事公平公正，为人清廉耿介，市民没有一个被奸邪枉屈的。每次读到诏书的时候，经常叹息说：“这是圣明的君主，见一次面就可以决断大事！”平辈人嘲笑说：“你向州将劝服尚且都不能让他信从，又怎么能够说动光武帝呢！”第五伦说：“我唯独没有遇到知己，道不相同而已！”后来被推举做孝廉，补了做淮阳王的医工长一职。

中元元年（丙辰，公元56年）

春季，正月，淮阳王入朝觐见光武帝，第五伦跟随着官属有机会能够见到光武帝。光武帝询问他政事，第五伦根据问题而进行回答，光武帝很是满意。第二天，光武帝又让人拿着符节，把他召进宫去，和他一直谈到晚上。光武帝对第五伦说：“朕听说你做官，曾经捶打过你的岳父，后又听说你去探望堂兄家而始终不肯留下吃饭，难道这些事都是真的吗？”答说：“微臣三次娶妻，她们都没有父亲。我从小就遭遇饥荒战乱，实在不敢随意到别人家吃饭罢了。大家感觉微臣不明事理，所以才会有这些话。”光武帝大笑，让第五伦做扶夷县长，还没有到官衙，又赶忙派遣他做会稽郡太守；第五伦行政清平而有恩惠，人民都很喜爱他。

光武帝看到《河图会昌符》说：“赤刘之九，会命岱宗。”对这些文字，光武帝有些心动，于是就下令虎贲中郎将梁松等人搜查《河图》《洛书》谶文，归纳说第九代应该行封禅之礼的，共计有三十六件。于是，张纯等人又上奏光武帝恳求行封禅之礼，光武帝就同意了。光武帝下令让主管官吏考察元封年间武帝封禅的旧例，应该用方石建筑在坛中，拿玉做书函之盖，涂上水银和金混成的泥。光武帝感觉方石之工要想完成很艰难，就打算用孝武帝过去的封石，把玉牒放在这里面。梁松等人争辩，认为不可以这样做，于是，光武帝就命令石匠取用完好无损的青石，而不一定要配合东、西、南、北、中五种方位的颜色。

丁卯日（二十八日），光武帝到东方巡视。二月，己卯日（初十），亲自来到鲁地，到达泰山。辛卯日（二十二日），早上，行燎祭，在泰山下南方祭祀上天，众神都从祀，奏乐按照南郊大祀。祭祀结束之后，就到了进食的时候，光武帝登车上山，中午过后，来到山头，换了衣服。申刻，登上祭坛，面朝北边，尚书令奉上玉牒函盖，光武帝用一寸二分的印玺亲自盖上，结束之后，太常下令让两千多个骑士打开土坛上的方石，尚书令把玉牒藏好之后，再把方石盖好，尚书令用五寸的印章盖在石检上。事情结束，光武帝再行跪拜大礼。众臣群呼万岁，于是就从原路返回下山。半夜后，光武帝才到山下，百官到第二天早晨才全部下山完毕。甲午日（二十五日），在梁父山的北面，祭地神，用高后配享，山川众神从祀，按照元始年间祭地的往例。

在三月，戊辰日（三十日），司空张纯去世。

夏季，四月，癸酉日（初五），光武帝回宫；己卯日（二十八日），光武帝大赦天下，更改年号，另起一个元年。

光武帝巡视来到长安；在五月，乙丑日（二十八日），回宫。

在六月，辛卯日（二十四日），光武帝派太仆冯鲂做司空。

乙未日（二十八日），司徒冯勤去世。

京城里有甘泉涌出，又有朱草生长在水边，郡、国纷纷献上甘露。众臣上奏说："灵物祥瑞频繁降下，理应让太史撰写汇集，以传到后代。"光武帝没有接受。光武帝自谦没有德行，每次郡国献上灵物，总是压抑而没有响应，所以史官很少能记载这些。

秋季，三个郡、国有蝗虫灾害。

冬季，十月，辛未日（初六），光武帝派司隶校尉东莱人李䜣做司徒。

甲申日（十九日），光武帝命司空祭告高庙，献上薄太后的尊号为高皇后，附在地神的祭祀。把吕太后庙中的木主迁移到茔域，四季给以祭祀。

十一月，甲子晦日（二十九日），发生日食。

这一年，兴建明堂、灵台、辟雍，向天下展示占验的图谶之书。

起初，光武帝凭着《赤伏符》登上了帝位，于是信用谶书，有很多时候都拿它来决断所疑虑的事情。给事中桓谭上奏疏劝谏说："一般人的感情是对那些看得到的事情不太在乎，反而对特别的听闻以为很是宝贵。观察古代圣王所描述的，都是以仁义正道为基本，并没有什么奇怪不实的事情。因为天道、性命，是圣人很难说的，自从子贡以后，就再也不能听到了，更何况后代那些浅薄的学者，能够通晓这些吗？如今那些灵巧聪颖、小有才干、研究方技数术的人，看了些谶纬符命之书，谎称是谶书，用来欺骗蛊惑贪婪邪害的人，并且还欺骗国君，让他改正错误，怎么能够不压抑疏远他们呢！微臣桓谭恭敬地听闻陛下极力反对方术之士烧炼丹药而化成黄金、白银之术，举止非常英明，然而如今却要顺从接纳谶书，又是多么明显的错误啊！如果干事情虽然有时候和谶书相合，这就好比和占卜的奇偶之数是一样的。陛下应该多听多想，发扬圣明的思想，抛弃小人们的一偏之论，讲述《五经》的正确之义。”奏疏呈上去之后，光武帝看了不高兴。适逢朝廷为灵台选址进行讨论，光武帝对桓谭说：“我打算用谶书来决定，你认为怎么样呢？”桓谭沉默没有回答，很久才说：“微臣不读谶书。”光武帝问他缘由，桓谭又极力讲述谶书的不合乎常情。光武帝很是生气，说：“桓谭非议圣人，目无法纪，把他带走，斩首示众。”桓谭磕头流血，很长时间，光武帝才宽恕了他。光武帝派他出去做六安郡丞，结果在路途中生病而死。

◆范晔评论说：桓谭因为不喜欢谶书而被光武帝放逐，郑兴由于措辞谦逊而幸免于难；而贾逵擅长对谶书附会演绎，所以最会选择显贵。国君依据这个来论学问，真是悲哀啊！◆

贾逵，是扶风人。

南单于比死之后，由他的弟弟左贤王莫继位，做丘浮尤鞮单于。光武帝差遣使者拿着玺书，把印玺组绶颁授给他，并赐给他衣服冠冕还有彩缯。自此之后，就作为常规。

二年（丁巳，公元57年）

春季，正月，辛未日（初八），开始实行北郊之礼，祭祀土神。

二月，戊戌日（初五），光武帝在南宫前殿驾崩，享年六十二岁。光武帝每天早晨上朝处理政事，直到黄昏才肯停止，时常召见公卿、郎将，讨论经学的道理，直到半夜才开始休息。皇太子看到光武帝勤劳不懈，趁着闲暇的时候劝谏说：“陛下有夏禹、商汤的英明，却没有黄帝、老子陶冶性情的福分，希望您能保养爱惜精神，闲暇自得，来让自己安宁。”光武帝说：“我自己喜爱这些事情，所以从来不感到疲惫！”虽然凭借着讨伐攻打才完成了大业，但是等到天下平定以后，就让有功之臣隐退了，而选拔文官，对于政治方针，谨慎明察，又总是掌握着统治大权，估计时机，权衡力量，举措没有错误，所以才能够恢复前代的功业，亲身获得太平。

太尉赵憙负责主办丧事。这个时候经过王莽的战乱之后，那些原来有的制度都不复存在，皇太子和众王相处，同坐一席，侯国属官进出宫禁，也和百官没有什么区别。赵憙就端正颜色，在殿阶上横拿着剑，把众王扶持而下，来显示尊卑的顺序；奏请谒者照顾属官分别到别县，下令众王各自到官邸，只有早晚才可以进宫哭悼；整齐礼仪，加强门禁，宫殿里外都为之而肃敬。

太子登上皇帝位，尊称皇后为皇太后。

山阳王刘荆哭悼没有哀伤，而是写了一封匿名信，命家中仆人谎称是大鸿胪郭况给东海王刘强的信，说他没有罪过就被废掉了，还有郭后被废黜后受尽侮辱，劝说他回到东边，兴起军队，来抢夺天下，并且还说："高祖由亭长兴起，陛下从白水乡崛起，更何况王是陛下的长子、曾经的太子呢！应该做肃杀万物的秋霜，不要做被人关在栅槛里的羊。"国君去世之后，民间的老百姓尚且都做了盗贼，想得到他所希望的，又何况是王呢！"刘强接到信之后，感到非常害怕，就把使者抓起来，写了一封秘密奏书，向明帝禀报情况。由于刘荆是明帝同母的弟弟，就将这件事秘而不宣，让刘荆出京，到河南宫定居。

三月，丁卯日（初五），光武帝下葬在原陵。

夏季，四月，丙辰日（二十四日），明帝下诏书说："朕当今，上没有先帝，下没有一方诸侯之长，就好比要渡深水，却没有船桨一样。天子的责任，至关重要；可是，如今朕年纪还轻，考虑也浅，实在需要有德之人来辅助我。高密侯邓禹，是元勋之中功劳最大的；东平王刘苍，宽厚博学，而且有谋略；特派邓禹做太傅，刘苍做骠骑将军。"刘苍诚恳地推脱，明帝没有答应。后又下令让骠骑将军设立长史、掾史员额四十人，官位在三公之上。刘苍曾经举荐西曹掾齐国人吴良，明帝说："能够举荐贤者，来辅助国家，是宰相的职责。萧何举荐韩信，设立坛坫，任命为大将，不再实施考试，如今派吴良为议郎。”

起初，烧当羌帅长滇良把先零族打败了，占领了它的土地；滇良去世之后，由他的儿子滇吾继位，部落由弱转向强盛。秋季，滇吾和弟弟滇岸带领众人抢掠陇西郡，在允街县把刘盱打败，于是在边塞防守的那些羌人都叛变了。明帝下令让谒者张鸿兼管众郡军队，攻打他们，在允吾县作战，张鸿的军队被打败之后全军覆没。冬季，十一月，明帝又命令中郎将窦固监督捕虏将军马武等两个将军率领四万人前去讨伐他们。

这一年，南单于莫死了，由他的弟弟汗继位，为伊伐于虑鞮单于。

显宗孝明皇帝上

永平元年（戊午，公元58年）

春季，正月，汉明帝带领公卿以下的人来到原陵朝见，遵照元日期会礼仪。天子向神座跪拜，退下之后，坐在东庙；侍卫官都在神座的后面，太官奉上食物，太常负责演奏音乐；郡国所进计簿之官，依照顺序依次上前，在神殿前檐特起曲椽没有中梁的地方，占问自己郡府的谷价还有人民的疾苦。自此之后，就作为惯例。

夏季，五月，高密元侯邓禹去世。

东海恭王刘强生病之后，汉明帝多次差遣使者、太医乘车赶去探望他，途中往返不停。汉明帝下令让沛王刘辅、济南王刘康、淮阳王刘延到鲁地去探望病情。戊寅日（二十二日），刘强去世，临死之前，还上书谢恩，说：“微臣既然短命而死，子孙孤苦无依，又让皇太后、陛下为此而担心忧虑，实在悲伤！实在是惭愧！子刘政，还是个幼童，本应该勉强承袭我的爵位和封土，可是这肯定不是保护他的万全之计，所以我恳求能够把东海郡交还。如今天下刚刚遭遇大丧，期望陛下更加好好侍奉皇太后，多献餐食。微臣刘强困苦衰颓，所说的这些并不能完全表明自己的心意，希望向众王致谢，没想到竟然永远都不能再相见了！”汉明帝看了奏书，心里悲痛万分，跟随太后出宫，到津门亭发丧，让大司空执持符节，主办丧事，赠送丰厚，礼仪特优，汉明帝下令让楚王刘英、赵王刘栩、北海王刘兴还有京城里的亲戚都去参加他的葬礼。汉明帝思念刘强坚持谦虚节俭的习惯，不要厚葬来违逆他的心意，于是就特颁诏书：“馈送的物品，必须要遵从勤俭节约，衣服只要能够遮住身体，茅车、瓦器，要比原制减少，来表明东海王卓尔不群、特立独行的志向。”将作大匠留下修建陵墓庙寝。

秋季，七月，马武等人进攻烧当羌，把他们打得大败，剩下的人也都投降、四处逃散了。

山阳王刘荆私下接来擅长星象之学的人，和他一起商讨谋划大事，期望天下发生变故；汉明帝知道了这件事之后，改封刘荆做广陵王，送到封国去。

辽东郡太守祭肜命偏何讨伐赤山乌桓，把它打得大败，还杀了他们的首领。塞外其他民族都震惊害怕，西边从武威郡开始，向东边直达玄菟郡的尽头，都到关内亲附，野外没有战争，于是，把沿着边境的驻军全部都撤走了。

东平王刘苍感觉中兴三十多年，天下太平，理应修治礼乐，于是就和公卿一起商定南、北郊冠冕、车服的制度，还有祭祀光武庙时所用的歌乐、八佾舞的人数，把它呈现给汉明帝。

好畤愍侯耿弇去世。

二年（己未，公元59年）

春季，正月，辛未日（十九日），在明堂尊祭光武汉明帝，汉明帝还有公卿、列侯开始穿戴冠冕、佩上美玉来行祭礼。祭礼结束之后，登上灵台，观看气色灾变，大赦天下。

三月，汉明帝来到辟雍，第一次举行大射礼。

冬季，十月，壬子日（初五），汉明帝亲自来到辟雍，第一次举行养老礼。让李躬做三老，桓荣为五更。三老穿着优美的麻布大袍，戴着古代的缁布冠，手拿玉鸠的手杖；五更也比照这样穿戴，只不过拿的不是玉鸠的手杖。天子来到辟雍的礼殿，坐在东厢，命令使者用安稳的车子把三老、五更迎到太学的讲堂，天子在门屏处等待迎接，行交接之礼；从东阶指引，三老登上宾阶，来到阶上，天子按礼作揖。三老登上宾阶顶，面朝东方，三公在座位的一侧摆放桌案，九卿把鞋子摆正，汉明帝亲自举袖割取牲肉，拿酱进食，拿爵进酒，在三老之前，有人提点他不要哽住；在他之后，也有人提点他不要噎住。五更面向南方，由三公进献酒食，礼节就好像天子对待三老一样。礼仪结束之后，引导桓荣还有弟子登上讲堂，汉明帝亲自为下面的人讲说，众儒之后便拿着经书上前请教疑难，士族官宦绕着桥门而观看听着的，可以亿万来计算。于是，汉明帝下诏赐给桓荣关内侯的爵位；三老、五更都以两千石的俸禄供养终身。并赐给天下老人酒，每人一石，肉四十斤。

汉明帝从做太子开始，就向桓荣学习《尚书》，等到做了天子之后，还是以师礼来尊敬地对待桓荣。曾经到太常府，请桓荣面向东方而坐，摆设桌案、手杖，集合百官还有桓荣的几百个学生，汉明帝亲自拿着经书；众生有的离开座位，站起来提问，汉明帝就很谦逊地说："太师在这里。"事情结束之后，就把太官提前准备的御膳饮食全部赏赐给太常家。桓荣每逢生病的时候，汉明帝总是差遣使者前去慰问，太官、太医在路上不得间断。等到病重的时候，桓荣进呈奏疏，感谢明帝的恩惠，并归还爵位食邑。汉明帝亲自来到他家，询问他的生活状况，到了街上，就开始下车行走，手抱经书前去，抚着桓荣流泪，赐给他床席、帷帐、刀剑、衣被，停留很久才舍得离开。此后诸侯、将军、大夫探病的，便不敢再乘车到他家门前，还都在床下跪拜。桓荣去世之后，汉明帝亲自改穿丧服，吊唁送葬，把首阳山之南的墓地赐给了他。儿子桓郁本应该承袭爵位，却让给了他的侄子桓汎；汉明帝不肯同意，桓郁才接受封爵，然而把租税收入全部给侄子。汉明帝任桓郁为侍中。

由于中山王刘焉是郭太后的小儿子，太后特别喜爱他，所以汉明帝就单独把他留在京城里，到了这个时候，才和众王共同来到自己的封国，赏赐给他虎贲、官骑，恩宠尤为优厚，而且还可以自己单独往来京城。汉明帝对阴、郭两家很礼貌周到，每件事情都能顾到他们，没有什么轻重之分，多次赏赐，恩宠也都很优厚。

甲子日（十七日），汉明帝来到长安巡视。在十一月，甲申日（初七），命令使者用中牢的祭品祭祀萧何、霍光，汉明帝亲自前往，向他们的墓表示致敬。后又向前来到河东郡；癸卯日（二十六日），汉明帝回宫。

十二月，护羌校尉窦林因为犯了欺君罔上还有贪污之罪被关进监狱而死。窦林，是窦融堂兄的儿子。在这个时候，窦氏做公的有一个人，做侯的有两个，公主有三个，做二千石官的有四个人。从祖父到孙子，在京城里官府住宅有很多，在帝王的亲戚和功臣里，也没有一个人可以和他们家相比较的。等到窦林死在监狱里之后，汉明帝好几次下诏严厉责备窦融，窦融感到害怕，于是就恳请辞退，汉明帝也就下令让他回家养病。

这一年，第一次在东郊、南郊、中兆、西郊、北郊迎接春、夏、黄灵、秋、冬。

新阳侯阴就的儿子阴丰娶了郦邑公主。公主生性骄纵嫉妒，阴丰就把她杀了，他也被汉明帝下令处死，于是父母也都自杀了。

南单于汗死了，由单于比的儿子适继位，为醢僮尸逐侯鞮单于。

三年（庚申，公元60年）

在春季，二月，甲寅日（初九）那天，太尉赵憙、司徒李䜣被罢免官职。丙辰日（十一日），汉明帝派左冯翊郭丹为司徒。己未日（十四日），又派南阳郡太守虞延做太尉。

皇后，是马援的女儿，光武帝的时候，由于被选进太子的宫里，才有机会能够侍奉阴后，从旁对待同一地位的人，礼仪也周到，使得上下安定，于是，很被宠爱；等到汉明帝登基之后，她就做了贵人。这个时候，皇后前母所生姐姐的女儿贾氏也因被选进宫去，生了皇子刘炟；汉明帝由于皇后没有儿子，所以就命令她抚养，对她说："人没有必要非得自己生儿子，只需要关心爱护和教育周到也就可以了！"于是皇后竭尽心力地抚养教育，劳苦多于皇子的生母。太子也孝性笃实，母慈子爱，一直都没有丝毫嫌隙。皇后常常因为皇子不多，就举荐身边的人，好像担心来不及的样子。后宫女子有觐见她的，时常给予接见安慰；如果多次被汉明帝宠爱，就给予优厚的礼遇。

等到主管官吏上奏请立皇后，汉明帝什么也没说，皇太后就说："马贵人的品德在后宫之中是最好的，立她为皇后就对了。"皇后在宫中就位后，自己更加谦虚谨慎，喜欢读书。经常穿宽厚丝织的衣服，裙不加边；初一、十五众姬妾、公主来朝见，远远地看见皇后的上衣粗疏，以为是文缯绉纱，可是走近看了才知道，就笑。皇后说："由于这种丝织的质料特别适合染色，所以用它罢了！"下面大臣所上奏的事情如果有很难断然决定的，汉明帝也曾经好几次去试探询问皇后的意思，皇后总是能够分析意理，各得其实，可是从来没有拿家中的私事为理由来干涉政事。汉明帝于是对她极其宠爱尊敬，一直都没有衰微。

汉明帝想念中兴的那些有功之臣，于是就在南宫云台里画了二十八个将军的图像，以邓禹为第一，其次是马成、吴汉、王梁、贾复、陈俊、耿弇、杜茂、寇恂、傅俊、岑彭、坚镡、冯异、王霸、朱祜、任光、祭遵、李忠、景丹、万修、盖延、邳彤、铫期、刘植、耿纯、臧宫、马武、刘隆；又加上王常、李通、窦融、卓茂，一共三十二个人。由于马援是皇后的亲戚，所以就只有他不在这些人的里面。

六月，丁卯日（二十四日），在天船星的北边出现了彗星。

汉明帝大规模地建造北宫。这个时候，天气很是干燥，尚书仆射会稽人钟离意到宫门，脱下官帽，上奏疏说："以前成汤遭遇干旱灾害，就拿六件事情来责备自己：'是因为自己的施政不恰当吗？是使用人民太操之过急吗？是宫室的营建规模过大吗？是宫中招权乱政的嬖宠太多吗？是贿赂风气盛行吗？是进谗的小人太多吗？'微臣私下里看到大规模兴建北宫，人民错过了耕种的季节和最佳时机；自古以来，不因为宫室狭小为苦，只是担心忧虑人民不能安静，所以应该予以停止，来顺从上天的心意。”汉明帝用策书下诏答说：“成汤引用六件事情，错误全在自己，你大可以戴上官帽，穿好鞋子，不需要谢罪！”于是就下令让大匠停止建造众宫，减少那些不急需的工程。下诏趁此向公卿百官致谢，终于降下了及时的雨水。

钟离意举荐全椒县长刘平，汉明帝就下诏征召任命他为议郎。刘平在全椒县，施政很有恩惠，人民有的愿意增加财货来缴税，有的还甘愿减少年龄来服役。刺史、太守来到县里巡视，由于监狱里没有囚禁的犯人，每个人都是各得其所，不知要探问些什么，只是颁布诏书就离开了。

这个时候，朝廷里没有一个人不担心害怕的，于是都争着表现严厉急切的态度以逃避惩罚；唯独钟离意一个人敢劝谏争辩，很多次把诏书封好之后归还，而且其他臣下犯了过错，总是全力解救他们。赶上连续发生灾变怪异的事情，就上奏疏说：“陛下敬畏鬼神，体恤庶民；可是，天气不协调，寒暑违背节令，错在臣子们不能宣布德化，做好自己的本职工作，却因为烦苛刻薄为习俗，百官没有相爱的意愿，吏民也没有和谐的兴趣，以至于触动违逆和气，而引来了天灾。百姓们可以通过德来教化，却很难用力去克服，《鹿鸣》之诗如果一定要说安乐的话，那是因为人神的心意相合，然后天气才能调和。但愿陛下可以布施圣德，缓和刑罚，顺从时令气节来协调阴阳。”汉明帝虽然当时没有采纳，但是知道他也是出自一片真诚之心，一直都对他很厚爱。

秋季，八月，戊辰日（二十五日），汉明帝下令改太乐官为太予，这是由于谶书的关系。

壬申晦日（二十九日），日食。汉明帝下诏书说：“以前楚庄王因为本国没有灾害而生怕上天忘却了自己，却让自己不停地担心；鲁哀公政治混乱，但是因为没有办法挽救所以上天也没有降罪谴责。如今的日食，表示我们或许还可以自己拯救自己，官吏理应相互鼓励努力尽好自己的职责，来匡扶无德的我！”

冬季，十月，甲子日（二十二日），汉明帝跟随皇太后亲自来到章陵。荆州刺史郭贺，做官取得了很好的绩效，汉明帝就赏赐他三公的衣服，绘绣的衣裳、前后以丝绳贯玉下垂的帽子；下令到各地去巡行，还把车子的前帷去掉，让人民都可以看到他的仪容服饰，来彰显自己的美德。戊辰日（二十六日），从章陵回来。

这一年，京城以及七个郡国都发大水。

莎车国王贤以军队来威胁逼迫想夺取于寘、大宛、妫塞王等国，让他的将领防守。于寘国人杀死了他的将领君德，并拥立大人休莫霸做王，王贤带领诸国几万军队去进攻他，都被休莫霸打得大败，勉强脱身逃了回去。休莫霸进军把莎车包围了，被流箭射中而死，于寘国人又拥立他的侄子广德为王，广德派他的弟弟仁去攻打贤。广德的父亲曾经被囚禁在莎车国，贤就将他的父亲送了回去，并且还把女儿许给了广德，和他结亲相好。

资治通鉴卷第四十五　汉纪三十七

起辛酉（公元61年），止乙亥（公元75年），共十五年。

【题解】 本卷记录了汉明帝永平四至十八年间的历史。东汉在汉武帝后最有作为的明君汉明帝的带领下，国力达到鼎盛时期。汉明帝不尚浮夸，为政严苛。治楚王英一案中，使众多无辜者蒙冤，在寒朗的冒死谏诤下，千余人被平反。统治阶层上层开始滋长奢靡之风。对外，窦固大破匈奴，班超出使西域，重新开通丝绸之路。佛教的传入，也使古代东西方文化得到更进一步的交流。

显宗孝明皇帝下

永平四年（辛酉，公元61年）

春季，汉明帝就近出宫去探巡洛阳城的邸宅，打算在河内郡校阅军队狩猎。陈平王刘苍上书进谏；汉明帝看了奏表之后，马上回宫。

秋季，九月，戊寅日（十二日），千乘哀王刘建去世了，由于他没有儿子，就撤销了封国。

冬季，十月，乙卯日（十九日），司徒郭丹、司空冯鲂被罢免官职，于是就派河南尹沛国人范迁做司徒，太仆伏恭为司空。伏恭，是伏湛之兄的儿子。

陵乡侯梁松由于犯了怨恨他人、上匿名书诬告他人的罪，被关进牢狱里处死了。

当年，汉明帝为太子的时候，太中大夫郑兴的儿子郑众由于通晓经学而举世闻名，太子和山阳王刘荆，通过梁松用缣帛去相请他，郑众说："太子身为储君，按照道理不可以私下里与外来往的；汉朝有旧令，王侯不可以私通宾客。”梁松说：“长者的心意，不可以违背。”郑众说：“既然违反禁令而有罪，还不如守法而死。”于是就不愿意前往。等到梁松事发被杀之后，宾客大多被连累而判刑，只有郑众没有受到牵连祸害。

于寘王广德带领各国的军队三万人进攻莎车国，用计策诱惑莎车王贤，并把他给杀了，还兼并了他的国家。匈奴发动各国的军队把于寘国给包围了，于是广德请求投降。匈奴立贤给匈奴做人质的儿子不居徵做莎车王，广德又出兵进攻，把他给杀了，后又另外立他的弟弟齐黎做莎车王。

东平王刘苍自打以汉明帝至亲的名义而辅政之后，在外面的名声一天天大起来，心里感到恐慌不安，先后连续上奏疏说：“自打汉朝建立以来，宗室子弟就没有能够在公卿位上的，微臣恳求呈上骠骑将军的印绶，回到自己的封邑去。”苍言辞非常诚恳亲切，汉明帝就同意了他回到封邑去，可是却没有同意他呈上将军印绶的事。

五年（壬戌，公元62年）

在春季，二月，庚戌日（十六日），刘苍离开职位回到了自己的封邑。于是汉明帝就派骠骑长史为东平王太傅，掾属为中大夫，令骠骑长史做王府的郎官，另外再加赏钱五千万，布十万匹。

冬季，十月，汉明帝来到邺县；当月就回宫去了。

十一月，北匈奴侵犯五原郡；十二月，又侵犯云中郡，南单于把他击退了。

这一年，汉明帝调遣内郡的人民去戍守边疆，并且赏给办理行装的钱，每人两万。

安丰戴侯窦融年纪大了，子孙就任意妄为，很多人都不遵守法律。长子窦穆娶了内黄公主为妻，假称奉阴太后的诏书，命令六安侯刘盱把自己的妻子休了，把自己的女儿许给他为妻。刘盱妻子的家人上书表明了这个情况，汉明帝很是生气，就把窦穆等人的官职都罢免了，所有窦家在朝中任郎吏的，都带着亲属回到故乡扶风郡平陵县去了，就只剩下窦融留在京城；没有多久窦融就去世了。几年之后，窦穆等又因为其他事情犯罪，和儿子窦勋、窦宣都被关入牢中处死了。过了很久，汉明帝下诏让窦融的妻子和一个小孙子回到都城洛阳居住。

六年（癸亥，公元63年）

在春季，二月，王雒山出现了宝鼎，把它进贡给朝廷。夏季，四月，甲子日（初六），汉明帝下诏书说："祥瑞的降临，就是为了来应和那些有才德的人；如今政治变化多有所偏袒，又为什么会得到这些祥瑞的东西呢！《周易》说：'鼎象征三公。'难道是因为公卿奉行办理职务很有条理吗？所以赏赐给三公帛五十匹，九卿、二千石赏给一半。先汉明帝曾经下诏书，不准臣下上书称'圣'，可是近些天奏章里却有很多浮泛的言词；从现在开始，假如有过分虚美的话，尚书都应该加以控制而不予受理，以表示汉明帝不被那些谄媚的人所嗤笑啊！"

冬季，十月，汉明帝来到了鲁国；十二月，又回到了阳城县；壬午日（二十八日），汉明帝回宫。

这一年，南单于适去世，单于莫的儿子苏即位，就是丘除车林鞮单于；几个月之后，苏也去世了。单于适的弟弟长即位，就是湖邪尸逐侯鞮单于。

七年（甲子，公元64年）

在春季，正月，癸卯日（二十日），皇太后阴氏去世。二月，庚申日（初八），安葬光烈皇后阴氏。

北匈奴依旧势力强大，经常侵犯边界，还派遣使者来要求进行通商。汉明帝希望与他通商来往之后，不再侵犯，于是就答应了。

任命东海郡相宋均为尚书令。起初，宋均为九江郡太守，每五天处理一次政事，让掾属都来见他，让督邮留在府内，不许他前去骚扰属县，因此属县平定无事，百姓安居乐业。九江郡过去有很多老虎伤人的事发生，经常招募人去设置槛栏陷阱，可是依旧有很多人被老虎所伤害。宋均下通报给属县说："江淮有猛兽，就好比北方有鸡、猪一般，可是现在对人民造成了伤害，错误全在于这些害民的官吏，而劳心费神地去设置槛栏陷阱来捕兽，这个可不是体恤人民的根本办法。我们应该务必除去奸私贪心，想着贡献那些忠心善良的主意，才能够完全撤除槛栏陷阱，取消、减免征税。”后来就再也没有老虎为患的事了。汉明帝听到宋均的名声之后，才让他担任更重要的职位。宋均对人说：“朝廷喜欢文书法令、清廉的官吏，认为他们可以制止奸邪的行为。可是掌刑法的官吏善于欺上瞒下，而那些清廉的官吏只顾自己一个人的清白，对于百姓的流亡、盗贼的为害没有丝毫帮助。我想磕头向朝廷讨论这件事，如果现在不能改正，时间长了必将自己受苦，然后才能说这事啊！”可是宋均还没有来得及向朝廷进言，就调职司隶校尉。后来汉明帝听到宋均所说的这些话，对他表示赞赏。

八年（乙丑，公元65年）

春季，正月，己卯日（初二），司徒范迁去世。

在三月，辛卯日（三月无此日），汉明帝派太尉虞延做司徒，卫尉赵熹兼任太尉的职务。

越骑司马郑众出使北匈奴，单于打算命令郑众下拜行礼，郑众始终不肯屈服。于是单于就把他围困住，让他与外界断绝来往，还不给他水火；郑众拔刀以死自誓，单于担心害怕才停止了对郑众的看守，于是又另外派了使者，跟随郑众一起回京师。

当初，大司农耿国上书说：“理应设立度辽将军在五原郡驻守，以防范南匈奴逃亡。”朝廷没有听取耿国的意见。南匈奴须卜骨都侯等知道汉朝和北匈奴相互交换使臣，心里怀有怨言，想要背叛汉朝，于是就暗地里派人前往北匈奴，要他发兵来迎接。郑众到了塞外，心里怀疑有了其他状况；就探查等候结果，果真发现了须卜的使者。于是就上书说：“我们应该另外在边境设置大将，以防范两个外敌的来往。”自此之后才开始设立度辽将军营，让中郎将吴棠兼任度辽将军的职务，命令黎阳虎牙营的士兵去镇守五原郡曼柏县。

秋季，十四个郡国都闹大水灾。

冬季，十月，北宫建成。

丙子日（初四），征集那些被判了死刑而关在牢中的犯人前去度辽营；有罪而逃亡的人，可以让他赎罪，但因罪责的大小有区别对待。楚王刘英拿着黄缣、白纨去见楚国的相说："由于王侯的身份，累积了大量的过失罪恶，承蒙汉明帝的宠爱大恩，现今奉送缣帛，用来赎免我所犯的罪过。"国相把这件事情报告给了汉明帝，汉明帝就下诏书说："楚王诵读黄、老精微的言论，推崇佛家仁慈的心意，斋戒三个月，向神明发誓，有什么可怀疑的呢？有什么可悔恨的呢？就把他所奉上赎罪的缣帛都给退了回去，以此襄助楚王刘英用丰盛的菜肴款待佛门弟子。"

起初，汉明帝曾经听说西域有神明，名字叫作佛，所以就派遣使者前往天竺国探访寻求佛道，得到佛书之后就和得道的高僧一起回来。佛经大概以虚无作为宗旨，看重慈悲不杀生的心怀；认为人死了之后，精神不会消失，随着再次承受肉体而再生；人生前所行的善事恶事，都有报应，所以重要的是修炼精神，以至于能够成为佛；佛经喜欢说些博大高深的言论，来劝勉愚昧低俗的世人。精于佛道的人，称为沙门。于是中国就开始传播佛的学说，画佛的画像，在王公贵族的人中，只有楚王刘英最先开始喜欢学佛。

壬寅晦日（三十日），日全食。汉明帝下令群臣尽力做好自己的分内之事，尽可能向朝廷多发表自己的言论，不要有所隐讳。于是在位者都呈上封事，每个人都说出朝政方面的得失；汉明帝看过奏章之后，深深地感觉到了自己需要承担的过错，于是就把所上的奏章交给百官传阅。汉明帝下诏说："群臣所说的，这些都是我的过错。人民的冤案没有能够审理，官吏的狡诈欺骗没有被禁止；而且还随便动用民力，修建宫殿官府，出入的财物没有丝毫克制，喜怒超过了节度。我一直都在读前人的告诫，心里面惊恐戒惧，只是担心德行浅薄，长时间下去而让自己懈怠了啊！"

北匈奴虽然派遣使者前来朝贡，可是进攻侵犯的行动却始终没有停止，边地的城门白天紧闭着。汉明帝的意思是打算派遣使臣回报北匈奴的使者，郑众上奏疏谏言说："微臣听说北单于之所以招来汉朝使臣，就是打算以这个为理由来离间南单于的部众，以稳定西域三十六国的心意，而更加专心地依附于北匈奴；而且他肯定会宣扬汉朝与匈奴和亲的事，来向邻国的敌人炫耀，而致使西域那些想要归顺汉朝的国家裹足不前，犹豫不决，使思念汉朝故土的人对汉朝而深感绝望了。汉朝的使者已经来到了，北匈奴便开始傲慢神气起来，如果再派遣使者去的话，北匈奴肯定以为自己的计谋已经得逞，至于那些劝说北单于归附汉朝的大臣就不敢再说什么话了。这样，南单于的朝廷便开始动摇心意，打算出塞北去，乌桓国也不再亲附于汉朝，而心就向着北匈奴了。南单于长时间居住在汉朝的地方，对于汉朝的形势情况知道得很清楚，万一叛离了汉朝，没有多久就将成为边界的祸害。现在还好有度辽将军的军队在北边彰显国家的声威，即使南匈奴没有回报汉朝的大恩，但是也不敢再为害边界了。"汉明帝没有听取郑众的建议，又命令郑众前往北匈奴。郑众因此上书说："微臣上次奉命出使，不愿意向匈奴跪拜行礼，单于心中很是愤恨，派兵围守微臣；现在又受命出使，一定会受到匈奴的羞辱，微臣着实不舍得拿着大汉的符节，向穿着毡裘的匈奴单于下拜。就算匈奴能向臣屈服归属，也将会有损大汉强大的兵力。"汉明帝说什么也不听。郑众不得已，出发之后，在路上连续上奏书，坚决地议论此事；汉明帝下诏严厉地怪罪郑众，后来就派人把郑众追了回来，关在廷尉狱中，正好赶上朝廷大赦天下，才得以回到家中。后来汉明帝接见匈奴的使者，听说郑众和单于争执礼节的情况之后，于是就又召唤郑众做军司马。

九年（丙寅，公元66年）

夏季，四月，甲辰日（四月无此日），汉明帝下令让司隶校尉、部刺史每年呈报各县县令以下官吏任职在三年以上，而且处理政事功绩尤为优秀的各一人，随同呈报名册的官吏一起到京师来，还有那些处理政事成绩特别差的，也都要向朝廷汇报。

这一年，粮食丰收。

汉明帝颁赐皇子刘恭封号为灵寿王，刘党封号为重熹王，没有封邑。

汉明帝推崇儒学，从皇太子、诸王侯到大臣的子弟、功臣的子孙，没有一个不接受教育读经书的。后来又为外戚樊氏、郭氏、阴氏、马氏诸子弟在南宫设置学校，号称“四姓小侯”。学校设《五经》教师，搜罗选择那些高明有才干的人来传授学业。连期门、羽林的士卒，都让他们知晓《孝经》章句。后来匈奴也派子弟前来入学。

广陵王刘荆又召来看相的人，对他说：“我的面貌长得像先汉明帝（光武帝），先汉明帝三十岁的时候得到了天下，如今我也三十岁了，可以起兵了吗？”于是看相的人就前去官府禀告这件事，刘荆感到甚是惶恐，于是就把自己捆绑了关在牢中，汉明帝加恩，没有再追究这件事，只是下诏不得让他掌握政权，管治属吏和人民，唯独受纳王国的租税如先前一般，使相、中尉小心地值宿王府，看守着刘荆。后来刘荆又让女巫祭祀鬼神、祝祷诅咒汉明帝。汉明帝下诏长水校尉樊鯈等人一起陪同审理这个案件，审理结束之后，大臣们奏请诛杀刘荆。汉明帝很生气地说：“诸位大臣由于刘荆是我弟弟，就打算诛杀他；那如果是我的儿子，你们还敢这样做吗？”樊鯈回答说：“天下是高祖的天下，不是陛下的天下啊！根据《春秋》的大义，对国君、父母不可以做出忤逆的事，想做弑逆的事就必定要将其诛杀。微臣等正是因为刘荆是你的同母弟，陛下心怀圣心，加以可怜的心在刘荆身上，所以才斗胆恳请陛下杀他的啊；如果是陛下的儿子，微臣等就不向陛下请示，只要把他诛杀了就是。”汉明帝叹息而称赞他。樊鯈，是樊宏的儿子。

十年（丁卯，公元67年）

春季，二月，广陵思王刘荆自杀，汉明帝撤销了他的封国。

夏季，四月，戊子日（二十四日），汉明帝赦免天下。

闰月，甲午日（闰十月初三），汉明帝亲自来到南阳，召唤学舍的弟子演奏雅乐，弟子演奏《诗经·鹿鸣》，汉明帝自己奏埙、篪与之相和，来供嘉宾娱乐。在返回的途中，来到了南顿。冬季，十二月，甲午日（初四），汉明帝回宫。

当初，陵阳侯丁綝去世，他的儿子丁鸿本来理应承袭封爵，可是丁鸿上书说自己有病，就把封国让给了弟弟丁盛，朝廷没有回复。等到埋葬之后，丁鸿就把丧服挂在墓旁守丧的草屋上而独自一个人逃走了。友人九江人鲍骏在东海郡恰巧遇到了丁鸿，责怪他说："以前伯夷、吴札，在乱世权变行事，所以才可以实现他们让位的心愿啊。《春秋》的大义，不能由于家事而破坏了国事。现在你由于兄弟的一己私情而断送了你父亲永久的基业，可以吗？"丁鸿感动而流泪，于是就回到自己的封国担任职位。鲍骏因此上书推荐丁鸿经学高深，节行高洁，汉明帝便征召丁鸿做侍中。

十一年（戊辰，公元68年）

春季，正月，东平王刘苍和诸王都来朝觐汉明帝，一个多月之后，回到自己封国去。汉明帝亲自去给他们送行，回宫之后，怀念兄弟之情而心中难过不已，于是就派使臣奉手诏给东平国中傅说："告辞之后，朕独自坐着，闷闷不乐，于是就坐车回宫，伏在车轼上吟哦，眺望远方，心中产生了无限的思念之情，实在是让我的心里难过。吟诵《诗经·采菽》，更增添我内心的叹息。平时问东平王：'在家里怎么样最快乐？'东平王说：'为善最快乐。'他的话听起来非常广博，大过他的腰腹一倍呢！现在东平王的儿子年纪在五岁以上且能趋步礼拜的，送去列侯的印十九枚，都叫他们带着。"

十二年（己巳，公元69年）

春季，哀牢王柳貌带领他的人民五万多户前来归顺汉朝，汉明帝就把他的地方设立哀牢、博南两县。开始派人去开通博南山，渡过兰仓水，使者都为此感到烦恼，于是唱歌说："汉德广，开不宾；度兰仓，为他人。"（汉朝的恩惠广大，开发不归顺降服的蛮邦；渡过兰仓水，都是为了别人。）

当初，平帝的时候，黄河、汴水决堤，过了好长时间都没有修建堤坝。建武十年，光武帝打算修建崩溃的堤防；浚仪县令乐俊上书说，人民最近饱受战乱之苦，实在不适合再发动徭役，才停止了这件事。后来汴渠向东泛滥，范围一天比一天广，兖州、豫州的百姓埋怨感叹，感觉县官经常发动其他的役事，可是却不先解决人民的急需。刚好有人举荐乐浪王刘景擅长治水，当年夏季四月，汉明帝下令发遣兵卒数十万，调遣刘景和将作谒者王吴去修建汴渠堤防，从荥阳东边到千乘县海口一千多里，每隔十里就建立一座水门，让它们彼此相互逆流注入，不再有溃漏的危害。刘景虽然已经很是节省工程费用，但是工程费用依旧以百亿计算。

秋季，七月，乙亥日（二十四日），司空伏恭被罢免官职；乙未日（七月无此日），汉明帝派大司农牟融为司空。

那个时候，天下安定，人民没有劳役，粮食年年丰收，百姓生活富足，米谷一斛三十钱，牛羊漫山遍野。

十三年（庚午，公元70年）

夏季，四月，汴渠的堤防就已经修好了；黄河、汴水的水分流，恢复到原来的状态。辛巳日（初四），汉明帝亲自来到荥阳，巡视河渠，就渡过了黄河，登上太行山，来到上党郡；壬寅日（二十五日），汉明帝回宫。

冬季，十月，壬辰晦日（十月无此日），发生日食。

楚王刘英和方士做成金龟、玉鹤，刻上文字作为符瑞。男子燕广举报刘英和渔阳人王平、颜忠等造作图谶，有逆反的谋划；朝廷把案子交给廷尉审查询问之后就定罪了，掌管这个案件的官吏奏禀说：“刘英大逆不道，请求陛下把他诛杀了。”汉明帝不忍心杀他是因为他是至亲。十一月，汉明帝废除了刘英的官爵，让他迁移到丹阳郡泾县，赏赐他汤沐邑五百户；刘英的儿子为侯、女儿为公主的，食邑照旧；他的母亲许太后也不需要缴回印玺，继续留住楚王宫中。在这之前，曾经有人秘密地把刘英的谋划报告给了司徒虞延，虞延感觉刘英是王侯，与汉明帝是至亲，所以不相信那人的话。等到刘英事发之后，汉明帝下令严厉地怪罪虞延。

十四年（辛未，公元71年）

春季，三月，甲戌日（初三），虞延自杀了。汉明帝派太常周泽兼任司徒的职务；没有过多久，周泽就又恢复官职做了太常。夏季，四月，丁巳日（十六日），汉明帝派巨鹿太守南阳人邢穆做司徒。

楚王刘英到丹阳之后，就自杀了。汉明帝下令用诸侯的礼节把他埋葬在泾县。后来又封燕广为折奸侯。

当时，追究审理楚王的案子，就拖了好几年。那些供词受到牵连到的，从京城的亲戚、诸侯、各州郡才智出众的人，还有询查案情的官吏，依附楚王的人，被处死、贬谪的有上千人，而关入牢中的还有几千人。

起初，樊儵的弟弟樊鲔为他儿子樊赏来请求迎娶楚王刘英的女儿，樊儵在听到之后就阻止他，说："建武年间，我家一起受到朝廷的恩宠，一个姓氏五个人被封侯。当时父亲位居特进，一次进言，女的可以嫁给王为妻，男的可以娶公主为妻。但凡太过于彰显荣宠，就会变成祸害，所以你不应该这样做。而且你只有一个儿子，为什么要把他丢弃在楚国呢？"樊鲔没有听从劝告。等到楚王事发，樊儵已经去世了，汉明帝怀念樊儵的谨慎恭敬，所以他的几个儿子都没有因为受连累而被定罪。

刘英暗地里搜寻天下的名士，结果被汉明帝得到了这份名单，上面有吴郡太守尹兴的名字，于是汉明帝就召唤尹兴和属吏五百多人前往廷尉接受讯问。属吏们因为经不起拷问，死去了大半；唯独门下掾陆续、主簿梁宏、功曹史驷勋备受煎熬，经受了五种毒刑，皮肤脱落腐烂，但是终究没有不一样的供词。陆续的母亲从吴郡赶来洛阳，给陆续煮了食物送了进去。陆续虽然在接受审讯时，从来没有因此而言辞神态慌乱改变，可是面对这食物却流下了悲伤的眼泪，不能自已。管理监狱的人员就问他缘由，陆续说："母亲来了无法跟她见面，所以我感到悲伤啊！"管理监狱的人员问他："你是怎么知道的呢？"

陆续说:“母亲切肉向来没有不是方方正正的,切葱以一寸为标准,所以我知道她来了。”治狱使者把这事向上禀报,汉明帝这才赦免了尹兴等人,只是一辈子不允许他们再做官。

颜忠、王平的供词牵涉到隧乡侯耿建、郎陵侯臧信、濩泽侯邓鲤、曲成侯刘建。刘建等人供词说从来没有和颜忠、王平见过面。这个时候,汉明帝很是生气,负责审案的官吏都担心害怕,所有受到牵连的人,都被关进大牢而定罪了,没有谁敢徇私情而被宽恕。侍御史寒朗心里难过这件冤案,就尝试着观察耿建等人容貌神色,并单独审问颜忠、王平,可是两人短时间也没有回答。寒朗知道颜忠、王平在说谎欺骗他,于是就上书说:“耿建等人并没有奸私犯法,完全是被颜忠、王平所诬陷的;我怀疑天下那些无辜的人,可能多半就像这样。”汉明帝说:“既然如此,颜忠、王平为什么要牵涉到他们呢?”寒朗回答说:“颜忠、王平自己深知犯了大逆不道的罪,所以就多平白无故地牵涉到别人,希望可以通过这个来表明自己真诚的态度。”汉明帝说:“既然是这样,那你为什么不早点禀报讲明白呢?”寒朗回答说:“微臣担心天下再有其他的人去揭露他的奸私。”汉明帝说:“官吏说两面的话!”就催人把寒朗提下去进行鞭打。左右的人正要拉他下去,寒朗说:“微臣期望能够说完一句话之后再受死。”汉明帝说:“谁和你一起作这文章的?”寒朗回答说:“微臣自己一个人作的。”汉明帝说:“你为什么不去和太尉、司徒、司空三府商量一下呢?”寒朗回答说:“微臣自己知道这样做肯定会被灭族,所以不敢再更多地牵连别人。”汉明帝说:“为什么会被灭族?”寒朗回答说:“微臣审查这件案子一年,不仅没有能够彻底追查出犯人的奸情,反而帮犯人申诉冤屈,所以知道理应被灭族,但是微臣之所以要说出原因,实在是期望陛下能够一下醒悟过来而已。微臣看到审查参与这件案子的犯人,都共同说妖孽可恶的大罪,是臣子所应该一起痛恨的,现在替他脱罪还不如定他的罪,可以没有以后的责任。所以拷问一人就会牵连十人,拷问十人甚至牵连百人。再者公卿朝会,陛下问起这事的得失，都长跪着说：‘旧有的法律规定，大的罪过需要祸害牵连九族；陛下的大恩大典，才处罚他一人，天下已经幸运极了。’等到他回到家中，嘴里虽然没有说，却抬起头望着屋顶默默地叹息，没有人不知道他是蒙受极大的冤屈，但是也没有人敢违背陛下的意思而说话啊！微臣现在所说的这些话，就算是被处死了也不后悔！”汉明帝明白了寒朗的意思，就下诏叫寒朗离开了。

过了两天，汉明帝驾车自己来到洛阳监狱，审查囚犯是否有冤屈案情，结果审理出一千多人都蒙受了不白之冤。当时天气干燥，之后就下了大雨。马后也感觉楚王的案子很多是因为胡乱定罪的，所以就乘机向汉明帝说这事，汉明帝心里难过有所感悟，夜里起来犹豫徘徊不安，因此有很多人被减刑赦免。

任城县令汝南人袁安调任楚郡太守，到了楚郡之后，还没有进入太守府，就先去审查楚王刘英的案子，审理那些没有确切证据的，就根据条例呈报开脱他们的罪。府丞、掾史都磕头争辩此事，认为：“依附叛逆，按照法律要和他同罪，万万不可以这样做。”袁安说：“就算审理有不恰当的，太守自己理应论罪，也不会连累到你们的。”于是就分别详细地把情况奏明。汉明帝有所感悟，就马上回复同意此事，获得无罪释放的有四百多家。

夏季，五月，汉明帝封已故广陵王刘荆的儿子刘元寿为广陵侯，食邑六个县。后又封窦融的孙子窦嘉为安丰侯。

开始修建寿陵，汉明帝下令：“只要让墓地不积水就行了，不可以堆起陵坟。等到我去世以后，清扫墓地来祭祀，只要用水、干肉、干饭就行了。百日之后，只要有四季陈设的祭品祭祀。设置吏卒几人，负责洒扫墓园的事。如果有谁胆敢有随意扩建陵墓的，就按照随意议论宗庙的法令来执行。”

十五年（壬申，公元72年）

春季，二月，庚子日（初四），汉明帝东出巡狩。癸亥日（二十七日），在下邳县进行耕作。三月，到鲁国，来到了孔子家，亲自到讲堂，让皇太子、诸王讲解儒家经典；后来又到东平、大梁。在夏季，四月，庚子日（初五），回宫。

汉明帝封皇子刘恭为巨鹿王，刘党为乐成王，刘衍为下邳王，刘畅为汝南王，刘昞为常山王，刘长为济阴王；汉明帝亲自决定他们的封域大小，只让他们的封地相当于楚王、淮阳王的一半。马皇后说："诸皇子封域几个县，对于法令来说不是少了吗？"汉明帝说："我的儿子怎么可以和先帝的儿子规模相等呢？每年给租谷两千万就已经足够了！"

乙巳日（初十），汉明帝大赦天下。

谒者仆射耿秉曾多次上书请求进攻匈奴，汉明帝感觉显亲侯窦固曾经随从他的伯父窦融在河西，通晓熟悉边疆的事情，于是就让耿秉、窦固和太仆祭彤、虎贲中郎将马廖、下博侯刘张、好畤侯耿忠等人一起商量这件事情。耿秉说："以前匈奴是手拿弓箭好战的种族，又都是披发左衽的蛮夷，所以没有能够降服他。孝武帝既然已经得到了河西四郡以及居延、朔方，敌人就失去了肥沃富饶养兵的地方，羌族、胡族也离散了；只有西域，暂时又依附他；所以呼韩邪单于打开塞门请求臣服于汉朝，在这种形势下是很容易就被利用的。现在有南单于，形势跟这个差不多；可是西域并没有依附他，北匈奴也没有跟他发生衅隙。微臣认为应该先进攻白山，取得伊吾，打败车师国，再通过使臣和乌孙各国来往以摧折他的右臂；而且伊吾也有匈奴的南呼衍的一个部落，如果把他打败了，就又摧折了他的左角，然后匈奴就可以任意进攻了。"汉明帝很是同意他的话。其中议论的人有的感觉"如果现在出兵白山，匈奴一定联合其他军队进行援助，所以还应该派出军队到北匈奴的东边来分散他的兵力"。汉明帝听取了他们的意见。十二月，汉明帝下诏派耿秉做驸马都尉，窦固做奉车都尉；派骑都尉秦彭做耿秉的副手，耿忠做窦固的副手，都设置从事、司马，出兵镇守凉州。耿秉，是耿国的儿子；耿忠，是耿弇的儿子；马廖，是马援的儿子。

十六年（癸酉，公元73年）

春季，二月，汉明帝命令祭肜和度辽将军吴棠带领河东、西河的羌族、胡族以及南单于骑兵一万一千人出高阙塞，窦固、耿忠带领酒泉、敦煌、张掖武装的士卒，以及卢水的羌族、胡族骑兵一万两千人出使酒泉塞，耿秉、秦彭带领武威、陇西、天水征募的士卒，以及羌族、胡族骑兵一万人出张掖居延塞，骑都尉来苗、护乌桓校尉文穆带领太原、雁门、代郡、上谷、渔阳、右北平、定襄郡的兵马以及乌桓、鲜卑骑兵一万一千人出平城塞，讨伐北匈奴。窦固、耿忠来到天山，进攻呼衍王，杀死了一千多人；追赶到蒲类海，取得了伊吾卢的地方，在此设置宜禾都尉，留下官吏士兵在伊吾卢城一边驻守，一边进行垦殖。耿秉、秦彭进攻匈林王，横渡沙漠六百多里，来到了三木楼山然后又回来。来苗、文穆来到匈河水附近的时候，敌人早都逃跑走了，没有什么收获。祭肜和南匈奴左贤王信意见不合，出了高阙塞九百多里，有一座小山，信随意地说这个就是之前约定的涿邪山，没有遇见敌人就回来了。祭肜和吴棠因为犯了滞留军队、畏惧懦弱的罪，被关在牢里，罢免了职位。祭肜恨自己没有为朝廷立下犬马功劳，在出狱几天之后，就吐血身亡；临死之前，对他儿子说："我承受国家的厚恩，奉命出兵，没有能够做得称职，死了实在是感到愧疚和遗憾，在道理上不能没有功劳就接受赏赐。在我死之后，你把皇上所赐予的东西，全部造成簿册，奉还给皇上，你亲自到军队驻扎的地方，拼尽全力前进，以此报效朝廷，来成我的心意。"死后，他的儿子祭逢上奏疏，详细讲明祭肜的遗言。汉明帝平时就比较看重祭肜，正打算重新任用他，听到这个消息之后，大为惊奇，感慨叹息了很长时间。乌桓、鲜卑想念祭肜，每次来京师朝贺，都到祭肜家去拜祭他的灵位，抬头仰天大哭；辽东的吏民为他建造了庙，四季供奉祭拜他。窦固一人有功，加官位特进。

窦固派遣司马班超和从事郭恂一起出使西域。班超来到鄯善国，鄯善王广礼貌地对待班超，非常恭敬周到，后来突然就变得疏远怠慢。班超对部属说："你们有没有觉得广的礼貌不周到了呢？"部属说："胡人做事一般不会持续很长时间，没有其他的原因。"班超说："这肯定是匈奴的使者来了，鄯善王迟疑不决，不知该怎么办的原因。凡是那些有眼光的人都能够在事情发生之前就看出端倪，更何况现在情况都已经很明显了呢！"于是就召唤鄯善王派来侍候的人，哄骗他说："匈奴的使者已经来了好几天了，现如今人在哪里呢？"侍候的人害怕地说："已经来了三天了，在离这里三十里的地方。"于是班超就把侍候的胡人给关了起来，把手下的吏士三十六人全部集合，和他们一起喝酒，酒正喝得很是痛快的时候，就趁机激怒他们说："你们和我都在和汉朝隔绝且交通不方便的地方，可是现在北匈奴的使者才刚到这里几天，鄯善王广的礼貌敬意就已经开始消失了。如果鄯善王把我们给捉起来送给匈奴人的话，那么我们的骸骨就永远被豺狼给吃了，那该怎么办呢？"于是部属都说："如今在这个危难的地方，死生均由司马决定！"班超说："不入虎穴，焉得虎子。现在的办法，只有趁着晚上用火进攻匈奴人，让他不知道我们有多少人，匈奴人一定会感到非常害怕，这样就可以把匈奴人全部歼灭。消灭了匈奴人之后，那么鄯善王就被吓破了胆，我们如果可以把事情办好，那么就建立大功劳了。"大家说："应该和从事商讨一下这个事情。"班超生气地说："吉凶就决定在今天；从事身为文官，听到这事肯定因为担心害怕而泄露了我们的计划，死后没有成名，不算是壮士啊！"大家说："好！"初更时分，班超就带领吏士奔向匈奴人的营房。正好赶上天上刮起了大风，班超就命令十人拿着鼓，藏在匈奴人营房的后面，约定说："在看到起火之后，大家都要敲鼓大喊。剩下的人都拿着兵器弓箭，埋伏在门的两旁。"于是班超就顺着风向点火；前后的人大声喊叫，匈奴人惊慌失措，班超徒手杀死了三人，吏兵把匈奴的使者以及跟随的士兵三十多人都给斩杀了，剩下的一百多人都烧死了。班超等人第二天才回来，将事情告诉郭恂，郭恂大为吃惊，过了一会儿，神色就变了，班超明白他的心思，举手说："从事此次虽然没有参加行动，可是班超怎么会有一个人独占功劳的想法呢？”郭恂这才很高兴。班超于是传唤鄯善王广，并把匈奴使者的头颅给他看，鄯善国全国都特别害怕。班超把汉朝的威德告诉他们，说：“从今往后，不要再和北匈奴来往。”广磕头，说：“甘愿归顺汉朝，此后绝无二心。”于是就把儿子交出作为人质。班超回来报告窦固，窦固非常高兴，就把班超的功劳及其成就详细呈报给朝廷，而且要求另外再选派使者出使西域。汉明帝说：“像班超这样的官吏，为什么不继续派遣，而要另外选派人呢？现在就让班超做军司马，让他接着完成前面的功业。”

窦固再次派班超出使于窴国，打算增加他的兵力；可是班超希望只带领原来所随从的三十六人，说：“于窴国大而且路途遥远，现在带领几百人去，对于显示国力没有任何帮助；如果有不幸的事情发生，人多更加成为负担啊！”这时候于窴王广德在西域南道上正是强盛自大，而且匈奴命令使者监护他的国家。班超来到于窴国，广德的态度很冷淡，而且他们的民风迷信巫者，巫者说：“神生气了，问我们为什么打算投向汉朝呢？汉朝的使者有黑唇黄马，赶快去求取来祭祀我！”于是广德派国相私来比往班超处求马。班超暗中提前知道了这个情况，回复说答应此事，还叫巫者自己前来取马。没过多久，巫者来了，班超迅速地斩下他的头颅；捉拿了私来比，鞭打几百下。班超把巫者的头送去给广德，以此来怪罪他。广德早已听说班超在鄯善国杀死了匈奴使者，心里非常害怕，就马上杀了匈奴使者向汉朝投降了。班超重赏于窴王以下的人，以此来镇压安慰他们。于是各国都纷纷派儿子到汉朝侍奉汉天子，西域和汉朝的关系已经断绝了六十五年，到现在才又重新交往。班超，是班彪的儿子。

淮阳王刘延，本性骄傲狂妄自大，而且对待属下很严厉。有人上书检举道：“刘延和表兄谢弇以及姐夫韩光召集奸私狡诈的人，作图谶，祭祀祝祷神明以降灾祸给皇上。”案子交上去之后，经过考察属实。五月，癸丑日（二十五日），谢弇、韩光和司徒邢穆都定罪处死，由于牵连被处死贬谪的人很多。

戊午晦日（三十日），出现日食。

六月，丙寅日（初八），汉明帝派大司农西河人王敏做司徒。

官员奏请诛杀淮阳王刘延；汉明帝因为刘延的罪没有楚王刘英的深重，秋季，七月，贬谪刘延为阜陵王，食邑两个县。

这一年，北匈奴大兵来到云中郡，云中郡太守廉范反抗侵犯的敌军；部属因为兵力缺少，就打算发信向旁近的郡求救，廉范不答应。刚好天色黑了，廉范命令将士们每个人都拿两根火把交叉绑在一起，点燃火把的三头，手拿一头，在营中就像星星一样凌乱地排列着，匈奴人认为汉朝的救兵到了，大为吃惊，打算等到天亮的时候就退兵，廉范命令军中士兵早起在寝褥上吃早饭，清晨，就去敌营攻打，斩杀了敌军几百人，匈奴人自己车子碾轧以及士兵互相践踏，死了一千多人，从此便不敢再进犯云中郡。廉范，是廉丹的孙子。

十七年（甲戌，公元74年）

春季，正月，汉明帝本来应该去谒告原陵，有一天晚上，梦见先帝、太后就如同往日那般欢乐，等到醒了之后，悲伤不已而无法继续入睡；于是就赶紧翻查历书，看到第二天是吉日，就带领百官上原陵去。那天，甘露降落在陵园的树上，汉明帝就命令百官去采集甘露进献在先帝墓前。祭礼结束之后，汉明帝从座位前伏在御床上，观看太后镜匣里的东西，感动而伤心地流下了眼泪，命令下人把这些装扮用的脂泽装具都换了；左右群臣都流下眼泪，不能仰视。

北海敬王刘睦去世。刘睦年少时喜欢学习，光武帝和汉明帝都很喜欢他。曾经差遣中大夫到京城朝贺，刘睦招来使者而对他说：“如果皇上问起我，你打算怎么回答呢？”使者说：“大王忠孝仁慈，尊敬贤者、喜好贤士，微臣怎么敢不以实情回答呢。”刘睦说：“哎，你这样会害了我的！这些都是我年幼时进取的行为。你如果回答说我在继承爵位以后，意志衰颓怠惰，只钟情于声色犬马的享乐，这样才是保护爱惜我的做法啊！”他竟然多虑畏惧谨慎到如此的地步。

二月，乙巳日（二月无此日），司徒王敏去世。

三月，癸丑日（二十九日），汉明帝派汝南太守鲍昱为司徒。鲍昱，是鲍永的儿子。

益州刺史梁国人朱辅宣传赞扬汉朝的恩德，使得远方的那些夷族都敬畏顺服，从汶山以西的地方，前代势力都不能够到达，朝廷的政令所不能实施的地方，白狼、槃木等一百个多国家，全族向汉朝称臣朝贡。白狼王唐菆写诗三章，赞颂汉朝的恩德，朱辅让犍为郡属官由恭翻译之后再献给朝廷。

起初，龟兹王建是匈奴人所拥立推举的，依仗匈奴人的威势，把西域北道占据了，还进攻杀害了疏勒王，立他的臣子兜题为疏勒王。班超从小路赶到疏勒国，距离兜题所住的槃橐城九十里，提前命令属吏田虑前往进行招降，班超告诫田虑说："兜题原来不是疏勒一族的，疏勒国的人民肯定不会听从他的命令；如果他没有马上投降的话，你就可以把他捉起来。"田虑来到疏勒国以后，兜题看到田虑的兵力薄弱，丝毫没有投降的意愿。田虑趁他没有戒备，就上前劫持捆绑住兜题，兜题左右的人感觉出乎意料，都惊恐害怕地逃走了。田虑快马向班超汇报，班超马上前往，并且还聚集了全部疏勒的将吏，把龟兹暴虐的情况说给他们听，因此拥立他们前王兄长的儿子忠为王，疏勒国的人民无比高兴。班超问忠和官属说："我们是否应该把兜题杀死呢？或者留他活命，把他放逐呢？"大家都说："应该把他给杀死。"班超说："把他杀死，对事情并没有什么好处，我们应该让龟兹王知道汉朝的威名。"于是就把兜题解送放逐了。

夏季，五月，戊子日（初五），公卿百官因为汉明帝的威名使得远方的其他民族顺服，吉祥的东西出现，更加明显地表示与之相应，都聚集在殿庭左右，拿着酒杯向汉明帝道贺。汉明帝下令说："上天降下这些神物，来和王者相应；远方的人仰慕汉朝的教化，实在是因为有德；我以浅薄的德行，怎么能够享有这些呢！只是由于高祖、光武帝的圣德所覆盖，我不敢有所推脱，和你们一起恭敬地举起酒杯，让太常选择吉日，到宗庙策告先祖。”依旧推恩赏赐臣民爵禄和米粟各有等差。

冬季，十一月，汉明帝差遣奉车都尉窦固、驸马都尉耿秉、骑都尉刘张出敦煌昆仑塞，进攻西域，耿秉、刘张都取消符、传而把军队归属窦固让他指挥，一共加起来骑兵一万四千人，在蒲类海附近把白山的匈奴人打败了，于是就进军攻打车师国。车师前王，就是车师后王的儿子，他们的朝廷之间相距五百多里。窦固因为后王的路途遥远，山谷幽深，士兵受寒受苦，就打算进攻前王；耿秉以为应该先去进攻后王，一起合力铲除他的根本，那么前王自然就投降了。窦固的计划迟迟不能决定，耿秉就奋身跳起来说：“我请求在军队前面先走。”于是上马率领军队向北前进，众军被迫，就跟他一起前进，杀死敌军几千人。车师后王安得非常害怕，于是就跑出城门迎接耿秉，脱帽，抱住马脚而投降，耿秉带着他们去见窦固；车师前王随后投降，就安定了车师国而回去了。于是窦固又一次奏请设置西域都护以及戊、己校尉。让陈睦做都护；司马耿恭为戊校尉，在后王部的金蒲城驻守；谒者关宠做己校尉，驻守前王部的柳中城，驻守的军士各设置几百人。耿恭，是耿况的孙子。

十八年（乙亥，公元75年）

春季，二月，汉明帝下诏窦固等人暂停进军，返回京师。

北单于调遣左鹿蠡王带领两万骑兵进攻车师国，耿恭调遣司马带领士兵三百人去救助，结果都被北单于的军队消灭了，匈奴就打败杀死了车师国后王安得，进而进攻金蒲城。耿恭把毒药涂在箭上，对匈奴人说：“汉朝的神箭，如果中了箭受了伤的话，肯定和一般的箭伤不同。”匈奴中箭的那些人，看到受伤的地方都发烫，很是惊慌。又刚好天刮着暴风，下着大雨，耿恭的士兵趁着风雨猛攻，杀伤敌人无数；匈奴人很是担心害怕，就相互说：“汉兵神威，着实令人害怕啊！”于是就解兵离去了。

夏季，六月，己未日（十二日），有彗星出现在太微星座。

耿恭因为疏勒城旁有涧水需要固守，就率领军队据守在那里。秋季，七月，匈奴人又来攻打，阻塞断绝了涧水；耿恭在城中挖井十五丈深，都没有挖到水，将士口渴饥乏，甚至压榨马粪的液汁来饮用止渴。耿恭亲自带领士兵拖拉盛土的笼，没有过多久，泉水就喷了出来，大家都高声呼喊万岁。于是耿恭命令将士泼水让匈奴人看，匈奴人感觉大出意外，以为是神明的援助，于是就率兵离开了。

八月，壬子日（初六），汉明帝在东宫前殿驾崩，享年四十八岁。遗诏说："不要修建寝庙，把孤的牌位安放在光烈皇后的更衣别室。"

汉明帝遵循建武的制度，没有变更，后宫妃子的家人不可以封侯、参与朝政。馆陶公主为他的儿子请求做郎，汉明帝没有允许，只是赏赐钱千万，他对群臣说："郎和天上的星宿一样，出去能治理百里的地方，如果不是恰当的人担任的话，那么人民百姓就会遭受祸害，所以我一直没有同意。"公车因为终日对于臣民的奏章不予理睬，汉明帝听到而责怪说："人民肯心甘情愿放下农桑之事，远道前来宫阙上书，而如今又拿禁忌来阻止，这个哪里是为政的目的呢！"于是就废除了这项制度。尚书阎章的二妹是贵人，阎章经过努力，通晓旧有的典章，很长时间担任现职，早就应该升任重职才对，汉明帝感觉他是后妃的亲属，所以一直都没有重用他。因此官吏都是恰当的人选，人民能够安居乐业，远近都敬畏顺服，人民户口更加增多了。

太子继位，年十八岁，尊称皇后为皇太后。

明帝刚刚去世，马氏兄弟就抢着想要进宫。北宫卫士令杨仁身披铠甲、拿着剑戟，严密地看守宫门，没有人敢随意进宫。马家众人就一起向章帝述说杨仁的坏话，说他严厉苛刻。汉章帝知道杨仁为人忠心，更加赞赏他，派他为什邡县县令。

壬戌日（十六日），孝明皇帝安葬在显节陵。

在冬季，十月，丁未日（初二），汉章帝大赦天下。

汉章帝下令派兼太尉职务的节乡侯赵熹胜任太傅一职，司空牟融为太尉，两个人一起总领尚书的职务。

十一月，戊戌日（二十四日），汉章帝任命蜀郡太守第五伦为司空。第五伦在蜀郡公正廉洁，所举用的属吏都是非常恰当的人选，所以汉章帝从远方的蜀郡任用他。

焉耆国、龟兹国刺杀都护陈睦，北匈奴把关宠包围在柳中城。恰好赶上汉朝有丧事，救兵没有能够到来，车师国又一次背叛，和匈奴一起进攻耿恭。耿恭带领勉励士卒奋力反抗，几个月之后，粮食吃完了因而困乏，于是就煮铠甲、弓弩，吃那些筋革。耿恭和士卒推诚布公、同生共死，所以将士们都没有要叛离的心意，而士卒稍微死亡了一些，剩下几十人。单于知道耿恭已经困穷，必须要让他招降，就派了使者向耿恭招降说："如果你投降了，肯定封你为白屋王，而且单于还把女儿嫁给你。"耿恭哄骗那使者上城来，亲手杀死了他，在城楼上就直接把他烧了。单于很是生气，又增加了兵力去包围耿恭，但仍是没有办法攻下。

关宠上书请求救兵支援，汉章帝下令让公卿一起商讨这件事情，司空第五伦认为如果去救援的话不太适合；司徒鲍昱说："现在差遣人到危难的地方，有了紧急情况就把他抛弃了，对外使蛮夷继续放纵暴虐，对内会让那些死难的臣子很是痛心，如果权衡时宜，以后边界没有战事的话，那就可以这样做。可是匈奴如果再次进犯关塞，陛下将如何再去调遣将领呢？再说了，关宠和耿恭两军的士兵才各几十人，匈奴包围他们，经过十天还没有攻下，这是他们兵力少弱而倾尽全力的表现啊！你可以下令让敦煌、酒泉太守各带领精锐骑兵两千人，多加些旗帜，加倍赶路去援助他们，解决他们的危急情况；匈奴那些疲惫到了极点的士兵，肯定不敢出兵抵抗，四十天就足够他们回到防守的关塞。"汉章帝认同了此事。就命令征西将军耿秉在酒泉驻守，兼任太守的职务，命令酒泉太守段彭和谒者王蒙、皇甫援派出张掖、酒泉、敦煌三郡以及鄯善国的军队总共七千多人，去营救耿恭。

甲辰晦日（三十日），出现日食。

太后的兄弟虎贲中郎马廖以及黄门郎马防、马光，在明帝位内从来都没有升过官。于是汉章帝让马廖做卫尉，马防为中郎将，马光做越骑校尉。马廖等人全力结交天下的英雄豪杰，达官显贵都抢着前去和他们交往。第五伦上奏疏说："微臣听说《尚书》上说：'臣子不应该专有刑罚的权力、赏赐爵命的大权，那就会危害到你的家庭，危害到你的国家。'近世光烈皇后虽然友爱出于天性，但是仍然尽量压制贬损阴家的势力，没有把权势交给他们。后来梁家、窦家彼此都有一些不法的行为，明帝即位之后，终于多半被杀。在此之后，洛阳城中就不再有权贵的亲戚了，写信请托，全部断绝关系了。明帝还告诉所有的外戚说：'苦心自己来结交贤士，不如替国家卖力的好。头顶着盆来看天，事情不可能在两方面都做得那么好的。'现在讨论的人，又在讨论马氏兄弟的事了。我听说卫尉马廖拿着三千匹布，城门校尉马防拿了三百万钱，暗中去贡献给三辅的官吏，不管是认识的还是不认识的，都全部供给了他们。后来又听说腊月（阴历十二月初八）也赠送给那些在洛阳城中的士人各五千钱。越骑校尉马光，腊祭用羊三百头、米四百斛、肉五千斤。微臣个人以为不符合经书的义理，感到担心不安，所以不敢不向陛下汇报。陛下在情分上要对他们优厚些，也应该要让他们安分。微臣现在说这些，实在是想要对上忠心于陛下，对下保全皇太后的家族啊！"

这一年，京师和兖州、豫州、徐州闹大旱灾。

资治通鉴卷第四十六　汉纪三十八

起丙子（公元76年），止甲申（公元84年），共九年。

【题解】 本卷记录了汉章帝建初元年至元和元年间的历史，此时正值马太后临朝。马太后顾大局、识大体，抑制外戚，章帝三舅均不封侯。太后去世后，章帝裁抑舅家，却放纵窦皇后的外戚，至使窦宪恣意横行。章帝为人仁厚，废酷刑，平冤案，奖直臣，善纳谏，政治开明。在思想文化上，章帝亲临裁决《白虎议奏》。在边境问题上，章帝派耿恭抵抗西域侵扰，耿恭在艰苦环境中抗匈奴一年有余，被救回后，又平定西羌暴乱。

肃宗孝章皇帝上

建初元年（丙子，公元76年）

春季，正月，汉章帝下令兖、豫、徐三州发放米粮赈济灾民。汉章帝问司徒鲍昱说："要怎么样做才能消除旱灾，让人民生活恢复正常呢？"鲍昱回答说："陛下刚刚登上天子之位，虽然有过失或成就，但是也不可能因此而导致灾异。微臣以前做汝南太守的时候，主管楚王的案子，关在牢里的有一千多人，恐怕不可能都按照罪的轻重来处以恰当的刑罚。大的诉讼案一发生，遭受冤枉的人就超过一半多，而且所有被贬谪的人骨肉分离，孤独的魂魄都没人祭祀。您应该让所有被贬谪的人都回到自己的家园，废除不让他们做官的禁令，让那些死去的人和活着的人得到合适的安置，那么才可以收获祥和之气。"于是汉章帝就听取了他的建议。

校书郎杨终上奏疏说："最近北伐匈奴，西边开发了三十六个国家，百姓连续几年服兵役、运输粮草，烦扰而且费力；人民愁苦辛劳，已经足以感天动地，陛下应该留心观察顾念担忧百姓的疾苦！”汉章帝把杨终的奏章交给群臣一起看，第五伦也很同意杨终的建议。牟融、鲍昱都以为：“孝子也不应该改变父亲的做法，讨伐匈奴，镇守西域，是先汉帝所立的规矩，不应该违背改变。”杨终再上奏疏说：“秦建筑长城，频繁地发动徭役；胡亥因为没有改变这种做法，于是就失去了天下。所以孝元帝放弃了珠崖郡，光武帝拒绝和西域各国的来往，不拿远方的夷族来交换汉朝的人民。鲁文公损坏泉台，《春秋》讥评他说：‘先祖所建立的，而自己却把它毁坏，还不如不去居住这泉台，你又为什么要毁坏它呢？’因为它并没有妨害到人民啊！鲁襄公建立三军，鲁昭公把它取缔了，君子赞赏他能够恢复旧制，以为不取消三军就会危害于人民。现在伊吾的役丁、楼兰的驻军已经很长时间没有回过家乡了，这不是天意啊！”汉章帝听取了他的意见。

丙寅日（二十三日），汉章帝下诏说：“俸禄二千石的官员应鼓励百姓努力耕田织布，犯的罪如果不是死罪，必须要等到秋天考察证实。官员要明察谨慎地选举人才，进用贤良的人，罢退贪心狡猾的人，服从时令，审理冤狱。”当时继承永平皇帝旧有的制度，官吏处理政事注重严厉峻切，尚书决断政事，接近于严厉。尚书沛国人陈宠认为汉章帝刚刚登上皇位，应该改变前代那些苛刻的风气，于是上奏疏说：“微臣听说先王政治，赏赐不过度，刑罚不乱来；如果实在没有办法，宁愿过度奖赏也不要乱施刑罚。过去决断讼案严正而明察，用来威吓惩罚奸恶的人；奸恶的人已经铲除，应该用宽大的做法来辅助政治。陛下即位，基本都是这么做的，好几次下诏群臣，要大大地推崇温和之政，可是官员没有谁能够完全听从，却仍旧注重严峻苛刻的做法。决断讼案的人，严格地实施鞭打等使人痛苦的刑罚；执法的人重视让人厌烦的法令，有的甚至假公济私，胡乱地放纵赏罚以达到个人的目的，作威作福。为政就好比安装琴瑟的弦索一样，如果大弦拉紧了，小弦就很容易断了。陛下应该加强推行先王的仁政，删除那些繁琐苛刻的法令，减轻鞭打的刑罚，来帮助那些受害的百姓，广布伟大的恩德，来遵行上天的仁心行事！”汉章帝认真听取了陈宠的建议，每行一事务求宽大仁厚。

酒泉太守段彭等人的军队在柳中城会合，进攻车师国，攻打交河城，斩杀了敌人三千八百人，捕获活口三千多人。北匈奴惊恐害怕地逃走，车师国又一次投降了。这时刚好赶上关宠死了，谒者王蒙等人打算带领军队回来；耿恭的属将范羌，当时在王蒙的军队中，坚持要迎请耿恭到来。各位将官不敢前去，于是就分给范羌军队两千人，从山北去迎接耿恭，遇上大雪，深一丈多，军队只有勉强才能到达。疏勒城里的人晚上听到有兵马的声音，以为敌人来侵犯了，就非常担心害怕。范羌远远地叫喊说：“我是范羌，是汉朝派来迎接校尉耿恭的。”城中的人都高声呼喊万岁。打开城门之后，大家互相拥抱着哭泣。第二天，就彼此跟从着回去了。匈奴的军队追来之后，他们一边作战，一边前进，将士们一直处于饥饿困乏的状态，从疏勒城出发的时候，还有二十六人，一路上有人的死去了，三月到达玉门关的时候，就只剩下了十三人，衣服鞋子都破烂不堪了，形体面貌都悲惨憔悴。中郎将郑众为耿恭以下的将士洗净身体头发，换上干净的衣服帽子，上奏疏说：“耿恭凭借单薄的兵力驻守孤立无援的城池，抵抗匈奴好几万的军队，连续数月，有的超过了一年，精神心力都疲倦到了极点，在山上挖凿水井，烹煮弓弩来作为粮食，前后杀伤可恶的匈奴人算起来成百上千，终于成全了众将士忠心勇敢的美德，没有辱没到大汉，应该承受朝廷显赫的爵位，来奖赏将帅。”耿恭回到洛阳之后，被汉章帝任命为骑都尉。汉章帝下诏全部废除戊、己都尉以及都护官，诏令班超回京。

班超即将起程回京，疏勒国全国上下都担惊害怕；他的都尉黎弇说：“汉朝的使者抛弃了我们，我们肯定会再次被龟兹国所灭亡的，实在不舍得看到汉朝的使者离开。”因此用刀自杀而死。班超回程经过于寘国，王侯以下都大声哭泣，说：“我们向来依靠汉朝的使者就像父母一般，你们实在是不能够离开啊！”互相紧紧地抱住班超乘坐的马，让它不能走动。班超也想要完成他们本来的愿望，于是就又回到了疏勒国。疏勒国的两座城已经向龟兹国投降，而且和尉头国连兵。班超捕捉并杀死了那些反叛的人，成功拿下尉头国，杀死了六百多人，疏勒国又安定下来了。

甲寅日（十二日），山阳郡、东平郡发生地震。

东平王刘苍上书奏明三件对国家、人民有好处的事。汉章帝回信答复说："最近官吏奏事也有这样的说法；可是我的眼光智慧短浅，有的感觉也许是对的，再仔细考虑又感觉不对，不知道到底该怎样决定。看到你深有远见的奏疏，让我顿时心胸开阔，疑虑全部消除了，考虑你的好意见，依次按照你说的去实施，特意奖励你五百万钱。"后来汉章帝打算为原陵、显节陵设县，建立县城，刘苍上奏疏谏言说："我看光武皇帝亲自践行节俭的美德，他深深地明白什么是好的开始，怎样做才有好的结局，一生勤于朝政，还认真地指示了丧葬后事；孝明皇帝非常孝顺，不敢违背光武皇帝的意愿，秉承光武皇帝的意思，按照着去做；谦恭的美德，在那时候是美盛极了。微臣认为陵园县邑的兴造设置，从强秦就已经开始了。古时墓上的坟丘尚且都没有要它显露突出，更何况是建造县邑城池呢！于上违逆先皇圣明的心意，于下建立些没有什么好处的事功，消耗浪费国家的财力，深刻影响百姓的生活，并不是招来祥和之气、祈求丰年的做法啊！陛下实施虞舜孝亲的至高德行，追寻祖先、父亲深远的想法，微臣刘苍实在为两位先皇帝纯正的美德不能流传畅行到永远而深深地感到难过啊！"汉章帝于是终止了设县建城的做法。从此以后朝廷每当有政事上的疑虑，汉章帝往往命令驿使询问，刘苍全心全意回答，他的意见都能够被朝廷听取采纳。

秋季，八月，庚寅日（二十日），有彗星出现在天市星座。

起初，益州西部都尉、广汉人郑纯，为政清明廉洁，教育感化行于蛮夷之邦，蛮夷的国君感动羡慕汉朝的德政，都纷纷奉献奇珍异宝，并且还甘愿归顺汉朝；明帝在那里设立了永昌郡，让郑纯做太守。

郑纯在太守任内十年而去世，接替他的人不能够安抚顺服夷人。这年九月，哀牢王类牢杀了太守反叛，进攻博南。

阜陵王刘延多次对朝廷心怀怨恨，有人举发刘延和儿子刘鲂谋划造反；汉章帝不舍得杀他们。冬季，十一月，把刘延贬为阜陵侯，食邑一县，不允许他和属下的官吏人民来往。

北匈奴皋林温禺犊王带领部众回到涿邪山居住，南单于和边界的郡县，以及乌桓国一起把他打败了。这一年，南部闹大饥荒，汉章帝下诏发放米粮去赈济他们。

二年（丁丑，公元77年）

春季，三月，甲辰日（初八），汉章帝撤销了在伊吾卢的驻军，匈奴又派遣军队占领了那个地方。

永昌、越巂、益州三郡的军队还有昆明夷、卤承等在博南进攻哀牢王类牢，把他打得大败，就将他杀了。

夏季，四月，戊子日（二十二日），汉章帝下诏召回了因楚王、淮阳王案判罪而被贬谪的四百多家。

汉章帝打算封爵位给几个舅舅，太后没有答应。又赶上大旱灾，奏事的臣子以为是没有册封外戚的原因，于是官员就请求按照旧典册封外戚。太后下诏说："凡是那些奏事的臣子，都是打算通过讨好我来求得好处而已。以前王氏五人同一天都封了侯，后来黄雾四处弥漫，也没听说雨水滋润万物、年成丰收的事来和这异兆相应。外戚显贵势力很大，很少有不颠覆朝廷的。所以先帝谨慎小心地防备舅舅，不让他们处于重要的职位，而且说：'我的儿子不应该和先帝的儿子一样。'现在的官员为什么要拿马氏和阴氏来作比较呢？而且阴卫尉，天下人都赞许他，宫中的侍从人员来到家门口，赶不及穿鞋子，就赶紧出门相迎，这是像古代卫国贤大夫蘧伯玉对人一样的尊敬啊！新阳侯虽然刚强，稍微有点不讲理，可是却有方法策略，据地谈论，整个朝廷没有第二人能够和他相比较的；原鹿贞侯，勇猛诚信；这三个人都是天下所选拔的优秀臣子，哪里有谁可以比得上呢！马氏远远比不上阴氏！因为我没有什么才能，所以早晚小心谨慎，常常担心玷污到先皇后的法规，就算是有小小的罪过，我也丝毫不肯放过，昼夜不停地说，可是亲属却不停地犯错，办丧事、修坟墓，又不能及时发现不合礼的地方，这就是因为我说的话没有起作用，而且耳目被蒙蔽啊！

我是天下的母后，而身穿大练，食物不奢求甘美，左右身边侍候的人只穿着帛布的衣服，没有使用香薰装饰的原因，就是想要以身作则来给下人做个榜样啊！我以为外亲看到这些之后，就应该心里有所难过而自己行为检点一些，可是他们却只是嘲笑我说‘太后一向崇尚节俭’。前些日子路过濯龙园门前的时候，看到外家前来问候请安的，车子多得像流水一般，连接不断，马多得就像天上的游龙，连续不绝，仆役身着绿色的护臂套，衣领袖口无比洁白，我回头再看看我的仆从，一点都比不上啊！我之所以没有生气怪罪他们，只是停止了每年的费用而已，是希望因此让他们心里感到愧疚，他们却依旧是那么懈怠疏忽，根本没有忧国忘家的想法。没有谁比国君更了解自己的臣子，何况是对亲属的了解呢？我又怎么能够对上辜负了先帝的旨意，对下污损了先祖的美德，再度承袭西汉败亡的灾祸呢？”太后坚决不同意。

汉章帝看了诏书之后悲伤叹息，又重新请求说：“汉朝自从建立以来，舅舅的封侯就好比皇子的为王。太后这样做实在心存谦虚，为什么就单独让我一人不能加封三个舅舅呢？况且卫尉年纪大了，两位校尉也身患重病，万一哪一天因此去世了，会让我永远怀着难忘的遗憾的。我们应该趁着吉日封侯，这件事情不能再延迟了。”太后回答说：“我反复思考，想要让朝廷和亲戚双方都能够两全其美，哪里只是因为想要赚得谦让的美名而让皇上受到不施恩给外家的嫌疑呢？以前窦太后想要封王皇后的哥哥，丞相条侯说：‘高祖的约定，没有战功的不能封侯。’现在马家的人对国家没有什么功劳，又怎么能和中兴汉室的阴皇后、郭皇后一样呢？经常看到富贵的家庭，禄位很多，这就好像是一年之中两次结果实的树木一样，它的根肯定会因此受到伤害。而且人们之所以希望封侯，就是想要对上能够敬奉祖先的祭祀，对下能够求得温饱而已；现在祭祀祖先的事情，已经受到太官的供应具备，衣食受到御府的供应，这难道还不知足，而一定要封侯，得以食邑一县吗？我已仔细地考虑过了，不要再有什么争议了！

说到伟大的孝行，是把安慰父母亲的心作为最重要的事情。现在由于多次遭遇到天灾，谷价上涨了好几倍，我日夜担忧惶恐，坐立不安，可是你却要先去计划对外家的封侯，违逆慈母诚恳的心意吗？我一向刚强性急，患了气喘病，不能不让胸中逆喘之气平顺啊！儿子还没有成年，应按照父母的话去做；已经满二十成年了，就应该按照儿子自己的想法去做。想到你是皇帝，是一国的国君；我因为先帝去世还没有超过三年，又事关我的家族，所以我才专权过问朝政的。如果天时寒暑调和，边境平静无事，你就按照自己的心意去做；我就只管含饴弄孙，不再过问朝廷的政事了。”汉章帝这才作罢。

太后曾经下诏三辅：“所有马家亲戚如果有嘱托郡县官吏、扰乱官府政事的，依法处分之后向我禀报。”太夫人埋葬的时候，修筑的坟墓稍微高出了规定的高度，太后就说话了，太后的哥哥卫尉马廖等人马上就把坟削减了，以符合规定。那些外家的亲戚有谦让朴实、行为耿直的，太后往往和颜悦色地和他们说话，赏赐他们钱财、爵位；如果有些微小的过错，就先露出严厉恭谨的神情，然后对他们加以责备；那些车服奢华美丽，不遵守规定的，就断绝外戚的属籍，打发他们回家乡去。广平王、巨鹿王、乐成王，车马朴素，没有金银的配饰，汉章帝向太后禀报，马上就赐给每个人五百万钱。于是宫内宫外都顺从感化，赏赐给外亲的衾被衣服都是一模一样的；所有外家亲戚都惶恐小心，认真度都超过永平时候的一倍。太后设置织室，在濯龙园中养蚕，并很多次前往巡视，以此为乐。她经常和汉章帝早晚讨论政事，以及指导皇子读《论语》等经书，讲述平日的往事，整天显得雍容温和。

马廖想到太后倡导美好之业很难善始善终，上奏疏进言太后成就德政，说："以前元帝取缔三服之官，成帝身着经过浣濯的衣服，哀帝取消乐府，可是奢侈浪费的风气仍然没有终止，最后招致衰微动乱，就是因为百姓跟随行为去做，却不跟随言论啊！改革政治，转移风气，肯定有它的根本。古书说：'吴王喜欢剑客，百姓受伤的人很多；楚王喜欢细腰的人，于是宫中就有很多被饿死的人。'长安有流传的谚语说：'城里的人喜欢梳高的发髻，四方各处的人发髻就高一尺；城里的人喜欢粗眉毛，四方各处的人画的眉毛接近半个额头那么粗；城里的人喜欢宽大的衣袖，四方各处的人，就用整匹布帛做衣袖了。'这些话听起来好像是嬉戏的话，可是却和事实有相互吻合的地方。前些时候施行制度还没有多久，可是之后就稍微不能奉行了，虽然有的是官吏没有遵行法令，但是实在是因为从京师怠慢不行开始的。现在陛下朴素勤俭，是太后所感到安心的，这是来源于天性的。如果这事能够一直坚持到最后，那么天下赞颂恩德，皇帝的美好声誉传播于天地之间，可以通达神明，更何况是行令呢？"太后深深地听取了他的建议。

起初，安夷县官吏掠夺卑湳族羌人的妻子，官吏被那妇人的丈夫杀死了，安夷县长宗延追捕杀人犯来到塞外。卑湳族人害怕会被杀害，就一起把宗延杀了，而和勒姐、吾良二族一起互相联合来侵犯汉地。于是烧当羌酋长滇吾的儿子迷吾带领各族一起反叛汉朝，打败了金城郡太守郝崇。汉章帝下令派武威郡太守北地人傅育为护羌校尉，从安夷县迁移到临羌县。迷吾又和封养族酋长布桥等五万多人一起侵犯陇西郡、汉阳郡。秋季，八月，汉章帝命令兼车骑将军职务的马防、长水校尉耿恭带领北军五校的士兵以及各郡射士三万人去进攻他。第五伦上奏疏说："我以为贵戚可以封侯让他富有，不应该让他们担任官职。为什么呢？用法律去处罚他们，就会伤害到感情；因为亲属的关系而对他们有所偏私，这样就违背了国法。我听说马防现在正打算要西征，微臣认为太后仁慈有恩，陛下事亲至孝，恐怕突然发生了小过错，为了亲属的情谊就很难处罚他了。”汉章帝没有听从。

马防等人的军队来到冀州之后，布桥等人把南部都尉包围在了临洮县，马防去进攻他们，斩杀了敌人四千多人，终于解除了临洮的围困；那些敌众都投降了，只有布桥等两万多人驻守在望曲谷而久攻不下。

十二月，戊寅日（十六日），有彗星出现在紫宫星座。

汉章帝娶窦勋的女儿为贵人，很是宠爱。贵人的母亲，就是东海恭王的女儿沘阳公主。

第五伦上奏疏说：“光武帝在王莽之后继承了天子之位，多以严厉猛烈的作风来处理政事，后代继承这种做法，就形成了风气；各郡国所推荐的，大约都是办事的俗吏，实在是没有心胸宽厚、目光长远的人选来回应朝廷的要求。陈留县令刘豫、冠军县令驷协，都是以刻薄的态度，专门严厉苛苦，属吏人民忧愁抱怨，没有不痛恨他们的。可是现在那些讨论的人，反而感觉他们很有才干，这是违逆了天意，失去了经义；不仅应该治刘豫、驷协的罪，而且还应该谴责那些推荐的人。如果专门选用仁厚贤能的人来担任现在的政事，不过只需要几个人而已，风俗就自然而然转变了。微臣曾经读过古书，知道秦是由于政治残酷严急才亡国，又看到王莽同样也是因为法令苛刻而使自己灭亡，所以忠心诚恳地劝谏，就是因为这点。我又听说各位王爷、公主、贵戚骄奢超过了法制限定，京师尚且都如此，又怎么样来给远方的人看呢？所以说：‘他本身的行为就不正当，虽然颁布命令，但是人民也不会去做的。’用自身的行为去指导人的，别人会跟从着去做；用言论话语教导人的，别人就会和你争论而不肯听从了。”汉章帝很赞赏这些话。第五伦虽然天性严峻正直，可是经常痛恨俗吏的苛刻，他议论事情总是按照宽大仁厚为原则。

三年（戊寅，公元78年）

春季，正月，己酉日（十七日），汉章帝祭祀明堂，登上灵台，赦免天下。

马防进攻布桥，把他打得大败，于是布桥带领族人一万多人投降，汉章帝下令征召马防回京。留下耿恭进攻那些没有投降的羌人，斩杀了敌人一千多人，勒姐、烧何等十三族好几万人，都纷纷来向耿恭投降。耿恭曾经因为向朝廷奏事而得罪了马防，监营谒者遵奉马防的旨意，向朝廷禀告耿恭不关心军队的事情，耿恭因此被定罪，汉章帝征召他回京，把他关在狱中，罢免了他的官职。

三月，癸巳日（初二），汉章帝立贵人窦氏做皇后。

当初，显宗明帝在位的时候，疏浚虖沱河、石臼河，从都虑到羊肠仓，打算让两地畅通水运。太原郡的官吏人民因为疏通河流的役事而备受艰苦，连续几年没有能够完成任务，死去的人不计其数。汉章帝让郎中邓训做谒者，来监督这件事。邓训考察度量此事，知道难以完成，就详细地上书向朝廷奏明这个情况。夏季，四月，己巳日（初九），汉章帝下令让人民停止役事，改用驴车，每年节省费用以亿万计算，还保全了服徭役的人民士卒好几千人的生命。邓训，是邓禹的儿子。

闰月，西域的副司马班超带领疏勒、康居、于窴、拘弥等国的军队一万人进攻姑墨国石城，打败了他们，还斩杀了七百人。

冬季，十二月，丁酉日（十一日），汉章帝派马防做车骑将军。

武陵郡的溇中蛮人反叛。

这一年，官员奏请汉章帝差遣广平王刘羡、巨鹿王刘恭、乐成王刘党都到所封的国去；汉章帝天生喜爱兄弟，不舍得和各位王爷分开，就把他们都留在了京师。

四年（己卯，公元79年）

春季，二月，庚寅日（初五），太尉牟融去世。

夏季，四月，戊子日（初四），汉章帝立皇子刘庆为太子。

己丑日（初五），汉章帝改封巨鹿王刘恭为江陵王，汝南王刘畅为梁王，常山王刘昞为淮阳王。

辛卯日（初七），汉章帝封皇子刘伉为千乘王，刘全为平春王。

官员联名依据旧制，请求册封汉章帝的几个舅舅为侯。汉章帝因为天下丰收，边境四方平安无事，癸卯日（十九日），就封卫尉马廖为顺阳侯，车骑将军马防为颍阳侯，执金吾马光为许侯。太后听到了，说："我年轻的时候，就只羡慕那些古人彪炳史册，不考虑寿命的长短。现在虽然已经年老了，依旧警告自己不要贪求，所以日夜以危难来提醒自己，想着要谦恭自下，希望凭着这种做法，不至于辜负了先帝。所以感化规劝我的兄弟，一起来完成这个心愿，想要让我在去世的时候，不再有憾恨，哪里想到年老了，心愿又不能达成呢？在我死之后就会留下永远的遗憾了！"马廖等人都谦让，希望接受关内侯，汉章帝没有批准。马廖等被迫才接受了封爵，而上书辞去职位，汉章帝允许了。五月，丙辰日（初二），马防、马廖、马光都以特进而罢官退居自己的府第。

甲戌日（二十日），汉章帝任命司徒鲍昱为太尉，南阳郡太守桓虞为司徒。

六月，癸丑日（三十日），皇太后马氏驾崩。汉章帝既然是由太后抚养长大的，就完全把马氏当作外家，所以贾贵人不能够登上至尊的位置，贾氏的亲属没有受到尊宠显赫的封赐。等到马太后去世之后，就只加赐贾贵人与诸侯王同等级的赤绶，安车一辆，永巷宫女二百人，御府的杂色帛二万匹，大司农的黄金千斤，钱两千万而已。

秋季，七月，壬戌日（初九），安葬明德皇后。

校书郎杨终上书提议说："宣帝曾广博地召集群儒，在石渠阁商讨确定了《五经》的经义。现在天下太平，学者能够按时完成他的学业，可是那些只懂得辨析章节句读、不通达大义的人，却破坏了《五经》的主旨。您应该像宣帝一样在石渠阁论定《五经》的经书大义，永远作为后世效仿的法则。"汉章帝听取了他的意见。冬季，十一月，壬戌日（十一日），汉章帝下令太常："将、大夫、博士、郎官还有诸儒者在白虎观会合，讨论《五经》的同异。"于是就让五官中郎将魏应秉承汉章帝的制命发问，侍中淳于恭上奏，汉章帝亲自参与决定，作《白虎议奏》，名儒丁鸿、楼望、成封、桓郁、班固、贾逵以及广平王刘羡都参与了。班固，是班超的哥哥。

五年（庚辰，公元80年）

春季，二月，庚辰朔日（初一），发生了日食。汉章帝下令重用敢于直言强谏的臣子。

荆、豫各郡的军队征讨漤中蛮人，把他们给打败了。

夏季，五月，辛亥日（初三），汉章帝下令说："我希望见到正直的士人，让我侧坐在席上聆听新的言论，那些先来到的，每个人都已经说出了他们内心里的抱怨不满，让我稍微听到了各位大夫的心志。我打算把他们安置在我的左右，以备询问、省察接纳他们的意见。建武的诏书又说：'尧用任职能力来考察臣下，而不直接用言语笔记。'现在外官职位多有空缺，你们可以补足去任职。"

戊辰日（二十日），太傅赵熹去世。

班超打算完成平定西域的事业，于是上奏疏请求支援，说："微臣私底下见到先帝打算开发西域，所以就往北攻打匈奴，向西边派遣使者到外国去，鄯善国、于窴国即刻响慕汉朝的德化而顺从了。现在拘弥国、莎车国、疏勒国、月氏国、乌孙国、康居国甘愿在此归顺朝廷，打算一起合力，把龟兹国消灭了，平定通往汉朝的道路。假如得到龟兹国的话，那么西域没有归顺的只有百分之一而已。前汉讨论的人都说：'能够得到西域三十六国，就可以称为是断了匈奴的右臂。'现在西域各国，自打太阳所落下的地方，没有一个不仰慕汉朝的德化的，大国小国都很愿意向朝廷进贡，从来没有断绝，除了延耆国、龟兹国没有服从汉朝。从前，我和官属三十六人奉命出使隔绝难到的西域，途中备受艰难困苦的煎熬，从孤独的驻守疏勒国，到现在已经五年了，胡夷的本心，微臣很清楚，无论询问西域的大国或小国，都说要依附汉朝像依附天一般。以此来考证，那么葱岭就可以正常通行，可以去征讨龟兹国了。现在就应该任命龟兹国入侍汉朝的儿子白霸做他的国王，派遣步兵骑兵几百人去护送他，和各国一起联兵，一年或几个月，就可以把龟兹国降服了。让夷狄去进攻夷狄，这是再好不过的计策了！微臣见到莎车国、疏勒国田地广袤肥沃，牧草充裕，不像敦煌、鄯善国之间那么贫乏，士卒可以不需要用汉朝的钱粮而粮食就可以自然足用。而且姑墨、温宿两国的君王是由龟兹所确立的，既不和龟兹属于同一种族，而且厌恶痛恨龟兹，在这情况之下，肯定会向汉朝降服的。如果两国前来投降的话，那么龟兹自然而然就不攻自破了。但愿能够把微臣的奏章交给朝中大臣讨论，参考从事对西域的行动，如果有万分的意外，就算将微臣处死，微臣又有什么遗憾呢？臣班超特别承蒙神灵的庇佑，希望不要倒下死去，能够亲眼见到西域被平定，陛下端起酒杯接受群臣的祝贺，然后把这功勋在祖庙贡献给祖先，把这大喜的事情颁布给天下人知道。”奏疏呈上，汉章帝知道这项功业可成，就和朝臣商量准备派出援兵给他。平陵人徐幹上奏疏，自愿奋力捐躯以援助班超，汉章帝就派徐幹做副司马，带领减刑的犯人还有自愿从行的一千人前往班超那里。

在这之前，莎车国认为汉朝不会给派兵来，于是就向龟兹投降，而且疏勒都尉番辰也背弃了汉朝。刚好徐幹及时赶来，班超就和徐幹进攻番辰，把他们给打败了，斩杀了一千多人。打算攻打龟兹，由于乌孙兵力强大，班超认为借助他的兵力才有把握取胜，于是上书说：“乌孙是大国，军队又十万余人。所以武帝才把公主嫁给乌孙王做他的妻子，等到孝宣帝的时候，终于能够使乌孙国被朝廷所用，现在可以派遣使者前去慰问并召唤他们，一起合力进攻龟兹国。”汉章帝听取了这个意见。

六年（辛巳，公元81年）

春季，二月，辛卯日（十七日），琅琊孝王刘京逝世。夏季，六月，丙辰日（十五日），太尉鲍昱去世。

辛未晦日（三十日），出现了日食。

秋季，七月，癸巳日（二十二日），汉章帝派大司农邓彪做太尉。

武都郡太守廉范调任为蜀郡太守。成都人口众多，物产丰富，城里的房屋拥挤，根据旧时的法令，不允许人民在晚上工作以免发生火灾，可是人民彼此隐瞒，在暗中工作，致使火灾不断地发生。廉范于是就撤销了从前夜间活动的禁令，只是严格地让居民储存用水而已。百姓感觉很方便，就赞颂他说："廉叔度，来何暮（为什么这么迟才来做蜀郡太守）！不禁火，民安作（人民安心地工作）。昔无襦（以前人民生活贫困，没有短上衣穿），今五绔（现在生活富裕，裤子都有五条了）。"

汉章帝由于沛王刘辅等人即将入朝，于是就差遣谒者赐给貂裘皮衣以及太官所藏的食物珍果，后又差遣大鸿胪窦固拿着符节在京城郊外迎接。汉章帝亲自巡视府第，事先陈设帐幕、卧床，那些钱帛、器物没有不充足完备的。

七年（壬午，公元82年）

春季，正月，沛王刘辅、济南王刘康、东平王刘苍、中山王刘焉、东海王刘政、琅琊王刘宇进京来朝见天子。汉章帝下令让沛王、济南王、东平王、中山王拜见天子的时候，赞礼的人不需要唱出他们的名字，登上殿堂才下拜行礼，汉章帝亲自回礼，为的是让恩宠荣耀超过以前帝王对臣下的礼。每次进宫的时候，汉章帝都派车辇去迎接，到达宫门口才下车，汉章帝为了这件事情从坐席上站起来换成一副恭谨严肃的神态，皇后亲自在门内下拜行礼；几位王爷都行礼辞谢，心里感到很是不安。三月，大鸿胪窦固奏请遣送几位王爷回到自己封国去，汉章帝特意留下东平王刘苍在京城。

起初，明德太后为汉章帝娶扶风人宋杨的两个女儿做贵人，大贵人生了太子刘庆。梁松的弟弟梁竦有两个女儿，也是贵人，小贵人生了皇子刘肇。由于窦皇后没有儿子，就认养刘肇做儿子。宋贵人深得马太后的宠爱，太后逝世之后，窦皇后得到汉章帝的宠爱，就和母亲沘阳公主谋划诬陷宋氏，在外命令兄弟查找宋家的小过失，在内让御者暗地里勘察宋贵人的缺失。宋贵人生病之后，想吃新鲜的兔肉，就派家人去四处寻求，窦皇后就以此为借口去诬告宋贵人打算用诅咒的法术来压伏人，因此太子才出居承禄观。夏季，六月，甲寅日（十八日），汉章帝下诏说："由于皇太子精神恍惚失常，所以不可以奉祀宗庙。为了大义可以杀了亲人，更何况贬退呢？现在废除太子刘庆为清河王。皇子刘肇，由于受到皇后的保护养育，在怀抱里的时候就听从皇后的教训，现在就以刘肇做皇太子。"后来就把宋贵人姐妹迁到丙舍居住，让小黄门蔡伦观察他。于是两位贵人就都喝毒药自杀了，父亲议郎宋杨被罢免了官职回到家乡去。刘庆当时年纪虽然还小，也知道避免嫌疑，担心受到祸害，说话不敢谈到宋氏；汉章帝就更加喜欢他，下令皇后让他的衣服和太子平等。太子也喜欢刘庆，在宫中就和他一起住在一个房间，外出的时候就和他同坐一车。

己未日（二十三日），汉章帝改封广平王刘羡为西平王。

秋季，八月，喝过酎酒，官员又奏请遣送东平王刘苍回到封国去，汉章帝于是就答应了，亲手写下诏书给刘苍说："骨肉是天性，肯定不会因为距离相隔远近而显得关系亲近或疏远的；但是经常见到面，感情就比从前更加深厚。一想到你长时间的辛苦劳累，希望你能够回到封国去休息，我打算批准大鸿胪奏请东平王归国的事，可是又不舍得下笔，但是还是把诏书交给了小黄门；心里恋恋不舍，甚至都难过得说不出话来。"于是汉章帝就乘车驾亲自为他送行，流着眼泪和刘苍依依分别；后来汉章帝又赐给东平王御用的轿舆、衣服，珍宝、车马，钱布以亿万计算。

九月，甲戌日（初十），汉章帝来到偃师县，往东通过卷县黄河的渡口，来到河内郡，下诏书说："朕车驾巡视秋天米谷的收成，因此经过各郡，朕带领的都是精锐骑兵，轻便行装，没有什么笨重的行李。各郡都不准修路造桥，不准远离自己的城郭差遣官员来迎接，关心问候朕的起居，在朕车驾的前后进进出出，来打扰朕。各种接待的事务求节俭，朕只是担心吃不到粗米饭和瓢勺盛的浆汤而已。"己酉日（九月无此日），来到邺县。辛卯日（二十七日），汉章帝起驾回宫。

冬季，十月，癸丑日（十九日），汉章帝出巡来到长安县，封萧何的后代孙子萧熊为酂侯。后又继续往前来到槐里县、岐山县；又到长平县，住在池阳宫，往东到达高陵县。十二月，丁亥日（十二月无此日），汉章帝起驾回宫。

东平献王刘苍生病，汉章帝紧急派遣名医、小黄门去照顾东平王的病，差遣使者的车马在道路上来去不停。后又设置驿马，奔走千里问候东平王的起居生活。

八年（癸未，公元83年）

春季，正月，壬辰日（二十九日），东平王去世。汉章帝下诏给东平国中傅："缄封呈上东平王从建武以来的奏章，以及诗赋文集，以备皇上阅览。"并差遣大鸿胪手持符节去监督办理丧事，还命令樊氏、郭氏、阴氏、马氏四姓小侯，各国的王、公主都聚集东平国来参加葬礼。

夏季，六月，北匈奴居住在三木楼的訾大人稽留斯等部落带领三万多人来到五原塞投降。

冬季，十二月，甲午日（初七），汉章帝出巡来到陈留郡、梁国、淮阳郡、颍阳郡；戊申日（二十一日），汉章帝起驾回宫。

太子刘肇册立后，梁氏在私下互相庆贺；窦氏那些人听到之后心里感到憎恶。皇后打算一心让外家出名，嫉妒梁贵人姐妹，就好几次在汉章帝面前诽谤她们，慢慢地让汉章帝嫌弃疏远她们。这一年，窦氏写了匿名信，以忤逆的罪名来诬陷梁竦，于是梁竦就死在了狱中，家属迁移到九真郡，贵人姐妹就因为担心忧虑而去世了。梁竦的供词牵连到梁松的妻子舞阴公主，论罪而贬谪新城县。

顺阳侯马廖，谨慎笃实而自己遵照着法度，可是本性宽大舒缓，不能管教约束子弟，马家的子弟都傲慢奢侈而不遵照法度。校书郎杨终写给马廖一封信，告诫他说："你处在崇高重要的地位，为天下人所仰望。令弟黄门郎马防和马光年纪还很小，正是血气盛旺的时候，他们既没有窦长君退让的作风，反而还交结了一些轻浮狡猾没有操守的朋友，你任意放纵他们妄为而不加以教育，把这些当作是年少任性，看到想到他们以前的作为，都值得为此而担心害怕啊！”马廖没有听取杨终的劝告。马防、马光兄弟的资产有亿万，他们大量地建造邸宅楼台，这些建筑占据横跨过街道，家中的食客时常有好几百人。马防又养了很多马匹，向羌族、胡族征集赋税。汉章帝很是生气，多次对他加以责备告诫，为的是禁止防备他的妄为。因此马家的权势稍微削减，家中的宾客也少了。

马廖的儿子马豫做步兵校尉，投书埋怨朝廷。于是官员一起奏明马防、马光兄弟奢靡过分的行为，由于他们扰乱朝廷圣明的教化，汉章帝就都免去了他们的官职，让他们前往自己的封国。临走的时候，汉章帝下诏书说：“舅舅一家人都前往自己的封国，四季祭祀时在陵墓祖庙便没有帮助祭祀先皇太后的人，我感到很难过。特让许侯马光留在京城，留守田庐，闭门思过，官员们不要再来奏请，以抚慰我对舅舅的一片心意。”因为马光比马防稍稍谨慎小心一些，所以汉章帝特意挽留他，后来又恢复了他特进的官位。马豫跟随着马廖回到封国，由于受到拷问鞭打而去世了。后来汉章帝又下诏书召马廖回京城。

马家诸人既然都已经获罪，窦氏就更加显贵了。皇后的哥哥窦宪做侍中、虎贲中郎将，弟弟窦笃为黄门侍郎，都在宫中侍候，受到了汉章帝的很多赏赐；而且他们还喜欢和宾客交往。司空第五伦上奏疏说：“微臣见到虎贲中郎将窦宪，是皇后的亲属，主管宫中的侍卫，出入宫中，年纪轻、志向远，谦卑礼让，很高兴行善，这实在是他喜欢贤士、交结朋友的方法。可是那些出入贵戚家的人，大多数都是行为有过错、不允许做官的人，尤其缺少守法简约、安于贫穷的节操。士大夫中没有志向的那些人，生意商人，纷纷集聚在他的家门，这是骄纵所发生的缘故。京城附近喜欢讨论的人甚至说：‘因为贵戚而被废弃不允许做官的，应该再依靠贵戚来洗除自己的罪名，就好比要解除喝酒之后的不舒服，就应该要用酒一样。’谄佞险恶、追求权势的人，实在是不可以亲近。微臣希望陛下、皇后严厉惩戒窦宪等人让他们闭门谢客，自己牢守法度，不要随意和士大夫来往，在事情还没有发生之前就开始戒备，在祸患还没有形成之时先考虑，让窦宪永远享有福禄，君臣彼此相处得很愉快，没有一丝的嫌隙，这才是微臣最希望的啊！”

窦宪依仗宫中的势力，从王侯、公主到阴家、马家的人，没有一个不害怕他的。窦宪用低廉的价钱强行占有沁水公主的田园，沁水公主因为窦宪的威胁而恐惧担心害怕，就不敢和他计较。后来汉章帝出巡经过那田园，指着问窦宪，窦宪暗地里指示左右那些人不准回答。后来汉章帝发现这事之后，很是生气，传唤窦宪并且还严厉地责怪他说：“我深深想到前些日子经过你所占有的沁水公主田园的时候，哪里还需要做出比赵高指鹿为马还不如的事呢！想的时间长了就让人担惊受怕。从前永平年间，经常命令阴党、阴博、邓叠三人互相监督，所以这些有权势力强盛的贵戚，没有人敢违法。现在显赫的公主尚且都被你蛮横无理地霸占了田园，更何况是小百姓呢！国家放弃你窦宪，就像放弃小鸡、腐鼠一样而已！”窦宪非常害怕，窦皇后因为这件事情降低服饰，深深地向汉章帝谢罪，经过很长时间，汉章帝才消除了怒气，只让他把田园还给沁水公主。汉章帝虽然表面没有治他的罪，但是也不再给他什么重要的职务了。

◆司马光说：作为臣子的罪过，没有比欺瞒君主更为严重的，因此英明的国君很是痛恨这种事。孝章帝指责窦宪的作为和赵高的指鹿为马没有什么不一样，真是很正确啊！可是他始终没有能够惩罚窦宪的罪行，那么奸臣该打算怎么惩治他们呢？人君对于臣子，担心的是不知道他们的奸私，如果知道了他们的奸私，却反而赦免了他们的罪过，那么还不如不知道他们的奸私来得好一些。为什么这样说呢？那些臣子有的做了作奸违法的事，可是在上的人君却不知道此事，臣子对人君依旧有所担心畏惧；既然已经知道了臣下作奸犯法的事，却又没有治他们的罪，那些臣子知道国君没有什么可担心害怕的，那么就放纵妄为而没有一丝顾忌了！所以知道臣子的善行却没有举用他，知道臣子的恶行却没有罢免

他，这是人君所应该要深深警惕的啊！◆

下邳人周纡做洛阳县令，刚刚到任，就先问本县有势力的人的姓名；属吏数着老百姓中有势力的人来回答。周纡大声生气地说："我原来要问贵戚像马家、窦家等人，哪里要知道这些卖菜的呢？"于是部下属吏便顺从长官的心意，争着抢着以激烈严厉的原则来办事，贵戚担心，做事不敢肆无忌惮，京城从此秩序安定。窦笃晚上到止奸亭去，亭长霍延拔剑对着窦笃，随意责骂。窦笃上奏表禀报此事，于是汉章帝下令召唤司隶校尉、河南尹到尚书省责问；命令剑戟士把周纡逮捕，送交廷尉，关在狱中，没过几天，就把他赦免出狱了。

汉章帝任命班超为将兵长史，派徐幹做军司马，另外还命令卫侯李邑负责护送乌孙国的使者。李邑到达于寘国之后，又赶上龟兹国进攻疏勒国，害怕而不敢继续往前走，因此上奏书表明平定西域的事不可能成功，又极力诬陷班超："拥偎着爱妻，抱着自己的爱子，在外国安乐享受，根本没有一丝想念朝廷的心意。"班超听到这件事之后，感叹着说："我不是曾参，却遇到曾参那样的谗言，恐怕会遭到朝廷的怀疑了。"于是就让他妻子离开了。汉章帝知道班超忠心耿耿，于是严厉责怪李邑说："既然班超能够拥抱爱妻，抱着爱子，那么想回到汉朝的战士一千多人，又怎么能都和班超齐心协力呢？"另外汉章帝就命令李邑到班超那里，接受班超的指挥，下诏说："像李邑这样担有任务在外的人，就应该留在身边替你办事才对。"班超马上命令李邑带着乌孙国入侍汉天子的王子回到京城去。徐幹对班超说："李邑曾经亲自诬陷你，打算破坏平定西域的事，你现在为什么不依据诏书把他留下，另外派其他的属吏送侍子呢？"班超说："这是多么卑鄙的话啊！因为李邑诬陷我，所以我现在派他回京。我内心反省，没有一丝愧疚，哪里又要担心别人批评的话呢？为了让自己心里痛快就把他留下，这就不算是忠臣了。"

汉章帝派遣侍中会稽人郑弘为大司农。以前交趾州所属的七郡献给朝廷贡品的转运都是从东冶县漂洋过海而运送过来的，海上风浪艰难险阻，船只接二连三地被淹没。郑弘奏请汉章帝开辟从零陵郡到桂阳郡的山路，从此以后道路平坦顺畅，就成了以后经常通行的路线。郑弘在大司农任职的两年期间，节省的钱以亿万计算。赶上天下大旱的时候，边境有外族进犯的警报，人民的粮食不够，可是国库的钱财充裕。于是郑弘又奏请汉章帝应该减少各地对朝廷的进贡，减轻徭役赋税，以让饥民得到好处；汉章帝听取了他的建议。

元和元年（甲申，公元84年）

本年八月，才改年号。春季，闰正月，辛丑日（十五日），济阴悼王刘长去世。

夏季，四月，己卯日（二十四日），汉章帝划分东平国，封献王的儿子刘尚为任城王。

六月，辛酉日（初七），沛献王刘辅去世。

禀报政事的人，大多数人都说“郡国贡士举贤，大抵都不按照功劳大小的等次，所以官员对自己的职务更加慢待，而官吏的事务也慢慢地疏忽了，过失在于州郡”。汉章帝下诏书把这件事交给公卿朝臣商讨。大鸿胪韦彪上奏议说：“国家以选拔贤才为主要任务，贤才以孝顺最为重要，因此寻找忠臣，肯定出现在孝子的家门。人的才能、德行很少能够德才兼备的，因此孟公绰做赵国、魏国的家臣是绰绰有余的，但是绝对不能让他去做滕国、薛国的大夫。一个忠心孝行的人，所怀的心肯定接近笃厚；一个熟于法律条文的酷吏，所怀的心肯定接近刻薄。选拔贤士就应该以才能、德行为重，不可以完全凭借功勋的等次。但是问题的关键，在于选举二千石的官员。二两千石的官员都有贤能，那么郡国贡士选举任用都能得到恰当的人才了。”韦彪又上奏疏说：“国家行政的中枢在于尚书，尚书的任用怎么可以不慎重呢！可是最近的尚书多半从郎官提升担任这个职位，他们虽然熟悉精通法律条文，擅长应对突发情况，可是小小的智慧到底还是没有很大的才能。应该鉴察张释之评说啬夫灵敏应对的故事，深深考虑绛侯周勃质朴迟钝、不善言辞，而为朝廷立下大功的例子啊！”汉章帝都能听取他的建议。韦彪是韦贤的玄孙。

秋季，七月，丁未日（二十三日），汉章帝下诏书说：“律法说：‘官吏拷问人的时候，只能用竹木杖扑打、鞭打或者站立着审问’；此外，《令丙》规定竹杖的长短有定数。自从过去有重大的狱案以后，拷问的官吏多半残酷无比，用铁钳、钻凿之类的刑具，悲惨痛苦到极点。一想到那种痛苦惨毒的刑罚，就让人惊悚害怕！应该在秋冬季节审问狱案的时候，明令禁止。”

八月，甲子日（十一日），太尉邓彪被免除了太尉的职位，让大司农郑弘做太尉。

癸酉日（二十日），汉章帝下诏书更改年号。丁酉日（八月无此日），汉章帝的车驾往南巡狩。而且还下诏书说：“在途中所经过的那些路上的州县，不允许事先有所准备。命令司空自己带领徒吏搭架桥梁。有人命令使者出去迎接，询问汉章帝起居生活的，二千石的官员要受到处罚。”

九月，辛丑日（十八日），汉章帝来到章陵县；在十月，己未日（初七），往前来到江陵县；回去的途中，来到宛县。汉章帝召见前临淮太守宛县人朱晖，任命他为尚书仆射。朱晖在临淮郡任内，有很好的功绩，百姓都赞颂他说：“强直自遂（刚强正直，照着自己的心意去做），南阳朱季（南阳郡人朱文季），吏畏其威（属吏害怕他的威严），民怀其惠（百姓想念他的恩惠）。”当时因为犯法而被免去了官职，居住在家，所以汉章帝就又召见而重用了他。十一月，己丑日（初七），汉章帝的车驾回宫。尚书张林上书说：“县官时常费用不充足，应该允许各县自己制盐，以及再重新推行武帝时候的均输法。”朱晖坚决认为不可以，说：“均输法和商人买卖没有区别，制盐的利益属于官府，那么人民穷困而抱怨朝廷，实在不是英明的人君所应该施行的。”汉章帝因此很是生气，就严厉地责怪所有的尚书，朱晖等人都自己绑着，关进了牢中。过了三天，汉章帝下诏书命令把他们释放出狱，说：

“朕很高兴能够听到反对的意见，老先生没有什么过错，是诏书有过错啊，你们为什么要自己绑着自己关进牢中呢？”朱晖因此称说病重，始终不肯再签署意见。从尚书令以下的人，都很惶恐，对朱晖说：“现在谴责已经来到你的面前，你又为什么要称病推托呢，这祸害可是不小啊！”朱晖说：“我已经八十岁，承蒙朝廷的恩泽，才能够在机要秘密的职位，应该以死来报答。如果心里知道这件事情不可行，却顺从皇帝的旨意表示同意，这样有悖臣子的道义！我现在耳朵听不到，眼睛也看不到，就等待朝廷把我处死的命令。”就闭嘴不再说话了。所有尚书都不知道该怎么办，于是就一起上奏疏弹劾朱晖。汉章帝的怒气除去了，才把这事作罢。过了几天之后，汉章帝下诏派值班的署郎去询问朱晖的起居生活，太医去替朱晖看病，太官赐给食物，于是朱晖起身答谢；汉章帝又赏赐给他钱十万，布一百匹，衣服十件。

鲁国人孔僖、涿郡人崔骃，一起在太学上学，彼此相互议论：“孝武汉章帝，刚开始做天子的时候，尊崇信任圣贤之道，仅在五六年中，号称就超过了文帝、景帝的治世；后来就任凭自己的想法行事，忘记了过去的善政。”邻房生梁郁上奏书，检举告发“崔骃、孔僖污蔑先皇帝，讥讽抨击当代的政事”，汉章帝就把事情交给官员办理。崔骃前往官员处接受审讯。孔僖作书帮自己辩护说：“一般那些称为诽谤的，就是说实际上没有这事而平白无故地捏造事实对他加以胡乱的批评。至于孝武皇帝，政治的好坏，已经很显然地记录在汉代的历史中，就像日月一般的清楚明白，这是直接叙说书传中的实在事情，并不是什么凭空诽谤啊！做皇帝的人，他是好的还是坏的，天下人没有不清楚的，这都是有原因才让他这样的，所以不可以用这个理由来责怪人。而且陛下在就天子位之后，政治教化没有什么过失，而且恩泽很多，天下人都是知道的，微臣等为什么要单独去抨击讽刺呢？如果所批评的确实很正确，那么当然应该改正，假如所批评的不恰当，也应该学会包含容忍，又何必一定要去定罪呢？陛下不去研究大谋略，深深地为自己打算，只是放纵个人的顾忌来让自己心意顺畅，微臣等接受刑杀，死就死了算了；可是天下的人，肯定会回想此事而想法有所改变，拿此事来窥探陛下的心意，从今往后，如果看见不对的事发生，就不会再有人敢说话了。齐桓公亲自显扬他父亲襄公的过失来指引管仲向他陈述治国的意见，然后群臣就能够彻底尽到他们的心意。现在陛下却打算要为十代以前的武帝来隐蔽实在的事情，这样岂不是和桓公的做法不一样吗？微臣担心官员突然来诬陷微臣的罪，让微臣含着怨恨、蒙受冤枉，不能自己辩解一番，使得后世讨论的人随意就拿陛下来有所比喻，怎么能够再让子孙事后来遮掩这件事呢？微臣恭敬地前往宫阙，等待重罚。”上书奏上，汉章帝马上就下诏不要再审讯此事，并任命孔僖为兰台令史。

十二月，壬子日（初一），汉章帝下诏：“从前由于妖术邪恶的行为而不允许三族做官的，如今全部取缔这些禁令，只是不可以在宫中值宿任警卫而已。”

庐江人毛义，东平人郑均，都是由于行为正直受到乡里的赞扬。南阳人张奉仰慕毛义的声名，前往拜访，才刚刚坐下郡府的诏书就到了，派毛义做安阳县令，毛义拿着诏书进来，高兴得脸上布满了笑容；张奉从心底看不起他，于是就告辞离开了。后来毛义的母亲去世之后，朝廷征召他，始终都不肯前往，张奉才叹息说：“贤者确实是不可以胡乱猜测的。从前接到诏书的那份喜悦，是为了母亲才屈就的。”郑均的哥哥做县吏，经常接受别人馈赠的礼物，郑均就劝说他，可是却不肯听从，于是郑均就放弃了一切去做佣仆，一年多赚来的钱财，回家拿去给他哥哥，说：“财物如果用完了还可以再赚到，可是做官贪赃犯罪，一辈子都会被人摒弃的。”哥哥被他的话给感动，就成为清正廉明的官吏了。郑均做官做到尚书，后被免职回归家乡。汉章帝下诏书表扬毛义、郑均，并且还赐给米谷各一千斛，时常在每年八月派遣长吏去询问他们的起居生活，另外赐给羊肉和酒。

武威郡太守孟云上书说：“北匈奴甘愿再和官吏百姓交易做买

卖。”汉章帝下令批准了这件事。北匈奴大且渠、伊莫訾王等驱赶牛马一万多头不远千里前来和汉人做买卖，南单于调遣轻便的骑兵出上郡抢掠他们，大有所获才回去了。

汉章帝又命令副司马和恭等人，带领兵卒八百人前往班超所在的地方。班超因此发动疏勒国、于寘国的军队进攻莎车国。莎车国以钱财来诱惑疏勒王忠，忠于是就反叛了汉朝，听从莎车国，从西面驻守乌即城。班超就另外立他的府丞成大为疏勒王，把那些没有反叛汉朝的人都派去进攻忠，派人劝说康居王抓捕忠送回疏勒国，于是乌即城就投降了。

资治通鉴卷第四十七　汉纪三十九

起乙酉（公元85年），止辛卯（公元91年），共七年。

【题解】 本卷记录了汉章帝元和二年至和帝永元三年间的历史，当时朝政处于平稳期，章帝倡导儒学，推行新历。章帝驾崩后，太后临朝，窦宪因恣意横行惧诛，发兵匈奴而立大功。东汉政权对待匈奴仍采取以夷制夷的策略，取得显著效果。班超大败莎车，大破月氏侵犯，声威震撼西域。两任护羌校尉失信，迫使西羌叛乱，新任护羌校尉邓训治理有方，羌人不再滋扰。

肃宗孝章皇帝下

元和二年（乙酉，公元85年）

春季，正月，乙酉日（初五），汉章帝下诏书说：法律规定：‘妇女怀孕的，丈夫三年之内不需要缴纳算税。’现在所有怀孕的人，赏赐胎养谷每人三斛，丈夫一年不必缴纳算税就以此为法令！”于是又下诏书给三公说：“一些贪心的官吏伪装修饰自己的外在言行，看起来是好官，其实并不是，我很厌恶这样的人，很为此事苦恼。安分宁静的官吏，非常诚实而且还不浮华，以日计功，好像百姓生活有所不足，如果以月计功的话，百姓家给人足，沛然有余。像襄城县令刘方，属吏百姓都一起说他做事不烦琐，虽然没有其他什么很特别的表现，这也几乎趋近了！把苛刻当作明察，把刻薄当作明白，把疏忽当作恩德，把繁重当作威严，一旦这四种情况发生之后，那么下面的百姓就会存有抱怨的想法。我好几次下诏书，奉诏的使者在路上一个连接一个，可是官吏并没有把事情办得很好，百姓也没有尽到自己的本分，这过失在什么地方呢？但愿你们能够想着旧有的法令，做出符合我心意的事啊！”

北匈奴大人车利涿兵等逃亡之后来到塞内，一共有七十三批。当时北匈奴势力衰微，部众都离开背叛了他，南匈奴进攻他的前方，丁零国侵犯他的后方，鲜卑国攻打他的左方，西域进犯他的右方，北匈奴终不能再自立，于是带领部属远远地离开了。

南单于长去世之后，单于汗的儿子宣继位，就是伊屠於闾鞮单于。

《太初历》已经实施了一百多年，按照历法所推算的日月五星运行的速度，比起实际自然的运行时间稍微晚一些。汉章帝命令治历编䜣、李梵等人综合考证此事的情状，作了《四分历》；二月，甲寅日（初四），开始实施。

汉章帝还在做太子的时候，师从东郡太守汝南人张酺学《尚书》。丙辰日（初六），汉章帝往东方出巡，来到了东郡，带着张酺还有他的学生以及郡中各县的属吏一起聚集庭中。汉章帝首先行弟子的礼仪，请张酺讲授《尚书》一篇，之后再行君臣的礼仪；汉章帝对老师的赏赐非常优厚，参加聚会的人没有什么不满意的。路过任城县的时候，汉章帝就前去郑均家中，赏赐他尚书的俸禄一直到他去世才停止，当时的人称为“白衣尚书”。

乙丑日（十五日），汉章帝在定陶县耕种。辛未日（二十一日），汉章帝来到泰山，在岱宗焚柴祭告上天；继续往前又来到奉高县。壬申日（二十二日），在汶上明堂祭祀五帝；丙子日（二十六日），汉章帝大赦天下。接着往前来到济南。三月，己丑日（初十），来到了鲁国；庚寅日（十一日），在阙里祭祀孔子及其七十二弟子，演奏六代时的音乐，大会孔家男子二十岁以上的六十二人。汉章帝对孔僖说：“今天的集会，对你的族人来说是不是很光荣呢？”孔僖回答说：“微臣听说凡是那些英明的帝王、圣明的国君没有一个不尊敬老师、看重圣道的。现在陛下亲自贬低万乘之君的尊严，蒙辱来到我的故乡，这是尊崇礼敬先师孔子，增加圣人德行的光辉；至于光荣，不是微臣所敢承受的！”汉章帝大笑着说：“不愧是圣人的子孙，不然怎能说出这些话呢！”于是就任命孔僖为郎中。

壬辰日（十三日），汉章帝来到东平国，怀念东平献王，对他的几个儿子说：“思念他的人，来到他的国家；如今他的国还在，可是他的人却不在了。”因此流下了悲伤的眼泪，把衣襟都沾湿了。于是就来到东平献王的陵墓，用太牢祭奠他，亲自祭拜他的神位，哭泣得非常伤心。献王回归东平国的时候，骠骑府吏丁牧、周栩感觉献王敬爱贤才、对士人很谦让，不舍得离开他，于是做了献王家的大夫几十年，曾侍奉过祖孙三代。汉章帝听到之后，都召见了他们，不仅怜悯他们有才德而甘居下位，而且还打算彰显献王的美德，所以马上就把他们都提升为议郎。乙未日（十六日），汉章帝来到东阿县，往北登上太行山，到达天井关。夏季，四月，乙卯日（初六），汉章帝回宫。庚申日（十一日），汉章帝到祖庙、父庙祭告出巡经过。

五月，汉章帝改封江陵王刘恭为六安王。

秋季，七月，庚子日（二十三日），汉章帝下诏书说：“《春秋》看重天、地、人三正，谨慎小心于三正的开始。希望能够定下律令，不要在十一月、十二月判决犯人的罪，只准在冬初十月判决犯人。”

冬季，南单于调遣军队和北匈奴温禺犊王在涿邪山作战，有所收获之后返回。武威郡太守孟云上书说：“北匈奴从前已经和汉朝和亲言和，可是南匈奴又前往抢掠，北单于就以为汉朝在欺骗他，就谋划想要进犯边塞，应该把南匈奴所抢掠的牲畜全部送还给北匈奴，以此来表示慰劳安抚他的意思。”于是汉章帝下诏令百官在朝堂商量此事。太尉郑弘、司空第五伦认为不可以答应，司徒桓虞和太仆袁安认为应该送还牲畜。郑弘因此就大声激动严厉地对桓虞说：“所有说应该送还牲畜的人，都是不忠！”桓虞大声责怪他，第五伦和大鸿胪韦彪都生气变了脸色。司隶校尉上奏郑弘等人争执的事，郑弘等都呈上印绶请罪。汉章帝下诏回答说：“这么长时间讨论，事情停滞不前而没有什么结果，每个人都有自己的主意，事情依靠议论而让它顺利进行，办法由众人来决策，大家表现出忠正和乐的样子，就符合礼的面容，大家沉默寡言，更加不是朝廷的福分。各位有什么过失而要如此深深地请罪呢！真心希望各位能够戴上冠冕，穿上鞋子，仍然担任原来的职位吧！”汉章帝于是下诏书说：“江海之所以能够成为百川君王，就是因为他比百川更谦虚啊。稍微加以委屈贬抑，又有什么害处！更何况现在和匈奴君臣的名分已经定好了，说话合乎情理，约定清楚明白，进献的贡品时常到来，怎么可以违逆约定，自己承担理亏的指责呢！派遣度辽将军和领护匈奴中郎将庞奋加倍补偿南匈奴，把所得的牲畜送还给北匈奴；南匈奴斩杀敌人，捕获俘虏，计功接受赏赐，按照平时的法令。”

三年（丙戌，公元86年）

春季，正月，丙申日（二十二日），汉章帝往北出巡、辛丑日（二十七日），在怀县耕种。二月，乙丑日（二十一日），汉章帝命令侍御史、司空说：“正值春天，所到过的地方不允许有所杀伤、车子可以掉头躲开的，就躲开它，车子两边拉车的边马可以解除的，就把它给解除了。”戊辰日（二十四日），继续往前来到了中山国，出长城；癸酉日（二十九日），回去的路上，来到元氏县；三月，己卯日（初六），往前来到了赵国；辛卯日（十八日），汉章帝回宫。

太尉郑弘多次上奏书讲述侍中窦宪权势太过强盛，所说的话用心良苦、词意诚恳，窦宪很是痛恨他。正好郑弘禀奏窦宪的同党尚书张林、洛阳县令杨光在任职内贪财和伤害百姓。上书奏上之后，处理奏书的官员和杨光是老朋友，于是就把此事告诉了他，杨光就报告给窦宪。窦宪禀告汉章帝说郑弘身为大臣，却随意泄露国家机密大事，于是汉章帝就责备了郑弘。夏季，四月，丙寅日（二十三日），收回了郑弘的印绶，免去他太尉的职位。郑弘自己前去廷尉投案，汉章帝下诏把他释放出狱，因此他请求辞官回家，汉章帝没有同意。郑弘病得很重，上奏书表明谢罪说：“窦宪的奸私邪恶，上贯天，下达地，天下的人都感到很疑惑，愚笨的人都表示无比的愤恨，说：‘窦宪用什么方法来蛊惑主上！近代王莽篡国的祸害，仿佛依然可见。’陛下处于天子至尊的地位，保全国家万代的福祚，如今却相信那些谗佞的臣子，完全不顾及国家存亡的机运；微臣尽管命在旦夕，可是到死也没有忘记自己对朝廷的忠心，希望陛下可以把这国家的穷凶极恶的人定罪而诛杀了，以满足人鬼愤恨的愿望！”汉章帝看了奏章，差遣御医去给郑弘看病，等御医来到郑家的时候，郑弘已经去世了。

郑弘派大司农宋由做太尉。

司空第五伦因年老多病，请求辞职，五月，丙子日（初三），郑弘赐给策书免去他司空的职位，赏给他两千石的俸禄，一直到死才停止。第五伦奉行公务尽忠职守，向朝廷陈述意见没有出现过模棱两可的情形。他本性纯朴，诚实谨厚，不重视外表的修饰，在任职期间以清正廉洁被人广为称赞。有人问第五伦说：“你有私心吗？”他回答说：“过去有人送给我千里马，我虽然没有接受，可是每次三公要推举贤才的时候，我心里不能忘记这件事，始终不举用他。像这样，怎么能够说没有私心呢？”

郑弘派太仆袁安做司空。

秋季，八月，乙丑日（二十四日），郑弘亲自来到安邑县，观看盐池。九月，启程回宫。

烧当羌迷吾再次和弟弟号吾还有羌人各族叛变汉朝。号吾先以装备轻简的部队来到塞内，进犯陇西郡边界，管理烽火的郡吏李章追捕他，活捉到号吾，打算把他给送到郡太守处。号吾说：“只是把我杀了而已，对于羌族并没有什么损失；如果能够留我活命，放我回去的话，我肯定把所有军队都撤退了，而且从此不再进犯汉朝的边塞。”陇西郡太守张纡听了这些之后就释放了他，让他回去，羌族的军队也因此解散，各回到自己原来居住的地方去了。迷吾退居河北的归义城。

疏勒王忠从康居王处借到兵马，回来驻守在损中城，差遣使者向班超假装投降，班超知道他为人奸诈狡猾，可是却假装答应了他。

忠带领轻便骑兵到班超处，班超杀了他，因此打败了他的部众，通往西域南边的道路终于畅通无阻了。

楚国许太后去世。汉章帝下诏改葬楚王刘英，追封他的爵位谥号为楚厉侯。

汉章帝派颍川人郭躬做廷尉。郭躬决断讼案罪刑，大多数都是按照怜悯宽恕的原则，他从判处重刑的律文中找出可以从轻判处的四十一条，向朝廷奏明，建议都被采纳了。

博士鲁国人曹褒上奏疏指出“应该修订法律制度，建成属于汉朝的礼制”。太常巢堪认为“当代的重大典制，不是曹褒所能制定的，不可以同意”。汉章帝知道所有儒者做事太过于拘泥，要想和他们计划开始很困难，朝廷的礼制宪法，理应及时制定，于是就任命曹褒为侍中。玄武司马班固以为“应该普遍地聚合所有儒者，一起商讨此事的得失”。汉章帝说：“俗语说：‘在路边修建房屋，三年之久都盖不成。’集合讨论礼仪的家庭，大家聚集在一起争讼不定，彼此产生疑虑，各持不同意见，实在没有办法下笔。以前尧作《大章》乐的时候，一个乐官夔就已经足够了。”

章和元年（丁亥，公元87年）

本年七月更换年号。春季，正月，汉章帝召见了曹褒，交给他叔孙通所制定的《汉仪》十二篇，说：“这本礼制粗疏简略，大多数不符合经义，我们应该根据礼法对它逐条修正，让它能够重新施行。”

护羌校尉傅育打算进攻烧当羌人部落，由于该部落刚刚投降没有多久，不想派出军队，于是就征集人员去挑拨离间羌族、胡族，让他们彼此自相争斗；羌族、胡族不肯相斗，就又一次叛变汉朝出塞外去了，重新依靠迷吾。傅育请求派出各郡的军队几万人一起进攻羌族。还没有等到各郡军队聚合，三月，傅育就独自率部出击。迷吾听到之后，就把各穹庐、村落的人给迁移走了。傅育命令精锐骑兵三千人对他穷追不舍，夜晚的时候来到了三兜谷，汉军没有设置防备，迷吾突然袭击，就把汉军打得大败，杀死了傅育和他的属吏士兵八百八十人。等到各郡军队到来，迷吾早就率领军队离开了。皇上就下诏派陇西郡太守张纡做护羌校尉，带领一万人在临羌县驻守。

夏季，六月，戊辰日（初二），司徒桓虞被免职。癸卯日（六月无此日），汉章帝派司空袁安做司徒，光禄勋任隗为司空。任隗，是任光的儿子。

齐王刘晃和他的弟弟利侯刘刚，与母亲太姬互相诬陷。秋季，七月，癸卯日（初八），汉章帝下诏贬谪刘晃的爵位为芜湖侯，还削减刘刚的食邑三千户，并且收回了太姬的玺绶。

壬子日（十七日），淮阳顷王刘昞去世。

鲜卑进犯匈奴左部领土，进攻北匈奴，把他打得大败，斩杀优留单于之后就回去了。

羌族的酋长迷吾又一次和各族联合进犯金城塞，张纡差遣从事河内人司马防和他们在木乘谷进行作战；迷吾的军队被打败逃走了，通过译使打算投降，张纡就接受了他们的投降。迷吾带领部众前往临羌县，张纡陈列了军队，盛大地举行宴会，在酒中下了毒药，于是埋伏的军队杀死了羌族的酋豪八百多人，还斩下了迷吾的头拿到傅育坟前去祭祀，又派出军队进攻羌族剩下的部众，斩杀俘获了好几千人。迷吾的儿子迷唐，和各族消除过去的仇恨，互相通婚，彼此互相交换人质，占据大榆谷、小榆谷而叛变，种族人数越来越多，张纡根本没有办法控制。

壬戌日（二十七日），汉章帝下诏由于祥瑞之物依然会集，所以更改年号为章和。这时候，京城四面八方经常有吉祥的瑞物出现，前后发生了几百接近千件，向汉章帝禀报政事的人都认为这个是好事。可是只有太尉掾陵平人何敞厌烦此事，对宋由、袁安说："祥瑞的征兆跟随美德而到来，灾祸变异由于暴政而发生的。现在奇异的鸟在宫殿的房屋上飞翔，奇怪的草在庭中生长，不可以不注意啊！"宋由、袁安由于畏惧害怕而不敢回答。

八月，癸酉日（初八），汉章帝前往南方出巡。戊子日（二十三日），来到梁国，乙未晦日（三十日），来到沛国。

九月，庚子日（初五），汉章帝来到彭城县。辛亥日（十六日），来到寿春县；又一次封阜陵侯刘延为阜陵王。己未日（二十四日），来到了汝阴县。冬季，十月，丙子日（十二日），启程回宫。

北匈奴大乱，屈兰储等五十八个部落、人口二十八万都前去云中郡、五原郡、朔方郡、北地郡投降。

曹褒按照旧有的礼典，再加上《五经》《谶记》的文字，撰定编次天子到庶人的冠礼、婚礼、吉礼、凶礼从开始到结束的礼仪制度，加起来一共有一百五十篇，把它呈奏给汉章帝。汉章帝由于众人的争论很难一致，所以只有接受这部礼典，不再命令官员评论其得失。

这一年，班超发动于寘各国的军队一共有两万五千人进攻莎车国，龟兹王发动温宿国、姑墨国、尉头国的军队一共五万人去援助他。班超召集部下将校以及于寘王商量说："现在我方军队人数比较少，打不过敌人，最好的办法不如我们各自分散离去；于寘国从这里往东去，我从这里往西回到疏勒国去，等到晚上的鼓声响起来之后再出发。"然后假意放松戒备把俘虏放回去。龟兹王听到这消息之后特别高兴，于是自己带领一万骑兵在西界阻挡班超，温宿王带领八千骑兵在东界阻挡于寘王。班超知道龟兹、温宿两个敌方的首领已经离开了，就隐秘地召集了所有的军队，黎明鸡叫的时候，急速赶往莎车国的军营。胡人大为惊慌失措，就逃走了，班超带人追杀了五千多人；莎车国终于投降，龟兹等国的军队也因此各自撤退离散。从此以后班超的声威震动西域。

二年（戊子，公元88年）

春季，正月，济南王刘康、阜陵王刘延、中山王刘焉来觐见汉章帝。汉章帝生性宽厚仁慈，对于亲属的情谊更是十分笃厚，所以叔父济南、中山二王，经常入京朝见，汉章帝尤其对他们赐给恩宠，而且还允许各位兄弟都留在京师，不让他们回到封国去。后来又赏赐群臣，超过了制度的限定，国库的钱财因此很快就都用光了。何敞给太尉宋由上书说："连续几年闹水灾、旱灾，百姓丝毫没有收成；凉州边界，每一家都受到战争的牵连和伤害；中原的州郡，公家、私人也都穷困到了极点。这实在是应该节食省用的时候了，朝廷的恩惠像天地一般高大，赏赐超过了限定，只听说昔日赏赐百官的钱，从郎官以上，公卿、王侯以下，使得国库达到钱财空虚竭尽的地步，损耗了国家的钱财。审查公家的财用，那些都是依靠百姓的劳力辛苦赚来的。英明的国君赏赐臣下，肯定应该有个等级制度；忠臣接受赏赐，也应该有个限制。因此舜帝把玄圭赐给大禹，成王把束帛赐给周公。现在你的地位尊高，任务繁重，所担负的职责深远重大，对上应该匡扶朝廷的纲纪，对下应该救济安定百姓的生活，哪里只是谨慎忠诚、没有违逆皇上的旨意就可以了呢？你应该先纠正自己的行为，以作为属下的榜样，把朝廷的赏赐还给朝廷，以此来说明这件事情的得失，奏请王侯回到自己封国去，取缔苑囿的禁令，节省多余的不必要的开支，救济贫穷孤苦的人，那么恩惠顺利地下达到百姓身上，百姓就高兴了。"可是宋由没有听取建议。

尚书南阳人宋意上奏疏说："陛下对待亲人非常孝顺，让家人都能够美好上进，对亲人的恩情爱护更是十分深厚，对各位王爷很有礼貌而且尊宠，就好比是自己的家人一样，各位王爷的车子允许进入殿门，在国君面前各就座位也不需要行下拜大礼，把皇帝自己用的食物分给各位王爷一起享用，赏赐也很丰厚。刘康、刘焉很幸运地以庶出的身份，受封大国，陛下的恩宠超过了制度所规定的限额，礼貌敬意超过了法制。《春秋》的大义，对于伯叔、兄弟，没有一个不是当作臣子的，为的是敬重地位尊贵的，贬谪地位低下的，加强主干而消减旁枝啊。陛下道德功业隆高盛大，理应成为万代的楷模，不应该因为一己私情就违背了上下的顺序，失去了君臣的正道。而且西平王刘羡等六个王，都是有妻有子的，自成一家，官员属下都已经具备，应该让他们早点前往自己的封国，为子孙奠下根基；如今住宅彼此却相离得很接近，很长时间盘桓京城而没有离开，骄慢奢侈、超越本分，和上位相比较，恩宠食禄过分隆厚。皇上应该断绝深厚的情谊，因为大义而断绝恩情，命令刘康、刘焉，各自回到封国去，命令刘羡等马上择日起程，来堵塞众人的愿望。”汉章帝没来得及命令他们回去。

壬辰日（正月无此日），汉章帝在章德宫前殿去世，享年三十一岁。留下遗诏说：“不要修建寝庙，一切完全按照先皇的法制。”

◆范晔评论说：魏文帝称说汉明帝严厉苛刻，汉章帝是宽厚长者。汉章帝一向能够知人善用，不满明帝的苛刻严厉，凡事都能够以宽厚为原则；侍奉明德太后，一心一意地尽到孝道；减少徭役，减轻赋税，因此百姓都很仰赖他的恩德；而且做事按照忠恕的原则，用礼乐来修饰自己的行为，称他为长者，不是很合适吗？◆

太子继位（就是汉和帝），年仅十岁，尊称皇后为皇太后。

三月，丁酉日（初五），按照遗诏，改封西平王刘羡为陈王，六安王刘恭为彭城王。

癸卯日（十一日），安葬孝章皇帝安于敬陵。

南单于宣去世之后，单于长的弟弟屯屠何继位，称为休兰尸逐侯鞮单于。

太后临朝摄政，窦宪以侍中的职位在宫内掌管机密大事，负责出宫宣布太后的诏命；弟弟窦笃为虎贲中郎将，窦笃的弟弟窦景、窦瑰都做中常侍，兄弟都在亲近皇帝、太后的要紧的职位。窦宪的宾客崔駰写信告诉窦宪说：“古书上面说：‘天生就富有的人一向骄横，天生就尊贵的人一向傲慢。’天生就富贵却能不骄横傲慢的，从来都没有这样的人。现在你的尊宠厚禄才刚刚开始隆盛，百官都在视察你的行为，怎么能够不‘希望从早到晚不敢怠慢，来永久保有无穷的美誉’呢？以前冯野王以外戚的身份而担任官职，被大家称为贤臣；近来阴卫尉克服自己的私欲来实践礼，最终受到很多的福祉。外戚之所以受到当时的抨击，留下过错到后世的原因，可能就是满盈而不知道谦退，官位高而仁德不足啊！自从汉朝兴起，直到哀帝、平帝时，皇后的外家有二十人，能够保全家族的，就只有四个人而已。《尚书》说：‘拿殷代作为借鉴’，可以不谨慎吗？”

庚戌日（十八日），皇太后下诏说：“派以前的太尉邓彪担任太傅，赐给关内侯的爵位，主管尚书事务，百官总领自己的职务而听命于他。”窦宪由于邓彪曾经有让国的美德，是先皇帝所尊敬的人，况且为人仁慈忠厚还善于听取别人的意见，所以很是尊崇他。窦宪所打算做的事情，时常在外叫邓彪向皇帝禀明，在内自己向太后汇报，事情没有不是按照他的意思做到的。邓彪在太傅的这个职位上面，就只是修身养性而已，不能够对朝政有所匡扶改正。窦宪的性格果断急躁，凡是别人张眼怒视他的这种小小的怨恨，没有不进行报复的。永平时，谒者韩纡审讯弹劾窦宪的父亲窦勋的案子，于是窦宪就命令宾客把韩纡的儿子杀死，拿他的头在窦勋的墓前祭拜。

癸亥日（三月无此日），陈王刘羡、彭城王刘恭、乐成王刘党、下邳王刘衍、梁王刘畅才前往自己的封国。

夏季，四月，戊寅日（十七日），按照汉章帝遗诏取缔了郡国制盐、开凿铁矿的禁令，任意由百姓煮海水制盐，开凿铁矿铸铁。五月，京师闹旱灾。

北匈奴闹饥荒，每年投降于南匈奴的都有几千人。秋季，七月，南单于上书说：“应该赶紧趁着北匈奴分裂争乱的机会，出兵征讨，彻底消灭北匈奴，来成全南匈奴，让南北匈奴能够成为一个国家，以使汉朝永远没有北顾之忧。微臣等生长在汉朝的境内，张口所依赖的食物，每年四个季节的赏赐，往往都是以亿万计，尽管是垂衣拱手，无为而治，安枕而卧，没有什么忧虑，可是却始终因为没有能够有报效朝廷的行为而深深地感到羞愧，希望可以发动国内还有诸郡旧有南匈奴的以及刚刚从北匈奴投降而来的精锐部队，分道一齐出兵，相约在十二月一起会集在北匈奴。微臣的兵卒单少，不足以用来防守内外，希望皇帝能够派遣执金吾耿秉、度辽将军邓鸿以及西河郡、云中郡、五原郡、朔方郡、上郡太守，合力而北进，希望凭借着圣明皇帝的神威，一举而把北匈奴平定了。微臣的国家的成败之际，主要就在今年，微臣已经下令各部落严密地整装兵马，希望太后明察此事而加以定夺。”太后把这封奏书拿给耿秉看。耿秉上书说：“以前汉武帝统领天下，打算让匈奴臣服，可惜没有赶上上天所安排的机会，事情始终都没有成功。现在很是幸运地遇到了上天所赏赐的良机，北匈奴分裂争乱，用夷人的力量去进攻夷人，这是对国家有利的事，应该批准这个提议才对。”耿秉自己讲明所受到的朝廷的恩惠，按理应该勇于为朝廷效命捐献自己的生命。太后和大臣商量后打算听取耿秉的意见。尚书宋意上书说：“戎狄对于礼义是非常简慢疏忽的，没有尊卑的区别，强大的就作为首领，弱小的就屈服。自从汉朝兴起以来，讨伐了好几次，所能获得的好处，竟然都不能够弥补我们所受的损害。光武皇帝亲自冒着战争的危险，鲜明地昭示了天地仁爱的明德，由于南匈奴的来降，牵制他们、畜养他们，才使得边境的百姓得以生存，劳役得到减少的机会，到现在已经四十多年了。现在鲜卑国归顺汉朝，斩杀了北匈奴一万多人，汉朝坐享其成而且百姓也没有受到劳苦，这是汉朝兴起以来最盛大的功业。之所以这样，就是由于夷族互相进攻，没有使汉朝的兵卒受到伤害啊！微臣仔细查明鲜卑国进犯匈奴，只不过是贪得抢掠的利益；至于把功劳都归之于汉朝，实在是由于贪图朝廷的重赏。现在如果允许南匈奴回到北庭定都，就不得不限制鲜卑国；鲜卑国对外失去了残暴掠夺的欲望，对内没有功德、得不到朝廷的赏赐，夷狄贪图钱财，肯定会成为边境的忧患。现在北匈奴往西边逃走，请求和朝廷联姻讲和，我们应该利用他的归附来作为抵抗外患的屏障，崇高的功业不外乎这个的。如果带领军队，消耗钱财，答应南匈奴的请求，那么就只能白白地错过了上好的计划，远离安定而趋近于危险了。这样实在是不可答应啊。”

当时正逢齐殇王的儿子都乡侯刘畅来京城参加国君的葬礼，太后好几次召见了他，窦宪担心刘畅分去他在宫中所拥有的权力，于是他就派人在城门驻兵宿卫的地方把刘畅刺死，还把罪名归结在了刘畅的弟弟利侯刘刚的身上，于是让侍御史和青州刺史一起审讯刘刚等人。尚书颍川人韩稜认为：“凶手就在京城，不应该舍弃近处而去追问远处，这样恐怕会被奸臣所耻笑的。”太后很是生气，就严厉地责怪韩稜，韩稜坚决保留自己的意见。何敞向宋由劝说：“刘畅身为皇帝的宗族亲属，是封有食邑的藩侯大臣，来京城参与国家的丧礼，呈上奏疏、静候朝廷的回音，身在城门守卫的地方，却遭到这样残酷的杀害。执法的官吏，漫无目的地抓捕犯人，由于犯罪的证据不明显，所以罪名不能成立。我何敞身为重臣之一，职务主管捕审罪犯，打算亲自到发生命案的地方，以查证这一事件。可是司徒、司空二府的办公职员认为应该按照往例，三公不参与逮捕盗贼的事，即使纵容奸贼，却不认为有什么过错。我何敞请求一个人奏请继续追查这件事。”宋由于是就答应了。司徒、司空两府听说何敞要开始行动了，都差遣主办盗贼的官员跟从他。于是推治检举告发，详细地得到了事情发生的真相。太后很是生气，就把窦宪禁闭在内宫，窦宪害怕被杀，于是就自己主动请求去进攻匈奴来赦免他的死罪。

冬季，十月，乙亥日（十七日），派窦宪为车骑将军，讨伐北匈奴，让执金吾耿秉担任副将；发动北军屯骑、越骑、步兵、长水、射声五校尉所带领的宿卫兵和黎阳营、雍营、边境上郡、西河、五原、云中、定襄、雁门、朔方、代郡、上谷、渔阳、安定、北地等十二郡的骑兵，还有羌族、匈奴的军队一起开出塞外。

公卿举荐以前张掖郡太守邓训去接替张纡担任护羌校尉。迷唐带领骑兵一万人来到关塞前，不敢进攻邓训，打算先威胁小月氏胡人。邓训保卫小月氏胡人，不让他和迷唐抗战。议论这件事的人都感觉羌人、匈奴人互相进攻，这是对朝廷很有好处的事，不应该对他们加以禁止保护。邓训说：“自从张纡失信之后，羌人各族大举发兵进攻，凉州官员百姓的性命都悬在发丝上，极其危险。以前匈奴各族之所以很难赢得他们归顺之心都只是朝廷恩情不够深厚而已。现在趁着他们被追逐陷入危急情况的时候，用恩德来安抚他们，但愿这样做能够对朝廷有好处。”于是就下令打开城门还有所居住的护羌校尉府后园的门，把匈奴人的妻子儿女都赶进来收容他们，派军队严密看护着。羌人抢掠没有收成，又不敢进一步逼迫匈奴各族，因此就撤兵离去。于是湟中那些匈奴人都说：“汉朝时常打算要和我们相互斗争；现在邓使君拿恩信对待我们，而且还打开城门收留我们的妻儿，这可真是守护疼爱我们的父母了。”于是都很高兴地磕头说：“从今以后，我们就只听从使君您的命令。”邓训于是抚养教育他们，大大小小的胡人没有不因此而感动喜悦的。于是邓训就赏赐钱财给羌人各族，让他们互相招引顺从汉朝，迷唐的叔父号吾带领他的族人八百户前来投降。邓训于是就发动湟中的秦人、胡人、羌人的军队四千人开出塞外，在写谷袭击迷唐，把他打败，迷唐于是离开大、小榆谷，居住在颇岩谷，部众也都离散了。

汉孝和皇帝上

永元元年（己丑，公元89年）

春季，迷唐打算重新回到以前住的地方；邓训动员湟中六千人，命令长史任尚负责带领，把皮革缝制之后做成船，放在木筏上而渡河，袭击迷唐，把他打得大败，前后杀死了一千八百多人，捕获俘虏两千人，马牛羊三万多头，迷唐一族也几乎被消灭了。于是迷唐聚集他残余的部众往西转移了一千多里，可是所有依附他的羌人小族都叛变了他。烧当族的酋长东号，自己回来稽首恳请死罪，剩下的都敲关献上人质向汉朝投降。这时邓训安抚接受来归附的羌人，威信大盛，于是就把驻守在塞上的军队解散了，让他们各回到本郡去，只留下那些免去刑罚的犯人两千多人，分别负责屯戍垦田、修建坞壁而已。

窦宪打算去讨伐匈奴，三公、九卿前往朝堂上奏书谏止，认为：“匈奴没有进犯边塞，却平白无故地劳动军队，长途跋涉，消耗国家的钱财，在万里之外求取功劳，这不是安定国家的办法。”奏书连续上呈，往往被搁下来没有回信，宋由害怕了，于是就不敢继续签署讨论这件事，而诸卿也稍微自动停止讨论此事；只有袁安、任隗守着正道而始终不肯改变，甚至在朝堂上脱去官帽坚决争论，前后接近十次上书，众人都为他们的危险行为感到担心害怕，袁安、任隗依然神色镇静，和平常一样。侍御史鲁恭上奏疏说：“国家刚刚遭遇过大丧事，陛下此刻正在居丧，百姓看不到天子，在夏、秋、冬三个季节也听不到天子车驾出巡、左右侍卫警戒止行的声音了，百姓没有不想念思慕先帝而彷徨不安的，就好像有所请求而得不到的样子一般。现在居然在盛春的月份发起军事行动，扰乱天下百姓去对付戎夷，这实在不是施恩惠给天下，改年号以齐正时令，由内到外地处理政务的做法啊！万民是上天所降生的；上天关心爱护他所降生的，就好像父母疼爱他的子女一般，有一物不能得到恰当的照顾，那么天气就会因为他而有所错乱，更何况是人呢！所以爱护人民的君主，肯定能够得到上天的回报。戎狄是四方奇特古怪之气，和鸟兽没有区别，如果和汉朝的人民混乱地生活在一起，那么就会让天气变得有所错乱，污秽玷污到那些善良的人民，因此圣王的法制，应该牵制他们，让他们得到畜养不至于灭绝而已。现在北匈奴被鲜卑国所打败，远远地躲藏在史侯河的西边，离开塞下好几千里，可是我们却打算趁着他兵力虚弱的时候，从中得到好处，这种行为是不正义的。现在开始准备征发军队，可是大司农调度粮草的器械却不充足，上下相互逼迫，民间的急困，已经是到了极点了。群臣百姓都说不可以这样做，为什么陛下要因为一个人的建议而抛弃了上万人的生命，不体恤他们的言论呢？在上观看上天的心意，在下体察人的志向，就已经足够知道事情的得失。微臣担心汉朝不能成为过去安定的汉朝，哪里只是单纯地为了匈奴而已呢？”尚书令韩棱、骑都尉朱晖、议郎京兆人乐恢，都上奏疏谏止，太后没有听从。

太后又下令使者为窦宪的弟弟窦笃、窦景同时修建府第，役使百姓。侍御史何敞上奏疏说："微臣听说匈奴很久以前就凶暴违逆了，高祖被围困在平城，吕后受到冒顿书信侮慢的羞辱，这两件羞耻，臣子为了雪耻甘愿捐躯而死，高祖、吕后忍着愤怒，摈弃此事而没有加以诛罚。现在匈奴没有违背朝廷命令的罪行，汉朝也没有值得羞愧的耻辱，却在盛春耕作的时候，发起大规模的军事行动，百姓私下怨恨，都怀有很不满的心理。又随意替卫尉窦笃、奉车都尉窦景建造府第，房屋占了满条街、整个里。窦笃、窦景是朝廷所亲近的大臣，理应作为百官的榜样。现在很多军队都被派出在道路上，朝廷苦心费力，百姓生活忧愁贫苦，州县官吏没有可以动用的钱财，却急着修建高大的府第，看重修饰玩弄喜欢的物品，这可不是留传美德、永远昭示后世的做法啊。应该暂时停止工匠的建造，专心忧虑北边的外患，怜惜百姓的困苦。"奏疏呈上，太后对此还是不加理会。

窦宪曾经让门生拿着书信到尚书仆射郅寿处，有所请求托付，郅寿马上就把送信的人送到了诏狱，先后上奏疏，讲述窦宪傲慢放肆的情况，借鉴王莽的例子来警告国家的危机；后又趁着上朝议事的时候，讽刺窦宪等人征讨匈奴、起造府第的事情，言辞严厉，神色严正，辞意非常激切。窦宪非常生气，于是就诬陷郅寿贩卖公田、诽谤朝廷，应该交给官吏审讯，理当诛杀，何敞上奏疏说："郅寿是皇帝身边参与机密大事的重臣，匡扶朝政是他的职责，如果保持沉默而没有说话，那么他的罪是应该被诛杀的。现在郅寿违背众人的意见，来安定祖先宗庙，难道是出自于他自己的私心吗？微臣所以冒着死罪、不察颜色而上言，并不是为了郅寿啊。忠臣竭尽他的节操，把死视为自己的归宿；微臣虽然不了解郅寿，但是臣猜想他是心甘情愿、心安理得去做的。实在不愿意看到朝廷因为他人的诬陷而诛杀忠君的大臣，伤害了朝廷宽容覆载的教化，阻止了大臣忠心正直的行为，留给后世抨击。微臣何敞参与国家机密要事，说话有所不合时宜，罪名很显然，理应关入牢狱，在郅寿之前先被诛杀，万死而有余。"奏书呈上，郅寿得以减免死罪，被贬到合浦郡，还没有等到出发，郅寿就自杀了。郅寿，是郅恽的儿子。

夏季，六月，窦宪、耿秉离开了朔方郡鸡鹿塞，南单于离开了满夷谷，度辽将军邓鸿离开了稒阳塞，都在涿邪山会合。窦宪分别命令副校尉阎盘、司马耿夔、耿谭带领南匈奴精锐骑兵一万多人，和北单于在稽洛山进行作战，把他打得大败，单于被迫逃走。后来继续追击北匈奴的各个部落，最终来到私渠北鞮海，杀死了匈奴名王以下一万三千多人，捕获俘虏很多，各种牲畜一百多万头，所有匈奴的小王都带领部众前来投降，前后有八十一个部落二十多万人。窦宪、耿秉在距离塞外三千多里的地方，登上了燕然山，之后，派中护军班固把这个功绩刻在碑石上，记下了汉朝的声威功德之后就回去了。窦宪调遣军司马吴汜、梁讽拿着金银布帛送给北单于，这个时候北匈奴内部动荡分裂，吴汜、梁讽到西海旁边才追上北单于，他们宣扬汉朝的威信，并以朝廷的名义赏赐财物，单于磕头拜受。梁讽趁着这个机会劝说他们，让他们重新效仿呼韩邪旧有的事例，作为臣服于汉朝的北部藩臣，单于很高兴，马上就带领部下和梁讽共同回来，来到私渠海，听说汉军已经来到塞内，于是差遣弟弟右温禺鞮王拿着贡礼进京侍奉朝廷，跟随梁讽前去天子宫阙，朝见天子。窦宪以单于没有亲自到来为借口，奏请朝廷把单于派来侍奉天子的弟弟遣送回去了。

秋季，七月，乙未日（十一日），会稽郡发生山崩。

九月，庚申日（初七），太后任命窦宪为大将军，中郎将刘尚为车骑将军，封窦宪为武阳侯，食邑两万户；窦宪坚持拒绝封爵，于是太后就下诏批准了。以前大将军地位在三公之下，现在太后下诏让窦宪的地位在太傅之下、三公之上；长史、司马的俸禄是二千石。封耿秉为美阳侯。

窦氏兄弟骄纵傲慢，而执金吾窦景更是过分，家奴、宾客、赤衣马队强行掠夺别人的财物，抢掠犯人，强抢妇女为妻。商人紧闭门户，躲避他们就好比躲避寇盗仇敌一般。窦景还擅自发动边境各郡有实力、能够冲锋陷阵杀敌的骑兵，官员不敢告发上奏，袁安弹劾窦景“擅自随意发动边地的百姓，惊扰祸害官吏和人民；；二千石的官员不需要符信就可以承接窦景的檄文，窦景理应接受诛杀的刑罚”。后又奏明“司隶校尉河南尹为讨依附贵戚的喜欢，没有告发弹劾窦景的罪行，请求罢免他的官职，查询他的罪名”。奏书都被搁下，没有回信。只有驸马都尉窦瑰，爱好经书，节俭省用，注意修养自己的德行。

尚书何敞呈上密封奏书说：“以前郑武姜宠爱叔段，卫庄公宠爱州吁，爱他却不正确地教导他，最终使他们成了凶恶乖戾之徒。以此看来，这样爱儿子，就好比在饥饿时拿毒物给他吃，恰恰是害了他啊！我看大将军窦宪，在国家刚刚遭遇大丧事之时，公卿频繁上奏，期望能够让他操持国家大事；窦宪深深地守着谦退的礼节，坚决辞去高位，态度诚恳，说话深沉诚挚，天下人听了，没有不高兴的。现在遭遇国家忧患才过了一年多一点，三年丧礼的时间都还没有结束，中途就忽然改变了自己的所作所为，兄弟在朝中把持朝政，窦宪担任掌管三军的重任，窦笃、窦景掌管宫中守卫的大权，而且残暴差遣百姓，生活奢靡、过分而逼迫尊长，杀害无罪的人，随意妄为，以谋求自己个人心里的痛快。现在朝中的大臣都在大声地讨论此事，都以为是叔段、州吁在汉朝又复活了。微臣观察公卿们心中存有观望的想法，却不愿意尽情发言的缘故，是认为窦宪等人如果有为朝廷夙夜不懈的心意，那么早已经受到大臣的赞扬，就像周朝尹吉甫写诗褒奖周宣王元舅申伯的功业一般；如果窦宪等人犯了罪，那么自己顺从了太后的心愿，就像汉初陈平、周勃顺着吕后的心意而封吕禄、吕产，最终还是一起谋划把吕禄、吕产诛灭一般，始终不会为窦宪等人的吉凶而忧虑的！微臣何敞个人的诚意，实在是渴望能够想出两全齐美的计策，阻挡那绵绵不绝的祸害，阻止那源源不断的后患，在上不要让皇太后有损文王之母的美称、陛下不受到和母后不和的嘲笑，就像郑庄公向母亲武姜发誓“不及黄泉，无相见也”，后人对他的嘲笑一样；在下让窦宪等人能够永久保有他们的福佑。驸马都尉窦瑰，最近请求辞去官职，希望贬谪他家的地位，不要把权位再封给他，皇上可以和他商量，听取他的意见，这个实在是对国家宗庙最好的办法了，也是窦家的福分啊！”当时济南王刘康地位尊贵而傲慢无比，窦宪就向太后报告，把何敞调遣离京，去做济南王太傅。每当刘康有过失，何敞就向他谏告，刘康虽然没有听从，可是他一向尊重何敞，彼此之间没有嫌弃和冲突。

冬季，十月，庚子日（十八日），阜陵质王刘延去世。

这一年，有九个郡国都发生了水灾。

二年（庚寅，公元90年）

春季，正月，丁丑日（二十六日），大赦天下。

二月，壬午日（初二），发生日食。

夏季，五月，丙辰日（初七），汉和帝封皇弟刘寿为济北王，刘开为河间王，刘淑为城阳王；继续封以前淮南顷王的儿子刘侧为常山王。

窦宪派遣副校尉阎盘带领两千多骑兵袭击匈奴防守伊吾的军队，又一次取得了那个地方。车师国非常担心，前、后王各派遣儿子到京城来侍奉天子。

月氏国请求娶汉朝的公主为妻，班超不同意并遣还他的使者，因此月氏王很是怨恨班超，调遣他的副王谢带领士兵七万人去进攻班超。班超兵卒数量比较少，部下都非常担心害怕；班超向士兵解释说：“月氏国的军队虽然人很多，可是已经奔走了数千里路程、越过葱岭前来，而且后面没有后继粮草运输，有什么值得我们担心的呢？只要把米谷给收藏好，坚守城池，等他们粮米吃完，饥饿穷困到了极点的时候，自然就投降了，不需要超过几十天，胜负就能够决定了！”谢领兵到达后就上前进攻班超，进攻不下，强夺粮米也没有什么收获。班超预计他们的粮米马上就要吃完了，肯定会向龟兹国求取粮食，于是调遣几百士兵在东界阻拦他。谢果然调遣骑兵带着金银珠宝前去向龟兹国换取粮食，班超提前埋伏的军队拦到之后进攻，把他们全部杀了，带着使者的头去给谢看。谢很是惊恐，立刻派遣使者前去请罪，希望能够活着回去，于是班超就把他们释放遣送了回去。月氏国于是非常担心害怕，每年向朝廷进贡。

当初，北海哀王刘基没有子嗣，肃宗（汉章帝）因为齐武王（刘縯）是第一个开创推翻王莽、中兴汉室大业的，可是后代子孙断绝爵位，心中时常怜悯此事，于是在遗诏中就命令恢复齐、北海两个封国。丁卯日（十八日），封芜湖侯刘无忌为齐王，北海敬王的庶子刘威为北海王。

六月，辛卯日（十二日），中山简王刘焉去世了。刘焉是东海恭王同母弟，而窦太后是恭王的外甥女；所以增添了赞助丧礼的赙钱一亿钱，大肆地为他修建坟墓，铲平了官吏人民的坟墓上千座，负责修建的工人有一万多人，凡是那些征调发动的工人影响了六州十八个郡。

下诏封窦宪为冠军侯，窦笃做郾侯，窦瑰做夏阳侯；只有窦宪一个人没有接受封爵。

秋季，七月，乙卯日（初七），窦宪出兵在凉州驻守，让侍中邓叠兼管征西将军的职务做副手。

北单于由于汉朝把他送去京城侍奉天子的弟弟给遣还了回去，九月，又派遣使者到塞门称臣，希望可以进京朝见天子。冬季，十月，窦宪命令班固、梁讽迎接他。刚好南单于又一次上奏书恳请歼灭北匈奴，于是派遣左谷蠡王师子等带领左右部八千骑兵出了鸡鹿塞，中郎将耿谭命令从事带领监督他们，偷袭北单于。大军晚上来到北单于军前，围住了他，北单于受了伤，只是得以保全性命，俘获阏氏和他的子女五人，斩杀了八千人，俘虏几千人。班固来到私渠海然后又返回来。这时，南匈奴的部众越来越多，统帅三万四千户，强大的军队五万人。

三年（辛卯，公元91年）

春季，正月，甲子日（十九日），汉和帝采用曹褒新制定的礼仪，在头上戴上冠冕；提升曹褒为羽林左监，统率羽林左骑。

窦宪认为北匈奴势力微弱，打算就此消灭他，二月，命令左校尉耿夔、司马任尚出了居延塞，在金微山把北单于给包围了，把他打得大败，俘获了单于的母亲阏氏，斩杀了名王以下五千多人，北单于被迫逃走，不见踪迹，汉军出了关塞五千多里之后返回，自从汉朝派出军队以来，从来没有到达过这么远的地方。朝廷封耿夔为粟邑侯。

窦宪已经立了大功，名声更加盛大，把耿夔、任尚当作爪牙，邓叠、郭璜作为他的心腹，班固、傅毅这些人帮他负责文书，刺史、太守、县令都是他家常客，这些人抢着征集吏民的赋税一起贿赂馈赠他。司徒袁安、司空任隗点明事实禀奏朝廷，很多位两千石的大臣都因此受到牵连，被罢免官职的有四十多人，窦宪心里非常痛恨袁安、任隗；可是袁安、任隗一向德行高洁，也没有办法去诬陷他们。尚书仆射乐恢，告发窦宪没有一丝回避，窦宪等人很是痛恨他。乐恢上奏疏说："陛下还年轻，继承了皇位，几位舅舅不应该主要掌管王室的事情，以此来向天下人表明自己的一片私心。现在最合适的做法，就是在上以大义来自己裁决朝政，在下以谦卑来进行自我约束，四位国舅可以永久地保留爵士的荣耀，皇太后永远没有羞愧于祖先宗庙的忧虑，实在是最好的做法。"奏疏呈上，太后没有对此理会。乐恢就假称生病请求可以退休，回到家乡长陵县；窦宪鼓励州郡官吏，强逼乐恢服毒而亡。于是朝臣非常惊恐担忧，仰望窦宪的风声遵承他的旨意，而不敢违背。袁安由于天子幼弱，外戚专权，每次朝会觐见天子的时候，还有和公卿大臣探讨国家大事的时候，从来没有不因此伤心而流泪的；从天子到朝中大臣，都依靠仰赖他。

冬季，十月，癸未日（十二日），汉和帝出巡来到长安县，下令寻访萧何、曹参的近亲适合为后代的，来继承他的封邑。

汉和帝下诏令窦宪和皇帝的车驾在长安县会合。窦宪来到之后，尚书以下的大臣提议打算向他行跪拜大礼，伏身中称万岁，尚书韩稜端正脸色说："和上位的人相交不可以谄媚，和下面的人相交不可轻视；礼仪上没有臣子被称为万岁的法制！"那些提议的人都深深地感到羞愧而停止了。尚书左丞王龙私自上奏记、进献牛酒给窦宪，韩稷依据事实列举上奏表明王龙的罪行，依罪判他贬为城旦。

龟兹、姑墨、温宿等国都归降了。十二月，朝廷又设立西域都护、骑都尉、戊己校尉官，任命班超为都护，徐幹为长史。任命龟兹的侍子白霸为龟兹王，命令司马姚光负责保送他回去。班超和姚光一起逼迫龟兹，让他废去了原来的王尤利多，反过来立白霸为王，让姚光把尤利多带回京城。班超在龟兹国的它乾城居住，徐幹在疏勒国驻守，只有焉耆国、危须国、尉犁国由于从前没有都护，依旧对汉朝怀有叛变的心，其他西域各国都臣服于汉朝。

庚辰日（初十），汉和帝从长安来到此地。

当初，北单于已经去世，他的弟弟右谷蠡王于除鞬自己立为单于，带领部下几千人留在蒲类海，派遣使者到塞门恳求臣服于汉。窦宪奏请朝廷派遣使者，立于除鞬为单于，设立中郎将统率北匈奴，就像过去对待南单于的事例一般。事情交给公卿大臣商议，宋由等人认为可以答应这件事；袁安、任隗禀明朝廷，认为："光武帝招徕安抚南匈奴并不是以为可以让他永远安分地居住在内地，而是作为一时权变的计划，为的是抵抗北匈奴的原因啊！现在北方沙漠那些地方已经平定，理应命令南单于马上返回北方匈奴的朝廷，统率北匈奴投降的部众，没有理由再另外立于除鞬为单于，来增添不必要的国家的经费开支。"建议奏上后，可是汉和帝却没有立刻决定。袁安担心窦宪的谋划得以实现，于是就一个人呈递密封奏书说："南单于屯屠何的父亲带领部下归降汉朝，自从承蒙朝廷的恩典以来四十多年，三位先皇帝把积聚的这份基业传递给陛下，陛下实在是应该秉承遵循先人的遗愿，成就这份基业。更何况屯屠何首先制订大计划，要完全歼灭北匈奴，现在朝廷停止这事而没有再继续进行，另外设立刚刚投降的于除鞬为单于；在一晚上之间就制订下的计划，违逆了先皇帝三代留下的规则，没有守信于南单于，建立了没有功劳的于除鞬。《论语》说：'说话忠恳诚实，做事笃厚恭敬，虽然是在荒蛮之地也能够行得通。’现在如果失信于屯屠何一个人，那么所有的蛮邦就不敢再相信汉朝和他们所约定的盟约了。再者乌桓国、鲜卑国刚刚杀死了北单于，凡是人之常情，都是担心害怕仇雠的，现在册立北单于的弟弟于除鞬为单于，那么乌桓、鲜卑两国心里就会怀有对汉朝的怨恨。而且按照汉朝原先的惯例，每年供给南单于费用一亿九十多万，给西域每年提供七千四百八十万；现在北单于的朝廷离得更加遥远，这费用要超过以往的一倍，这是让天下空虚穷困，而不是建立重要实用的计划啊！”汉和帝于是就下令把这份提议交给公卿大臣进行讨论，袁安又和窦宪互相责难打击。窦宪为人邪恶急躁，依仗他的权势，说话骄傲而且揭露别人的过失，甚至污蔑袁安，提及光武帝杀韩歆、戴涉的往事，袁安一直都不改变心意；可是汉和帝最后却听取了窦宪的建议。

资治通鉴卷第四十八　汉纪四十

起壬辰（公元92年），止乙巳（公元105年），共十四年。

【题解】 本卷记录了汉和帝永元四年到元兴元年间的历史。和帝友爱诸王，杀权臣窦宪，减轻人民劳顿，虽无大的作为，但也不是昏庸之君。班固受窦宪牵连入狱后，作所《汉书》由其妹班昭完成。班超在西域不断开拓，西域十六国归附，班超在归国时，逝于洛阳。东汉设置西海郡，用以安抚最大的边患西羌。和帝驾崩后，邓太后临朝，明断冤狱。

孝和皇帝下

永元四年（壬辰，公元92年）

春季，正月，差遣大将军左校尉耿夔把印绶交给于除鞬，让中郎将任尚持着符节在伊吾卫护驻守，如同南单于旧例。

起初，庐江郡人周荣被征召到袁安的司徒府任职，袁安依据事实列举上奏窦景的罪行，还有争立北单于的奏书，都是周荣负责起草的，窦家的宾客太尉掾徐齮很是痛恨他，胁迫周荣说：“你是袁安的心腹，帮他谋划、排斥禀明窦家的罪行，窦家凶悍的武士、刺客满城都是，你要小心谨慎有所戒备啊！”周荣说：“我周荣是江淮无依无靠的书生，能够在司徒府任职，即使被窦家所谋害，这也实在是我自己心甘情愿的！”于是就告诫妻子说：“如果我忽然遭遇意想不到的祸害，不要为我入棺埋葬，希望可以通过我微小腐朽的身体来让朝廷有所觉悟。”

三月，癸丑日（十四日），司徒袁安去世。

闰月，丁丑日（初九），任命太常丁鸿做司徒。

夏季，四月，丙辰日（十八日），窦宪回到京师。

六月，戊戌朔日（初一），发生日食。丁鸿上奏疏说：“以前吕家的几个兄弟专断独权，天子的政统差不多被转移了；哀帝、平帝末年，王莽篡位，汉室的宗庙停止了祭祀。所以尽管有周公那样的亲属关系却没有周公一般的美德之人，不能够让他执掌政权。现在大将军尽管打算自我约束，不敢逾越本分；可是天下远近的臣子，都很担心害怕，都遵守他的旨意。刺史、二千石官员，先拜见大将军之后，向他道别，然后赴任，请求通名，等候回报，看能不能谒见，同不同意辞行，虽然已经持着符节玺印，向尚书台接受命令，也不敢就离开，时间长的等到几十天，他们不看重王室，却投向私人家门，这是君上的威信严重受损，而臣下的权势太过于强盛啊！人道在下有所反逆，效验就在天上表现出来了，就算有秘密的谋划，神明却能够知晓实情，通过天象、提出警示，来告诫人君。要终止微小的过失是很容易就能够办到的，等到事情变得严重之后再想要解救就会变得很困难了；人们没有不是在隐微的时候忽视了，以致使事情闹大的，在恩情上不舍得教诲他，在道义上不舍得去除他，等到事情发生之后，彰显明白，再看事情还没有发生之前的情况，便如明镜了。天道不可不刚健，不刚健那么日月星三光也就不明了；天子不可以不强大，不强大大小官员就放纵而不服从了。理应趁着日食天象大变异的时候，进行政治改革、匡扶缺失，来阻止上天不满的心意！”

丙辰日（十九日），十三个郡和封国发生了地震。

发生旱灾，蝗灾。

窦家父子兄弟都做到了卿、校的职位，充满朝廷，穰侯邓叠、邓叠的弟弟步兵校尉邓磊，还有母亲元、窦宪的女婿射声校尉郭举、郭举的父亲长乐少府郭璜都互相勾结。元、郭举一起出入宫中，郭举得到太后的喜爱，于是就一起谋划打算杀害天子，汉和帝暗中知道了他们的阴谋。这个时候，窦宪兄弟专权，和皇帝居住在一起的就只有宦官而已，和内外臣僚没有办法靠近。汉和帝由于朝中大臣上下没有不依靠窦宪的，唯独中常侍钩盾令郑众，为人谨慎聪明而且胸有城府，不依赖权势，于是就和郑众商量把窦宪给诛杀了，由于窦宪在外驻守，害怕他会起兵作乱，心里忍着而没有发动。刚好窦宪和邓叠都回到了京师。当时清河王刘庆，受到朝廷的恩典礼遇很是深厚，经常来到宫中住宿；汉和帝打算发动诛杀窦宪的谋划，希望可以得到《汉书·外戚传》，担心左右泄露秘密，就没有敢差遣他们，命令刘庆暗地里向千乘王刘伉求取，在夜间，刘伉一个人把《外戚传》送呈皇帝；后又下令让刘庆传话给郑众，求取文帝诛薄昭、武帝诛窦婴的往事。庚申日（二十三日），汉和帝来到北宫，下诏让执金吾、北军五校尉率领军队驻守保卫南宫、北宫，关闭城门，捕获了郭璜、郭举、邓叠、邓磊，都关在狱中处死了。差遣谒者仆射把窦宪的大将军印绶收回，罢免大将军职位，降职为冠军侯，和窦笃、窦景、窦瑰都前往自己的封国。汉和帝由于太后的原因，不希望以罪名来诛杀窦宪，就替他选择严明能干的宰相对他进行监督。窦宪、窦笃、窦景来到自己的封国，都下令逼迫让他们自杀了。

起初，河南尹张酺，屡次用公正的法令来惩罚窦景，等到窦家谋害汉和帝的计策失败之后，张酺上奏疏说："当窦宪等人得宠的时候，群臣谄媚依靠他还怕来不及，都说窦宪受先皇帝遗命，把皇帝托付给他，身怀伊尹、吕尚的忠心，甚至于又把邓夫人比作文王的妻子。现在朝廷的威严已经施行，群臣又都说应该把他诛杀了，便不再考虑前后所说的话，审查判断自己的想法。微臣见到夏阳侯窦瑰时常存有忠诚善良的心，以前和我交谈的时候，经常有为朝廷尽节的心意，检点告诫宾客，从来都没有违法的行为。微臣听说圣王的政治对骨肉的刑罚，有三次宥赦的道义，宁愿太过笃厚，也不要过于刻薄。现在讨论的人都希望帮窦瑰选择精明能干的相，可是他们太过逼迫，肯定不能让窦瑰得以完整地生存，应该让裁决更加宽容赦宥，来添加天子的厚德。"汉和帝被张酺的话所感动，于是就让窦瑰一个人得以保全性命。窦家那些宗族宾客，因为窦宪而做官的，一律免官回家。

起初，班固的奴仆曾经醉酒谩骂洛阳县令种兢，种兢便借着抓捕审讯窦家的宾客的机会逮捕了班固，班固死在了牢狱中。班固曾经撰写《汉书》，还没有完成，汉和帝下诏让班固的妹妹、曹寿的妻子班昭接着把它给完成。

◆华峤评论说：班固记叙史事，不随意虚夸、诽谤，不随意贬退、奖进。内容充实却不混杂，详尽而有条理，让读到的人勤勉而不厌烦，他能成就名声是确实可信的啊！班固抨击司马迁评论的是非对错，和圣人有很大的不同，可是他讨论人物，时常很是排斥死节之士，非议正直的人，而且不记载杀身成仁的美行，这是轻视仁义，鄙贱守节到了极点！◆

起初，窦宪娶妻的时候，天下各郡各国都送礼物为他庆祝。汉中郡按理说也应该派遣官吏送礼庆贺，户曹李郃劝谏太守说：“窦将军是太后的内亲，不修养德礼而专权骄傲放肆，危亡的祸害马上就要到了；但愿你一心为朝廷立功，不要和他来往。”太守坚决要派人去，李郃没有办法阻拦，请求自己前去，于是太守就同意了。李郃于是一路上滞缓停留，来观看事情的变化，走到扶风郡的时候，窦宪被遣往自己的封国。所有和窦宪来往的人，都被论罪而免官，只有汉中郡太守没有被牵连在内。

汉和帝把奴婢、车马、钱帛、珍宝赐给清河王刘庆，充满了他的府第。刘庆偶尔身体欠安，汉和帝就对他早晚问候，奉上食品药物，表现出十分周到的关怀心意。刘庆也谨慎恭敬孝顺，自己因为被废黜了太子之位，特别害怕出事，所以就谨慎地遵守法纪，但愿能够保全他的恩宠和禄位。

汉和帝任命袁安的儿子袁赏为郎，任隗的儿子任屯为步兵校尉，郑众升职任命为大长秋。刘庆荣获功勋，分发赏赐，郑众时常推辞的多，接受的少，刘庆于是就感觉他贤能，经常和他商讨政事，宦官便从此开始掌权。

秋季，七月，己丑日（二十三日），太尉宋由由于和窦家是同党，所以奉命被罢免官职，自杀了。

八月，辛亥日（十五日），司空任隗去世。

癸丑日（十七日），汉和帝派大司农尹睦为太尉。太傅邓彪由于年老多病请求辞去尚书的职位，汉和帝就下诏批准了，派尹睦掌管尚书的事务。

冬季，十月，己亥日（初四），汉和帝任命宗正刘方为司空。

武陵、零陵、澧中的蛮人反叛。

护羌校尉邓训去世，属吏、人民、羌人、胡人早晚到灵前哭泣的，每天有几千人。有的羌人、胡人用刀子割自己，并且宰杀那些犬马牛羊，说："既然邓使君已经死了，我们也一起死了吧！"邓训从前任乌桓校尉时的吏士，都奔走在道路上，使得城里面都空了；官吏抓捕他们，他们也不听命令，于是官吏就把这个情况上报校尉徐傿，徐傿感叹说："这完全是为了道义啊！"于是就把这些人全部释放了。所以家家户户为邓训立祠，每当有疾病的时候，人们就去祠前祝祷，请求邓训能够赐福。

蜀郡太守聂尚接替邓训做护羌校尉，打算用恩惠来安抚各羌族，于是就差遣译使负责招呼迷唐，让他回到大、小榆谷居住。迷唐已经回去，就让祖母卑缺拜见聂尚，聂尚亲自把她送到塞下，为她举行路祭饯行，还派遣翻译田汜等五人负责护送她到庐落。迷唐又一次反叛，和羌人各族一起活活地杀死了田汜等人，撕毁他们的尸体，用血来签订盟约，再次进犯金城塞。聂尚因罪而被罢免了官职。

五年（癸巳，公元93年）

春季，正月，乙亥日（十一日），汉和帝祭祀明堂，登上灵台，大赦天下。

戊子日（二十四日），千乘贞王刘伉去世。

辛卯日（二十七日），汉和帝封皇弟刘万岁为广宗王。

甲寅日（正月无此日），太傅邓彪去世。

戊午日（正月无此日），陇西郡发生地震。

夏季，四月，壬子日（二十日），汉和帝继续加封阜陵殇王的哥哥刘鲂为阜陵王。

九月，辛酉日（初一），广宗殇王刘万岁去世，由于没有子嗣，汉和帝就撤销了他的封国。

起初，窦宪已经立于除鞬为北单于，打算帮助他重返北匈奴的朝廷，遇到窦宪被诛杀，所以这事就被停止了。于除鞬自己反叛而返回北边，汉和帝下诏调遣将兵长史王辅率领一千多骑兵和任尚一起追赶征伐，把他斩杀之后，还打败歼灭了他的部下。

耿夔把北匈奴打败了，鲜卑国于是就辗转迁移，占领了他的地盘。匈奴其他种族还有十多万户，都自称为鲜卑族；鲜卑从这时候势力逐渐强盛起来。

冬季，十月，辛未日（十月无此日），太尉尹睦去世。

十一月，乙丑日（初六），太仆张酺为太尉。张酺和尚书张敏等上奏疏说："射声校尉曹褒，私自制订汉朝礼仪，破坏干扰圣人之道，理应对他加以刑罚。"奏疏一共上了五次。汉和帝知道张酺墨守儒学，不知灵活变通，虽然搁置了他们的奏疏，可是曹褒所制定的汉朝礼仪却也不施行了。

这一年，武陵郡军队打败那些反叛的蛮族，并且接受了他们的投降。

梁王刘畅和属官卞忌在庙里祭祀神明，请求可以赏赐福分，卞忌等人讨好梁王说："神明说王理应做天子。"刘畅和卞忌互相回答的话，被官员向朝廷禀报，请求征召刘畅到诏狱审讯。汉和帝没有批准，只是削减食邑成武、单父二县。刘畅羞愧害怕，上奏严厉地责怪自己说："微臣本性狂妄愚昧，不知道防范自己的过失，而让自己陷于死罪，理应接受朝廷显明的诛杀。陛下圣明，曲法申恩，削减了惩罚我的罪，特意赦免原谅我，而让我蒙受耻辱。微臣知道更大的宽赦不可能再得到，于是自己就立誓管束自己的行为，约束妻子，不敢再在行为上违背法纪，不敢再随意花费钱财，税租收入有剩下的，请判决食邑睢阳、穀熟、虞、蒙、宁陵五个县，归还其他的四个县的封土。

微臣刘畅有妃妾三十七人，那些没有子女的，但愿能够让她们回到自己家去，微臣自己选取谨慎整饬的奴婢二百人，其他所接受的虎贲、官骑还有那些工技、鼓吹、仓头、奴婢、兵弩、马匹，全部上报朝廷送回他们原来所在的官署。微臣刘畅以皇上骨肉近亲的身份，干扰了朝廷圣明的教化，羞辱了那些德行高洁的人，既然承蒙朝廷赦免得以保全自己的性命，如今实在没有什么脸面以凶恶有罪的身份再居住在大宫，享食大国，设立官属，典藏日用新物，期望陛下能够批准微臣的恳求。”皇帝优厚地下诏书，没有准许梁王的请求。

护羌校尉贯友差遣译使挑拨离间各羌族，用财物来诱惑他们，因此各羌族都离散而没有同心协力。于是贯友调遣军队出了关塞，在大、小榆谷进攻迷唐，斩杀捕获八百多人，收缴麦几万斛，就在逢留大河两岸修筑城堡，制造大船，搭建桥梁，打算让军队渡河去进攻迷唐。迷唐带领部属迁移到远处，投奔河曲的赐支羌。

单于屯屠何去世之后，单于宣的弟弟安国立为单于。安国曾经是左贤王，没有什么名望；等到做了单于，前单于适的儿子右谷蠡王师子按照顺序升为左贤王。师子向来勇猛狡猾而多智慧，上任单于宣和屯屠何都喜欢他的志气品节，很多次命令他带领军队出塞，袭击北匈奴，回来之后，受到恩赐，汉朝天子也给了他特别的赏赐。于是匈奴国内都尊敬师子而不依赖安国，安国因此打算把他给杀掉。那些刚刚投降的胡族，以前在塞外属北匈奴的时候，很多次被师子所驱赶抢掠，多半人都怨恨他。安国于是就把杀害师子的计划委托来投降的胡人，和他们一起商讨。师子察觉了他们的计谋，于是就另外在五原郡边界居住，每次南单于朝廷举行会议的时候，师子都假装生病不肯前往。度辽将军皇甫稜知道这事之后，也支持拥护师子，不派他前往，单于更加怨恨汉朝。

六年（甲午，公元94年）

春季，正月，皇甫稜被罢免官职，派执金吾朱徽代理度辽将军的职务。当时单于和中郎将杜崇不和，于是就上奏书控告杜崇；杜崇暗示西河郡太守把单于的奏章压下，单于没有办法向朝廷禀奏自己的意见。杜崇于是就和朱徽一起上奏疏说："南单于安国，疏远原来的胡族，亲近刚刚投降的胡人，打算谋害左贤王师子以及左台且渠刘利等人；况且右部投降的，商量一起胁迫安国起兵反叛汉朝，请西河郡、上郡、安定郡为这事而提高警惕加以戒备。"汉和帝将这件事交给公卿商讨，大家都认为："蛮夷反复无常，虽然很难猜测，可是现在朝廷的重兵会聚在边塞，南单于肯定不敢轻举妄动。现在应该派遣有谋略的使者前去单于朝廷，和杜崇、朱徽还有西河郡太守齐心协力，仔细洞察单于的动静。如果没有其他变化的话，就可以派遣杜崇等人前去安国处，集合他的左右大臣，责怪他横征暴敛，已经成了祸害边界的部属，一起处置他们的罪，应该杀的就把他们给杀掉。如果单于不听命令的话，就让杜崇等权衡时宜做恰当的处理，等到事情结束之后，斟酌功劳大小给予赏赐，也足以向各蛮族彰显汉朝的威风。"汉和帝就听取了这个建议。于是朱徽、杜崇就起兵前往南单于朝廷。安国在晚上听说汉军来到，大为担心害怕，丢下庐帐就逃走了，因此发兵打算诛杀师子。师子事先知道了，于是带领所有住在庐帐的部属，进入曼柏城；安国追赶到城下，城门紧闭，没有办法进入。朱徽命令属吏向他说明利害关系，让他们和好，安国没有接受；曼柏城久攻不下，安国于是领兵在五原郡驻军。杜崇、朱徽发动各郡骑兵赶往救援危急，单于众人大为恐慌，安国的舅舅、骨都侯喜为等人担心一起被杀，就把安国杀了，拥立师子为亭独尸逐侯鞮单于。

己卯日（二十一日），司徒丁鸿去世。

二月，丁未日（二十日），汉和帝派司空刘方为司徒，太常张奋为司空。

夏季，五月，城阳怀王刘淑去世，由于没有子嗣，汉和帝就把他的封国撤销了。

秋季，七月，京师发生旱灾。

西域都护班超发起龟兹、鄯善等八国的军队共计七万多人去征讨焉耆国，来到他的城下之后，在陈睦旧城诱惑焉耆王广、尉犁王汎等人，把他们斩杀之后，就把首级送到京城；另外为了立焉耆国左侯元孟做焉耆王，班超还纵容士兵抢掠，斩杀了五千多人，捕获俘虏一万五千人。班超停留在焉耆国半年，慰劳安抚他们。于是西域五十多国都差遣人质去向汉朝臣服。远在西海之滨、四万里以外的地区，都通过译使向汉朝进贡。

南单于师子即位之后，投降的胡人有五六百人左右在夜里偷袭师子，安集掾王恬带领卫护的士兵和他进行作战，把他们打败了。于是投降的胡人彼此之间都互相惊动，十五部族二十多万人都叛变了，他们威胁拥立前任单于屯屠何的儿子薁鞬日逐王逢侯为单于，然后杀害掠夺官吏百姓，焚烧邮亭、庐帐，统领辎重向朔方郡行进，打算度过漠北。九月，癸丑日（九月无此日），汉和帝派光禄勋邓鸿兼任车骑将军职务，和越骑校尉冯柱、代理度辽将军朱徽统率左右羽林、北军五校士兵还有各郡国的弓箭手、边郡士兵，乌桓校尉任尚统领乌桓国、鲜卑国共四万人去征讨他。当时南单于和中郎将杜崇在牧师城驻守，逢侯统率一万多骑兵去进攻他们。冬季，十一月，邓鸿等人来到美稷，逢侯才解围离开了，向满夷谷行进。南单于差遣儿子统领一万骑兵还有杜崇所带领的四千骑兵，和邓鸿等人在大城塞追赶逢侯，斩杀了四千多人。任尚统率鲜卑国、乌桓国的军队在满夷谷中途阻拦逢侯，又一次把他打得大败，先后一共斩杀了一万七千多人。逢侯于是统领部下逃出塞外，汉朝的军队无法追赶而返回。

汉和帝任命大司农陈宠做廷尉。陈宠性格非常敦厚，很多次审理疑而难断的讼案，经常引附经典，本着宽恕的原则，苛刻的风尚在这时候就稍微衰退了些。

汉和帝派遣尚书令江夏人黄香为东郡太守，黄香推脱说：“我的才能并不适合治理一郡，从事行政，恳请能够留下充当闲散的官职，赐给我督责的小职位，让我掌管宫中尚书室的烦琐难事就行了。”汉和帝因此重新让黄香任尚书令，增添俸禄为两千石，他很受皇帝的亲近器重。黄香也恭谨勤劳于事务，关心国家公务像关心家事一般。

七年（乙未，公元95年）

春季，正月，邓鸿等人带领军队返回，冯柱率领虎牙营在五原郡驻留；邓鸿因为滞留失利而被定罪，入牢狱处死。后来汉和帝知道朱徽、杜崇和胡人没有和好，又制止单于上奏疏，因此引起了胡人的叛变，把他们都征召回京，入牢狱处死。

夏季，四月，辛亥朔日（初一），发生日食。

秋季，七月，乙巳日（二十六日），易阳县发生地裂。

九月，癸卯日（二十五日），京城发生地震。

乐成王刘党因为杀人而被定罪，削去了封国的东光、两个县。

八年（丙申，公元96年）

春季，二月，皇上册立贵人阴氏为皇后。阴皇后，是阴识的曾孙女。

夏季，四月，癸亥日（十八日），乐成靖王刘党去世。他的儿子哀王刘崇立为乐成王，没有多久也去世了，由于没有子嗣，汉和帝就撤销了他的封国。

五月，河内郡、陈留郡发生蝗虫灾害。

南匈奴右温禺犊王乌居战叛变，出了塞外。秋季，七月，度辽将军庞奋、越骑校尉冯柱带兵追击，把他给打得大败，并把他剩下的部众还有那些投降的胡人两万多人迁移到了安定郡、北地郡。

车师国后部王涿鞮叛变，进攻前王尉毕大，还俘虏了他的妻子儿女。

九月，京城发生蝗灾。

冬季，十月，乙丑日（二十三日），北海王刘威由于不是前北海王刘睦的亲生儿子，又因诬告而被论罪，自杀了。

十二月，辛亥日（初十），陈敬王刘羡去世。

丁巳日（十六日），南宫宣室殿着火了。

护羌校尉贯友去世之后，汉和帝派汉阳郡太守史充去接替他的职位。史充到任之后，就发动在湟中的羌人、胡人出塞进攻迷唐。迷唐迎战，打败了史充的军队，还杀死了几百人。史充有罪，汉和帝把他征召回去，派代郡太守吴祉接替了他。

九年（丁酉，公元97年）

春季，三月，庚辰日（初十），陇西郡发生地震。

癸巳日（二十三日），济南安王刘康去世。

西域长史王林进攻车师后王，把他杀了。

夏季，四月，丁卯日（二十八日），汉和帝册封乐成王刘党的儿子刘巡为乐成王。

五月，汉和帝封皇后的父亲、屯骑校尉阴纲为吴防侯，以特进的职位免官而退居私第。

六月，发生了旱灾、蝗灾。

秋季，八月，鲜卑国进犯肥如县，辽东郡太守祭参由于怯懦无能、作战失利入牢狱处死。

闰月，辛巳日（十四日），皇太后窦氏驾崩。起初，梁贵人已经去世，人们对于宫里的事情都保密，所以没有人知道皇帝是梁氏所生的。舞阴公主的儿子梁扈调遣堂兄梁禧上奏记给三公之府，认为："汉朝旧制，尊敬母氏，可是梁贵人生育了皇上，却没有能够享有尊号，请求申理而讨论这件事情。"太尉张酺讲明这件事之后，汉和帝伤心痛哭了好长时间，说："按照先生的意思以为我该怎么做？"张酺请求追封尊号，存恤录用汉和帝的诸位舅舅。汉和帝听取了他的建议。正好贵人的姐姐南阳人樊调的妻子梁嫕上奏书为自己辩解说："我的父亲梁竦在狱中含冤而死，尸骨都没有埋葬；母亲年纪已经过了七十，和弟弟梁棠等远远地留在偏僻的地方，不知道他们是死是活。我恳求能够收埋梁竦的尸骨，让母亲、弟弟可以回到本郡故乡去。"汉和帝召见梁嫕之后才知道梁贵人冤枉而死的惨状。三公上奏疏说："请按照光武帝废黜吕太后的旧例，废黜窦太后的尊号，而且还不让她和先皇一起埋葬。"百官也大多数上奏书提倡这个建议。于是汉和帝下手诏说："窦氏就算没有遵循法度，可是太后欲常自我贬抑。朕侍奉她十年，深深想到母子大义：遵循礼典，没有臣子废黜尊长的条文，为了恩情不舍得分开，为了道义也不忍心亏损。观察前代的事例，上官太后也没有被废黜，期望从今以后不要再议论这件事情了！”丙申日（二十九日），安葬章德皇后（窦皇后）。

烧唐羌部落首领迷唐统率部众八千人进犯陇西郡，胁迫塞内各羌族一共步兵、骑兵三万人打败了陇西郡的军队，杀死大夏县县令。汉和帝下诏差遣兼代征西将军刘尚、越骑校尉赵世为副将，统率汉朝军队、羌人、胡人总共三万人去征讨他。刘尚在狄道县驻守，赵世在枹罕县驻守；刘尚派遣司马寇盱监视各郡的军队，从四面八方一起会聚。迷唐害怕了，为了奔入临洮县南山，就抛下了老弱成员。刘尚等一路追赶到高山，才把他打得大败，斩杀了一千多敌人。迷唐率领部众逃走，由于汉朝军队死伤人数也很多，不能再继续追击，才返了回去。

九月，庚申日（二十四日），司徒刘方被皇帝颁策免职，自杀。

甲子日（二十八日），汉和帝追封梁贵人为皇太后，谥号恭怀，并且为她补服丧事。冬季，十月，乙酉日（十九日），把梁太后还有她的姐姐大贵人改葬在西陵。将樊调升职做羽林左监。追封皇太后的父亲梁竦为褒亲愍侯，差遣使者负责迎接他的棺柩，在恭怀皇后的墓陵旁边把他埋葬了。把梁竦的妻子征召回京城；册封他的儿子梁棠为乐平侯，梁棠的弟弟梁雍为乘氏侯，梁雍的弟弟梁翟为单父侯，都赏赐给特进的荣位，赏赐的金钱以万万计算，他们受到朝廷的恩惠，光显于当代，梁氏从此兴盛起来了。

清河王刘庆这时才敢恳求去母亲宋贵人的坟墓祭拜，汉和帝允许了，下令让太官四时提供祭祀需要的用具。刘庆流着泪说：“即使生前不能供养，死后可以侍奉祭祀，我个人心满意足了。”他打算请求为母亲修建祠堂，又担心有将自家和恭怀皇后同等的嫌疑，就没有敢说，时常对着左右跟随的人流泪，认为是终身的缺憾。后来他上奏书说：“外祖母王氏年事已高，恳请允许她去洛阳医治疾病。”于是汉和帝下诏书让宋氏都回到京城，任用刘庆的舅舅宋衍、宋俊、宋盖、宋暹等都做郎。

十一月，癸卯日（初八），汉和帝任光禄勋河南人吕盖做司徒。

十二月，丙寅日（初一），司空张奋被罢免官职。壬申日（初七），汉和帝任太仆韩棱为司空。

西域都护定远侯班超派遣属官甘英出使大秦国、条支国，直到西海边，那里都是前代所没有去过的地方，甘英全面了解他们的风土人情，收集带走了他们的奇珍异宝。甘英来到安息国西界，面临大海，打算渡海，可是船夫对甘英说："海水宽阔，往来的人遇到顺风的时候，三个月才得以渡过，如果遇上逆风，也有两年才渡过的；所以入海，人们都携带三年的粮食，在海上容易让人想念故乡，恋慕家人，时常有人死亡的。"甘英这才作罢。

十年（戊戌，公元98年）

夏季，五月，京师闹大水灾。

秋季，七月，己巳日（七月无此日），司空韩棱去世。八月，丙子日（十五日），汉和帝任命太常太山人巢堪做司空。

冬季，十月，五个州长期下雨不停。

代理征西将军刘尚、越骑校尉赵世，由于畏惧懦弱而论罪被召回京城，关入牢狱，罢免官职。谒者王信统率刘尚的军队在枹罕县驻守，谒者耿谭统领赵世的军队在白石县驻守。耿谭于是设下悬赏的办法，结果招来了各羌族很多前来向汉朝投降的人。迷唐担心害怕，于是恳求投降；王信、耿谭就接受他的投降而停止了战争。十二月，迷唐等人统率族人前去宫阙朝见天子，进贡珍品。

戊寅日（十九日），梁节王刘畅去世。

起初，居巢侯刘般去世的时候，他的儿子刘恺理应承袭爵位，刘恺称遵从父亲的遗愿，把爵位让给了弟弟刘宪，自己逃走了。过了很长时间，官员奏请取缔刘恺的封国。肃宗（章帝）赞许他的义行，尤为优厚而宽待他，刘恺依旧不肯出来继任。十几年过去之后，官员又一次奏明这件事情，侍中贾逵上奏书说：“孔子说：‘能够以礼让来整治国家，有什么困难呢？’官员用寻常的法度来纠正别人的过失，却不能本着乐意别人为善的心，恐怕不是增长谦让风气，形成广博德化的做法啊！”汉和帝听取了这一建议，下诏书说：“王法尊崇善行，成就别人的美德，期望听由刘宪继承爵位；这是遇到特别的事例所作的权宜之计，以后不可以依照这个例子。”于是召集刘恺，任命他为郎。

南单于师子去世之后，单于长的儿子檀即位，是为万氏尸逐鞮单于。

十一年（己亥，公元99年）

夏季，四月，丙寅日（初九），汉和帝大赦天下。

汉和帝借着群臣朝会的时候，召见各位大儒，让中大夫鲁丕和侍中贾逵、尚书令黄香等人拿经义中困惑的几个问题来互相论难，汉和帝赞许鲁丕的说法，退朝以后，特别赏赐他礼服冠帽。鲁丕因此上奏疏说：“微臣听说能够解说经义的人，只是在讲授先师的言论，不是自己个人的意思，不能互相谦虚；互相谦虚的话道理就不能表明，就好比圆规、方矩、称轻重的秤锤、秤杆，是不可以随意改变的一般。发难的人务必说明他的师说作为根据，答难的人必须提出大义来讲明师说，不能在众人之前陈述那些浮华而不切实用的言论，所以不致烦劳精神思想而道理更加显明。说法不同的，让各人自己说明师法，广博观摩他的大义，不要让我这乡野樵夫由于言语而获罪，使得幽深远见的高士却独自被遗忘疏忽了啊！”

十二年（庚子，公元100年）

夏季，四月，戊辰日（十六日），秭归县发生山崩。

秋季，七月，辛亥朔日（初一），发生日食。

九月，戊午日（初九），太尉张酺被罢免官职。丙寅日（十七日），汉和帝派大司农张禹做太尉。

烧当羌酋长迷唐已经进京朝拜天子，剩下的族人还不到两千人，由于饥饿疲倦不能自立，来到金城县居住。汉和帝命令迷唐统率他的族人回大、小榆谷；迷唐以为汉朝修建了桥梁，军队前来没有固定的时间，原来的地方不能继续居住，于是就拿族人饥饿作为推脱的理由，不肯远离。护羌校尉吴祉等人把很多金帛赐给迷唐，让他们置办米谷牲畜，催促他们出塞外去，羌人更加猜疑惊恐。这一年，迷唐又一次叛变，胁迫统率湟中各胡族作乱抢掠之后离开，王信、耿谭、吴祉都因此论罪而被召回京城。

十三年（辛丑，公元101年）

秋季，八月，己亥日（二十五日），洛阳北宫盛馔门的楼阁起火。

迷唐又一次回到河曲的赐支羌，统领军队面向关塞而戒备。护羌校尉周鲔和金城郡太守侯霸以及各郡的军队、属国羌人、胡人加起来一共三万人，来到允川。侯霸打败了迷唐，迷唐的族人被瓦解，侯霸分别把投降的有六千多人迁移到了汉阳郡、安定郡、陇西郡。迷唐于是衰微，远远地渡过赐支河上游，依仗发羌居住。过了很长时间之后，迷唐由于生病而死，他的儿子前来投降，部众已不到几十家。

荆州下了很久的雨都没有停止。

冬季，十一月，丙辰日（十四日），汉和帝下诏书说："幽州、并州、凉州的户口大多很少，可是边地的徭役众多繁重，优秀官吏升迁困难。安抚接纳夷狄，以人才为初衷，期望命令边界的各郡人口在十万以上的，每年推举一人，不满十万的，两年推举一人，五万以下的，三年推荐一人。"

鲜卑国进犯右北平郡，接着侵入渔阳郡，渔阳郡太守把他打败了。

戊辰日（二十六日），司徒吕盖由于年老多病而退休。

巫蛮人许圣由于郡府收税不平等，心中埋怨，于是就叛变了朝廷；辛卯日（十一月无此日），进犯南郡。

十四年（壬寅，公元102年）

春季，安定郡投降的羌人烧何族叛变，郡中军队攻击而把他给消灭了。当时西海和大、小榆谷附近不再有羌人进犯。隃麋国的相曹凤上奏书说："自打建武以后，西羌违法作乱的，基本上是从烧当族开始的，他们之所以胆敢如此，是由于他们在大、小榆谷居住，土地肥沃，有西海鱼盐的利益，有大河阻挡作为险固。而且临近塞内，各种族非常容易叛变，朝廷难以讨伐他们，所以他们能够逐渐强盛起来，时常在羌人各族之中称雄，依仗他的武力勇气，把羌人、胡人招致引诱过来。现在烧当羌势力衰弱疲乏，他的同党逃亡流窜到各处栖息，大老远地依靠发羌部落。微臣以为应该趁着这个机会再一次设立西海郡县，巩固大、小榆谷，广设屯垦的田地，阻塞羌人、胡人之间相互来往联系的路线，阻隔他们狂妄狡谲偷窥朝廷的源头。况且种植五谷，还可以让边地富裕起来，减少运输粮食的差役，对于西边地区国家可以没有丝毫忧虑。"汉和帝听取了他的建议，整顿原来的西海郡，调遣金城西部都尉去驻守它，任命曹凤为金城西部都尉，在龙耆县驻守。后来增添开垦田地，在河的两岸驻扎军队，一共三十四部。这项事业马上就要大功告成，正好赶上永初年间各羌族叛乱，于是就停止了。

三月，戊辰日（二十七日），汉和帝来到太学，举行飨射之礼，大赦天下。

夏季，四月，汉和帝差遣使者亲自监督带领荆州的军队一万多人，分路征讨巫蛮人许圣等，把他们打得大败，许圣等恳求投降，朝廷把他们全部迁移到江夏郡。

阴皇后嫉妒心特别重，汉和帝因此对她恩宠日渐衰退，她于是时常怀恨在心。皇后的外祖母邓朱，进出宫廷，就有人禀报皇后和邓朱一起藏有巫蛊诅咒害人的道术；汉和帝派中常侍张慎和尚书陈褒探查此事，张慎、陈褒弹劾她们大逆不道，邓朱的两个儿子奉、毅，皇后的弟弟阴辅都接受了审讯，死在牢狱。六月，辛卯日（二十二日），皇后依罪被废黜后位，搬迁到桐宫居住，由于忧伤过度而去世了。父亲特进阴纲自杀，皇后的弟弟阴轶、阴敞还有邓朱的家属被贬谪到日南郡的比景县。

秋季，七月，壬子日（十三日），常山殇王刘侧去世，由于没有儿子，所以就封立他的哥哥防子侯刘章为常山王。

三个州发生大水灾。

班超很长时间居住在偏远的西域，年事已高就总是思念故土，上奏书恳请回本国说："微臣不曾期望能够到酒泉郡，只期望可以活着进入玉门关。恭谨地差遣儿子班勇跟随安息国进献贡品的使者来到塞内，趁着微臣还活着的时候，让班勇也能够亲眼看到汉朝的土地。"朝廷过了很长时间都没有回音，班超的妹妹曹大家上奏书说："蛮夷的本性，违逆辱没年老的人；可是班超早晚都要死去，如果很长时间都没有人来接替的话，恐怕会招致蛮夷奸邪犯法的动机，萌生叛逆作乱的想法。而且卿大夫心里都有权宜一时的办法，却不愿意做一个很长远的打算，万一忽然发生暴乱，凭借班超现在的气力不能按照心意去做，这就是在上破坏了国家慢慢积累多年的功业，在下毁弃忠臣尽力而为的表现，实在是值得惋惜啊！所以班超从万里外传达忠诚的心意，自己讲述艰苦危急的情势，伸长脖子遥望朝廷慢慢等待回信，到现在已经三年了，都没有承蒙朝廷的注意和接纳。我个人曾经听说古代十五岁服兵役，六十岁就可以免除兵役，也有休养生息的时候，不需要担任军职啊！所以我才敢冒着死罪代替班超恳求朝廷的怜悯同情，恳请朝廷让班超在有生之年得以有机会活着回国，再一次在宫廷中晋见，让国家没有奔劳远方的担心和忧虑，西域没有突然发生的祸害，班超能够永远承蒙文王埋葬朽骨的恩惠，田子方同情怜悯老马的恩惠。"汉和帝被她的话感动了，于是召班超回朝。八月，班超来到洛阳，任命为射声校尉；九月，班超就去世了。

班超被征召回朝之后，派戊己校尉任尚代替他为都护，任尚对班超说："君侯在外国三十多年，而我接管你留下的职位，自认责任重大，可是我的思虑浅陋，你应该对我有所教诲才是！"班超说："我现在已经年老头脑不灵活了，你曾很多次担任重大职位，哪里是班超所能比得上的呢！如果你非要我说，我愿意向你说几句愚浅的话：塞外的官吏士兵，原来都不是孝子顺孙的人，都是由于犯罪而被贬谪到边地来担任防御工作的；可是蛮夷怀有禽兽的心肠，很难抚养照顾，极易叛变作乱。现在你的个性严厉急迫，水至清则无鱼，如果政治过于廉明就得不到属下的配合协作，你应当放荡纵逸，简略平易，原谅那些犯小过的人，看重大原则就行了。”班超离开了，任尚私下对他身边的人说：“我认为班超肯定有什么奇特的策略，按照他现在所说的，只是平易普通的言论而已。”任尚后来最终和西域各国关系处得不好，就像班超所说的那样。

起初，太傅邓禹曾经对人说：“我统领百万的部众，从来没有随意地杀过一个人，后代肯定能够兴起显达的。”他的儿子护羌校尉邓训，有个女儿名叫邓绥，本性孝悌，喜欢读古书，经常白天学习女红，晚上诵读经典，家人称她为“诸生”。叔父邓陔说：“以前听说让千人活命的，子孙会得到封官。哥哥邓训做谒者，朝廷差遣他去修浚石臼河，每年都让几千人活命，天道值得我们相信，我们家门肯定会承蒙上天的赐福。”邓绥后来被选进宫中做了贵人，为人恭谨小心，行动都遵守法度，尽心侍奉阴皇后，接待同辈，时常克制自己对人谦卑，就算是宫人奴隶，也都对他们有恩，以和颜悦色来对待他们，汉和帝深深赞许她。她曾经生病，汉和帝特别准许她的母亲、兄弟进宫亲自照看医药，不限定日期，邓贵人推脱说：“宫禁如此严密，如果打算让外家长时间住在宫内，在上让皇上受到别人宠幸偏私的抨击，在下让我获得不知足的毁谤，上下彼此都受到损害，实在不是我所希望的啊！”汉和帝说：“别人都时常把入宫作为很光荣的事情，邓贵人反而引为担忧吗？”每逢举行宴会的时候，各位妃子都修饰得很漂亮争相媲美，唯有邓贵人注重朴素无华，如果她的衣装和阴皇后是同一个颜色的，就马上去换了；如果一起觐见皇上，则不敢正坐并立，走路时就稍微弯着腰来表示身份更卑微一些；汉和帝每逢有所询问，时常犹豫之后再慢慢回答，不敢抢在皇后的前面先回答。阴皇后身材矮小，举止行动时常失态，左右下人都捂着嘴巴偷笑，唯独邓贵人为此感到难过，帮她掩饰，就好像自己的不足一样。汉和帝知道邓贵人烦心伤神，劳动身体，感叹地说："修养道德的辛劳，居然到了如此地步啊！"后来阴皇后的宠幸日渐衰退，邓贵人每次应该觐见汉和帝的时候，都时常拿生病为理由而推脱。当时汉和帝多次失去皇子，邓贵人担心继承的子嗣不够多，于是就多次选进才人博得皇帝的喜欢。阴皇后看到贵人的德望称誉一天天盛大，深深嫉妒她；汉和帝曾经卧病在床，情况非常危险，阴皇后暗地里说："我如果能够掌权得意，就不会再让邓家有人留下来！"邓贵人听到这话，流着眼泪说："我诚心诚意来侍奉皇后，居然不被她所保佑。现在我应该跟随皇帝死去，在上来报答皇帝的大恩大德，在中也为宗族解除了祸患，在下不让阴氏对我有人彘的抨击。"说完，她立刻打算要喝下毒药。宫人赵玉坚决阻止了她，于是就欺骗她说："刚好有使者来访，皇上的病已经痊愈了。"邓贵人这才停止了。第二天，汉和帝果真病好了。等到阴皇后被废黜后位的时候，邓贵人恳求挽救她，却没能做到；汉和帝打算让邓贵人做皇后，邓贵人更加声称自己病重，深深地把自己关在屋中。冬季，十月，辛卯日（二十四日），汉和帝下诏书立贵人邓氏为皇后；邓贵人表示辞让，没有办法，然后才就皇后位。于是下令把各郡各国贡献皇后的礼物全部禁止了，每年四时只提供纸墨就行了。汉和帝每次打算封邓家人官爵，皇后总是哀求谦让不要封官，所以哥哥邓骘一生不过做到了虎贲中郎将而已。

丁酉日（三十日），司空巢堪被罢免官职。

十一月，癸卯日（初六），派大司农沛国人徐防做司空。徐防上奏疏，以为："汉朝设立博士十四家，每年考试设置甲乙科，来鼓励劝勉学者思进。我看到太学考试博士弟子，都是按照自己意思解说，不钻研儒家法理，私下里相互容忍包容，打开了奸邪的门路。每逢举行测试的时候，时常发生争议，议论纷纷，互相批评是非。孔子说'述而不作'。又说：'我还赶上看到古代史书上有缺文'。现在不按照章句，随意穿凿附会，把遵从师说当作不合理，随意解说当作合理，轻慢道术，慢慢地形成风气，这个实在不是诏书切实选取人才的本意。改变刻薄遵从忠厚，这是三代的常道；微臣以为博士和甲乙科策试，应该按照他们所学习的家法章句，提出五十个困惑的经义来测试他们，解释周详的名次排列在前，引述文句明白的列为高明的说法。如果没有按照先师的说法，在义理上有攻击批评所说的，都明确地作为错误纠正。”汉和帝听取了他的建议。

这一年，第一次封大长秋郑众为鄛乡侯。

十五年（癸卯，公元103年）

夏季，四月，甲子晦日（三十日），发生日食。当时汉和帝遵循肃宗皇帝（章帝）旧有的事例，把兄弟都留在京师，官员以为日食是因为阴气太盛，所以就奏请差遣各位王爷前去自己的封国。汉和帝下诏书说：“甲子日发生日食的异常，责任全在于我一人。各位王爷年纪幼小的时候，早年就离开了父母的照料看管，长大以后互相扶持，时常有《蓼莪》《凯风》诗篇中那种思念父母辛勤养育子女的悲哀。这种恋恋不舍的恩情，我知道不符合国家法典，但暂时就再让他们留居在京城吧！”

秋季，九月，壬午日（二十日），汉和帝车驾往南方出巡，清河、济北、河间三王一起跟随。

四个州下雨不止。

冬季，十月，戊申日（十七日），汉和帝到达章陵；戊午日（二十七日），继续向前来到云梦。当时太尉张禹在京城留守，听说汉和帝的车驾正打算要前往江陵，认为不应该冒险远游，就派驿马上奏书劝谏。下诏书回报说：“既然已经祭拜四亲的陵庙结束了，就应该向南边祭祀大江；刚好接到你的奏书，来到汉水就要掉转车舆回去了。”十一月，甲申日（二十三日），汉和帝起驾回宫。

岭南曾经进贡鲜龙眼、荔枝，每十里的地方设一个驿站，五里设一个岗亭，日夜兼程地传送。临武县令汝南人唐羌上奏书说：“微臣听说在上位的人不应该把能够享受美味而作为美德，在下位的人不把进献美味而作为功劳。我看到交趾州七郡都进贡鲜龙眼等，就像鸟惊起、风吹动那样快；南方各州土地炎热，恶虫猛兽，在路上随处可见，如果惊扰触犯到这些恶虫猛兽，传送贡物的人就会遭受死亡的威胁。已经死去的人不能复活了，活着的人还可以挽救啊！鲜龙眼、荔枝这两样东西呈上殿前，不一定就能延年益寿。”汉和帝下诏书说：“远国进献的珍异食物，本是用来供奉宗庙、祭祀祖先的，如果因此而有伤害百姓的情况，哪里是体恤爱民的本意呢？现在敕令太官不要再接受这类贡礼了！”

这一年，朝廷开始下令让各郡国在夏至日审讯轻刑案件。

十六年（甲辰，公元104年）

秋季，七月，发生旱灾。

辛酉日（初四），司徒鲁恭被罢免官职。

庚午日（十三日），汉和帝任命光禄勋张酺做司徒；在八月，己酉日（二十二日），张酺去世了。冬季，十月，辛卯日（初五），汉和帝派司空徐防做司徒，大鸿胪陈宠做司空。

十一月，己丑日（十一月无此日），汉和帝来到缑氏县，登上百岯山。

北匈奴差遣使者称臣进贡礼物，希望能够和汉朝和亲通好，修复呼韩邪旧有的约定。汉和帝以为他没有具备呼韩邪单于时代的礼数，就没有答应；只是丰厚地给予赏赐，没有回复他派来的使者。

元兴元年（乙巳，公元105年）

春季，高句骊王宫侵入辽东边塞，抢掠了六个县。

夏季，四月，庚午日（四月无此日），汉和帝大赦天下，更改年号。

秋季，九月，辽东郡太守耿夔进攻高句骊，把他打败了。

冬季，十二月，辛未日（二十二日），汉和帝在章德前殿驾崩。起初，汉和帝由于前后失去了十几个皇子，所以后来出生的皇子，时常秘密地养育在民间，群臣没有人知道。等到汉和帝去世之后，邓皇后才把在民间的皇子接回宫中。长子刘胜，患了很长时间都没有办法治愈的病；出生才一百多天的小皇子刘隆就被迎立为皇太子，那天晚上，即皇帝位（即汉殇帝）。尊奉皇后为皇太后，太后临朝听政。这时刚好赶上国家大丧，法令还没有制定，宫中丢失了大珠一竹箱；太后心想假如要拷问，肯定有没罪而被逮捕的，于是就亲自传见宫人，细微地对她们察言观色，偷大珠的人马上就低头认罪了。又有汉和帝宠幸的宫人吉成，侍者一起通过巫蛊诅咒太后的罪名枉告吉成，交给掖庭审讯，告发的言辞、证据都很清楚明白，太后感觉吉成是先皇帝的左右亲近，太后对待她有恩情，平时还没有说过太后的坏话，可是现在反而这样，不合乎情理；后来自己就把她叫来见面，审讯真实情况，果真是被侍者诬告了，大家没有不赞叹她、认为她通达英明的。

北匈奴又一次差遣使者前去敦煌进贡礼物，推脱说国家贫穷，没有能力准备特别丰厚的礼物，恳求汉朝能够派大使到他国家，北匈奴将立刻差遣儿子跟随大使进京侍奉汉天子。太后也没有派遣使者，只是给予赏赐而已。

洛阳县令广汉人王涣，为人正直，能够以明察秋毫来举发指责作奸犯科隐藏躲避的盗贼，在外实施严厉的政治，在内怀有慈悲的心肠。凡是他所评判的案子，人们没有不心悦诚服的，京师的人都以为他有神明相助。这一年，王涣在官位上去世，百姓围在路上，没有不叹息流泪的。王涣的棺柩送回西边故乡，路经弘农郡，百姓们都在路上摆设祭品几案对他进行祭拜，官吏问他们缘由，都说："以往拿米到洛阳县，被官吏所抢夺，时常都失去了一半，可是自打王君当官任职，就没有被抢掠过，所以前来报恩。"洛阳的人民为他建庙、作诗来纪念他，每逢祭祀的时候，经常和弦歌颂所作的诗，在他的神位前供上祭品。太后下诏书说："有了忠良的官吏，国家才能得到治理，朝廷十分想得到这种官吏，可是却很少得到，现在派王涣的儿子王石做郎中，以鼓励那些勤劳为公的臣子。"

资治通鉴卷第四十九　汉纪四十一

起丙午（公元106年），乙卯（公元115年），共十年。

【题解】 本卷记录了汉殇帝延平元年至安帝元初二年间的历史，此时实际掌权者为邓太后，她是东汉继马太后的又一贤明太后。在东汉内灾外患的时期，邓太后倡节俭，束外戚，减刑狱，关注军事，令实报灾情，又挫败周章政变，得保安帝不废。对外，虞诩大破羌人，使西疆得以稳固。

孝殇皇帝

延平元年（丙午，公元106年）

春季，正月，辛卯日（十三日），任命太尉张禹为太傅，司徒徐防为太尉，参与主管尚书的事务。太后打算命令重臣居住宫内，因为汉殇帝还在襁褓之中。于是下诏命令张禹住在宫中，五天回家一次；每次朝见的时候，都特别先唱张禹的名字，朝位在百官之上，不和三公联席。

封汉殇帝的哥哥刘胜为平原王。

癸卯日（二十五日），朝廷任命光禄勋梁鲔为司徒。

三月，甲申日（初七），安葬孝和皇帝于慎陵，庙号称穆宗。

丙戌日（初九），清河王刘庆、济北王刘寿、河间王刘开、常山王刘章前去自己的封国；太后特别给予刘庆不同的待遇。刘庆的儿子刘祜，十三岁，太后把刘祜和他的嫡母耿姬留下居住在清河王府，是因为汉殇帝年幼体弱，深谋远虑以防不测做的打算。耿姬是耿况的曾孙女；刘祜的母亲是犍为人左姬。

夏季，四月，鲜卑国进犯渔阳郡，渔阳郡太守张显统率几百人出塞追赶打击。兵马掾严授劝服说："前面的道路艰难险阻，敌人的势力难以估测，应该暂时扎营，先率领轻锐骑兵前去勘察。"张显的锐气很盛，听后大怒，打算把他斩杀了，于是就继续进兵追击。结果遭遇到敌人的埋伏，士兵们都逃走了，只有严授奋力抗战，身受十处创伤，亲手杀了几名敌人战死了。主簿卫福、功曹徐咸都自动赶来营救张显，一同阵亡了。

丙寅日（十九日），朝廷派虎贲中郎将邓骘为车骑将军，仪制待遇和三公相等。邓骘的弟弟黄门侍郎邓悝做虎贲中郎将，邓弘、邓阊都为侍中。

司空陈宠去世。

五月，辛卯日（十五日），大赦天下。

壬辰日（十六日），河东郡垣山发生山崩。

六月，丁未日（初一），任命太常尹勤做司空。

三十七个郡国都下雨成灾。

己未日（十三日），太后下诏书节俭太官、导官、尚方、内署所掌管提供的各种衣服、珍馐美食、华丽难以制造的物品，如果不是提供陵庙祭祀用的，稻粱米不允许加以精选，早晚只有一样肉类下饭而已。原来太官、汤官的经费每年将近两万万，从这里面削减几千万。还有郡国所进献的贡品，都要减少过半；命令把上林苑的鹰犬全部卖掉；离宫、别馆所储藏的稻米干粮、薪炭，命令都要加以节俭。

丁卯日（二十一日），邓太后下诏把掖庭的宫人还有宗室没入宫中为奴役的，都一律赦免遣送出宫，成为平民百姓。

秋季，七月，庚寅日（十五日），敕令司隶校尉、部刺史说："朝廷每次想到近些日子有些郡国发生水灾，妨碍秋收的过错，都感到担忧惶恐。可是各郡国首长却打算得到丰收虚饰的赞许，于是就遮掩灾害的实际情况，多方面开垦田地，不为流离失所的百姓着想，抢着向朝廷增报户口，遮掩盗贼作乱的事情不向朝廷禀报，使得那些奸恶的贼人没有受到应有的惩罚。官府用人不按照次序，选拔人才也不恰当，贪污苛刻残害的行为祸害到善良的百姓，刺史低着头装作看不到，堵着耳朵装作听不到，附和偏私，和属下同流合污，不害怕上天的惩罚，不羞愧于人们的批评。朝廷宽贷的恩典，是不可以时常依赖的，从今以后，打算纠举他们的罪行加以惩罚。二千石位高禄厚的官吏，但愿各人明确核实人民所受的伤害，为他们免除田租、刍稾。”

八月，辛卯日（八月无此日），汉殇帝驾崩。癸丑日（初八），在崇德前殿入殓。太后和哥哥车骑将军邓骘、虎贲中郎将邓悝等人在宫中商讨继位人选，当天晚上，派邓骘以皇子所乘的青盖车把清河王刘庆的儿子刘祜迎接过来，在崇德殿中斋戒。皇太后来到崇德殿，百官都身穿吉服陪同在皇太后身边，召见刘祜，封他为长安侯。于是邓太后下诏书，让刘祜做孝和皇帝的嗣子，又颁下策命。官员宣读策命结束之后，太尉奉上玺印，刘祜即皇帝位（即汉安帝），太后依旧临朝听政。

邓太后下诏书告知司隶校尉、河南尹、南阳郡太守说：“时常阅览前代往事，看到皇家的外戚、宾客依仗势力，横行霸道任意妄为，使得那些秉公守法的官吏也变得污浊混乱，成为人民的祸害痛苦，这过错是由于执法松懈怠慢，不能立刻执行惩罚啊！现今车骑将军邓骘等人虽然怀有恭敬顺从的心意，可是宗族庞大，亲戚很多，宾客奸邪狡猾，对朝廷的禁令多半有违背，期望能够公开地加以检点约束，不要彼此宽容偏袒。”从此邓氏家族亲属犯罪，不加以宽恕原谅。

九月，有六个州发生水灾。

丙寅日（九月无此日），安葬孝殇皇帝于康陵。因为连遭国丧，百姓苦于劳役，陵墓中秘藏棺柩的各项设备，还有各种工程，减少十分之九。

乙亥日（初一），流星坠落在陈留郡。

朝廷下诏书任命北地人梁慬做西域副校尉。梁慬到达河西的时候，正赶上西域各国叛变，在疏勒国进攻都护任尚；任尚上奏书请求救援，朝廷下诏书命令梁慬统领河西四郡羌族、胡族五千骑兵立即去进行救助。梁慬还没有来到的时候，任尚就已经解围了，梁慬下诏书召集任尚回京，派骑都尉段禧做都护，西域长史赵博做骑都尉。段禧、赵博守在它乾城，由于城小，梁慬以为不可以固守，于是就欺骗劝说龟兹王白霸，期望进城来一起防守这城；白霸答应了，属吏人始终向他谏劝，白霸不听取他们的劝告。梁慬已经来到它乾城，派属将立刻去迎接段禧、赵博，一共有军队八九千人。龟兹国的官吏人民都叛变了他们的王，而和温宿国、姑墨国几万军队联合造反，共同把龟兹城包围了，梁慬等人出城迎战，把他们打得大败。一连作战好几个月，胡人的部众被打败之后逃走了，梁慬他们乘胜追击，杀死一万多人，逮捕了几千个俘虏，龟兹国于是才平定下来。

冬季，十月，有四个州闹大水灾，天上下冰雹。

清河孝王刘庆病情加重，上奏书恳求埋葬在樊濯人宋贵人的墓旁。十二月，甲子日（二十一日），清河孝王刘庆去世。

乙酉日（十二月无此日），朝廷取缔了鱼龙曼延戏。

由于儒学的风气渐渐衰退，尚书郎南阳人樊准上奏疏说："微臣听说国君不可以不学。光武皇帝受天命中兴汉室，由于艰苦作战而东奔西跑，没有空闲时间来安定居住下来，可是依旧放下兵器，学习六艺，停止武事，讲论文道。孝明皇帝在政务上不论大小的事，没有不亲自过目操劳的，可是依然留心古代的书籍，对六经文艺专心致志，每次飨射礼结束之后，都端正地坐着亲自讲解经义，很多儒者共同静听，四方学者都很喜欢参加。后来他又多方征集有名的儒者，列在廊庙，每逢宴飨君臣的时候，就和乐地探讨驳难，一起谋求政治教化的要义，期门、羽林的武士都知晓《孝经》，从皇上亲自教育，流传到蛮荒地区，所以讨论的人称颂繁荣兴盛的时代时，都提及永平盛世。可是如今学者越来越少，远方地区特别严重，博士不设立讲座、不讲解经义，学者争着讲一些浮华而不切实际的学问，忽略虔诚的忠心，讲些阿谀奉承的言论。微臣以为应当下一道明确的诏书，广泛地寻找隐居的学者，尊宠上进的儒雅之士，等到皇上讲习经艺的时候就需要他们了。”太后深深地采纳了他的意见，下诏说：“公、卿、中二千石的官吏，各举荐隐士、大儒，必须选取高尚的德行，来激励后进，精选博学的儒者，必定要选得恰当的人才。”

汉孝安皇帝上

永初元年（丁未，公元107年）

春季，正月，癸酉朔日（初一），大赦天下。

蜀郡塞外羌族归附汉朝。

二月，丁卯日（二十五日），把清河国分封给汉安帝的弟弟刘常保为广川王。

庚午日（二十八日），司徒梁鲔去世。

三月，癸酉日（初二），发生日食。

己卯日（初八），永昌郡塞外僬侥国首领陆类等带领全族来向汉朝臣服。

甲申日（十三日），清河孝王刘庆埋葬在广丘，司空、宗正护送灵柩，仪仗比照东海恭王刘强。

自从和帝丧事结束之后，邓骘兄弟时常在宫中居住。邓骘不想长时间住在宫内，一再恳请回到自己的府第，太后就允许了。夏季，四月，封太傅张禹、太尉徐防、司空尹勤、车骑将军邓骘、城门校尉邓悝、虎贲中郎将邓弘、黄门郎邓阊都为列侯，各食邑万户，邓骘增加食邑三千户是由于协助册立皇帝的功劳；邓骘和几个弟弟推辞没有被准许，于是就躲开使者，艰难辗转地前去宫门，上奏疏陈说自己的心愿，前后五六次，最终太后才同意了。

五月，甲戌日（初三），朝廷任命长乐宫卫尉鲁恭做司徒。鲁恭上奏书说：“依照原来的法制，在立秋之后才执行轻刑，从永元十五年之后，改为在孟夏执行轻刑。可是刺史、太守在盛夏时节就征召农民，对那些囚犯拘禁扣留并且还对质考问查证，狱辞被牵连到的，就留在那里始终不肯判决，没完没了。在上违背了天时节气，在下阻碍了农业的发展。参考《月令》篇所说‘孟夏决断薄刑’的话，是说那些轻罪已经明确，不愿意让他们长时间系囚，所以要立即决断啊！微臣以为现今孟夏断轻刑的法制，可以按照这种法令。规定决断讼案、审问犯人，都从立秋作为限制。”鲁恭又上奏书说：“孝章皇帝打算有助于天、地、人三正的精妙，定下律令，都要在冬至之前就决断狱案。小官员不能和朝廷同一想法的，大约等到十一月判死罪的犯人，不问其是非黑白，就立刻处死，就算疑罪，也不再公正地重新审理其案。应该命令死刑的案子，在冬月结束的时候再作决断。”朝廷都听取了他的意见。

丁丑日（初六），朝廷下诏书封北海王刘睦的孙子寿光侯刘普为北海王。

九真郡塞外、夜郎国蛮夷，全国都归附于汉朝。

西域都护段禧等人虽然保住了龟兹国，可是却由于道路阻塞，檄书不能送到朝廷。公卿讨论的人以为：“西域距离间隔遥远，时常有叛变朝廷的事情发生，官吏士兵开垦田地来驻守，消耗了无穷的费用。”六月，壬戌日（二十二日），朝廷撤销了西域都护，派遣骑都尉王弘征调关中的军队，迎接段禧还有梁慬、赵博、伊吾卢、柳中垦田驻守的将吏士兵回来。

起初，烧当羌首领东号的儿子麻奴随从父亲前来投降，在安定郡居住。当时前来归降的羌人在各郡县都有分布，都被官吏人民中的豪族所差使力役，心中充满怨恨。等到王弘西迎段禧，要征调金城郡、陇西郡、汉阳郡的羌人几百上千的骑兵共同前往，各郡县的官吏逼迫催促调遣人员。走到酒泉郡，有很多羌人反叛离去，是因为所有羌人都担心远出驻守不能回来。然后各郡县分别派出军队阻挡，或者推翻了他们居住的帐篷；这个时候勒姐族、当煎族的大酋长东岸等人更加担心害怕，于是就一起奔走逃散。麻奴兄弟于是就和族人一起往西出了塞外，滇零族和锺羌各族大肆扰乱抢掠，隔断陇坻的道路。当时羌人臣服汉朝已经很长时间了，不再有兵器铠甲，有的拿着竹竿木枝来充当戈矛，有的背负木板几案作为盾，有的拿着铜镜来冒充兵士，各郡县的吏民害怕懦弱因此没有能够阻止他们。丁卯日（二十七日），朝廷赦免各羌族彼此勾结谋划叛变的罪。

秋季，九月，庚午日（初一），由于天灾变异、寇贼作乱，太尉徐防被下策命免职。三公由于天灾变异而免职的，从徐防开始。辛未日（初二），司空尹勤被下策命免职是因为雨水成灾。

◆仲长统在《昌言》中说：光武皇帝因为好几代帝王丧失权利而痛惜，为了强臣窃取君权擅自下令而生气，他纠正以往的过错，政权不再交给臣下，即使设立三公，政事却归尚书掌管。自此之后，三公的职位，如同虚设；但是政事如果有办不好的，仍旧对三公加以责罚。而政权下放到外戚之家，恩宠到达身边那些亲近的小人身上，亲近他们的同伴，随意任用那些亲近的人，在内充满了京师，在外各郡都有所分布，导致有才能的人还有愚笨顽劣的人地位颠倒，把选举人才当作一种交易，让没有才能的官吏驻守国境，贪污残暴的人治理人民，不仅阻拦惊扰了百姓安定的生活，还激怒了四方的蛮夷，导致他们的乖离反叛，于是动乱就兴起来了，使得国家人民深受其害，愤懑不平之气纷纷产生，阴阳寒暑失去了协调，日月星辰亏缺不常，怪异的事情时常发生，农田稻作被蝗虫食害，大水干旱成灾。这些都是由于外戚宦官所招致的，反而下策命责罚三公，直到处死、免职的地步，这可真是值得为他们呼天叫冤、放声痛哭啊！况且中古时期选拔三公，都是选取公正廉洁谨慎小心、循规蹈矩熟悉旧例的人，这是对妇女规矩约束的做法，穷乡僻壤的平常百姓而已，又怎么能足以担任这样的职位呢？情况既然是如此，选拔人才又是这样，而期望三公对国家建立功勋，政绩实施在人民身上，要想做到岂不是太困难了吗？从前文帝对待邓通，可以说宠爱至极，可是依旧令申屠嘉实现了惩治邓通的心志。大臣受信任到达如此的地步，又哪里需要担心左右小臣的谗言呢？至于近世，外戚、宦官，向别人的请求不能如愿以偿，心中感到不满足，立刻就能陷害他人遭遇难以预料的祸害，又怎么能够依靠他们来弹劾纠正别人的过失呢？以前托付给大臣的责任重，对他们的责罚轻，现在托付给大臣的责任轻，却对他们的责罚重。光武帝夺去三公的重权，到现在更加严厉；不能把大权交给后妃的家属，好几代都没有遵从；由于三公疏远，后妃亲属亲近，这亲疏的情势不一样啊！现今国君如果一心委权给三公，要求他们都能够达成自己所负担的责任，那么，假如在位的三公让百姓受害，推荐臣吏而错过了贤能的人才，百姓不能够安定地生活，争执讼案生生不息，天地多灾多难，人物多有灵异的事情发生，这时才足以让三公分担这罪名啊！◆

壬午日（十三日），下诏书说："太仆、少府减少黄门鼓吹的人员来填充羽林士；马厩的马不是天子乘舆时常亲自乘驾的，粮草一律减少一半；各项建筑工程，不是提供宗庙墓园为用途的，都暂时中止。"

庚寅日（二十一日），朝廷命太傅张禹做太尉，太常周章做司空。

大长秋郑众、中常侍蔡伦等都掌权过问政事，周章很多次进直言，太后都没有听取。当初，太后由于平原王刘胜得了难以治愈的疾病，而贪图汉殇帝是婴孩，就收养为自己的儿子，等到汉殇帝去世，君臣以为刘胜的病不是时久难治的病，心意都归顺他，所以后来都想立他为帝；太后由于过去没有立刘胜为帝，担心他日后埋怨，于是迎立现在的汉安帝为帝。周章秘密谋划关闭宫门是由于群臣的心意都不归附现在的皇帝，于是就打算杀死邓骘兄弟和郑众、蔡伦，把尚书劫持之后，再废去太后，让她住在南宫，封现在的汉安帝为偏远诸侯国的国王，而拥立平原王为帝。计谋被发现之后，冬季，十一月，丁亥日（十九日），周章自杀。

戊子日（二十日），敕令司隶校尉、冀州、并州二州的刺史说："人民散播谣言，互相惊惧，放弃了原来的居地，带着老人孩子，穷困在道路上。期望各人敕令所属的官吏，亲自向他们说明：如果打算要回到本郡的，在当地官府出具印封的长牒作为证明；不想回去的，也不可以勉强他们。"

十二月，乙卯日（十八日），朝廷任命颍川郡太守张敏做司空。

朝廷下诏命令车骑将军邓骘、征西校尉任尚统率北军五校营还有各郡的军队五万人，在汉阳郡驻守以戒备羌人。

这一年，有十八个郡国都发生了地震，四十一个郡国闹大水灾，二十八个郡国刮大风，下冰雹。自然灾害频繁发生。

鲜卑国酋长燕荔阳前去宫阙进行朝贺。太后赐给燕荔阳王爷的印绶、赤车、三马驾的车子，命令居住在乌桓校尉所住的宁城旁边，和胡人进行商业贸易往来，于是就修建南匈奴、北匈奴受降人质的馆第。鲜卑国各部落一百二十族各派人献人质请求投降。

二年（戊申，公元108年）

春季，正月，邓骘到达汉阳郡；各郡的军队还没有到达，锺羌部落好几千人在冀县西边就把邓骘的军队打败了，杀了一千多人。梁慬从西域回来，到达敦煌郡，朝廷下诏命令他留下援助各郡的军队。梁慬来到张掖郡，打败了羌人各族一万多人，其中能逃跑的只有十之二三；梁慬继续向前到了姑臧县，羌人大酋长三百多人向梁慬投降，都给予安慰、开导，遣送回原居住的地方去。

御史中丞樊准由于各郡国连续几年发生水灾、旱灾，人民饱受饥饿穷困至极，上奏疏说："恳请命令太官、尚方、考功、上林池籞等官，切实节俭不必要的事物；太傅、太尉、司徒、司空、大将军等五个官府削减京城的官吏、京城营建的工匠。还有受灾害的各郡，百姓受到伤害，担心不是发给赈粮就能富足的，即使有赈灾的名义，却始终都没有赈灾的实效。可比照征和元年的旧例，差遣使者拿着符节去抚慰百姓，把那些特别穷困的迁移安置到荆州、扬州丰收的各郡。现在就算有驻守西边的军事，还是应该先处理东边各州的灾害。"太后采纳了他的建议，把公田都分给贫苦的百姓，立刻提升樊准的官职，和议郎吕仓共同任光禄大夫。二月，乙丑日（二十九日），派樊准出使冀州、吕仓出使兖州派发赈粮，流离失所的人民都得到了复苏。

夏季，发生旱灾。五月丙寅日（初一），皇太后来到洛阳县官舍，还有若卢狱，对于省察囚犯的情况而加以记录。洛阳县有个犯人，事实上没有杀人，却因为遭到严刑拷问不得已承认自己是杀人犯，身体虚弱委顿，被人用竹轿抬来见太后，犯人恐惧官吏，不敢诉说实际情况，将要离开时，抬头好似要替自己诉说冤情。太后仔细观察，感觉他的神情有异，立刻就把他叫了回来，问他情形，彻底明察冤枉的事实。太后立刻就把洛阳县令逮捕了，关在狱中抵罪。太后还没回到宫中，就下了一场适时的大雨。

六月，京城和四十个郡国都发生了大水灾，大风灾，下了冰雹。

秋季，七月，太白星进入北斗星座中。

闰月，辛丑日（初七），广川王刘常保去世，由于没有子嗣，就撤销了封国。

癸未日（闰月无此日），蜀郡边境外的羌人以全部土地归附于汉朝。

冬季，邓骘派任尚和从事中郎河内人司马钧统率各郡军队在平襄县和滇零族等好几万人进行作战，任尚的军队大败，死了八千多人，羌人于是势力大为强盛，朝廷不能控制他们。湟中郡各县，粟米每石一万钱，是由于百姓死亡的人数不计其数，米粮的运输非常艰难。前左校令河南人庞参之前由于论罪而被贬谪为若卢狱官，叫他的儿子庞俊上奏书说："现在西州流亡的百姓正在发生祸乱，可是朝廷却不停地征集力役，水灾不断发生，田地受损，生产力一时间不能恢复，朝廷却用大军来压迫他们，用戍守远方来让他们疲惫，因为转运农田的收成早就被消耗完了，因为征调财物而被用尽了，田地没有办法开垦，稻作无法收获，人们急得击掌而没有办法，对于来年秋收不抱任何希望，百姓的力量已经用尽，不能再继续承受负担。微臣以为不远万里长途跋涉地运输粮食，远远地前去西边防守羌族，不如率领军队，让众人休养生息，来等待敌人懈怠的机会。车骑将军邓骘应该暂时班师回京，把征西校尉任尚留下来，派他监督领导凉州的士兵百姓转移居住到京城临近的三郡，停止徭役征发来辅助他们的农耕，让烦苛的赋税暂时停止来增加他们的财产，使得男的能够耕种田地，女的能够织布，然后再养精蓄锐，趁着敌人放松警惕沮丧的时候，来一个出其不意，攻其不备，那么就可以为边地人民被害而报仇雪恨，打败逃跑的耻辱就可以洗雪了。”上书奏上，刚好樊准上奏疏举荐庞参，邓太后立刻就从贬谪的官员中提拔庞参，召见任命他为谒者，让他往西边监督领导三辅各郡的军队在边地驻守。十一月，辛酉日（二十九日），邓太后下诏令邓骘班师回京，把任尚留下来在汉阳郡驻守，作为各军的指挥。邓太后差遣使者迎接邓骘，任命他为大将军。邓骘到达京城之后，太后派大鸿胪亲自迎接，中常侍在城郊慰劳，各王、公主以下在道路旁边远远地等待他的到来，邓骘受到的恩宠和荣耀极显赫，震惊了京城和边陲各地。

滇零族自称天子，在北地郡搜罗居住武都的参狼族，在上郡、西河郡的各族羌人把去往陇西郡的道路给阻拦了，进犯抢掠京城附近的三郡，往南来到益州，杀死汉中郡太守董炳。梁慬奉命本应在金城驻守，听说羌人侵扰三辅，就即刻带领军队前去进攻，在武功县、美阳县之间辗转作战，接连把他们打败赶走，羌人才稍微后退离散。

十二月，广汉郡塞外的参狼羌部落投降。

这一年，十二个郡国发生地震。

三年（己酉，公元109年）

春季，正月的庚子日（初九），汉安帝举行成年加冠礼，大赦天下。

调遣骑都尉任仁监督领导各郡驻守的军队前去救助三辅。任仁几次作战都没能够打胜，当煎羌、勒姐羌部落攻取破羌县，钟羌部落攻取临洮县，俘虏了陇西南部都尉。

三月，京城闹大饥荒，百姓人吃人。壬辰日（初二），公卿前去宫门向汉安帝谢罪；汉安帝下诏说：“必须想着改过向善，来辅助我所没有做到的地方。”

壬寅日（十二日），司徒鲁恭被免去职务。鲁恭曾两次位列三公，选取征辟的人官做到列卿、郡太守的有好几十人，可是他的门下老生，有些没有得到推荐，以至于有人对他埋怨。鲁恭听到之后，说：“学问讲解得不明白，这是我所担心的，诸生不是有乡里推荐的机会吗？”于是大家没有话说，也不拿这件事情作为议论的话题了。学者向他拜师接受教导的，必定彻底明确提出疑问向他们论难，学成了之后再向他们道谢，送他们离开。学者说：“鲁公感谢和他谈论学问的人，因为那不是随便就能够得到的。”

夏季，四月，丙寅日（初七），朝廷任命大鸿胪九江人夏勤做司徒。

三公由于国家的财力不充足，于是就上奏请求官民向朝廷捐献钱财及米谷之后就可以担任关内侯、虎贲、羽林郎、五官、大夫、官府吏、缇骑以及营士等职务，各分等级。

甲申日（二十五日），清河愍王刘虎威逝世，他没有子嗣。于是在五月份丙申日（初七），朝廷就任命乐安王刘宠的儿子刘延平为清河王，从而作为清河孝王刘庆的后嗣。

六月，居住在渔阳郡的乌桓人和右北平的胡人等一共一千多人入侵掠夺代郡和上谷郡。

汉人韩琮跟着匈奴南单于人到京城朝见汉天子，回去后，劝说南单于：“关东正闹水灾，人民都因饥饿而死光了，现在就可以去攻打了。”单于相信了他的话，于是就开始反叛攻打关东了。

秋季，七月，海贼张伯路等人入侵攻打了临海的九个郡，杀死了郡县长官；朝廷派遣巴郡御史庞雄指挥各个州郡的军队去攻打他。于是张伯路等人就要求投降，然而不久之后就再度聚合驻守在那儿了。

九月，雁门关的乌桓国的率众王无何允和鲜卑国的大酋长丘伦等人，联合南匈奴骨都一共有七千多骑兵入侵进犯了五原郡，与五原郡太守在高渠谷作战，最终汉兵大败。

南单于在美稷县包围了中郎将耿种。冬季，十一月，朝廷派遣大司农河熙（陈国人）兼任车骑将军一职，同时命中郎将庞雄担任副将，率领五营以及边地各个郡的军队一共两万多人，并下诏命令辽东郡的太守耿夔率领鲜卑人及各个郡县的军队，一起攻打南单于。又派遣梁慬兼任度辽将军一职。庞雄和耿夔负责攻打南匈奴的薁鞬日逐王，最终把他打败了。

十二月，辛酉日（初五），九个郡国发生了地震。

乙亥日（十九日），彗星出现在天苑星座。

这一年，京城和四十一个郡国的大雨一直不停，并州、凉州两个州闹大饥荒，百姓人吃人。

太后认为是阴阳不调的原因，于是几次动员军队前去作战，并下诏书年底宴请退役的皇家卫士，但不允许设戏奏乐；减少一半参加驱逐大灾难和疫鬼仪式的善良幼童。

四年（庚戌，公元110年）

春季，正月，举行元旦朝会时，撤去了音乐，没有在厅堂陈设乘舆法物的车辇。

邓骘在位的时候，很会推荐贤才，他举荐何熙、李郃等人在朝廷任职，又将弘农郡人杨震和巴郡人陈禅等人安置在幕府任职，天下人都称赞他。杨震孤独贫苦但爱好读书，他通晓欧阳氏解释的《尚书》，他不仅通情达理而且博览群书，那些儒士都把他称为“关西孔子杨伯起”。他教授学生二十多年，但从不接受州郡延聘的聘礼以及征召的命令，大家都认为他步入仕途已经晚了，然而这却使杨震的心意更加坚定了。邓骘听说后，就立刻征召了他，那时杨震已经有五十多岁，接连出任荆州刺史和东莱郡太守的职务。在前往东莱郡的路上，经过昌邑县的时候，遇到以前所推荐升职的荆州茂才王密在昌邑当县令，夜晚王密带了十斤黄金来送给杨震。杨震说：“老朋友了解你，你却不了解老朋友，这是什么原因呢？”王密说：“现在是夜晚，没有人会知道的。”杨震说：“天知，地知，你知，我知，怎么能说没有人知道呢？”王密惭愧地离去。后来杨震转任涿郡太守，他依旧公正廉洁，他的子孙常常是只吃蔬菜而不吃肉，步行而不坐车；因此他以前的老朋友中有人劝他为子孙开置产业，而杨震却不肯，他说："能被后世称之为清官的子孙，把这送给他们，不是也很丰厚吗？"

张伯路再次攻打各个郡县，并杀死了当地的太守、县令，追随他的人渐渐增多。于是朝廷下诏书派遣御史中丞王宗，命令他拿着符节发动幽州和冀州各个郡的军队，总共有好几万人，征召宛陵的县令扶风人法雄担任青州刺史一职，和王宗一起征伐他。

在南单于包围耿种好几个月的时间里，梁慬和耿夔在属国都尉的旧城里攻击杀死南匈奴的将领，南单于自己率领士兵迎接挑战，梁慬等人再次把他打败了，于是南单于就领兵回虎泽去了。

丙午日（二十一日），朝廷下诏书要减少文武百官和各个州郡县官吏的奉给，依照等级各有不同。

二月，南匈奴入侵了常山。

滇零羌部落带领军队攻打褒中县，汉中郡的太守郑勤进驻褒中县防守。

任尚的军队已经很久没有战功了，人民都荒废了农耕桑织，于是朝廷就下诏书让任尚率领军队回到长安驻守，解散并遣回了南阳郡、颍川郡以及汝南郡的官吏士兵。

乙丑日（初十），朝廷首次在长安设立京兆虎牙都尉，在雍设置扶风都尉的职位，就如同西汉三辅都尉的旧例。

谒者庞参劝邓骘说："把边地各个郡不能自己保全的百姓迁徙到三辅居住。"邓骘觉得很对，就想要舍弃凉州，和庞参合力在北边防守。于是就召集公卿共同讨论，邓骘说："例如衣服破了，就拿一件衣服去补另外一件，仍然是有完整的衣服的。如果不这样，两个地方都将保不住。"公卿们都认为这是很正确的。郎中陈国人虞诩对太尉张禹说："按照大将军的策略来说，有三点不妥当的地方：先皇开疆拓土，经过漫长的辛劳才使国家安定下来，而现在由于害怕军费减少就全部把它舍弃，这是第一个不妥当的地方。既然凉州已经舍弃了，就应该是让三辅作为边塞，那么先皇的墓园就会孤单地放在塞外，将失去屏障了，这是第二个不妥当的地方。俗语说：‘关西出将领，关东出宰相。’烈士武将，大多都出自凉州，那里的人民雄壮勇猛，熟悉兵事。现在的羌人、胡人之所以不敢进入三辅并占据它成为汉朝的心腹大患，就是因为凉州在后面啊！凉州的士兵、百姓之所以拿着锋锐的兵器在队列中冒着敌人的弓箭炮石作战，虽然父亲在前面战死了，但是儿子仍然在后面作战，没有回头看，丝毫没有感到畏怯的意思，是因为他们是汉朝臣民啊！现在扔掉他们，割舍遗弃他们，百姓安于故土，不肯轻易迁移，必然会伸长脖子埋怨说：“朝廷把我们舍弃给敌人了！”虽然是忠义善良的人也不能没有怨恨。假如突然有人兴起阴谋，趁着天下百姓饥饿穷困时候，利用海内虚弱的机会，把各路雄豪聚集在一起，依据才能推立领导的人，驱使氐人、羌人做前锋，轻而易举地向东而来。即使是孟贲、夏育做士兵，姜太公做大将，恐怕仍然不能抵御阴谋，那么这样一来，函谷关以西的地方，先皇帝的墓园、朝廷的旧都不再归汉朝所有，这是第三个不妥当的地方。议论的人把它比喻成补破衣仍然有完整的衣服这一说法，我虞诩觉得这恐怕是痈疮侵食肌肉，不断溃烂而没有止境啊！”张禹说：“我没有想到这些，如果没有你这番话，我几乎就坏了国家的大事啊！”虞诩趁机劝张禹说：“我们应该招揽凉州各地的英雄豪杰，推荐当地州牧郡守的子弟去朝廷任职，命令各个官府都分别征用几人。这样一来对外可以借此激励他们，奖励他们的功劳，对内可以借此来限制他们，防止他们产生奸邪的计谋。”张禹觉得他的话很对，于是集合四官府的人商议，众人都同意虞诩的建议。因此就征用凉州的英雄豪杰做掾属，任命州牧、郡守及长吏的子弟做郎，来劝慰他们。

邓骘因为这件事痛恨虞诩，想借助吏法来陷害他。当时正好遇到朝歌县的盗贼宁季等几千人都来攻杀长吏，连续好几年聚集在那儿作乱，使得州郡官吏无法镇压他，于是就任命虞诩为朝歌县的县长。因此以前的老朋友都对他表示哀叹，然而虞诩却笑着说：“遇到事情却不去躲避它，这是做臣子的本分啊。如果没有遇到盘根错节，就没有办法分别出锋利的斧斤，这可是我立功的大好时机啊！”刚上任，他便去拜见河内郡的太守马稜，马稜对他说：“你作为儒者，应该在朝廷为国家大事出谋划策，而现在你却在朝歌县当县长，我很替你感到担忧啊。”虞诩对答说：“这些盗贼们都好像是犬羊一样聚集在一起，只是为了谋求衣食、温饱而已，希望长官不必为了这件事而感到担忧。”马稜说：“你这话是怎么说的呢？”虞诩回答说：“朝歌县作为韩国、魏国的交界，它背靠太行山，面朝黄河，离敖仓也只不过才一百里而已，然而青州、冀州漂泊逃亡的人民就有一万多人，盗贼们不知道打开粮仓去救济那些逃亡的百姓，而是去劫夺郡府兵库中的兵器，占据攻守成皋县，切断了天下的右臂，这就没有什么值得担忧了。现在他的势力刚刚壮大，是很难和他针锋相对的；用兵就应该不嫌弃自己的权力并且还要学会变通，希望你能够放宽权限，不要让我认为有妨碍就行了。”等到他上任之后，就设立了三个项目来招募英勇的战士，从掾史以下每个人都要推举自己所知道的人才，那些攻击并劫夺他人财物的人是上等的，伤害他人并偷盗的人是次等的，那些整日游手好闲、不务正业的人是下等的，这样一共召集了有一百多人。虞诩设宴款待了他们，并且都赦免了他们的罪行，之后就让他们混入贼人的队伍之中，引诱贼人去抢夺财物，与此同时官府埋伏了军队等候着，轻而易举就杀死了好几百贼人。虞诩又在暗中派遣那些会裁制衣服的穷人，给贼人们缝制衣服，命令那些穷人用彩色的线去缝制贼人们的裙衣，如果有贼人到集市上去，官吏们就立刻逮捕那些贼人。贼人们都因此害怕而离开了，朝歌县境内从此都太平无事了，于是人们都说虞诩有神明相助。

三月，何熙带领军队到达了五原郡的曼柏县，何熙突然染上了重病，因此军队就不能向前行进了。于是就派遣庞雄、梁慬和耿种率领步兵、骑兵共一万六千余人去攻打虎泽，这样使得各个军营的军队都稍微向前行进了。单于看到各个军队一起前进以后，就非常害怕，于是回头对韩琮用责备的语气说："你不是说汉人都死光了，那现在这些都是什么人呢？"单于随后就派遣使者要求投降，庞雄等人都答应了。单于摘下了帽子、光着脚，向庞雄等人下跪，说自己罪该万死。于是庞雄等人就赦免了他，对待他就像刚开始的时候一样，单于归还了他所掠夺的汉人男女和羌人所掠夺并转卖到匈奴去的汉人共一万余人。当时恰逢何熙去世，于是就即刻任命梁慬担任度辽将军的职务。庞雄回到京城后，担任大鸿胪一职。

先零羌族部落再次入侵了褒中县，郑勤想要去攻打他们，主簿段崇就劝告他："现在敌人趁着他们战胜的气势，其锋芒是势不可挡的，我们应该坚守并等待时机。"然而郑勤并没有听从他的劝告，私自出城作战，结果大败，死了足足有三千余人。段崇和他的门下史王宗、原展一起用身躯抵挡敌人的刀刃以保护郑勤，结果和郑勤都战死在了战场上。

于是金城郡的百姓都被迁徙到襄武县居住。

戊子日（初四），杜陵园发生火灾。

癸巳日（初九），有九个郡国都发生了地震。

夏季，四月，六个州都发生蝗灾。

丁丑日（二十三日），朝廷大赦天下。

王宗、法雄和张伯路等人连续交战，把张伯路打败赶走了。这时刚好赦免令下来了，贼人们由于军队的武装没有被解除而不敢投降。王宗召集刺史太守共同商讨，他们都认为这时候就应当继续攻击贼人。法雄却说："这样做是不对的。兵器是利器，战争是非常危险的一件事，只有勇气是不可以的，这样也不一定能取得胜利。贼人如果乘船出海，深入到海中的岛屿，就不容易攻打他们了。我们可以趁着朝廷的赦令还没有到来，暂时用停战来安抚劝诱他们，这样在气势上敌人一定会减弱的，然后我们再想办法，看看可不可以不用作战就将他们平定。"王宗认为他说的话很对，于是立即下令停战。贼人听到后，非常兴奋，于是就归还了他们掠夺的所有的俘虏。然而东莱郡的独立军队还没有解除武装，这使得贼人们又一次感到惊恐，于是就逃到辽东郡，选择在海岛上停留。

秋季，七月，乙酉日（初三），三个郡发生了洪灾。

骑都尉任仁与羌人作战，接连战败，然而士兵却很放纵，朝廷用囚车押送他去廷尉论罪，最终将他处死。护羌校尉段禧去世后，朝廷再次派前任校尉侯霸接替这一职位，并将校尉府迁移到张掖郡。

九月，甲申日（初三），益州郡发生地震。

这一年，皇太后的母亲新野君生病了，于是皇太后就前往她的府第，在那儿连续住了几天；三公上奏书表示坚决反对太后这种举动，皇太后才肯回到皇宫去。冬季，十月，甲戌日（二十三日），新野君逝世，皇太后让司空护送新野君的灵柩，所举行的仪仗可以和东海恭王相媲美。邓骘等人请求辞官穿丧服、守孝，太后想不批准他们，于是就拿这事去询问曹大家，曹大家上奏书说："我听说过谦让之风，是最大的德行。现在这四位国舅依然深守着忠孝之道，引身自退，然而太后却因为边界没有平静，而拒绝他们甚至还不准许他们，如果今后有很小的一个过失加在今天这件事情上，这就实在让我担心推让的美名还能不能够再得到了。"太后这才准许了他们。等到丧服期满之后，邓太后就立刻下诏书命令邓骘再次回到朝廷辅佐朝政，再次授予邓骘等人上一次的封爵，邓骘等人坚持叩头推让，皇太后这才作罢。于是邓氏兄弟都特别批准奉朝会请召才要上朝，地位处在三公的下边，却在特进和列侯之上，如果有重要的事情需要商议，他们才前往朝堂，和公卿一同探讨。

太后下诏书让阴皇后的亲属都回到南阳郡去了，还发还他们五百多万钱财。

五年（辛亥，公元111年）

春季，正月庚辰朔日（初一），出现日食。

丙戌日（初七），有十个郡国发生了地震。

己丑日（初十），太尉张禹被免职。甲申日（正月无此日），让光禄勋颍川人李修担任太尉。

先零羌族部落入侵河东郡，一直到了河内郡，百姓们都非常惊恐，大多数人都向南逃奔渡过了黄河，于是朝廷就派北军中候朱庞带领五营的士兵驻守在孟津，下诏书命令魏郡、赵国、常山国和中山国等四国共建造六百一十六处堤防。敌人的势力已经变得很强大了，然而边界各个郡城的各级官员大多是内地各个郡县的人，他们并没有守土抗战的意思，却都争抢着上奏书来请求内调到其他的郡县，以此来避免被敌人攻击的灾难。三月，朝廷下诏书命令将陇西郡府迁移到襄武县，将安定郡府迁移到美阳县，将北地郡府迁移到池阳县，将上郡府迁移到衙县。由于百姓一般都比较眷恋故土，不愿离开旧地，所以官府就割去了田里的稻谷，拆除了百姓居住的房屋，把垒好的军营墙壁推平了，把已经储备好的东西都破坏了。由于当时连年发生旱灾、蝗灾并且闹大饥荒，加上官府驱逐逼迫、抢劫掠夺，使得百姓流离失所，好多百姓都沿途死亡了，有的人抛弃老人和生病的人，有的人选择做人家的仆妾，结果使得百姓损失大半。朝廷再次派任尚担任侍御史，负责在上党郡的羊头山攻打羌人，最终取得了胜利。于是就撤除了驻守在孟津的军队。

夫馀王入侵了乐浪郡，高句骊王宫和濊貊入侵了玄菟。

夏季，闰四月，丁酉日（十九日），朝廷在凉州和河西的四个郡县实行大赦。

海贼张伯路又一次侵犯了东莱郡，这次青州刺史法雄将他打败了；张伯路带人逃回了辽东郡，而辽东人李久等人一起把他们杀了，这样青州界内终于太平无事。

秋季，九月，汉阳郡人杜琦和他的弟弟杜季贡以及跟他们同一地方的王信等人与羌人勾结，他们聚集了部众占据上邽城。冬季，十二月，汉阳郡的太守赵博派遣刺客杜习刺杀杜琦；杀死杜琦之后就封杜习为讨奸侯。同时杜季贡、王信等人各自率领他们的部众占据了樗泉营。

这一年，有九个州发生了蝗灾，有八个郡国大雨成灾。

六年（壬子，公元112年）

春季，正月甲寅日（十一日），汉安帝下诏书说："所有新进贡的美味，大多都不符合它的时令季节，其中有的闷养在土室中，强迫它提前成熟的；有的是挖掘土地，使它提前发芽生长的。这样一来，没有得到美味不说，还使植株夭折阻止了它们继续生长，这哪里是合乎时令、孕育万物的做法呢？有古书记载说：'不符合时令季节的食物，是不能吃的。'所以从现在起供应祭祀先皇帝陵庙和天子食用的所有食物，都必须合乎时令。"这样一来总共减少了二十三种食物。

三月，有十个州发生蝗灾。

夏季，四月乙丑日（四月无此日），司空张敏被免职。己卯日（初七），任命太常刘恺为司空。汉安帝下诏书说："在建武年间，建立大功的二十八位大将的后裔都将继续受封。"

五月，发生旱灾。

丙寅日（二十五日），汉安帝下诏书命令上自中二千石，下至得到黄色印绶的官吏，将恢复原来一切的俸禄。

六月壬辰日（二十一日），豫章郡员谿原山发生了崩塌。

辛巳日（初十），汉安帝大赦天下。

侍御史唐喜攻打汉阳郡贼人王信，将他打败后把他杀了。这时，杜季贡也逃亡了，他投奔了滇零羌人。这一年，滇零去世，于是他的儿子零昌被立为王，但是由于他年纪还小，所以就由跟他同族的人狼莫帮助他制订计划，他让杜季贡做了将军，分兵驻扎在丁奚城。

七年（癸丑，公元113年）

春季，二月丙午日（二月无此日），十八个郡国发生了地震。

夏季，四月乙未日（二十九日），平原怀王刘胜逝世，他没有子嗣。于是太后就让乐安夷王刘宠的儿子刘得接替了平原王的位置。

丙申晦日（三十日），发生日食。

秋季，护羌校尉侯霸和骑都尉马贤在安定郡攻打先零羌族的其他部落的牢羌，俘虏并杀死了一千敌人。

发生蝗灾。

元初元年（甲寅，公元114年）

春季，正月甲子日（初二），汉安帝更改年号。

二月乙卯日（二十四日），日南郡的地面发生了开裂，足足有一百多里长。

三月癸亥日（初二），发生日食。

汉安帝下诏书派军队驻守在河内郡三十三处有谷道相通的重要地方，都建造了坞壁，安置了鸣鼓，用来防备羌人的入侵。

夏季，四月丁酉日（初七），汉安帝大赦天下。

京城和其他五个郡国都发生了旱灾和蝗灾。

五月，先零羌族部落入侵了雍城县。

秋季，七月，蜀郡的夷民入侵蚕陵县，并杀死了县令。

九月乙丑日（初七），太尉李修被免职。

羌人酋长号多和各族抢夺武都郡和汉中郡、巴郡，板楯蛮前往救援，汉中郡的五官掾程信带领本郡的军队和蛮人共同把他们打败了。号多逃走了又回去，阻断了陇西的所有道路，并且和零昌会合，侯霸、马贤在枹罕县与他作战，并打败了他。

辛未日（十三日），朝廷任命大司农山阳人司马苞为太尉。

冬季，十月，戊子朔日（初一），发生日食。

凉州刺史皮杨在狄道县攻打羌族人，失败了，死了有八百余人。

这一年，有十五个郡国发生了地震。

二年（乙卯，公元115年）

春季，护羌校尉庞参利用恩德信义招抚诱导各羌族，使得号多等人率领部众投降；于是庞参派号多前往京城朝见天子，朝廷赐给他侯爵印绶，之后就让他回去了。庞参将护羌校尉府迁回到令居县，使得河西与内地之间的道路畅通了。

零昌分出了军队用来入侵益州郡，于是朝廷派遣中郎将尹就攻打他。

夏季，四月，丙午日（二十一日），荥阳人阎氏被立为皇后。皇后生性妒忌，由于后宫的李氏生了皇子刘保，所以皇后就把李氏毒死了。

五月，京师发生旱灾，河南郡和其他十九个郡国发生了蝗灾。

六月，丙戌日（初二），太尉司马苞逝世了。

秋季，七月辛巳日（二十八日），任命泰山人太仆马英为太尉。

八月，辽东郡的鲜卑人包围了无虑县；九月，鲜卑人又攻打了夫犁营，并杀死了县令。

壬午晦日（二十九日），发生日食。

尹就攻打羌族的吕叔都等人，招募蜀郡人陈省和罗横刺杀吕叔都，结果都被封了侯，还赐给他们钱。

朝廷下诏书命令屯骑校尉班雄驻守在三辅。班雄是班超的儿子。派遣左冯翊司马钧兼职担任征西将军的职务，指挥关中各个郡县的八千人大军。庞参则带领羌人、胡人的七千多人的军队，和司马钧兵分两路共同攻打零昌。当庞参的军队到达勇士县东边的时候，就被杜季贡打败了，于是他带领军队向后撤退。司马钧等人单独前进，他们攻下了丁奚城，于是杜季贡就率领军队假装逃走了。司马钧让右扶风仲光等人收割羌人所种下的稻谷，但是仲光等人却违背了司马钧的指挥，将军队分散后深入敌人后方，于是羌人便设下了埋伏来拦击他们，司马钧在城中，很生气，就不去援救他们。冬季，十月，乙未日（十三日），仲光等人都战败并且阵亡了，死了有三千人之多，于是司马钧便逃回来了。由于庞参延误了约定会合的时间，于是就称病领兵回去了，他们都被征召回京论罪，关在牢中，司马钧在狱中自杀了。当时度辽将军梁慬也因为这件事而被论罪，他被关在狱中抵罪。校书郎中马融（扶风人），上奏书说以庞参和梁慬的才能智慧，应该原谅他们的过错，并要求他们替朝廷戴罪立功。于是汉安帝就下诏书赦免了庞参等人，并让马贤代替庞参担任了护羌校尉的职务，派任尚做中郎将，代替班雄驻守在三辅。

怀县的县令虞诩劝告任尚说："兵法中说'弱者是不会攻打强者的，地上走的动物是不会追赶天上飞的动物的'，这是自然规律啊！现在我们面临的敌人都是骑兵，日行好几百里远，说来时就快得像风雨一般，说走的时候就像离弦的箭一样迅速，如果用步兵追赶他们，无论如何都是赶不上的，因此虽然有二十多万驻兵，这么长时间也没有战功。从替你考虑的角度看，不如解散各个郡县的军队，让他们每个人都出几千钱，这样算来二十个人可以买一匹马。这样一来，用有一万骑兵的部队，去追赶几千敌人，追在他的后面去攻击他，敌人自然是没有办法的。这样不仅可以方便人民，而且对事情也有利，与此同时也可以建立大功了！"于是任尚立即根据虞诩的建议呈上奏书，朝廷采纳了虞诩的计策，并即刻派遣轻锐的骑兵在丁奚城攻打杜季贡，并把他打败了。

太后听说虞诩有将帅之才后，就任命他做武都郡的太守。几千羌人在陈仓县崤谷拦截攻打虞诩，虞诩马上就停兵不往前走了，而是对羌人放出话说："我会上奏书请求援兵的，而且一定会等援兵到来后才出发。"羌人听说后，就分头去掠夺附近的县了。虞诩趁着他们军队已经分散的时机，日夜兼程，走了一百多里，命令每个战士各造两个灶，并且每天增加一倍的灶炉，这就使得羌人不敢靠近他们。有人问虞诩说："孙膑是每天减少灶的数量，而你却是每天增加灶的数量，兵法上说每天行军不能超过三十里，以此防不测之事，但是你现在每天行军将近两百里，这是什么道理呢？"虞诩说："因为敌人太多，而我们的士兵太少，走得慢的话就容易被敌人赶上，而快速前进的话敌人就会意料不到。敌人看到我们的灶天天增加，一定会以为各个郡的军队都来援助我们了，这样我们军队人数多，行军又快，敌人一定会因为害怕而不敢追赶我们。孙膑向敌人示弱，而现在我向敌人示强，这是形势不同的缘故啊！"虞诩到达武都郡的时候，他的军队还不到三千人，然而羌人的军队有一万多人，包围并攻打赤亭长达几十天。于是虞诩就命令士兵不许发射强劲的弓弩，是而暗中发射比较小的弓弩；羌人认为弓箭的力道弱，是不能射到自己的，于是他们联合兵力紧急进攻。虞诩就每二十支强劲的弓弩集中射一个人，发出的箭没有射不中的，羌人大为惊讶，于是就向后撤退了。虞诩这才出城奋力追击羌人，杀伤了许多敌人。第二天，他把他的军队都排列好，让他们从东城门出去，换过衣服后再从北城门回来，就这样来回了好几次；这样一来羌人就不知道他军队的数量了，于是更加惊恐不安了。虞诩预料到敌人应该退兵了，这才暗中派遣五百多人在河道水较浅的地方设下埋伏，等候在他们逃奔途中的路上；敌人果然大举奔逃，虞诩他们这时迎面突袭，使敌人大败，斩杀、擒获了很多俘虏，敌人由于溃败而离开了。于是，虞诩经过观察地形后，一共建造了一百八十多处营垒，并且招回了在外流亡的百姓，救济那些穷苦的百姓，开通了河道的运输。虞诩刚到的时候，那里的一石米谷要一千钱，一石盐要八千钱，当时存在的百姓一共有一万三千户；任职三年后，一石米谷只需八十钱，一石盐只要四百钱，百姓增加到了四万多户，人口众多，家家富足，于是整个郡都相安无事。

十一月，庚申日（十九日），有十个郡国发生了地震。

十二月，武陵郡澧中的蛮人造反，州郡派兵将他剿平了。

己酉日（二十八日），司徒夏勤被免职。庚戌日（二十九日），任命司空刘恺担任司徒，光禄勋袁敞担任司空。袁敞就是袁安的儿子。

上一任虎贲中郎将邓弘去世了。邓弘本性俭朴，钻研学习欧阳氏解释的《尚书》，并且在皇宫中教授皇上。有官员上奏书请求追赠邓弘为骠骑将军，官位特进，封他为西平侯。太后追念邓弘平生的志向，于是没有加赠他官位和衣服，仅仅是赐给了他一千万钱，一万匹布；他的哥哥邓骘等人又一次推辞没有接受。于是太后就下诏书封邓弘的儿子邓广德为西平侯。将要埋葬邓弘的时候，有官员再次上奏书请求派出五个营的轻车骑士，葬礼的仪式应该像霍光的那样。太后都没有听从他们的建议，只是用一块白布盖住了车，用两匹马拉着，由邓弘的门生挽送他。到后来，由于他是皇帝老师这一贵重身份，就从西平国分出了都乡，让邓广德的弟弟邓甫德担任都乡侯的职务。

资治通鉴卷第五十　汉纪四十二

起丙辰（公元116年），止甲子（公元124年），共九年。

【题解】 本卷记录了汉安帝元初三年至延光三年间的历史。这一时期各地普遍发生地震、洪水、暴雨、冰雹等严重自然灾害。人们认为这是由于朝政阴盛阳衰且外戚势力过重上天给予的警示，但邓太后依然恋权不放。司空袁敞不阿附邓氏被迫自杀，太后堂弟邓康因劝谏归政于帝也被罢免。安帝亲政后，邓氏外戚多遭报复，诸皇舅被贬杀，同时江京等佞臣得势，太子及太尉等被陷害。公元一一七年羌人叛乱，羌乱使得国库空虚，班勇受命重开西域。匈奴入侵车师，班勇驻屯柳中。

孝安皇帝

元初三年（丙辰，公元116年）

春季，正月，苍梧郡、郁林郡和合浦郡的蛮夷造反叛变。二月，朝廷派遣侍御史任逴指挥各州郡的军队讨伐他们。

有十个郡国发生了地震。

三月，辛亥日（初二），发生了日食。

夏季，四月，京城闹了旱灾。

五月，武陵郡的蛮人造反叛乱，有州郡的军队来讨伐他并把他打败了。

癸酉日（二十五日），度辽将军邓遵带领南单于在灵州县攻打零昌，斩杀了八百多人。

越嶲郡塞外的全部夷人都向汉朝臣服了。

六月，中郎将任尚派遣军队在丁奚城攻打先零羌，并取得了胜利。

秋季，七月，在武陵郡的那些蛮人又一次造反叛变，又有州郡的军队讨伐他，将他平定了。

九月，为了防备羌人的侵犯，就在冯翊郡北界建造了五百处堡寨。

冬季，十一月，苍梧郡、郁林郡以及合浦郡的蛮夷都投降了。

原有的法律制度：不允许公卿、两千石和刺史守丧三年，司徒刘恺觉得“这不能作为百姓的表率，这也不是宣扬美好风俗的做法”。丙戌日（十一日），首次允许大臣守丧三年。

癸卯日（二十八日），有九个郡国发生了地震。

十二月，丁巳日（十二日），任尚率领军队在北地郡攻打零昌，不仅杀死了零昌的妻子和孩子，烧毁了他的住所，而且还斩杀了七百多人。

四年（丁巳，公元117年）

春季，二月乙巳朔日（初一），发生日食。

乙卯日（十一日），汉安帝大赦天下。

壬戌日（十八日），武库发生了火灾。

任尚派遣当阗种羌人榆鬼等刺杀了杜季贡，朝廷就封榆鬼为破羌侯。

司空袁敞，廉洁刚正、不阿附权贵，违抗了邓氏的意思。尚书郎张俊把私人信函给了袁敞的儿子袁俊，他的仇家把这封信封好，呈给了朝廷。夏季，四月戊申日（初五），袁敞被问罪，下诏书将他免职，他自杀了；袁俊等人被关在牢中，也应当被处死。袁俊上奏书为自己诉冤，在临行刑之前，太后下诏书减免了袁俊的死罪。

己巳日（二十六日），辽西郡的鲜卑族连休等人入侵了本郡，这个郡的军队和乌桓国的大酋长於秩居等人一同迎战，大获全胜，并且还斩杀了一千三百鲜卑人。

六月，戊辰日（二十六日），有三个郡都下了冰雹。

尹就由于没有平定益州郡而被论罪，他被征召回京城，并关在牢中抵罪；朝廷就派益州刺史张乔接管他的军队驻守在益州郡，张乔招抚引诱那些造反的羌人投降，这才使那些羌人稍稍瓦解。

秋季，七月，京城和其他十个郡国大雨一直下个不停。

九月，护羌校尉任尚又一次征募效功种羌人号封刺杀零昌；封号封为羌王。

冬季，十一月，己卯日（初九），彭城靖王刘恭逝世了。

越巂夷由于郡县频繁征收赋税，十二月，大牛种人封离等人造反，并且杀死了遂久县的县令。

甲子日（二十五日），任尚和骑都尉马贤一起攻打先零羌人狼莫，他们追到了北地郡，在那里僵持了六十多天后，就在富平河上发生了战争，把羌人打败了，并且还斩杀了五千人，但是狼莫却逃走了。于是西河郡一万虔人种羌人都向邓遵投降了，从此陇右就平定了。

在这一年里，有十三个郡国发生了地震。

五年（戊午，公元118年）

春季，三月份，京城和其他五个郡国发生了旱灾。

夏季，六月，高句骊和濊貊入侵了玄菟。

永昌郡、益州郡和蜀郡的夷人都响应了封离而造反叛变，他们的部众达到了十多万人，攻陷了二十多个县，杀死了很多官吏，他们还到处烧杀掠夺，使得尸骨堆积满地，方圆千里都不见人烟。

秋季，八月，丙申朔日（初一），发生日食。

代郡的鲜卑人入侵了郡城，并且杀死了那里的长吏；朝廷就发动边地各个郡城的军队以及黎阳营的士兵一同驻守在上谷郡来防备他们。冬季，十月，鲜卑人入侵了上谷郡，并且还攻打了居庸关，朝廷再次发动边地各个郡的军队和黎阳营的军队、弓弩手、步兵和骑兵两万人，驻守在各个重要的据点。

邓遵招募上郡全无种羌人雕何刺杀狼莫，朝廷封雕何为羌侯。在羌人造反叛乱的十多年中，军队共用去了两百四十多亿，这使得府库都空虚竭尽了，边地的人民以及内地各个郡死去的人数是无法计算的。于是，并州和凉州两个州达到了虚弱耗尽的地步。等到零昌、狼莫都死了之后，各个羌族也都瓦解了，三辅和益州郡也不会再有外敌入侵的警报了。于是，朝廷下诏书封邓遵为武阳侯，并把三千个人家每年的田赋封赏给他。邓遵因为是太后堂弟，所以封爵如此优厚隆重。由于任尚和邓遵争夺战功，又谎报了杀敌的人数，并且还收受贿赂赃款千万以上、偏私枉法，因而被论罪，十二月，任尚在囚车中被押送入京，将他处死后遗弃在街头，还没收了他的财物。邓骘的儿子侍中邓凤由于曾经接受过任尚赠送的马，邓骘就把他的妻子和儿子的头发剃去，以此来谢罪。

这一年，有十四个郡国发生了地震。

邓太后的弟弟邓悝和邓阊都去世了，邓悝的儿子邓广宗被封为叶侯，邓阊的儿子邓忠被封为西华侯。

六年（己未，公元119年）

春季，二月，乙巳日（十二日），京城和其他四十二个郡国发生了地震。夏季，四月，沛国和渤海郡刮了大风，下了冰雹。

五月，京城发生旱灾。

六月，丙戌日（二十六日），平原哀王刘得去世了，他没有子嗣。

秋季，七月，鲜卑人入侵了马城要塞，杀死了当地的长吏，度辽将军邓遵和中郎将马续带领南单于追击，大获全胜。

九月癸巳日（初四），陈怀王刘竦去世了，他没有子嗣，于是就撤销了他的封国。

冬季，十二月，戊午朔日（初一），发生日全食。

有八个郡国发生了地震。

这一年，太后征召和帝的弟弟济北王刘寿和河间王刘开五岁以上的儿女四十多人，还有和邓氏近亲的子孙三十多人，为他们建造了馆舍，传授他们经书，并亲自监督考问他们。邓太后下诏书给河南堂兄尹邓豹、越骑校尉邓康等说："末世的皇亲国戚和在朝为官的家庭，他们都有温暖的衣服穿、有丰美的食物可以吃，他们都乘坐坚固的车子，驾驶着良马出行，但对待学术，却如面向墙壁而目无所见，不能有所见解，不能区分善恶是非，这可是祸患发生的原因啊！”

豫章郡长出灵芝草，太守刘祗就想要把它进献给朝廷，于是就去问本郡人唐檀，唐檀说："现在外戚势力强盛，而国君力量衰弱，这哪里是祥瑞的迹象呢？”于是刘祗因此作罢。

益州刺史张乔派遣杨竦带领军队到楪榆县，攻打封离等人，不仅把他打败了，而且还斩杀了三万多人，捕获一千五百个俘虏。封离等人非常害怕，于是就杀死了他们同谋的首领，向杨竦投降了。杨竦对他加以安慰并且接纳了他的投降，其余的三十六个族也都归降了。杨竦因此上奏书举报长史的奸私狡猾欺压蛮夷，于是侵犯蛮夷的九十人，都被判处轻于死刑一等的刑罚。

那时，西域各国和汉朝断绝关系以后，北匈奴又一次拿军队来威迫役使他们臣服，并且让他们和北匈奴一同入侵汉朝的边界。敦煌郡太守曹宗很是担心这件事，于是就上奏书请朝廷派遣代理长史的索班带领一千多人驻守在伊吾来招抚他们。于是车师前王和鄯善王就再次来投降了。

疏勒王安国去世的时候，由于他没有子嗣，于是国人就立他舅舅的儿子遗腹为王，遗腹的叔父臣磐在月氏国，于是就从月氏国将他送回国并立他为王。后来莎车国背叛了于窴国，臣服于疏勒国，于是疏勒国开始强大起来了，就和龟兹国、于窴国成了敌国。

永宁元年（庚申，公元120年，本年夏四月改年号）。

春季，三月，丁酉日（十一日），济北惠王刘寿逝世。

北匈奴带领车师后王军就一同杀死后部司马和敦煌郡长史索班等人，朝廷攻击并赶走那车师前王，控制了西域北道。鄯善国被逼的形势危急，就向曹宗求救，于是曹宗向朝廷上书请求派出五千人的军队攻打匈奴，以此来洗雪杀死索班的耻辱，因此就再次收回了西域；公卿大多认为应该关闭玉门关，阻断前往西域的道路。太后听说军司马班勇有他父亲的风范之后，就召他来到朝堂并且询问他的意见。班勇上奏折说："先前孝武皇帝担心匈奴强大，于是就开通了西域，有人议论认为这样不仅夺走了匈奴的府藏，而且切断了匈奴的右臂。光武帝中兴，没有空闲顾及国外的事情，于是匈奴就倚仗他的强大，驱使各国臣服；等到永平年间的时候，匈奴又一次攻打敦煌、河西各郡，致使河西各郡的城门在白天都关闭着。孝明皇帝仔细地考虑了遣将制胜的策略，于是命令英勇的战士出征西域，于是匈奴就远远地逃走，边境才得以安定；等到永元年间的时候，西域各族没有不向汉朝臣服的。刚好近来羌人作乱，西域又一次被断绝，于是北匈奴派遣人责备各国，命令他们偿还了所欠的租税，不但提高了价值，并严格要求定期举行集会，鄯善国和车师国的百姓都心怀愤怨，想要和乐地一起侍奉汉朝，但是却找不到路子；以前之所以时常有造反叛乱，都是治理方法不妥当的原因，这反而让他们受到伤害啊。现在曹宗只是羞耻于上一次战争的失败，他只是想要报复匈奴，洗雪杀死索班的耻辱，而没有寻思过去出兵的例子，没有衡量哪些是当时应该做的事情啊！至于说在荒服之外求取战功，一万次中也没有一次成功的，如果接连用兵，就会使得战祸不绝，到时候后悔就来不及了。再说现在府库不充足，军队也没有后援，这正是在向远方的夷族显示自己的弱处，向海内暴露自己的短处，我认为这是不能答应的。以前敦煌郡有三百人的营兵，现在应该恢复了，应该再次设置护西域副校尉，让他驻扎在敦煌，就好像永元时候的旧例，还应该派遣西域长史带领五百人驻守在楼兰，这样西边正对着焉耆国和龟兹国的道路，在南边壮大了鄯善国、于寘国的胆子，在北边防御匈奴，东边靠近敦煌郡，实在是很有利啊。"

尚书又问班勇说："你觉得这事的利害关系怎样呢？"班勇回答说："在永平末年的时候，开通了西域，刚开始派遣中郎将驻守在敦煌，后来在车师国设置了副校尉，不但可以指挥胡人的行动，而且不允许汉人被侵扰，于是外族归心，匈奴都畏惧了。现在的鄯善王尤还，是汉人的外孙，如果匈奴取得势力，那么尤还一定会被杀，这些人虽然如鸟兽一般，但是也知道躲避灾害，如果出兵驻守在楼兰，这就足可以使他们的心归向汉朝，我认为是很有利的。”

长乐卫尉镡显、廷尉綦毋参和司隶校尉崔据提出疑问说：“朝廷以前之所以舍弃西域，是因为它对朝廷没有利益而且费用庞大难以供应。现在车师国已经屈服于匈奴，鄯善国不可以保证他对汉朝的忠心，所以一旦再次背叛汉朝，班将军就一定能保证北匈奴不会成为边界的祸患吗？”班勇回答说：“现在朝廷之所以要设置州刺牧，就是要禁止各个郡县奸私狡猾的盗贼作乱啊！如果州刺牧能够保证盗贼不会起来作乱，我就愿意以腰斩的刑罚来保证匈奴不会成为边界的祸害。现在和西域相互沟通了，那么敌人的势力一定会减弱，一旦敌人的势力减弱了，那么危害就减小了；把这和与西域断绝关系、把宝藏归还给匈奴，并为他接上断掉的右臂，两者比起来，哪一个更有利呢？现在就应该设置校尉来保卫并安抚西域；设置长史来招致各国使其归顺；如果舍弃西域而没有设置校尉来保卫西域，那么西域就会对汉朝绝望，一旦绝望，就会去委屈投降北匈奴，沿边的各郡都将会受到困扰和伤害，恐怕河西的城门一定会再有白天就紧闭的警惕了！现在如果不推广朝廷的恩德，而是局限于驻守防卫的费用，这样的话，北匈奴的势力就会逐渐强盛起来，这哪里是使边地长久安定的计划呢？”

太尉掾属毛轸提出疑问说：“如果现在设置校尉，那么西域就会有使者被络绎不绝地派来，当他们的要求和索取没有得到满足的时候，如果给了他，那么费用就很难供应了；如果不给他，那么就会让他失去对汉朝的忠心，而他们一旦被匈奴所逼迫，一定会再次向汉朝求救，这样一来所引起的战役就更大了。”班勇回答说：“如果现在把西域归属于匈奴，就会使匈奴感激大汉的恩德，就不会再做掠夺盗贼的事了，那这样就可以了。假如不这么做的话，匈奴一旦借着西域富饶的租税以及众多的兵马来扰乱沿边各郡，这就增加了敌人的财富，加强了残暴蛮夷的势力。设置校尉是要宣扬朝廷的威望，宣传朝廷的恩德，用来维系各国倾向汉朝的心，使匈奴窥伺汉朝的心思有所改变，但是这并没有花费钱财、使国家虚弱的顾虑啊！再者说来西域的人民进入关来，是没有其他的要求的，他们只不过想得到食物而已。如果现在拒绝他们，受情势所迫，他们一定会向北边臣属匈奴，并合力来入侵并州、凉州，那么朝廷将花费不止十亿。这样看来设置校尉确实是有利的。”

于是太后就听从了班勇的建议，恢复敦煌郡共三百人的营兵，设立了西域副校尉驻守敦煌。虽然这次联系又一次牵制了西域，但是也没能驻守楼兰。匈奴后来果然有好几次和车师国一同入侵掠夺，使得河西地区大受其害。

沈氏羌入侵了张掖郡。

夏季，四月丙寅日（十一日），立皇子刘保为太子，更改年号，并大赦天下。

己巳日（十四日），朝廷又封陈敬王的儿子刘崇为陈王；封济北惠王的儿子刘苌为乐成王；封河间孝王的儿子刘翼为平原王。

六月，护羌校尉马贤带领一万人在张掖郡讨伐沈氏羌，把他打败了，并斩杀了一千八百人，俘获活口一千多人，其余的敌人也都投降了。当煎族大酋长饥五等人，由于马贤的军队在张掖郡，就乘虚入侵了金城郡，于是马贤就调回军队追赶他们直到塞外，并且斩杀好几千人之后才回来。烧当羌、烧何羌部落听说马贤的军队返回金成郡了之后，就再次入侵张掖郡，杀死了当地的长吏。

秋季，七月，乙酉朔日（初一），发生了日食。

冬季，十月，己巳日（十六日），司空李郃被免职了。癸酉日（二十日），朝廷任命卫尉庐江人陈褒为司空。

京城和其他三十三个郡国闹水灾。

十二月，永昌郡塞外的掸国王雍曲调派遣使者进献乐工以及会幻术的艺人。

戊辰日（十六日），司徒刘恺向汉安帝请求退休，朝廷批准了，给他千石的俸禄让他回乡养老。

辽西郡的鲜卑国酋长乌伦、其至鞬带领他的部众向度辽将军邓遵投降了。

癸酉日（二十一日），任命太常杨震为司徒。

在这一年里，有二十三个郡国发生了地震。

邓太后的堂弟、越骑校尉邓康，因为太后长久亲临朝政，使得邓家在朝为官的人很多，于是他就好几次上奏书给太后，认为应该尊崇王室，削减自己的私权，言语非常诚恳，但是太后并没有听取。于是邓康假装生病自己引退而不上朝，太后派内侍去探问他；而所派去的人是邓康家原先的婢女，她自己通报说是“中大人”，邓康听到之后就开始责骂她。婢女由此怀恨在心，回宫后就向太后报告说邓康假装生病而且出言不逊。于是太后大怒，免去了邓康的官职，并遣使他回到自己的封国，还除去了他的族籍。

起初，与饥五同族的当煎族大酋长卢忽、忍良等一千多户百姓留居在允街，并且还迟疑不决。

建光元年（辛酉，公元121年，本年七月改年号）

春季，护羌校尉马贤召见卢忽，然后就把他杀了，并派出军队攻打他的族人，斩杀并俘获两千多人，忍良等人都逃亡到塞外去了。

幽州刺史冯焕（巴郡人）、玄菟郡太守姚光、辽东郡太守蔡讽等人带领军队攻打高句丽，于是高句丽王宫就派遣儿子遂成假装投降而偷袭玄菟郡、辽东郡，共杀伤了两千多人。

二月，皇太后生病，于是在癸亥日（十二日），大赦天下。三月癸巳日（十三日），皇太后邓氏驾崩。还没有大敛的时候，汉安帝就重新提了以前的命令，封邓骘为上蔡侯，并赐给他特晋的官位。

丙午日（二十六日），安葬和熹皇后。

自从邓太后主持朝政以来，在十年间水灾、旱灾没有停止过，四方的夷人在外入侵边地，盗贼在城内兴起，每次听说有百姓挨饿，她都通宵不眠，并亲自减膳节约，用来赈救灾难困厄的百姓，所以天下才能再次太平，恢复了丰收的年景。

汉安帝开始亲自主持政事，尚书陈忠推荐一直隐居和德行正直的颍川人杜根以及平原人成翊世等人，汉安帝都接纳并任用了他们。陈忠，就是陈宠的儿子。邓太后亲临朝政的时候，杜根正在做郎中，和当时的同僚上奏书说："皇帝已经长大了，可以亲临政事了。"太后听后大怒，于是命令将他们都装入丝袋中，并在殿堂上将他们打死，接着就用车子把他们的尸体送出了城外，杜根这才得以苏醒过来；太后派人检查他们尸体的时候，杜根就假装死了，过了三天，他的眼中都生蛆了，才得以逃走。之后就在宜城县山中的酒家做酒保，总共做了十五年之久。成翊世凭借郡吏的身份，也因为劝谏太后归还政权而被论罪，并被关在牢中抵罪。于是汉安帝都把他们征召到了公车府署，任命杜根为侍御史，任命成翊世做尚书郎。有人问杜根说："以前你遭遇到灾祸的时候，天下百姓都说你有正义感，你的知己老友也并不少，怎么能至于让自己受苦到这样的地步呢？"杜根说："在民间交往的时候，民间并不是踪迹隔绝的地方，万一暴露了身份，祸害便会连累到亲朋好友，所以不能这样做。"

戊申日（二十八日），汉安帝追封生父清河孝王为孝德皇帝，生母左氏被封为孝德皇后，祖母宋贵人被封为敬隐皇后。当时，长乐宫的太仆蔡伦受了窦后的旨意后，就诬陷宋贵人，于是汉安帝就命令他自己前往廷尉受审，而蔡伦服毒自杀了。

夏季，四月，高句丽和鲜卑人再次入侵了辽东郡，于是蔡讽就在新昌县追击敌人，结果阵亡。功曹掾龙端、兵马掾公孙酺由于用自己的身体保护蔡讽，所以就一起死在了阵列中。

丁巳日（初七日），汉安帝封嫡母耿姬为甘陵大贵人。

甲子日（十四日），乐成王刘苌由于骄淫不符合法令而被论罪，被贬为芜湖侯。

同月己巳日（十九日），汉安帝命令公卿以下直到郡国的太守和相，每个人都要荐举一个有道德学问的人。尚书陈忠也因为诏书已经开启了谏诤的路，但他担心谏言朝政的人一定会有很多语言过激的地方，有的可能甚至连皇帝都不能容忍，他觉得应当首先通达开阔皇帝的胸襟，于是上奏书说："微臣听说仁君就要像山薮一样有博大的度量，愿意采纳诚恳忠直的建议，忠臣要有尽直言的情操，不能因为害怕忠言逆耳的迫害，因此高祖就舍弃了周昌将他比喻成桀、纣之主的芥蒂；孝文帝喜欢袁盎说他视人如豕且虐待别人的讥刺，武帝则采纳东方朔对错用宣室招待公主宠臣的批评，元帝容纳薛广德自刎并将血弄到车轮上的恳切的建议。现在您下诏书就要尊重殷高宗的品行，发扬宋景公的诚意，并亲自承认自己的过失，而且要向群臣询问意见。谏言国事的人由于看到杜根、成翊世等人因为刚刚蒙受朝廷的表彰而被录用，荣耀地在尚书、御使二台任职，就一定会顺着这种风气纷纷响应，并争着向朝廷进谏。如果是好的计谋、特别的策略，就应该加以采用；如果是见地狭隘的小意见，并且是随便讥刺皇上的言论，即使是苦口逆耳的忠言，但是与事实不合，陛下也应该暂且对他们宽容，以此来显示朝廷无所隐讳的美德；如果有道之士对问并且有高明的见解的，就应该对他们表示特别的关注，并晋升一等，以此来推广群臣进谏之路。"奏书呈上去之后，汉安帝就下诏书任命有道德并且成绩优秀的沛国人施延担任侍中的职务。

起初，汝南人薛包，少年时就有很好的德行。父亲娶了后妻之后就不喜欢薛包了，让他出去单独居住。薛包则日夜号啕大哭，不肯离开，以至于到了被殴打的地步，不得已的情况下，就在屋外建造了一间庐舍居住，每天早晨回到家里打扫庭院。父亲很是生气，于是就又把他赶走了，这次薛包就在里门建了一间庐舍居住，每天早晚都请安的礼节从来没有被废除。就这样过了一年多，他的父母因为感到惭愧就把他叫回来了。等到他父母去世之后，他的弟弟的儿子都要求分家产并且单独居住。薛包没有办法劝说他们，于是就平分家产，对于奴婢，他都留下那些年老的，说："他们和我共同生活了很久了，你们是不能差使他们的。”对于田地房屋，他就选取那些荒废的，说：“这都是我小时候所建造的，我很是留恋，舍不得离开。”对于器物，他就选取那些破破烂烂的，说：“这是我一向穿和用的，我的身体和嘴都习惯它们了。”他的弟弟的儿子有好几次破产，薛包就一次次地救助他们。汉安帝听说他的名声后，就下令要单独征召他，在他来到京城之后，就任命他为侍中。薛包用死来请求不要做官，于是汉安帝就下诏书允许他告老还乡，而对他的礼遇就和章帝对待毛义一样。

汉安帝小时候，大家都说他很聪明，所以邓太后立他为皇帝。等到他长大之后，做了很多不道德的事，有些不太符合太后的心意，汉安帝的奶妈王圣是知道这件事的。于是太后就征召济北王和河间王的儿子到京城来。河间王的儿子刘翼，容貌和仪表都很优美，太后对他感到很是惊奇，于是就让他作为平原怀王的后嗣，留在了京城。王圣看到太后迟迟不把政权交给汉安帝，担心会废置汉安帝，于是就常常和中黄门李闰、江京服侍在汉安帝的左右，一起在汉安帝面前说太后的坏话，汉安帝就因此而常常心怀忿惧。等到太后去世之后，先前有受责罚而心怀怨恨的宫人，就诬告太后的兄弟邓悝、邓弘和邓阊以前到尚书邓访那里访取废置皇帝的旧事，并且还商议立平原王为皇帝。汉安帝听到后，因为此事而生气，于是就命令官员奏明邓悝等人的大逆不道，并且废除了西平侯邓广宗、叶侯邓广德、西华侯邓忠、阳安侯邓珍、都乡侯邓甫德的爵位，都将他们贬为普通百姓，因为邓骘没有参与这阴谋，所以他只是被免除了特进的官位，并且命令他前往自己的封国。邓氏宗族有在朝做官的都被免去了官职，并且都回归到了故里南阳郡。把邓骘等人的财产都没收充公，并且将邓访和他的家属贬谪到边远的郡县，郡县的官吏整日对他们威胁逼迫，于是邓广宗和邓忠都自杀了。之后又改封邓骘为罗侯。五月，庚辰日（初一），邓骘和他的儿子邓凤都绝食而死了。邓骘的堂弟河南尹邓豹、度辽将军舞阳侯邓遵和将作大匠邓畅都自杀了，只有邓广德兄弟由于他们的母亲和阎后是亲姐妹的缘故，才得以留在京城。汉安帝再次任命耿夔做度辽将军，任命乐安侯邓康做太仆。丙申日（十七日），平原王刘翼被贬为都乡侯，并遣回到了河间去。刘翼由于谢绝与宾客往来，闭门在家修身养性，因此免受了这次灾祸。

邓后被立为皇后的时候，太尉张禹、司徒徐防想和司空陈宠一同奏请追封邓后的父亲邓训，陈宠由于前代没有被奏请追封的先例，所以和他们争论了好几天，依然不能决定。等到邓训追加封谥的时候，张禹、徐防再次约见陈宠，都认为应该派遣他的儿子向虎贲中郎将邓骘献礼，但是陈宠没有听从，所以陈宠的儿子陈忠在邓氏当政时就不得志。邓骘等人事败的时候，陈忠正做尚书，于是他屡次上奏书诬陷他们的恶行。

大司农朱宠（京兆人）因为邓骘没有犯罪而遭遇祸害感到痛心，于是他就赤裸上身、抬着自己的棺木，上奏书说："微臣深知和熹皇后有圣明善良的美德，就好像是汉朝的文王的母亲。邓氏兄弟向来忠君孝亲，一同为国事了而忧心，使得宗庙有人照顾，王室因此而倚重他们；功成之后身退、让国逊位。历代的皇亲国戚，没有人是可以和他们相比的，这样积善谦让的美德，应当享有福佑才对。然而被宫人的片面之词所陷害。可以看出犀利的言辞足够倾覆并且危害别人、扰乱国家；罪行没有明确的证据，被关入牢中也没有彻底地讯问，就让邓骘等人遭遇到残酷滥施的刑罚，一家七人全部丧失了性命，他们的尸骨流离在外而不得安葬，其冤魂也飘游在外不能回归故里，这就悖逆了天理并深深惊动了人们，天下的人都因为此事而意志消沉。所以朝廷应该收埋他们的尸骨，并安葬他们，封立他们的子嗣，告慰他们的灵魂，以此来安慰他们的亡魂。"朱宠知道他自己的话太过严厉了，于是自己就前往廷尉请求治罪。陈忠再次弹骇奏明朱宠的罪行，于是汉安帝下诏书免去了他大司农的官职，让他回归故乡去了。众人大多都同情邓骘，说他是被冤枉了，汉安帝也悔悟了，于是就责备州郡官吏威胁逼迫的行为，并把邓骘等人的棺木埋葬到了北芒山，邓氏堂兄弟也都回到京城来了。

汉安帝派耿贵人的哥哥牟平侯耿宝率领羽林左军车骑，封外曾祖宋杨的四个儿子都做了列侯，宋氏家族中有十几人做到了卿、校尉、侍中大夫、谒者、郎吏。阎皇后的兄弟阎显、阎景和阎耀，都做到了卿、校尉的职位，主要掌管宫中的防卫军队。阎氏外戚得到朝廷的恩宠开始兴盛起来。

江京由于曾经在清河王邸迎接汉安帝，被认为有功劳，就被封为都乡侯，封李闰为雍乡侯，李闰、江京都晋升为中常侍。江京兼任大长秋的时候，就和中常侍樊丰、黄门令刘安、钩盾令陈达，以及王圣、王圣的女儿王伯荣煽动皇宫内外的大臣，争着做各种淫虐的事情。王伯荣经常出入宫廷，便从事串通奸恶和传送贿赂的勾当。司徒杨震上奏书说："微臣听说政事的根本是得到贤才，治国的要务是要去除坏人。在尧、舜的时候，只有俊德能治的人才能担任官职，四个罪大恶极的恶人被放逐以后，天下的百姓都顺服，使百姓都能和睦相处。现在有九德的人都没有在位任事，然而被宠幸的小人却充满了朝廷。乳母王圣，出身卑微，遇到千载难逢的机会才得以奉养圣上，她虽然有母亲把干燥地方给儿子住而自己居住在潮湿地方的劳苦，但是赏赐给她的恩惠，足以报答她的劳苦了，然而她还不满足，不守法纪，和大臣往来，到处请托贿赂，做出了很多违法的事情，天下都被扰乱了，并且还损害污辱到了清廉的朝廷，也玷污了皇帝和皇后的名声。一旦有女子、小人和他们接近了，他们就会沾沾自喜，一旦和他们疏远了，他们就开始埋怨，确实是很难养。我觉得应该赶快让乳母王圣出宫，让她住到外家去，并且断绝和王伯荣的往来，不许她与宫中来往。这样皇上的恩德在宫内外都能隆盛，在朝廷上下都能和美了。"奏书呈上之后，汉安帝就拿给乳母王圣等人看，宫内受到汉安帝宠幸的那群小人都心怀愤恨。

然而王伯荣却更加骄淫，她和已去世的朝阳侯刘护的堂兄刘瑰有奸情，于是刘瑰就娶她为妻，官就做到侍中的位置，继承了刘护的爵位。杨震上奏书说："传统的制度规定说：父亲死了就该由儿子继承，哥哥死了就应该由弟弟接替，以此来防止不正当的篡位。微臣看到诏书上写道：已经去世的朝阳侯刘护的堂兄刘瑰继承刘护的爵位被封为侯；然而与刘护同母的弟弟刘威，现今还健在。微臣听说天子有封爵的大权，都封给那些有功的臣子；诸侯有任命官员的大权，都任命那些有德行的人。现在刘瑰没有任何功劳德行，只是和皇帝乳母王圣的女儿结为了夫妻，一时之间，不但官位做到了侍中，而且又被封侯。没有查考旧有的法制，是不符合于传统制度所记载的道理的，路人都为这件事而吵闹谈论，百姓都为这件事感到不安，陛下应该以过去的事例为借鉴，顺着先皇的法令去做。”尚书广陵人翟酺上奏书说：“先前窦氏、邓氏得到的宠幸，足以使天下动摇，他们不仅在朝廷担任各种官职，而且积累了很多钱财，以至于他们凭借议谋并擅弄天下赏罚的大权，作威作福，试图杀害皇帝，改朝换代，这难道不是因为权势尊贵、威望广大而引起祸害的吗？等到他们由于事败而被杀死的时候，人头落地，虽然只希望做只猪仔，但是这怎么可能呢？官位如果不是循序渐进得来的，那一定都会很快失去的；官爵如果不是依法得来的，祸害也一定会很快就到来。如今外戚受到朝廷的宠幸后，他们的功劳就可以和天地造化万物相等了，从汉初以来，是没有人可以和他们相比的。陛下确实是仁恩普及，以此来亲近九族的人，但是封赏官位的大权已经不在天子手中了，现在政权已经被转移到大臣私人手中了，如果再按照前面翻覆的车子走，怎么能受不到伤害呢？这是关乎国家安危最值得警惕的事了，所以要认真地考虑一下啊！先前文帝崇尚节俭，由于爱惜金钱而停止建造露室台，集取臣子上书的皂囊做成宫殿的帐帷，有人讥讽他太节俭了，文帝曾说：‘我是在为天下人守护钱财，我怎么能够随便乱花呢？’现在自从皇上主持政事以来，还没有多长时间，花费的钱，已经远远无法计算了。收敛天下人的钱财，把它们积聚在没有功劳的幸臣的家中，国库的钱财已经用尽了，一旦人民的财物受到损伤或者有意外的事情发生时，就一定会征收重税，如此一来，百姓怨怒背叛的心意一旦产生，国家的危乱就拭目以待了。希望陛下能努力寻找忠贞的臣子，诛除并疏远那些谄媚的小人，阻绝情欲的欢乐，停止对私宴的喜好，心中念着国家灭亡的原因，研究中兴国君之所以兴起的原因，灾害差不多就可以停息了，丰收的年份也就到了。”奏书呈上之后，汉安帝一点都没有理会。

秋季，七月，己卯日（初一），汉安帝更改年号，大赦天下。

壬寅日（二十四日），太尉马英逝世。

烧当羌部落的忍良等人，由于麻奴兄弟是烧当羌酋长东号的子嗣，校尉马贤安抚不周到，就常常心存埋怨。于是他们就相互勾结，一同率领羌人各个族入侵湟中，攻打金城郡的各个县。八月，马贤带领先零羌在牧苑回击他们，但是战事不利。与此同时，麻奴等人又在令居县攻打武威郡和张掖郡的军队，并率领先零羌、沈氐羌各个族的四千多户人家沿着山往西边走，入侵武威郡。马贤就追赶他们到鸾鸟县，去招抚引诱他们，各族投降的有好几千人，最终麻奴向南回到湟中去了。

甲子日（十六日），朝廷前任司徒刘恺做了太尉。想当初，清河王的相叔孙光因为贪赃而被论罪，于是被关在牢中抵罪，因为这加重了处分，使得父子两代人都不能做官。如今，居延都尉范邠又犯了贪污罪，朝廷想要比照对叔孙光的处分来处分他。刘恺认为：“《春秋》的大义，对善人的奖赏要延及子孙，对恶人的惩罚只是作恶之人，这样做为的是鼓励人向善。如今禁止贪污的官吏的子孙做官，轻罪却被重罚了，这使得善良的人感到恐惧，这可不是先王审察刑罚的本意啊！”尚书陈忠也认为这是对的。于是汉安帝下诏书说：“太尉的建议是正确的。”

鲜卑人其至鞬入侵居庸关。九月，云中太守成严去攻打他们，结果打了败仗，功曹杨穆为了保护成严，就和他一起阵亡了。于是鲜卑人就在马城县包围了乌桓校尉徐常。度辽将军耿夔和幽州刺史庞参发动广阳郡、渔阳郡、涿郡的部队去援救他，鲜卑人解除包围并离去了。

戊子日（初十），汉安帝来到卫尉冯石家，在他家居留宴饮了十几天，就给冯石很丰厚的赏赐，并任命他的儿子冯世为黄门侍郎，让冯世的两个弟弟都做郎中。冯石就是阳邑侯冯鲂的孙子，他的父亲冯柱娶了显宗的女儿获嘉公主为妻，于是冯石就继承了公主的爵位，做了获嘉侯，他很会取悦于人，所以就被汉安帝宠幸。

京城和其他二十七个郡国雨水成灾。

冬季，十一月，己丑日（十二日），有三十五个郡国发生了地震。

鲜卑人入侵玄菟郡。

尚书令祋讽等人上奏折，认为："孝文皇帝定下的关于节俭、礼仪的制度以及光武皇帝制定的中止吉事、凶事休假的法规，应传承万代是不可以改变的，并且应该停止大臣守丧三年的做法。"尚书陈忠上奏书说："高祖承受了天命，萧何创立了法制，大臣有亲人死亡而不守丧三年可以告发的法令，这合乎对父母丧事尽心意的道义。建武年初，刚刚经过大乱，各种国政，大都简明扼要，既然大臣们不能拥有吉凶的休假，于是官员们就顾念私情，追求俸禄和地位，却很少有人能遵循三年的丧期来报答父母的养育之情，这样来说礼义的常道，实在是太衰微了。陛下应该让大臣服完丧，这样就有了圣明的功绩和美好的功业，可以说没有比这个更好的了。《孟子》中讲道：'由敬重自己的父母，可以推广到敬重别人的父母；由爱护自己的儿女，也可以推广到爱护别人的儿女，这样天下就可以掌握在手中了。'微臣希望陛下能登上高地并远望北方，以此来探求甘陵的心思，揣量臣子的心意，那么在四海内就都能得到适当的地位了。"宦官认为守丧三年的制度对自己不方便，于是扣压了陈忠的奏章。庚子日（二十三日），朝廷再次规定二千石以上的官员，要取消三年的丧制。

◆袁宏评论说：古代的帝王之所以能深厚教化，美化风俗，率领人民实行善德，是依照人民实际的情况，并且没有转移他们的情感关系的原因，这样一来人民还有做不到的地方，更何况是破坏礼制、阻止哀情这样毁灭他们天性的做法呢？◆

十二月，高句骊王宫带领马韩、濊貊等几千骑兵围攻玄菟，于是夫馀王就派他的儿子尉仇台带领两万多人和州郡联合起来，讨伐并打败他们。同年，宫去世了，他的儿子遂成继位。玄菟的太守姚光上奏书说，想要在他们办理丧事期间，出兵攻击他们，议事的人都认为可以，一致通过了。陈忠说："宫以前狡猾凶恶的时候，姚光不去讨伐；现在死了却要去攻击，这是不合常理的。现在应该派遣使者，前往吊唁，并责备他们先前的罪过，赦免了他们而不施加惩罚，以换来他们日后的向善。"皇帝接受了陈忠的建议。

延光元年（壬戌，公元122年）

春季，三月丙午日（初二），更改年号，大赦天下。

护羌校尉马贤追击麻奴，追到湟中的时候，取得了胜利，麻奴部落的人逃散了。

夏季，四月，京城和其他四十一个郡国下冰雹，其中河西的冰雹大得像斗一般。

幽州的刺史冯焕和玄菟的太守姚光多次督察举发奸恶的事，于是怨恨他们的人就假造玺书，斥责冯焕和姚光，并赐给欧刀让他们自尽，又下诏让辽东都尉庞奋，立刻执行刑法。于是庞奋立刻就杀了姚光，逮捕了冯焕。冯焕想要自杀的时候，他的儿子冯绲怀疑诏文的真伪，于是阻止冯焕说："大人现在在州中，他是想除去恶人，实在没有别的原因。一定是有凶恶的人，故意欺骗，而想出的邪恶毒辣的策略。希望您能把事实亲自报告给皇上，再甘心承受罪过也不迟。"冯焕听从了他的话，于是就上书为自己争辩，果然是恶人所做的事，于是朝廷征召庞奋，并判处他相应的罪行。

癸巳日（十九日），司空陈褒被免除官职。五月，庚戌日（初七），派遣宗正刘授（彭城人）做司空。

己巳日（二十六日），朝廷封河间孝王的儿子刘德为安平王，继承了乐成靖王的后嗣。

六月，郡国发生了蝗灾。

秋季，七月，癸卯日（初一），京城和其他十三个郡国发生地震。

高句骊王遂成将俘虏送还汉人，并前往玄菟投降，后来濊貊也跟着降服了，于是东面边境就很少有乱事了。

虔人羌族和上郡胡族造反叛变，度辽将军耿夔攻击并打败了他们。

八月，阳陵园及寝庙发生火灾。

九月，甲戌日（九月无此日），有二十七个郡国发生地震。

鲜卑多次杀死郡中官员，于是胆子变得更大了，现在有几万骑兵。冬季，十月，再次入侵雁门、定襄。十一月，入侵太原。

烧当羌族首领麻奴饥饿劳累，于是就率领部落向汉阳太守耿种投降了。

这一年，京城和其他二十七个郡国下了大雨。

汉安帝多次派遣黄门常侍和中使伯荣在甘陵和京城之间往来，尚书仆射陈忠呈上奏折说：“现在由于没有获得上天的眷顾，于是水、旱灾害常常发生，尤其是青州、翼州地区雨水过多，漫过河堤。徐州、泰山一带的海滨海水倒灌；兖、豫蝗虫盛多；荆、扬稻作都没有收成；并、凉二州，羌人背叛，再加上人民不富裕，使得府库的财货空虚匮乏。陛下觉得不能亲自敬奉孝德皇帝的陵寝，于是常常派中使到甘陵致敬，朱红色的车、并排行驶的骏马，奔波在道路，连绵不绝，可以说这是孝道的最高表现了。但是微臣听说：使者所经过的这些地方，权势都很显赫，震动了郡县，王、侯、二千石的官员向伯荣在车下跪拜并发动人民修筑道路、修理驿站，设置很多预备的器物，丝毫没有节省地征调劳役，老人和弱者前后相接，动不动就要以万计，还赠送仆人和随从每人几百匹帛，百姓没有不痛心的。河间王托他是陛下叔父的名分；清河王国内有陛下父母陵庙的尊崇，剖符立誓的大臣们都屈辱地跪在伯荣的车下，陛下却没有过问，百姓一定以为是陛下想要这样的。伯荣的威望已经胜过了陛下，而陛下的大权都落在了臣仆婢妾的手中，水灾的发生，一定是由这个原因造成的。从前韩嫣乘坐天子的副车，受命驰往山林观察禽兽，江都王误以为是天子的车驾，于是就向她一拜，韩嫣因此受到了欧刀的诛杀。微臣希望圣明的君主可以重塑天子的尊严，端正朝纲的地位，不应该再让妇女和使者干预朝廷的政事，并且要严察左右侍臣，看是否有石显提前泄露奸情那样的事情发生？尚书进纳的善言，是否有赵昌毁谤郑崇那样的阴谋？公卿和大臣，是否有朱博曲奏傅喜的证据？外戚和亲近，是否有王凤伤害王商那样的计谋？如果国家的政令，都由皇帝颁发，君王大事每件都是自己裁决，那么瞎编的臣子就不能逼迫君主，如果臣子不干预君主，持久的大雨一定会停止，四方的怪异一定不会成为灾害的。”奏折呈上之后，汉安帝却不加理会。

当时三府的职务轻，重要的政事专门交给尚书去办，一旦有灾变过失，动不动就责罚三公，陈忠呈上奏折说：“按照汉朝以前的典制，只要是丞相请求的事，就没有不听从的。但是现在的三公，虽然有了名号却没有实际的职权，关于选举赏罚，这些事一概都由尚书负责的。现在尚书的权责已经远远超过三公，这由来已经很久了，微臣独自常常感到不安。近来由于地震就下令免除司空陈褒的官职。现在发生了地震，就又想要严厉斥责三公。先前孝成皇帝因为火星占据心宿，于是就把罪过归向丞相，结果还是不能蒙受上天的福祥，独自违背了宋景公的诚心。所以分辨是非，责任就能明明白白地显现着。再者说来，尚书裁决政事，大多违背了以前的例子，其刑罚也是没有前例可循的，以诋毁、欺骗为手段去处罚，其文字惨毒、言辞丑恶，并且还违背了章法。应该深究原意，断绝不听，从上边说应该顺从国家法典，对下面防止作威作福，方圆要用规矩测量，轻重要用秤来衡量，这才是国家的典制，万世的法度啊！”

汝南太守王龚（山阳人），治理政事崇尚宽容平和，喜欢结交人才贤士。他任命袁阆为功曹，举荐郡中人黄宪、陈蕃等。黄宪不愿屈就，陈蕃接受了征召。虽然袁阆不整治特别行为，但是在当时却能拥有名声，由于陈蕃气质高雅，因此王龚都以礼节对待他们，士子们没有不归顺王龚的。

黄宪世代贫穷，他父亲是牛医。颍川人荀淑来慎阳，在旅店遇见黄宪，他当时十四岁。荀淑对他的不平凡感到惊讶，于是作揖和他谈话，很久都不想离开，很激动地对黄宪说："你就是我的老师。"后来，荀淑前行到袁阆管辖的地方，还来不及寒暄，迎头就说："你的国中有颜子，你认识吗？"袁阆说："你看到我们的叔度了？"当时同郡人戴良，才能虽然高超，但态度骄傲，但是看到黄宪后，从来没有不端正容貌的时候，等到回来后，就好像失去了什么似的。于是他的母亲就问他："你又是从牛医的儿子那里来的吗？"戴良回答说："我没有看到叔度的时候，以为自己没有赶不上他的地方；看到他之后，看着他是在前面，忽然又在后面了，实在令人难以揣测。"陈蕃和同一个郡的人周举，曾经相互说："一个时辰、一个月的时间没有看到黄生，心中就萌发了鄙吝的心意。"太原人郭泰，年轻时去汝南游玩，首先拜访了袁阆，结果没有过夜就走了；又前往拜访黄宪，很多天以后才回来。有人问郭泰这样做的原因，郭泰说："袁奉高的器量，好像氿、滥的泉水，虽然清澈，但是很容易获取。黄叔度的气量宽宏广大就好像千顷的湖泊，澄明的湖水，无法使他澄清，也无法使它混浊，这是不可以度量的。"黄宪最初被任命为孝廉，后来又被三公府召集。朋友们都劝他做官，黄宪也没有拒绝，在京师待了短暂的一段时间就回来了，竟什么官也没做，四十八岁就去世了。

◆范晔评论说：黄宪的言论和作风，虽然没有留下什么传闻，但是君子、士子所有看到过他的，没有不佩服他的高深的。他没有缺点，宽宏大度，品德齐全、保全天性，但是他的品德却没有可以称名天下！我的曾祖穆侯曾说："黄宪，在和顺的境地柔和地居处，他的道德深不可测，其深浅不能如他应有的本分，清浊没有得当的议论，如果是在孔子的门下，就大概差不多了！"◆

二年（癸亥，公元123年）

春季，正月，旄牛夷人造反叛乱，益州刺史张乔攻打他们并取得了胜利。

夏季，四月，戊子日（二十日），汉安帝册封乳母王圣为野王君。

北匈奴接连和车师联合进犯河西地区，议事的人想要再次关闭玉门和阳关，以此来断绝他们的祸患。敦煌太守张珰上奏书说：“微臣在京师的时候，认为也应该抛弃西域，现在亲自踏上了这块土地，才知道如果抛弃了西域，那么河西地区就不能自保了。我恭敬地献上关于西域的三个策略：北虏呼衍王常在蒲类、秦海地带徘徊，以此来专门控制西域，一同造成侵犯、占领西域的灾害。现在可以派遣酒泉属国两千多官吏、将士在昆仑塞聚集，先攻打呼衍王，阻断他们的根本，之后再发动鄯善军队五千人威胁车师国的后部，这是上等的策略。如果不能出兵的话，可以设置军司、将士五百人，由河西四个郡城供给他们犁牛和粮食，出关占领柳中，这是中等的策略。如果这也不行，就应该放弃交河城，并命令鄯善等人全部回到塞内，这是下等的策略。”汉安帝命令群臣议论他的计策。陈忠呈上奏折说：“在西域亲附国内，向东盼望的日子很久了，已经请求进关好多次了，这就是他们不喜欢匈奴而亲近汉朝的表现。现在北方的敌人已经攻破了车师国，按照情势来看，一定会向南攻击鄯善，如果放弃它而不加拯救，那么各国都将顺从敌人。如果是这样的话，那么敌人的财物会更加增多，胆量气势更加强大，如果他们逼近南方的羌族，和他们往来，这样的话，河西四郡就危险了。河西遇到危险以后，如果不去拯救，那么就要征发百倍的劳役，发出不计其数的财物了。参与这件事的人只想到西域非常遥远，抚恤他们既麻烦又耗费财资，但是没有看到孝武皇帝苦心劳作的心意。现在敦煌遇到危险，从远方来告急，如果不帮助的话，于内无法安慰官民，于外无法震慑百蛮，所以减少国土，不是好的策略计策。微臣以为：应该在敦煌设置校尉，按照以前的事例增加四郡驻守的军队，来抚恤西面各个国家。”皇帝采纳了他的意见，于是再次派班勇做西域长史，率领五百人的军队，出关并驻守在柳中。

秋季，七月，丹阳郡发生山崩。

九月，有五个郡国雨水成灾。

冬季，十月辛未日（初六），太尉刘恺被罢官；同月甲戌日（初九），汉安帝任命司徒杨震做太尉，光禄勋刘熹（东莱人）做司徒。于是大鸿胪耿宝自己去见杨震，向杨震推荐了中常侍李闰的哥哥，说：“李闰是被国家所重视的，想要让公侯征召他的兄长。我只是传达了君主的意思。”杨震说：“如果朝廷想要命令三府征召，就应该由尚书发出命令。”耿宝充满怨恨地离开了。执金吾阎显也向杨震推荐了自己的亲戚，杨震也没有听。司空刘授听到后，立刻召集这两个人；杨震因此更加被怨恨。当时汉安帝下诏令派使者为王圣大修住宅；中常侍樊丰和侍中周广、谢恽等人更是相互煽动，震动了朝廷。杨震呈上奏折说：“微臣想到现在的灾害更加厉害，百姓都感到穷困，三面边境的骚动不断，府库的财货短缺，这不是国家安宁的时候。您下诏书要求替阿母建造住宅，将两处连接到一起，连接里坊形成街，雕琢修饰，技巧都用尽了，挖山采石，辗转逼迫，花费了巨亿的财物。周广、谢恽兄弟，和国家没有亲戚的关系，但是依仗被宠信的奸邪小人，一起作威弄权，吩咐州郡，震动了大臣。这是宰臣的征召，并承顺旨意，招来了海内贪污的小人，并接受他们的贿赂，甚至有贿赂成性、被世人唾弃的人，再次获得重用而显赫起来；这就使得黑白混淆，清浊同源，造成天下喧哗不安，对朝廷充满了讥讽。微臣听老师说过，上位所取用的财物都没了，就会产生怨恨；力量用尽了，就会开始背叛，而怨恨、背叛的人就不可以再使用了，微臣希望陛下能思量一下！”汉安帝却没有听从他的意见。

鲜卑人其至鞬率领一万多骑兵到曼柏攻打南匈奴，薁鞬日逐王战死，并被杀死了一千多人。

十二月，戊辰日（初四），京城和三个郡国发生了地震。

陈忠推荐学问品德深厚纯正、隐居不出仕做官的汝南人周燮、南阳人冯良，在当时的名声很大。于是汉安帝用玄色、绛色丝绢、羔羊和币帛来聘请他们做官。周燮的宗族们进一步劝他说："修冶品德、建立德行，是用来治理国家的，您为什么要独自固守在东冈的坡田呢？"周燮说："修治道德的人是会度量行事时机的，行动不合时机的话，怎么能通达呢？"于是就和冯良都坐车到最近的县治，告病回来了。

三年（甲子，公元124年）

春季，正月，班勇到了楼兰，因为鄯善归附过来，于是特别进加君王的绶带，可是龟兹王白英自己仍然犹豫不定。于是班勇就用恩德、信义开导他，白英这才带领姑墨、温宿两国国王，前往班勇所在的地方，把自己绑起来，向班勇归降。班勇发动他们的步兵、骑兵共一万多人到车师前王庭，在伊和谷攻打并赶走了匈奴伊蠡王，收捕了车师国前部先前军队的五千多人，于是前部才又一次地被开放往来。班勇回来之后，驻扎在柳中屯戍垦田。

二月，丙子日（十三日），汉安帝驾车向东巡狩。辛卯日（二十八日），汉安帝驾车来到泰山。三月，戊戌日（初五），汉安帝驾车来到东平；到了东郡之后，经过魏郡、河内就返回京城了。

起初，樊丰、周广、谢恽等人看到杨震接连进谏都没有被采纳，就不再有什么顾虑了，于是假造诏书，调出了司农的钱财、谷米、工匠、现有的徒隶以及材木，各自开始建造庭园、水池、庐屋、楼观，所耗费的劳力和财物不计其数。于是杨震又呈上奏折说："微臣位居台辅，不能使阴阳调和，去年十二月四日，京城发生地震，这一天是戊辰日。这三件事都是属土的，处在中宫的位置，这是宫中的臣子、近侍官员掌握大权、专治行政的现象。微臣恭敬地想到：陛下曾因为边境问题不曾安宁，节约俭朴，宫殿、墙屋倾斜了，就用木柱支持，可是亲近被宠幸的大臣，不推崇与陛下齐心协力，却骄横自满，超越法律的界限，请来徒役和工匠，大大整治宅第屋舍，卖弄自己的权威，道路喧哗不安，地震的灾变，大概是因为这个吧。再者说来，冬天时没有隔夜的雪，春天时没有下雨的天，百官心中都很焦虑，却还在不断地修整房舍，这是造成旱灾的象征啊。现在只有请求陛下发扬振奋乾刚的品德，抛弃骄傲奢侈的臣子，以此来承受皇天的警戒！”杨震前前后后的话，变得越来越激烈，汉安帝已经感觉不愉快，并且樊丰等人也都侧目怒视、异常气愤，都因为他是有名的大儒，所以不敢加害他。正好河间男子赵腾上奏书，表述政治上的得失，于是汉安帝发怒了，将赵腾收捕到诏狱进行查问，被定了罔上不道的罪。杨震为救援他呈上奏折，说：“微臣听说殷、周明哲的君主，如果小人有了怨恨的言辞，那么自己就反倒更恭谨德行。现在赵腾所犯的，正是用正直的言辞揭发阴谋，造成了诽谤，罪过和亲手刺杀的罪过有所差别，希望陛下能减免他的刑罪，保全赵腾的性命，以此来劝诱百姓的进言。”汉安帝没有听从，结果赵腾死在都市中。等到汉安帝往东巡狩的时候，樊丰等人就趁着汉安帝的车驾在外，争相修整房屋，太尉部的掾高舒召来大匠，命令府史考验并获得樊丰等人假造的诏书，杨震详细地上奏书说明，等待汉安帝巡狩回来后就呈上去，樊丰等人都恐慌害怕了。刚好太史说星辰变化，出现了逆行的现象，于是樊丰等一同诽谤杨震说：“自从赵腾死了之后，杨震就心存怨恨，并且他是邓氏以前的官吏，一直就有怨恨的心理。”壬戌日（二十九日），汉安帝驾车回到京城，在吉时进入太学；晚上，派遣使者没收了杨震的太尉印绶，于是杨震就关上大门、谢绝来宾。樊丰等人再次陷害他，让大鸿胪耿宝上奏书：“杨震是大臣，不认罪并且还心怀怨恨。”汉安帝下了诏书，派遣他回到了本郡。杨震走到城西的几阳亭的时候，意气慷慨地对他的儿子们以及门生说：“死，是士子必须经历的。我承蒙恩德，占有上位，只是痛恨那些狡猾奸邪的臣子，然而我却不能诛除他们；厌恶受宠爱的女子，败乱国家政事，却不能禁止他们，还有什么脸面再看到日月呢？我死的时候，就用杂木做棺材，将布制的单被裁制得刚好盖住躯体，不要送回到墓地，不要举行祭祀的仪式！”说完喝下毒酒就去世了。弘农太守移良奉樊丰等人的旨意，派官吏到陕县停留在杨震的棺木旁，看到其棺木露天地摆在道路旁边，就贬谪杨震的儿子，惩罚他们代替驿吏专门写文书，路上的人看到后，都为他流泪了。

太仆征羌侯来历说："耿宝凭借着是元舅的亲属，他受到的宠幸、荣耀都过分厚重，然而他不想着报答国家的恩德，反而却成了倾覆国政的奸臣，伤害忠诚的大臣，他们遭受的天祸就要到来了。"来历就是来歙的曾孙。

夏季，四月，乙丑日（初二），汉安帝的车驾进入宫中。

戊辰日（初五），汉安帝任命光禄勋冯石为太尉。

南单于檀逝世后，他的弟弟拔立继承单于之位，成了乌稽侯尸逐鞮单于。当时鲜卑多次入侵边境，度辽将军耿夔和温禺犊王呼尤徽带领刚刚投降的将士接连不断地出塞攻击鲜卑，回来之后，他们驻扎在重要地带。由于耿夔的征调任务比较繁重，刚刚投降的将士都心存怨恨，大人阿族等人于是就造反叛变了，而且威胁呼尤徽，想要让他和他们一同离开。呼尤徽说："我老了，承受了汉家的恩德，宁愿死了，也不能跟你们走！"大家都想要杀掉他，结果有人拯救了他，才免除了一死。阿族等人率领他们的队伍离开了。中郎将马翼和胡人的骑兵追上去攻打他们，并打败了他们，差不多斩杀了全部的俘虏。

日南郡边境外的蛮夷之人归附了汉朝。

六月，鲜卑入侵了玄菟。

庚午日（初八），阆中发生山崩。

秋季，八月，辛巳日（八月无此日），朝廷任命大鸿胪耿宝为大将军。

王圣、江京、樊丰等人诽谤太子的乳母王男、厨监邴吉等人，并且杀死了他们。于是他们的家人都迁到了比景，太子非常想念王男、邴吉等人，并多次为他们叹息。江京、樊丰害怕日后会有祸害，于是就和阎后编造出了虚无的理由，以此来陷害太子和东宫的官员。汉安帝听信了他们的话后非常愤怒，于是就召集公卿以下的官员，共同商讨要废除太子。耿宝等人奉承旨意，都认为应该废除。太仆来历和太常桓焉、廷尉张皓（犍为人）建议说：“经义上曾说过，一个人如果还没有十五岁，那么过错就不在他本身，再者说来王男、邴吉的计谋，太子可能是不知道的，所以应该选择忠诚善良的太保、太傅，很礼貌地来教导他。废除太子是大事，这真的是圣上应该眷顾的地方！”汉安帝没有听从。桓焉，就是桓郁的儿子。退朝之后，张皓再次上书说：“先前贼臣江充虚构话语造成叛乱，颠覆了戾园，孝武皇帝过了很久才觉悟，虽然追悔先前的过错，但后悔哪里能来得及呢？皇太子现在才十岁，对太保、太傅的教导不熟悉，这样就可以立刻责备他了吗？”奏书呈上后，汉安帝却不理会。九月，丁酉日（初七），汉安帝废除了皇太子刘保，让他做济阴王，居住在德阳殿西钟下。于是来历就联合光禄勋祋讽、宗正刘玮、将作大匠薛皓、侍中闾丘弘、陈光、赵代、施延、太中大夫九江人朱伥等十多人，一起到鸿都门证明太子没有过失。汉安帝和左右的大臣都感到很不安，于是就派中常侍奉守下诏书，威胁大臣们说：“父子是一体的，这是自然本性；按照义理，割舍亲情，是为了天下百姓。历、讽等人不知道国家的大典，却和小人们一起制造喧哗，表面表现得忠诚正直，可是内心却祈求日后的福祥，于是掩饰邪恶，违背伦理，这哪里是侍奉君主的礼义法度啊！朝廷开放进谏的路子，所以暂且全部宽恕，如果还心怀不轨，不知悔改，就要实施刑罚了！”因此，进谏的人没有不大惊失色的。薛皓首先叩头说：“本来就应该按照皇上的明诏行事。”来历很是愤怒，于是当廷质问薛皓说：“刚才一同进谏说的是什么？难道现在又要违背？大臣每天乘坐朝车，处理国事，就可以这样地反复不定吗？”于是进谏的官员们都各自稍稍起身走了。只有来历独自守在鸿都门外，好几天都不肯离开。于是汉安帝大怒，下诏书命令陈忠和各尚书共同上奏弹劾来历等人，汉安帝免除了来历兄弟的官职，并削除了来历封国赋税的收入，来历的母亲武安公主也被罢黜了，不许她入宫晋见。

这时，陇西郡才又归属耿道。

烧当羌酋长麻奴去世，他的弟弟犀苦被立为酋长。

庚申晦日（三十日），发生日食。

冬季，十月，汉安帝巡行，来到长安；十一月乙丑日（初六），回到洛阳。

这一年里，京城和其他二十三个郡国发生了地震，有三十六个郡国发大水，下冰雹。

资治通鉴卷第五十一　汉纪四十三

起乙丑（公元125年），止癸酉（公元133年），共九年。

【题解】 本卷记录了汉安帝延光四年至汉顺帝阳嘉二年间的历史。顺帝封孙程等十九位使自己为太子时免于被废的宦官为侯，增长了宦官气焰。阎太后临朝，外戚专权；阎太后为贪权立幼主，仅半年亡，阎氏倒台。顺帝亲政，征名士，听谏言，但终因才劣接近昏庸。西域用兵，顺帝赏罚颠倒。李固等建言裁撤宦官，重视民生，提倡孝悌，顺帝不纳。

孝安皇帝下

延光四年（乙丑，公元125年）

春季，二月，乙亥日（二月无此日），下邳惠王刘衍逝世。

同月甲辰日（十七日），汉安帝车驾向南巡视。

三月，戊午朔日（初一），发生日食。

同月庚申日（初三），汉安帝到宛城时，身体不舒服。三月，乙丑日（初八），汉安帝从宛城出发；丁卯日（初十），到达叶县，在马车上崩殂，年仅三十二岁。

皇后和阎显兄弟、江京、樊丰等人商量说："如今皇帝在道路上驾崩，他的亲生儿子济阴王又在京城内，如果公卿拥立他为君主，那么回去之后一定会成为我们的大祸害。"于是就假称"皇帝病得厉害！"将汉安帝搬进了睡卧的车中。到了另一个地方后，照样摆上饮食、探问其生活起居。就这样奔驰了四天，庚午日（十三日），回到宫中。辛未日（十四日），派遣司徒刘熹到郊庙、社稷以此祭告上天，请求天命，这天晚上回来之后，才发布国丧。于是尊皇后为皇太后，让太后亲临朝廷，管理政事。任命阎显为车骑将军，仪式同三司。太后想要一直专断国家政事，为了扶持幼小的国君，于是就和阎显等人在宫中商定策略，并迎接济北惠王的儿子北乡侯刘懿做继承人。济阴王由于被罢黜，不能亲自上殿看汉安帝的棺木，于是就悲伤号哭，不吃任何东西；朝廷内外的官员，没有不替他感到悲伤的。

甲戌日（十七日），济南孝王刘香去世了，由于他没有子嗣，所以封国就此撤销了。

三月，乙酉日（二十八日），北乡侯刘懿即皇帝位。

夏季，四月，丁酉日（十一日），太尉冯石做了太傅，司徒刘熹做太尉，参与尚书的事，前司空李郃担任司徒的职务。

阎显顾忌大将军耿宝地位高贵，权力重大，并在前朝大行权威，于是暗示官员进谏说：“耿宝和他的党羽中常侍樊丰、虎贲中郎将谢恽、侍中周广、野王君王圣、王圣的女儿王永等人互相勾结，作威作福，都很大逆不道。”同月，辛卯日（初五），樊丰、谢恽、周广都被判进监狱，先后死去；他的家人流放到了比景。阎宝和弟弟的儿子林虑侯阎承，都被贬为亭侯，派往自己的封国，结果阎宝在路上就自杀了。王圣母子迁到了雁门。于是阎显让阎景做卫尉，阎耀做城门校尉，阎晏做执金吾，兄弟都身居显要地位，作威作福，过得自由自在。

己酉日（二十三日），孝安皇帝安葬在了恭陵，其庙号为恭宗。

六月乙巳日（二十日），朝廷大赦天下。

秋季，七月，西域长史班勇发动敦煌、张掖、酒泉等地的六千多骑兵，和鄯善、疏勒、车师前部的军队，一起攻击车师后部的王军就，大获全胜，消灭和俘虏敌人八千人，并活捉了军就和拿着符节的匈奴使者，将他们带到索班战死的地方，杀死了他们，把头颅送到了京师。

冬季，十月，丙午日（二十二日），越嶲郡发生山崩。

北乡侯病重后，中常侍孙程对济阴王的近臣长兴渠说：“王侯是嫡子，应该继承大统，本来没有失德的地方，由于先帝听信了谗言，才造成废黜事情的发生。如果北乡侯病情没有好转，那么我和你一同制裁江京、阎显，事情是没有不成功的。”长兴渠觉得是对的。中黄门王康（南阳人），以前做过太子府史，和长乐太官丞王国（京兆人）等人一同附和孙程。江京对阎显说：“北乡侯病情还没有减轻，国家的继承人应该及早决定，为什么不早些征召可以继位的人选呢？”阎显觉得有道理。辛亥日（二十七日），北乡侯逝世。阎显将此事禀告给了太后，不发布丧事，另外召集各王子，关闭宫中的门，由军队驻扎，防守坚固。

十一月，乙卯日（初二），孙程、王康、王国和中黄门黄龙、彭恺、孟叔、李建、王成、张贤、史汎、马国、王道、李元、杨佗、陈予、赵封、李刚、魏猛、苗光等人在西钟下集合商讨，都截断了单衣起誓。同月，丁巳日（初四），京城和其他十六个郡国发生了地震。在这天晚上，孙程等人在崇德殿上会合，进入了章台门。这时候，江京、刘安和李闰、陈达等人一起坐在禁门下面，孙程和王康一起上前杀死了江京、刘安和陈达。由于李闰的权威和势力一向都被禁内钦服，所以想要让他做主事的人，因此就举起刀威胁李闰说：“现在应该马上立济阴王为皇帝，不能犹豫！”李闰说：“好！”于是大家扶起了李闰，一同回到西钟下迎接济阴王刘不识登皇帝位，当时他才十一岁。同时召集尚书令、仆射以下的官员，跟着车辇，来到南宫，孙程等人留下守卫禁门，阻隔内外。皇帝登上云台后，就召集公卿、百官，派虎贲、羽林士分别驻扎南、北所有的宫门。

当时阎显在宫中，忧愁急迫得不知道怎么办才好，小黄门樊登劝告阎显可以用太后的诏书召集越骑校尉冯诗、虎贲中郎将阎崇带领军队驻扎在平朔门抵御孙程等人。阎显想引诱冯诗进入内宫，于是对他说：“济阴王即位，并不是皇太后的想法，玺印、绶带都在这里。如果你能尽力报效皇太后，就可以得到封侯的地位。”太后派人送来印信，说：“能够拿获济阴王的人，就封万户侯；能捉到李闰的人，就封五千户侯。”冯诗等人都答应了，并以“仓促被征召，所率领军众少”为借口离开了。阎显让他和樊登在左掖门外迎接官吏和将士，由于冯诗在格斗中杀死了樊登，所以回到军营就派军驻守。

阎显的弟弟卫尉阎景仓促地从宫中回到了卫尉府，召集军队到盛德门。孙程传皇帝的诏书给各尚书，要他们逮捕阎景。当时尚书郭镇卧病在床，听到后，就立刻带领值夜的羽林军，从南止车门出去，正好碰到阎景带着官吏、将士拔出锋利的兵器说：“不要干涉军队的事情！”于是郭镇立刻下车，拿着符节，用诏书命令他，阎景说：“是什么样的诏书啊？”说着砍向郭镇，没有砍中。郭镇拔剑攻打阎景，将阎景击下了车，用长戟叉住他胸膛的左右，就这样将他擒获了，并送到廷尉的监狱，结果晚上阎景就死了。

戊午日（初五），济阴王派使者进入了内宫，夺取了玺印和绶带。皇帝驾车开到嘉德殿，派遣侍御史拿着符节，逮捕了阎显和他的弟弟城门校尉阎耀、执金吾阎晏，将他们一同判下监狱，杀死了，他们的家人都流放到了比景，将太后迁到了离宫。己未日（初六），打开宫门，撤离了屯兵。壬戌日（初九），皇帝下诏书命令司隶校尉：“只要有和阎显、江京亲近的亲戚，都应该接受处罚，其他的人都能请求宽免。”封孙程等人都做了列侯：孙程食邑一万户；王康、王国食邑九千户；黄龙食邑五千户；彭恺、孟叔、李建食邑四千二百户；王成、张贤、史汎、马国、王道、李元、杨佗、陈予、赵封、李刚食邑四千户；魏猛食邑两千户；苗光食邑一千户——这就是所谓的十九侯，并加赠给他们不同等级的车马、金银、钱帛。因为李闰没有先参加计划，所以没有封赠，提升孙程为骑都尉。起初，孙程等人都进入了章台门，只有苗光不肯进入。诏书取录功臣的时候，皇上命令王康写出姓名并呈上，王康将苗光的名字写上了。苗光并没有接受符命和策命，自己感到不安，就前往黄门令自首了。官员上奏书弹劾王康、苗光欺骗皇上，皇帝颁下诏书，不允许再追究。皇帝任命将作大匠来历为卫尉。由于祋讽、刘玮、闾丘弘等人已经死了，于是就任命他们的儿子为郎。朱伥、施延、陈光、赵代也都被提拔重用，后来做到了公卿。皇帝征召王男、邴吉的家人回到京城，并多加赏赐他们。皇帝被废除的时候，监太子家的小黄门籍建、中傅高梵，长秋长赵熹、丞良贺、药长夏珍都因被判而流放到了朔方，皇帝上位后，就一同提升他们为中常侍。

起初，阎显想让崔骃的儿子崔瑗做官，崔瑗由于北乡侯的立位不合正统，知道阎显将会失败，想要劝说他废黜北乡侯，改立济阴王为帝，但是阎显却日日沉醉不醒，每天都见不到他，于是就对长史陈禅说："中常侍江京等人迷惑了先帝，于是废弃了正统，扶植旁支。少帝登上皇位的时候，在庙堂中发病了，周勃的预言，现在又看到了。我现在想要和您一同求见阎显，并劝将军禀告太后，一定要收捕江京等人，废除少帝，推立济阴王，这样在上一定符合上天的心意，在下也符合人民的期望，如此一来，伊尹和霍光的功业，不用走下席位就建立了，将军兄弟的福祉就可以无穷无尽地传下去了。如果违背了上天的心意，长时间地空废天子的宝位，我们虽然没有过失，却和极恶的人一同犯罪，这是所谓的福祸的关键，分封功业的大好时机。"陈禅心中有点犹豫，但是却不敢听从。等到阎显败亡，崔瑗获罪受了斥责，门生苏祇想要上书说明情形，崔瑗立刻就阻止了。当时陈禅担任司隶校尉的职务，于是就召来崔瑗，对他说："只要你让苏祇上书，我就替你作证。"崔瑗说："这样就好像小女孩躲着人讲些悄悄话罢了，希望使君不要再这样说了！"于是就辞官回家，并不再接受州郡的征聘了。

己卯日（二十六日），朝廷用诸王的礼节埋葬了北乡侯。

司空刘授由于依附叛逆，并且举荐的官吏不是合适的人选，于是就被策书免除官职。十二月，甲申日（初一），任命少府陶敦（河南人）为司空。

杨震的弟子虞放和陈翼去宫中诉讼杨震以前的事情，皇帝下诏任命杨震的两个儿子为郎，并赠给他一百万钱，以三公的礼节而改葬到华阴潼亭，远近的人士都来了。有只身高一丈多的大鸟停在杨震的棺木前，郡中的官吏把情形都奏上了。皇帝感激杨震的忠心，于是就下诏再用中牢来祭祀他。

议郎陈禅以为："阎太后和皇帝并没有母子之间的亲情，所以应该让她搬到其他的馆舍，不再朝见。"大臣们商议后，都觉得是应该的。司徒掾周举（汝南人）对李郃说："从前瞽瞍常常想要杀舜，舜却更加恭谨地侍奉他；郑武姜想要谋杀庄公，庄公发誓要在黄泉相见；秦始皇怨恨母亲操守的缺失，于是就长时间地断绝了母子关系，后来被颍考叔、茅蕉的进言感动了，才再次修整做儿子的态度，现在有书传赞美这些事。而如今阎氏刚刚被诛灭，太后被幽禁在离宫，如果因为悲哀愁闷而产生了疾病，一旦发生不测的事，皇上将要怎么样来号令天下啊！如果听了陈禅的建议，后代就要把罪过都归到你身上了。所以你应该秘密上奏朝廷，使得皇上奉养太后，就像以前一样率领臣子们朝见礼拜，以此来满足上天的心意，并由此来满足人民的期望！"于是李郃立刻呈上奏折，表述这事。

汉孝顺皇帝上

永建元年（丙寅，公元126年）

春季，正月，汉顺帝到东宫去朝见太后，太后的心这才安定下来。

当月甲寅日（初二），大赦天下。

辛未日（十九日），皇太后阎氏去世。

辛巳日（二十九日），太傅冯石、太尉刘熹，由于巴结权贵，被免除官职。同时司徒李郃也被罢除了官职。

二月，甲申日（初二），安葬了安思皇后。

丙戌日（初四），朝廷任命太常桓焉为太傅；大鸿胪京兆人朱宠做太尉，参录尚书事；任命长乐少府朱伥担任司徒一职。

汉顺帝封尚书郭镇为定颍侯。

陇西钟羌族造反的时候，校尉马贤前去攻打，在临洮开始了战争，斩了敌人一千多级头颅，羌族部众全部投降了，因此凉州再次安定了。

六月，己亥日（十九日），汉顺帝封济南简王刘错的儿子刘显为济南王。

秋季，七月庚午日（二十一日），汉顺帝任命卫尉来历做车骑将军。

八月，鲜卑入侵代郡，太守李超战死沙场。

在司隶校尉虞诩任职的几个月时间里，上奏书弹劾冯石、刘熹，朝廷罢黜了他们的官职；又上奏弹劾了中常侍程璜、陈秉、孟生、李闰等人，众多官员都为之侧目，说他苛刻。三公上奏弹劾：“在盛夏的时候，虞诩拘禁了很多无辜的人，从而成为吏民的灾患。”虞诩上书为自己争辩，说：“法度禁令，那是对世俗的堤防；刑章罚则，则是人民的缰绳。现在身在州中却说责任在郡中，身在郡中却说责任在县中，相互地推诿远离自己的职责，人民埋怨穷困；苟且容身的，被看做是贤能的；竭尽操守，被看做是愚蠢的。微臣所举发的罪恶可不只一种。三府由于害怕被微臣奏劾，所以就胡乱地给我加上了罪过。就算微臣将要跟随虞诩死去，也要用尸体来进谏！”汉顺帝看到他的奏章之后，就不怪罪虞诩了。

中常侍张防卖弄权威，收取财物接受请托。于是虞诩弹劾他，但是多次被阻止不回报。虞诩因为忍受不了愤怒，于是就将自己捆住，前往庭堂，上奏书说：“先前孝安皇帝由于任用樊丰，淆乱了嫡嗣正统，差一点就毁灭了国家。如今张防再度玩弄权威，国家的祸事就要再次来临了。微臣容忍不了和张防处在一个朝廷中，于是就恭谨地将自己捆缚，呈上奏折告诉君主，不要微臣重复杨震的事迹！”奏书呈上的时候，张防就在汉顺帝面前哭诉，于是虞诩就被判定有罪，被贬为左校。张防很坚决地想要害他，于是在两天的时间里，虞诩就被讯问了四次。狱官劝虞诩自杀，虞诩说：“我宁愿被刀砍死，以此来向人民表达心意！如果哭哭啼啼地自杀了，百姓还怎么能辨别是非呢！”浮阳侯孙程、祝阿侯张贤一起请求觐见，孙程说：“陛下您开始和微臣等人创立大事的时候，就时常怨恨奸邪的臣子，知道他们会使国家败亡。而现在您登上皇位，自己却又这样做了，还怎么指出先帝的不是呢！司隶校尉虞诩为陛下恪尽职守，却反倒被拘禁起来了；然而常侍张防的罪行明确，并且还陷害忠诚善良的臣子。现在客星停留到了羽林星，这种征兆是宫中有邪恶的臣子，所以应该赶快逮捕张防，并将他送到监狱，以此来防止政变。”当时张防就站在汉顺帝的后面，于是孙程就大声叱责张防说：“奸臣张防，你为什么还不下殿！”张防不得已，只好急步走到了东厢。孙程说：“皇上应该赶快收捕张防，不要让他有机会去向您的乳母求情！”于是汉顺帝就向各尚书询问，由于尚书贾朗和张防一向很友好，所以就证明了虞诩的罪过。汉顺帝犹豫了，于是就对孙程说：“你先出去，我考虑考虑！”这时虞诩的儿子虞顗和他的门生共一百多人，举着旗帜等候中常侍高梵的车子，他们叩头叩到流血，并告诉他虞诩被冤枉的情形。于是高梵就进宫禀告汉顺帝，结果张防被发配边疆，贾朗等六人有的被判了死刑，有的被罢官了，并在当天就放出了虞诩。孙程再次上书，陈述虞诩的大功，言辞非常恳切激烈。汉顺帝了解后，就再次征召虞诩，任命他为议郎。几天之后，提升他为尚书仆射。

虞诩呈上奏折推荐议郎左雄（南阳人）说：“微臣看到当今公卿以下的官员，大多都只是拱手静默，把建立恩德看做是有贤能的；把尽到节操看做是愚蠢的，甚至还相互告诫说：‘做事不应该像白璧，和和气气的就会有后日的福祥。’我看到议郎左雄，有着王国大臣忠诚正直的节操，所以应该提拔到进言的官职，一定会对匡辅王室有帮助的。”于是朝廷任命左雄为尚书。

浮阳侯孙程等人带着章表上殿堂争夺功劳，汉顺帝因此发怒了。有官员弹劾上奏说：“孙程等人犯了错误，王国等人都和孙程结成了一派，长时间留在京都，这就增加了他们的骄横放肆。”汉顺帝因此免除了孙程等人的官职，并将他们全部改封到遥远的郡县。不仅遣送十九侯到郡国，还命令洛阳令在限定的期限内把他们遣送出去。

司徒掾周举劝告朱伥说："皇上在西钟下的时候，如果不是孙程等人，皇帝哪里能被立为帝呢！现在忘记了他们的大德，只记得他们微小的过错。如果在道路上遇到危险，就有皇帝杀害功臣的讥讽了。趁着现在他们还没有离开，就应该赶快上奏书拯救他们！"朱伥说："现在正是陛下愤怒的时候，如果我独自因为这事上表，就一定会招来谴责的！"周举说："您已经超过八十岁了，做到了台辅的位置，如果不在现在这个时候竭尽忠心，以此来报答国家，只想珍惜自己的身份名声，享受被宠幸的待遇，还想要什么呢？官位虽然保全了，但一定是陷入了谗邪小人的讥讽，一旦进谏获得了罪过，就仍然会有忠诚正直的名声。如果进谏的言辞不被皇帝采信的话，我就请求告辞！"于是朱伥上表进谏，汉顺帝果然听从了他的建议。

孙程被改封为宜城侯。到了郡国之后，对汉顺帝的怨恨就没有停止过，将印绶和符策都退还给朝廷，就逃回京城，在山中来往。汉顺帝下诏书追他回来，恢复了他原来的官爵、国土，并赐给他车马和衣物之后，把他遣送回国了。

冬季，十月，丁亥日（初九），司空陶敦被免除了官职。

朔方以西的地方，关塞大多都被损坏了，鲜卑因为这样就常常入侵南匈奴。单于很是忧愁害怕，于是就上书请求修复关塞。庚寅日（十二日），汉顺帝诏令："黎阳营的军队出兵驻守在中山的北界，命令边界周围的郡县，增加步兵数量，并安排他们驻守在边塞附近，进行军事训练。"

朝廷任命廷尉张皓为司空。

班勇改立车师后部的前王子加特奴为国王，又派遣别校杀死了东且弥王，并且另外立他们部落的人做国王，从此车师六国就全部平定了。

于是班勇就发动各国的军队攻打匈奴，呼衍王就逃走了，并且他的部众两万多人都投降了。活捉了单于的堂兄，班勇就命令加特奴亲手杀死了他，以此来使车师、匈奴结下仇恨。于是北单于亲自带领一万多骑兵进入后部的金且谷，班勇就派假司马曹俊去救援，但是单于率兵离开了，于是曹俊就追上前去，杀掉了他们的贵人骨都侯。从此呼衍王就搬到了枯梧河附近居住，之后，车师后部不再有敌人的踪迹了。

二年（丁卯，公元127年）

春季，正月，中郎将张国带领南单于的军队攻打鲜卑其至鞬，将他攻破了。

二月，辽东鲜卑入侵辽东玄菟，于是乌桓校尉耿晔就发动边界各郡县的军队以及乌桓人，一齐出塞攻打他们，斩杀并捕获了众多敌人，于是三万鲜卑人都前往辽东投降。

三月，发生旱灾。

起初，汉顺帝的母亲李氏就葬在洛阳的北面，汉顺帝不知道，到了现在，左右的大臣禀告汉顺帝，汉顺帝这才发布了丧事，并亲自来到埋葬的地方，按照皇后的礼节殡殓。六月，乙酉日（十一日），追尊谥号为恭愍皇后，并将她葬在恭陵的北方。

在西域建立城郭的各个国家都向汉朝降服了，只有焉耆王元孟没有向汉朝降服，于是班勇呈上奏书请求攻击他。朝廷就派遣敦煌太守张朗带领河西四郡三千人的军队，配合班勇。班勇发动各国军队总共四万多人，兵分两路去攻击他们。班勇从南路进兵，张朗从北路开始进攻，他们约好时间一同到达焉耆。由于张朗之前犯了罪，现在想要求得功绩替自己赎罪，于是就比预定时间先到了爵离关，并派遣司马带领军队上前作战，斩首并捕获了两千多人，元孟害怕自己会被诛杀，就派遣使者前去请求投降。张朗进入焉耆，接受投降后就回来了。张朗免受了诛罚，但是班勇因为耽误时间，被征调回京，关进了监狱，并免除了官职。

秋季，七月，甲戌朔日（初一），发生日食。

壬午日（初九），太尉朱宠、司徒朱伥被免除官职。庚子日（二十七日），任命太常刘光为太尉、参录尚书事，命令光禄勋许敬

（汝南人）做司徒。刘光，就是刘矩的弟弟。许敬在和帝、安帝时期任职的时候，正是窦、邓、阎三个氏族势力盛大的时期，他没有屈服过。在三家败亡以后，士大夫大都沾有污点，只有许敬一个人没有受到责备的言语，当时的人都因此而尊崇他。

起初，南阳人樊英，年轻的时候因为有学问和德行，就闻名于天下，但是却隐居在壶山南面，州郡前后的人都按照礼节请他，他并不接受邀请。公卿推举他为贤良、方正、有道，他都没有去。汉安帝赐予策书征召他，他也不来。在这一年，汉顺帝又一次用策书、玄纁，备齐各种礼仪召征樊英，但是樊英以病重为借口坚决推辞了。于是下诏严厉斥责郡县，郡县就把他抬上车去了京城。樊英没有办法，就到了京城，但是他却称有病不肯起床，于是勉强用车子带他进殿，但是他仍然没有屈服。于是汉顺帝就让他出宫，接受太医的医治，并且每月都送来羊酒。后来汉顺帝就替樊英设立了讲坛，并命令公车令在前面引路，尚书作为前车，赠给他几、杖，并用师傅的礼节来对待他，询问政治得失，并任命他为五官中郎将。几个月之后，樊英说自己病情加重，于是诏命让他做光禄大夫，并让他告病回乡，并下令当地官府送给谷米，按照一年四季，送给他牛酒。樊英推掉了官职并不接受，有诏书告诉他君主的心意，没有让他辞职。

樊英最开始接受诏书的时候，大家都认为他一定不会接受任命的。由于南郡人王逸和樊英一向友善，所以就写信给他，在信中引用了很多古时候的比喻，并劝告他接受聘任。于是樊英就听从了王逸的建议。他在后来回答汉顺帝的询问的言辞中，并没有出奇的计谋和深远的策略，参与讨论这件事的人因为这个失望了。河南人张偕和樊英一起接受征召，于是对樊英说："天下有两种处身的道路，即出仕和隐居。以前我觉得你的出仕，能够帮助国君，救济天下人民。但是在开始的时候你就凭借无价可比的声名，激怒了万乘的君主，等到该享受官爵、俸禄的时候，又听不到有匡救的方法了，这就使得你进退没有依据了。"

◆司马光说：古代的君子，如果国家上了正常轨道，就要出去做官，如果国家不上轨道，就退隐江湖。隐居并不是君子所期望的。别人不了解自己所以就不能运行大道，如果和邪恶的人居处在一起，灾害就将要降临到自己身上，所以就隐藏起来，以此躲避灾祸。君王推举隐逸的贤民，显扬低贱的人才，他们原本是对于国家有益的，是不需要在世俗人耳目前得到夸耀的。所以他们有道德，就能足够尊崇君主；拥有智慧和才能，就足够可以保护人民；穿着粗布衣，怀着金玉，深藏不露，也不随便出售自己的才能，那么君王就应该尽到礼仪来召请他，甚至委屈自己来请求他，并且克制自己听从他的话，然后就可以将他的治国方法施行于天下，让功业到达最好。这是要用他的大道，不是要求用他个人，以此求得真正的才能，但不求虚无的名声。

如果这个人备齐了礼仪却还不愿来，心意诚恳却还不动身，圣明的君主就要暂时反省自己，不能把他勉强地召来。君主于是想到：这难道是因为我的德行浅薄，所以就不值得他仰慕吗？是因为政治混乱，就不值得他辅助吗？是由于在朝廷中有小人在，就不敢参加进来了吗？由于没有表达忠心，就因此而担心他的言词不能被信用吗？为什么有贤能的人不跟随我呢？如果我的德行厚重了，政治已经整治了，远离小人了，表达诚心了，他们会敲门求自己的，又怎么会有勤勉地寻求却不愿来的人呢？荀子说过："拿着灯捕捉蝉的人，需要的是他们的火光明亮，并且摇动树木而已；如果火光不明亮，即使摇动树木，也是没有好处的。如果现在君主能修明他们的道德，那么天下就都归向他了，就好像蝉扑向明亮的火光。"有时，君主觉得不能召来贤士是让人羞耻的事，于是就用高贵的职位来引诱他们，用严酷的刑法来威胁他们。如果他们是真正的君子，那么地位根本就不是他们所贪求的，刑法也不是他们所害怕的，始终是不可能召来的；可以召来的人，都是贪求官位以及害怕刑法的人，又哪里值得尊重呢！

如果说在家庭中表现出了孝顺、友爱的品德，在乡里丰富了美好的行为。如果有利，就不随便求取；如果有机会，就不随便出仕做官，使自己清净，并安守本分，常年过着闲暇自得的生活，虽然不能用来尊敬君主、保护人民，但这也算是清静自修的善士了。君主就应该褒扬优待他们，并照顾他们，使他们能完成自己的心意，就像孝昭帝对待韩福，光武帝对待周党那样，以此来鼓励廉耻之心，并美化风俗，这样就行了，当然不可以像范升那样诋毁，又不能像张楷那样责难怨望。

要说到因为虚伪做作求得名誉，用奇特的动作来惊骇世俗，不享受国君的赏赐，却又争夺屠户及酒市的小利，不肯接受小的官职，却窥伺卿相的位置，名声和实际的才能相反，他们的心思和事迹相违背，这就是华士、少正卯之流的人物，他们能避免圣王的诛杀，就是值得庆幸的事了，哪里又有值得聘任征召的事呢！◆

那时，朝廷又征召广汉人杨厚、江夏人黄琼。黄琼，就是黄香的儿子。杨厚到了京城以后，首先陈述了汉朝三百五十年的困厄作警戒的事，被任命为议郎。黄琼就要来的时候，李固就提前写了封信送给他说："君子们因为伯夷的心胸狭窄，柳下惠的态度不恭顺。所以不能学伯夷，也不学柳下惠，在两者之间，是贤才居身处世所重视的。真正想要在山林中生活，就学习巢父、许由。如果要辅佐政事、救济人民的话，现在正是时候。自从有了人民以来，善良的政治少了，败乱的风俗却多了，如果一定要等待像尧、舜一样的君主的话，做士子的想要实现他们的志气，一定是没有机会的。我曾经听说过：'峣峣的高山，是最容易崩塌的；皎皎的白玉，是最容易被玷污的。'一旦有了盛美的名声，就不容易有真正的才能与之配合。鲁阳人樊英刚刚接受召集来的时候，朝廷就设置讲坛，对他就好像对待神明一样，虽然没有什么特异的才能，但是他的言行操守，也没有什么缺失的。一旦诽谤的言辞到处流行，名誉就马上降低了，这不就是期望太高、声名太大的原因吗？所以世俗的言论都说：'隐居的人纯粹是为了盗取虚名的。'希望您能有宏大高远的计划、才能使众人叹服，洗雪这一种言论！"黄琼到了之后，就被任命为议郎，没多久就被升为尚书仆射。先前黄琼跟随父亲在台阁中，经常见到旧日的典章制度，因此就十分熟悉，等到他后来担当官职的时候，就对尚书诸曹的事务很精通，在朝廷中讨论的时候，都没有人能够驳倒他的话。所以多次呈上奏折谈论政事的时候，君主就经常采用他的建议。

李固，就是李郃的儿子，年轻的时候喜欢学习，他经常改变姓名，拿着皮鞭，骑着驴，背着书箱不远千里，追寻老师，所以就读通了各种书籍，并成为那时的大学者。他每次到太学时，都秘密地进入公府，再回家向父母请安，为了不让同学们知道他是李郃的儿子。

三年（戊辰，公元128年）

春季，正月，丙子日（初六），京城发生地震。

夏季，六月，发生旱灾。

秋季，七月，茂陵园寝殿发生了灾害。

九月，鲜卑入侵了渔阳。

冬季，十二月，己亥日（初四），太傅桓焉被免除了官职。

车骑将军来历也被免职。

南单于拔逝世了，于是他的弟弟休利被立为去特若尸逐就单于。

皇帝命令孙程等所有的人回到京城。

四年（己巳，公元129年）

春季，正月，丙寅日（初一），朝廷大赦天下。

丙子日（十一日），汉顺帝加上元服，举行成年加冠礼。

夏季，五月壬辰日（二十九日），下诏书说："海内发生了很多异常的现象，朝廷整治政事，太官应该减少膳食的量，不能要珍奇玩物。但是桂阳的太守文砻，不想竭尽忠诚、宣传本朝的整治政德，却从远方进贡大珠以此来博得君主的欢心，现在就应该封好退回去！"

同月，五个州郡发了洪水。

秋季，八月，丁巳日（二十五日），太尉刘光、司空张皓被免除官职。

尚书仆射虞诩进言："安定、北地、上郡等地地势险要，有肥沃的原野，那里的土地适合养殖牲畜，河水可以用来灌溉。最近由于遭到元年、二年的灾害，于是羌族内部溃散，郡县发生了二十多年的兵荒。所以抛弃肥沃的土地，就丧失了自然的财货，不能说是有利啊；离开了河山的阻挡，去防守没有天险的地方，很难有巩固的国防。现在三个郡县都没有收成，陵园独自暴露在外，可是公卿软弱，隐藏自己的头颅，超过了身躯，并设立说法为自己辩解，铺设言辞来发难，只是估算了财货耗费，不关心国家的安定。所以应该扩大圣明的听闻，考虑长时间能实行的方法。"九月，汉顺帝就诏命恢复了安定、北地、上郡的郡治，回到了以前的郡土。

九月，癸酉日（十二日），朝廷任命大鸿胪庞参为太尉、录尚书事，任命太常王龚为司空。

冬季，十一月，庚辰日（二十日），司徒许敬被免职。

鲜卑入侵了朔方。

十二月，巳卯日（二十五日），朝廷任命宗正刘崎（弘农人）做司徒。

在这一年，于窴王放前杀死了拘弥王兴，让他自己的儿子做了拘弥王，并且派遣使者进贡，敦煌太守徐由呈上奏折，要求征讨他们。汉顺帝赦免了于窴王的罪行，让他回到拘弥国，放前不愿意。

五年（庚午，公元130年）

夏季，四月，京城发生旱灾。

同月，京城和十二个郡国发生了蝗灾。

定远侯班超的孙子班始迎娶了汉顺帝的姑姑阴城公主。阴城公主骄横淫乱，不符合正道，班始积聚了很久的怨恨，于是偷偷藏了刀剑，杀死了公主。冬季，十月乙亥日（二十日），班始被判了腰斩，他的兄弟都被判了死刑，处死在闹市中。

六年（辛未，公元131年）

春季，二月庚午日（十七日），河间孝王刘开去世，他的儿子刘政继位。刘政傲慢狠毒，不遵守法度，因为侍御史沈景（吴郡人）有强大的能力，汉顺帝就提升他做河间相。沈景到了郡国之后，就立刻进谏郡王，郡王没有穿礼服，盘腿坐在大殿上。有侍郎在旁边唱名，沈景站着却不敬礼，就只问郡王在哪里。虎贲卫士说："这不就是郡王吗？"沈景说："郡王如果不穿上礼服，和一般人有什么区别啊！我是来觐见郡王的，不是来觐见没有礼貌的人的？"郡王很愧疚地更换了礼服，然后沈景才拜见他。出宫之后，他就住在宫门外面，并请来了郡王的师傅，责备他说："我前几天从京师出发，在皇帝那接受了诏书，由于郡王的不恭谨，就任命我为相，来约束并督导他。各位先生空受爵位俸禄，却一点都没有训导礼仪的做法！"因此而上奏汉顺帝并治他们的罪。于是汉顺帝就颁下诏书，斥责刘政，并且还斥责了他的师傅。沈景因此拘捕了各种奸恶的人，上奏书治他们的罪，于是就杀了几十个作恶最厉害的人，并救出了遭受冤枉和关在监狱的共一百多个人。于是刘政改变节操，悔悟过错，开始反省自己。

由于伊吾有肥沃的土地，并且靠近西域，所以匈奴为了掠取资财，就时常骚扰抢劫。三月，辛亥日（二十九日），汉顺帝再次命令开垦屯田，就像是永元时代的做法，并设置伊吾司马一人。

起初，汉安帝轻视典籍，博士也不再讲求和学习，门生看到后，也都懒散了，于是学舍破败了，长出了茂盛的野草，有时会有牧童、樵夫在学舍下割取野草。将作大匠翟酺呈上奏折，请求修理学社，以诱导后进的学子，汉顺帝听从了他的建议。秋季，九月，修整好了太学，一共建了两百四十栋房子和一千八百五十间屋舍。

护乌桓校尉耿晔带领军队攻打鲜卑，并且打败了他们。

护羌校尉韩皓转移了湟中的屯田，将其设置在两河地区，以此来逼近羌族部落。韩皓由于犯法，就被征召回京城，于是让张掖太守马续替代他做校尉。两河地区的羌族由于汉军屯田逼近，害怕会遭到谋害，于是就解除了仇恨，结立盟约，各自分别警戒防备。马续上奏折，命令把屯田地区迁回湟中，羌族的人民这才安定下来了。

汉顺帝想选立皇后，但是他宠爱的贵人就有四个人，不知道要立谁，就让大臣议论，议论的结果，多赞成要立竹筹，并由神明来选择决定。尚书仆射胡广（南郡人）和尚书郭虔（冯翊人）、史敞呈上奏折并进谏说："我们私自看到诏书，觉得立皇后是件大事，谦虚并由不得自己专断，而是想要借着竹筹，由神灵决定，这在相关书籍的记载和祖宗的典故中，是从来没有过的事。凭借神明和卜筮，不一定是可以的，即使选中的正是想要立的人，也不是凭借德行选择出来的。如果拥有聪明和智慧，就自然会表现出来，就好像是贤德的女子，一定就会有特异的表征，所以应该增加良家的女子，选取有德行的人，如果德行相同，就根据年纪，如果年纪相同，就以容貌选人，根据经典，最后要靠圣明的思虑决断。"汉顺帝听从了他们的建议。

恭怀皇后的侄孙女，即乘氏侯梁商的女儿被选进了后宫做了贵人，经常破例被召见去侍奉君主，她从容地推辞说："阳以广博布施而成为美德，阴以不专宠爱为大义。《螽斯》就是各种福祥兴起的原因。希望陛下想到云雨之恩应该大家均沾，小妾才能避免受罪。"汉顺帝因此感到了她的贤能。

阳嘉元年（壬申，公元132年）

春季，正月乙巳日（二十八日），汉顺帝立贵人梁氏为皇后。

同月，京城发生了旱灾。

三月，扬州六郡的妖贼章河等人入侵四十九县，并杀害了地方官吏。

庚寅日（十三日），汉顺帝大赦天下，更改了年号。

夏季，四月，梁商晋升特进的地位，不久之后，就被任命为执金吾。

冬季，耿晔派乌桓戎末魔等攻击鲜卑，大有收获地回来。鲜卑再次入侵辽东属国，耿晔被迁到驻守辽东无虑城，并来抵抗他们。

尚书令左雄呈上奏折说："以前宣帝认为官吏经常改换的话，人民就不能安居乐业；任职的时间长，那么人民就服从教化了。其中有政绩的人，就要常常用诏书来激励他们，赠给他们官位，并赐给他们金钱，公卿如果有了缺额，就依次录用他们。所以官员称职，人民就能安业，汉朝优秀的官吏，在宣帝时期是最多的。而现在主管百里的官员，经常变换，每个人都各自怀着一时权宜的做法，不思考长时间任职的打算；认为杀害无辜的人是威风的，能获得财货、会整治办理的就是贤能的人；把修整自己、安定人民，看作是低劣软弱，坚守法度、遵循义理，看作是不知修治；剃发和钳颈刑法，就是由于个人小小的怨恨而产生的，而死刑，是由于个人的喜怒造成的；把人民看作仇敌，抽税的时候就好像豺狼虎豹一般。督察州郡的监司都前后互相照顾，和他们有相同的毛病，看到不正确的也不检举，听到情况恶劣的不对他们进行考察。监司考察政事，都只是在驿站中看一看，要求官员做出政绩，却把期限定在一年之后；谈到官员的善政，并不称举品德，评论功绩的时候，也不根据实情来评论。所以虚妄不实的人就会得到赞美，拘束节俭的人会遭到毁败；有的人因为有罪过，就提前放弃了官位，却还以为品德高超；有的人看到上级官员的脸色不好，就马上辞职，以求得好名声，州中的宰相大臣不审察，就争相征召，踊跃晋升，超越等级；有的人考察、上奏书，被逮捕归案后，却也能逃亡在外，不接受法律的制裁，遇到下赦免令的时候，只要及时使贿，就能洗清自己的罪过，朱紫就能成为同一种颜色，也不能分辨清浊。所以就让奸猾的小人胡作非为，而且还不重视去官和受职，上任、免职都好像流水一样，缺的名额就上百。乡中的官员，部会的官员，职位很低贱，俸禄很微薄，衣食住行都出自人民和廉洁的人，得到的钱财够生活就够了，贪财的人就使全家饱了，特别的挑选以及胡乱的征调，络绎不绝，辞旧、迎新，不仅繁杂而且耗费钱财，并且使政治损伤，还伤害人民。和气不融洽，灾害没有消除，过错都因为这个原因。微臣觉得郡守的辅相和长官，对百姓慈爱祥和是有明显效果的，并可以依照职位增加官秩，不能迁移职位。如果不是父母的丧事，就不能离开自己的职位。不依从法律的禁锢、不听从君王命令的人，是要终身被禁止做官的，即使受到赦免命令，也不能录用。要是被弹劾后，逃亡并不接受法律制裁的人，全家都要到边疆去，以此来告诫后来的人。在乡里亲近人民的官吏，都要选用品德清白、有担当的儒生来担任，宽大地计算他们的负欠和口钱，并增加他们的俸禄。任职满一年之后，宰府和州郡才能召集、举荐。如果能这样做的话，作威作福的路途就会被阻塞了，虚伪不实的事情就会被断绝了，辞旧迎新的差役就减少了，赋税繁重的源头也会停止了，遵循法理的官员就能够完成他们的教化，天下的百姓也都能各自安居乡土了。”汉顺帝认为他的进言是对的，再次严申因为没有缘故就舍弃官职的禁令，于是又下令让官吏查证天下官吏做事真伪的成绩，并详细地执行，但是宦官觉得对他们不利，始终也没有实行。

左雄又上言说：“孔子曾说过：‘四十岁能明白事理，就没有疑惑了。’《礼记》中记载只要是意志坚定的人，都可以当官。于是就请求要从现在开始，孝廉还不满四十岁的，就不能选举，凡是被推举的，都要先到公府，经过文事官员考验的章表，其副本要被送到端门，以此来辨明他们的虚实，并且来观察他们是否有特殊的才能，以建立美化风俗。如果有不遵守科举法令的人，就要被判定刑罚。如果有秀才具备特殊的才能，自然就可以不受年龄的限定了。”汉顺帝听从了他的建议。

胡广、郭虔、史敞就上书反驳他的理论说：“凡是经过选举的人，都是凭借才能的，就不用受到一定制度的限制了。陈平所说的六种奇策，不是经书内记载的学问；郑国和东阿的政治繁盛，并不一定是奏章的效果；对于甘罗和子奇的显赫派任，还没有到意志坚定、可以出任的年纪；终军和贾谊的显赫名声，也是在刚刚成人的时候开始的。自从前代以后，推举的制度，就没有再改革过。而现在却因为一个大臣的言论，就违反了旧的章程，还没有利益显现出来，百姓的心理就不满意。矫正冤枉，改变以前的状态，都是在政治上很被重视的事，但是现在却不询问三公的意见，不和卿士们商讨，假如事情决定之后，参与议事的人有不同的意见，并且和决定不同，那么朝廷的政事就不便进行了。假如和辩驳的议论相同，那么就说明皇上已经听从了左雄的话并实行了。微臣认为可以公开地让百官议论这件事，并听取不同的意见，然后才决定能否实行作出公允的决定。”汉顺帝没有听从。

辛卯日（不知何月的辛卯日），汉顺帝首次下令：“郡国推选孝廉，应将年纪限定在四十岁以上。生员们的章句应该通达，文事官员能够写作的，才能被选举。其中有特异才能的秀才，像颜渊、子奇一般的，就不能受年龄的限定。”

时间长了以后，广陵推举的孝廉徐淑，年纪还没有到四十岁。尚书郎询问他，他回答说：“诏书上说道：‘有像颜渊、子奇一样才能的人，就不用受年龄的限制。’所以选派我为臣下，参与选举。”尚书郎不能说服他。于是左雄就责问他说：“颜回闻一知十，那如果孝廉闻一之后，能知道几个呢？”徐淑回答不出来，所以就免除了他的孝廉，郡守也被免除了官职。

◆袁宏评论说：谋划确立制度，以此来治理世事、训化万物，一定要寻求可以作为的人。古代四十岁出仕做官，并不是说做官一定要到年纪，觉得四十可以做官，是因为四十是人的强盛之年，所以举出一个大约的限度，以此来作为人民的标准。再说颜渊、子奇，是万代仅有的人才，如果想要把这种人作为标准，哪里会没有偏差呢！◆

由于左雄不仅公平正直而且精明能干，还能够辨别真假，所以就决心实行。不久之后，胡广被任命为济阴太守，他和各郡守共十多人都犯了选举失误的罪，于是就被免除官职。只有汝南人陈蕃、颍川人李膺、下邳人陈球等其他三十多人被任命为郎中。从此之后郡县的长官都很害怕，均不敢轻易地举拔人才。一直到永嘉年间的时候，选举才变得公平清正，国家获得了很多人才。

闰月庚子日（二十八日），恭陵百丈庑发生大火灾。

汉顺帝听说北海人郎顗十分精通阴阳的学问。

二年（癸酉，公元133年）

春季，正月，汉顺帝下诏命公车召集郎顗，询问他灾害的事。郎顗呈上奏折说："三公在上是上天台阶的象征，在下和国君一样重要，如果政事失去了正道，那么阴寒就要违背常规了。现在在位的官员，都假借空虚的名望，接受高额的薪酬，却不担忧天下的大事。生活自在，假装生病求得安逸，一旦接到策文，获得赏赐的金钱，就立刻起身，疾病为什么那么容易生并且好得那么快呢！如果只靠这种做法消除灾害，求得天下太平，这怎么行呢？现在选择郡中的官员，都是由三公负责的，如果长官不好，就斥责郡中长官，如果州、郡有了过错，难道就可以不把责任归罪到选拔的人吗？可是陛下对他们越是优厚，大臣怠慢政事就越是厉害，正所谓：'大网稀疏，小网细密。'三公不是微臣的仇敌，微臣也不是发出狂夫的议论，我奋发起来，忘记饮食，忠诚不止的原因，确实是朝廷要求得到太平政治的关系。微臣上书，口不择言，即使死了也不敢有所怨恨！"因此就分条陈述可以施行的七条政事："一、如果园陵发生了火灾，就应该思念百姓的劳苦，停止修缮的劳役。二、从立春之后，阴寒失去了常态，所以应该选取善良的大臣，来帮助圣上教化人民。三、今年是少阳的一年，在春天会有旱灾发生，夏天一定有水灾的出现，所以应该遵循以前的制度，勤俭节约。四、去年八月，荧惑星出入到轩辕星，这时应该选择宫女，将她们送出宫去，让她们自由婚嫁。五、去年是闰十月，白气从西方天苑星移到参星附近，进入了玉井星，在立秋以后，恐怕会有羌族背叛的灾害，所以应该预先告诉各郡，严加防备。六、在本月十四日乙卯的时候，有道白虹横穿过太阳，所以应该命令朝廷内外的官员，等到立秋以后，就考核政事。七、自从汉朝建立以来已有三百三十九年，已经超过了三个周期，应该大幅度修改法令，所以要有变化。君王处理政事要跟随天道，就好像从春天到夏天，衣服由青色都换成了绛色。从文帝俭省刑政算起，刚好三百年，但是轻微的禁令，已经渐渐累积成重刑了。君王制定的法令，就好像是江河，要能使人民容易躲避，并且还不容易犯错。”

同年二月，郎顗再次呈上奏书推举黄琼和李固，觉得应该对他们加以提拔任用。又说道：“从冬天到春天这段时间，一直也没有下雨，但是经常有西风，这违反了正常的时令，这就又要烦劳朝廷了，又要广泛地祈祷，祭祀山川，舞龙并将市集迁移。微臣听说：上天能感应万物，但不会由于虚伪而被感动。灾害是反映人事的，更重要的是责备自己。如果能请求降下雨水，但是雨水祭祀过神祇就停了，这样一来每年的水旱就不会没有节度了，太平的日子也就指日可待了。但是灾害不停的病源并不在这里！”上书进奏之后，就被特别任命为郎中，但是他假装生病而推脱了。

三月，汉顺帝命令匈奴中郎将赵稠带领南匈奴军队出塞攻打鲜卑，并将其攻破了。

起初，立汉顺帝的时候，乳母宋娥参与了计划，于是汉顺帝就封宋娥为山阳君，又封执金吾梁商的儿子梁冀为襄邑侯。尚书命令左雄呈上密折说：“高帝约定，如果不是刘氏就不封王，没有功的就不封侯。孝安皇帝册封了江京、王圣等人，因此造成了地震的发生。永建二年的时候，封赠参与密谋的人的功绩，于是又有日食的灾害。研究变数的人，就都把罪过归于封赠爵位。现在青州饥荒空虚，盗贼也没有被平息，实在不应该再想细小的恩德，而亏损了伟大的典制。”汉顺帝没有听从。

左雄再次进谏说：“微臣听说：国君没有不喜欢忠诚正直的人而厌恶谗言谀词的人，但是历代的灾害，无不是忠诚正直而获得罪过的，也因为谗言谀词蒙而受宠幸。这都是听忠言不容易，而听从谗言容易的原因。刑法，是人们十分厌恶的，而宠幸和尊贵，是人们十分盼望的，所以当世的风俗忠心正直的人少，进谗言的人多。所以就使君主经常听到说自己好处的话，却很少清楚自己的过错，被事理迷惑，不能醒悟，因此就到达危险灭亡的地步。微臣恭敬地看了诏书，想念阿母旧时的恩德，于是就想要特别地显扬奖赏。按照尚书旧日的制度，是没有乳母封爵、封邑的制度的，只有在先帝的时候，阿母王圣被封为了野王君，王圣制造了进谗言、废立嗣君的灾害，在活着的时候就成为天下百姓咒骂的对象，死了之后就是成为四海内欢乐的事了。夏桀、商纣做了尊贵的天子，但是平常人和仆隶都不愿意和他们相比，就是因为他们暴虏无道。伯夷、叔齐都是低贱的平民，但是王侯们都争相和他们为伍，就是因为他们拥有美德。现在阿母亲自践行节约，为下位的官员做表率，官员和百姓们没有不响应的。即使她和王圣拥有同样的爵位，恐怕也违反了原来的操守，失去了平时的愿望。微臣认为一般人们的心理都是差不多的，让他们不安心的事，古今都一样。百姓深深地惩戒了王圣败坏的灾祸，百姓天命危险得就好像垒高鸡蛋，经常害怕现在再有这样的事发生，所以心中从来没有忘记警惕的念头，口中从来没有停止过恐惧的言语。要求按照以前的议事，每年都供给阿母一千万钱，对内足可以尽到恩爱的欢乐，对外也不会造成官员和人民的怪罪。对梁冀的封赠，如果不是紧急的事，就应该等到灾难的命运过去之后，再议论该不该赏赐。”因此梁冀的父亲梁商，谦虚地送返梁冀的封赠。左雄十多次上书之后，汉顺帝才听了他的话。

夏季，四月己亥日（二十九日），京城发生了地震。五月，庚子日（初一），汉顺帝下诏命公侯、卿士每个人都公平地谈论这次灾害，并各自举荐一个诚朴的人。左雄再次呈上奏折说：“自从先帝封了野王君之后，汉阳就发生了地震，现在陛下封宋娥为山阳君京都洛阳又发生了地震，女人握权，这样灾害就更大了。微臣前后愚昧的言辞，是为了提醒陛下赐封爵位是十分重大的事，君王可以私自地给人财物，却不能给予他们官职，所以应该收回对阿母的封爵，以此来阻止灾祸的发生。如今梁冀已经谦让了，那么山阳君也应该遵从她原本的节操。”左雄的言语十分诚恳，宋娥也因为害怕而辞让了；但是汉顺帝的心意已决，不能阻止了，最终封了官爵。

这时，大司农刘据由于在职务上受到了谴责，所以就召他前去尚书台，并要他赶快向前走，还加以鞭打。左雄进言道：“九卿的地位仅在三公之下，在大臣的班次里，走出来的时候有佩玉的礼节，在行动的时候有教育的礼节。孝明皇帝时才有的鞭打的刑罚，这不是古代的典制。”汉顺帝采纳了他的建议，自此以后，九卿就不再受鞭打的刑罚。

戊午日（十九日），司空王龚被免官。六月，辛未日（初二），朝廷任命太常孔扶（鲁国人）为司空。

丁丑日（初八），洛阳宣德亭的土地裂开长达八十五丈，汉顺帝召集来公卿所推举的诚朴人士，命令他们出谋献策，并专门询问了当世的弊端，以及整治政事应该做的事。李固回答说：“孝安皇帝改变了以前的典章制度，封给阿母爵位，因此制造出了妖孽的事，并随意更改了嫡长的继承人，以致让圣上狼狈不安，亲身体会到艰难困苦。从危险困苦中逃离出来之后，才振兴了王业，于是登上皇位之后，天下百姓异口同声，都盼望能使政治风化有所改善。政治历年败坏以来，就容易中兴大业，这确实是应当有广大的胸襟谋求良善的大道，但是商讨政事的人仍然说：‘现在的政事，还是和以前一样。’微臣隐居在乡野中，心里很悲痛！确实是由于汉朝建立以来，三百多年间，圣贤互相传承，在十八位君主中，哪一位君主没有阿母哺乳的恩德呢？哪位能忘记尊贵爵位的宠幸？但是在上害怕上天的势力，在下根据经典，就知道不合常理，所以不被加封赠。现在宋阿母虽然有勤勉谨慎的品德，所以只要稍加赏赐，就足够能报答她的劳苦。要说到分赠国土，创建郡国，确实是违背了旧日的典章法度。听说阿母的性情谦虚，有谦让的做法，所以陛下应该答应她辞让郡国的高尚行为，让她成就万世平安的福祥。妃、后的家庭，很少能保全的原因，怎么能说天性就是这样的呢？只是因为官位尊贵显赫，独掌大权，天道充满厌恶，他们却不知道主动谦抑，所以才会败亡。由于先帝宠幸地对待阎氏，地位和名号都封得太快了，所以没多长时间她就遭到大祸了，《老子》记载说：‘前进很快的人，后退得也快。’现在梁氏的亲戚当了皇后，按照礼仪，是不能当臣子来看待的，用显赫的爵位来尊崇他们，这样是可以的。然而梁氏的子弟晚辈，同时赐给他们光荣和显耀，永平、建初时期的事例，大概也不是这样的。我觉得应该让步兵校尉梁冀和各个侍中回到黄门的官职，让亲戚舍弃大权，把政令归还给国家，这难道不是美好的事吗？再说，下诏书之所以禁止侍中、尚书、中臣的子弟成为官吏、举拔为孝廉，是因为他们秉持了权威容易私相请托。中常侍在圣上身边，他的声势震动了天下，子弟们进仕求禄，如果一点限定都没有的话，即使外表假装谦和静默，也不干涉州郡的政治，但是谄媚虚伪的人，一旦看穿风声，就被举拔出来。现在可以为这件事设立永久的禁令，和中臣一样。先前馆陶公主为儿子要求做郎的官职，明帝没有答应，就赐给了他一千万钱，之所以会轻视厚重的赏赐，重视小小的职位，就是因为做官的人如果不是人才，就会伤害到百姓之间的关系。我在私下里听说长水司马武宣、开阳城门候羊迪等人没有其他的功业、德行，刚刚任命就担任官职了，虽然这是很小的过失，却逐渐破坏了旧日的典制。先贤圣哲的法度，是应该坚守的，所以一旦政治、教化有了缺失，就算一百年也不能恢复，《诗经》上记载道：'如果皇帝违反了上天和先王的常理，百姓可全部要受到伤害了。'用以嘲讽周后王改变了祖先的律法，从而使人民都要受到伤害。现在陛下拥有尚书，就好像上天拥有北斗星。北斗星是上天的喉舌，尚书也是陛下的喉舌。北斗斟满了元气，就能在四时运行；尚书掌管了君王的命令，就会施行天下的政令，权利和势力尊贵，是责任所在，假如心地不公平，那么灾害就一定会来临，确实应该谨慎地选择人才，来帮助圣王处理政事。现在和陛下一同治理天下的人，在外有公卿和尚书，在内有常侍和黄门，就好像是一个门内、一家的事情。如果平安了，就有福同享；如果危险了，就有难同当。刺史和两千石的官员，在外治理政事，在内接受法令。如果立了弯曲的表木，影子一定是歪斜的；源头清澈的河流，下流就一定是澄清的，就好像敲动树木，所有的枝叶都会摇动。按照这样说，本朝的诏令，怎么可以有失误呢？重整天下的纪纲，是现在最紧急的事务。国君拥有政令，就好像水有堤防，如果堤防完整了，即使遇到雨水洪涝，也不能带来灾害。政治教化一旦建立，就算暂时遇到凶年，也不值得忧虑。如果堤防穿洞漏水了，就算万人一起出力，也不能再拯救了；政治教化一旦毁坏了，就算贤能、智慧的人士奔驰效力，也不能挽回了。虽然堤防现在很坚固，但已渐渐有了孔洞。就好像是一个人的身躯，朝廷本身就是身躯的心腹；州郡的政府就是身躯的四肢，如果心腹痛了，那么四肢就举不起来了。所以微臣担忧的是心腹的疾病，而不是四肢的毛病。如果堤防能坚固，就能从事政治教化，治理朝廷本身，即使有盗寇贼匪、水旱的灾害，也不值得放在心上。如果真要是堤防被毁坏而破漏了，就相当于心腹有了疾病，虽然没有水患干旱的灾害，但天下原本就是值得忧虑的。就应该罢黜宦官，并除去他们的重大权势，只需要设置常侍二人，要端正正直、拥有德行的人在左右管理政事；设立小黄门五人，让有才能有智慧沉静文雅的人在殿堂中陪侍。如果能这样做，议论的人就不会再开口，天下就可以求得太平了！”

扶风功曹马融答道：“现在的法律规章、等级制度以及四时的禁令用来承顺上天和人民，只要齐备了、详细了，就不用增加了。上天之所以仍然有不太平，人民仍然叹息、怨恨，就是因为百姓经常听到恩泽的声音却没有看到恩惠、和顺的实际效果。古时富足人民的做法，并不是使家家富足、人人富裕，是要度量他们的财物用度，替他们确立制度。如果嫁女、娶妻的礼仪节俭，那么婚配的人家就可以按照时令进行了；丧事、祭祀的礼仪节俭，那么终老去世的人就可以被掩埋了；如果不侵占他的工作机会，那么农夫就能享受利益了。在他心里有妻子、儿女的牵挂，有事业成为他意志的重心，如果他们舍弃了这些还想要为非作歹，即使有也一定不多了！”

太史令张衡（南阳人）回答说：“自从开始举荐孝廉以来，到现在已经有两百年了，一直都是先重视孝行修养；有了孝行之后还有余力，才能够学习文章义法。辛卯日那天的诏书，以通达的章句和章表写作为限度，虽然有很孝顺的，但是也不能接受举荐，这是舍本逐末的做法。曾子非常孝顺，但是确实资质愚鲁，在文学方面比不上子游、子夏，在政事方面不及冉有和季路。现在要想一个人有各种特长，如果外表可观，那么内在就一定会有所缺失，这样一来就违背选举孝廉的本意了。州郡中的长官和州府的辅相，听从任命，并安宁了州境，他们是国家的大臣，一旦罢免了十多人，官吏和人民就会因为辞旧迎新的工作而疲惫不堪，在新、旧交替的时候，就会使公事、私情混淆没有节制，或者在治理政事的时候，有些官吏为了百姓的便利而有了小小的过错，但是却免除了他的官职，这就是夺走了百姓的父母，让他们悲叹呼号了。《易经》上记载：不要走了太远之后才回头。《论语》上记载：有错不要害怕改正，朋友之间的往来，还不记以前的过失呢，更何况帝王是承顺天意并治理万物，以天下作为己任的人呢！最近几年妖星出现在天上，地震和地裂就在地上发生，上天的警诫已经很明白了，这是让人寒心的事。如果明白事理的话，会在灾祸没有发生之前就消解了，现在灾祸已经发生了，如果帝王治理政事的时候小心点，那么灾害就会转变成祥福了。"

汉顺帝看了众臣的对策后，把李固的放在第一位，并立刻让把他阿母搬出皇宫，送回到原来的屋舍。于是每个常侍都叩头谢罪，朝廷一片严肃。虽然任命李固为议郎，但是阿母和宦官们都埋怨他，于是就假造紧急奏章来陷害李固。当时刑事是由宫中判定的，于是大司农黄尚（南郡人）等人就向梁商请求营救，仆射黄琼接着拯救并查明这件事。很久之后李固才被释放，并被派出做洛县的县令，但是李固辞去了官职，回到了汉中。马融通达经书，并且文辞美丽，回答奏策后，也被任命为议郎。张衡擅长写文章，通晓六艺，虽然在当时才能高超，也没有娇气凌人的心意，他还善于制作精巧的装置，特别致力天文、阴阳、历算的研究，并且制作了浑天仪，写了《灵宪》。他性情淡泊，不希望被用于世，他所担任的官职，经常是好多年都不变动。

太尉庞参，在三公中是忠心正直、名声最大的人，但却多次被人毁谤。刚好被举用的人忤逆了汉顺帝的旨意，于是司隶校尉就顺从意旨来弹劾他。在朝廷会见茂才、孝廉的时候，庞参由于受到奏劾，于是就假装生病而不去会见。广汉上计掾段恭凭借会见的机会呈上奏折说："我看到的行人、农夫以及正在纺织的妇女都说：'太尉庞参有竭尽忠诚的品德，他只是为了秉持正道，并没有歪曲的心思，他孤立在邪恶的小人们中间，使自己处在受到伤害的环境里。'进谄言的小人伤害忠诚正直的臣子，这是天地间最大的忌讳了，是君主最需要禁止的事！从前白起被赐令自杀后，诸侯们就举办酒会互相庆祝；季子归来的时候，鲁国百姓因为他纾解了国难就非常喜欢他。由此看来，国家是要靠贤能的人来治理的，国君要靠忠臣的才能才可以心安。现在天下百姓都替陛下拥有这样的忠臣贤士而感到欣喜，只希望能一直宠信他，来使国家安定。"奏书呈上后，汉顺帝就立刻下诏命派遣小黄门探视庞参的病，并让太医送来羊酒。后来，由于庞参的夫人憎恨前妻生的儿子，于是就将那孩子投到井中杀了。洛阳令祝良进谏弹劾庞参。

秋季，七月，己未日（二十日），庞参因为天降灾异被免官。

八月，己巳日（初一），朝廷任命大鸿胪施延为太尉。

鲜卑入侵马城，代郡太守攻打他们，没有战胜。不久之后，其至鞬逝世了。从此之后，鲜卑人的掠夺盗取就减少了。